CÓDIGO CIVIL

Durante o processo de edição desta obra, foram tomados todos os cuidados para assegurar a publicação de informações técnicas, precisas e atualizadas conforme lei, normas e regras de órgãos de classe aplicáveis à matéria, incluindo códigos de ética, bem como sobre práticas geralmente aceitas pela comunidade acadêmica e/ou técnica, segundo a experiência do autor da obra, pesquisa científica e dados existentes até a data da publicação. As linhas de pesquisa ou de argumentação do autor, assim como suas opiniões, não são necessariamente as da Editora, de modo que esta não pode ser responsabilizada por quaisquer erros ou omissões desta obra que sirvam de apoio à prática profissional do leitor.

Do mesmo modo, foram empregados todos os esforços para garantir a proteção dos direitos de autor envolvidos na obra, inclusive quanto às obras de terceiros e imagens e ilustrações aqui reproduzidas. Caso algum autor se sinta prejudicado, favor entrar em contato com a Editora.

Finalmente, cabe orientar o leitor que a citação de passagens da obra com o objetivo de debate ou exemplificação ou ainda a reprodução de pequenos trechos da obra para uso privado, sem intuito comercial e desde que não prejudique a normal exploração da obra, são, por um lado, permitidas pela Lei de Direitos Autorais, art. 46, incisos II e III. Por outro, a mesma Lei de Direitos Autorais, no art. 29, incisos I, VI e VII, proíbe a reprodução parcial ou integral desta obra, sem prévia autorização, para uso coletivo, bem como o compartilhamento indiscriminado de cópias não autorizadas, inclusive em grupos de grande audiência em redes sociais e aplicativos de mensagens instantâneas. Essa prática prejudica a normal exploração da obra pelo seu autor, ameaçando a edição técnica e universitária de livros científicos e didáticos e a produção de novas obras de qualquer autor.

CÓDIGO CIVIL

LEI N. 10.406,
DE 10 DE JANEIRO DE 2002

© Editora Manole Ltda., 2021, por meio de contrato com o organizador.

ORGANIZAÇÃO Editoria Jurídica da Editora Manole
PROJETO GRÁFICO · Departamento Editorial da Editora Manole
CAPA Ricardo Yoshiaki Nitta Rodrigues
IMAGEM DA CAPA iStock.com

CIP-BRASIL. CATALOGAÇÃO NA PUBLICAÇÃO
SINDICATO NACIONAL DOS EDITORES DE LIVROS, RJ

C61
7. ed.

Código Civil : Lei n. 10.406, de 10 de janeiro de 2002 [organização Editoria
Jurídica da Editora Manole]. – 7. ed. – Santana de Parnaíba, SP: Manole,
2021.

Inclui índice
ISBN 978-65-5576-358-4

1. Brasil. [Código civil (2002)]. 2. Direito civil - Brasil. I. Editoria
Jurídica da Editora Manole.

20-68168　　　　　　　　　　　　　　CDU-347(81)(094.4)

Meri Gleice Rodrigues de Souza – Bibliotecária CRB-7/6439

Todos os direitos reservados. Nenhuma parte deste livro poderá ser reproduzida,
por qualquer processo, sem a permissão expressa dos editores. É proibida a
reprodução por fotocópia.

A Editora Manole é filiada à ABDR – Associação Brasileira de Direitos
Reprográficos.

1ª edição – 2004; 2ª edição – 2016; 3ª edição – 2017;
4ª edição – 2018; 5ª edição – 2019; 6ª edição – 2020; 7ª edição – 2021

Editora Manole Ltda.
Alameda América, 876 – Tamboré
06543-315 – Santana de Parnaíba – SP – Brasil
Fone: (11) 4196-6000
www.manole.com.br | http://atendimento.manole.com.br/

Impresso no Brasil
Printed in Brazil

SUMÁRIO

Apresentação VII
Lista de abreviaturas e siglas IX
Índice sistemático do Código Civil XI
Decreto-lei n. 4.657, de 04.09.1942 1
Lei n. 10.406, de 10.01.2002 – Código Civil 9
Índice alfabético-remissivo do Código Civil 337

APRESENTAÇÃO

A EDITORA MANOLE, prosseguindo com suas publicações jurídicas, apresenta agora seu volume contendo exclusivamente o Código Civil (Lei n. 10.406, de 10.01.2002), devidamente atualizado de acordo com a Lei n. 14.030/2020.

Esta edição está atualizada até o dia 04.01.2021, e o leitor poderá manter-se informado sobre as mudanças na legislação no site **manoleeducacao.com.br/ codigosmanole** até 31.10.2021.

Conheça também as outras publicações jurídicas em formato reduzido da EDITORA MANOLE:

Constituição Federal
Código de Processo Civil
Código Penal
Código de Processo Penal
CLT
Código de Defesa do Consumidor

EDITORIA JURÍDICA DA EDITORA MANOLE

LISTA DE ABREVIATURAS E SIGLAS

ADCT: Ato das Disposições Constitucionais Transitórias
ADIn: ação direta de inconstitucionalidade
ADPF: arguição de descumprimento de preceito fundamental
c/c: combinado com
CC: Código Civil
CC/1916: Código Civil de 1916 (Lei n. 3.071/16)
CC/2002: Código Civil de 2002 (Lei n. 10.406/2002)
CCom: Código Comercial (Lei n. 556/1850)
CDC: Código de Defesa do Consumidor (Lei n. 8.078/90)
CE: Código Eleitoral (Lei n. 4.737/65)
CF: Constituição Federal
CJF: Conselho de Justiça Federal
CLT: Consolidação das Leis do Trabalho (DL n. 5.452/43)
CP: Código Penal (DL n. 2.848/40)
CPC: Código de Processo Civil
CPC/2015: Código de Processo Civil de 2015 (Lei n. 13.105/2015)
CPC/73: Código de Processo Civil de 1973 (Lei n. 5.869/73)
CPM: Código Penal Militar (DL n. 1.001/69)
CPP: Código de Processo Penal (DL n. 3.689/41)
CPPM: Código de Processo Penal Militar (DL n. 1.002/69)
CR: Constituição da República
CTB: Código de Trânsito Brasileiro (Lei n. 9.503/97)
CTN: Código Tributário Nacional (Lei n. 5.172/66)
DJ: *Diário da Justiça*
DJe: *Diário da Justiça eletrônico*
DL: decreto-lei
DOU: *Diário Oficial da União*
EAOAB: Estatuto da Advocacia e da OAB (Lei n. 8.906/94)
EC: emenda constitucional
ECA: Estatuto da Criança e do Adolescente (Lei n. 8.069/90)
ECR: emenda constitucional de revisão
IN: instrução normativa

JECC: Juizados Especiais Cíveis e Criminais
JEF: Juizado Especial Federal
LC: lei complementar
LCP: Lei das Contravenções Penais (DL n. 3.688/41)
LEP: Lei de Execução Penal (Lei n. 7.210/84)
LICP: Lei de Introdução ao Código Penal (DL n. 3.914/41)
LICPP: Lei de Introdução ao Código de Processo Penal (DL n. 3.931/41)
Lindb: Lei de introdução às normas do Direito Brasileiro (DL n. 4.657/42)
LRP: Lei de Registros Públicos (Lei n. 6.015/73)
MP n.: Medida Provisória n.
n.: número
OAB: Ordem dos Advogados do Brasil
Prov.: provimento
Res.: resolução
RISTF: Regimento Interno do Supremo Tribunal Federal
RISTJ: Regimento Interno do Superior Tribunal de Justiça
RITFR: Regimento Interno do Tribunal Federal de Recursos
RITST: Regimento Interno do Tribunal Superior do Trabalho
segs.: seguintes
STF: Supremo Tribunal Federal
STJ: Superior Tribunal de Justiça
STM: Superior Tribunal Militar
TFR: Tribunal Federal de Recursos
TJ: Tribunal de Justiça
TSE: Tribunal Superior Eleitoral
TST: Tribunal Superior do Trabalho

ÍNDICE SISTEMÁTICO DO CÓDIGO CIVIL

PARTE GERAL

LIVRO I
DAS PESSOAS

Título I
Das Pessoas Naturais

Capítulo I – Da Personalidade e da Capacidade – arts. 1º a 10 9
Capítulo II – Dos Direitos da Personalidade – arts. 11 a 21 12
Capítulo III – Da Ausência – arts. 22 a 39 13
    Seção I – Da Curadoria dos Bens do Ausente – arts. 22 a 25 13
    Seção II – Da Sucessão Provisória – arts. 26 a 36...........................14
    Seção III – Da Sucessão Definitiva – arts. 37 a 39..........................16

Título II
Das Pessoas Jurídicas

Capítulo I – Disposições Gerais – arts. 40 a 52....................................16
Capítulo II – Das Associações – arts. 53 a 61.......................................20
Capítulo III – Das Fundações – arts. 62 a 69..22

Título III
Do Domicílio

Arts. 70 a 78 23

LIVRO II
DOS BENS

Título Único
Das Diferentes Classes de Bens

Capítulo I – Dos Bens Considerados em Si Mesmos – arts. 79 a 91 25
    Seção I – Dos Bens Imóveis – arts. 79 a 81..25

Seção II – Dos Bens Móveis – arts. 82 a 84 26
Seção III – Dos Bens Fungíveis e Consumíveis – arts. 85 e 86 26
Seção IV – Dos Bens Divisíveis – arts. 87 e 88 26
Seção V – Dos Bens Singulares e Coletivos – arts. 89 a 91 26
Capítulo II – Dos Bens Reciprocamente Considerados – arts. 92 a 97....27
Capítulo III – Dos Bens Públicos – arts. 98 a 103 27

LIVRO III
DOS FATOS JURÍDICOS

Título I
Do Negócio Jurídico

Capítulo I – Disposições Gerais – arts. 104 a 114....................28
Capítulo II – Da Representação – arts. 115 a 120......................30
Capítulo III – Da Condição, do Termo e do Encargo – arts. 121 a 137 31
Capítulo IV – Dos Defeitos do Negócio Jurídico – arts. 138 a 165 33
Seção I – Do Erro ou Ignorância – arts. 138 a 144 33
Seção II – Do Dolo – arts. 145 a 150 34
Seção III – Da Coação – arts. 151 a 155 34
Seção IV – Do Estado de Perigo – art. 156 35
Seção V – Da Lesão – art. 157 35
Seção VI – Da Fraude contra Credores – arts. 158 a 165...............35
Capítulo V – Da Invalidade do Negócio Jurídico – arts. 166 a 184 36

Título II
Dos Atos Jurídicos Lícitos

Art. 185 39

Título III
Dos Atos Ilícitos

Arts. 186 a 188 39

Título IV
Da Prescrição e da Decadência

Capítulo I – Da Prescrição – arts. 189 a 206..........................40
Seção I – Disposições Gerais – arts. 189 a 196 40
Seção II – Das Causas que Impedem ou Suspendem a Prescrição – arts. 197 a 201...40
Seção III – Das Causas que Interrompem a Prescrição – arts. 202 a 204...41
Seção IV – Dos Prazos da Prescrição – arts. 205 e 206 42
Capítulo II – Da Decadência – arts. 207 a 211 44

Título V
Da Prova
Arts. 212 a 232...44

PARTE ESPECIAL

LIVRO I
DO DIREITO DAS OBRIGAÇÕES

Título I
Das Modalidades das Obrigações

Capítulo I – Das Obrigações de Dar – arts. 233 a 246 48
Seção I – Das Obrigações de Dar Coisa Certa – arts. 233 a 242..........48
Seção II – Das Obrigações de Dar Coisa Incerta – arts. 243 a 246......49
Capítulo II – Das Obrigações de Fazer – arts. 247 a 249.........................50
Capítulo III – Das Obrigações de Não Fazer – arts. 250 e 251 50
Capítulo IV – Das Obrigações Alternativas – arts. 252 a 256 51
Capítulo V – Das Obrigações Divisíveis e Indivisíveis – arts. 257 a 263...51
Capítulo VI – Das Obrigações Solidárias – arts. 264 a 285.....................52
Seção I – Disposições Gerais – arts. 264 a 266 52
Seção II – Da Solidariedade Ativa – arts. 267 a 274............................53
Seção III – Da Solidariedade Passiva – arts. 275 a 285 53

Título II
Da Transmissão das Obrigações

Capítulo I – Da Cessão de Crédito – arts. 286 a 298 55
Capítulo II – Da Assunção de Dívida – arts. 299 a 303............................56

Título III
Do Adimplemento e Extinção das Obrigações

Capítulo I – Do Pagamento – arts. 304 a 333 56
Seção I – De Quem Deve Pagar – arts. 304 a 307...............................56
Seção II – Daqueles a Quem se Deve Pagar – arts. 308 a 312..............57
Seção III – Do Objeto do Pagamento e sua Prova – arts. 313 a 326....58
Seção IV – Do Lugar do Pagamento – arts. 327 a 330.........................59
Seção V – Do Tempo do Pagamento – arts. 331 a 333.........................59
Capítulo II – Do Pagamento em Consignação – arts. 334 a 345 60
Capítulo III – Do Pagamento com Sub-Rogação – arts. 346 a 351 61
Capítulo IV – Da Imputação do Pagamento – arts. 352 a 355 62
Capítulo V – Da Dação em Pagamento – arts. 356 a 359........................63
Capítulo VI – Da Novação – arts. 360 a 367...63
Capítulo VII – Da Compensação – arts. 368 a 380 64
Capítulo VIII – Da Confusão – arts. 381 a 384.......................................65
Capítulo IX – Da Remissão das Dívidas – arts. 385 a 388......................66

XIV | ÍNDICE SISTEMÁTICO DO CÓDIGO CIVIL

Título IV
Do Inadimplemento das Obrigações

Capítulo I – Disposições Gerais – arts. 389 a 393..................................66
Capítulo II – Da Mora – arts. 394 a 401..67
Capítulo III – Das Perdas e Danos – arts. 402 a 405.............................68
Capítulo IV – Dos Juros Legais – arts. 406 e 407................................68
Capítulo V – Da Cláusula Penal – arts. 408 a 416................................69
Capítulo VI – Das Arras ou Sinal – arts. 417 a 420 70

Título V
Dos Contratos em Geral

Capítulo I – Disposições Gerais – arts. 421 a 471................................70
   Seção I – Preliminares – arts. 421 a 426 70
   Seção II – Da Formação dos Contratos – arts. 427 a 435 71
   Seção III – Da Estipulação em Favor de Terceiro – arts. 436 a 438.....72
   Seção IV – Da Promessa de Fato de Terceiro – arts. 439 e 440..........73
   Seção V – Dos Vícios Redibitórios – arts. 441 a 446.....................73
   Seção VI – Da Evicção – arts. 447 a 457 74
   Seção VII – Dos Contratos Aleatórios – arts. 458 a 461 75
   Seção VIII – Do Contrato Preliminar – arts. 462 a 466.................75
   Seção IX – Do Contrato com Pessoa a Declarar – arts. 467 a 471 76
Capítulo II – Da Extinção do Contrato – arts. 472 a 480.......................77
   Seção I – Do Distrato – arts. 472 e 473.....................................77
   Seção II – Da Cláusula Resolutiva – arts. 474 e 475......................77
   Seção III – Da Exceção de Contrato não Cumprido – arts. 476 e 477....77
   Seção IV – Da Resolução por Onerosidade Excessiva – arts. 478
   a 480..77

Título VI
Das Várias Espécies de Contrato

Capítulo I – Da Compra e Venda – arts. 481 a 532 78
   Seção I – Disposições Gerais – arts. 481 a 504 78
   Seção II – Das Cláusulas Especiais à Compra e Venda – arts. 505
   a 532...81
      Subseção I – Da Retrovenda – arts. 505 a 508 81
      Subseção II – Da Venda a Contento e da Sujeita a Prova – arts.
      509 a 512 82
      Subseção III – Da Preempção ou Preferência – arts. 513 a 520......82
      Subseção IV – Da Venda com Reserva de Domínio – arts. 521
      a 528 83
      Subseção V – Da Venda sobre Documentos – arts. 529 a 532 84
Capítulo II – Da Troca ou Permuta – art. 533 85
Capítulo III – Do Contrato Estimatório – arts. 534 a 537 85
Capítulo IV – Da Doação – arts. 538 a 564.......................................85

ÍNDICE SISTEMÁTICO DO CÓDIGO CIVIL | XV

Seção I – Disposições Gerais – arts. 538 a 554 85
Seção II – Da Revogação da Doação – arts. 555 a 564........................87
Capítulo V – Da Locação de Coisas – arts. 565 a 578............................88
Capítulo VI – Do Empréstimo – arts. 579 a 592 90
Seção I – Do Comodato – arts. 579 a 585 90
Seção II – Do Mútuo – arts. 586 a 592 91
Capítulo VII – Da Prestação de Serviço – arts. 593 a 609 92
Capítulo VIII – Da Empreitada – arts. 610 a 626.................................94
Capítulo IX – Do Depósito – arts. 627 a 652..96
Seção I – Do Depósito Voluntário – arts. 627 a 646 96
Seção II – Do Depósito Necessário – arts. 647 a 652 98
Capítulo X – Do Mandato – arts. 653 a 692 99
Seção I – Disposições Gerais – arts. 653 a 666 99
Seção II – Das Obrigações do Mandatário – arts. 667 a 674............101
Seção III – Das Obrigações do Mandante – arts. 675 a 681 103
Seção IV – Da Extinção do Mandato – arts. 682 a 691....................103
Seção V – Do Mandato Judicial – art. 692 105
Capítulo XI – Da Comissão – arts. 693 a 709 105
Capítulo XII – Da Agência e Distribuição – arts. 710 a 721 107
Capítulo XIII – Da Corretagem – arts. 722 a 729................................108
Capítulo XIV – Do Transporte – arts. 730 a 756..................................109
Seção I – Disposições Gerais – arts. 730 a 733 109
Seção II – Do Transporte de Pessoas – arts. 734 a 742...................110
Seção III – Do Transporte de Coisas – arts. 743 a 756....................111
Capítulo XV – Do Seguro – arts. 757 a 802..113
Seção I – Disposições Gerais – arts. 757 a 777 113
Seção II – Do Seguro de Dano – arts. 778 a 788 116
Seção III – Do Seguro de Pessoa – arts. 789 a 802 117
Capítulo XVI – Da Constituição de Renda – arts. 803 a 813 119
Capítulo XVII – Do Jogo e da Aposta – arts. 814 a 817 120
Capítulo XVIII – Da Fiança – arts. 818 a 839 121
Seção I – Disposições Gerais – arts. 818 a 826................................121
Seção II – Dos Efeitos da Fiança – arts. 827 a 836 122
Seção III – Da Extinção da Fiança – arts. 837 a 839 123
Capítulo XIX – Da Transação – arts. 840 a 850....................................124
Capítulo XX – Do Compromisso – arts. 851 a 853 125

Título VII
Dos Atos Unilaterais

Capítulo I – Da Promessa de Recompensa – arts. 854 a 860 125
Capítulo II – Da Gestão de Negócios – arts. 861 a 875 126
Capítulo III – Do Pagamento Indevido – arts. 876 a 883 128
Capítulo IV – Do Enriquecimento Sem Causa – arts. 884 a 886...........129

Título VIII
Dos Títulos de Crédito

Capítulo I – Disposições Gerais – arts. 887 a 903.....................130
Capítulo II – Do Título ao Portador – arts. 904 a 909 132
Capítulo III – Do Título à Ordem – arts. 910 a 920...................132
Capítulo IV – Do Título Nominativo – arts. 921 a 926 134

Título IX
Da Responsabilidade Civil

Capítulo I – Da Obrigação de Indenizar – arts. 927 a 943..........135
Capítulo II – Da Indenização – arts. 944 a 954 137

Título X
Das Preferências e Privilégios Creditórios

Arts. 955 a 965...139

LIVRO II
DO DIREITO DE EMPRESA

Título I
Do Empresário

Capítulo I – Da Caracterização e da Inscrição – arts. 966 a 971............141
Capítulo II – Da Capacidade – arts. 972 a 980 142

Título I-A
Da Empresa Individual de Responsabilidade Limitada

Art. 980-A..144

Título II
Da Sociedade

Capítulo Único – Disposições Gerais – arts. 981 a 985.............145

Subtítulo I
Da Sociedade Não Personificada

Capítulo I – Da Sociedade em Comum – arts. 986 a 990 146
Capítulo II – Da Sociedade em Conta de Participação – arts. 991
a 996 147

Subtítulo II
Da Sociedade Personificada

Capítulo I – Da Sociedade Simples – arts. 997 a 1.038 148
  Seção I – Do Contrato Social – arts. 997 a 1.000 148
  Seção II – Dos Direitos e Obrigações dos Sócios – arts. 1.001
  a 1.009...149

ÍNDICE SISTEMÁTICO DO CÓDIGO CIVIL | XVII

Seção III – Da Administração – arts. 1.010 a 1.021 150
Seção IV – Das Relações com Terceiros – arts. 1.022 a 1.027 152
Seção V – Da Resolução da Sociedade em Relação a um Sócio –
arts. 1.028 a 1.032...153
Seção VI – Da Dissolução – arts. 1.033 a 1.038..................................154
Capítulo II – Da Sociedade em Nome Coletivo – arts. 1.039 a 1.044....155
Capítulo III – Da Sociedade em Comandita Simples – arts. 1.045
a 1.051 156
Capítulo IV – Da Sociedade Limitada – arts. 1.052 a 1.087..................157
Seção I – Disposições Preliminares – arts. 1.052 a 1.054....................157
Seção II – Das Quotas – arts. 1.055 a 1.059..158
Seção III – Da Administração – arts. 1.060 a 1.065 159
Seção IV – Do Conselho Fiscal – arts. 1.066 a 1.070 160
Seção V – Das Deliberações dos Sócios – arts. 1.071 a 1.080-A 161
Seção VI – Do Aumento e da Redução do Capital – arts. 1.081
a 1.084..164
Seção VII – Da Resolução da Sociedade em Relação a Sócios
Minoritários – arts. 1.085 e 1.086 165
Seção VIII – Da Dissolução – art. 1.087 166
Capítulo V – Da Sociedade Anônima – arts. 1.088 e 1.089...................166
Seção Única – Da Caracterização – arts. 1.088 e 1.089......................166
Capítulo VI – Da Sociedade em Comandita por Ações – arts. 1.090
a 1.092 166
Capítulo VII – Da Sociedade Cooperativa – arts. 1.093 a 1.096............167
Capítulo VIII – Das Sociedades Coligadas – arts. 1.097 a 1.101............168
Capítulo IX – Da Liquidação da Sociedade – arts. 1.102 a 1.112 168
Capítulo X – Da Transformação, da Incorporação, da Fusão e da Cisão
das Sociedades – arts. 1.113 a 1.122...170
Capítulo XI – Da Sociedade Dependente de Autorização – arts. 1.123
a 1.141 172
Seção I – Disposições Gerais – arts. 1.123 a 1.125 172
Seção II – Da Sociedade Nacional – arts. 1.126 a 1.133.....................172
Seção III – Da Sociedade Estrangeira – arts. 1.134 a 1.141 173

Título III
Do Estabelecimento
Capítulo Único – Disposições Gerais – arts. 1.142 a 1.149....................176

Título IV
Dos Institutos Complementares
Capítulo I – Do Registro – arts. 1.150 a 1.154......................................177
Capítulo II – Do Nome Empresarial – arts. 1.155 a 1.168.....................178
Capítulo III – Dos Prepostos – arts. 1.169 a 1.178 180
Seção I – Disposições Gerais – arts. 1.169 a 1.171 180

Seção II – Do Gerente – arts. 1.172 a 1.176......................................180
Seção III – Do Contabilista e Outros Auxiliares – arts. 1.177
e 1.178...181
Capítulo IV – Da Escrituração – arts. 1.179 a 1.195 181

LIVRO III
DO DIREITO DAS COISAS

Título I
Da Posse

Capítulo I – Da Posse e sua Classificação – arts. 1.196 a 1.203..............185
Capítulo II – Da Aquisição da Posse – arts. 1.204 a 1.209 186
Capítulo III – Dos Efeitos da Posse – arts. 1.210 a 1.222 186
Capítulo IV – Da Perda da Posse – arts. 1.223 e 1.224............................188

Título II
Dos Direitos Reais

Capítulo Único – Disposições Gerais – arts. 1.225 a 1.227....................188

Título III
Da Propriedade

Capítulo I – Da Propriedade em Geral – arts. 1.228 a 1.237....................189
Seção I – Disposições Preliminares – arts. 1.228 a 1.232...................189
Seção II – Da Descoberta – arts. 1.233 a 1.237.................................191
Capítulo II – Da Aquisição da Propriedade Imóvel – arts. 1.238
a 1.259 192
Seção I – Da Usucapião – arts. 1.238 a 1.244 192
Seção II – Da Aquisição pelo Registro do Título – arts. 1.245
a 1.247..193
Seção III – Da Aquisição por Acessão – arts. 1.248 a 1.259...............194
Subseção I – Das Ilhas – art. 1.249 194
Subseção II – Da Aluvião – art. 1.250...195
Subseção III – Da Avulsão – art. 1.251...195
Subseção IV – Do Álveo Abandonado – art. 1.252 195
Subseção V – Das Construções e Plantações – arts. 1.253 a 1.259..195
Capítulo III – Da Aquisição da Propriedade Móvel – arts. 1.260
a 1.274..196
Seção I – Da Usucapião – arts. 1.260 a 1.262 196
Seção II – Da Ocupação – art. 1.263..197
Seção III – Do Achado do Tesouro – arts. 1.264 a 1.266 197
Seção IV – Da Tradição – arts. 1.267 e 1.268 197
Seção V – Da Especificação – arts. 1.269 a 1.271 198
Seção VI – Da Confusão, da Comissão e da Adjunção – arts. 1.272
a 1.274..198

ÍNDICE SISTEMÁTICO DO CÓDIGO CIVIL | XIX

Capítulo IV – Da Perda da Propriedade – arts. 1.275 e 1.276................199
Capítulo V – Dos Direitos de Vizinhança – arts. 1.277 a 1.313.............199
  Seção I – Do Uso Anormal da Propriedade – arts. 1.277 a 1.281......200
  Seção II – Das Árvores Limítrofes – arts. 1.282 a 1.284....................200
  Seção III – Da Passagem Forçada – art. 1.285..................................200
  Seção IV – Da Passagem de Cabos e Tubulações – arts. 1.286
    e 1.287..201
  Seção V – Das Águas – arts. 1.288 a 1.296.......................................201
  Seção VI – Dos Limites entre Prédios e do Direito de Tapagem –
    arts. 1.297 e 1.298...202
  Seção VII – Do Direito de Construir – arts. 1.299 a 1.313.............203
Capítulo VI – Do Condomínio Geral – arts. 1.314 a 1.330.................205
  Seção I – Do Condomínio Voluntário – arts. 1.314 a 1.326.............205
    Subseção I – Dos Direitos e Deveres dos Condôminos – arts.
      1.314 a 1.322..205
    Subseção II – Da Administração do Condomínio – arts. 1.323 a
      1.326..207
  Seção II – Do Condomínio Necessário – arts. 1.327 a 1.330.............207
Capítulo VII – Do Condomínio Edilício – arts. 1.331 a 1.358-A..........208
  Seção I – Disposições Gerais – arts. 1.331 a 1.346.........................208
  Seção II – Da Administração do Condomínio – arts. 1.347
    a 1.356...211
  Seção III – Da Extinção do Condomínio – arts. 1.357 e 1.358.........213
  Seção IV – Do Condomínio de Lotes – arts. 1.358-A.......................213
Capítulo VII-A – Do Condomínio em Multipropriedade – arts.
  1.358-B a 1.358-U..214
  Seção I – Disposições Gerais – arts. 1.358-B a 1.358-E....................214
  Seção II – Da Instituição da Multipropriedade – arts. 1.358-F a
    1.358-H..215
  Seção III – Dos Direitos e das Obrigações do Multiproprietário
    – arts. 1.358-I a 1.358-K...215
  Seção IV – Da Transferência da Multipropriedade – art. 1.358-L....217
  Seção V – Da Administração da Multipropriedade – arts. 1.358-M e
    1.358-N..217
  Seção VI – Disposições Específicas Relativas às Unidades Autônomas
    de Condomínios Edilícios – arts. 1.358-O a 1.358-U....................218
Capítulo VIII – Da Propriedade Resolúvel – arts. 1.359 e 1.360.........221
Capítulo IX – Da Propriedade Fiduciária – arts. 1.361 a 1.368-B.........222
Capítulo X – Do Fundo de Investimento – arts. 1.368-C a 1.368-F......223

Título IV
Da Superfície

Arts. 1.369 a 1.377...224

XX | ÍNDICE SISTEMÁTICO DO CÓDIGO CIVIL

Título V
Das Servidões

Capítulo I – Da Constituição das Servidões – arts. 1.378 e 1.379 225
Capítulo II – Do Exercício das Servidões – arts. 1.380 a 1.386..............226
Capítulo III – Da Extinção das Servidões – arts. 1.387 a 1.389 226

Título VI
Do Usufruto

Capítulo I – Disposições Gerais – arts. 1.390 a 1.393...........................227
Capítulo II – Dos Direitos do Usufrutuário – arts. 1.394 a 1.399 228
Capítulo III – Dos Deveres do Usufrutuário – arts. 1.400 a 1.409 229
Capítulo IV – Da Extinção do Usufruto – arts. 1.410 e 1.411 230

Título VII
Do Uso

Arts. 1.412 e 1.413...230

Título VIII
Da Habitação

Arts. 1.414 a 1.416...231

Título IX
Do Direito do Promitente Comprador

Arts. 1.417 e 1.418...231

Título X
Do Penhor, da Hipoteca e da Anticrese

Capítulo I – Disposições Gerais – arts. 1.419 a 1.430............................231
Capítulo II – Do Penhor – arts. 1.431 a 1.472 234
Seção I – Da Constituição do Penhor – arts. 1.431 e 1.432...............234
Seção II – Dos Direitos do Credor Pignoratício – arts. 1.433
e 1.434..234
Seção III – Das Obrigações do Credor Pignoratício – art. 1.435 235
Seção IV – Da Extinção do Penhor – arts. 1.436 e 1.437 235
Seção V – Do Penhor Rural – arts. 1.438 a 1.446..............................236
Subseção I – Disposições Gerais – arts. 1.438 a 1.441....................236
Subseção II – Do Penhor Agrícola – arts. 1.442 e 1.443.................236
Subseção III – Do Penhor Pecuário – arts. 1.444 a 1.446..............237
Seção VI – Do Penhor Industrial e Mercantil – arts. 1.447
a 1.450..237
Seção VII – Do Penhor de Direitos e Títulos de Crédito – arts.
1.451 a 1.460..238
Seção VIII – Do Penhor de Veículos – arts. 1.461 a 1.466 239
Seção IX – Do Penhor Legal – arts. 1.467 a 1.472..............................240

ÍNDICE SISTEMÁTICO DO CÓDIGO CIVIL | XXI

Capítulo III – Da Hipoteca – arts. 1.473 a 1.505 241
  Seção I – Disposições Gerais – arts. 1.473 a 1.488 241
  Seção II – Da Hipoteca Legal – arts. 1.489 a 1.491 244
  Seção III – Do Registro da Hipoteca – arts. 1.492 a 1.498.................244
  Seção IV – Da Extinção da Hipoteca – arts. 1.499 a 1.501 245
  Seção V – Da Hipoteca de Vias Férreas – arts. 1.502 a 1.505 246
Capítulo IV – Da Anticrese – arts. 1.506 a 1.510....................................246

Título XI
Da Laje

Arts. 1.510-A a 1.510-E..247

LIVRO IV
DO DIREITO DE FAMÍLIA

Título I
Do Direito Pessoal

Subtítulo I
Do Casamento

Capítulo I – Disposições Gerais – arts. 1.511 a 1.516............................249
Capítulo II – Da Capacidade para o Casamento – arts. 1.517
  a 1.520 250
Capítulo III – Dos Impedimentos – arts. 1.521 e 1.522 251
Capítulo IV – Das Causas Suspensivas – arts. 1.523 e 1.524..................251
Capítulo V – Do Processo de Habilitação para o Casamento – arts.
  1.525 a 1.532 252
Capítulo VI – Da Celebração do Casamento – arts. 1.533 a 1.542........254
Capítulo VII – Das Provas do Casamento – arts. 1.543 a 1.547............256
Capítulo VIII – Da Invalidade do Casamento – arts. 1.548 a 1.564 257
Capítulo IX – Da Eficácia do Casamento – arts. 1.565 a 1.570.............260
Capítulo X – Da Dissolução da Sociedade e do Vínculo Conjugal –
  arts. 1.571 a 1.582 262
Capítulo XI – Da Proteção da Pessoa dos Filhos – arts. 1.583
  a 1.590 265

Subtítulo II
Das Relações de Parentesco

Capítulo I – Disposições Gerais – arts. 1.591 a 1.595............................268
Capítulo II – Da Filiação – arts. 1.596 a 1.606.....................................268
Capítulo III – Do Reconhecimento dos Filhos – arts. 1.607 a
  1.617 270
Capítulo IV – Da Adoção – arts. 1.618 a 1.629....................................272
Capítulo V – Do Poder Familiar – arts. 1.630 a 1.638..........................272

XXII | ÍNDICE SISTEMÁTICO DO CÓDIGO CIVIL

Seção I – Disposições Gerais – arts. 1.630 a 1.633 272
Seção II – Do Exercício do Poder Familiar – art. 1.634 273
Seção III – Da Suspensão e Extinção do Poder Familiar – arts.
1.635 a 1.638..273

Título II
Do Direito Patrimonial

Subtítulo I
Do Regime de Bens entre os Cônjuges

Capítulo I – Disposições Gerais – arts. 1.639 a 1.652............................275
Capítulo II – Do Pacto Antenupcial – arts. 1.653 a 1.657 278
Capítulo III – Do Regime de Comunhão Parcial – arts. 1.658
a 1.666 278
Capítulo IV – Do Regime de Comunhão Universal – arts. 1.667
a 1.671 280
Capítulo V – Do Regime de Participação Final nos Aquestos – arts.
1.672 a 1.686 281
Capítulo VI – Do Regime de Separação de Bens – arts. 1.687
e 1.688 283

Subtítulo II
Do Usufruto e da Administração
dos Bens de Filhos Menores

Arts. 1.689 a 1.693..283

Subtítulo III
Dos Alimentos

Arts. 1.694 a 1.710..284

Subtítulo IV
Do Bem de Família

Arts. 1.711 a 1.722..286

Título III
Da União Estável

Arts. 1.723 a 1.727..289

Título IV
Da Tutela, da Curatela e da Tomada de Decisão Apoiada

Capítulo I – Da Tutela – arts. 1.728 a 1.766..290
Seção I – Dos Tutores – arts. 1.728 a 1.734 290
Seção II – Dos Incapazes de Exercer a Tutela – art. 1.735 291
Seção III – Da Escusa dos Tutores – arts. 1.736 a 1.739....................292

ÍNDICE SISTEMÁTICO DO CÓDIGO CIVIL | XXIII

Seção IV – Do Exercício da Tutela – arts. 1.740 a 1.752 292
Seção V – Dos Bens do Tutelado – arts. 1.753 e 1.754........................294
Seção VI – Da Prestação de Contas – arts. 1.755 a 1.762....................295
Seção VII – Da Cessação da Tutela – arts. 1.763 a 1.766 296
Capítulo II – Da Curatela – arts. 1.767 a 1.783 297
Seção I – Dos Interditos – arts. 1.767 a 1.778...................................297
Seção II – Da Curatela do Nascituro e do Enfermo ou Portador de
Deficiência Física – arts. 1.779 e 1.780.................................298
Seção III – Do Exercício da Curatela – arts. 1.781 a 1.783 298
Capítulo III – Da Tomada de Decisão Apoiada – art. 1.783-A 299

LIVRO V
DO DIREITO DAS SUCESSÕES

Título I
Da Sucessão em Geral

Capítulo I – Disposições Gerais – arts. 1.784 a 1.790.........................300
Capítulo II – Da Herança e de sua Administração – arts. 1.791
a 1.797 301
Capítulo III – Da Vocação Hereditária – arts. 1.798 a 1.803.................302
Capítulo IV – Da Aceitação e Renúncia da Herança – arts. 1.804
a 1.813 303
Capítulo V – Dos Excluídos da Sucessão – arts. 1.814 a 1.818 305
Capítulo VI – Da Herança Jacente – arts. 1.819 a 1.823.......................306
Capítulo VII – Da Petição de Herança – arts. 1.824 a 1.828 307

Título II
Da Sucessão Legítima

Capítulo I – Da Ordem da Vocação Hereditária – arts. 1.829 a 1.844...307
Capítulo II – Dos Herdeiros Necessários – arts. 1.845 a 1850 310
Capítulo III – Do Direito de Representação – arts. 1.851 a 1.856 310

Título III
Da Sucessão Testamentária

Capítulo I – Do Testamento em Geral – arts. 1.857 a 1.859 311
Capítulo II – Da Capacidade de Testar – arts. 1.860 e 1.861................311
Capítulo III – Das Formas Ordinárias do Testamento – arts. 1.862
a 1.880 311
Seção I – Disposições Gerais – arts. 1.862 e 1.863 311
Seção II – Do Testamento Público – arts. 1.864 a 1.867 312
Seção III – Do Testamento Cerrado – arts. 1.868 a 1.875...................312
Seção IV – Do Testamento Particular – arts. 1.876 a 1.880................313
Capítulo IV – Dos Codicilos – arts. 1.881 a 1.885................................314
Capítulo V – Dos Testamentos Especiais – arts. 1.886 a 1.896 315

Seção I – Disposições Gerais – arts. 1.886 e 1.887 315
Seção II – Do Testamento Marítimo e do Testamento Aeronáutico – arts. 1.888 a 1.892...315
Seção III – Do Testamento Militar – arts. 1.893 a 1.896.....................316
Capítulo VI – Das Disposições Testamentárias – arts. 1.897 a 1.911 316
Capítulo VII – Dos Legados – arts. 1.912 a 1.940.................................318
Seção I – Disposições Gerais – arts. 1.912 a 1.922 318
Seção II – Dos Efeitos do Legado e do seu Pagamento – arts. 1.923 a 1.938...320
Seção III – Da Caducidade dos Legados – arts. 1.939 e 1.940..........321
Capítulo VIII – Do Direito de Acrescer entre Herdeiros e Legatários – arts. 1.941 a 1.946 322
Capítulo IX – Das Substituições – arts. 1.947 a 1.960.........................323
Seção I – Da Substituição Vulgar e da Recíproca – arts. 1.947 a 1.950..323
Seção II – Da Substituição Fideicomissária – arts. 1.951 a 1.960......323
Capítulo X – Da Deserdação – arts. 1.961 a 1.965................................324
Capítulo XI – Da Redução das Disposições Testamentárias – arts. 1.966 a 1.968 325
Capítulo XII – Da Revogação do Testamento – arts. 1.969 a 1.972.......325
Capítulo XIII – Do Rompimento do Testamento – arts. 1.973 a 1.975 326
Capítulo XIV – Do Testamenteiro – arts. 1.976 a 1.990.......................326

Título IV
Do Inventário e da Partilha

Capítulo I – Do Inventário – art. 1.991...328
Capítulo II – Dos Sonegados – arts. 1.992 a 1.996 328
Capítulo III – Do Pagamento das Dívidas – arts. 1.997 a 2.001 329
Capítulo IV – Da Colação – arts. 2.002 a 2.012....................................330
Capítulo V – Da Partilha – arts. 2.013 a 2.022......................................331
Capítulo VI – Da Garantia dos Quinhões Hereditários – arts. 2.023 a 2.026 333
Capítulo VII – Da Anulação da Partilha – art. 2.027.............................333

LIVRO COMPLEMENTAR
DAS DISPOSIÇÕES FINAIS E TRANSITÓRIAS

Arts. 2.028 a 2.046 333

DECRETO-LEI N. 4.657,
DE 04 DE SETEMBRO DE 1942

Lei de Introdução às normas do Direito Brasileiro.
Ementa com redação dada pela Lei n. 12.376, 30.12.2010.

O PRESIDENTE DA REPÚBLICA, usando da atribuição que lhe confere o art. 180 da Constituição, decreta:

Art. 1º Salvo disposição contrária, a lei começa a vigorar em todo o País 45 (quarenta e cinco) dias depois de oficialmente publicada.

Veja art. 62, §§ 3º, 4º, 6º e 7º, CF.

Veja arts. 101 a 104, CTN.

§ 1º Nos Estados estrangeiros, a obrigatoriedade da lei brasileira, quando admitida, se inicia 3 (três) meses depois de oficialmente publicada.

§ 2º *(Revogado pela Lei n. 12.036, de 01.10.2009.)*

§ 3º Se, antes de entrar a lei em vigor, ocorrer nova publicação de seu texto, destinada a correção, o prazo deste artigo e dos parágrafos anteriores começará a correr da nova publicação.

§ 4º As correções a texto de lei já em vigor consideram-se lei nova.

Art. 2º Não se destinando à vigência temporária, a lei terá vigor até que outra a modifique ou revogue.

§ 1º A lei posterior revoga a anterior quando expressamente o declare, quando seja com ela incompatível ou quando regule inteiramente a matéria de que tratava a lei anterior.

§ 2º A lei nova, que estabeleça disposições gerais ou especiais a par das já existentes, não revoga nem modifica a lei anterior.

§ 3º Salvo disposição em contrário, a lei revogada não se restaura por ter a lei revogadora perdido a vigência.

Art. 3º Ninguém se escusa de cumprir a lei, alegando que não a conhece.

Art. 4º Quando a lei for omissa, o juiz decidirá o caso de acordo com a analogia, os costumes e os princípios gerais de direito.

Art. 5º Na aplicação da lei, o juiz atenderá aos fins sociais a que ela se dirige e às exigências do bem comum.

Art. 6º A Lei em vigor terá efeito imediato e geral, respeitados o ato jurídico perfeito, o direito adquirido e a coisa julgada.

2 | ARTS. 6º E 7º – DECRETO-LEI N. 4.657/42

Caput com redação dada pela Lei n. 3.238, de 01.08.1957.

Veja art. 5º, XXXVI, CF.

Veja art. 1.577, CC.

§ 1º Reputa-se ato jurídico perfeito o já consumado segundo a lei vigente ao tempo em que se efetuou.

Parágrafo acrescentado pela Lei n. 3.238, de 01.08.1957.

§ 2º Consideram-se adquiridos assim os direitos que o seu titular, ou alguém por ele, possa exercer, como aqueles cujo começo do exercício tenha termo prefixo, ou condição preestabelecida inalterável, a arbítrio de outrem.

Parágrafo acrescentado pela Lei n. 3.238, de 01.08.1957.

§ 3º Chama-se coisa julgada ou caso julgado a decisão judicial de que já não caiba recurso.

Parágrafo acrescentado pela Lei n. 3.238, de 01.08.1957.

Art. 7º A lei do país em que for domiciliada a pessoa determina as regras sobre o começo e o fim da personalidade, o nome, a capacidade e os direitos de família.

Veja arts. 1º a 8º, 11 a 21, 70 a 78 e 1.511 a 1.783-A, CC.

§ 1º Realizando-se o casamento no Brasil, será aplicada a lei brasileira quanto aos impedimentos dirimentes e às formalidades da celebração.

Veja arts. 1.521 e 1.533 a 1.542, CC.

§ 2º O casamento de estrangeiros poderá celebrar-se perante autoridades diplomáticas ou consulares do país de ambos os nubentes.

Parágrafo com redação dada pela Lei n. 3.238, de 01.08.1957.

§ 3º Tendo os nubentes domicílio diverso, regerá os casos de invalidade do matrimônio a lei do primeiro domicílio conjugal.

Veja arts. 1.548 a 1.564, CC.

§ 4º O regime de bens, legal ou convencional, obedece à lei do país em que tiverem os nubentes domicílio, e, se este for diverso, à do primeiro domicílio conjugal.

Veja arts. 1.639, 1.640 e 1.653, CC.

§ 5º O estrangeiro casado, que se naturalizar brasileiro, pode, mediante expressa anuência de seu cônjuge, requerer ao juiz, no ato de entrega do decreto de naturalização, se apostile ao mesmo a adoção do regime de comunhão parcial de bens, respeitados os direitos de terceiros e dada esta adoção ao competente registro.

Parágrafo com redação dada pela Lei n. 6.515, de 26.12.1977.

Veja arts. 1.658 a 1.666, CC.

§ 6º O divórcio realizado no estrangeiro, se um ou ambos os cônjuges forem brasileiros, só será reconhecido no Brasil depois de 1 (um) ano da data da sentença, salvo se houver sido antecedida de separação judicial por igual prazo, caso em que a homologação produzirá efeito imediato, obedecidas as condições estabelecidas para a eficácia das sentenças estrangeiras no país. O Superior Tribunal de Justiça, na forma de seu regimento interno, poderá reexaminar, a requerimento do interessado, decisões já proferidas em pe-

DECRETO-LEI N. 4.657/42 – ARTS. 7º A 10 | 3

didos de homologação de sentenças estrangeiras de divórcio de brasileiros, a fim de que passem a produzir todos os efeitos legais.

Parágrafo com redação dada pela Lei n. 12.036, de 01.10.2009.

Veja arts. 1.571 e segs., CC.

Veja arts. 960, § 2º, e 961, CPC.

§ 7º Salvo o caso de abandono, o domicílio do chefe da família estende-se ao outro cônjuge e aos filhos não emancipados, e o do tutor ou curador aos incapazes sob sua guarda.

Veja arts. 226, § 5º, e 227, § 6º, CF.

Veja art. 76, CC.

§ 8º Quando a pessoa não tiver domicílio, considerar-se-á domiciliada no lugar de sua residência ou naquele em que se encontre.

Veja arts. 70 a 73, CC.

Veja art. 46, § 3º, CPC.

Art. 8º Para qualificar os bens e regular as relações a eles concernentes, aplicar-se-á a lei do país em que estiverem situados.

Veja Lei n. 8.617, de 04.01.1993.

§ 1º Aplicar-se-á a lei do país em que for domiciliado o proprietário, quanto aos bens móveis que ele trouxer ou se destinarem a transporte para outros lugares.

§ 2º O penhor regula-se pela lei do domicílio que tiver a pessoa, em cuja posse se encontre a coisa apenhada.

Veja arts. 1.431 e segs., CC.

Art. 9º Para qualificar e reger as obrigações, aplicar-se-á a lei do país em que se constituírem.

§ 1º Destinando-se a obrigação a ser executada no Brasil e dependendo de forma essencial, será esta observada, admitidas as peculiaridades da lei estrangeira quanto aos requisitos extrínsecos do ato.

Veja DL n. 857, de 11.09.1969.

§ 2º A obrigação resultante do contrato reputa-se constituída no lugar em que residir o proponente.

Veja art. 435, CC.

Art. 10. A sucessão por morte ou por ausência obedece à lei do país em que era domiciliado o defunto ou o desaparecido, qualquer que seja a natureza e a situação dos bens.

Veja arts. 26 a 39 e 1.784 a 1.990, CC.

§ 1º A sucessão de bens de estrangeiros, situados no País, será regulada pela lei brasileira em benefício do cônjuge ou dos filhos brasileiros, ou de quem os represente, sempre que não lhes seja mais favorável a lei pessoal do *de cujus*.

Parágrafo com redação dada pela Lei n. 9.047, de 18.05.1995.

Veja art. 5º, XXXI, CF.

Veja arts. 1.851 a 1.856, CC.

Veja art. 17 do DL n. 3.200, de 19.04.1941.

4 | ARTS. 10 A 14 – DECRETO-LEI N. 4.657/42

§ 2º A lei do domicílio do herdeiro ou legatário regula a capacidade para suceder.

Veja arts. 1.787 e 1.798 a 1.803, CC.

Art. 11. As organizações destinadas a fins de interesse coletivo, como as sociedades e as fundações, obedecem à lei do Estado em que se constituírem.

Veja arts. 62 a 69 e 981 a 1.141, CC.

Veja art. 75, § 3º, CPC.

§ 1º Não poderão, entretanto, ter no Brasil filiais, agências ou estabelecimentos antes de serem os atos constitutivos aprovados pelo Governo brasileiro, ficando sujeitas à lei brasileira.

Veja arts. 1.134 a 1.141 e 1.150 a 1.154, CC.

Veja art. 21, parágrafo único, CPC.

Veja Decreto n. 24.643, de 10.07.1934.

Veja DL n. 2.980, de 24.01.1941.

Veja art. 74, DL n. 73, de 21.11.1966.

Veja DL n. 227, de 28.02.1967.

Veja art. 32, II, c, Lei n. 8.934, de 18.11.1994.

§ 2º Os governos estrangeiros, bem como as organizações de qualquer natureza, que eles tenham constituído, dirijam ou hajam investido de funções públicas, não poderão adquirir no Brasil bens imóveis ou suscetíveis de desapropriação.

Veja art. 23, I, CPC.

§ 3º Os governos estrangeiros podem adquirir a propriedade dos prédios necessários à sede dos representantes diplomáticos ou dos agentes consulares.

Art. 12. É competente a autoridade judiciária brasileira, quando for o réu domiciliado no Brasil ou aqui tiver de ser cumprida a obrigação.

§ 1º Só à autoridade judiciária brasileira compete conhecer das ações relativas a imóveis situados no Brasil.

Veja art. 23, I, CPC.

§ 2º A autoridade judiciária brasileira cumprirá, concedido o *exequatur* e segundo a forma estabelecida pela lei brasileira, as diligências deprecadas por autoridade estrangeira competente, observando a lei desta, quanto ao objeto das diligências.

Veja art. 105, I, i, e 109, X, CF.

Veja arts. 21, 23, 36, 46, § 3º, 47, 268, 256, § 1º, e 377, CPC.

Art. 13. A prova dos fatos ocorridos em país estrangeiro rege-se pela lei que nele vigorar, quanto ao ônus e aos meios de produzir-se, não admitindo os tribunais brasileiros provas que a lei brasileira desconheça.

Veja arts. 109 e 212 a 232, CC.

Veja arts. 369, 373, 374 e 376, CPC.

Veja art. 32, LRP.

Art. 14. Não conhecendo a lei estrangeira, poderá o juiz exigir de quem a invoca prova do texto e da vigência.

DECRETO-LEI N. 4.657/42 – ARTS. 14 A 19 | 5

Veja art. 376, CPC.

Art. 15. Será executada no Brasil a sentença proferida no estrangeiro, que reúna os seguintes requisitos:

a) haver sido proferida por juiz competente;

b) terem sido as partes citadas ou haver-se legalmente verificado a revelia;

c) ter passado em julgado e estar revestida das formalidades necessárias para a execução no lugar em que foi proferida;

d) estar traduzida por intérprete autorizado;

e) ter sido homologada pelo Supremo Tribunal Federal.

Veja art. 105, I, *i*, CF, sobre a competência para homologar sentenças estrangeiras pelo STJ.

Parágrafo único. *(Revogado pela Lei n. 12.036, de 01.10.2009.)*

Art. 16. Quando, nos termos dos artigos precedentes, se houver de aplicar a lei estrangeira, ter-se-á em vista a disposição desta, sem considerar-se qualquer remissão por ela feita a outra lei.

Art. 17. As leis, atos e sentenças de outro país, bem como quaisquer declarações de vontade, não terão eficácia no Brasil, quando ofenderem a soberania nacional, a ordem pública e os bons costumes.

Veja art. 781, CPP.

Art. 18. Tratando-se de brasileiros, são competentes as autoridades consulares brasileiras para lhes celebrar o casamento e os mais atos de Registro Civil e de tabelionato, inclusive o registro de nascimento e de óbito dos filhos de brasileiro ou brasileira nascidos no país da sede do Consulado.

Caput com redação dada pela Lei n. 3.238, de 01.08.1957.

Veja art. 12, I, *c*, CF.

Veja art. 32, LRP.

§ 1º As autoridades consulares brasileiras também poderão celebrar a separação consensual e o divórcio consensual de brasileiros, não havendo filhos menores ou incapazes do casal e observados os requisitos legais quanto aos prazos, devendo constar da respectiva escritura pública as disposições relativas à descrição e à partilha dos bens comuns e à pensão alimentícia e, ainda, ao acordo quanto à retomada pelo cônjuge de seu nome de solteiro ou à manutenção do nome adotado quando se deu o casamento.

Parágrafo acrescentado pela Lei n. 12.874, de 29.10.2013.

§ 2º É indispensável a assistência de advogado, devidamente constituído, que se dará mediante a subscrição de petição, juntamente com ambas as partes, ou com apenas uma delas, caso a outra constitua advogado próprio, não se fazendo necessário que a assinatura do advogado conste da escritura pública.

Parágrafo acrescentado pela Lei n. 12.874, de 29.10.2013.

Art. 19. Reputam-se válidos todos os atos indicados no artigo anterior e celebrados pelos cônsules brasileiros na vigência do Decreto-lei n. 4.657, de 04 de setembro de 1942, desde que satisfaçam todos os requisitos legais.

Caput acrescentado pela Lei n. 3.238, de 01.08.1957.

6 | ARTS. 19 A 23 – DECRETO-LEI N. 4.657/42

Parágrafo único. No caso em que a celebração desses atos tiver sido recusada pelas autoridades consulares, com fundamento no art. 18 do mesmo Decreto-lei, ao interessado é facultado renovar o pedido dentre em 90 (noventa) dias contados da data da publicação desta Lei.

Parágrafo acrescentado pela Lei n. 3.238, de 01.08.1957.

Art. 20. Nas esferas administrativa, controladora e judicial, não se decidirá com base em valores jurídicos abstratos sem que sejam consideradas as consequências práticas da decisão.

Artigo acrescentado pela Lei n. 13.655, de 25.04.2018.

Parágrafo único. A motivação demonstrará a necessidade e a adequação da medida imposta ou da invalidação de ato, contrato, ajuste, processo ou norma administrativa, inclusive em face das possíveis alternativas.

Art. 21. A decisão que, nas esferas administrativa, controladora ou judicial, decretar a invalidação de ato, contrato, ajuste, processo ou norma administrativa deverá indicar de modo expresso suas consequências jurídicas e administrativas.

Artigo acrescentado pela Lei n. 13.655, de 25.04.2018.

Parágrafo único. A decisão a que se refere o *caput* deste artigo deverá, quando for o caso, indicar as condições para que a regularização ocorra de modo proporcional e equânime e sem prejuízo aos interesses gerais, não se podendo impor aos sujeitos atingidos ônus ou perdas que, em função das peculiaridades do caso, sejam anormais ou excessivos.

Art. 22. Na interpretação de normas sobre gestão pública, serão considerados os obstáculos e as dificuldades reais do gestor e as exigências das políticas públicas a seu cargo, sem prejuízo dos direitos dos administrados.

Artigo acrescentado pela Lei n. 13.655, de 25.04.2018.

§ 1º Em decisão sobre regularidade de conduta ou validade de ato, contrato, ajuste, processo ou norma administrativa, serão consideradas as circunstâncias práticas que houverem imposto, limitado ou condicionado a ação do agente.

§ 2º Na aplicação de sanções, serão consideradas a natureza e a gravidade da infração cometida, os danos que dela provierem para a administração pública, as circunstâncias agravantes ou atenuantes e os antecedentes do agente.

§ 3º As sanções aplicadas ao agente serão levadas em conta na dosimetria das demais sanções de mesma natureza e relativas ao mesmo fato.

Art. 23. A decisão administrativa, controladora ou judicial que estabelecer interpretação ou orientação nova sobre norma de conteúdo indeterminado, impondo novo dever ou novo condicionamento de direito, deverá prever regime de transição quando indispensável para que o novo dever ou condicionamento de direito seja cumprido de modo proporcional, equânime e eficiente e sem prejuízo aos interesses gerais.

Artigo acrescentado pela Lei n. 13.655, de 25.04.2018.

Parágrafo único. (*Vetado.*)

DECRETO-LEI N. 4.657/42 – ARTS. 24 A 29 | 7

Art. 24. A revisão, nas esferas administrativa, controladora ou judicial, quanto à validade de ato, contrato, ajuste, processo ou norma administrativa cuja produção já se houver completado levará em conta as orientações gerais da época, sendo vedado que, com base em mudança posterior de orientação geral, se declarem inválidas situações plenamente constituídas.
Artigo acrescentado pela Lei n. 13.655, de 25.04.2018.

Parágrafo único. Consideram-se orientações gerais as interpretações e especificações contidas em atos públicos de caráter geral ou em jurisprudência judicial ou administrativa majoritária, e ainda as adotadas por prática administrativa reiterada e de amplo conhecimento público.

Art. 25. (*Vetado.*)
Artigo acrescentado pela Lei n. 13.655, de 25.04.2018.

Art. 26. Para eliminar irregularidade, incerteza jurídica ou situação contenciosa na aplicação do direito público, inclusive no caso de expedição de licença, a autoridade administrativa poderá, após oitiva do órgão jurídico e, quando for o caso, após realização de consulta pública, e presentes razões de relevante interesse geral, celebrar compromisso com os interessados, observada a legislação aplicável, o qual só produzirá efeitos a partir de sua publicação oficial.
Artigo acrescentado pela Lei n. 13.655, de 25.04.2018.

§ 1º O compromisso referido no *caput* deste artigo:
I – buscará solução jurídica proporcional, equânime, eficiente e compatível com os interesses gerais;
II – (*vetado*);
III – não poderá conferir desoneração permanente de dever ou condicionamento de direito reconhecidos por orientação geral;
IV – deverá prever com clareza as obrigações das partes, o prazo para seu cumprimento e as sanções aplicáveis em caso de descumprimento.
§ 2º (*Vetado.*)

Art. 27. A decisão do processo, nas esferas administrativa, controladora ou judicial, poderá impor compensação por benefícios indevidos ou prejuízos anormais ou injustos resultantes do processo ou da conduta dos envolvidos.
Artigo acrescentado pela Lei n. 13.655, de 25.04.2018.

§ 1º A decisão sobre a compensação será motivada, ouvidas previamente as partes sobre seu cabimento, sua forma e, se for o caso, seu valor.
§ 2º Para prevenir ou regular a compensação, poderá ser celebrado compromisso processual entre os envolvidos.

Art. 28. O agente público responderá pessoalmente por suas decisões ou opiniões técnicas em caso de dolo ou erro grosseiro.
Artigo acrescentado pela Lei n. 13.655, de 25.04.2018.
§§ 1º a 3º (*Vetados.*)

Art. 29. Em qualquer órgão ou Poder, a edição de atos normativos por autoridade administrativa, salvo os de mera organização interna, poderá ser precedida de consulta pública para manifestação de interessados, preferencialmente por meio eletrônico, a qual será considerada na decisão.

Artigo acrescentado pela Lei n. 13.655, de 25.04.2018.

§ 1º A convocação conterá a minuta do ato normativo e fixará o prazo e demais condições da consulta pública, observadas as normas legais e regulamentares específicas, se houver.

§ 2º (*Vetado.*)

Art. 30. As autoridades públicas devem atuar para aumentar a segurança jurídica na aplicação das normas, inclusive por meio de regulamentos, súmulas administrativas e respostas a consultas.

Artigo acrescentado pela Lei n. 13.655, de 25.04.2018.

Parágrafo único. Os instrumentos previstos no *caput* deste artigo terão caráter vinculante em relação ao órgão ou entidade a que se destinam, até ulterior revisão.

Rio de Janeiro, 04 de setembro de 1942;
121º da Independência e 54º da República.

GETÚLIO VARGAS

LEI N. 10.406,
DE 10 DE JANEIRO DE 2002

Institui o Código Civil.

O PRESIDENTE DA REPÚBLICA:

Faço saber que o CONGRESSO NACIONAL decreta e eu sanciono a seguinte Lei:

PARTE GERAL

LIVRO I
DAS PESSOAS

TÍTULO I
DAS PESSOAS NATURAIS

CAPÍTULO I
DA PERSONALIDADE E DA CAPACIDADE

Art. 1º Toda pessoa é capaz de direitos e deveres na ordem civil.

Veja arts. 3º a 5º, CC.

Veja arts. 1º, III, 3º, IV, 5º, I, VI, XLI e XLII, e 19, I, CF.

Veja art. 70, CPC.

Veja art. 7º, Lindb.

Art. 2º A personalidade civil da pessoa começa do nascimento com vida; mas a lei põe a salvo, desde a concepção, os direitos do nascituro.

Veja arts. 11 a 21, 115, 166, I, 542, 1.596, 1.609, parágrafo único, 1.779, 1.798, 1.799, I, 1.800 e 1.952, CC.

Veja art. 5º, CF.

Veja arts. 50, 71, 178, II, 843, § 2º, e 896, CPC.

Art. 3º São absolutamente incapazes de exercer pessoalmente os atos da vida civil os menores de 16 (dezesseis) anos.

Caput com redação dada pela Lei n. 13.146, de 06.07.2015.

Veja arts. 76, 115 a 120, 166, I, 198, I, 543 e 928, CC.

Veja arts. 7º, XXXIII, 227, § 3º, 229 e 230, §§ 1º e 2º, CF.

10 | ARTS. 3º A 5º – CÓDIGO CIVIL

Veja arts. 50, 70 a 72, 76, *caput* e § 1º, 178, II, 447, 843, § 2º, e 896, CPC.

Veja art. 30, § 5º, DL n. 891, de 25.11.1938.

Veja art. 5º, Lei n. 9.434, de 04.02.1997.

I a III – (*Revogados pela Lei n. 13.146, de 06.07.2015.*)

Art. 4º São incapazes, relativamente a certos atos ou à maneira de os exercer:

Caput com redação dada pela Lei n. 13.146, de 06.07.2015.

Veja arts. 76, 171, I, e 928, CC.

Veja arts. 22, XIV, 49, XVI, 129, V, 176, § 1º, e 210, § 2º, CF.

Veja arts. 71, 72, 76, *caput* e § 1º, 745, 747 a 749, 751 a 756, 759 a 763, CPC.

Veja art. 30, § 5º, DL n. 891, de 25.11.1938.

Veja art. 5º, Lei n. 9.434, de 04.02.1997.

I – os maiores de dezesseis e menores de dezoito anos;

Veja arts. 5º, parágrafo único, 180, 666, 1.517, 1.634, VII, 1.690, 1.747, I, e 1.860, parágrafo único, CC.

Veja art. 447, § 1º, III, CPC.

II – os ébrios habituais e os viciados em tóxico;

Inciso com redação dada pela Lei n. 13.146, de 06.07.2015.

Veja art. 1.767, III, CC.

Veja Lei n. 11.343, de 23.08.2006.

III – aqueles que, por causa transitória ou permanente, não puderem exprimir sua vontade;

Inciso com redação dada pela Lei n. 13.146, de 06.07.2015.

Veja art. 1.767, IV, CC.

IV – os pródigos.

Veja arts. 1.767, V, e 1.782, CC.

Parágrafo único. A capacidade dos indígenas será regulada por legislação especial.

Parágrafo com redação dada pela Lei n. 13.146, de 06.07.2015.

Veja arts. 231 e 232, CF.

Art. 5º A menoridade cessa aos dezoito anos completos, quando a pessoa fica habilitada à prática de todos os atos da vida civil.

Veja arts. 1º, 1.635, III, 1.763, I, e 1.778, CC.

Veja arts. 71, 72, 76, *caput* e § 1º, e 447, § 1º, CPC.

Veja arts. 27, 65, I, e 115, CP.

Veja art. 50, § 3º, LRP.

Veja arts. 2º, parágrafo único, e 142, ECA.

Veja art. 5º, Lei n. 9.434, de 04.02.1997.

Parágrafo único. Cessará, para os menores, a incapacidade:

Veja arts. 3º, 4º, I, 9º, II, 1.630 e 1.635, II, CC.

I – pela concessão dos pais, ou de um deles na falta do outro, mediante instrumento público, independentemente de homologação judicial, ou por sentença do juiz, ouvido o tutor, se o menor tiver dezesseis anos completos;

Veja art. 226, § 5º, CF.

Veja art. 725, I, CPC.

CÓDIGO CIVIL – ARTS. 5º A 10 | 11

Veja art. 2º, I e parágrafo único, Lei n. 12.852, de 05.08.2013.

II – pelo casamento;

Veja art. 226, CF.

III – pelo exercício de emprego público efetivo;

IV – pela colação de grau em curso de ensino superior;

V – pelo estabelecimento civil ou comercial, ou pela existência de relação de emprego, desde que, em função deles, o menor com dezesseis anos completos tenha economia própria.

Veja arts. 972, 976 e 1.142, CC.

Art. 6º A existência da pessoa natural termina com a morte; presume-se esta, quanto aos ausentes, nos casos em que a lei autoriza a abertura de sucessão definitiva.

Veja arts. 22, 23, 37 a 39, 607, 1.410, I, 1.571, I e § 1º, e 1.635, I, CC.

Veja arts. 104 a 106, 744 e 745, CPC.

Art. 7º Pode ser declarada a morte presumida, sem decretação de ausência:

Veja arts. 9º, IV, e 22 a 39, CC.

Veja arts. 381, § 5º, 382, § 1º, 383, parágrafo único, CPC.

I – se for extremamente provável a morte de quem estava em perigo de vida;

II – se alguém, desaparecido em campanha ou feito prisioneiro, não for encontrado até dois anos após o término da guerra.

Parágrafo único. A declaração da morte presumida, nesses casos, somente poderá ser requerida depois de esgotadas as buscas e averiguações, devendo a sentença fixar a data provável do falecimento.

Art. 8º Se dois ou mais indivíduos falecerem na mesma ocasião, não se podendo averiguar se algum dos comorientes precedeu aos outros, presumir-se-ão simultaneamente mortos.

Art. 9º Serão registrados em registro público:

Veja art. 29, LRP.

I – os nascimentos, casamentos e óbitos;

Veja arts. 1.512, parágrafo único, 1.516, 1.543, 1.545, 1.546 e 1.604, CC.

II – a emancipação por outorga dos pais ou por sentença do juiz;

Veja art. 5º, parágrafo único, I, CC.

Veja art. 226, § 5º, CF.

Veja art. 725, I, CPC.

III – a interdição por incapacidade absoluta ou relativa;

Veja arts. 3º, 4º e 1.767, CC.

Veja art. 755, § 3º, CPC.

IV – a sentença declaratória de ausência e de morte presumida.

Veja arts. 7º, 22 e 23, CC.

Art. 10. Far-se-á averbação em registro público:

I – das sentenças que decretarem a nulidade ou anulação do casamento, o divórcio, a separação judicial ou o restabelecimento da sociedade conjugal;

Veja arts. 1.548 a 1.564 e 1.571 a 1.582, CC.

Veja EC n. 66, de 13.07.2010.

12 | ARTS. 10 A 16 – CÓDIGO CIVIL

II – dos atos judiciais ou extrajudiciais que declararem ou reconhecerem a filiação;

Veja art. 1.609, CC.

III – (*Revogado pela Lei n. 12.010, de 03.08.2009.*)

CAPÍTULO II
DOS DIREITOS DA PERSONALIDADE

Art. 11. Com exceção dos casos previstos em lei, os direitos da personalidade são intransmissíveis e irrenunciáveis, não podendo o seu exercício sofrer limitação voluntária.

Veja art. 52, CC.

Veja arts. 1º, III, 3º, IV, e 5º, V e X, CF.

Art. 12. Pode-se exigir que cesse a ameaça, ou a lesão, a direito da personalidade, e reclamar perdas e danos, sem prejuízo de outras sanções previstas em lei.

Veja arts. 186, 402 a 405, 927, 935 e 944 a 954, CC.

Veja arts. 1º, III, 5º, III a VI, VIII a XVII, XX, XXII, XXV, XXVII a XXIX, XXXIII a XXXVI, XLI, XLIX, L, LIV, LX, LXI, LXIII, LXV, LXVI, LXVIII, LXIX, LXXI e LXXII, e 142, § 2º, CF.

Veja arts. 148, 497 e 536, § 4º, CPC.

Veja Súmula n. 642, STJ.

Parágrafo único. Em se tratando de morto, terá legitimação para requerer a medida prevista neste artigo o cônjuge sobrevivente, ou qualquer parente em linha reta, ou colateral até o quarto grau.

Veja arts. 20, parágrafo único, 943 e 1.591 a 1.595, CC.

Art. 13. Salvo por exigência médica, é defeso o ato de disposição do próprio corpo, quando importar diminuição permanente da integridade física, ou contrariar os bons costumes.

Veja art. 196, CF.

Veja arts. 1º e 9º, § 3º, Lei n. 9.434, de 04.02.1997.

Parágrafo único. O ato previsto neste artigo será admitido para fins de transplante, na forma estabelecida em lei especial.

Art. 14. É válida, com objetivo científico, ou altruístico, a disposição gratuita do próprio corpo, no todo ou em parte, para depois da morte.

Veja art. 199, § 4º, CF.

Veja arts. 1º e 9º, Lei n. 9.434, de 04.02.1997.

Veja art. 17, Decreto n. 9.175, de 18.10.2017.

Parágrafo único. O ato de disposição pode ser livremente revogado a qualquer tempo.

Art. 15. Ninguém pode ser constrangido a submeter-se, com risco de vida, a tratamento médico ou a intervenção cirúrgica.

Art. 16. Toda pessoa tem direito ao nome, nele compreendidos o prenome e o sobrenome.

Veja arts. 1.565, § 1º, 1.571, § 2º, 1.578 e 1.596, CC.

Veja art. 227, § 6º, CF.

CÓDIGO CIVIL – ARTS. 17 A 23 | 13

Art. 17. O nome da pessoa não pode ser empregado por outrem em publicações ou representações que a exponham ao desprezo público, ainda quando não haja intenção difamatória.

Art. 18. Sem autorização, não se pode usar o nome alheio em propaganda comercial.

Art. 19. O pseudônimo adotado para atividades lícitas goza da proteção que se dá ao nome.

Art. 20. Salvo se autorizadas, ou se necessárias à administração da justiça ou à manutenção da ordem pública, a divulgação de escritos, a transmissão da palavra, ou a publicação, a exposição ou a utilização da imagem de uma pessoa poderão ser proibidas, a seu requerimento e sem prejuízo da indenização que couber, se lhe atingirem a honra, a boa fama ou a respeitabilidade, ou se se destinarem a fins comerciais.

Veja ADIn n. 4.815.

Veja arts. 186, 187 e 953, CC.

Veja art. 5º, V, IX, X e XXVIII, *a*, CF.

Veja arts. 296, 297, parágrafo único, 298, 300, *caput* e § 3º, 305, parágrafo único, 311, 356 e 335, *caput*, CPC.

Parágrafo único. Em se tratando de morto ou de ausente, são partes legítimas para requerer essa proteção o cônjuge, os ascendentes ou os descendentes.

Veja arts. 6º, 7º, 12, parágrafo único, 22, 23, 25 e 943, CC.

Veja art. 485, VI, CPC.

Art. 21. A vida privada da pessoa natural é inviolável, e o juiz, a requerimento do interessado, adotará as providências necessárias para impedir ou fazer cessar ato contrário a esta norma.

Veja ADIn n. 4.815.

Veja art. 5º, X, XI e XXV, CF.

Veja arts. 296 a 298, 300, *caput* e § 3º, 305, parágrafo único, 311, 356 e 485, VI, CPC.

CAPÍTULO III
DA AUSÊNCIA

Seção I
Da Curadoria dos Bens do Ausente

Art. 22. Desaparecendo uma pessoa do seu domicílio sem dela haver notícia, se não houver deixado representante ou procurador a quem caiba administrar-lhe os bens, o juiz, a requerimento de qualquer interessado ou do Ministério Público, declarará a ausência, e nomear-lhe-á curador.

Veja arts. 6º, 9º, IV, 20, parágrafo único, 198, II, 335, III, 1.571, § 1º, 1.728, I, e 1.759, CC.

Veja arts. 49, 71, 72, parágrafo único, 76, 242, § 1º, 548, 626, 671, 744 e 745, CPC.

Art. 23. Também se declarará a ausência, e se nomeará curador, quando o ausente deixar mandatário que não queira ou não possa exercer ou continuar o mandato, ou se os seus poderes forem insuficientes.

Veja arts. 9º, IV, 115, 653 e 682, I a III, CC.

Art. 24. O juiz, que nomear o curador, fixar-lhe-á os poderes e obrigações, conforme as circunstâncias, observando, no que for aplicável, o disposto a respeito dos tutores e curadores.

Veja arts. 1.728 a 1.783-A, CC.

Veja arts. 739, § 1º, 759 e 760, CPC.

Art. 25. O cônjuge do ausente, sempre que não esteja separado judicialmente, ou de fato por mais de dois anos antes da declaração da ausência, será o seu legítimo curador.

Veja arts. 1.570, 1.651, 1.775 e 1.783, CC.

Veja art. 5º, I, CF.

§ 1º Em falta do cônjuge, a curadoria dos bens do ausente incumbe aos pais ou aos descendentes, nesta ordem, não havendo impedimento que os iniba de exercer o cargo.

Veja art. 1.591, CC.

§ 2º Entre os descendentes, os mais próximos precedem os mais remotos.

§ 3º Na falta das pessoas mencionadas, compete ao juiz a escolha do curador.

Veja art. 744, CPC.

Seção II
Da Sucessão Provisória

Art. 26. Decorrido um ano da arrecadação dos bens do ausente, ou, se ele deixou representante ou procurador, em se passando três anos, poderão os interessados requerer que se declare a ausência e se abra provisoriamente a sucessão.

Veja art. 28, § 1º, CC.

Veja art. 5º, XXXI, CF.

Veja art. 745, §§ 1º a 3º, CPC.

Art. 27. Para o efeito previsto no artigo anterior, somente se consideram interessados:

I – o cônjuge não separado judicialmente;

II – os herdeiros presumidos, legítimos ou testamentários;

Veja arts. 1.799 e 1.829, CC.

III – os que tiverem sobre os bens do ausente direito dependente de sua morte;

Veja arts. 547, 1.923 e 1.951, CC.

IV – os credores de obrigações vencidas e não pagas.

Art. 28. A sentença que determinar a abertura da sucessão provisória só produzirá efeito cento e oitenta dias depois de publicada pela imprensa; mas, logo que passe em julgado, proceder-se-á à abertura do testamento, se houver, e ao inventário e partilha dos bens, como se o ausente fosse falecido.

§ 1º Findo o prazo a que se refere o art. 26, e não havendo interessados na sucessão provisória, cumpre ao Ministério Público requerê-la ao juízo competente.

CÓDIGO CIVIL – ARTS. 28 A 34 | 15

§ 2º Não comparecendo herdeiro ou interessado para requerer o inventário até trinta dias depois de passar em julgado a sentença que mandar abrir a sucessão provisória, proceder-se-á à arrecadação dos bens do ausente pela forma estabelecida nos arts. 1.819 a 1.823.

Art. 29. Antes da partilha, o juiz, quando julgar conveniente, ordenará a conversão dos bens móveis, sujeitos a deterioração ou a extravio, em imóveis ou em títulos garantidos pela União.

Veja arts. 33 e 79 a 84, CC.

Veja art. 730, CPC.

Art. 30. Os herdeiros, para se imitirem na posse dos bens do ausente, darão garantias da restituição deles, mediante penhores ou hipotecas equivalentes aos quinhões respectivos.

Veja arts. 1.431 a 1.505, CC.

Veja art. 1.166, CPC.

§ 1º Aquele que tiver direito à posse provisória, mas não puder prestar a garantia exigida neste artigo, será excluído, mantendo-se os bens que lhe deviam caber sob a administração do curador, ou de outro herdeiro designado pelo juiz, e que preste essa garantia.

Veja art. 34, CC.

§ 2º Os ascendentes, os descendentes e o cônjuge, uma vez provada a sua qualidade de herdeiros, poderão, independentemente de garantia, entrar na posse dos bens do ausente.

Veja arts. 1.591, 1.595, 1.829 e 1.845, CC.

Art. 31. Os imóveis do ausente só se poderão alienar, não sendo por desapropriação, ou hipotecar, quando o ordene o juiz, para lhes evitar a ruína.

Veja arts. 79 a 81, CC.

Art. 32. Empossados nos bens, os sucessores provisórios ficarão representando ativa e passivamente o ausente, de modo que contra eles correrão as ações pendentes e as que de futuro àquele forem movidas.

Veja arts. 115 e 1.792, CC.

Art. 33. O descendente, ascendente ou cônjuge que for sucessor provisório do ausente, fará seus todos os frutos e rendimentos dos bens que a este couberem; os outros sucessores, porém, deverão capitalizar metade desses frutos e rendimentos, segundo o disposto no art. 29, de acordo com o representante do Ministério Público, e prestar anualmente contas ao juiz competente.

Veja arts. 1.829, I a III, e 1.845, CC.

Parágrafo único. Se o ausente aparecer, e ficar provado que a ausência foi voluntária e injustificada, perderá ele, em favor do sucessor, sua parte nos frutos e rendimentos.

Art. 34. O excluído, segundo o art. 30, da posse provisória poderá, justificando falta de meios, requerer lhe seja entregue metade dos rendimentos do quinhão que lhe tocaria.

ARTS. 35 A 40 – CÓDIGO CIVIL

Art. 35. Se durante a posse provisória se provar a época exata do falecimento do ausente, considerar-se-á, nessa data, aberta a sucessão em favor dos herdeiros, que o eram àquele tempo.
Veja art. 1.784, CC.
Veja art. 745, § 3º, CPC.

Art. 36. Se o ausente aparecer, ou se lhe provar a existência, depois de estabelecida a posse provisória, cessarão para logo as vantagens dos sucessores nela imitidos, ficando, todavia, obrigados a tomar as medidas assecuratórias precisas, até a entrega dos bens a seu dono.

Seção III
Da Sucessão Definitiva

Art. 37. Dez anos depois de passada em julgado a sentença que concede a abertura da sucessão provisória, poderão os interessados requerer a sucessão definitiva e o levantamento das cauções prestadas.
Veja art. 6º, CC.
Veja art. 745, §§ 3º e 4º, CPC.

Art. 38. Pode-se requerer a sucessão definitiva, também, provando-se que o ausente conta oitenta anos de idade, e que de cinco datam as últimas notícias dele.
Veja art. 6º, CC.
Veja art. 745, § 3º,CPC.

Art. 39. Regressando o ausente nos dez anos seguintes à abertura da sucessão definitiva, ou algum de seus descendentes ou ascendentes, aquele ou estes haverão só os bens existentes no estado em que se acharem, os sub-rogados em seu lugar, ou o preço que os herdeiros e demais interessados houverem recebido pelos bens alienados depois daquele tempo.
Veja arts. 1.591, 1.798 e 1.799, CC.
Veja art. 745, § 4º, CPC.

Parágrafo único. Se, nos dez anos a que se refere este artigo, o ausente não regressar, e nenhum interessado promover a sucessão definitiva, os bens arrecadados passarão ao domínio do Município ou do Distrito Federal, se localizados nas respectivas circunscrições, incorporando-se ao domínio da União, quando situados em território federal.
Veja art. 1.822, CC.

TÍTULO II
DAS PESSOAS JURÍDICAS

CAPÍTULO I
DISPOSIÇÕES GERAIS

Art. 40. As pessoas jurídicas são de direito público, interno ou externo, e de direito privado.
Veja arts. 41, 42 e 44, CC.

CÓDIGO CIVIL – ARTS. 40 A 44 | 17

Veja art. 2°, Lei n. 9.605, de 12.02.1998.

Art. 41. São pessoas jurídicas de direito público interno:

Veja art. 1.489, I, CC.

Veja arts. 8° e 17, § 2°, CF.

Veja art. 75, I, CPC.

I – a União;

II – os Estados, o Distrito Federal e os Territórios;

III – os Municípios;

IV – as autarquias, inclusive as associações públicas;

Inciso com redação dada pela Lei n. 11.107, de 06.04.2005.

Veja art. 37, XIX, CF.

V – as demais entidades de caráter público criadas por lei.

Parágrafo único. Salvo disposição em contrário, as pessoas jurídicas de direito público, a que se tenha dado estrutura de direito privado, regem-se, no que couber, quanto ao seu funcionamento, pelas normas deste Código.

Art. 42. São pessoas jurídicas de direito público externo os Estados estrangeiros e todas as pessoas que forem regidas pelo direito internacional público.

Veja art. 4°, CF.

Art. 43. As pessoas jurídicas de direito público interno são civilmente responsáveis por atos dos seus agentes que nessa qualidade causem danos a terceiros, ressalvado direito regressivo contra os causadores do dano, se houver, por parte destes, culpa ou dolo.

Veja arts. 115 a 120, 145 a 150, 186 e 927 a 954, CC.

Veja art. 37, § 6°, CF.

Veja arts. 764, *caput* e § 2°, e 765, CPC.

Art. 44. São pessoas jurídicas de direito privado:

Veja arts. 2.033 e 2.034, CC.

Veja art. 173, §§ 1° a 3°, CF.

I – as associações;

Veja arts. 53 a 61 e 2.031, CC.

Veja art. 5°, XVII a XXI, CF.

Veja art. 4°, Lei n. 14.010, de 10.06.2020.

II – as sociedades;

Veja arts. 981 a 1.141, 2.031 e 2.037, CC.

Veja art. 4°, Lei n. 14.010, de 10.06.2020.

III – as fundações;

Veja arts. 62 a 69, 2.031 e 2.032, CC.

Veja art. 764, § 1°, CPC.

Veja art. 4°, Lei n. 14.010, de 10.06.2020.

IV – as organizações religiosas;

Inciso acrescentado pela Lei n. 10.825, de 22.12.2003.

V – os partidos políticos;

Inciso acrescentado pela Lei n. 10.825, de 22.12.2003.

18 | ARTS. 44 A 47 – CÓDIGO CIVIL

VI – as empresas individuais de responsabilidade limitada.

Inciso acrescentado pela Lei n. 12.441, de 11.07.2011.

Veja art. 980-A, CC.

§ 1º São livres a criação, a organização, a estruturação interna e o funcionamento das organizações religiosas, sendo vedado ao poder público negar-lhes reconhecimento ou registro dos atos constitutivos e necessários ao seu funcionamento.

Parágrafo acrescentado pela Lei n. 10.825, de 22.12.2003.

§ 2º As disposições concernentes às associações aplicam-se subsidiariamente às sociedades que são objeto do Livro II da Parte Especial deste Código.

Antigo parágrafo único renumerado pela Lei n. 10.825, de 22.12.2003.

§ 3º Os partidos políticos serão organizados e funcionarão conforme o disposto em lei específica.

Parágrafo acrescentado pela Lei n. 10.825, de 22.12.2003.

Veja Lei n. 9.096, de 19.09.1995.

Art. 45. Começa a existência legal das pessoas jurídicas de direito privado com a inscrição do ato constitutivo no respectivo registro, precedida, quando necessário, de autorização ou aprovação do Poder Executivo, averbando-se no registro todas as alterações por que passar o ato constitutivo.

Veja arts. 985, 998, 999, parágrafo único, 1.000, 1.134, 1.135 e 1.150 a 1.154, CC.

Parágrafo único. Decai em três anos o direito de anular a constituição das pessoas jurídicas de direito privado, por defeito do ato respectivo, contado o prazo da publicação de sua inscrição no registro.

Veja arts. 207 a 211, CC.

Art. 46. O registro declarará:

I – a denominação, os fins, a sede, o tempo de duração e o fundo social, quando houver;

Veja art. 1.033, I, CC.

II – o nome e a individualização dos fundadores ou instituidores, e dos diretores;

III – o modo por que se administra e representa, ativa e passivamente, judicial e extrajudicialmente;

IV – se o ato constitutivo é reformável no tocante à administração, e de que modo;

V – se os membros respondem, ou não, subsidiariamente, pelas obrigações sociais;

VI – as condições de extinção da pessoa jurídica e o destino do seu patrimônio, nesse caso.

Veja arts. 1.033 e 1.035, CC.

Art. 47. Obrigam a pessoa jurídica os atos dos administradores, exercidos nos limites de seus poderes definidos no ato constitutivo.

Veja arts. 43, 997, VI, 1.011 a 1.021 e 1.169 a 1.171, CC.

Veja art. 5º, XXI, CF.

Veja art. 75, I, II, VI a IX, §§ 2º e 3º, CPC.

Art. 48. Se a pessoa jurídica tiver administração coletiva, as decisões se tomarão pela maioria de votos dos presentes, salvo se o ato constitutivo dispuser de modo diverso.

Veja arts. 1.010, 1.014 e 1.072, CC.

Parágrafo único. Decai em três anos o direito de anular as decisões a que se refere este artigo, quando violarem a lei ou estatuto, ou forem eivadas de erro, dolo, simulação ou fraude.

Veja arts. 138 a 150, 158 a 165, 167, 171, II, e 207 a 211, CC.

Art. 49. Se a administração da pessoa jurídica vier a faltar, o juiz, a requerimento de qualquer interessado, nomear-lhe-á administrador provisório.

Veja art. 614, CPC.

Art. 49-A. A pessoa jurídica não se confunde com os seus sócios, associados, instituidores ou administradores.

Artigo acrescentado pela Lei n. 13.874, de 20.09.2019.

Parágrafo único. A autonomia patrimonial das pessoas jurídicas é um instrumento lícito de alocação e segregação de riscos, estabelecido pela lei com a finalidade de estimular empreendimentos, para a geração de empregos, tributo, renda e inovação em benefício de todos.

Art. 50. Em caso de abuso da personalidade jurídica, caracterizado pelo desvio de finalidade ou pela confusão patrimonial, pode o juiz, a requerimento da parte, ou do Ministério Público quando lhe couber intervir no processo, desconsiderá-la para que os efeitos de certas e determinadas relações de obrigações sejam estendidos aos bens particulares de administradores ou de sócios da pessoa jurídica beneficiados direta ou indiretamente pelo abuso.

Caput com redação dada pela Lei n. 13.874, de 20.09.2019.

Veja art. 58-A, Lei n. 11.101, de 09.02.2005.

§ 1º Para os fins do disposto neste artigo, desvio de finalidade é a utilização da pessoa jurídica com o propósito de lesar credores e para a prática de atos ilícitos de qualquer natureza.

Parágrafo acrescentado pela Lei n. 13.874, de 20.09.2019.

§ 2º Entende-se por confusão patrimonial a ausência de separação de fato entre os patrimônios, caracterizada por:

Parágrafo e incisos acrescentados pela Lei n. 13.874, de 20.09.2019.

I – cumprimento repetitivo pela sociedade de obrigações do sócio ou do administrador ou vice-versa;

II – transferência de ativos ou de passivos sem efetivas contraprestações, exceto os de valor proporcionalmente insignificante; e

III – outros atos de descumprimento da autonomia patrimonial.

§ 3º O disposto no *caput* e nos §§ 1º e 2º deste artigo também se aplica à extensão das obrigações de sócios ou de administradores à pessoa jurídica.

Parágrafo acrescentado pela Lei n. 13.874, de 20.09.2019.

§ 4º A mera existência de grupo econômico sem a presença dos requisitos de que trata o *caput* deste artigo não autoriza a desconsideração da personalidade da pessoa jurídica.

20 | ARTS. 50 A 54 – CÓDIGO CIVIL

Parágrafo acrescentado pela Lei n. 13.874, de 20.09.2019.

§ 5º Não constitui desvio de finalidade a mera expansão ou a alteração da finalidade original da atividade econômica específica da pessoa jurídica.

Parágrafo acrescentado pela Lei n. 13.874, de 20.09.2019.

Art. 51. Nos casos de dissolução da pessoa jurídica ou cassada a autorização para seu funcionamento, ela subsistirá para os fins de liquidação, até que esta se conclua.

Veja arts. 54, VI, 69, 1.028, II, 1.033 a 1.038, 1.125 e 2.034, CC.

§ 1º Far-se-á, no registro onde a pessoa jurídica estiver inscrita, a averbação de sua dissolução.

Veja art. 999, parágrafo único, CC.

§ 2º As disposições para a liquidação das sociedades aplicam-se, no que couber, às demais pessoas jurídicas de direito privado.

Veja arts. 1.102 a 1.112, CC.

§ 3º Encerrada a liquidação, promover-se-á o cancelamento da inscrição da pessoa jurídica.

Art. 52. Aplica-se às pessoas jurídicas, no que couber, a proteção dos direitos da personalidade.

Veja arts. 11 a 21, CC.

CAPÍTULO II
DAS ASSOCIAÇÕES

Veja arts. 2.031 a 2.034, CC.

Art. 53. Constituem-se as associações pela união de pessoas que se organizem para fins não econômicos.

Veja arts. 40, 44, I, 2.031 e 2.033, CC.

Veja arts. 5º, XVII a XXI, 8º e 17, CF.

Veja art. 75, CPC.

Parágrafo único. Não há, entre os associados, direitos e obrigações recíprocos.

Art. 54. Sob pena de nulidade, o estatuto das associações conterá:

I – a denominação, os fins e a sede da associação;

Veja art. 75, IV, CC.

II – os requisitos para a admissão, demissão e exclusão dos associados;

III – os direitos e deveres dos associados;

IV – as fontes de recursos para sua manutenção;

V – o modo de constituição e de funcionamento dos órgãos deliberativos;

Inciso com redação dada pela Lei n. 11.127, de 28.06.2005.

VI – as condições para a alteração das disposições estatutárias e para a dissolução;

VII – a forma de gestão administrativa e de aprovação das respectivas contas.

Inciso acrescentado pela Lei n. 11.127, de 28.06.2005.

Art. 55. Os associados devem ter iguais direitos, mas o estatuto poderá instituir categorias com vantagens especiais.

Art. 56. A qualidade de associado é intransmissível, se o estatuto não dispuser o contrário.

Parágrafo único. Se o associado for titular de quota ou fração ideal do patrimônio da associação, a transferência daquela não importará, *de per si*, na atribuição da qualidade de associado ao adquirente ou ao herdeiro, salvo disposição diversa do estatuto.

Veja art. 61, CC.

Art. 57. A exclusão do associado só é admissível havendo justa causa, assim reconhecida em procedimento que assegure direito de defesa e de recurso, nos termos previstos na estatuto.

Caput com redação dada pela Lei n. 11.127, de 28.06.2005.

Parágrafo único. (*Revogado pela Lei n. 11.127, de 28.06.2005.*)

Art. 58. Nenhum associado poderá ser impedido de exercer direito ou função que lhe tenha sido legitimamente conferido, a não ser nos casos e pela forma previstos na lei ou no estatuto.

Art. 59. Compete privativamente à assembleia geral:

Caput e incisos com redação dada pela Lei n. 11.127, de 28.06.2005.

Veja art. 5º, Lei n. 14.010, de 10.06.2020.

I – destituir os administradores;

II – alterar o estatuto.

Parágrafo único. Para as deliberações a que se referem os incisos I e II deste artigo é exigido deliberação da assembleia especialmente convocada para esse fim, cujo *quorum* será o estabelecido no estatuto, bem como os critérios de eleição dos administradores.

Parágrafo com redação dada pela Lei n. 11.127, de 28.06.2005.

Art. 60. A convocação dos órgãos deliberativos far-se-á na forma do estatuto, garantido a 1/5 (um quinto) dos associados o direito de promovê-la.

Artigo com redação dada pela Lei n. 11.127, de 28.06.2005.

Art. 61. Dissolvida a associação, o remanescente do seu patrimônio líquido, depois de deduzidas, se for o caso, as quotas ou frações ideais referidas no parágrafo único do art. 56, será destinado à entidade de fins não econômicos designada no estatuto, ou, omisso este, por deliberação dos associados, à instituição municipal, estadual ou federal, de fins idênticos ou semelhantes.

Veja art. 2.034, CC.

Veja art. 5º, XIX, CF.

§ 1º Por cláusula do estatuto ou, no seu silêncio, por deliberação dos associados, podem estes, antes da destinação do remanescente referida neste artigo, receber em restituição, atualizado o respectivo valor, as contribuições que tiverem prestado ao patrimônio da associação.

§ 2º Não existindo no Município, no Estado, no Distrito Federal ou no Território, em que a associação tiver sede, instituição nas condições indica-

22 | ARTS. 61 A 65 – CÓDIGO CIVIL

das neste artigo, o que remanescer do seu patrimônio se devolverá à Fazenda do Estado, do Distrito Federal ou da União.

CAPÍTULO III
DAS FUNDAÇÕES

Veja art. 764, § 1º, CPC.

Art. 62. Para criar uma fundação, o seu instituidor fará, por escritura pública ou testamento, dotação especial de bens livres, especificando o fim a que se destina, e declarando, se quiser, a maneira de administrá-la.

Veja arts. 40, 44, III, 65, 215, 1.799, III, 2.031 e 2.033, CC.

Veja art. 37, XIX, CF.

Veja arts. 764, *caput* e § 2º, e 765, CPC.

Parágrafo único. A fundação somente poderá constituir-se para fins de:

Parágrafo com redação dada e incisos acrescentados pela Lei n. 13.151, de 28.07.2015.

Veja art. 2.032, CC.

I – assistência social;

II – cultura, defesa e conservação do patrimônio histórico e artístico;

III – educação;

IV – saúde;

V – segurança alimentar e nutricional;

VI – defesa, preservação e conservação do meio ambiente e promoção do desenvolvimento sustentável;

VII – pesquisa científica, desenvolvimento de tecnologias alternativas, modernização de sistemas de gestão, produção e divulgação de informações e conhecimentos técnicos e científicos;

VIII – promoção da ética, da cidadania, da democracia e dos direitos humanos;

IX – atividades religiosas; e

X – (*Vetado.*)

Art. 63. Quando insuficientes para constituir a fundação, os bens a ela destinados serão, se de outro modo não dispuser o instituidor, incorporados em outra fundação que se proponha a fim igual ou semelhante.

Art. 64. Constituída a fundação por negócio jurídico entre vivos, o instituidor é obrigado a transferir-lhe a propriedade, ou outro direito real, sobre os bens dotados, e, se não o fizer, serão registrados, em nome dela, por mandado judicial.

Veja arts. 1.225 e 1.267, CC.

Art. 65. Aqueles a quem o instituidor cometer a aplicação do patrimônio, em tendo ciência do encargo, formularão logo, de acordo com as suas bases (art. 62), o estatuto da fundação projetada, submetendo-o, em seguida, à aprovação da autoridade competente, com recurso ao juiz.

Parágrafo único. Se o estatuto não for elaborado no prazo assinado pelo instituidor, ou, não havendo prazo, em cento e oitenta dias, a incumbência caberá ao Ministério Público.

Veja arts. 764, *caput* e § 2º, e 765, CPC.

Art. 66. Velará pelas fundações o Ministério Público do Estado onde situadas.

Veja art. 75, IV, CC.

Veja arts. 764, *caput* e § 2º, e 765, CPC.

§ 1º Se funcionarem no Distrito Federal ou em Território, caberá o encargo ao Ministério Público do Distrito Federal e Territórios.

Parágrafo com redação dada pela Lei n. 13.151, de 28.07.2015.

§ 2º Se estenderem a atividade por mais de um Estado, caberá o encargo, em cada um deles, ao respectivo Ministério Público.

Art. 67. Para que se possa alterar o estatuto da fundação é mister que a reforma:

Veja arts. 764, *caput* e § 2º, e 765, CPC.

I – seja deliberada por dois terços dos competentes para gerir e representar a fundação;

II – não contrarie ou desvirtue o fim desta;

III – seja aprovada pelo órgão do Ministério Público no prazo máximo de 45 (quarenta e cinco) dias, findo o qual ou no caso de o Ministério Público a denegar, poderá o juiz supri-la, a requerimento do interessado.

Inciso com redação dada pela Lei n. 13.151, de 28.07.2015.

Art. 68. Quando a alteração não houver sido aprovada por votação unânime, os administradores da fundação, ao submeterem o estatuto ao órgão do Ministério Público, requererão que se dê ciência à minoria vencida para impugná-la, se quiser, em dez dias.

Art. 69. Tornando-se ilícita, impossível ou inútil a finalidade a que visa a fundação, ou vencido o prazo de sua existência, o órgão do Ministério Público, ou qualquer interessado, lhe promoverá a extinção, incorporando-se o seu patrimônio, salvo disposição em contrário no ato constitutivo, ou no estatuto, em outra fundação, designada pelo juiz, que se proponha a fim igual ou semelhante.

Veja art. 765, CPC.

TÍTULO III
DO DOMICÍLIO

Art. 70. O domicílio da pessoa natural é o lugar onde ela estabelece a sua residência com ânimo definitivo.

Veja arts. 1.566, II, 1.569, 1.712 e 1.785, CC.

Veja art. 5º, XI, CF.

Veja arts. 46 a 50, 53, II, 62 e 63, CPC.

Veja art. 150, CP.

Art. 71. Se, porém, a pessoa natural tiver diversas residências, onde, alternadamente, viva, considerar-se-á domicílio seu qualquer delas.

Veja art. 46, § 1º, CPC.

Veja art. 150, CP.

24 | ARTS. 72 A 76 – CÓDIGO CIVIL

Art. 72. É também domicílio da pessoa natural, quanto às relações concernentes à profissão, o lugar onde esta é exercida.

Parágrafo único. Se a pessoa exercitar profissão em lugares diversos, cada um deles constituirá domicílio para as relações que lhe corresponderem.

Veja art. 150, CP.

Art. 73. Ter-se-á por domicílio da pessoa natural, que não tenha residência habitual, o lugar onde for encontrada.

Veja art. 46, § 2º, CPC.

Veja art. 150, CP.

Art. 74. Muda-se o domicílio, transferindo a residência, com a intenção manifesta de o mudar.

Veja arts. 107, 110 e 112, CC.

Veja art. 43, CPC.

Veja art. 150, CP.

Parágrafo único. A prova da intenção resultará do que declarar a pessoa às municipalidades dos lugares, que deixa, e para onde vai, ou, se tais declarações não fizer, da própria mudança, com as circunstâncias que a acompanharem.

Art. 75. Quanto às pessoas jurídicas, o domicílio é:

Veja art. 109, §§ 1º a 4º, CF.

Veja art. 51, CPC.

I – da União, o Distrito Federal;

Veja art. 51, CPC.

II – dos Estados e Territórios, as respectivas capitais;

Veja art. 51, CPC.

III – do Município, o lugar onde funcione a administração municipal;

IV – das demais pessoas jurídicas, o lugar onde funcionarem as respectivas diretorias e administrações, ou onde elegerem domicílio especial no seu estatuto ou atos constitutivos.

Veja art. 53, III, *a*, CPC.

§ 1º Tendo a pessoa jurídica diversos estabelecimentos em lugares diferentes, cada um deles será considerado domicílio para os atos nele praticados.

Veja art. 1.142, CC.

Veja art. 53, III, *b*, CPC.

§ 2º Se a administração, ou diretoria, tiver a sede no estrangeiro, haver-se-á por domicílio da pessoa jurídica, no tocante às obrigações contraídas por cada uma das suas agências, o lugar do estabelecimento, sito no Brasil, a que ela corresponder.

Veja art. 21, I e parágrafo único, CPC.

Art. 76. Têm domicílio necessário o incapaz, o servidor público, o militar, o marítimo e o preso.

Veja arts. 3º e 4º, CC.

Veja arts. 72, II, e 50, CPC.

CÓDIGO CIVIL – ARTS. 76 A 81 | 25

Parágrafo único. O domicílio do incapaz é o do seu representante ou assistente; o do servidor público, o lugar em que exercer permanentemente suas funções; o do militar, onde servir, e, sendo da Marinha ou da Aeronáutica, a sede do comando a que se encontrar imediatamente subordinado; o do marítimo, onde o navio estiver matriculado; e o do preso, o lugar em que cumprir a sentença.

Veja art. 50, CPC.

Art. 77. O agente diplomático do Brasil, que, citado no estrangeiro, alegar extraterritorialidade sem designar onde tem, no país, o seu domicílio, poderá ser demandado no Distrito Federal ou no último ponto do território brasileiro onde o teve.

Art. 78. Nos contratos escritos, poderão os contratantes especificar domicílio onde se exercitem e cumpram os direitos e obrigações deles resultantes.

Veja art. 327, CC.

Veja arts. 47, § 1º, 62 e 63, CPC.

LIVRO II
DOS BENS

TÍTULO ÚNICO
DAS DIFERENTES CLASSES DE BENS

CAPÍTULO I
DOS BENS CONSIDERADOS EM SI MESMOS

Seção I
Dos Bens Imóveis

Art. 79. São bens imóveis o solo e tudo quanto se lhe incorporar natural ou artificialmente.

Veja arts. 92, 93, 95, 1.229, 1.230 e 1.248 a 1.259, CC.

Veja arts. 20, VIII a XI, 174, §§ 3º e 4º, e 176, §§ 1º a 4º, CF.

Veja art. 13, § 1º, Lei n. 8.429, de 02.06.1992.

Art. 80. Consideram-se imóveis para os efeitos legais:

I – os direitos reais sobre imóveis e as ações que os asseguram;

Veja arts. 1.225, I a VII, IX a XIII, e 1.227, CC.

II – o direito à sucessão aberta.

Veja arts. 1.784, 1.804 e 1.805, CC.

Art. 81. Não perdem o caráter de imóveis:

I – as edificações que, separadas do solo, mas conservando a sua unidade, forem removidas para outro local;

II – os materiais provisoriamente separados de um prédio, para nele se reempregarem.

Veja art. 84, CC.

26 | ARTS. 82 A 90 – CÓDIGO CIVIL

Seção II
Dos Bens Móveis

Art. 82. São móveis os bens suscetíveis de movimento próprio, ou de remoção por força alheia, sem alteração da substância ou da destinação econômico-social.
Veja art. 155, CP.

Art. 83. Consideram-se móveis para os efeitos legais:
I – as energias que tenham valor econômico;
II – os direitos reais sobre objetos móveis e as ações correspondentes;
Veja arts. 1.225, I, IV, V e VIII, e 1.226, CC.
III – os direitos pessoais de caráter patrimonial e respectivas ações.
Veja arts. 233 a 251, CC.

Art. 84. Os materiais destinados a alguma construção, enquanto não forem empregados, conservam sua qualidade de móveis; readquirem essa qualidade os provenientes da demolição de algum prédio.
Veja art. 81, II, CC.
Veja art. 155, CP.

Seção III
Dos Bens Fungíveis e Consumíveis

Art. 85. São fungíveis os móveis que podem substituir-se por outros da mesma espécie, qualidade e quantidade.
Veja arts. 307, parágrafo único, e 369, CC.

Art. 86. São consumíveis os bens móveis cujo uso importa destruição imediata da própria substância, sendo também considerados tais os destinados à alienação.
Veja arts. 1.392, § 1º, CC.

Seção IV
Dos Bens Divisíveis

Art. 87. Bens divisíveis são os que se podem fracionar sem alteração na sua substância, diminuição considerável de valor, ou prejuízo do uso a que se destinam.
Veja arts. 257, 261 a 263, CC.

Art. 88. Os bens naturalmente divisíveis podem tornar-se indivisíveis por determinação da lei ou por vontade das partes.
Veja arts. 258, 504, 1.320, §§ 1º e 2º, e 1.386, CC.

Seção V
Dos Bens Singulares e Coletivos

Art. 89. São singulares os bens que, embora reunidos, se consideram *de per si*, independentemente dos demais.

Art. 90. Constitui universalidade de fato a pluralidade de bens singulares que, pertinentes à mesma pessoa, tenham destinação unitária.

Veja art. 1.142, CC.

Parágrafo único. Os bens que formam essa universalidade podem ser objeto de relações jurídicas próprias.

Art. 91. Constitui universalidade de direito o complexo de relações jurídicas, de uma pessoa, dotadas de valor econômico.

Veja art. 1.791, CC.

CAPÍTULO II
DOS BENS RECIPROCAMENTE CONSIDERADOS

Art. 92. Principal é o bem que existe sobre si, abstrata ou concretamente; acessório, aquele cuja existência supõe a do principal.

Veja arts. 184, 233, 287, 364, 822 e 1.209, CC.

Art. 93. São pertenças os bens que, não constituindo partes integrantes, se destinam, de modo duradouro, ao uso, ao serviço ou ao aformoseamento de outro.

Art. 94. Os negócios jurídicos que dizem respeito ao bem principal não abrangem as pertenças, salvo se o contrário resultar da lei, da manifestação de vontade, ou das circunstâncias do caso.

Veja arts. 92, 93, 107 e 110 a 112, CC.

Art. 95. Apesar de ainda não separados do bem principal, os frutos e produtos podem ser objeto de negócio jurídico.

Veja arts. 79, 92, 237, parágrafo único, 242, parágrafo único, 1.214 a 1.216 e 1.232, CC.

Art. 96. As benfeitorias podem ser voluptuárias, úteis ou necessárias.

Veja arts. 1.219 a 1.222 e 1.922, parágrafo único, CC.

§ 1º São voluptuárias as de mero deleite ou recreio, que não aumentam o uso habitual do bem, ainda que o tornem mais agradável ou sejam de elevado valor.

§ 2º São úteis as que aumentam ou facilitam o uso do bem.

Veja arts. 453 e 578, CC.

§ 3º São necessárias as que têm por fim conservar o bem ou evitar que se deteriore.

Veja arts. 453 e 578, CC.

Art. 97. Não se consideram benfeitorias os melhoramentos ou acréscimos sobrevindos ao bem sem a intervenção do proprietário, possuidor ou detentor.

Veja arts. 1.248, I a IV, e 1.249 a 1.252, CC.

CAPÍTULO III
DOS BENS PÚBLICOS

Art. 98. São públicos os bens do domínio nacional pertencentes às pessoas jurídicas de direito público interno; todos os outros são particulares, seja qual for a pessoa a que pertencerem.

Veja art. 41, CC.

Veja arts. 5º, LXXIII, 20, 26, 176 e 183, § 3º, CF.

28 | ARTS. 99 A 104 – CÓDIGO CIVIL

Art. 99. São bens públicos:
Veja art. 41, CC.
Veja arts. 20, I a XI, 26, 176, 191, parágrafo único, e 225, CF.
I – os de uso comum do povo, tais como rios, mares, estradas, ruas e praças;
Veja art. 100, CC.
II – os de uso especial, tais como edifícios ou terrenos destinados a serviço ou estabelecimento da administração federal, estadual, territorial ou municipal, inclusive os de suas autarquias;
Veja art. 100, CC.
III – os dominicais, que constituem o patrimônio das pessoas jurídicas de direito público, como objeto de direito pessoal, ou real, de cada uma dessas entidades.
Veja art. 101, CC.
Parágrafo único. Não dispondo a lei em contrário, consideram-se dominicais os bens pertencentes às pessoas jurídicas de direito público a que se tenha dado estrutura de direito privado.
Veja art. 101, CC.
Art. 100. Os bens públicos de uso comum do povo e os de uso especial são inalienáveis, enquanto conservarem a sua qualificação, na forma que a lei determinar.
Veja art. 99, I e II, CC.
Veja art. 191, parágrafo único, CF.
Art. 101. Os bens públicos dominicais podem ser alienados, observadas as exigências da lei.
Veja art. 99, III, CC.
Art. 102. Os bens públicos não estão sujeitos a usucapião.
Veja arts. 99 e 1.238 a 1.244, CC.
Veja arts. 183 e 191, parágrafo único, CF.
Art. 103. O uso comum dos bens públicos pode ser gratuito ou retribuído, conforme for estabelecido legalmente pela entidade a cuja administração pertencerem.
Veja arts. 183, § 3º, e 191, parágrafo único, CF.

LIVRO III
DOS FATOS JURÍDICOS

TÍTULO I
DO NEGÓCIO JURÍDICO

CAPÍTULO I
DISPOSIÇÕES GERAIS

Art. 104. A validade do negócio jurídico requer:
Veja arts. 166 a 177, 183, 184 e 2.035, CC.

CÓDIGO CIVIL – ARTS. 104 A 112 | 29

Veja art. 8º, § 3º, CLT.

I – agente capaz;

Veja arts. 5º, 105 e 166, I, CC.

II – objeto lícito, possível, determinado ou determinável;

Veja arts. 106, 166, II, e 426, CC.

III – forma prescrita ou não defesa em lei.

Veja arts. 107 a 112 e 166, IV, CC.

Art. 105. A incapacidade relativa de uma das partes não pode ser invocada pela outra em benefício próprio, nem aproveita aos cointeressados capazes, salvo se, neste caso, for indivisível o objeto do direito ou da obrigação comum.

Veja arts. 4º, 87, 88, 171, I, e 257 a 263, CC.

Art. 106. A impossibilidade inicial do objeto não invalida o negócio jurídico se for relativa, ou se cessar antes de realizada a condição a que ele estiver subordinado.

Veja arts. 123 e 124, CC.

Art. 107. A validade da declaração de vontade não dependerá de forma especial, senão quando a lei expressamente a exigir.

Veja arts. 104, III, 108, 109, 176, 183 e 212, CC.

Veja art. 369, CPC.

Veja art. 26, § 3º, Lei n. 6.766, de 19.12.1979.

Veja art. 33, Lei n. 9.514, de 20.11.1997.

Art. 108. Não dispondo a lei em contrário, a escritura pública é essencial à validade dos negócios jurídicos que visem à constituição, transferência, modificação ou renúncia de direitos reais sobre imóveis de valor superior a trinta vezes o maior salário mínimo vigente no País.

Veja arts. 215, 1.227, 1.245 e 1.711, CC.

Veja arts. 406 e 407, CPC.

Veja art. 26, § 3º, Lei n. 6.766, de 19.12.1979.

Veja art. 33, Lei n. 9.514, de 20.11.1997.

Art. 109. No negócio jurídico celebrado com a cláusula de não valer sem instrumento público, este é da substância do ato.

Veja arts. 62, 215 a 218, 226, parágrafo único, 807, 842 e 1.653, CC.

Art. 110. A manifestação de vontade subsiste ainda que o seu autor haja feito a reserva mental de não querer o que manifestou, salvo se dela o destinatário tinha conhecimento.

Art. 111. O silêncio importa anuência, quando as circunstâncias ou os usos o autorizarem, e não for necessária a declaração de vontade expressa.

Veja arts. 539, 659 e 1.807, CC.

Veja art. 344, CPC.

Art. 112. Nas declarações de vontade se atenderá mais à intenção nelas consubstanciada do que ao sentido literal da linguagem.

Veja arts. 114, 133, 819 e 1.899, CC.

30 | ARTS. 113 A 118 – CÓDIGO CIVIL

Art. 113. Os negócios jurídicos devem ser interpretados conforme a boa-fé e os usos do lugar de sua celebração.

Veja arts. 164, 309, 422, 423 e 1.899, CC.

§ 1º A interpretação do negócio jurídico deve lhe atribuir o sentido que:

Parágrafo e incisos acrescentados pela Lei n. 13.874, de 20.09.2019.

I – for confirmado pelo comportamento das partes posterior à celebração do negócio;

II – corresponder aos usos, costumes e práticas do mercado relativas ao tipo de negócio;

III – corresponder à boa-fé;

IV – for mais benéfico à parte que não redigiu o dispositivo, se identificável; e

V – corresponder a qual seria a razoável negociação das partes sobre a questão discutida, inferida das demais disposições do negócio e da racionalidade econômica das partes, consideradas as informações disponíveis no momento de sua celebração.

§ 2º As partes poderão livremente pactuar regras de interpretação, de preenchimento de lacunas e de integração dos negócios jurídicos diversas daquelas previstas em lei.

Parágrafo acrescentado pela Lei n. 13.874, de 20.09.2019.

Art. 114. Os negócios jurídicos benéficos e a renúncia interpretam-se estritamente.

Veja arts. 112, 191, 375, 682, I, 688, 819, 843, 1.063, § 3º, 1.275, II, 1.316, 1.410, I, 1.425, III, 1.436, III, 1.499, IV, e 1.806, CC.

CAPÍTULO II
DA REPRESENTAÇÃO

Art. 115. Os poderes de representação conferem-se por lei ou pelo interessado.

Veja arts. 653, 1.172, 1.630, 1.728, 1.729 e 1.779, CC.

Art. 116. A manifestação de vontade pelo representante, nos limites de seus poderes, produz efeitos em relação ao representado.

Veja arts. 107, 110 a 112, 120, 653, 1.172, 1.634, VII, 1.690, 1.747, I, e 1.781, CC.

Art. 117. Salvo se o permitir a lei ou o representado, é anulável o negócio jurídico que o representante, no seu interesse ou por conta de outrem, celebrar consigo mesmo.

Veja arts. 138, 139, II, 172 e 176, CC.

Parágrafo único. Para esse efeito, tem-se como celebrado pelo representante o negócio realizado por aquele em quem os poderes houverem sido subestabelecidos.

Art. 118. O representante é obrigado a provar às pessoas, com quem tratar em nome do representado, a sua qualidade e a extensão de seus poderes, sob pena de, não o fazendo, responder pelos atos que a estes excederem.

Veja arts. 665, 673 e 679, CC.

CÓDIGO CIVIL – ARTS. 119 A 126 | 31

Art. 119. É anulável o negócio concluído pelo representante em conflito de interesses com o representado, se tal fato era ou devia ser do conhecimento de quem com aquele tratou.
Veja arts. 171 a 184, CC.

Parágrafo único. É de cento e oitenta dias, a contar da conclusão do negócio ou da cessação da incapacidade, o prazo de decadência para pleitear-se a anulação prevista neste artigo.
Veja arts. 5º e 207 a 211, CC.

Art. 120. Os requisitos e os efeitos da representação legal são os estabelecidos nas normas respectivas; os da representação voluntária são os da Parte Especial deste Código.
Veja arts. 653 a 692, 1.172 a 1.176, 1.634, VII, 1.690, 1.747, I, e 1.774, CC.

CAPÍTULO III
DA CONDIÇÃO, DO TERMO E DO ENCARGO

Art. 121. Considera-se condição a cláusula que, derivando exclusivamente da vontade das partes, subordina o efeito do negócio jurídico a evento futuro e incerto.
Veja arts. 125 a 128 e 131 a 137, CC.

Art. 122. São lícitas, em geral, todas as condições não contrárias à lei, à ordem pública ou aos bons costumes; entre as condições defesas se incluem as que privarem de todo efeito o negócio jurídico, ou o sujeitarem ao puro arbítrio de uma das partes.
Veja art. 489, CC.
Veja arts. 5º, XIII, 6º, 170 e 193, CF.

Art. 123. Invalidam os negócios jurídicos que lhes são subordinados:
Veja art. 166, CC.
I – as condições física ou juridicamente impossíveis, quando suspensivas;
Veja arts. 106, 135 e 137, CC.
II – as condições ilícitas, ou de fazer coisa ilícita;
Veja art. 137, CC.
III – as condições incompreensíveis ou contraditórias.

Art. 124. Têm-se por inexistentes as condições impossíveis, quando resolutivas, e as de não fazer coisa impossível.
Veja art. 135, CC.

Art. 125. Subordinando-se a eficácia do negócio jurídico à condição suspensiva, enquanto esta se não verificar, não se terá adquirido o direito, a que ele visa.
Veja arts. 131, 135, 136, 199, 234, 332, 509, 876, 1.923 e 1.924, CC.

Art. 126. Se alguém dispuser de uma coisa sob condição suspensiva, e, pendente esta, fizer quanto àquela novas disposições, estas não terão valor, realizada a condição, se com ela forem incompatíveis.
Veja art. 135, CC.

Art. 127. Se for resolutiva a condição, enquanto esta se não realizar, vigorará o negócio jurídico, podendo exercer-se desde a conclusão deste o direito por ele estabelecido.

Veja arts. 135, 397, 1.359 e 1.360, CC.

Art. 128. Sobrevindo a condição resolutiva, extingue-se, para todos os efeitos, o direito a que ela se opõe; mas, se aposta a um negócio de execução continuada ou periódica, a sua realização, salvo disposição em contrário, não tem eficácia quanto aos atos já praticados, desde que compatíveis com a natureza da condição pendente e conforme aos ditames de boa-fé.

Veja arts. 135, 1.359 e 1.360, CC.

Art. 129. Reputa-se verificada, quanto aos efeitos jurídicos, a condição cujo implemento for maliciosamente obstado pela parte a quem desfavorecer, considerando-se, ao contrário, não verificada a condição maliciosamente levada a efeito por aquele a quem aproveita o seu implemento.

Art. 130. Ao titular do direito eventual, nos casos de condição suspensiva ou resolutiva, é permitido praticar os atos destinados a conservá-lo.

Veja art. 135, CC.

Art. 131. O termo inicial suspende o exercício, mas não a aquisição do direito.

Veja arts. 121 a 130, 135, 1.613 e 1.924, CC.

Veja art. 5º, XXXVI, CF.

Art. 132. Salvo disposição legal ou convencional em contrário, computam-se os prazos, excluído o dia do começo, e incluído o do vencimento.

Veja art. 2.028, CC.

Veja art. 224, CPC.

§ 1º Se o dia do vencimento cair em feriado, considerar-se-á prorrogado o prazo até o seguinte dia útil.

Veja arts. 214 e 216, CPC.

§ 2º Meado considera-se, em qualquer mês, o seu décimo quinto dia.

§ 3º Os prazos de meses e anos expiram no dia de igual número do de início, ou no imediato, se faltar exata correspondência.

§ 4º Os prazos fixados por hora contar-se-ão de minuto a minuto.

Art. 133. Nos testamentos, presume-se o prazo em favor do herdeiro, e, nos contratos, em proveito do devedor, salvo, quanto a esses, se do teor do instrumento, ou das circunstâncias, resultar que se estabeleceu a benefício do credor, ou de ambos os contratantes.

Veja arts. 112, 539, 1.898 e 1.899, CC.

Art. 134. Os negócios jurídicos entre vivos, sem prazo, são exequíveis desde logo, salvo se a execução tiver de ser feita em lugar diverso ou depender de tempo.

Veja art. 331, CC.

Art. 135. Ao termo inicial e final aplicam-se, no que couber, as disposições relativas à condição suspensiva e resolutiva.

CÓDIGO CIVIL – ARTS. 135 A 144 | 33

Veja arts. 123 a 128 e 130, CC.

Art. 136. O encargo não suspende a aquisição nem o exercício do direito, salvo quando expressamente imposto no negócio jurídico, pelo disponente, como condição suspensiva.

Veja arts. 125, 539, 553 e 1.938, CC.

Art. 137. Considera-se não escrito o encargo ilícito ou impossível, salvo se constituir o motivo determinante da liberalidade, caso em que se invalida o negócio jurídico.

Veja arts. 123 e 124, CC.

CAPÍTULO IV
DOS DEFEITOS DO NEGÓCIO JURÍDICO

Seção I
Do Erro ou Ignorância

Art. 138. São anuláveis os negócios jurídicos, quando as declarações de vontade emanarem de erro substancial que poderia ser percebido por pessoa de diligência normal, em face das circunstâncias do negócio.

Veja arts. 48, parágrafo único, 171, II, 178, II, 441, 849, 877, 1.559, 1.903, 1.909 e 2.027, CC.

Veja arts. 393 e 446, II, CPC.

Art. 139. O erro é substancial quando:

I – interessa à natureza do negócio, ao objeto principal da declaração, ou a alguma das qualidades a ele essenciais;

II – concerne à identidade ou à qualidade essencial da pessoa a quem se refira a declaração de vontade, desde que tenha influído nesta de modo relevante;

Veja arts. 1.556, 1.557, 1.559, 1.560, III, e 1.903, CC.

III – sendo de direito e não implicando recusa à aplicação da lei, for o motivo único ou principal do negócio jurídico.

Art. 140. O falso motivo só vicia a declaração de vontade quando expresso como razão determinante.

Art. 141. A transmissão errônea da vontade por meios interpostos é anulável nos mesmos casos em que o é a declaração direta.

Art. 142. O erro de indicação da pessoa ou da coisa, a que se referir a declaração de vontade, não viciará o negócio quando, por seu contexto e pelas circunstâncias, se puder identificar a coisa ou pessoa cogitada.

Veja art. 1.903, CC.

Art. 143. O erro de cálculo apenas autoriza a retificação da declaração de vontade.

Art. 144. O erro não prejudica a validade do negócio jurídico quando a pessoa, a quem a manifestação de vontade se dirige, se oferecer para executá-la na conformidade da vontade real do manifestante.

Seção II
Do Dolo

Art. 145. São os negócios jurídicos anuláveis por dolo, quando este for a sua causa.

Veja arts. 48, parágrafo único, 171, II, 178, II, 180, 451, 762, 849, 1.909 e 2.027, CC.

Veja arts. 393, 446, II, e 966, III, CPC.

Art. 146. O dolo acidental só obriga à satisfação das perdas e danos, e é acidental quando, a seu despeito, o negócio seria realizado, embora por outro modo.

Veja arts. 402 a 405, CC.

Art. 147. Nos negócios jurídicos bilaterais, o silêncio intencional de uma das partes a respeito de fato ou qualidade que a outra parte haja ignorado, constitui omissão dolosa, provando-se que sem ela o negócio não se teria celebrado.

Veja arts. 180, 422, 441 a 446, 766 e 773, CC.

Art. 148. Pode também ser anulado o negócio jurídico por dolo de terceiro, se a parte a quem aproveite dele tivesse ou devesse ter conhecimento; em caso contrário, ainda que subsista o negócio jurídico, o terceiro responderá por todas as perdas e danos da parte a quem ludibriou.

Veja arts. 402 a 405, CC.

Art. 149. O dolo do representante legal de uma das partes só obriga o representado a responder civilmente até a importância do proveito que teve; se, porém, o dolo for do representante convencional, o representado responderá solidariamente com ele por perdas e danos.

Veja arts. 120, 932, 1.634, VII, 1.690, 1.747, I, e 1.774, CC.

Art. 150. Se ambas as partes procederem com dolo, nenhuma pode alegá-lo para anular o negócio, ou reclamar indenização.

Seção III
Da Coação

Art. 151. A coação, para viciar a declaração da vontade, há de ser tal que incuta ao paciente fundado temor de dano iminente e considerável à sua pessoa, à sua família, ou aos seus bens.

Veja arts. 171, II, 178, I, 849, 1.558, 1.559, 1.909 e 2.027, CC.

Veja arts. 393 e 446, II, CPC.

Parágrafo único. Se disser respeito a pessoa não pertencente à família do paciente, o juiz, com base nas circunstâncias, decidirá se houve coação.

Art. 152. No apreciar a coação, ter-se-ão em conta o sexo, a idade, a condição, a saúde, o temperamento do paciente e todas as demais circunstâncias que possam influir na gravidade dela.

Art. 153. Não se considera coação a ameaça do exercício normal de um direito, nem o simples temor reverencial.

Art. 154. Vicia o negócio jurídico a coação exercida por terceiro, se dela tivesse ou devesse ter conhecimento a parte a que aproveite, e esta responderá solidariamente com aquele por perdas e danos.

Veja arts. 264 a 266, 275 a 285 e 402 a 405, CC.

Art. 155. Subsistirá o negócio jurídico, se a coação decorrer de terceiro, sem que a parte a que aproveite dela tivesse ou devesse ter conhecimento; mas o autor da coação responderá por todas as perdas e danos que houver causado ao coacto.

Veja arts. 402 a 405, CC.

Seção IV
Do Estado de Perigo

Art. 156. Configura-se o estado de perigo quando alguém, premido da necessidade de salvar-se, ou a pessoa de sua família, de grave dano conhecido pela outra parte, assume obrigação excessivamente onerosa.

Veja arts. 171, II, e 178, II, CC.

Parágrafo único. Tratando-se de pessoa não pertencente à família do declarante, o juiz decidirá segundo as circunstâncias.

Seção V
Da Lesão

Art. 157. Ocorre a lesão quando uma pessoa, sob premente necessidade, ou por inexperiência, se obriga a prestação manifestamente desproporcional ao valor da prestação oposta.

Veja arts. 171, II, 178, II, e 478, CC.

§ 1º Aprecia-se a desproporção das prestações segundo os valores vigentes ao tempo em que foi celebrado o negócio jurídico.

§ 2º Não se decretará a anulação do negócio, se for oferecido suplemento suficiente, ou se a parte favorecida concordar com a redução do proveito.

Veja arts. 479 e 480, CC.

Seção VI
Da Fraude contra Credores

Art. 158. Os negócios de transmissão gratuita de bens ou remissão de dívida, se os praticar o devedor já insolvente, ou por eles reduzido à insolvência, ainda quando o ignore, poderão ser anulados pelos credores quirografários, como lesivos dos seus direitos.

Veja arts. 48, parágrafo único, 161, 171, II, 386, 956, 1.813 e 2.027, CC.

Veja arts. 774, I, 789, 792 e 856, § 3º, CPC.

§ 1º Igual direito assiste aos credores cuja garantia se tornar insuficiente.

§ 2º Só os credores que já o eram ao tempo daqueles atos podem pleitear a anulação deles.

Art. 159. Serão igualmente anuláveis os contratos onerosos do devedor insolvente, quando a insolvência for notória, ou houver motivo para ser conhecida do outro contratante.

Veja arts. 48, parágrafo único, 161, 171, II, 178, II, 471, 956, 1.813 e 2.027, CC.

36 | ARTS. 160 A 166 – CÓDIGO CIVIL

Art. 160. Se o adquirente dos bens do devedor insolvente ainda não tiver pago o preço e este for, aproximadamente, o corrente, desobrigar-se-á depositando-o em juízo, com a citação de todos os interessados.
Veja art. 955, CC.
Veja arts. 539 a 549, CPC.

Parágrafo único. Se inferior, o adquirente, para conservar os bens, poderá depositar o preço que lhes corresponda ao valor real.
Veja art. 335, V, CC.

Art. 161. A ação, nos casos dos arts. 158 e 159, poderá ser intentada contra o devedor insolvente, a pessoa que com ele celebrou a estipulação considerada fraudulenta, ou terceiros adquirentes que hajam procedido de má-fé.
Veja arts. 178, II, 1.216, 1.218 e 1.220, CC.

Art. 162. O credor quirografário, que receber do devedor insolvente o pagamento da dívida ainda não vencida, ficará obrigado a repor, em proveito do acervo sobre que se tenha de efetuar o concurso de credores, aquilo que recebeu.

Art. 163. Presumem-se fraudatórias dos direitos dos outros credores as garantias de dívidas que o devedor insolvente tiver dado a algum credor.
Veja art. 1.419, CC.

Art. 164. Presumem-se, porém, de boa-fé e valem os negócios ordinários indispensáveis à manutenção de estabelecimento mercantil, rural, ou industrial, ou à subsistência do devedor e de sua família.
Veja arts. 113, 1.142 e 1.149, CC.

Art. 165. Anulados os negócios fraudulentos, a vantagem resultante reverterá em proveito do acervo sobre que se tenha de efetuar o concurso de credores.

Parágrafo único. Se esses negócios tinham por único objeto atribuir direitos preferenciais, mediante hipoteca, penhor ou anticrese, sua invalidade importará somente na anulação da preferência ajustada.
Veja arts. 184 e 1.419 a 1.510, CC.

CAPÍTULO V
DA INVALIDADE DO NEGÓCIO JURÍDICO

Art. 166. É nulo o negócio jurídico quando:
Veja arts. 168 e 2.035, CC.

I – celebrado por pessoa absolutamente incapaz;
Veja arts. 3º, 104, I, 1.548, I, e 1.860, CC.

II – for ilícito, impossível ou indeterminável o seu objeto;
Veja arts. 104, II, 122 a 124 e 762, CC.

III – o motivo determinante, comum a ambas as partes, for ilícito;
IV – não revestir a forma prescrita em lei;
Veja arts. 104, III, 122 e 1.653, CC.

V – for preterida alguma solenidade que a lei considere essencial para a sua validade;

CÓDIGO CIVIL – ARTS. 166 A 172 | 37

VI – tiver por objetivo fraudar lei imperativa;
Veja arts. 187 e 1.802, CC.
VII – a lei taxativamente o declarar nulo, ou proibir-lhe a prática, sem cominar sanção.
Veja arts. 209, 489, 548, 549, 795, 848, 907, 912, parágrafo único, 1.428, 1.516, § 3°, 1.548, II, 1.900, 1.912 e 1.959, CC.

Art. 167. É nulo o negócio jurídico simulado, mas subsistirá o que se dissimulou, se válido for na substância e na forma.
Veja arts. 48, parágrafo único, 168, 956 e 2.035, CC.
Veja art. 142, CPC.

§ 1° Haverá simulação nos negócios jurídicos quando:
I – aparentarem conferir ou transmitir direitos a pessoas diversas daquelas às quais realmente se conferem, ou transmitem;
II – contiverem declaração, confissão, condição ou cláusula não verdadeira;
Veja art. 121, CC.
III – os instrumentos particulares forem antedatados, ou pós-datados.
Veja art. 221, CC.
Veja art. 409, CPC.

§ 2° Ressalvam-se os direitos de terceiros de boa-fé em face dos contraentes do negócio jurídico simulado.

Art. 168. As nulidades dos artigos antecedentes podem ser alegadas por qualquer interessado, ou pelo Ministério Público, quando lhe couber intervir.
Veja art. 1.549, CC.

Parágrafo único. As nulidades devem ser pronunciadas pelo juiz, quando conhecer do negócio jurídico ou dos seus efeitos e as encontrar provadas, não lhe sendo permitido supri-las, ainda que a requerimento das partes.
Veja art. 282, CPC.

Art. 169. O negócio jurídico nulo não é suscetível de confirmação, nem convalesce pelo decurso do tempo.
Veja art. 367, CC.

Art. 170. Se, porém, o negócio jurídico nulo contiver os requisitos de outro, subsistirá este quando o fim a que visavam as partes permitir supor que o teriam querido, se houvessem previsto a nulidade.

Art. 171. Além dos casos expressamente declarados na lei, é anulável o negócio jurídico:
Veja arts. 119 e 179, CC.
I – por incapacidade relativa do agente;
Veja arts. 4°, 105, 178, III, 180 e 181, CC.
II – por vício resultante de erro, dolo, coação, estado de perigo, lesão ou fraude contra credores.
Veja arts. 138 a 165 e 178, I e II, CC.

Art. 172. O negócio anulável pode ser confirmado pelas partes, salvo direito de terceiro.

38 | ARTS. 172 A 182 – CÓDIGO CIVIL

Veja arts. 175, 588, 589, I, 662 e 665, CC.

Art. 173. O ato de confirmação deve conter a substância do negócio celebrado e a vontade expressa de mantê-lo.

Veja art. 175, CC.

Art. 174. É escusada a confirmação expressa, quando o negócio já foi cumprido em parte pelo devedor, ciente do vício que o inquinava.

Veja art. 175, CC.

Art. 175. A confirmação expressa, ou a execução voluntária de negócio anulável, nos termos dos arts. 172 a 174, importa a extinção de todas as ações, ou exceções, de que contra ele dispusesse o devedor.

Art. 176. Quando a anulabilidade do ato resultar da falta de autorização de terceiro, será validado se este a der posteriormente.

Veja arts. 107, 117 e 496, CC.

Art. 177. A anulabilidade não tem efeito antes de julgada por sentença, nem se pronuncia de ofício; só os interessados a podem alegar, e aproveita exclusivamente aos que a alegarem, salvo o caso de solidariedade ou indivisibilidade.

Veja arts. 87, 88, 171 e 257 a 285, CC.

Art. 178. É de quatro anos o prazo de decadência para pleitear-se a anulação do negócio jurídico, contado:

Veja arts. 207 a 211, CC.

I – no caso de coação, do dia em que ela cessar;

Veja arts. 151 a 155, CC.

II – no de erro, dolo, fraude contra credores, estado de perigo ou lesão, do dia em que se realizou o negócio jurídico;

Veja arts. 138 a 150 e 156 a 165, CC.

III – no de atos de incapazes, do dia em que cessar a incapacidade.

Veja arts. 3º a 5º, CC.

Art. 179. Quando a lei dispuser que determinado ato é anulável, sem estabelecer prazo para pleitear-se a anulação, será este de dois anos, a contar da data da conclusão do ato.

Veja art. 496, CC.

Art. 180. O menor, entre dezesseis e dezoito anos, não pode, para eximir-se de uma obrigação, invocar a sua idade se dolosamente a ocultou quando inquirido pela outra parte, ou se, no ato de obrigar-se, declarou-se maior.

Veja arts. 4º, I, e 147, CC.

Art. 181. Ninguém pode reclamar o que, por uma obrigação anulada, pagou a um incapaz, se não provar que reverteu em proveito dele a importância paga.

Veja arts. 3º, 4º, 310, 588, 589, IV, e 666, CC.

Art. 182. Anulado o negócio jurídico, restituir-se-ão as partes ao estado em que antes dele se achavam, e, não sendo possível restituí-las, serão indenizadas com o equivalente.

Veja arts. 1.214 a 1.222, CC.

CÓDIGO CIVIL – ARTS. 183 A 188 | 39

Art. 183. A invalidade do instrumento não induz a do negócio jurídico sempre que este puder provar-se por outro meio.

Veja arts. 215 a 218 e 221, CC.

Art. 184. Respeitada a intenção das partes, a invalidade parcial de um negócio jurídico não o prejudicará na parte válida, se esta for separável; a invalidade da obrigação principal implica a das obrigações acessórias, mas a destas não induz a da obrigação principal.

Veja arts. 107, 110 a 112 e 165, parágrafo único, CC.

TÍTULO II
DOS ATOS JURÍDICOS LÍCITOS

Art. 185. Aos atos jurídicos lícitos, que não sejam negócios jurídicos, aplicam-se, no que couber, as disposições do Título anterior.

Veja arts. 104 a 184 e 2.035, parágrafo único, CC.

TÍTULO III
DOS ATOS ILÍCITOS

Art. 186. Aquele que, por ação ou omissão voluntária, negligência ou imprudência, violar direito e causar dano a outrem, ainda que exclusivamente moral, comete ato ilícito.

Veja arts. 12, 43, 392, 402, 403, 475 a 477, 617 e 927 a 954, CC.

Veja art. 5º, V, X e LXXV, CF.

Veja arts. 81, 143, 161, 302 e 77, *caput* e §§ 1º e 7º, CPC.

Veja art. 91, I, CP.

Veja art. 5º, Lei n. 8.429, de 02.06.1992.

Veja art. 21, Lei n. 9.263, de 12.01.1996.

Veja Súmula n. 595, STJ.

Art. 187. Também comete ato ilícito o titular de um direito que, ao exercê-lo, excede manifestamente os limites impostos pelo seu fim econômico ou social, pela boa-fé ou pelos bons costumes.

Veja arts. 421, 422, 927 a 954, 1.277 e 2.035, parágrafo único, CC.

Art. 188. Não constituem atos ilícitos:

I – os praticados em legítima defesa ou no exercício regular de um direito reconhecido;

Veja arts. 304 e 930, parágrafo único, CC.

Veja arts. 23 a 25, CP.

II – a deterioração ou destruição da coisa alheia, ou a lesão a pessoa, a fim de remover perigo iminente.

Veja arts. 929 e 930, CC.

Parágrafo único. No caso do inciso II, o ato será legítimo somente quando as circunstâncias o tornarem absolutamente necessário, não excedendo os limites do indispensável para a remoção do perigo.

TÍTULO IV
DA PRESCRIÇÃO E DA DECADÊNCIA

Veja art. 2.028, CC.

CAPÍTULO I
DA PRESCRIÇÃO

Seção I
Disposições Gerais

Art. 189. Violado o direito, nasce para o titular a pretensão, a qual se extingue, pela prescrição, nos prazos a que aludem os arts. 205 e 206.

Veja art. 882, CC.

Art. 190. A exceção prescreve no mesmo prazo em que a pretensão.

Art. 191. A renúncia da prescrição pode ser expressa ou tácita, e só valerá, sendo feita, sem prejuízo de terceiro, depois que a prescrição se consumar; tácita é a renúncia quando se presume de fatos do interessado, incompatíveis com a prescrição.

Art. 192. Os prazos de prescrição não podem ser alterados por acordo das partes.

Veja arts. 840 a 849, CC.

Art. 193. A prescrição pode ser alegada em qualquer grau de jurisdição, pela parte a quem aproveita.

Veja arts. 240, §§ 1º e 2º, 241, 302, IV, 310, 336, 342, III, 487, II e parágrafo único, 535, VI, e 802, parágrafo único, CPC.

Art. 194. (*Revogado pela Lei n. 11.280, de 16.02.2006.*)

Art. 195. Os relativamente incapazes e as pessoas jurídicas têm ação contra os seus assistentes ou representantes legais, que derem causa à prescrição, ou não a alegarem oportunamente.

Veja arts. 4º, 40 a 44, 115 a 120, 208, 1.169 a 1.178, 1.728 e 1.767, CC.

Art. 196. A prescrição iniciada contra uma pessoa continua a correr contra o seu sucessor.

Veja art. 1.829, CC.

Seção II
Das Causas que Impedem ou Suspendem a Prescrição

Art. 197. Não corre a prescrição:

Veja art. 207, CC.

I – entre os cônjuges, na constância da sociedade conjugal;

Veja arts. 1.514, 1.571 e 1.595, CC.

II – entre ascendentes e descendentes, durante o poder familiar;

Veja arts. 1.591, 1.594 e 1.630 a 1.638, CC.

III – entre tutelados ou curatelados e seus tutores ou curadores, durante a tutela ou curatela.

Veja arts. 1.728 a 1.783-A, CC.

CÓDIGO CIVIL – ARTS. 198 A 202 | 41

Art. 198. Também não corre a prescrição:
Veja art. 207, CC.
I – contra os incapazes de que trata o art. 3º;
Veja art. 208, CC.
II – contra os ausentes do País em serviço público da União, dos Estados ou dos Municípios;
III – contra os que se acharem servindo nas Forças Armadas, em tempo de guerra.

Art. 199. Não corre igualmente a prescrição:
Veja art. 207, CC.
I – pendendo condição suspensiva;
Veja art. 125, CC.
II – não estando vencido o prazo;
Veja arts. 132 e 133, CC.
III – pendendo ação de evicção.
Veja arts. 447 a 457, CC.

Art. 200. Quando a ação se originar de fato que deva ser apurado no juízo criminal, não correrá a prescrição antes da respectiva sentença definitiva.
Veja art. 935, CC.

Art. 201. Suspensa a prescrição em favor de um dos credores solidários, só aproveitam os outros se a obrigação for indivisível.
Veja arts. 257 a 273 e 314, CC.

Seção III
Das Causas que Interrompem a Prescrição

Art. 202. A interrupção da prescrição, que somente poderá ocorrer uma vez, dar-se-á:
Veja arts. 203 e 207, CC.
Veja art. 312, CPC.
I – por despacho do juiz, mesmo incompetente, que ordenar a citação, se o interessado a promover no prazo e na forma da lei processual;
Veja arts. 240, §§ 2º e 4º, 247, 487, parágrafo único, e 802, CPC.
II – por protesto, nas condições do inciso antecedente;
Veja arts. 726, 728 e 729, CPC.
III – por protesto cambial;
IV – pela apresentação do título de crédito em juízo de inventário ou em concurso de credores;
Veja arts. 887 a 926 e 955 a 965, CC.
Veja arts. 908 e 909, CPC.
V – por qualquer ato judicial que constitua em mora o devedor;
Veja art. 397, CC.
VI – por qualquer ato inequívoco, ainda que extrajudicial, que importe reconhecimento do direito pelo devedor.
Veja art. 843, CC.

42 | ARTS. 202 A 206 – CÓDIGO CIVIL

Parágrafo único. A prescrição interrompida recomeça a correr da data do ato que a interrompeu, ou do último ato do processo para a interromper.

Veja art. 802, CPC.

Veja art. 117, *caput* e § 2º, CP.

Art. 203. A prescrição pode ser interrompida por qualquer interessado.

Art. 204. A interrupção da prescrição por um credor não aproveita aos outros; semelhantemente, a interrupção operada contra o codevedor, ou seu herdeiro, não prejudica aos demais coobrigados.

§ 1º A interrupção por um dos credores solidários aproveita aos outros; assim como a interrupção efetuada contra o devedor solidário envolve os demais e seus herdeiros.

Veja arts. 264 a 273, CC.

§ 2º A interrupção operada contra um dos herdeiros do devedor solidário não prejudica os outros herdeiros ou devedores, senão quando se trate de obrigações e direitos indivisíveis.

Veja arts. 257 a 266, 275 a 285 e 314, CC.

§ 3º A interrupção produzida contra o principal devedor prejudica o fiador.

Veja art. 837, CC.

Seção IV
Dos Prazos da Prescrição

Art. 205. A prescrição ocorre em dez anos, quando a lei não lhe haja fixado prazo menor.

Veja arts. 189 e 2.028, CC.

Veja Súmula n. 371, STJ.

Art. 206. Prescreve:

Veja arts. 189 e 2.028, CC.

Veja arts. 657 e 658, CPC.

§ 1º Em um ano:

I – a pretensão dos hospedeiros ou fornecedores de víveres destinados a consumo no próprio estabelecimento, para o pagamento da hospedagem ou dos alimentos;

II – a pretensão do segurado contra o segurador, ou a deste contra aquele, contado o prazo:

Veja arts. 763 a 777, CC.

a) para o segurado, no caso de seguro de responsabilidade civil, da data em que é citado para responder à ação de indenização proposta pelo terceiro prejudicado, ou da data que a este indeniza, com a anuência do segurador;

Veja art. 787, CC.

b) quanto aos demais seguros, da ciência do fato gerador da pretensão;

III – a pretensão dos tabeliães, auxiliares da justiça, serventuários judiciais, árbitros e peritos, pela percepção de emolumentos, custas e honorários;

CÓDIGO CIVIL – ART. 206 | 43

IV – a pretensão contra os peritos, pela avaliação dos bens que entraram para a formação do capital de sociedade anônima, contado da publicação da ata da assembleia que aprovar o laudo;
Veja arts. 1.088 e 1.089, CC.

V – a pretensão dos credores não pagos contra os sócios ou acionistas e os liquidantes, contado o prazo da publicação da ata de encerramento da liquidação da sociedade.
Veja arts. 1.103, IV, V e IX, 1.106 e 1.110, CC.

§ 2º Em dois anos, a pretensão para haver prestações alimentares, a partir da data em que se vencerem.
Veja arts. 948, II, e 1.694 a 1.710, CC.
Veja art. 975, CPC.
Veja art. 23, Lei n. 5.478, de 25.07.1968.

§ 3º Em três anos:
I – a pretensão relativa a aluguéis de prédios urbanos ou rústicos;
Veja art. 569, II, CC.

II – a pretensão para receber prestações vencidas de rendas temporárias ou vitalícias;
Veja Súmulas ns. 291 e 427, do STJ.

III – a pretensão para haver juros, dividendos ou quaisquer prestações acessórias, pagáveis, em períodos não maiores de um ano, com capitalização ou sem ela;

IV – a pretensão de ressarcimento de enriquecimento sem causa;
Veja arts. 884 a 886, CC.

V – a pretensão de reparação civil;
Veja arts. 944 a 954, CC.

VI – a pretensão de restituição dos lucros ou dividendos recebidos de má-fé, correndo o prazo da data em que foi deliberada a distribuição;
Veja art. 876, CC.

VII – a pretensão contra as pessoas em seguida indicadas por violação da lei ou do estatuto, contado o prazo:

a) para os fundadores, da publicação dos atos constitutivos da sociedade anônima;
Veja art. 1.089, CC.

b) para os administradores, ou fiscais, da apresentação, aos sócios, do balanço referente ao exercício em que a violação tenha sido praticada, ou da reunião ou assembleia geral que dela deva tomar conhecimento;
Veja arts. 1.020, 1.065, 1.069, III, 1.078, I e § 3º, e 1.179, CC.

c) para os liquidantes, da primeira assembleia semestral posterior à violação;
Veja arts. 1.103, VI, e 1.105, CC.

VIII – a pretensão para haver o pagamento de título de crédito, a contar do vencimento, ressalvadas as disposições de lei especial;
Veja arts. 889, *caput* e § 1º, e 901, CC.

44 | ARTS. 206 A 212 – CÓDIGO CIVIL

IX – a pretensão do beneficiário contra o segurador, e a do terceiro prejudicado, no caso de seguro de responsabilidade civil obrigatório.

Veja art. 788, CC.

§ 4º Em quatro anos, a pretensão relativa à tutela, a contar da data da aprovação das contas.

Veja art. 1.728, CC.

§ 5º Em cinco anos:

I – a pretensão de cobrança de dívidas líquidas constantes de instrumento público ou particular;

Veja Súmulas ns. 503 e 504, STJ.

II – a pretensão dos profissionais liberais em geral, procuradores judiciais, curadores e professores pelos seus honorários, contado o prazo da conclusão dos serviços, da cessação dos respectivos contratos ou mandato;

Veja art. 658, CC.

III – a pretensão do vencedor para haver do vencido o que despendeu em juízo.

CAPÍTULO II
DA DECADÊNCIA

Art. 207. Salvo disposição legal em contrário, não se aplicam à decadência as normas que impedem, suspendem ou interrompem a prescrição.

Veja arts. 197 a 204 e 2.028, CC.

Veja arts. 240, § 4º, e 487, II, CPC.

Veja art. 3º, § 2º, Lei n. 14.010, de 10.06.2020.

Art. 208. Aplica-se à decadência o disposto nos arts. 195 e 198, I.

Art. 209. É nula a renúncia à decadência fixada em lei.

Veja arts. 114 e 191, CC.

Art. 210. Deve o juiz, de ofício, conhecer da decadência, quando estabelecida por lei.

Veja arts. 302, IV, 332, § 1º, 354, e 487, II, CPC.

Art. 211. Se a decadência for convencional, a parte a quem aproveita pode alegá-la em qualquer grau de jurisdição, mas o juiz não pode suprir a alegação.

TÍTULO V
DA PROVA

Art. 212. Salvo o negócio a que se impõe forma especial, o fato jurídico pode ser provado mediante:

Veja art. 5º, XII, LVI e LVIII, CF.

Veja art. 369, CPC.

I – confissão;

Veja arts. 213 e 214, CC.

Veja arts. 389 a 395, CPC.

II – documento;

Veja arts. 107 a 109, 215 a 226, 653 e 758, CC.

CÓDIGO CIVIL – ARTS. 212 A 215 | 45

Veja arts. 405 a 438, CPC.

III – testemunha;

Veja art. 228, CC.

Veja arts. 442 a 449, CPC.

IV – presunção;

Veja art. 375, CPC.

V – perícia.

Veja arts. 206, § 1º, IV, 231 e 232, CC.

Veja arts. 81, § 3º, 449, 464 a 480, 510 e 809, §§ 1º e 2º, CPC.

Art. 213. Não tem eficácia a confissão se provém de quem não é capaz de dispor do direito a que se referem os fatos confessados.

Veja art. 392, CPC.

Parágrafo único. Se feita a confissão por um representante, somente é eficaz nos limites em que este pode vincular o representado.

Veja arts. 116 e 118, CC.

Art. 214. A confissão é irrevogável, mas pode ser anulada se decorreu de erro de fato ou de coação.

Veja arts. 138, 139 e 151 a 155, CC.

Veja art. 393, CPC.

Art. 215. A escritura pública, lavrada em notas de tabelião, é documento dotado de fé pública, fazendo prova plena.

Veja arts. 108 e 109, CC.

Veja arts. 406, 407 e 784, II a IV, CPC.

§ 1º Salvo quando exigidos por lei outros requisitos, a escritura pública deve conter:

I – data e local de sua realização;

II – reconhecimento da identidade e capacidade das partes e de quantos hajam comparecido ao ato, por si, como representantes, intervenientes ou testemunhas;

Veja arts. 115 e 228, CC.

III – nome, nacionalidade, estado civil, profissão, domicílio e residência das partes e demais comparecentes, com a indicação, quando necessário, do regime de bens do casamento, nome do outro cônjuge e filiação;

Veja arts. 70 a 73, 75, IV, 76, 1.603 e 1.639, CC.

IV – manifestação clara da vontade das partes e dos intervenientes;

Veja arts. 107 e 110 a 112, CC.

V – referência ao cumprimento das exigências legais e fiscais inerentes à legitimidade do ato;

VI – declaração de ter sido lida na presença das partes e demais comparecentes, ou de que todos a leram;

VII – assinatura das partes e dos demais comparecentes, bem como a do tabelião ou seu substituto legal, encerrando o ato.

§ 2º Se algum comparecente não puder ou não souber escrever, outra pessoa capaz assinará por ele, a seu rogo.

46 | ARTS. 215 A 221 – CÓDIGO CIVIL

§ 3º A escritura será redigida na língua nacional.

§ 4º Se qualquer dos comparecentes não souber a língua nacional e o tabelião não entender o idioma em que se expressa, deverá comparecer tradutor público para servir de intérprete, ou, não o havendo na localidade, outra pessoa capaz que, a juízo do tabelião, tenha idoneidade e conhecimento bastantes.

§ 5º Se algum dos comparecentes não for conhecido do tabelião, nem puder identificar-se por documento, deverão participar do ato pelo menos duas testemunhas que o conheçam e atestem sua identidade.

Art. 216. Farão a mesma prova que os originais as certidões textuais de qualquer peça judicial, do protocolo das audiências, ou de outro qualquer livro a cargo do escrivão, sendo extraídas por ele, ou sob a sua vigilância, e por ele subscritas, assim como os traslados de autos, quando por outro escrivão consertados.

O correto parece ser "concertados" em vez de "consertados".

Veja art. 365, I e III, CPC.

Art. 217. Terão a mesma força probante os traslados e as certidões, extraídos por tabelião ou oficial de registro, de instrumentos ou documentos lançados em suas notas.

Veja arts. 407 e 425, II, CPC.

Art. 218. Os traslados e as certidões considerar-se-ão instrumentos públicos, se os originais se houverem produzido em juízo como prova de algum ato.

Veja arts. 162, 192, parágrafo único, e 425, III, CPC.

Art. 219. As declarações constantes de documentos assinados presumem-se verdadeiras em relação aos signatários.

Veja art. 408, CPC.

Parágrafo único. Não tendo relação direta, porém, com as disposições principais ou com a legitimidade das partes, as declarações enunciativas não eximem os interessados em sua veracidade do ônus de prová-las.

Veja art. 408, parágrafo único, CPC.

Art. 220. A anuência ou a autorização de outrem, necessária à validade de um ato, provar-se-á do mesmo modo que este, e constará, sempre que se possa, do próprio instrumento.

Veja arts. 176, 496, 1.517, 1.537, 1.553 e 1.647 a 1.649, CC.

Art. 221. O instrumento particular, feito e assinado, ou somente assinado por quem esteja na livre disposição e administração de seus bens, prova as obrigações convencionais de qualquer valor; mas os seus efeitos, bem como os da cessão, não se operam, a respeito de terceiros, antes de registrado no registro público.

Veja arts. 288, 654, § 2º, e 1.418, CC.

Veja arts. 369, 412 e 784, II a IV, CPC.

Parágrafo único. A prova do instrumento particular pode suprir-se pelas outras de caráter legal.

CÓDIGO CIVIL – ARTS. 221 A 228 | 47

Veja arts. 183 e 212, CC.

Veja arts. 406, 408, parágrafo único, 411 e 427, CPC.

Art. 222. O telegrama, quando lhe for contestada a autenticidade, faz prova mediante conferência com o original assinado.

Veja arts. 36, 238 a 254, 264 a 268, 413, parágrafo único, 414, 487, parágrafo único, e 802, parágrafo único, CPC.

Art. 223. A cópia fotográfica de documento, conferida por tabelião de notas, valerá como prova de declaração da vontade, mas, impugnada sua autenticidade, deverá ser exibido o original.

Veja arts. 423, 424 e 425, III, CPC.

Parágrafo único. A prova não supre a ausência do título de crédito, ou do original, nos casos em que a lei ou as circunstâncias condicionarem o exercício do direito à sua exibição.

Veja arts. 887 a 926, CC.

Art. 224. Os documentos redigidos em língua estrangeira serão traduzidos para o português para ter efeitos legais no País.

Veja arts. 162, I, 163, 164 e 192, parágrafo único, CPC.

Art. 225. As reproduções fotográficas, cinematográficas, os registros fonográficos e, em geral, quaisquer outras reproduções mecânicas ou eletrônicas de fatos ou de coisas fazem prova plena destes, se a parte, contra quem forem exibidos, não lhes impugnar a exatidão.

Veja arts. 260, § 2º, 422 a 424 e 425, III, CPC.

Art. 226. Os livros e fichas dos empresários e sociedades provam contra as pessoas a que pertencem, e, em seu favor, quando, escriturados sem vício extrínseco ou intrínseco, forem confirmados por outros subsídios.

Veja arts. 1.177, 1.191 e 1.192, CC.

Veja arts. 417 a 421, CPC.

Parágrafo único. A prova resultante dos livros e fichas não é bastante nos casos em que a lei exige escritura pública, ou escrito particular revestido de requisitos especiais, e pode ser ilidida pela comprovação da falsidade ou inexatidão dos lançamentos.

Veja arts. 107, 109 e 215, CC.

Art. 227. (*Revogado pela Lei n. 13.105, de 16.03.2015.*)

Parágrafo único. Qualquer que seja o valor do negócio jurídico, a prova testemunhal é admissível como subsidiária ou complementar da prova por escrito.

Veja arts. 444 e 445, CPC.

Art. 228. Não podem ser admitidos como testemunhas:

Veja arts. 447, §§ 1º a 3º, 452 e 457, CPC.

I – os menores de dezesseis anos;

II e III – (*Revogados pela Lei n. 13.146, de 06.07.2015.*)

IV – o interessado no litígio, o amigo íntimo ou o inimigo capital das partes;

V – os cônjuges, os ascendentes, os descendentes e os colaterais, até o terceiro grau de alguma das partes, por consanguinidade, ou afinidade.

48 | ARTS. 228 A 235 – CÓDIGO CIVIL

Veja arts. 1.591 a 1.595, CC.

§ 1º Para a prova de fatos que só elas conheçam, pode o juiz admitir o depoimento das pessoas a que se refere este artigo.

Parágrafo renumerado pela Lei n. 13.146, de 06.07.2015.

Veja art. 447, §§ 4º e 5º, CPC.

§ 2º A pessoa com deficiência poderá testemunhar em igualdade de condições com as demais pessoas, sendo-lhe assegurados todos os recursos de tecnologia assistiva.

Parágrafo acrescentado pela Lei n. 13.146, de 06.07.2015.

Arts. 229 e 230. (*Revogados pela Lei n. 13.105, de 16.03.2015.*)

Art. 231. Aquele que se nega a submeter-se a exame médico necessário não poderá aproveitar-se de sua recusa.

Art. 232. A recusa à perícia médica ordenada pelo juiz poderá suprir a prova que se pretendia obter com o exame.

Veja arts. 370, 404, III, e 464 a 480, CPC.

PARTE ESPECIAL

LIVRO I
DO DIREITO DAS OBRIGAÇÕES

TÍTULO I
DAS MODALIDADES DAS OBRIGAÇÕES

CAPÍTULO I
DAS OBRIGAÇÕES DE DAR

Seção I
Das Obrigações de Dar Coisa Certa

Art. 233. A obrigação de dar coisa certa abrange os acessórios dela embora não mencionados, salvo se o contrário resultar do título ou das circunstâncias do caso.

Veja arts. 92 a 97 e 234, CC.

Veja arts. 806 a 810, CPC.

Art. 234. Se, no caso do artigo antecedente, a coisa se perder, sem culpa do devedor, antes da tradição, ou pendente a condição suspensiva, fica resolvida a obrigação para ambas as partes; se a perda resultar de culpa do devedor, responderá este pelo equivalente e mais perdas e danos.

Veja arts. 125 , 238 a 240, 246, 248, 250, 254, 256, 389, 392, 402 a 405, 444, 458, 492, 509, 611, 1.267 e 1.268, CC.

Art. 235. Deteriorada a coisa, não sendo o devedor culpado, poderá o credor resolver a obrigação, ou aceitar a coisa, abatido de seu preço o valor que perdeu.

Veja arts. 240 e 1.217, CC.

CÓDIGO CIVIL – ARTS. 236 A 244 | 49

Art. 236. Sendo culpado o devedor, poderá o credor exigir o equivalente, ou aceitar a coisa no estado em que se acha, com direito a reclamar, em um ou em outro caso, indenização das perdas e danos.

Veja arts. 239, 240, 389, 402 a 405 e 1.218, CC.

Veja art. 806, § 1º, CPC.

Art. 237. Até a tradição pertence ao devedor a coisa, com os seus melhoramentos e acrescidos, pelos quais poderá exigir aumento no preço; se o credor não anuir, poderá o devedor resolver a obrigação.

Veja arts. 493, 1.267 e 1.268, CC.

Parágrafo único. Os frutos percebidos são do devedor, cabendo ao credor os pendentes.

Veja arts. 1.214 a 1.216, CC.

Art. 238. Se a obrigação for de restituir coisa certa, e esta, sem culpa do devedor, se perder antes da tradição, sofrerá o credor a perda, e a obrigação se resolverá, ressalvados os seus direitos até o dia da perda.

Veja arts. 234, 241, 244, 502, 1.217, 1.267 e 1.268, CC.

Art. 239. Se a coisa se perder por culpa do devedor, responderá este pelo equivalente, mais perdas e danos.

Veja arts. 234, 238, 240, 402 a 405 e 1.218, CC.

Art. 240. Se a coisa restituível se deteriorar sem culpa do devedor, recebê-la-á o credor, tal qual se ache, sem direito a indenização; se por culpa do devedor, observar-se-á o disposto no art. 239.

Veja arts. 235 e 1.217, CC.

Art. 241. Se, no caso do art. 238, sobrevier melhoramento ou acréscimo à coisa, sem despesa ou trabalho do devedor, lucrará o credor, desobrigado de indenização.

Art. 242. Se para o melhoramento, ou aumento, empregou o devedor trabalho ou dispêndio, o caso se regulará pelas normas deste Código atinentes às benfeitorias realizadas pelo possuidor de boa-fé ou de má-fé.

Veja arts. 96, 97 e 1.219 a 1.222, CC.

Parágrafo único. Quanto aos frutos percebidos, observar-se-á, do mesmo modo, o disposto neste Código, acerca do possuidor de boa-fé ou de má-fé.

Veja arts. 95, 1.214 a 1.216 e 1.232, CC.

Seção II
Das Obrigações de Dar Coisa Incerta

Art. 243. A coisa incerta será indicada, ao menos, pelo gênero e pela quantidade.

Veja art. 85, CC.

Veja arts. 498, 538, *caput* e § 3º, e 811 a 813, CPC.

Art. 244. Nas coisas determinadas pelo gênero e pela quantidade, a escolha pertence ao devedor, se o contrário não resultar do título da obrigação; mas não poderá dar a coisa pior, nem será obrigado a prestar a melhor.

50 | ARTS. 244 A 251 – CÓDIGO CIVIL

Veja arts. 342, 1.929 e 1.931, CC.

Art. 245. Cientificado da escolha o credor, vigorará o disposto na Seção antecedente.

Veja arts. 233 a 242 e 313, CC.

Veja art. 813, CPC.

Art. 246. Antes da escolha, não poderá o devedor alegar perda ou deterioração da coisa, ainda que por força maior ou caso fortuito.

Veja arts. 234, 248 e 492, CC.

Veja arts. 811 a 813, CPC.

CAPÍTULO II
DAS OBRIGAÇÕES DE FAZER

Art. 247. Incorre na obrigação de indenizar perdas e danos o devedor que recusar a prestação a ele só imposta, ou só por ele exequível.

Veja arts. 402 a 405, CC.

Veja arts. 139, IV, 497 a 500, 536, §§ 1º e 4º, 537, *caput* e § 1º, 538, *caput* e § 3º, e 814 a 821, CPC.

Art. 248. Se a prestação do fato tornar-se impossível sem culpa do devedor, resolver-se-á a obrigação; se por culpa dele, responderá por perdas e danos.

Veja arts. 234, 246, 255 e 402 a 405, CC.

Art. 249. Se o fato puder ser executado por terceiro, será livre ao credor mandá-lo executar à custa do devedor, havendo recusa ou mora deste, sem prejuízo da indenização cabível.

Veja arts. 389, 394 e 626, CC.

Veja arts. 139, IV, 497, 499, 500, 536, §§ 1º e 4º, 537, *caput* e § 1º, e 815 a 821, CPC.

Parágrafo único. Em caso de urgência, pode o credor, independentemente de autorização judicial, executar ou mandar executar o fato, sendo depois ressarcido.

Veja art. 1.510-C, § 2º, CC.

CAPÍTULO III
DAS OBRIGAÇÕES DE NÃO FAZER

Art. 250. Extingue-se a obrigação de não fazer, desde que, sem culpa do devedor, se lhe torne impossível abster-se do ato, que se obrigou a não praticar.

Veja art. 390, CC.

Veja arts. 139, IV, 497, 499 e 500, 536, § 1º, 537, *caput* e § 1º, e 822 a 823, CPC.

Art. 251. Praticado pelo devedor o ato, a cuja abstenção se obrigara, o credor pode exigir dele que o desfaça, sob pena de se desfazer à sua custa, ressarcindo o culpado perdas e danos.

Veja arts. 390, 402 a 405 e 881, CC.

Parágrafo único. Em caso de urgência, poderá o credor desfazer ou mandar desfazer, independentemente de autorização judicial, sem prejuízo do ressarcimento devido.

CÓDIGO CIVIL – ARTS. 252 A 258 | 51

CAPÍTULO IV
DAS OBRIGAÇÕES ALTERNATIVAS

Art. 252. Nas obrigações alternativas, a escolha cabe ao devedor, se outra coisa não se estipulou.

Veja arts. 342, 1.930 a 1.933 e 1.940, CC.

Veja arts. 325, 326, 543 e 800, CPC.

§ 1º Não pode o devedor obrigar o credor a receber parte em uma prestação e parte em outra.

Veja art. 314, CC.

§ 2º Quando a obrigação for de prestações periódicas, a faculdade de opção poderá ser exercida em cada período.

§ 3º No caso de pluralidade de optantes, não havendo acordo unânime entre eles, decidirá o juiz, findo o prazo por este assinado para a deliberação.

§ 4º Se o título deferir a opção a terceiro, e este não quiser, ou não puder exercê-la, caberá ao juiz a escolha se não houver acordo entre as partes.

Veja art. 1.930, CC.

Art. 253. Se uma das duas prestações não puder ser objeto de obrigação ou se tornada inexequível, subsistirá o débito quanto à outra.

Veja art. 104, II, CC.

Art. 254. Se, por culpa do devedor, não se puder cumprir nenhuma das prestações, não competindo ao credor a escolha, ficará aquele obrigado a pagar o valor da que por último se impossibilitou, mais as perdas e danos que o caso determinar.

Veja arts. 234, 248, 389 e 402 a 405, CC.

Art. 255. Quando a escolha couber ao credor e uma das prestações tornar-se impossível por culpa do devedor, o credor terá direito de exigir a prestação subsistente ou o valor da outra, com perdas e danos; se, por culpa do devedor, ambas as prestações se tornarem inexequíveis, poderá o credor reclamar o valor de qualquer das duas, além da indenização por perdas e danos.

Veja arts. 234, 248, 389 e 402 a 405, CC.

Art. 256. Se todas as prestações se tornarem impossíveis sem culpa do devedor, extinguir-se-á a obrigação.

Veja arts. 234, 248 e 393, CC.

CAPÍTULO V
DAS OBRIGAÇÕES DIVISÍVEIS E INDIVISÍVEIS

Art. 257. Havendo mais de um devedor ou mais de um credor em obrigação divisível, esta presume-se dividida em tantas obrigações, iguais e distintas, quantos os credores ou devedores.

Veja arts. 87, 88, 105, 201, 204, 264 a 266, 812 e 844, CC.

Art. 258. A obrigação é indivisível quando a prestação tem por objeto uma coisa ou um fato não suscetíveis de divisão, por sua natureza, por motivo de ordem econômica, ou dada a razão determinante do negócio jurídico.

52 | ARTS. 259 A 265 – CÓDIGO CIVIL

Art. 259. Se, havendo dois ou mais devedores, a prestação não for divisível, cada um será obrigado pela dívida toda.

Parágrafo único. O devedor, que paga a dívida, sub-roga-se no direito do credor em relação aos outros coobrigados.

Veja art. 346, III, CC.

Art. 260. Se a pluralidade for dos credores, poderá cada um destes exigir a dívida inteira; mas o devedor ou devedores se desobrigarão, pagando:

Veja art. 267, CC.

I – a todos conjuntamente;

II – a um, dando este caução de ratificação dos outros credores.

Art. 261. Se um só dos credores receber a prestação por inteiro, a cada um dos outros assistirá o direito de exigir dele em dinheiro a parte que lhe caiba no total.

Art. 262. Se um dos credores remitir a dívida, a obrigação não ficará extinta para com os outros; mas estes só a poderão exigir, descontada a quota do credor remitente.

Veja arts. 385 a 388, CC.

Parágrafo único. O mesmo critério se observará no caso de transação, novação, compensação ou confusão.

Veja arts. 360 a 384 e 840 a 850, CC.

Art. 263. Perde a qualidade de indivisível a obrigação que se resolver em perdas e danos.

Veja arts. 234, 248, 254, 255, 258, 271 e 402 a 405, CC.

§ 1º Se, para efeito do disposto neste artigo, houver culpa de todos os devedores, responderão todos por partes iguais.

§ 2º Se for de um só a culpa, ficarão exonerados os outros, respondendo só esse pelas perdas e danos.

CAPÍTULO VI
DAS OBRIGAÇÕES SOLIDÁRIAS

Seção I
Disposições Gerais

Art. 264. Há solidariedade, quando na mesma obrigação concorre mais de um credor, ou mais de um devedor, cada um com direito, ou obrigado, à dívida toda.

Veja arts. 257 e 258, CC.

Veja arts. 130, III, e 1.005, parágrafo único, CPC.

Art. 265. A solidariedade não se presume; resulta da lei ou da vontade das partes.

Veja arts. 149, 154, 177, 204, 271, 333, parágrafo único, 383, 388, 518, 585, 672, 680, 698, 756, 829, 914, § 1º, 942, 1.012, 1.016, 1.052 a 1.056, 1.091, § 1º, 1.146, 1.173, parágrafo único, 1.177, parágrafo único, 1.460, 1.644, 1.752, § 2º, e 1.986, CC.

CÓDIGO CIVIL – ARTS. 266 A 275 | 53

Art. 266. A obrigação solidária pode ser pura e simples para um dos co-credores ou codevedores, e condicional, ou a prazo, ou pagável em lugar diferente, para o outro.

Seção II
Da Solidariedade Ativa

Art. 267. Cada um dos credores solidários tem direito a exigir do devedor o cumprimento da prestação por inteiro.

Veja arts. 201 e 260, CC.

Art. 268. Enquanto alguns dos credores solidários não demandarem o devedor comum, a qualquer daqueles poderá este pagar.

Art. 269. O pagamento feito a um dos credores solidários extingue a dívida até o montante do que foi pago.

Veja arts. 365, 383, 388 e 844, §§ 2º e 3º, CC.

Art. 270. Se um dos credores solidários falecer deixando herdeiros, cada um destes só terá direito a exigir e receber a quota do crédito que corresponder ao seu quinhão hereditário, salvo se a obrigação for indivisível.

Veja arts. 257 a 263 e 1.798 a 1.803, CC.

Art. 271. Convertendo-se a prestação em perdas e danos, subsiste, para todos os efeitos, a solidariedade.

Veja arts. 402 a 405, CC.

Art. 272. O credor que tiver remitido a dívida ou recebido o pagamento responderá aos outros pela parte que lhes caiba.

Veja arts. 277 e 385 a 388, CC.

Art. 273. A um dos credores solidários não pode o devedor opor as exceções pessoais oponíveis aos outros.

Veja art. 281, CC.

Art. 274. O julgamento contrário a um dos credores solidários não atinge os demais, mas o julgamento favorável aproveita-lhes, sem prejuízo de exceção pessoal que o devedor tenha direito de invocar em relação a qualquer deles.

Artigo com redação dada pela Lei n. 13.105, de 16.03.2015.

Seção III
Da Solidariedade Passiva

Art. 275. O credor tem direito a exigir e receber de um ou de alguns dos devedores, parcial ou totalmente, a dívida comum; se o pagamento tiver sido parcial, todos os demais devedores continuam obrigados solidariamente pelo resto.

Veja arts. 333, parágrafo único, e 365, CC.

Veja arts. 130, III, e 1.005, parágrafo único, CPC.

Parágrafo único. Não importará renúncia da solidariedade a propositura de ação pelo credor contra um ou alguns dos devedores.

Veja art. 114, CC.

Art. 276. Se um dos devedores solidários falecer deixando herdeiros, nenhum destes será obrigado a pagar senão a quota que corresponder ao seu quinhão hereditário, salvo se a obrigação for indivisível; mas todos reunidos serão considerados como um devedor solidário em relação aos demais devedores.

Veja arts. 257 a 263, 314, 1.792, 1.821 e 1.997, CC.

Art. 277. O pagamento parcial feito por um dos devedores e a remissão por ele obtida não aproveitam aos outros devedores, senão até à concorrência da quantia paga ou relevada.

Veja arts. 272 e 385 a 388, CC.

Art. 278. Qualquer cláusula, condição ou obrigação adicional, estipulada entre um dos devedores solidários e o credor, não poderá agravar a posição dos outros sem consentimento destes.

Veja arts. 121 a 137, CC.

Art. 279. Impossibilitando-se a prestação por culpa de um dos devedores solidários, subsiste para todos o encargo de pagar o equivalente; mas pelas perdas e danos só responde o culpado.

Veja arts. 236, 246 e 402 a 405, CC.

Art. 280. Todos os devedores respondem pelos juros da mora, ainda que a ação tenha sido proposta somente contra um; mas o culpado responde aos outros pela obrigação acrescida.

Veja arts. 394 a 401, 406 e 407, CC.

Art. 281. O devedor demandado pode opor ao credor as exceções que lhe forem pessoais e as comuns a todos; não lhe aproveitando as exceções pessoais a outro codevedor.

Veja art. 177, CC.

Art. 282. O credor pode renunciar à solidariedade em favor de um, de alguns ou de todos os devedores.

Veja arts. 114, 284 e 388, CC.

Parágrafo único. Se o credor exonerar da solidariedade um ou mais devedores, subsistirá a dos demais.

Art. 283. O devedor que satisfez a dívida por inteiro tem direito a exigir de cada um dos codevedores a sua quota, dividindo-se igualmente por todos a do insolvente, se o houver, presumindo-se iguais, no débito, as partes de todos os codevedores.

Veja arts. 346, III, e 831, CC.

Art. 284. No caso de rateio entre os codevedores, contribuirão também os exonerados da solidariedade pelo credor, pela parte que na obrigação incumbia ao insolvente.

Veja art. 282, CC.

Art. 285. Se a dívida solidária interessar exclusivamente a um dos devedores, responderá este por toda ela para com aquele que pagar.

Veja art. 333, parágrafo único, CC.

CÓDIGO CIVIL – ARTS. 286 A 295 | 55

TÍTULO II
DA TRANSMISSÃO DAS OBRIGAÇÕES

CAPÍTULO I
DA CESSÃO DE CRÉDITO

Art. 286. O credor pode ceder o seu crédito, se a isso não se opuser a natureza da obrigação, a lei, ou a convenção com o devedor; a cláusula proibitiva da cessão não poderá ser oposta ao cessionário de boa-fé, se não constar do instrumento da obrigação.

Veja arts. 347, 348, 358, 377, 497, parágrafo único, 498, 507, 1.005 e 1.749, II e III, CC.

Art. 287. Salvo disposição em contrário, na cessão de um crédito abrangem-se todos os seus acessórios.

Veja arts. 92, 364 e 893, CC.

Art. 288. É ineficaz, em relação a terceiros, a transmissão de um crédito, se não celebrar-se mediante instrumento público, ou instrumento particular revestido das solenidades do § 1º do art. 654.

Veja arts. 215 a 218 e 221, CC.

Art. 289. O cessionário de crédito hipotecário tem o direito de fazer averbar a cessão no registro do imóvel.

Veja arts. 346, II, e 1.492 a 1.498, CC.

Art. 290. A cessão do crédito não tem eficácia em relação ao devedor, senão quando a este notificada; mas por notificado se tem o devedor que, em escrito público ou particular, se declarou ciente da cessão feita.

Veja arts. 312 e 377, CC.

Art. 291. Ocorrendo várias cessões do mesmo crédito, prevalece a que se completar com a tradição do título do crédito cedido.

Veja arts. 1.226 a 1.268, CC.

Art. 292. Fica desobrigado o devedor que, antes de ter conhecimento da cessão, paga ao credor primitivo, ou que, no caso de mais de uma cessão notificada, paga ao cessionário que lhe apresenta, com o título de cessão, o da obrigação cedida; quando o crédito constar de escritura pública, prevalecerá a prioridade da notificação.

Veja arts. 215 e 290, CC.

Art. 293. Independentemente do conhecimento da cessão pelo devedor, pode o cessionário exercer os atos conservatórios do direito cedido.

Art. 294. O devedor pode opor ao cessionário as exceções que lhe competirem, bem como as que, no momento em que veio a ter conhecimento da cessão, tinha contra o cedente.

Art. 295. Na cessão por título oneroso, o cedente, ainda que não se responsabilize, fica responsável ao cessionário pela existência do crédito ao tempo em que lhe cedeu; a mesma responsabilidade lhe cabe nas cessões por título gratuito, se tiver procedido de má-fé.

Veja art. 447, CC.

56 | ARTS. 296 A 304 – CÓDIGO CIVIL

Art. 296. Salvo estipulação em contrário, o cedente não responde pela solvência do devedor.

Art. 297. O cedente, responsável ao cessionário pela solvência do devedor, não responde por mais do que daquele recebeu, com os respectivos juros; mas tem de ressarcir-lhe as despesas da cessão e as que o cessionário houver feito com a cobrança.

Veja arts. 312, 406, 407 e 927, parágrafo único, CC.

Art. 298. O crédito, uma vez penhorado, não pode mais ser transferido pelo credor que tiver conhecimento da penhora; mas o devedor que o pagar, não tendo notificação dela, fica exonerado, subsistindo somente contra o credor os direitos de terceiro.

Veja arts. 312 e 1.451 a 1.460, CC.

CAPÍTULO II
DA ASSUNÇÃO DE DÍVIDA

Art. 299. É facultado a terceiro assumir a obrigação do devedor, com o consentimento expresso do credor, ficando exonerado o devedor primitivo, salvo se aquele, ao tempo da assunção, era insolvente e o credor o ignorava.

Parágrafo único. Qualquer das partes pode assinar prazo ao credor para que consinta na assunção da dívida, interpretando-se o seu silêncio como recusa.

Art. 300. Salvo assentimento expresso do devedor primitivo, consideram-se extintas, a partir da assunção da dívida, as garantias especiais por ele originariamente dadas ao credor.

Art. 301. Se a substituição do devedor vier a ser anulada, restaura-se o débito, com todas as suas garantias, salvo as garantias prestadas por terceiros, exceto se este conhecia o vício que inquinava a obrigação.

Art. 302. O novo devedor não pode opor ao credor as exceções pessoais que competiam ao devedor primitivo.

Art. 303. O adquirente de imóvel hipotecado pode tomar a seu cargo o pagamento do crédito garantido; se o credor, notificado, não impugnar em trinta dias a transferência do débito, entender-se-á dado o assentimento.

Veja art. 1.479, CC.

TÍTULO III
DO ADIMPLEMENTO E EXTINÇÃO DAS OBRIGAÇÕES

CAPÍTULO I
DO PAGAMENTO

Seção I
De Quem Deve Pagar

Art. 304. Qualquer interessado na extinção da dívida pode pagá-la, usando, se o credor se opuser, dos meios conducentes à exoneração do devedor.

CÓDIGO CIVIL – ARTS. 304 A 312 | 57

Veja arts. 334, 346, III, 347, 348, 394, 831 e 934, CC.

Parágrafo único. Igual direito cabe ao terceiro não interessado, se o fizer em nome e à conta do devedor, salvo oposição deste.

Art. 305. O terceiro não interessado, que paga a dívida em seu próprio nome, tem direito a reembolsar-se do que pagar; mas não se sub-roga nos direitos do credor.

Veja arts. 869, 871, 872 e 880, CC.

Parágrafo único. Se pagar antes de vencida a dívida, só terá direito ao reembolso no vencimento.

Veja art. 135, CC.

Art. 306. O pagamento feito por terceiro, com desconhecimento ou oposição do devedor, não obriga a reembolsar aquele que pagou, se o devedor tinha meios para ilidir a ação.

Art. 307. Só terá eficácia o pagamento que importar transmissão da propriedade, quando feito por quem possa alienar o objeto em que ele consistiu.

Veja arts. 356 a 359, 934 e 1.267, CC.

Parágrafo único. Se se der em pagamento coisa fungível, não se poderá mais reclamar do credor que, de boa-fé, a recebeu e consumiu, ainda que o solvente não tivesse o direito de aliená-la.

Veja arts. 85 e 1.268, CC.

Seção II
Daqueles a Quem se Deve Pagar

Art. 308. O pagamento deve ser feito ao credor ou a quem de direito o represente, sob pena de só valer depois de por ele ratificado, ou tanto quanto reverter em seu proveito.

Veja arts. 171 a 179, 335, 662, 673, 873 e 905, CC.

Veja arts. 904 a 909, CPC.

Art. 309. O pagamento feito de boa-fé ao credor putativo é válido, ainda provado depois que não era credor.

Veja art. 113, CC.

Art. 310. Não vale o pagamento cientemente feito ao credor incapaz de quitar, se o devedor não provar que em benefício dele efetivamente reverteu.

Veja arts. 3º, 4º e 181, CC.

Art. 311. Considera-se autorizado a receber o pagamento o portador da quitação, salvo se as circunstâncias contrariarem a presunção daí resultante.

Veja art. 320, CC.

Art. 312. Se o devedor pagar ao credor, apesar de intimado da penhora feita sobre o crédito, ou da impugnação a ele oposta por terceiros, o pagamento não valerá contra estes, que poderão constranger o devedor a pagar de novo, ficando-lhe ressalvado o regresso contra o credor.

Veja arts. 290, 298, 876 e 1.460, parágrafo único, CC.

Veja arts. 855, 856, 874 e 875, CPC.

Seção III
Do Objeto do Pagamento e sua Prova

Art. 313. O credor não é obrigado a receber prestação diversa da que lhe é devida, ainda que mais valiosa.

Veja arts. 245, 356 e 1.506, CC.

Veja arts. 806 a 813, CPC.

Art. 314. Ainda que a obrigação tenha por objeto prestação divisível, não pode o credor ser obrigado a receber, nem o devedor a pagar, por partes, se assim não se ajustou.

Veja arts. 87, 88, 252, 257 a 263, 414, 415, 844 e 1.506, CC.

Art. 315. As dívidas em dinheiro deverão ser pagas no vencimento, em moeda corrente e pelo valor nominal, salvo o disposto nos artigos subsequentes.

Veja arts. 318 e 486, CC.

Art. 316. É lícito convencionar o aumento progressivo de prestações sucessivas.

Veja art. 315, CC.

Art. 317. Quando, por motivos imprevisíveis, sobrevier desproporção manifesta entre o valor da prestação devida e o do momento de sua execução, poderá o juiz corrigi-lo, a pedido da parte, de modo que assegure, quanto possível, o valor real da prestação.

Veja arts. 315 e 478 a 480, CC.

Veja art. 7º, Lei n. 14.010, de 10.06.2020.

Art. 318. São nulas as convenções de pagamento em ouro ou em moeda estrangeira, bem como para compensar a diferença entre o valor desta e o da moeda nacional, excetuados os casos previstos na legislação especial.

Veja arts. 315 e 327, CC.

Art. 319. O devedor que paga tem direito a quitação regular, e pode reter o pagamento, enquanto não lhe seja dada.

Veja arts. 335, I, 396 e 604, CC.

Art. 320. A quitação, que sempre poderá ser dada por instrumento particular, designará o valor e a espécie da dívida quitada, o nome do devedor, ou quem por este pagou, o tempo e o lugar do pagamento, com a assinatura do credor, ou do seu representante.

Veja arts. 311, 327 a 333 e 394, CC.

Parágrafo único. Ainda sem os requisitos estabelecidos neste artigo valerá a quitação, se de seus termos ou das circunstâncias resultar haver sido paga a dívida.

Art. 321. Nos débitos, cuja quitação consista na devolução do título, perdido este, poderá o devedor exigir, retendo o pagamento, declaração do credor que inutilize o título desaparecido.

Art. 322. Quando o pagamento for em quotas periódicas, a quitação da última estabelece, até prova em contrário, a presunção de estarem solvidas as anteriores.

CÓDIGO CIVIL – ARTS. 323 A 333 | 59

Art. 323. Sendo a quitação do capital sem reserva dos juros, estes presumem-se pagos.

Art. 324. A entrega do título ao devedor firma a presunção do pagamento.
Veja arts. 321 e 386, CC.

Parágrafo único. Ficará sem efeito a quitação assim operada se o credor provar, em sessenta dias, a falta do pagamento.
Veja art. 381, § 5º, CPC.

Art. 325. Presumem-se a cargo do devedor as despesas com o pagamento e a quitação; se ocorrer aumento por fato do credor, suportará este a despesa acrescida.

Art. 326. Se o pagamento se houver de fazer por medida, ou peso, entender-se-á, no silêncio das partes, que aceitaram os do lugar da execução.
Veja arts. 134 e 327 a 330, CC.

Seção IV
Do Lugar do Pagamento

Art. 327. Efetuar-se-á o pagamento no domicílio do devedor, salvo se as partes convencionarem diversamente, ou se o contrário resultar da lei, da natureza da obrigação ou das circunstâncias.
Veja arts. 70 a 78, 318, 335, II, 394 e 631, CC.

Parágrafo único. Designados dois ou mais lugares, cabe ao credor escolher entre eles.

Art. 328. Se o pagamento consistir na tradição de um imóvel, ou em prestações relativas a imóvel, far-se-á no lugar onde situado o bem.
Veja art. 341, CC.

Art. 329. Ocorrendo motivo grave para que se não efetue o pagamento no lugar determinado, poderá o devedor fazê-lo em outro, sem prejuízo para o credor.

Art. 330. O pagamento reiteradamente feito em outro local faz presumir renúncia do credor relativamente ao previsto no contrato.

Seção V
Do Tempo do Pagamento

Art. 331. Salvo disposição legal em contrário, não tendo sido ajustada época para o pagamento, pode o credor exigi-lo imediatamente.
Veja arts. 134, 333, 394, 397, parágrafo único, 592, 889, § 1º, e 939, CC.

Art. 332. As obrigações condicionais cumprem-se na data do implemento da condição, cabendo ao credor a prova de que deste teve ciência o devedor.
Veja arts. 121 a 130, CC.

Art. 333. Ao credor assistirá o direito de cobrar a dívida antes de vencido o prazo estipulado no contrato ou marcado neste Código:
Veja arts. 475, 476, 939 e 941, CC.

I – no caso de falência do devedor, ou de concurso de credores;
Veja art. 955, CC.

60 | ARTS. 333 A 337 – CÓDIGO CIVIL

II – se os bens, hipotecados ou empenhados, forem penhorados em execução por outro credor;

Veja arts. 1.425, § 2º, e 1.465, CC.

Veja art. 856, § 2º, CPC.

III – se cessarem, ou se se tornarem insuficientes, as garantias do débito, fidejussórias, ou reais, e o devedor, intimado, se negar a reforçá-las.

Veja arts. 590 e 826, CC.

Parágrafo único. Nos casos deste artigo, se houver, no débito, solidariedade passiva, não se reputará vencido quanto aos outros devedores solventes.

Veja arts. 264 a 266 e 275 a 285, CC.

Veja arts. 908, *caput* e § 2º, e 909, CPC.

CAPÍTULO II
DO PAGAMENTO EM CONSIGNAÇÃO

Art. 334. Considera-se pagamento, e extingue a obrigação, o depósito judicial ou em estabelecimento bancário da coisa devida, nos casos e forma legais.

Veja arts. 304 e 635, CC.

Veja arts. 539 a 549, CPC.

Art. 335. A consignação tem lugar:

Veja arts. 308 a 312, 506 e 755, CC.

I – se o credor não puder, ou, sem justa causa, recusar receber o pagamento, ou dar quitação na devida forma;

Veja arts. 160, 304, 319 a 324, 635 e 641, CC.

II – se o credor não for, nem mandar receber a coisa no lugar, tempo e condição devidos;

Veja arts. 327 a 333 e 341, CC.

III – se o credor for incapaz de receber, for desconhecido, declarado ausente, ou residir em lugar incerto ou de acesso perigoso ou difícil;

Veja arts. 3º, 4º, 22 e 23, CC.

IV – se ocorrer dúvida sobre quem deva legitimamente receber o objeto do pagamento;

Veja arts. 344 e 345, CC.

Veja arts. 547 e 548, CPC.

V – se pender litígio sobre o objeto do pagamento.

Veja arts. 344 e 345, CC.

Veja arts. 539 a 549, CPC.

Art. 336. Para que a consignação tenha força de pagamento, será mister concorram, em relação às pessoas, ao objeto, modo e tempo, todos os requisitos sem os quais não é válido o pagamento.

Veja arts. 304 a 312, 319 a 326 e 331 a 333, CC.

Art. 337. O depósito requerer-se-á no lugar do pagamento, cessando, tanto que se efetue, para o depositante, os juros da dívida e os riscos, salvo se for julgado improcedente.

CÓDIGO CIVIL – ARTS. 337 A 346 | 61

Veja arts. 327 a 329, 406 e 407, CC.

Veja art. 540, CPC.

Art. 338. Enquanto o credor não declarar que aceita o depósito, ou não o impugnar, poderá o devedor requerer o levantamento, pagando as respectivas despesas, e subsistindo a obrigação para todas as consequências de direito.

Veja art. 539, §§ 1º, 3º e 4º, CPC.

Art. 339. Julgado procedente o depósito, o devedor já não poderá levantá-lo, embora o credor consinta, senão de acordo com os outros devedores e fiadores.

Veja arts. 275 a 285 e 818, CC.

Art. 340. O credor que, depois de contestar a lide ou aceitar o depósito, aquiescer no levantamento, perderá a preferência e a garantia que lhe competiam com respeito à coisa consignada, ficando para logo desobrigados os codevedores e fiadores que não tenham anuído.

Veja arts. 275 a 285, 818, 955 a 965 e 1.419, CC.

Art. 341. Se a coisa devida for imóvel ou corpo certo que deva ser entregue no mesmo lugar onde está, poderá o devedor citar o credor para vir ou mandar recebê-la, sob pena de ser depositada.

Veja arts. 327 a 329, 335, II, e 342, CC.

Art. 342. Se a escolha da coisa indeterminada competir ao credor, será ele citado para esse fim, sob cominação de perder o direito e de ser depositada a coisa que o devedor escolher; feita a escolha pelo devedor, proceder-se-á como no artigo antecedente.

Veja arts. 244, 245, 252, 255 e 256, CC.

Veja art. 543, CPC.

Art. 343. As despesas com o depósito, quando julgado procedente, correrão à conta do credor, e, no caso contrário, à conta do devedor.

Veja arts. 647 a 652, CC.

Veja art. 546, CPC.

Art. 344. O devedor de obrigação litigiosa exonerar-se-á mediante consignação, mas, se pagar a qualquer dos pretendidos credores, tendo conhecimento do litígio, assumirá o risco do pagamento.

Veja art. 335, IV e V, CC.

Veja art. 856, § 2º, CPC.

Art. 345. Se a dívida se vencer, pendendo litígio entre credores que se pretendem mutuamente excluir, poderá qualquer deles requerer a consignação.

Veja art. 335, IV e V, CC.

CAPÍTULO III
DO PAGAMENTO COM SUB-ROGAÇÃO

Art. 346. A sub-rogação opera-se, de pleno direito, em favor:

Veja arts. 288, 289, 304 e 350, CC.

62 | ARTS. 346 A 353 – CÓDIGO CIVIL

I – do credor que paga a dívida do devedor comum;
Veja art. 1.478, CC.

II – do adquirente do imóvel hipotecado, que paga a credor hipotecário, bem como do terceiro que efetiva o pagamento para não ser privado de direito sobre imóvel;
Veja arts. 1.479 e 1.481, § 4º, CC.

III – do terceiro interessado, que paga a dívida pela qual era ou podia ser obrigado, no todo ou em parte.
Veja arts. 259, parágrafo único, 283, 786, 800 e 831, CC.

Art. 347. A sub-rogação é convencional:
Veja art. 167, II, item 30, LRP.

I – quando o credor recebe o pagamento de terceiro e expressamente lhe transfere todos os seus direitos;
Veja arts. 305, 348 e 831, CC.

II – quando terceira pessoa empresta ao devedor a quantia precisa para solver a dívida, sob a condição expressa de ficar o mutuante sub-rogado nos direitos do credor satisfeito.
Veja arts. 586 a 592, CC.

Art. 348. Na hipótese do inciso I do artigo antecedente, vigorará o disposto quanto à cessão do crédito.
Veja arts. 286 a 298, CC.

Art. 349. A sub-rogação transfere ao novo credor todos os direitos, ações, privilégios e garantias do primitivo, em relação à dívida, contra o devedor principal e os fiadores.
Veja arts. 786, 800, 831, 955 a 965 e 1.419, CC.

Art. 350. Na sub-rogação legal o sub-rogado não poderá exercer os direitos e as ações do credor, senão até à soma que tiver desembolsado para desobrigar o devedor.

Art. 351. O credor originário, só em parte reembolsado, terá preferência ao sub-rogado, na cobrança da dívida restante, se os bens do devedor não chegarem para saldar inteiramente o que a um e outro dever.

CAPÍTULO IV
DA IMPUTAÇÃO DO PAGAMENTO

Art. 352. A pessoa obrigada, por dois ou mais débitos da mesma natureza, a um só credor, tem o direito de indicar a qual deles oferece pagamento, se todos forem líquidos e vencidos.
Veja arts. 134, 135, 331 a 333, 355 e 379, CC.

Art. 353. Não tendo o devedor declarado em qual das dívidas líquidas e vencidas quer imputar o pagamento, se aceitar a quitação de uma delas, não terá direito a reclamar contra a imputação feita pelo credor, salvo provando haver ele cometido violência ou dolo.
Veja arts. 145 a 155, 319 e 325 e 379, CC.

CÓDIGO CIVIL – ARTS. 354 A 363 | 63

Art. 354. Havendo capital e juros, o pagamento imputar-se-á primeiro nos juros vencidos, e depois no capital, salvo estipulação em contrário, ou se o credor passar a quitação por conta do capital.

Veja arts. 379, 406 e 407, CC.

Art. 355. Se o devedor não fizer a indicação do art. 352, e a quitação for omissa quanto à imputação, esta se fará nas dívidas líquidas e vencidas em primeiro lugar. Se as dívidas forem todas líquidas e vencidas ao mesmo tempo, a imputação far-se-á na mais onerosa.

Veja art. 379, CC.

CAPÍTULO V
DA DAÇÃO EM PAGAMENTO

Art. 356. O credor pode consentir em receber prestação diversa da que lhe é devida.

Veja arts. 307, 313 e 838, III, CC.

Veja art. 171, § 2º, I, CP.

Art. 357. Determinado o preço da coisa dada em pagamento, as relações entre as partes regular-se-ão pelas normas do contrato de compra e venda.

Veja arts. 481 a 532, CC.

Art. 358. Se for título de crédito a coisa dada em pagamento, a transferência importará em cessão.

Veja arts. 286 a 298, CC.

Art. 359. Se o credor for evicto da coisa recebida em pagamento, restabelecer-se-á a obrigação primitiva, ficando sem efeito a quitação dada, ressalvados os direitos de terceiros.

Veja arts. 324, parágrafo único, 447 a 457 e 838, III, CC.

CAPÍTULO VI
DA NOVAÇÃO

Art. 360. Dá-se a novação:

Veja arts. 262 e 814, § 1º, CC.

Veja art. 94, III, CP.

I – quando o devedor contrai com o credor nova dívida para extinguir e substituir a anterior;

II – quando novo devedor sucede ao antigo, ficando este quite com o credor;

III – quando, em virtude de obrigação nova, outro credor é substituído ao antigo, ficando o devedor quite com este.

Art. 361. Não havendo ânimo de novar, expresso ou tácito mas inequívoco, a segunda obrigação confirma simplesmente a primeira.

Art. 362. A novação por substituição do devedor pode ser efetuada independentemente de consentimento deste.

Art. 363. Se o novo devedor for insolvente, não tem o credor, que o aceitou, ação regressiva contra o primeiro, salvo se este obteve por má-fé a substituição.

64 | ARTS. 363 A 373 – CÓDIGO CIVIL

Veja arts. 113 e 955, CC.

Art. 364. A novação extingue os acessórios e garantias da dívida, sempre que não houver estipulação em contrário. Não aproveitará, contudo, ao credor ressalvar o penhor, a hipoteca ou a anticrese, se os bens dados em garantia pertencerem a terceiro que não foi parte na novação.

Veja arts. 92, 233, 287, 822 e 1.419, CC.

Art. 365. Operada a novação entre o credor e um dos devedores solidários, somente sobre os bens do que contrair a nova obrigação subsistem as preferências e garantias do crédito novado. Os outros devedores solidários ficam por esse fato exonerados.

Veja arts. 264 a 266, 275 a 285, 818, 955 a 965 e 1.419, CC.

Art. 366. Importa exoneração do fiador a novação feita sem seu consenso com o devedor principal.

Veja arts. 837 e 838, II, CC.

Art. 367. Salvo as obrigações simplesmente anuláveis, não podem ser objeto de novação obrigações nulas ou extintas.

Veja arts. 166 a 184, CC.

CAPÍTULO VII
DA COMPENSAÇÃO

Art. 368. Se duas pessoas forem ao mesmo tempo credor e devedor uma da outra, as duas obrigações extinguem-se, até onde se compensarem.

Veja arts. 1.221, 1.707 e 1.919, CC.

Art. 369. A compensação efetua-se entre dívidas líquidas, vencidas e de coisas fungíveis.

Veja arts. 85, 331 a 333 e 372, CC.

Art. 370. Embora sejam do mesmo gênero as coisas fungíveis, objeto das duas prestações, não se compensarão, verificando-se que diferem na qualidade, quando especificada no contrato.

Veja art. 85, CC.

Art. 371. O devedor somente pode compensar com o credor o que este lhe dever; mas o fiador pode compensar sua dívida com a de seu credor ao afiançado.

Veja arts. 376, 828, II, e 837, CC.

Art. 372. Os prazos de favor, embora consagrados pelo uso geral, não obstam a compensação.

Veja art. 369, CC.

Art. 373. A diferença de causa nas dívidas não impede a compensação, exceto:

I – se provier de esbulho, furto ou roubo;

Veja arts. 1.210 a 1.212, CC.

II – se uma se originar de comodato, depósito ou alimentos;

Veja arts. 579 a 585, 627 a 652 e 1.694 a 1.710, CC.

CÓDIGO CIVIL – ARTS. 373 A 384 | 65

III – se uma for de coisa não suscetível de penhora.
Veja arts. 312, 839 e 1.481, § 4°, CC.
Veja arts. 212, § 2°, 528, § 8°, 535, IV, 646, 674, 794, *caput* e § 1°, 797, 799, I e II, 824 a 909, 913 e 914, § 2°, CPC.

Art. 374. (*Revogado pela Lei n. 10.677, de 22.05.2003.*)

Art. 375. Não haverá compensação quando as partes, por mútuo acordo, a excluírem, ou no caso de renúncia prévia de uma delas.
Veja arts. 114 e 385 a 388, CC.

Art. 376. Obrigando-se por terceiro uma pessoa, não pode compensar essa dívida com a que o credor dele lhe dever.
Veja arts. 371 e 439, CC.

Art. 377. O devedor que, notificado, nada opõe à cessão que o credor faz a terceiros dos seus direitos, não pode opor ao cessionário a compensação, que antes da cessão teria podido opor ao cedente. Se, porém, a cessão lhe não tiver sido notificada, poderá opor ao cessionário compensação do crédito que antes tinha contra o cedente.
Veja arts. 286 a 298 e 371, CC.

Art. 378. Quando as duas dívidas não são pagáveis no mesmo lugar, não se podem compensar sem dedução das despesas necessárias à operação.
Veja arts. 325 e 327, CC.

Art. 379. Sendo a mesma pessoa obrigada por várias dívidas compensáveis, serão observadas, no compensá-las, as regras estabelecidas quanto à imputação do pagamento.
Veja arts. 352 a 355, CC.

Art. 380. Não se admite a compensação em prejuízo de direito de terceiro. O devedor que se torne credor do seu credor, depois de penhorado o crédito deste, não pode opor ao exequente a compensação, de que contra o próprio credor disporia.

CAPÍTULO VIII
DA CONFUSÃO

Art. 381. Extingue-se a obrigação, desde que na mesma pessoa se confundam as qualidades de credor e devedor.
Veja arts. 262, *caput* e parágrafo único, e 1.436, IV, CC.

Art. 382. A confusão pode verificar-se a respeito de toda a dívida, ou só de parte dela.
Veja arts. 257 e 1.436, § 2°, CC.

Art. 383. A confusão operada na pessoa do credor ou devedor solidário só extingue a obrigação até a concorrência da respectiva parte no crédito, ou na dívida, subsistindo quanto ao mais a solidariedade.
Veja arts. 264 a 285, CC.

Art. 384. Cessando a confusão, para logo se restabelece, com todos os seus acessórios, a obrigação anterior.

CAPÍTULO IX
DA REMISSÃO DAS DÍVIDAS

Art. 385. A remissão da dívida, aceita pelo devedor, extingue a obrigação, mas sem prejuízo de terceiro.

Veja arts. 158 e 1.436, I, CC.

Art. 386. A devolução voluntária do título da obrigação, quando por escrito particular, prova desoneração do devedor e seus coobrigados, se o credor for capaz de alienar, e o devedor capaz de adquirir.

Veja arts. 324 e 375, CC.

Art. 387. A restituição voluntária do objeto empenhado prova a renúncia do credor à garantia real, não a extinção da dívida.

Veja arts. 1.431, 1.435, IV, e 1.436, III e § 1º, CC.

Art. 388. A remissão concedida a um dos codevedores extingue a dívida na parte a ele correspondente; de modo que, ainda reservando o credor a solidariedade contra os outros, já lhes não pode cobrar o débito sem dedução da parte remitida.

Veja arts. 277 a 284, CC.

TÍTULO IV
DO INADIMPLEMENTO DAS OBRIGAÇÕES

CAPÍTULO I
DISPOSIÇÕES GERAIS

Art. 389. Não cumprida a obrigação, responde o devedor por perdas e danos, mais juros e atualização monetária segundo índices oficiais regularmente estabelecidos, e honorários de advogado.

Veja arts. 233, 234, 236, 255, 393 a 395, 402 a 409, 418, 419, 475 e 476, CC.

Veja arts. 82, § 2º, 84, 85, *caput* e §§ 2º, 3º, 8º, 9º e 17, e 86, CPC.

Art. 390. Nas obrigações negativas o devedor é havido por inadimplente desde o dia em que executou o ato de que se devia abster.

Veja arts. 250, 251, 555 e 562, CC.

Veja arts. 536, § 4º, 814, 822 e 823, CPC.

Art. 391. Pelo inadimplemento das obrigações respondem todos os bens do devedor.

Veja art. 789, CPC.

Art. 392. Nos contratos benéficos, responde por simples culpa o contratante, a quem o contrato aproveite, e por dolo aquele a quem não favoreça. Nos contratos onerosos, responde cada uma das partes por culpa, salvo as exceções previstas em lei.

Veja arts. 145 a 150, 186, 234, 394 a 401, 408, 418, 475, 582, 588, 589 e 667, CC.

Veja arts. 86 a 91, CPC.

Art. 393. O devedor não responde pelos prejuízos resultantes de caso fortuito ou força maior, se expressamente não se houver por eles responsabilizado.

Veja arts. 399, 492, 607, 625, I, 633, 642, 650, 667, § 1º, 734, 737, 753, 868 e 936, CC.

CÓDIGO CIVIL – ARTS. 393 A 401 | 67

Veja art. 7º, Lei n. 14.010, de 10.06.2020.

Parágrafo único. O caso fortuito ou de força maior verifica-se no fato necessário, cujos efeitos não era possível evitar ou impedir.

CAPÍTULO II
DA MORA

Art. 394. Considera-se em mora o devedor que não efetuar o pagamento e o credor que não quiser recebê-lo no tempo, lugar e forma que a lei ou a convenção estabelecer.

Veja arts. 202, V, 304, 327 a 333, 389 a 393, 396, 401, 408, 409 e 411, CC.

Art. 395. Responde o devedor pelos prejuízos a que sua mora der causa, mais juros, atualização dos valores monetários segundo índices oficiais regularmente estabelecidos, e honorários de advogado.

Veja arts. 280, 389 a 393 e 405 a 407, CC.

Parágrafo único. Se a prestação, devido à mora, se tornar inútil ao credor, este poderá enjeitá-la, e exigir a satisfação das perdas e danos.

Veja arts. 402 a 405, CC.

Art. 396. Não havendo fato ou omissão imputável ao devedor, não incorre este em mora.

Veja arts. 319 e 394, CC.

Art. 397. O inadimplemento da obrigação, positiva e líquida, no seu termo, constitui de pleno direito em mora o devedor.

Veja arts. 127, 133 a 135, 331, 405, 407 a 409, 555, 562 e 1.925, CC.

Veja arts. 240 e 726 a 729, CPC.

Parágrafo único. Não havendo termo, a mora se constitui mediante interpelação judicial ou extrajudicial.

Art. 398. Nas obrigações provenientes de ato ilícito, considera-se o devedor em mora, desde que o praticou.

Veja arts. 186 a 188, 340, 405 e 927, CC.

Veja art. 240, CPC.

Art. 399. O devedor em mora responde pela impossibilidade da prestação, embora essa impossibilidade resulte de caso fortuito ou de força maior, se estes ocorrerem durante o atraso; salvo se provar isenção de culpa, ou que o dano sobreviria ainda quando a obrigação fosse oportunamente desempenhada.

Veja arts. 393, 552, 562 e 862, CC.

Art. 400. A mora do credor subtrai o devedor isento de dolo à responsabilidade pela conservação da coisa, obriga o credor a ressarcir as despesas empregadas em conservá-la, e sujeita-o a recebê-la pela estimação mais favorável ao devedor, se o seu valor oscilar entre o dia estabelecido para o pagamento e o da sua efetivação.

Veja arts. 492, § 2º, 506, 611, 615 e 629, CC.

Art. 401. Purga-se a mora:

Veja arts. 394 e 474, CC.

68 | ARTS. 401 A 407 – CÓDIGO CIVIL

I – por parte do devedor, oferecendo este a prestação mais a importância dos prejuízos decorrentes do dia da oferta;

Veja arts. 396 e 404, CC.

II – por parte do credor, oferecendo-se este a receber o pagamento e su-
jeitando-se aos efeitos da mora até a mesma data.

Veja art. 562, CC.

CAPÍTULO III
DAS PERDAS E DANOS

Art. 402. Salvo as exceções expressamente previstas em lei, as perdas e danos devidas ao credor abrangem, além do que ele efetivamente perdeu, o
que razoavelmente deixou de lucrar.

Veja arts. 234, 236, 247, 251, 255, 389 a 393, 475, 927 e 944 a 954, CC.

Veja arts. 77, § 7º, 79, 82, § 2º, 84, 85, *caput* e §§ 2º, 3º, 8º, 9º e 17, 86 a 90, 104, 129, 339, 807, 809 e 823, CPC.

Art. 403. Ainda que a inexecução resulte de dolo do devedor, as perdas e
danos só incluem os prejuízos efetivos e os lucros cessantes por efeito dela
direto e imediato, sem prejuízo do disposto na lei processual.

Veja arts. 145 a 150, CC.

Veja arts. 139, IV, 497, 499 e 500, 536, § 1º, 537, *caput* e § 1º, 555, I, 816 e 821, CPC.

Art. 404. As perdas e danos, nas obrigações de pagamento em dinheiro,
serão pagas com atualização monetária segundo índices oficiais regularmente estabelecidos, abrangendo juros, custas e honorários de advogado,
sem prejuízo da pena convencional.

Veja arts. 315, 401, I, 406, 407 e 409 a 416, CC.

Veja arts. 82, § 2º, 84, 85, *caput* e §§ 2º, 3º, 8º, 9º e 17, e 322, § 1º, CPC.

Parágrafo único. Provado que os juros da mora não cobrem o prejuízo,
e não havendo pena convencional, pode o juiz conceder ao credor indenização suplementar.

Art. 405. Contam-se os juros de mora desde a citação inicial.

Veja arts. 394 a 398, 401, 406, 407, 670 e 1.762, CC.

Veja art. 240, *caput*, CPC.

CAPÍTULO IV
DOS JUROS LEGAIS

Art. 406. Quando os juros moratórios não forem convencionados, ou o
forem sem taxa estipulada, ou quando provierem de determinação da lei,
serão fixados segundo a taxa que estiver em vigor para a mora do pagamento de impostos devidos à Fazenda Nacional.

Veja arts. 354, 394, 395, 405, 552, 591 e 706, CC.

Veja art. 322, § 1º, CPC.

Veja art. 16, Decreto n. 22.626, de 07.04.1933.

Art. 407. Ainda que se não alegue prejuízo, é obrigado o devedor aos juros da mora que se contarão assim às dívidas em dinheiro, como às presta-

CÓDIGO CIVIL – ARTS. 407 A 415 | 69

ções de outra natureza, uma vez que lhes esteja fixado o valor pecuniário por sentença judicial, arbitramento, ou acordo entre as partes.

Veja arts. 395, 401, I, 404, 405, 552, 677, 869 e 1.762, CC.

Veja arts. 240, 241, 487, parágrafo único, e 802, parágrafo único, CPC.

Veja art. 16, Decreto n. 22.626, de 07.04.1933.

CAPÍTULO V
DA CLÁUSULA PENAL

Veja art. 9°, Decreto n. 22.626, de 07.04.1933.

Art. 408. Incorre de pleno direito o devedor na cláusula penal, desde que, culposamente, deixe de cumprir a obrigação ou se constitua em mora.

Veja arts. 389, 397, 740 e 847, CC.

Art. 409. A cláusula penal estipulada conjuntamente com a obrigação, ou em ato posterior, pode referir-se à inexecução completa da obrigação, à de alguma cláusula especial ou simplesmente à mora.

Veja art. 410, CC.

Art. 410. Quando se estipular a cláusula penal para o caso de total inadimplemento da obrigação, esta converter-se-á em alternativa a benefício do credor.

Veja arts. 389, 411 e 413, CC.

Art. 411. Quando se estipular a cláusula penal para o caso de mora, ou em segurança especial de outra cláusula determinada, terá o credor o arbítrio de exigir a satisfação da pena cominada, juntamente com o desempenho da obrigação principal.

Veja art. 404, CC.

Art. 412. O valor da cominação imposta na cláusula penal não pode exceder o da obrigação principal.

Art. 413. A penalidade deve ser reduzida equitativamente pelo juiz se a obrigação principal tiver sido cumprida em parte, ou se o montante da penalidade for manifestamente excessivo, tendo-se em vista a natureza e a finalidade do negócio.

Veja arts. 416, parágrafo único, e 572, CC.

Veja art. 4°, Lei n. 8.245, de 18.10.1991.

Art. 414. Sendo indivisível a obrigação, todos os devedores, caindo em falta um deles, incorrerão na pena; mas esta só se poderá demandar integralmente do culpado, respondendo cada um dos outros somente pela sua quota.

Veja arts. 258 a 266 e 275 a 285, CC.

Parágrafo único. Aos não culpados fica reservada a ação regressiva contra aquele que deu causa à aplicação da pena.

Veja art. 125, II, CPC.

Art. 415. Quando a obrigação for divisível, só incorre na pena o devedor ou o herdeiro do devedor que a infringir, e proporcionalmente à sua parte na obrigação.

Veja arts. 257, 261 a 266 e 275 a 285, CC.

ARTS. 416 A 421 – CÓDIGO CIVIL

Art. 416. Para exigir a pena convencional, não é necessário que o credor alegue prejuízo.

Veja art. 392, CC.

Parágrafo único. Ainda que o prejuízo exceda ao previsto na cláusula penal, não pode o credor exigir indenização suplementar se assim não foi convencionado. Se o tiver sido, a pena vale como mínimo da indenização, competindo ao credor provar o prejuízo excedente.

Veja art. 413, CC.

CAPÍTULO VI
DAS ARRAS OU SINAL

Art. 417. Se, por ocasião da conclusão do contrato, uma parte der à outra, a título de arras, dinheiro ou outro bem móvel, deverão as arras, em caso de execução, ser restituídas ou computadas na prestação devida, se do mesmo gênero da principal.

Veja arts. 82 a 84, CC.

Art. 418. Se a parte que deu as arras não executar o contrato, poderá a outra tê-lo por desfeito, retendo-as; se a inexecução for de quem recebeu as arras, poderá quem as deu haver o contrato por desfeito, e exigir sua devolução mais o equivalente, com atualização monetária segundo índices oficiais regularmente estabelecidos, juros e honorários de advogado.

Veja arts. 392, 406, 407 e 482, CC.

Art. 419. A parte inocente pode pedir indenização suplementar, se provar maior prejuízo, valendo as arras como taxa mínima. Pode, também, a parte inocente, exigir a execução do contrato, com as perdas e danos, valendo as arras como o mínimo da indenização.

Veja arts. 402 a 405 e 463, CC.

Art. 420. Se no contrato for estipulado o direito de arrependimento para qualquer das partes, as arras ou sinal terão função unicamente indenizatória. Neste caso, quem as deu perdê-las-á em benefício da outra parte; e quem as recebeu devolvê-las-á, mais o equivalente. Em ambos os casos não haverá direito a indenização suplementar.

TÍTULO V
DOS CONTRATOS EM GERAL

CAPÍTULO I
DISPOSIÇÕES GERAIS

Seção I
Preliminares

Art. 421. A liberdade contratual será exercida nos limites da função social do contrato.

Caput com redação dada pela Lei n. 13.874, de 20.09.2019.

Parágrafo único. Nas relações contratuais privadas, prevalecerão o princípio da intervenção mínima e a excepcionalidade da revisão contratual.

Parágrafo acrescentado pela Lei n. 13.874, de 20.09.2019.

Art. 421-A. Os contratos civis e empresariais presumem-se paritários e simétricos até a presença de elementos concretos que justifiquem o afastamento dessa presunção, ressalvados os regimes jurídicos previstos em leis especiais, garantido também que:

Artigo acrescentado pela Lei n. 13.874, de 20.09.2019.

I – as partes negociantes poderão estabelecer parâmetros objetivos para a interpretação das cláusulas negociais e de seus pressupostos de revisão ou de resolução;

II – a alocação de riscos definida pelas partes deve ser respeitada e observada; e

III – a revisão contratual somente ocorrerá de maneira excepcional e limitada.

Art. 422. Os contratantes são obrigados a guardar, assim na conclusão do contrato, como em sua execução, os princípios de probidade e boa-fé.

Veja arts. 113, 187 e 765, CC.

Veja Súmula n. 609, STJ.

Art. 423. Quando houver no contrato de adesão cláusulas ambíguas ou contraditórias, dever-se-á adotar a interpretação mais favorável ao aderente.

Art. 424. Nos contratos de adesão, são nulas as cláusulas que estipulem a renúncia antecipada do aderente a direito resultante da natureza do negócio.

Veja art. 184, CC.

Veja art. 54, § 4º, CDC.

Art. 425. É lícito às partes estipular contratos atípicos, observadas as normas gerais fixadas neste Código.

Art. 426. Não pode ser objeto de contrato a herança de pessoa viva.

Veja arts. 1.655, 1.786 e 2.018, CC.

Seção II
Da Formação dos Contratos

Art. 427. A proposta de contrato obriga o proponente, se o contrário não resultar dos termos dela, da natureza do negócio, ou das circunstâncias do caso.

Veja arts. 107, 138 a 144, 151 a 157, 432 e 759, CC.

Art. 428. Deixa de ser obrigatória a proposta:

I – se, feita sem prazo a pessoa presente, não foi imediatamente aceita. Considera-se também presente a pessoa que contrata por telefone ou por meio de comunicação semelhante;

II – se, feita sem prazo a pessoa ausente, tiver decorrido tempo suficiente para chegar a resposta ao conhecimento do proponente;

III – se, feita a pessoa ausente, não tiver sido expedida a resposta dentro do prazo dado;

72 | ARTS. 428 A 438 – CÓDIGO CIVIL

IV – se, antes dela, ou simultaneamente, chegar ao conhecimento da outra parte a retratação do proponente.

Art. 429. A oferta ao público equivale a proposta quando encerra os requisitos essenciais ao contrato, salvo se o contrário resultar das circunstâncias ou dos usos.

Parágrafo único. Pode revogar-se a oferta pela mesma via de sua divulgação, desde que ressalvada esta faculdade na oferta realizada.

Art. 430. Se a aceitação, por circunstância imprevista, chegar tarde ao conhecimento do proponente, este comunicá-lo-á imediatamente ao aceitante, sob pena de responder por perdas e danos.

Veja arts. 402 a 405, CC.

Art. 431. A aceitação fora do prazo, com adições, restrições, ou modificações, importará nova proposta.

Art. 432. Se o negócio for daqueles em que não seja costume a aceitação expressa, ou o proponente a tiver dispensado, reputar-se-á concluído o contrato, não chegando a tempo a recusa.

Veja art. 659, CC.

Art. 433. Considera-se inexistente a aceitação, se antes dela ou com ela chegar ao proponente a retratação do aceitante.

Veja art. 434, I, CC.

Art. 434. Os contratos entre ausentes tornam-se perfeitos desde que a aceitação é expedida, exceto:

I – no caso do artigo antecedente;

II – se o proponente se houver comprometido a esperar resposta;

III – se ela não chegar no prazo convencionado.

Art. 435. Reputar-se-á celebrado o contrato no lugar em que foi proposto.

Seção III
Da Estipulação em Favor de Terceiro

Art. 436. O que estipula em favor de terceiro pode exigir o cumprimento da obrigação.

Veja arts. 553 e 814, § 1º, CC.

Parágrafo único. Ao terceiro, em favor de quem se estipulou a obrigação, também é permitido exigi-la, ficando, todavia, sujeito às condições e normas do contrato, se a ele anuir, e o estipulante não o inovar nos termos do art. 438.

Art. 437. Se ao terceiro, em favor de quem se fez o contrato, se deixar o direito de reclamar-lhe a execução, não poderá o estipulante exonerar o devedor.

Art. 438. O estipulante pode reservar-se o direito de substituir o terceiro designado no contrato, independentemente da sua anuência e da do outro contratante.

Veja arts. 436, parágrafo único, 791 e 792, CC.

Parágrafo único. A substituição pode ser feita por ato entre vivos ou por disposição de última vontade.

CÓDIGO CIVIL – ARTS. 439 A 445 | 73

Seção IV
Da Promessa de Fato de Terceiro

Art. 439. Aquele que tiver prometido fato de terceiro responderá por perdas e danos, quando este o não executar.

Veja arts. 402 a 405, CC.

Parágrafo único. Tal responsabilidade não existirá se o terceiro for o cônjuge do promitente, dependendo da sua anuência o ato a ser praticado, e desde que, pelo regime do casamento, a indenização, de algum modo, venha a recair sobre os seus bens.

Veja arts. 1.658 a 1.686, CC.

Art. 440. Nenhuma obrigação haverá para quem se comprometer por outrem, se este, depois de se ter obrigado, faltar à prestação.

Seção V
Dos Vícios Redibitórios

Art. 441. A coisa recebida em virtude de contrato comutativo pode ser enjeitada por vícios ou defeitos ocultos, que a tornem imprópria ao uso a que é destinada, ou lhe diminuam o valor.

Veja arts. 138, 139, I, 147, 442, 484, 500 a 503, 509, 510 e 568, CC.

Veja arts. 879 a 903, CPC.

Parágrafo único. É aplicável a disposição deste artigo às doações onerosas.

Veja arts. 136, 540, 552 e 553, CC.

Art. 442. Em vez de rejeitar a coisa, redibindo o contrato (art. 441), pode o adquirente reclamar abatimento no preço.

Veja arts. 445, 446, 455, 615 e 616, CC.

Art. 443. Se o alienante conhecia o vício ou defeito da coisa, restituirá o que recebeu com perdas e danos; se o não conhecia, tão somente restituirá o valor recebido, mais as despesas do contrato.

Veja arts. 402 a 405 e 422, CC.

Art. 444. A responsabilidade do alienante subsiste ainda que a coisa pereça em poder do alienatário, se perecer por vício oculto, já existente ao tempo da tradição.

Veja arts. 234 e 1.267, CC.

Art. 445. O adquirente decai do direito de obter a redibição ou abatimento no preço no prazo de trinta dias se a coisa for móvel, e de um ano se for imóvel, contado da entrega efetiva; se já estava na posse, o prazo conta-se da alienação, reduzido à metade.

Veja arts. 442 e 446, CC.

§ 1º Quando o vício, por sua natureza, só puder ser conhecido mais tarde, o prazo contar-se-á do momento em que dele tiver ciência, até o prazo máximo de cento e oitenta dias, em se tratando de bens móveis; e de um ano, para os imóveis.

74 | ARTS. 445 A 454 – CÓDIGO CIVIL

§ 2º Tratando-se de venda de animais, os prazos de garantia por vícios ocultos serão os estabelecidos em lei especial, ou, na falta desta, pelos usos locais, aplicando-se o disposto no parágrafo antecedente se não houver regras disciplinando a matéria.

Art. 446. Não correrão os prazos do artigo antecedente na constância de cláusula de garantia; mas o adquirente deve denunciar o defeito ao alienante nos trinta dias seguintes ao seu descobrimento, sob pena de decadência.

Veja arts. 207 a 211, CC.

Seção VI
Da Evicção

Art. 447. Nos contratos onerosos, o alienante responde pela evicção. Subsiste esta garantia ainda que a aquisição se tenha realizado em hasta pública.

Veja arts. 199, III, 295, 359, 552, 568, 845, 1.005, 1.939, III, e 2.023 a 2.026, CC.

Veja arts. 125, I, 129, 572 e 594, § 2º, CPC.

Veja art. 171, § 2º, I, CP.

Art. 448. Podem as partes, por cláusula expressa, reforçar, diminuir ou excluir a responsabilidade pela evicção.

Veja art. 449, CC.

Art. 449. Não obstante a cláusula que exclui a garantia contra a evicção, se esta se der, tem direito o evicto a receber o preço que pagou pela coisa evicta, se não soube do risco da evicção, ou, dele informado, não o assumiu.

Veja art. 448, CC.

Art. 450. Salvo estipulação em contrário, tem direito o evicto, além da restituição integral do preço ou das quantias que pagou:

I – à indenização dos frutos que tiver sido obrigado a restituir;

II – à indenização pelas despesas dos contratos e pelos prejuízos que diretamente resultarem da evicção;

III – às custas judiciais e aos honorários do advogado por ele constituído.

Parágrafo único. O preço, seja a evicção total ou parcial, será o do valor da coisa, na época em que se evenceu, e proporcional ao desfalque sofrido, no caso de evicção parcial.

Art. 451. Subsiste para o alienante esta obrigação, ainda que a coisa alienada esteja deteriorada, exceto havendo dolo do adquirente.

Veja arts. 145 a 150, CC.

Art. 452. Se o adquirente tiver auferido vantagens das deteriorações, e não tiver sido condenado a indenizá-las, o valor das vantagens será deduzido da quantia que lhe houver de dar o alienante.

Art. 453. As benfeitorias necessárias ou úteis, não abonadas ao que sofreu a evicção, serão pagas pelo alienante.

Veja arts. 96 e 97, CC.

Art. 454. Se as benfeitorias abonadas ao que sofreu a evicção tiverem sido feitas pelo alienante, o valor delas será levado em conta na restituição devida.

CÓDIGO CIVIL – ARTS. 455 A 463 | 75

Art. 455. Se parcial, mas considerável, for a evicção, poderá o evicto optar entre a rescisão do contrato e a restituição da parte do preço correspondente ao desfalque sofrido. Se não for considerável, caberá somente direito a indenização.

Veja art. 442, CC.

Art. 456. (*Revogado pela Lei n. 13.105, de 16.03.2015.*)

Art. 457. Não pode o adquirente demandar pela evicção, se sabia que a coisa era alheia ou litigiosa.

Seção VII
Dos Contratos Aleatórios

Art. 458. Se o contrato for aleatório, por dizer respeito a coisas ou fatos futuros, cujo risco de não virem a existir um dos contratantes assuma, terá o outro direito de receber integralmente o que lhe foi prometido, desde que de sua parte não tenha havido dolo ou culpa, ainda que nada do avençado venha a existir.

Veja arts. 145 a 150, 234, 492, 760, 762, 772, 773 e 776, CC.

Art. 459. Se for aleatório, por serem objeto dele coisas futuras, tomando o adquirente a si o risco de virem a existir em qualquer quantidade, terá também direito o alienante a todo o preço, desde que de sua parte não tiver concorrido culpa, ainda que a coisa venha a existir em quantidade inferior à esperada.

Parágrafo único. Mas, se da coisa nada vier a existir, alienação não haverá, e o alienante restituirá o preço recebido.

Art. 460. Se for aleatório o contrato, por se referir a coisas existentes, mas expostas a risco, assumido pelo adquirente, terá igualmente direito o alienante a todo o preço, posto que a coisa já não existisse, em parte, ou de todo, no dia do contrato.

Art. 461. A alienação aleatória a que se refere o artigo antecedente poderá ser anulada como dolosa pelo prejudicado, se provar que o outro contratante não ignorava a consumação do risco, a que no contrato se considerava exposta a coisa.

Seção VIII
Do Contrato Preliminar

Art. 462. O contrato preliminar, exceto quanto à forma, deve conter todos os requisitos essenciais ao contrato a ser celebrado.

Veja arts. 215, 421 a 426 e 463, CC.

Art. 463. Concluído o contrato preliminar, com observância do disposto no artigo antecedente, e desde que dele não conste cláusula de arrependimento, qualquer das partes terá o direito de exigir a celebração do definitivo, assinando prazo à outra para que o efetive.

Veja arts. 1.417 e 1.418, CC.

76 | ARTS. 463 A 471 – CÓDIGO CIVIL

Parágrafo único. O contrato preliminar deverá ser levado ao registro competente.

Art. 464. Esgotado o prazo, poderá o juiz, a pedido do interessado, suprir a vontade da parte inadimplente, conferindo caráter definitivo ao contrato preliminar, salvo se a isto se opuser a natureza da obrigação.

Veja art. 1.418, CC.

Veja arts. 139, IV, 296, 297, parágrafo único, 298, 300, *caput* e § 3º, 305, parágrafo único, 311, 356, 497, 499, 500, 536, § 1º, 537, *caput* e § 1º, e 815, CPC.

Art. 465. Se o estipulante não der execução ao contrato preliminar, poderá a outra parte considerá-lo desfeito, e pedir perdas e danos.

Veja arts. 389 e 402 a 405, CC.

Art. 466. Se a promessa de contrato for unilateral, o credor, sob pena de ficar a mesma sem efeito, deverá manifestar-se no prazo nela previsto, ou, inexistindo este, no que lhe for razoavelmente assinado pelo devedor.

Veja arts. 1.417 e 1.418, CC.

Seção IX
Do Contrato com Pessoa a Declarar

Art. 467. No momento da conclusão do contrato, pode uma das partes reservar-se a faculdade de indicar a pessoa que deve adquirir os direitos e assumir as obrigações dele decorrentes.

Veja art. 469, CC.

Art. 468. Essa indicação deve ser comunicada à outra parte no prazo de cinco dias da conclusão do contrato, se outro não tiver sido estipulado.

Veja art. 469, CC.

Parágrafo único. A aceitação da pessoa nomeada não será eficaz se não se revestir da mesma forma que as partes usaram para o contrato.

Veja art. 470, I, CC.

Art. 469. A pessoa, nomeada de conformidade com os artigos antecedentes, adquire os direitos e assume as obrigações decorrentes do contrato, a partir do momento em que este foi celebrado.

Art. 470. O contrato será eficaz somente entre os contratantes originários:

I – se não houver indicação de pessoa, ou se o nomeado se recusar a aceitá-la;

Veja art. 468, parágrafo único, CC.

II – se a pessoa nomeada era insolvente, e a outra pessoa o desconhecia no momento da indicação.

Veja arts. 471 e 955, CC.

Art. 471. Se a pessoa a nomear era incapaz ou insolvente no momento da nomeação, o contrato produzirá seus efeitos entre os contratantes originários.

Veja arts. 3º, 4º, 104, I, 105, 171, I, 283, 284, 470, II, e 955, CC.

CÓDIGO CIVIL – ARTS. 472 A 478 | 77

CAPÍTULO II
DA EXTINÇÃO DO CONTRATO

Seção I
Do Distrato

Art. 472. O distrato faz-se pela mesma forma exigida para o contrato.
Veja arts. 319 a 325, 573 e 607, CC.

Art. 473. A resilição unilateral, nos casos em que a lei expressa ou implicitamente o permita, opera mediante denúncia notificada à outra parte.
Veja arts. 599, 623, 625, 682, I, 688, 720, 740, 769 e 770, CC.

Parágrafo único. Se, porém, dada a natureza do contrato, uma das partes houver feito investimentos consideráveis para a sua execução, a denúncia unilateral só produzirá efeito depois de transcorrido prazo compatível com a natureza e o vulto dos investimentos.

Seção II
Da Cláusula Resolutiva

Art. 474. A cláusula resolutiva expressa opera de pleno direito; a tácita depende de interpelação judicial.
Veja arts. 127, 128, 130, 476, 599 e 1.359, CC.
Veja arts. 726 a 729, CPC.

Art. 475. A parte lesada pelo inadimplemento pode pedir a resolução do contrato, se não preferir exigir-lhe o cumprimento, cabendo, em qualquer dos casos, indenização por perdas e danos.
Veja arts. 186, 333, 389 a 393, 402 a 405, 495, 810 e 927, CC.

Seção III
Da Exceção de Contrato não Cumprido

Art. 476. Nos contratos bilaterais, nenhum dos contratantes, antes de cumprida a sua obrigação, pode exigir o implemento da do outro.
Veja arts. 333, 389, 474 e 491, CC.

Art. 477. Se, depois de concluído o contrato, sobrevier a uma das partes contratantes diminuição em seu patrimônio capaz de comprometer ou tornar duvidosa a prestação pela qual se obrigou, pode a outra recusar-se à prestação que lhe incumbe, até que aquela satisfaça a que lhe compete ou dê garantia bastante de satisfazê-la.
Veja arts. 333, III, 495, 590, 810 e 818, CC.

Seção IV
Da Resolução por Onerosidade Excessiva

Veja art. 7°, Lei n. 14.010, de 10.06.2020.

Art. 478. Nos contratos de execução continuada ou diferida, se a prestação de uma das partes se tornar excessivamente onerosa, com extrema vantagem para a outra, em virtude de acontecimentos extraordinários e impre-

78 | ARTS. 478 A 484 – CÓDIGO CIVIL

visíveis, poderá o devedor pedir a resolução do contrato. Os efeitos da sentença que a decretar retroagirão à data da citação.

Veja arts. 156, 157, 625, II, e 884 a 886, CC.

Veja art. 7º, Lei n. 14.010, de 10.06.2020.

Art. 479. A resolução poderá ser evitada, oferecendo-se o réu a modificar equitativamente as condições do contrato.

Veja art. 7º, Lei n. 14.010, de 10.06.2020.

Art. 480. Se no contrato as obrigações couberem a apenas uma das partes, poderá ela pleitear que a sua prestação seja reduzida, ou alterado o modo de executá-la, a fim de evitar a onerosidade excessiva.

Veja arts. 317, 572, 621, 944, parágrafo único, 1.286, 1.287 e 1.341, § 2º, CC.

Veja art. 140, CPC.

Veja art. 7º, Lei n. 14.010, de 10.06.2020.

TÍTULO VI
DAS VÁRIAS ESPÉCIES DE CONTRATO

Veja arts. 10 a 15, Lei n. 11.795, de 08.10.2008.

CAPÍTULO I
DA COMPRA E VENDA

Seção I
Disposições Gerais

Art. 481. Pelo contrato de compra e venda, um dos contratantes se obriga a transferir o domínio de certa coisa, e o outro, a pagar-lhe certo preço em dinheiro.

Veja arts. 315, 357, 521 a 528, 533, 1.417 e 1.418, CC.

Veja arts. 730, 867 a 869 e 879 a 903, CPC.

Veja art. 171, § 2º, I, CP.

Art. 482. A compra e venda, quando pura, considerar-se-á obrigatória e perfeita, desde que as partes acordarem no objeto e no preço.

Veja arts. 417 a 420, 485 e 486, CC.

Art. 483. A compra e venda pode ter por objeto coisa atual ou futura. Neste caso, ficará sem efeito o contrato se esta não vier a existir, salvo se a intenção das partes era de concluir contrato aleatório.

Veja arts. 458 a 461, CC.

Art. 484. Se a venda se realizar à vista de amostras, protótipos ou modelos, entender-se-á que o vendedor assegura ter a coisa as qualidades que a elas correspondem.

Veja arts. 441 a 446, CC.

Parágrafo único. Prevalece a amostra, o protótipo ou o modelo, se houver contradição ou diferença com a maneira pela qual se descreveu a coisa no contrato.

CÓDIGO CIVIL – ARTS. 485 A 494 | 79

Art. 485. A fixação do preço pode ser deixada ao arbítrio de terceiro, que os contratantes logo designarem ou prometerem designar. Se o terceiro não aceitar a incumbência, ficará sem efeito o contrato, salvo quando acordarem os contratantes designar outra pessoa.

Art. 486. Também se poderá deixar a fixação do preço à taxa de mercado ou de bolsa, em certo e determinado dia e lugar.
Veja art. 318, CC.

Art. 487. É lícito às partes fixar o preço em função de índices ou parâmetros, desde que suscetíveis de objetiva determinação.
Veja art. 318, CC.

Art. 488. Convencionada a venda sem fixação de preço ou de critérios para a sua determinação, se não houver tabelamento oficial, entende-se que as partes se sujeitaram ao preço corrente nas vendas habituais do vendedor.

Parágrafo único. Na falta de acordo, por ter havido diversidade de preço, prevalecerá o termo médio.

Art. 489. Nulo é o contrato de compra e venda, quando se deixa ao arbítrio exclusivo de uma das partes a fixação do preço.
Veja art. 122, CC.

Art. 490. Salvo cláusula em contrário, ficarão as despesas de escritura e registro a cargo do comprador, e a cargo do vendedor as da tradição.
Veja arts. 494, 502 e 533, I, CC.

Art. 491. Não sendo a venda a crédito, o vendedor não é obrigado a entregar a coisa antes de receber o preço.
Veja arts. 476 a 477, CC.

Art. 492. Até o momento da tradição, os riscos da coisa correm por conta do vendedor, e os do preço por conta do comprador.
Veja arts. 234, 246, 458, 494, 502, 533, 1.267 e 1.268, CC.

§ 1º Todavia, os casos fortuitos, ocorrentes no ato de contar, marcar ou assinalar coisas, que comumente se recebem, contando, pesando, medindo ou assinalando, e que já tiverem sido postas à disposição do comprador, correrão por conta deste.
Veja art. 393, CC.

§ 2º Correrão também por conta do comprador os riscos das referidas coisas, se estiver em mora de as receber, quando postas à sua disposição no tempo, lugar e pelo modo ajustados.
Veja art. 400, CC.

Art. 493. A tradição da coisa vendida, na falta de estipulação expressa, dar-se-á no lugar onde ela se encontrava, ao tempo da venda.
Veja arts. 328 e 1.267, CC.

Art. 494. Se a coisa for expedida para lugar diverso, por ordem do comprador, por sua conta correrão os riscos, uma vez entregue a quem haja de transportá-la, salvo se das instruções dele se afastar o vendedor.
Veja arts. 490, 492, 533, 749, 750 e 754, CC.

Art. 495. Não obstante o prazo ajustado para o pagamento, se antes da tradição o comprador cair em insolvência, poderá o vendedor sobrestar na entrega da coisa, até que o comprador lhe dê caução de pagar no tempo ajustado.
Veja arts. 475 a 477, 955 e 1.267, CC.

Art. 496. É anulável a venda de ascendente a descendente, salvo se os outros descendentes e o cônjuge do alienante expressamente houverem consentido.
Veja arts. 171, 172, 176, 179, 533, II, e 1.591 a 1.595, CC.

Parágrafo único. Em ambos os casos, dispensa-se o consentimento do cônjuge se o regime de bens for o da separação obrigatória.
Veja art. 1.641, CC.

Art. 497. Sob pena de nulidade, não podem ser comprados, ainda que em hasta pública:
Veja arts. 119, 166, VII, e 169, CC.
Veja art. 895, I e § 1º, CPC.

I – pelos tutores, curadores, testamenteiros e administradores, os bens confiados à sua guarda ou administração;
Veja arts. 580, 1.749, I, 1.774 e 1.977, CC.

II – pelos servidores públicos, em geral, os bens ou direitos da pessoa jurídica a que servirem, ou que estejam sob sua administração direta ou indireta;

III – pelos juízes, secretários de tribunais, arbitradores, peritos e outros serventuários ou auxiliares da justiça, os bens ou direitos sobre que se litigar em tribunal, juízo ou conselho, no lugar onde servirem, ou a que se estender a sua autoridade;
Veja art. 498, CC.

IV – pelos leiloeiros e seus prepostos, os bens de cuja venda estejam encarregados.

Parágrafo único. As proibições deste artigo estendem-se à cessão de crédito.
Veja arts. 286 a 298 e 1.749, III, CC.
Veja art. 895, I e § 1º, CPC.

Art. 498. A proibição contida no inciso III do artigo antecedente, não compreende os casos de compra e venda ou cessão entre coerdeiros, ou em pagamento de dívida, ou para garantia de bens já pertencentes a pessoas designadas no referido inciso.
Veja arts. 286 a 298 e 304, CC.

Art. 499. É lícita a compra e venda entre cônjuges, com relação a bens excluídos da comunhão.
Veja arts. 1.656, 1.659, 1.668, 1.673 e 1.674, CC.

Art. 500. Se, na venda de um imóvel, se estipular o preço por medida de extensão, ou se determinar a respectiva área, e esta não corresponder, em qualquer dos casos, às dimensões dadas, o comprador terá o direito de exigir o complemento da área, e, não sendo isso possível, o de reclamar a resolução do contrato ou abatimento proporcional ao preço.

CÓDIGO CIVIL – ARTS. 500 A 505 | 81

Veja arts. 79, 81, 441 a 446 e 501, CC.

Veja art. 73, CPC.

§ 1º Presume-se que a referência às dimensões foi simplesmente enunciativa, quando a diferença encontrada não exceder de um vigésimo da área total enunciada, ressalvado ao comprador o direito de provar que, em tais circunstâncias, não teria realizado o negócio.

§ 2º Se em vez de falta houver excesso, e o vendedor provar que tinha motivos para ignorar a medida exata da área vendida, caberá ao comprador, à sua escolha, completar o valor correspondente ao preço ou devolver o excesso.

§ 3º Não haverá complemento de área, nem devolução de excesso, se o imóvel for vendido como coisa certa e discriminada, tendo sido apenas enunciativa a referência às suas dimensões, ainda que não conste, de modo expresso, ter sido a venda *ad corpus*.

Art. 501. Decai do direito de propor as ações previstas no artigo antecedente o vendedor ou o comprador que não o fizer no prazo de um ano, a contar do registro do título.

Veja arts. 207 a 211, CC.

Parágrafo único. Se houver atraso na imissão de posse no imóvel, atribuível ao alienante, a partir dela fluirá o prazo de decadência.

Art. 502. O vendedor, salvo convenção em contrário, responde por todos os débitos que gravem a coisa até o momento da tradição.

Veja arts. 490, 492 e 533, CC.

Art. 503. Nas coisas vendidas conjuntamente, o defeito oculto de uma não autoriza a rejeição de todas.

Veja arts. 441 a 446, CC.

Art. 504. Não pode um condômino em coisa indivisível vender a sua parte a estranhos, se outro consorte a quiser, tanto por tanto. O condômino, a quem não se der conhecimento da venda, poderá, depositando o preço, haver para si a parte vendida a estranhos, se o requerer no prazo de cento e oitenta dias, sob pena de decadência.

Veja arts. 87, 88, 207 a 211, 508, 513 a 520 e 1.314, CC.

Parágrafo único. Sendo muitos os condôminos, preferirá o que tiver benfeitorias de maior valor e, na falta de benfeitorias, o de quinhão maior. Se as partes forem iguais, haverão a parte vendida os comproprietários, que a quiserem, depositando previamente o preço.

Veja arts. 96 e 97, CC.

Seção II
Das Cláusulas Especiais à Compra e Venda

Subseção I
Da Retrovenda

Art. 505. O vendedor de coisa imóvel pode reservar-se o direito de recobrá-la no prazo máximo de decadência de três anos, restituindo o preço re-

82 | ARTS. 505 A 513 – CÓDIGO CIVIL

cebido e reembolsando as despesas do comprador, inclusive as que, durante o período de resgate, se efetuaram com a sua autorização escrita, ou para a realização de benfeitorias necessárias.
Veja arts. 79 a 81, 96, § 3º, 121, 122, 127 a 130 e 207 a 211, CC.

Art. 506. Se o comprador se recusar a receber as quantias a que faz jus, o vendedor, para exercer o direito de resgate, as depositará judicialmente.
Veja arts. 334 a 345 e 400, CC.

Parágrafo único. Verificada a insuficiência do depósito judicial, não será o vendedor restituído no domínio da coisa, até e enquanto não for integralmente pago o comprador.
Veja arts. 539 a 549, CPC.

Art. 507. O direito de retrato, que é cessível e transmissível a herdeiros e legatários, poderá ser exercido contra o terceiro adquirente.
Veja arts. 286 a 298 e 1.784, CC.

Art. 508. Se a duas ou mais pessoas couber o direito de retrato sobre o mesmo imóvel, e só uma o exercer, poderá o comprador intimar as outras para nele acordarem, prevalecendo o pacto em favor de quem haja efetuado o depósito, contanto que seja integral.
Veja art. 504, CC.

Subseção II
Da Venda a Contento e da Sujeita a Prova

Art. 509. A venda feita a contento do comprador entende-se realizada sob condição suspensiva, ainda que a coisa lhe tenha sido entregue; e não se reputará perfeita, enquanto o adquirente não manifestar seu agrado.
Veja arts. 121, 122, 125, 126, 129, 130, 234, 441 e 611, CC.

Art. 510. Também a venda sujeita a prova presume-se feita sob a condição suspensiva de que a coisa tenha as qualidades asseguradas pelo vendedor e seja idônea para o fim a que se destina.
Veja arts. 121 a 122, 125, 126, 129, 130, 234 e 441, CC.

Art. 511. Em ambos os casos, as obrigações do comprador, que recebeu, sob condição suspensiva, a coisa comprada, são as de mero comodatário, enquanto não manifeste aceitá-la.
Veja arts. 121 a 122, 125, 126, 129, 130 e 579 a 585, CC.

Art. 512. Não havendo prazo estipulado para a declaração do comprador, o vendedor terá direito de intimá-lo, judicial ou extrajudicialmente, para que o faça em prazo improrrogável.
Veja arts. 132 e 134, CC.

Subseção III
Da Preempção ou Preferência

Art. 513. A preempção, ou preferência, impõe ao comprador a obrigação de oferecer ao vendedor a coisa que aquele vai vender, ou dar em pagamento, para que este use de seu direito de prelação na compra, tanto por tanto.

CÓDIGO CIVIL – ARTS. 513 A 524 | 83

Veja arts. 121 a 130, CC.

Parágrafo único. O prazo para exercer o direito de preferência não poderá exceder a cento e oitenta dias se a coisa for móvel, ou a dois anos, se imóvel.

Veja arts. 79 a 83, CC.

Art. 514. O vendedor pode também exercer o seu direito de prelação, intimando o comprador, quando lhe constar que este vai vender a coisa.

Art. 515. Aquele que exerce a preferência está, sob pena de a perder, obrigado a pagar, em condições iguais, o preço encontrado, ou o ajustado.

Art. 516. Inexistindo prazo estipulado, o direito de preempção caducará, se a coisa for móvel, não se exercendo nos três dias, e, se for imóvel, não se exercendo nos sessenta dias subsequentes à data em que o comprador tiver notificado o vendedor.

Art. 517. Quando o direito de preempção for estipulado a favor de dois ou mais indivíduos em comum, só pode ser exercido em relação à coisa no seu todo. Se alguma das pessoas, a quem ele toque, perder ou não exercer o seu direito, poderão as demais utilizá-lo na forma sobredita.

Art. 518. Responderá por perdas e danos o comprador, se alienar a coisa sem ter dado ao vendedor ciência do preço e das vantagens que por ela lhe oferecem. Responderá solidariamente o adquirente, se tiver procedido de má-fé.

Veja arts. 264 a 266, 275 a 285 e 402 a 405, CC.

Art. 519. Se a coisa expropriada para fins de necessidade ou utilidade pública, ou por interesse social, não tiver o destino para que se desapropriou, ou não for utilizada em obras ou serviços públicos, caberá ao expropriado direito de preferência, pelo preço atual da coisa.

Veja arts. 1.228, § 3º, e 1.275, V, CC.

Veja arts. 5º, XXIV, e 37, CF.

Art. 520. O direito de preferência não se pode ceder nem passa aos herdeiros.

Subseção IV
Da Venda com Reserva de Domínio

Art. 521. Na venda de coisa móvel, pode o vendedor reservar para si a propriedade, até que o preço esteja integralmente pago.

Art. 522. A cláusula de reserva de domínio será estipulada por escrito e depende de registro no domicílio do comprador para valer contra terceiros.

Art. 523. Não pode ser objeto de venda com reserva de domínio a coisa insuscetível de caracterização perfeita, para estremá-la de outras congêneres. Na dúvida, decide-se a favor do terceiro adquirente de boa-fé.

Veja art. 85, CC.

Art. 524. A transferência de propriedade ao comprador dá-se no momento em que o preço esteja integralmente pago. Todavia, pelos riscos da coisa responde o comprador, a partir de quando lhe foi entregue.

84 | ARTS. 524 A 532 – CÓDIGO CIVIL

Veja arts. 319, 491 e 492, CC.

Art. 525. O vendedor somente poderá executar a cláusula de reserva de domínio após constituir o comprador em mora, mediante protesto do título ou interpelação judicial.

Veja arts. 394 a 401, CC.

Veja arts. 726 a 729, CPC.

Art. 526. Verificada a mora do comprador, poderá o vendedor mover contra ele a competente ação de cobrança das prestações vencidas e vincendas e o mais que lhe for devido; ou poderá recuperar a posse da coisa vendida.

Veja arts. 394 a 401, 527 e 1.210, § 1º, CC.

Veja art. 901, CPC.

Art. 527. Na segunda hipótese do artigo antecedente, é facultado ao vendedor reter as prestações pagas até o necessário para cobrir a depreciação da coisa, as despesas feitas e o mais que de direito lhe for devido. O excedente será devolvido ao comprador; e o que faltar lhe será cobrado, tudo na forma da lei processual.

Veja art. 1.210, § 1º, CC.

Art. 528. Se o vendedor receber o pagamento à vista, ou, posteriormente, mediante financiamento de instituição do mercado de capitais, a esta caberá exercer os direitos e ações decorrentes do contrato, a benefício de qualquer outro. A operação financeira e a respectiva ciência do comprador constarão do registro do contrato.

Subseção V
Da Venda sobre Documentos

Art. 529. Na venda sobre documentos, a tradição da coisa é substituída pela entrega do seu título representativo e dos outros documentos exigidos pelo contrato ou, no silêncio deste, pelos usos.

Parágrafo único. Achando-se a documentação em ordem, não pode o comprador recusar o pagamento, a pretexto de defeito de qualidade ou do estado da coisa vendida, salvo se o defeito já houver sido comprovado.

Veja arts. 441 a 446, CC.

Art. 530. Não havendo estipulação em contrário, o pagamento deve ser efetuado na data e no lugar da entrega dos documentos.

Veja arts. 327 a 333, CC.

Art. 531. Se entre os documentos entregues ao comprador figurar apólice de seguro que cubra os riscos do transporte, correm estes à conta do comprador, salvo se, ao ser concluído o contrato, tivesse o vendedor ciência da perda ou avaria da coisa.

Veja arts. 754, parágrafo único, 757 e 788, CC.

Art. 532. Estipulado o pagamento por intermédio de estabelecimento bancário, caberá a este efetuá-lo contra a entrega dos documentos, sem obrigação de verificar a coisa vendida, pela qual não responde.

CÓDIGO CIVIL – ARTS. 532 A 538 | 85

Parágrafo único. Nesse caso, somente após a recusa do estabelecimento bancário a efetuar o pagamento, poderá o vendedor pretendê-lo, diretamente do comprador.

CAPÍTULO II
DA TROCA OU PERMUTA

Art. 533. Aplicam-se à troca as disposições referentes à compra e venda, com as seguintes modificações:

Veja arts. 481 a 532, CC.

Veja art. 171, § 2º, I, CP.

I – salvo disposição em contrário, cada um dos contratantes pagará por metade as despesas com o instrumento da troca;

Veja art. 490, CC.

II – é anulável a troca de valores desiguais entre ascendentes e descendentes, sem consentimento dos outros descendentes e do cônjuge do alienante.

Veja arts. 496 e 1.591 a 1.595, CC.

CAPÍTULO III
DO CONTRATO ESTIMATÓRIO

Art. 534. Pelo contrato estimatório, o consignante entrega bens móveis ao consignatário, que fica autorizado a vendê-los, pagando àquele o preço ajustado, salvo se preferir, no prazo estabelecido, restituir-lhe a coisa consignada.

Veja arts. 82 e 83, CC.

Art. 535. O consignatário não se exonera da obrigação de pagar o preço, se a restituição da coisa, em sua integridade, se tornar impossível, ainda que por fato a ele não imputável.

Art. 536. A coisa consignada não pode ser objeto de penhora ou sequestro pelos credores do consignatário, enquanto não pago integralmente o preço.

Veja art. 1.420, CC.

Art. 537. O consignante não pode dispor da coisa antes de lhe ser restituída ou de lhe ser comunicada a restituição.

CAPÍTULO IV
DA DOAÇÃO

Seção I
Disposições Gerais

Art. 538. Considera-se doação o contrato em que uma pessoa, por liberalidade, transfere do seu patrimônio bens ou vantagens para o de outra.

Veja arts. 1.642, V, 1.647, IV, e 1.663, § 2º, CC.

Veja art. 155, I, CF.

86 | ARTS. 539 A 549 – CÓDIGO CIVIL

Art. 539. O doador pode fixar prazo ao donatário, para declarar se aceita ou não a liberalidade. Desde que o donatário, ciente do prazo, não faça, dentro dele, a declaração, entender-se-á que aceitou, se a doação não for sujeita a encargo.

Veja arts. 111, 132, 133, 136, 137, 553, 562, 564, 1.748, II, e 1.938, CC.

Art. 540. A doação feita em contemplação do merecimento do donatário não perde o caráter de liberalidade, como não o perde a doação remuneratória, ou a gravada, no excedente ao valor dos serviços remunerados ou ao encargo imposto.

Veja arts. 136, 441, parágrafo único, e 564, CC.

Art. 541. A doação far-se-á por escritura pública ou instrumento particular.

Veja arts. 108, 215 e 221, CC.

Parágrafo único. A doação verbal será válida, se, versando sobre bens móveis e de pequeno valor, se lhe seguir incontinenti a tradição.

Veja arts. 82, 83 e 1.267, CC.

Art. 542. A doação feita ao nascituro valerá, sendo aceita pelo seu representante legal.

Veja arts. 2º, 1.799, I, e 1.800, CC.

Art. 543. Se o donatário for absolutamente incapaz, dispensa-se a aceitação, desde que se trate de doação pura.

Veja arts. 3º, 121, 1.748, II, 1.767, 1.774 e 1.781, CC.

Art. 544. A doação de ascendentes a descendentes, ou de um cônjuge a outro, importa adiantamento do que lhes cabe por herança.

Veja arts. 1.591 a 1.595, 1.789, 1.829, I, 1.846, 1.847 e 2.002 a 2.012, CC.

Art. 545. A doação em forma de subvenção periódica ao beneficiado extingue-se morrendo o doador, salvo se este outra coisa dispuser, mas não poderá ultrapassar a vida do donatário.

Art. 546. A doação feita em contemplação de casamento futuro com certa e determinada pessoa, quer pelos nubentes entre si, quer por terceiro a um deles, a ambos, ou aos filhos que, de futuro, houverem um do outro, não pode ser impugnada por falta de aceitação, e só ficará sem efeito se o casamento não se realizar.

Veja arts. 564, IV, e 1.639, CC.

Art. 547. O doador pode estipular que os bens doados voltem ao seu patrimônio, se sobreviver ao donatário.

Veja art. 1.359, CC.

Parágrafo único. Não prevalece cláusula de reversão em favor de terceiro.

Art. 548. É nula a doação de todos os bens sem reserva de parte, ou renda suficiente para a subsistência do doador.

Veja art. 166, VII, CC.

Art. 549. Nula é também a doação quanto à parte que exceder à de que o doador, no momento da liberalidade, poderia dispor em testamento.

CÓDIGO CIVIL – ARTS. 549 A 558 | 87

Veja arts. 166, VII, 1.789, 1.845 a 1.847, 1.967 e 2.007, CC.

Art. 550. A doação do cônjuge adúltero ao seu cúmplice pode ser anulada pelo outro cônjuge, ou por seus herdeiros necessários, até dois anos depois de dissolvida a sociedade conjugal.

Veja arts. 1.642, V, e 1.845 a 1.850, CC.

Art. 551. Salvo declaração em contrário, a doação em comum a mais de uma pessoa entende-se distribuída entre elas por igual.

Veja arts. 1.314 a 1.358-A, CC.

Parágrafo único. Se os donatários, em tal caso, forem marido e mulher, subsistirá na totalidade a doação para o cônjuge sobrevivo.

Art. 552. O doador não é obrigado a pagar juros moratórios, nem é sujeito às consequências da evicção ou do vício redibitório. Nas doações para casamento com certa e determinada pessoa, o doador ficará sujeito à evicção, salvo convenção em contrário.

Veja arts. 399, 406, 407, 441 a 457, 546 e 1.939, III, CC.

Art. 553. O donatário é obrigado a cumprir os encargos da doação, caso forem a benefício do doador, de terceiro, ou do interesse geral.

Veja arts. 136, 137, 436 a 438, 555, 562, 564, II, 1.748, II, e 1.938, CC.

Parágrafo único. Se desta última espécie for o encargo, o Ministério Público poderá exigir sua execução, depois da morte do doador, se este não tiver feito.

Art. 554. A doação a entidade futura caducará se, em dois anos, esta não estiver constituída regularmente.

Veja art. 45, CC.

Seção II
Da Revogação da Doação

Art. 555. A doação pode ser revogada por ingratidão do donatário, ou por inexecução do encargo.

Veja arts. 389, 397, 557 a 559 e 562, CC.

Art. 556. Não se pode renunciar antecipadamente o direito de revogar a liberalidade por ingratidão do donatário.

Art. 557. Podem ser revogadas por ingratidão as doações:

Veja arts. 558, 1.814 e 1.961 a 1.963, CC.

I – se o donatário atentou contra a vida do doador ou cometeu crime de homicídio doloso contra ele;

II – se cometeu contra ele ofensa física;

III – se o injuriou gravemente ou o caluniou;

IV – se, podendo ministrá-los, recusou ao doador os alimentos de que este necessitava.

Art. 558. Pode ocorrer também a revogação quando o ofendido, nos casos do artigo anterior, for o cônjuge, ascendente, descendente, ainda que adotivo, ou irmão do doador.

Veja arts. 1.591 a 1.596, CC.

88 | ARTS. 558 A 566 – CÓDIGO CIVIL

Veja art. 227, § 6°, CF.

Art. 559. A revogação por qualquer desses motivos deverá ser pleiteada dentro de um ano, a contar de quando chegue ao conhecimento do doador o fato que a autorizar, e de ter sido o donatário o seu autor.

Art. 560. O direito de revogar a doação não se transmite aos herdeiros do doador, nem prejudica os do donatário. Mas aqueles podem prosseguir na ação iniciada pelo doador, continuando-a contra os herdeiros do donatário, se este falecer depois de ajuizada a lide.

Art. 561. No caso de homicídio doloso do doador, a ação caberá aos seus herdeiros, exceto se aquele houver perdoado.

Veja art. 557, I, CC.

Art. 562. A doação onerosa pode ser revogada por inexecução do encargo, se o donatário incorrer em mora. Não havendo prazo para o cumprimento, o doador poderá notificar judicialmente o donatário, assinando-lhe prazo razoável para que cumpra a obrigação assumida.

Veja arts. 132, 134, 389, 397, 399, 555 e 559, CC.

Art. 563. A revogação por ingratidão não prejudica os direitos adquiridos por terceiros, nem obriga o donatário a restituir os frutos percebidos antes da citação válida; mas sujeita-o a pagar os posteriores, e, quando não possa restituir em espécie as coisas doadas, a indenizá-la pelo meio termo do seu valor.

Veja arts. 436 a 438 e 1.360, CC.

Veja arts. 240, 241, 487, parágrafo único, e 802, parágrafo único, CPC.

Art. 564. Não se revogam por ingratidão:

I – as doações puramente remuneratórias;

Veja art. 540, CC.

II – as oneradas com encargo já cumprido;

Veja arts. 136, 137, 540, 562 e 1.938, CC.

III – as que se fizerem em cumprimento de obrigação natural;

Veja arts. 814 e 882, CC.

IV – as feitas para determinado casamento.

Veja arts. 546, 552 e 1.639, CC.

CAPÍTULO V
DA LOCAÇÃO DE COISAS

Art. 565. Na locação de coisas, uma das partes se obriga a ceder à outra, por tempo determinado ou não, o uso e gozo de coisa não fungível, mediante certa retribuição.

Veja arts. 85, 206, § 3°, I, e 2.036, CC.

Veja art. 171, § 2°, I, CP.

Veja Súmula n. 423, STJ.

Art. 566. O locador é obrigado:

I – a entregar ao locatário a coisa alugada, com suas pertenças, em estado de servir ao uso a que se destina, e a mantê-la nesse estado, pelo tempo do contrato, salvo cláusula expressa em contrário;

CÓDIGO CIVIL – ARTS. 566 A 573 | 89

Veja art. 441, CC.

II – a garantir-lhe, durante o tempo do contrato, o uso pacífico da coisa.
Veja arts. 568 e 1.210, CC.

Art. 567. Se, durante a locação, se deteriorar a coisa alugada, sem culpa do locatário, a este caberá pedir redução proporcional do aluguel, ou resolver o contrato, caso já não sirva a coisa para o fim a que se destinava.
Veja arts. 1.217 e 1.218, CC.

Art. 568. O locador resguardará o locatário dos embaraços e turbações de terceiros, que tenham ou pretendam ter direitos sobre a coisa alugada, e responderá pelos seus vícios, ou defeitos, anteriores à locação.
Veja arts. 441 a 457, 566, II, e 569, III, CC.

Art. 569. O locatário é obrigado:

I – a servir-se da coisa alugada para os usos convencionados ou presumidos, conforme a natureza dela e as circunstâncias, bem como tratá-la com o mesmo cuidado como se sua fosse;
Veja art. 570, CC.

II – a pagar pontualmente o aluguel nos prazos ajustados, e, em falta de ajuste, segundo o costume do lugar;
Veja arts. 331 a 333, CC.

III – a levar ao conhecimento do locador as turbações de terceiros, que se pretendam fundadas em direito;
Veja art. 568, CC.

IV – a restituir a coisa, finda a locação, no estado em que a recebeu, salvas as deteriorações naturais ao uso regular.
Veja arts. 575 e 1.402, CC.

Art. 570. Se o locatário empregar a coisa em uso diverso do ajustado, ou do a que se destina, ou se ela se danificar por abuso do locatário, poderá o locador, além de rescindir o contrato, exigir perdas e danos.
Veja arts. 187, 402 a 405, 569, I e IV, e 1.508, CC.

Art. 571. Havendo prazo estipulado à duração do contrato, antes do vencimento não poderá o locador reaver a coisa alugada, senão ressarcindo ao locatário as perdas e danos resultantes, nem o locatário devolvê-la ao locador, senão pagando, proporcionalmente, a multa prevista no contrato.
Veja arts. 402 a 405, CC.

Parágrafo único. O locatário gozará do direito de retenção, enquanto não for ressarcido.
Veja art. 578, CC.

Art. 572. Se a obrigação de pagar o aluguel pelo tempo que faltar constituir indenização excessiva, será facultado ao juiz fixá-la em bases razoáveis.
Veja art. 413, CC.

Art. 573. A locação por tempo determinado cessa de pleno direito findo o prazo estipulado, independentemente de notificação ou aviso.
Veja arts. 472, 474, 569, IV, e 571, CC.

90 | ARTS. 574 A 581 – CÓDIGO CIVIL

Art. 574. Se, findo o prazo, o locatário continuar na posse da coisa alugada, sem oposição do locador, presumir-se-á prorrogada a locação pelo mesmo aluguel, mas sem prazo determinado.

Art. 575. Se, notificado o locatário, não restituir a coisa, pagará, enquanto a tiver em seu poder, o aluguel que o locador arbitrar, e responderá pelo dano que ela venha a sofrer, embora proveniente de caso fortuito.

Veja art. 393, CC.

Veja arts. 703, § 1º, 704 e 706, § 1º, CPC.

Parágrafo único. Se o aluguel arbitrado for manifestamente excessivo, poderá o juiz reduzi-lo, mas tendo sempre em conta o seu caráter de penalidade.

Veja arts. 884 a 886, CC.

Art. 576. Se a coisa for alienada durante a locação, o adquirente não ficará obrigado a respeitar o contrato, se nele não for consignada a cláusula da sua vigência no caso de alienação, e não constar de registro.

§ 1º O registro a que se refere este artigo será o de Títulos e Documentos do domicílio do locador, quando a coisa for móvel; e será o Registro de Imóveis da respectiva circunscrição, quando imóvel.

Veja arts. 79 a 84, CC.

§ 2º Em se tratando de imóvel, e ainda no caso em que o locador não esteja obrigado a respeitar o contrato, não poderá ele despedir o locatário, senão observado o prazo de noventa dias após a notificação.

Veja arts. 79 a 81, CC.

Art. 577. Morrendo o locador ou o locatário, transfere-se aos seus herdeiros a locação por tempo determinado.

Veja arts. 571, 573, 574, 1.207 e 1.784, CC.

Art. 578. Salvo disposição em contrário, o locatário goza do direito de retenção, no caso de benfeitorias necessárias, ou no de benfeitorias úteis, se estas houverem sido feitas com expresso consentimento do locador.

Veja arts. 96, 97, 571, parágrafo único, e 1.219 a 1.222, CC.

CAPÍTULO VI
DO EMPRÉSTIMO

Seção I
Do Comodato

Art. 579. O comodato é o empréstimo gratuito de coisas não fungíveis. Perfaz-se com a tradição do objeto.

Veja arts. 85, 373, II, 511 e 1.204, CC.

Art. 580. Os tutores, curadores e em geral todos os administradores de bens alheios não poderão dar em comodato, sem autorização especial, os bens confiados à sua guarda.

Veja arts. 1.749, II, e 1.774, CC.

Art. 581. Se o comodato não tiver prazo convencional, presumir-se-lhe-

CÓDIGO CIVIL – ARTS. 581 A 589 | 91

-á o necessário para o uso concedido; não podendo o comodante, salvo necessidade imprevista e urgente, reconhecida pelo juiz, suspender o uso e gozo da coisa emprestada, antes de findo o prazo convencional, ou o que se determine pelo uso outorgado.

Veja arts. 134 e 472 a 475, CC.

Art. 582. O comodatário é obrigado a conservar, como se sua própria fora, a coisa emprestada, não podendo usá-la senão de acordo com o contrato ou a natureza dela, sob pena de responder por perdas e danos. O comodatário constituído em mora, além de por ela responder, pagará, até restituí-la, o aluguel da coisa que for arbitrado pelo comodante.

Veja arts. 187, 397, 399, 402 a 405 e 575, CC.

Art. 583. Se, correndo risco o objeto do comodato juntamente com outros do comodatário, antepuser este a salvação dos seus abandonando o do comodante, responderá pelo dano ocorrido, ainda que se possa atribuir a caso fortuito, ou força maior.

Veja arts. 186, 188, II, 238 a 240 e 393, CC.

Art. 584. O comodatário não poderá jamais recobrar do comodante as despesas feitas com o uso e gozo da coisa emprestada.

Veja arts. 241 e 242, CC.

Art. 585. Se duas ou mais pessoas forem simultaneamente comodatárias de uma coisa, ficarão solidariamente responsáveis para com o comodante.

Veja arts. 264 a 266 e 275 a 285, CC.

Seção II
Do Mútuo

Art. 586. O mútuo é o empréstimo de coisas fungíveis. O mutuário é obrigado a restituir ao mutuante o que dele recebeu em coisa do mesmo gênero, qualidade e quantidade.

Veja art. 85, CC.

Art. 587. Este empréstimo transfere o domínio da coisa emprestada ao mutuário, por cuja conta correm todos os riscos dela desde a tradição.

Veja arts. 645 e 1.204, CC.

Art. 588. O mútuo feito a pessoa menor, sem prévia autorização daquele sob cuja guarda estiver, não pode ser reavido nem do mutuário, nem de seus fiadores.

Veja arts. 3º, 4º, 104, I, 181, 392, 589, 824 e 837, CC.

Art. 589. Cessa a disposição do artigo antecedente:

I – se a pessoa, de cuja autorização necessitava o mutuário para contrair o empréstimo, o ratificar posteriormente;

Veja arts. 172 a 176, CC.

II – se o menor, estando ausente essa pessoa, se viu obrigado a contrair o empréstimo para os seus alimentos habituais;

III – se o menor tiver bens ganhos com o seu trabalho. Mas, em tal caso, a execução do credor não lhes poderá ultrapassar as forças;

Veja art. 1.693, II, CC.

IV – se o empréstimo reverteu em benefício do menor;

V – se o menor obteve o empréstimo maliciosamente.

Veja art. 180, CC.

Art. 590. O mutuante pode exigir garantia da restituição, se antes do vencimento o mutuário sofrer notória mudança em sua situação econômica.

Veja arts. 333 e 475 a 477, CC.

Art. 591. Destinando-se o mútuo a fins econômicos, presumem-se devidos juros, os quais, sob pena de redução, não poderão exceder a taxa a que se refere o art. 406, permitida a capitalização anual.

Veja art. 407, CC.

Art. 592. Não se tendo convencionado expressamente, o prazo do mútuo será:

Veja art. 331, CC.

I – até a próxima colheita, se o mútuo for de produtos agrícolas, assim para o consumo, como para semeadura;

II – de trinta dias, pelo menos, se for de dinheiro;

III – do espaço de tempo que declarar o mutuante, se for de qualquer outra coisa fungível.

CAPÍTULO VII
DA PRESTAÇÃO DE SERVIÇO

Art. 593. A prestação de serviço, que não estiver sujeita às leis trabalhistas ou a lei especial, reger-se-á pelas disposições deste Capítulo.

Veja art. 165, III, CF.

Art. 594. Toda a espécie de serviço ou trabalho lícito, material ou imaterial, pode ser contratada mediante retribuição.

Art. 595. No contrato de prestação de serviço, quando qualquer das partes não souber ler, nem escrever, o instrumento poderá ser assinado a rogo e subscrito por duas testemunhas.

Art. 596. Não se tendo estipulado, nem chegado a acordo as partes, fixar-se-á por arbitramento a retribuição, segundo o costume do lugar, o tempo de serviço e sua qualidade.

Veja arts. 606, 628, parágrafo único, 658, parágrafo único, 701 e 724, CC.

Art. 597. A retribuição pagar-se-á depois de prestado o serviço, se, por convenção, ou costume, não houver de ser adiantada, ou paga em prestações.

Art. 598. A prestação de serviço não se poderá convencionar por mais de quatro anos, embora o contrato tenha por causa o pagamento de dívida de quem o presta, ou se destine à execução de certa e determinada obra. Neste caso, decorridos quatro anos, dar-se-á por findo o contrato, ainda que não concluída a obra.

Art. 599. Não havendo prazo estipulado, nem se podendo inferir da natureza do contrato, ou do costume do lugar, qualquer das partes, a seu arbítrio, mediante prévio aviso, pode resolver o contrato.

Veja arts. 472, 473 e 607, CC.

Parágrafo único. Dar-se-á o aviso:

I – com antecedência de oito dias, se o salário se houver fixado por tempo de um mês, ou mais;

II – com antecipação de quatro dias, se o salário se tiver ajustado por semana, ou quinzena;

III – de véspera, quando se tenha contratado por menos de sete dias.

Art. 600. Não se conta no prazo do contrato o tempo em que o prestador de serviço, por culpa sua, deixou de servir.

Veja art. 476, CC.

Art. 601. Não sendo o prestador de serviço contratado para certo e determinado trabalho, entender-se-á que se obrigou a todo e qualquer serviço compatível com as suas forças e condições.

Art. 602. O prestador de serviço contratado por tempo certo, ou por obra determinada, não se pode ausentar, ou despedir, sem justa causa, antes de preenchido o tempo, ou concluída a obra.

Veja art. 473, parágrafo único, CC.

Parágrafo único. Se se despedir sem justa causa, terá direito à retribuição vencida, mas responderá por perdas e danos. O mesmo dar-se-á, se despedido por justa causa.

Veja arts. 402 a 405, CC.

Art. 603. Se o prestador de serviço for despedido sem justa causa, a outra parte será obrigada a pagar-lhe por inteiro a retribuição vencida, e por metade a que lhe tocaria de então ao termo legal do contrato.

Veja arts. 186, 187, 473, 623, 705 e 718, CC.

Art. 604. Findo o contrato, o prestador de serviço tem direito a exigir da outra parte a declaração de que o contrato está findo. Igual direito lhe cabe, se for despedido sem justa causa, ou se tiver havido motivo justo para deixar o serviço.

Veja arts. 319 e 320, CC.

Art. 605. Nem aquele a quem os serviços são prestados, poderá transferir a outrem o direito aos serviços ajustados, nem o prestador de serviços, sem aprazimento da outra parte, dar substituto que os preste.

Art. 606. Se o serviço for prestado por quem não possua título de habilitação, ou não satisfaça requisitos outros estabelecidos em lei, não poderá quem os prestou cobrar a retribuição normalmente correspondente ao trabalho executado. Mas se deste resultar benefício para a outra parte, o juiz atribuirá a quem o prestou uma compensação razoável, desde que tenha agido com boa-fé.

Veja art. 422, CC.

Parágrafo único. Não se aplica a segunda parte deste artigo, quando a proibição da prestação de serviço resultar de lei de ordem pública.

Art. 607. O contrato de prestação de serviço acaba com a morte de qualquer das partes. Termina, ainda, pelo escoamento do prazo, pela conclusão

94 | ARTS. 607 A 614 – CÓDIGO CIVIL

da obra, pela rescisão do contrato mediante aviso prévio, por inadimplemento de qualquer das partes ou pela impossibilidade da continuação do contrato, motivada por força maior.

Veja arts. 393 e 599, CC.

Art. 608. Aquele que aliciar pessoas obrigadas em contrato escrito a prestar serviço a outrem pagará a este a importância que ao prestador de serviço, pelo ajuste desfeito, houvesse de caber durante dois anos.

Art. 609. A alienação do prédio agrícola, onde a prestação dos serviços se opera, não importa a rescisão do contrato, salvo ao prestador opção entre continuá-lo com o adquirente da propriedade ou com o primitivo contratante.

Veja art. 605, CC.

CAPÍTULO VIII
DA EMPREITADA

Veja OJ n. 191, SDI-1.

Art. 610. O empreiteiro de uma obra pode contribuir para ela só com seu trabalho ou com ele e os materiais.

Veja art. 613, CC.

§ 1º A obrigação de fornecer os materiais não se presume; resulta da lei ou da vontade das partes.

§ 2º O contrato para elaboração de um projeto não implica a obrigação de executá-lo, ou de fiscalizar-lhe a execução.

Art. 611. Quando o empreiteiro fornece os materiais, correm por sua conta os riscos até o momento da entrega da obra, a contento de quem a encomendou, se este não estiver em mora de receber. Mas se estiver, por sua conta correrão os riscos.

Veja arts. 233, 234, 394, 400, 509, 511 e 512, CC.

Art. 612. Se o empreiteiro só forneceu mão de obra, todos os riscos em que não tiver culpa correrão por conta do dono.

Veja arts. 186 e 927, CC.

Art. 613. Sendo a empreitada unicamente de lavor (art. 610), se a coisa perecer antes de entregue, sem mora do dono nem culpa do empreiteiro, este perderá a retribuição, se não provar que a perda resultou de defeito dos materiais e que em tempo reclamara contra a sua quantidade ou qualidade.

Veja arts. 441 e 446, CC.

Art. 614. Se a obra constar de partes distintas, ou for de natureza das que se determinam por medida, o empreiteiro terá direito a que também se verifique por medida, ou segundo as partes em que se dividir, podendo exigir o pagamento na proporção da obra executada.

§ 1º Tudo o que se pagou presume-se verificado.

§ 2º O que se mediu presume-se verificado se, em trinta dias, a contar da medição, não forem denunciados os vícios ou defeitos pelo dono da obra ou por quem estiver incumbido da sua fiscalização.

CÓDIGO CIVIL – ARTS. 615 A 622 | 95

Art. 615. Concluída a obra de acordo com o ajuste, ou o costume do lugar, o dono é obrigado a recebê-la. Poderá, porém, rejeitá-la, se o empreiteiro se afastou das instruções recebidas e dos planos dados, ou das regras técnicas em trabalhos de tal natureza.

Veja arts. 400, 441, 476 e 616, CC.

Art. 616. No caso da segunda parte do artigo antecedente, pode quem encomendou a obra, em vez de enjeitá-la, recebê-la com abatimento no preço.

Veja arts. 442, CC.

Art. 617. O empreiteiro é obrigado a pagar os materiais que recebeu, se por imperícia ou negligência os inutilizar.

Veja arts. 186 e 927, CC.

Art. 618. Nos contratos de empreitada de edifícios ou outras construções consideráveis, o empreiteiro de materiais e execução responderá, durante o prazo irredutível de cinco anos, pela solidez e segurança do trabalho, assim em razão dos materiais, como do solo.

Veja arts. 622, 937 e 1.280, CC.

Parágrafo único. Decairá do direito assegurado neste artigo o dono da obra que não propuser a ação contra o empreiteiro, nos cento e oitenta dias seguintes ao aparecimento do vício ou defeito.

Veja arts. 207 a 211, CC.

Art. 619. Salvo estipulação em contrário, o empreiteiro que se incumbir de executar uma obra, segundo plano aceito por quem a encomendou, não terá direito a exigir acréscimo no preço, ainda que sejam introduzidas modificações no projeto, a não ser que estas resultem de instruções escritas do dono da obra.

Veja arts. 478 e 480, CC.

Parágrafo único. Ainda que não tenha havido autorização escrita, o dono da obra é obrigado a pagar ao empreiteiro os aumentos e acréscimos, segundo o que for arbitrado, se, sempre presente à obra, por continuadas visitas, não podia ignorar o que se estava passando, e nunca protestou.

Art. 620. Se ocorrer diminuição no preço do material ou da mão de obra superior a um décimo do preço global convencionado, poderá este ser revisto, a pedido do dono da obra, para que se lhe assegure a diferença apurada.

Veja arts. 478 e 480, CC.

Art. 621. Sem anuência de seu autor, não pode o proprietário da obra introduzir modificações no projeto por ele aprovado, ainda que a execução seja confiada a terceiros, a não ser que, por motivos supervenientes ou razões de ordem técnica, fique comprovada a inconveniência ou a excessiva onerosidade de execução do projeto em sua forma originária.

Veja arts. 478 a 480 e 1.299 a 1.313, CC.

Parágrafo único. A proibição deste artigo não abrange alterações de pouca monta, ressalvada sempre a unidade estética da obra projetada.

Art. 622. Se a execução da obra for confiada a terceiros, a responsabilidade do autor do projeto respectivo, desde que não assuma a direção ou fis-

96 | ARTS. 622 A 628 – CÓDIGO CIVIL

calização daquela, ficará limitada aos danos resultantes de defeitos previstos no art. 618 e seu parágrafo único.

Art. 623. Mesmo após iniciada a construção, pode o dono da obra suspendê-la, desde que pague ao empreiteiro as despesas e lucros relativos aos serviços já feitos, mais indenização razoável, calculada em função do que ele teria ganho, se concluída a obra.

Veja arts. 186, 187, 473, 603, 705 e 718, CC.

Art. 624. Suspensa a execução da empreitada sem justa causa, responde o empreiteiro por perdas e danos.

Veja arts. 402 a 405, CC.

Art. 625. Poderá o empreiteiro suspender a obra:

I – por culpa do dono, ou por motivo de força maior;

Veja arts. 186, 187 e 393, parágrafo único, CC.

II – quando, no decorrer dos serviços, se manifestarem dificuldades imprevisíveis de execução, resultantes de causas geológicas ou hídricas, ou outras semelhantes, de modo que torne a empreitada excessivamente onerosa, e o dono da obra se opuser ao reajuste do preço inerente ao projeto por ele elaborado, observados os preços;

Veja arts. 478 e 479, CC.

III – se as modificações exigidas pelo dono da obra, por seu vulto e natureza, forem desproporcionais ao projeto aprovado, ainda que o dono se disponha a arcar com o acréscimo de preço.

Art. 626. Não se extingue o contrato de empreitada pela morte de qualquer das partes, salvo se ajustado em consideração às qualidades pessoais do empreiteiro.

Veja arts. 249, 1.792 ,1.821 e 1.997, CC.

CAPÍTULO IX
DO DEPÓSITO

Seção I
Do Depósito Voluntário

Art. 627. Pelo contrato de depósito recebe o depositário um objeto móvel, para guardar, até que o depositante o reclame.

Veja arts. 647 a 649, 652, 751 e 1.435, CC.

Veja art. 840, CPC.

Veja Súmula vinculante n. 25, STF.

Art. 628. O contrato de depósito é gratuito, exceto se houver convenção em contrário, se resultante de atividade negocial ou se o depositário o praticar por profissão.

Veja arts. 343, 606 e 651, CC.

Parágrafo único. Se o depósito for oneroso e a retribuição do depositário não constar de lei, nem resultar de ajuste, será determinada pelos usos do lugar, e, na falta destes, por arbitramento.

CÓDIGO CIVIL – ARTS. 628 A 638 | 97

Veja arts. 596, 658, parágrafo único, 701 e 724, CC.

Art. 629. O depositário é obrigado a ter na guarda e conservação da coisa depositada o cuidado e diligência que costuma com o que lhe pertence, bem como a restituí-la, com todos os frutos e acrescidos, quando o exija o depositante.

Veja arts. 633, 634 e 638, CC.

Art. 630. Se o depósito se entregou fechado, colado, selado, ou lacrado, nesse mesmo estado se manterá.

Art. 631. Salvo disposição em contrário, a restituição da coisa deve dar-se no lugar em que tiver de ser guardada. As despesas de restituição correm por conta do depositante.

Veja arts. 327 e 329, CC.

Art. 632. Se a coisa houver sido depositada no interesse de terceiro, e o depositário tiver sido cientificado deste fato pelo depositante, não poderá ele exonerar-se restituindo a coisa a este, sem consentimento daquele.

Art. 633. Ainda que o contrato fixe prazo à restituição, o depositário entregará o depósito logo que se lhe exija, salvo se tiver o direito de retenção a que se refere o art. 644, se o objeto for judicialmente embargado, se sobre ele pender execução, notificada ao depositário, ou se houver motivo razoável de suspeitar que a coisa foi dolosamente obtida.

Veja arts. 334, 335, 629, 634 e 638, CC.

Art. 634. No caso do artigo antecedente, última parte, o depositário, expondo o fundamento da suspeita, requererá que se recolha o objeto ao Depósito Público.

Veja arts. 335, V, e 638, CC.
Veja arts. 539 a 549, CPC.

Art. 635. Ao depositário será facultado, outrossim, requerer depósito judicial da coisa, quando, por motivo plausível, não a possa guardar, e o depositante não queira recebê-la.

Veja arts. 334 a 340, 342 a 345, 641 e 753, § 1º, CC.
Veja arts. 539 a 549, CPC.

Art. 636. O depositário, que por força maior houver perdido a coisa depositada e recebido outra em seu lugar, é obrigado a entregar a segunda ao depositante, e ceder-lhe as ações que no caso tiver contra o terceiro responsável pela restituição da primeira.

Veja arts. 234, 238, 239, 393 e 642, CC.

Art. 637. O herdeiro do depositário, que de boa-fé vendeu a coisa depositada, é obrigado a assistir o depositante na reivindicação, e a restituir ao comprador o preço recebido.

Veja arts. 447 a 457, 647 a 649, 751, 876, 1.792, 1.821 e 1.997, CC.

Art. 638. Salvo os casos previstos nos arts. 633 e 634, não poderá o depositário furtar-se à restituição do depósito, alegando não pertencer a coisa ao depositante, ou opondo compensação, exceto se noutro depósito se fundar.

Veja arts. 373, II, e 629, CC.

98 | ARTS. 639 A 647 – CÓDIGO CIVIL

Art. 639. Sendo dois ou mais depositantes, e divisível a coisa, a cada um só entregará o depositário a respectiva parte, salvo se houver entre eles solidariedade.

Veja arts. 87, 260 e 264 a 273, CC.

Art. 640. Sob pena de responder por perdas e danos, não poderá o depositário, sem licença expressa do depositante, servir-se da coisa depositada, nem a dar em depósito a outrem.

Veja arts. 402 a 405, CC.

Parágrafo único. Se o depositário, devidamente autorizado, confiar a coisa em depósito a terceiro, será responsável se agiu com culpa na escolha deste.

Art. 641. Se o depositário se tornar incapaz, a pessoa que lhe assumir a administração dos bens diligenciará imediatamente restituir a coisa depositada e, não querendo ou não podendo o depositante recebê-la, recolhê-la-á ao Depósito Público ou promoverá nomeação de outro depositário.

Veja arts. 3º, 4º, 334, 335, 647 a 649 e 751, CC.

Veja arts. 539 a 549, CPC.

Art. 642. O depositário não responde pelos casos de força maior; mas, para que lhe valha a escusa, terá de prová-los.

Veja arts. 393 e 399, CC.

Art. 643. O depositante é obrigado a pagar ao depositário as despesas feitas com a coisa, e os prejuízos que do depósito provierem.

Veja art. 644, CC.

Art. 644. O depositário poderá reter o depósito até que se lhe pague a retribuição devida, o líquido valor das despesas, ou dos prejuízos a que se refere o artigo anterior, provando imediatamente esses prejuízos ou essas despesas.

Veja arts. 628, 633, 664, 681, 708, 742 e 753, § 4º, CC.

Veja art. 168, CP.

Veja art. 66-B, § 6º, Lei n. 4.728, de 14.07.1965.

Parágrafo único. Se essas dívidas, despesas ou prejuízos não forem provados suficientemente, ou forem ilíquidos, o depositário poderá exigir caução idônea do depositante ou, na falta desta, a remoção da coisa para o Depósito Público, até que se liquidem.

Art. 645. O depósito de coisas fungíveis, em que o depositário se obrigue a restituir objetos do mesmo gênero, qualidade e quantidade, regular-se-á pelo disposto acerca do mútuo.

Veja arts. 85, 586 a 592, 647 e 648, CC.

Veja art. 9º, Lei n. 8.866, de 11.04.1994.

Art. 646. O depósito voluntário provar-se-á por escrito.

Seção II
Do Depósito Necessário

Art. 647. É depósito necessário:

Veja arts. 627 e 629 a 646, CC.

CÓDIGO CIVIL – ARTS. 647 A 653 | 99

Veja art. 168, § 1º, I, CP.

I – o que se faz em desempenho de obrigação legal;

Veja art. 648, CC.

Veja art. 1º, Lei n. 8.866, de 11.04.1994.

II – o que se efetua por ocasião de alguma calamidade, como o incêndio, a inundação, o naufrágio ou o saque.

Veja art. 648, parágrafo único, CC.

Art. 648. O depósito a que se refere o inciso I do artigo antecedente, reger-se-á pela disposição da respectiva lei, e, no silêncio ou deficiência dela, pelas concernentes ao depósito voluntário.

Veja arts. 627, 629 a 646 e 649, CC.

Veja art. 1º, Lei n. 8.866, de 11.04.1994.

Parágrafo único. As disposições deste artigo aplicam-se aos depósitos previstos no inciso II do artigo antecedente, podendo estes certificarem-se por qualquer meio de prova.

Art. 649. Aos depósitos previstos no artigo antecedente é equiparado o das bagagens dos viajantes ou hóspedes nas hospedarias onde estiverem.

Veja arts. 627, 629 a 646, 650, 651, 932, IV, 933, 934, 942 e 1.467, CC.

Parágrafo único. Os hospedeiros responderão como depositários, assim como pelos furtos e roubos que perpetrarem as pessoas empregadas ou admitidas nos seus estabelecimentos.

Veja art. 932, III, CC.

Art. 650. Cessa, nos casos do artigo antecedente, a responsabilidade dos hospedeiros, se provarem que os fatos prejudiciais aos viajantes ou hóspedes não podiam ter sido evitados.

Veja arts. 393 e 642, CC.

Art. 651. O depósito necessário não se presume gratuito. Na hipótese do art. 649, a remuneração pelo depósito está incluída no preço da hospedagem.

Veja art. 628, CC.

Art. 652. Seja o depósito voluntário ou necessário, o depositário que não o restituir quando exigido será compelido a fazê-lo mediante prisão não excedente a um ano, e ressarcir os prejuízos.

Veja art. 627, CC.

Veja art. 5º, LXVII, CF.

Veja art. 171, § 2º, II, CP.

Veja art. 11, Decreto n. 592, de 06.07.1992 (Pacto Internacional sobre Direitos Civis e Políticos).

Veja art. 7º, item 7, Decreto n. 678, de 06.11.1992 (Pacto de São José da Costa Rica).

CAPÍTULO X
DO MANDATO

Seção I
Disposições Gerais

Art. 653. Opera-se o mandato quando alguém recebe de outrem poderes

100 | ARTS. 653 A 661 – CÓDIGO CIVIL

para, em seu nome, praticar atos ou administrar interesses. A procuração é o instrumento do mandato.

Veja arts. 23, 115 a 120, 656, 658, 692, 709, 721, 873 e 1.011, § 2º, CC.

Veja arts. 104, 111, 112, 260, II, e 287, CPC.

Art. 654. Todas as pessoas capazes são aptas para dar procuração mediante instrumento particular, que valerá desde que tenha a assinatura do outorgante.

Veja arts. 3º, 4º, 221, 657, 666 e 1.018, CC.

Veja art. 105, CPC.

§ 1º O instrumento particular deve conter a indicação do lugar onde foi passado, a qualificação do outorgante e do outorgado, a data e o objetivo da outorga com a designação e a extensão dos poderes conferidos.

Veja art. 288, CC.

§ 2º O terceiro com quem o mandatário tratar poderá exigir que a procuração traga a firma reconhecida.

Veja art. 411, CPC.

Art. 655. Ainda quando se outorgue mandato por instrumento público, pode substabelecer-se mediante instrumento particular.

Veja arts. 215 a 218, 221, 657 e 667, CC.

Art. 656. O mandato pode ser expresso ou tácito, verbal ou escrito.

Veja art. 1.324, CC.

Art. 657. A outorga do mandato está sujeita à forma exigida por lei para o ato a ser praticado. Não se admite mandato verbal quando o ato deva ser celebrado por escrito.

Veja art. 656, CC.

Art. 658. O mandato presume-se gratuito quando não houver sido estipulada retribuição, exceto se o seu objeto corresponder ao daqueles que o mandatário trata por ofício ou profissão lucrativa.

Parágrafo único. Se o mandato for oneroso, caberá ao mandatário a retribuição prevista em lei ou no contrato. Sendo estes omissos, será ela determinada pelos usos do lugar, ou, na falta destes, por arbitramento.

Veja arts. 308 a 318, 326, 596, 628, parágrafo único, 701 e 724, CC.

Art. 659. A aceitação do mandato pode ser tácita, e resulta do começo de execução.

Veja art. 432, CC.

Art. 660. O mandato pode ser especial a um ou mais negócios determinadamente, ou geral a todos os do mandante.

Veja art. 661, CC.

Art. 661. O mandato em termos gerais só confere poderes de administração.

Veja art. 660, CC.

Veja art. 105, CPC.

Veja art. 30, § 3º, DL n. 891, de 25.11.1938.

CÓDIGO CIVIL – ARTS. 661 A 667 | 101

§ 1º Para alienar, hipotecar, transigir, ou praticar outros quaisquer atos que exorbitem da administração ordinária, depende a procuração de poderes especiais e expressos.

Veja arts. 840 a 850, 1.473 a 1.505 e 1.542, CC.

Veja art. 105, CPC.

§ 2º O poder de transigir não importa o de firmar compromisso.

Veja arts. 840 a 853, CC.

Art. 662. Os atos praticados por quem não tenha mandato, ou o tenha sem poderes suficientes, são ineficazes em relação àquele em cujo nome foram praticados, salvo se este os ratificar.

Veja arts. 665, 672, 673, 679 e 873, CC.

Veja arts. 104 e 105, CPC.

Veja Súmula n. 476, STJ.

Parágrafo único. A ratificação há de ser expressa, ou resultar de ato inequívoco, e retroagirá à data do ato.

Veja arts. 172 a 176, CC.

Veja arts. 104, § 2º, e 105, CPC.

Art. 663. Sempre que o mandatário estipular negócios expressamente em nome do mandante, será este o único responsável; ficará, porém, o mandatário pessoalmente obrigado, se agir no seu próprio nome, ainda que o negócio seja de conta do mandante.

Veja art. 673, CC.

Art. 664. O mandatário tem o direito de reter, do objeto da operação que lhe foi cometida, quanto baste para pagamento de tudo que lhe for devido em consequência do mandato.

Veja arts. 644, 681, 708 e 742, CC.

Veja art. 168, CP.

Art. 665. O mandatário que exceder os poderes do mandato, ou proceder contra eles, será considerado mero gestor de negócios, enquanto o mandante lhe não ratificar os atos.

Veja arts. 172 a 176, 662, 673, 675 e 861 a 875, CC.

Veja art. 104, CPC.

Art. 666. O maior de dezesseis e menor de dezoito anos não emancipado pode ser mandatário, mas o mandante não tem ação contra ele senão de conformidade com as regras gerais, aplicáveis às obrigações contraídas por menores.

Veja arts. 4º, I, 5º, 180, 181 e 654, CC.

Seção II
Das Obrigações do Mandatário

Art. 667. O mandatário é obrigado a aplicar toda sua diligência habitual na execução do mandato, e a indenizar qualquer prejuízo causado por culpa sua ou daquele a quem substabelecer, sem autorização, poderes que devia exercer pessoalmente.

102 | ARTS. 667 A 673 – CÓDIGO CIVIL

Veja arts. 696, 712, 723, 866 e 867, CC.

§ 1º Se, não obstante proibição do mandante, o mandatário se fizer substituir na execução do mandato, responderá ao seu constituinte pelos prejuízos ocorridos sob a gerência do substituto, embora provenientes de caso fortuito, salvo provando que o caso teria sobrevindo, ainda que não tivesse havido substabelecimento.

Veja art. 393, CC.

§ 2º Havendo poderes de substabelecer, só serão imputáveis ao mandatário os danos causados pelo substabelecido, se tiver agido com culpa na escolha deste ou nas instruções dadas a ele.

§ 3º Se a proibição de substabelecer constar da procuração, os atos praticados pelo substabelecido não obrigam o mandante, salvo ratificação expressa, que retroagirá à data do ato.

§ 4º Sendo omissa a procuração quanto ao substabelecimento, o procurador será responsável se o substabelecido proceder culposamente.

Art. 668. O mandatário é obrigado a dar contas de sua gerência ao mandante, transferindo-lhe as vantagens provenientes do mandato, por qualquer título que seja.

Veja art. 1.980, CC.

Art. 669. O mandatário não pode compensar os prejuízos a que deu causa com os proveitos que, por outro lado, tenha granjeado ao seu constituinte.

Veja art. 667, CC.

Art. 670. Pelas somas que devia entregar ao mandante ou recebeu para despesa, mas empregou em proveito seu, pagará o mandatário juros, desde o momento em que abusou.

Veja arts. 405 a 407, CC.

Art. 671. Se o mandatário, tendo fundos ou crédito do mandante, comprar, em nome próprio, algo que devera comprar para o mandante, por ter sido expressamente designado no mandato, terá este ação para obrigá-lo à entrega da coisa comprada.

Veja arts. 233 a 246, CC.

Veja arts. 806 a 813, CPC.

Art. 672. Sendo dois ou mais os mandatários nomeados no mesmo instrumento, qualquer deles poderá exercer os poderes outorgados, se não forem expressamente declarados conjuntos, nem especificamente designados para atos diferentes, ou subordinados a atos sucessivos. Se os mandatários forem declarados conjuntos, não terá eficácia o ato praticado sem interferência de todos, salvo havendo ratificação, que retroagirá à data do ato.

Veja arts. 264 a 266, 275 a 285 e 662, CC.

Art. 673. O terceiro que, depois de conhecer os poderes do mandatário, com ele celebrar negócio jurídico exorbitante do mandato, não tem ação contra o mandatário, salvo se este lhe prometeu ratificação do mandante ou se responsabilizou pessoalmente.

Veja arts. 308, 311, 662 e 1.205, II, CC.

CÓDIGO CIVIL – ARTS. 674 A 682 | 103

Art. 674. Embora ciente da morte, interdição ou mudança de estado do mandante, deve o mandatário concluir o negócio já começado, se houver perigo na demora.
Veja arts. 6º, 7º, 156, 682, II e III, 685, 689, 865, 1.511 a 1.590 e 1.767 a 1.783, CC.

Seção III
Das Obrigações do Mandante

Art. 675. O mandante é obrigado a satisfazer todas as obrigações contraídas pelo mandatário, na conformidade do mandato conferido, e adiantar a importância das despesas necessárias à execução dele, quando o mandatário lho pedir.
Veja arts. 665 e 869, CC.

Art. 676. É obrigado o mandante a pagar ao mandatário a remuneração ajustada e as despesas da execução do mandato, ainda que o negócio não surta o esperado efeito, salvo tendo o mandatário culpa.
Veja arts. 186, 187, 658, 677 a 680 e 725, CC.

Art. 677. As somas adiantadas pelo mandatário, para a execução do mandato, vencem juros desde a data do desembolso.
Veja arts. 406 e 407, CC.

Art. 678. É igualmente obrigado o mandante a ressarcir ao mandatário as perdas que este sofrer com a execução do mandato, sempre que não resultem de culpa sua ou de excesso de poderes.
Veja arts. 186, 402 a 405, 662, 665 e 673, CC.

Art. 679. Ainda que o mandatário contrarie as instruções do mandante, se não exceder os limites do mandato, ficará o mandante obrigado para com aqueles com quem o seu procurador contratou; mas terá contra este ação pelas perdas e danos resultantes da inobservância das instruções.
Veja arts. 402 a 405, 665 e 675, CC.

Art. 680. Se o mandato for outorgado por duas ou mais pessoas, e para negócio comum, cada uma ficará solidariamente responsável ao mandatário por todos os compromissos e efeitos do mandato, salvo direito regressivo, pelas quantias que pagar, contra os outros mandantes.
Veja arts. 264 a 266 e 275 a 285, CC.

Art. 681. O mandatário tem sobre a coisa de que tenha a posse em virtude do mandato, direito de retenção, até se reembolsar do que no desempenho do encargo despendeu.
Veja arts. 644, 681, 708 e 742, CC.
Veja art. 168, CP.

Seção IV
Da Extinção do Mandato

Art. 682. Cessa o mandato:
Veja arts. 23 e 689, CC.
Veja arts. 111, 112, 313, I, e 1.004, CPC.

I – pela revogação ou pela renúncia;

Veja arts. 683 a 688, CC.

Veja arts. 111 e 112, CPC.

II – pela morte ou interdição de uma das partes;

Veja arts. 674, 685, 690 e 691, CC.

Veja arts. 313, I, e 1.004, CPC.

III – pela mudança de estado que inabilite o mandante a conferir os poderes, ou o mandatário para os exercer;

Veja art. 674, CC.

IV – pelo término do prazo ou pela conclusão do negócio.

Veja arts. 132 e 135, CC.

Art. 683. Quando o mandato contiver a cláusula de irrevogabilidade e o mandante o revogar, pagará perdas e danos.

Veja arts. 402 a 405, CC.

Art. 684. Quando a cláusula de irrevogabilidade for condição de um negócio bilateral, ou tiver sido estipulada no exclusivo interesse do mandatário, a revogação do mandato será ineficaz.

Art. 685. Conferido o mandato com a cláusula "em causa própria", a sua revogação não terá eficácia, nem se extinguirá pela morte de qualquer das partes, ficando o mandatário dispensado de prestar contas, e podendo transferir para si os bens móveis ou imóveis objeto do mandato, obedecidas as formalidades legais.

Veja arts. 79 a 84, 668 e 689 a 691, CC.

Art. 686. A revogação do mandato, notificada somente ao mandatário, não se pode opor aos terceiros que, ignorando-a, de boa-fé com ele trataram; mas ficam salvas ao constituinte as ações que no caso lhe possam caber contra o procurador.

Veja arts. 682, I, e 1.019, CC.

Veja art. 111, CPC.

Parágrafo único. É irrevogável o mandato que contenha poderes de cumprimento ou confirmação de negócios encetados, aos quais se ache vinculado.

Art. 687. Tanto que for comunicada ao mandatário a nomeação de outro, para o mesmo negócio, considerar-se-á revogado o mandato anterior.

Veja art. 682, I, CC.

Art. 688. A renúncia do mandato será comunicada ao mandante, que, se for prejudicado pela sua inoportunidade, ou pela falta de tempo, a fim de prover à substituição do procurador, será indenizado pelo mandatário, salvo se este provar que não podia continuar no mandato sem prejuízo considerável, e que não lhe era dado substabelecer.

Veja arts. 23 e 682, I, CC.

Veja art. 112, CPC.

Art. 689. São válidos, a respeito dos contratantes de boa-fé, os atos com estes ajustados em nome do mandante pelo mandatário, enquanto este ignorar a morte daquele ou a extinção do mandato, por qualquer outra causa.

CÓDIGO CIVIL – ARTS. 689 A 697 | 105

Veja art. 682, CC.

Art. 690. Se falecer o mandatário, pendente o negócio a ele cometido, os herdeiros, tendo ciência do mandato, avisarão o mandante, e providenciarão a bem dele, como as circunstâncias exigirem.

Veja arts. 682, II, e 691, CC.

Art. 691. Os herdeiros, no caso do artigo antecedente, devem limitar-se às medidas conservatórias, ou continuar os negócios pendentes que se não possam demorar sem perigo, regulando-se os seus serviços dentro desse limite, pelas mesmas normas a que os do mandatário estão sujeitos.

Seção V
Do Mandato Judicial

Art. 692. O mandato judicial fica subordinado às normas que lhe dizem respeito, constantes da legislação processual, e, supletivamente, às estabelecidas neste Código.

Veja arts. 667 e 672, CC.

Veja arts. 103 a 112, 260, II, e 287, CPC.

CAPÍTULO XI
DA COMISSÃO

Art. 693. O contrato de comissão tem por objeto a aquisição ou a venda de bens pelo comissário, em seu próprio nome, à conta do comitente.

Veja arts. 709 e 721, CC.

Art. 694. O comissário fica diretamente obrigado para com as pessoas com quem contratar, sem que estas tenham ação contra o comitente, nem este contra elas, salvo se o comissário ceder seus direitos a qualquer das partes.

Art. 695. O comissário é obrigado a agir de conformidade com as ordens e instruções do comitente, devendo, na falta destas, não podendo pedi-las a tempo, proceder segundo os usos em casos semelhantes.

Parágrafo único. Ter-se-ão por justificados os atos do comissário, se deles houver resultado vantagem para o comitente, e ainda no caso em que, não admitindo demora a realização do negócio, o comissário agiu de acordo com os usos.

Art. 696. No desempenho das suas incumbências o comissário é obrigado a agir com cuidado e diligência, não só para evitar qualquer prejuízo ao comitente, mas ainda para lhe proporcionar o lucro que razoavelmente se podia esperar do negócio.

Veja arts. 667, 712, 723, 866 e 867, CC.

Parágrafo único. Responderá o comissário, salvo motivo de força maior, por qualquer prejuízo que, por ação ou omissão, ocasionar ao comitente.

Veja art. 393, parágrafo único, CC.

Art. 697. O comissário não responde pela insolvência das pessoas com quem tratar, exceto em caso de culpa e no do artigo seguinte.

Veja arts. 186, 187 e 955, CC.

106 | ARTS. 698 A 707 – CÓDIGO CIVIL

Art. 698. Se do contrato de comissão constar a cláusula *del credere*, responderá o comissário solidariamente com as pessoas com que houver tratado em nome do comitente, caso em que, salvo estipulação em contrário, o comissário tem direito a remuneração mais elevada, para compensar o ônus assumido.

Veja arts. 264 a 266, 275 a 285 e 697, CC.

Veja arts. 375 e 464 a 480, CPC.

Art. 699. Presume-se o comissário autorizado a conceder dilação do prazo para pagamento, na conformidade dos usos do lugar onde se realizar o negócio, se não houver instruções diversas do comitente.

Veja arts. 331 a 333, CC.

Art. 700. Se houver instruções do comitente proibindo prorrogação de prazos para pagamento, ou se esta não for conforme os usos locais, poderá o comitente exigir que o comissário pague incontinenti ou responda pelas consequências da dilação concedida, procedendo-se de igual modo se o comissário não der ciência ao comitente dos prazos concedidos e de quem é seu beneficiário.

Veja art. 331, CC.

Art. 701. Não estipulada a remuneração devida ao comissário, será ela arbitrada segundo os usos correntes no lugar.

Veja arts. 596, 628, parágrafo único, 658, parágrafo único, e 724, CC.

Art. 702. No caso de morte do comissário, ou, quando, por motivo de força maior, não puder concluir o negócio, será devida pelo comitente uma remuneração proporcional aos trabalhos realizados.

Veja arts. 393, parágrafo único, e 719, CC.

Art. 703. Ainda que tenha dado motivo à dispensa, terá o comissário direito a ser remunerado pelos serviços úteis prestados ao comitente, ressalvado a este o direito de exigir daquele os prejuízos sofridos.

Veja arts. 368 a 380, CC.

Art. 704. Salvo disposição em contrário, pode o comitente, a qualquer tempo, alterar as instruções dadas ao comissário, entendendo-se por elas regidos também os negócios pendentes.

Art. 705. Se o comissário for despedido sem justa causa, terá direito a ser remunerado pelos trabalhos prestados, bem como a ser ressarcido pelas perdas e danos resultantes de sua dispensa.

Veja arts. 186, 187, 402 a 405, 473, 603, 623 e 718, CC.

Art. 706. O comitente e o comissário são obrigados a pagar juros um ao outro; o primeiro pelo que o comissário houver adiantado para cumprimento de suas ordens; e o segundo pela mora na entrega dos fundos que pertencerem ao comitente.

Veja arts. 394 a 401, 406, 407 e 677, CC.

Art. 707. O crédito do comissário, relativo a comissões e despesas feitas, goza de privilégio geral, no caso de falência ou insolvência do comitente.

Veja arts. 333, I, 955, 961, 962 e 965, VIII, CC.

CÓDIGO CIVIL – ARTS. 708 A 716 | 107

Art. 708. Para reembolso das despesas feitas, bem como para recebimento das comissões devidas, tem o comissário direito de retenção sobre os bens e valores em seu poder em virtude da comissão.

Veja arts. 644, 681, 708 e 742, CC.

Veja art. 168, CP.

Art. 709. São aplicáveis à comissão, no que couber, as regras sobre mandato.

Veja arts. 653 a 692, CC.

CAPÍTULO XII
DA AGÊNCIA E DISTRIBUIÇÃO

Art. 710. Pelo contrato de agência, uma pessoa assume, em caráter não eventual e sem vínculos de dependência, a obrigação de promover, à conta de outra, mediante retribuição, a realização de certos negócios, em zona determinada, caracterizando-se a distribuição quando o agente tiver à sua disposição a coisa a ser negociada.

Veja art. 721, CC.

Parágrafo único. O proponente pode conferir poderes ao agente para que este o represente na conclusão dos contratos.

Veja art. 775, CC.

Art. 711. Salvo ajuste, o proponente não pode constituir, ao mesmo tempo, mais de um agente, na mesma zona, com idêntica incumbência; nem pode o agente assumir o encargo de nela tratar de negócios do mesmo gênero, à conta de outros proponentes.

Veja art. 31, parágrafo único, Lei n. 4.886, de 09.12.1965.

Veja art. 5º, § 1º, Lei n. 6.729, de 28.11.1979.

Art. 712. O agente, no desempenho que lhe foi cometido, deve agir com toda diligência, atendo-se às instruções recebidas do proponente.

Veja arts. 667, 696, 723, 866 e 867, CC.

Veja art. 29, Lei n. 4.886, de 09.12.1965.

Art. 713. Salvo estipulação diversa, todas as despesas com a agência ou distribuição correm a cargo do agente ou distribuidor.

Art. 714. Salvo ajuste, o agente ou distribuidor terá direito à remuneração correspondente aos negócios concluídos dentro de sua zona, ainda que sem a sua interferência.

Veja art. 31, Lei n. 4.886, de 09.12.1965.

Art. 715. O agente ou distribuidor tem direito à indenização se o proponente, sem justa causa, cessar o atendimento das propostas ou reduzi-lo tanto que se torna antieconômica a continuação do contrato.

Veja art. 927, parágrafo único, CC.

Art. 716. A remuneração será devida ao agente também quando o negócio deixar de ser realizado por fato imputável ao proponente.

Veja art. 32, § 7º, Lei n. 4.886, de 09.12.1965.

108 | ARTS. 717 A 723 – CÓDIGO CIVIL

Art. 717. Ainda que dispensado por justa causa, terá o agente direito a ser remunerado pelos serviços úteis prestados ao proponente, sem embargo de haver este perdas e danos pelos prejuízos sofridos.
Veja arts. 402 a 405, 603 e 703, CC.

Art. 718. Se a dispensa se der sem culpa do agente, terá ele direito à remuneração até então devida, inclusive sobre os negócios pendentes, além das indenizações previstas em lei especial.
Veja arts. 186, 187, 473, 603, 623 e 705, CC.

Art. 719. Se o agente não puder continuar o trabalho por motivo de força maior, terá direito à remuneração correspondente aos serviços realizados, cabendo esse direito aos herdeiros no caso de morte.
Veja arts. 393, parágrafo único, e 702, CC.

Art. 720. Se o contrato for por tempo indeterminado, qualquer das partes poderá resolvê-lo, mediante aviso prévio de noventa dias, desde que transcorrido prazo compatível com a natureza e o vulto do investimento exigido do agente.
Veja arts. 472 e 473, CC.
Veja art. 34, Lei n. 4.886, de 09.12.1965.
Veja art. 21, Lei n. 6.729, de 28.11.1979.

Parágrafo único. No caso de divergência entre as partes, o juiz decidirá da razoabilidade do prazo e do valor devido.

Art. 721. Aplicam-se ao contrato de agência e distribuição, no que couber, as regras concernentes ao mandato e à comissão e as constantes de lei especial.
Veja arts. 653 a 709, CC.
Veja art. 1º, parágrafo único, Lei n. 4.886, de 09.12.1965.

CAPÍTULO XIII
DA CORRETAGEM

Art. 722. Pelo contrato de corretagem, uma pessoa, não ligada a outra em virtude de mandato, de prestação de serviços ou por qualquer relação de dependência, obriga-se a obter para a segunda um ou mais negócios, conforme as instruções recebidas.
Veja arts. 593, 594 e 653, CC.

Art. 723. O corretor é obrigado a executar a mediação com diligência e prudência, e a prestar ao cliente, espontaneamente, todas as informações sobre o andamento do negócio.
Caput com redação dada pela Lei n. 12.236, de 19.05.2010.

Parágrafo único. Sob pena de responder por perdas e danos, o corretor prestará ao cliente todos os esclarecimentos acerca da segurança ou do risco do negócio, das alterações de valores e de outros fatores que possam influir nos resultados da incumbência.
Parágrafo acrescentado pela Lei n. 12.236, de 19.05.2010.
Veja arts. 402 a 405, 422, 667 e 712, CC.

CÓDIGO CIVIL – ARTS. 724 A 733 | 109

Art. 724. A remuneração do corretor, se não estiver fixada em lei, nem ajustada entre as partes, será arbitrada segundo a natureza do negócio e os usos locais.

Veja arts. 596, 628, parágrafo único, 658, parágrafo único, e 701, CC.

Art. 725. A remuneração é devida ao corretor uma vez que tenha conseguido o resultado previsto no contrato de mediação, ou ainda que este não se efetive em virtude de arrependimento das partes.

Veja art. 676, CC.

Art. 726. Iniciado e concluído o negócio diretamente entre as partes, nenhuma remuneração será devida ao corretor; mas se, por escrito, for ajustada a corretagem com exclusividade, terá o corretor direito à remuneração integral, ainda que realizado o negócio sem a sua mediação, salvo se comprovada sua inércia ou ociosidade.

Veja art. 714, CC.

Art. 727. Se, por não haver prazo determinado, o dono do negócio dispensar o corretor, e o negócio se realizar posteriormente, como fruto da sua mediação, a corretagem lhe será devida; igual solução se adotará se o negócio se realizar após a decorrência do prazo contratual, mas por efeito dos trabalhos do corretor.

Veja arts. 128 e 135, CC.

Art. 728. Se o negócio se concluir com a intermediação de mais de um corretor, a remuneração será paga a todos em partes iguais, salvo ajuste em contrário.

Art. 729. Os preceitos sobre corretagem constantes deste Código não excluem a aplicação de outras normas da legislação especial.

CAPÍTULO XIV
DO TRANSPORTE

Seção I
Disposições Gerais

Art. 730. Pelo contrato de transporte alguém se obriga, mediante retribuição, a transportar, de um lugar para outro, pessoas ou coisas.

Art. 731. O transporte exercido em virtude de autorização, permissão ou concessão, rege-se pelas normas regulamentares e pelo que for estabelecido naqueles atos, sem prejuízo do disposto neste Código.

Veja arts. 21, XII, d e e, 25, § 1º, 30, V, 37, § 6º, e 175, CF.

Art. 732. Aos contratos de transporte, em geral, são aplicáveis, quando couber, desde que não contrariem as disposições deste Código, os preceitos constantes da legislação especial e de tratados e convenções internacionais.

Art. 733. Nos contratos de transporte cumulativo, cada transportador se obriga a cumprir o contrato relativamente ao respectivo percurso, respondendo pelos danos nele causados a pessoas e coisas.

Veja arts. 402 a 405, 756 e 927, parágrafo único, CC.

110 | ARTS. 733 A 740 – CÓDIGO CIVIL

§ 1º O dano, resultante do atraso ou da interrupção da viagem, será determinado em razão da totalidade do percurso.

§ 2º Se houver substituição de algum dos transportadores no decorrer do percurso, a responsabilidade solidária estender-se-á ao substituto.

Veja arts. 264 a 266 e 275 a 285, CC.

Seção II
Do Transporte de Pessoas

Veja Lei n. 8.899, de 29.06.1994.

Art. 734. O transportador responde pelos danos causados às pessoas transportadas e suas bagagens, salvo motivo de força maior, sendo nula qualquer cláusula excludente da responsabilidade.

Veja arts. 186, 393, parágrafo único, 733, 927 e 948 a 950, CC.

Parágrafo único. É lícito ao transportador exigir a declaração do valor da bagagem a fim de fixar o limite da indenização.

Veja arts. 750 e 944, CC.

Art. 735. A responsabilidade contratual do transportador por acidente com o passageiro não é elidida por culpa de terceiro, contra o qual tem ação regressiva.

Veja arts. 186 a 188, 927, parágrafo único, 930, 932, III, 933, 934 e 942, CC.

Veja arts. 125, II, 132, 794 e 795, CPC.

Art. 736. Não se subordina às normas do contrato de transporte o feito gratuitamente, por amizade ou cortesia.

Veja art. 392, CC.

Parágrafo único. Não se considera gratuito o transporte quando, embora feito sem remuneração, o transportador auferir vantagens indiretas.

Art. 737. O transportador está sujeito aos horários e itinerários previstos, sob pena de responder por perdas e danos, salvo motivo de força maior.

Veja arts. 393, parágrafo único, e 402 a 405, CC.

Art. 738. A pessoa transportada deve sujeitar-se às normas estabelecidas pelo transportador, constantes no bilhete ou afixadas à vista dos usuários, abstendo-se de quaisquer atos que causem incômodo ou prejuízo aos passageiros, danifiquem o veículo, ou dificultem ou impeçam a execução normal do serviço.

Parágrafo único. Se o prejuízo sofrido pela pessoa transportada for atribuível à transgressão de normas e instruções regulamentares, o juiz reduzirá equitativamente a indenização, na medida em que a vítima houver concorrido para a ocorrência do dano.

Veja arts. 944 e 945, CC.

Art. 739. O transportador não pode recusar passageiros, salvo os casos previstos nos regulamentos, ou se as condições de higiene ou de saúde do interessado o justificarem.

Art. 740. O passageiro tem direito a rescindir o contrato de transporte antes de iniciada a viagem, sendo-lhe devida a restituição do valor da pas-

CÓDIGO CIVIL – ARTS. 740 A 745 | 111

sagem, desde que feita a comunicação ao transportador em tempo de ser renegociada.

Veja arts. 472 a 475, CC.

§ 1º Ao passageiro é facultado desistir do transporte, mesmo depois de iniciada a viagem, sendo-lhe devida a restituição do valor correspondente ao trecho não utilizado, desde que provado que outra pessoa haja sido transportada em seu lugar.

§ 2º Não terá direito ao reembolso do valor da passagem o usuário que deixar de embarcar, salvo se provado que outra pessoa foi transportada em seu lugar, caso em que lhe será restituído o valor do bilhete não utilizado.

§ 3º Nas hipóteses previstas neste artigo, o transportador terá direito de reter até cinco por cento da importância a ser restituída ao passageiro, a título de multa compensatória.

Veja arts. 408 a 416, CC.

Art. 741. Interrompendo-se a viagem por qualquer motivo alheio à vontade do transportador, ainda que em consequência de evento imprevisível, fica ele obrigado a concluir o transporte contratado em outro veículo da mesma categoria, ou, com a anuência do passageiro, por modalidade diferente, à sua custa, correndo também por sua conta as despesas de estada e alimentação do usuário, durante a espera de novo transporte.

Art. 742. O transportador, uma vez executado o transporte, tem direito de retenção sobre a bagagem de passageiro e outros objetos pessoais deste, para garantir-se do pagamento do valor da passagem que não tiver sido feito no início ou durante o percurso.

Veja arts. 644, 664, 681 e 708, CC.

Seção III
Do Transporte de Coisas

Art. 743. A coisa, entregue ao transportador, deve estar caracterizada pela sua natureza, valor, peso e quantidade, e o mais que for necessário para que não se confunda com outras, devendo o destinatário ser indicado ao menos pelo nome e endereço.

Art. 744. Ao receber a coisa, o transportador emitirá conhecimento com a menção dos dados que a identifiquem, obedecido o disposto em lei especial.

Veja arts. 745 e 752, CC.

Parágrafo único. O transportador poderá exigir que o remetente lhe entregue, devidamente assinada, a relação discriminada das coisas a serem transportadas, em duas vias, uma das quais, por ele devidamente autenticada, ficará fazendo parte integrante do conhecimento.

Art. 745. Em caso de informação inexata ou falsa descrição no documento a que se refere o artigo antecedente, será o transportador indenizado pelo prejuízo que sofrer, devendo a ação respectiva ser ajuizada no prazo de cento e vinte dias, a contar daquele ato, sob pena de decadência.

112 | ARTS. 745 A 753 – CÓDIGO CIVIL

Veja arts. 207 a 211 e 422, CC.

Art. 746. Poderá o transportador recusar a coisa cuja embalagem seja inadequada, bem como a que possa pôr em risco a saúde das pessoas, ou danificar o veículo e outros bens.

Veja art. 16, II, Lei n. 9.611, de 19.02.1998.

Art. 747. O transportador deverá obrigatoriamente recusar a coisa cujo transporte ou comercialização não sejam permitidos, ou que venha desacompanhada dos documentos exigidos por lei ou regulamento.

Art. 748. Até a entrega da coisa, pode o remetente desistir do transporte e pedi-la de volta, ou ordenar seja entregue a outro destinatário, pagando, em ambos os casos, os acréscimos de despesa decorrentes da contraordem, mais as perdas e danos que houver.

Veja arts. 402 a 405 e 473, CC.

Art. 749. O transportador conduzirá a coisa ao seu destino, tomando todas as cautelas necessárias para mantê-la em bom estado e entregá-la no prazo ajustado ou previsto.

Veja art. 494, CC.

Art. 750. A responsabilidade do transportador, limitada ao valor constante do conhecimento, começa no momento em que ele, ou seus prepostos, recebem a coisa; termina quando é entregue ao destinatário, ou depositada em juízo, se aquele não for encontrado.

Veja arts. 494, 734, 780 e 927 a 954, CC.

Art. 751. A coisa, depositada ou guardada nos armazéns do transportador, em virtude de contrato de transporte, rege-se, no que couber, pelas disposições relativas a depósito.

Veja arts. 627 a 652, CC.

Art. 752. Desembarcadas as mercadorias, o transportador não é obrigado a dar aviso ao destinatário, se assim não foi convencionado, dependendo também de ajuste a entrega a domicílio, e devem constar do conhecimento de embarque as cláusulas de aviso ou de entrega a domicílio.

Art. 753. Se o transporte não puder ser feito ou sofrer longa interrupção, o transportador solicitará, incontinenti, instruções ao remetente, e zelará pela coisa, por cujo perecimento ou deterioração responderá, salvo força maior.

Veja arts. 393, parágrafo único, e 629, CC.

Veja arts. 539 a 549, CPC.

§ 1º Perdurando o impedimento, sem motivo imputável ao transportador e sem manifestação do remetente, poderá aquele depositar a coisa em juízo, ou vendê-la, obedecidos os preceitos legais e regulamentares, ou os usos locais, depositando o valor.

Veja arts. 334 a 345, CC.

Veja arts. 539 a 549, CPC.

§ 2º Se o impedimento for responsabilidade do transportador, este poderá depositar a coisa, por sua conta e risco, mas só poderá vendê-la se perecível.

Veja arts. 334 a 345, CC.

CÓDIGO CIVIL – ARTS. 753 A 758 | 113

Veja arts. 539 a 549, CPC.

§ 3° Em ambos os casos, o transportador deve informar o remetente da efetivação do depósito ou da venda.

§ 4° Se o transportador mantiver a coisa depositada em seus próprios armazéns, continuará a responder pela sua guarda e conservação, sendo-lhe devida, porém, uma remuneração pela custódia, a qual poderá ser contratualmente ajustada ou se conformará aos usos adotados em cada sistema de transporte.

Veja arts. 651 e 751, CC.

Art. 754. As mercadorias devem ser entregues ao destinatário, ou a quem apresentar o conhecimento endossado, devendo aquele que as receber conferi--las e apresentar as reclamações que tiver, sob pena de decadência dos direitos.

Veja arts. 207 a 211, 494 e 744, CC.

Parágrafo único. No caso de perda parcial ou de avaria não perceptível à primeira vista, o destinatário conserva a sua ação contra o transportador, desde que denuncie o dano em dez dias a contar da entrega.

Art. 755. Havendo dúvida acerca de quem seja o destinatário, o transportador deve depositar a mercadoria em juízo, se não lhe for possível obter instruções do remetente; se a demora puder ocasionar a deterioração da coisa, o transportador deverá vendê-la, depositando o saldo em juízo.

Veja arts. 334 a 345, CC.
Veja arts. 539 a 549, CPC.

Art. 756. No caso de transporte cumulativo, todos os transportadores respondem solidariamente pelo dano causado perante o remetente, ressalvada a apuração final da responsabilidade entre eles, de modo que o ressarcimento recaia, por inteiro, ou proporcionalmente, naquele ou naqueles em cujo percurso houver ocorrido o dano.

Veja arts. 264 a 266, 275 a 285 e 733, CC.

CAPÍTULO XV
DO SEGURO

Seção I
Disposições Gerais

Art. 757. Pelo contrato de seguro, o segurador se obriga, mediante o pagamento do prêmio, a garantir interesse legítimo do segurado, relativo a pessoa ou a coisa, contra riscos predeterminados.

Veja arts. 458 a 461, 777 e 785, CC.
Veja arts. 21, VIII, e 22, VII, CF.

Parágrafo único. Somente pode ser parte, no contrato de seguro, como segurador, entidade para tal fim legalmente autorizada.

Art. 758. O contrato de seguro prova-se com a exibição da apólice ou do bilhete do seguro, e, na falta deles, por documento comprobatório do pagamento do respectivo prêmio.

114 | ARTS. 758 A 767 – CÓDIGO CIVIL

Veja arts. 212, II, e 319 a 325, CC.

Art. 759. A emissão da apólice deverá ser precedida de proposta escrita com a declaração dos elementos essenciais do interesse a ser garantido e do risco.

Veja arts. 427 a 435, CC.

Art. 760. A apólice ou o bilhete de seguro serão nominativos, à ordem ou ao portador, e mencionarão os riscos assumidos, o início e o fim de sua validade, o limite da garantia e o prêmio devido, e, quando for o caso, o nome do segurado e o do beneficiário.

Veja arts. 147, 785, § 2º, 792 e 793, CC.

Parágrafo único. No seguro de pessoas, a apólice ou o bilhete não podem ser ao portador.

Art. 761. Quando o risco for assumido em cosseguro, a apólice indicará o segurador que administrará o contrato e representará os demais, para todos os seus efeitos.

Art. 762. Nulo será o contrato para garantia de risco proveniente de ato doloso do segurado, do beneficiário, ou de representante de um ou de outro.

Veja arts. 145 a 150 e 166, CC.

Art. 763. Não terá direito a indenização o segurado que estiver em mora no pagamento do prêmio, se ocorrer o sinistro antes de sua purgação.

Veja arts. 394 a 401, CC.

Art. 764. Salvo disposição especial, o fato de se não ter verificado o risco, em previsão do qual se faz o seguro, não exime o segurado de pagar o prêmio.

Veja art. 773, CC.

Art. 765. O segurado e o segurador são obrigados a guardar na conclusão e na execução do contrato, a mais estrita boa-fé e veracidade, tanto a respeito do objeto como das circunstâncias e declarações a ele concernentes.

Veja arts. 422 e 773, CC.

Veja art. 171, § 2º, V, CP.

Veja Súmula n. 609, STJ.

Art. 766. Se o segurado, por si ou por seu representante, fizer declarações inexatas ou omitir circunstâncias que possam influir na aceitação da proposta ou na taxa do prêmio, perderá o direito à garantia, além de ficar obrigado ao prêmio vencido.

Veja arts. 149, 765 e 778, CC.

Veja Súmula n. 609, STJ.

Parágrafo único. Se a inexatidão ou omissão nas declarações não resultar de má-fé do segurado, o segurador terá direito a resolver o contrato, ou a cobrar, mesmo após o sinistro, a diferença do prêmio.

Art. 767. No seguro à conta de outrem, o segurador pode opor ao segurado quaisquer defesas que tenha contra o estipulante, por descumprimento das normas de conclusão do contrato, ou de pagamento do prêmio.

Veja art. 294, CC.

Art. 768. O segurado perderá o direito à garantia se agravar intencionalmente o risco objeto do contrato.

Veja arts. 757, 759, 765 e 769, CC.

Art. 769. O segurado é obrigado a comunicar ao segurador, logo que saiba, todo incidente suscetível de agravar consideravelmente o risco coberto, sob pena de perder o direito à garantia, se provar que silenciou de má-fé.

Veja arts. 422, 474, 475, 765 e 768, CC.

§ 1º O segurador, desde que o faça nos quinze dias seguintes ao recebimento do aviso da agravação do risco sem culpa do segurado, poderá dar-lhe ciência, por escrito, de sua decisão de resolver o contrato.

§ 2º A resolução só será eficaz trinta dias após a notificação, devendo ser restituída pelo segurador a diferença do prêmio.

Art. 770. Salvo disposição em contrário, a diminuição do risco no curso do contrato não acarreta a redução do prêmio estipulado; mas, se a redução do risco for considerável, o segurado poderá exigir a revisão do prêmio, ou a resolução do contrato.

Veja arts. 472 a 475, CC.

Art. 771. Sob pena de perder o direito à indenização, o segurado participará o sinistro ao segurador, logo que o saiba, e tomará as providências imediatas para minorar-lhe as consequências.

Veja art. 787, § 1º, CC.

Parágrafo único. Correm à conta do segurador, até o limite fixado no contrato, as despesas de salvamento consequente ao sinistro.

Veja art. 779, CC.

Art. 772. A mora do segurador em pagar o sinistro obriga à atualização monetária da indenização devida segundo índices oficiais regularmente estabelecidos, sem prejuízo dos juros moratórios.

Veja arts. 389, 394 a 401, 406 e 407, CC.

Art. 773. O segurador que, ao tempo do contrato, sabe estar passado o risco de que o segurado se pretende cobrir, e, não obstante, expede a apólice, pagará em dobro o prêmio estipulado.

Veja arts. 147, 422, 764 e 765, CC.

Art. 774. A recondução tácita do contrato pelo mesmo prazo, mediante expressa cláusula contratual, não poderá operar mais de uma vez.

Art. 775. Os agentes autorizados do segurador presumem-se seus representantes para todos os atos relativos aos contratos que agenciarem.

Veja arts. 115 a 120 e 710 a 721, CC.

Art. 776. O segurador é obrigado a pagar em dinheiro o prejuízo resultante do risco assumido, salvo se convencionada a reposição da coisa.

Veja arts. 206, §§ 1º, II, e 3º, IX, 778, 781 e 782, CC.

Art. 777. O disposto no presente Capítulo aplica-se, no que couber, aos seguros regidos por leis próprias.

ARTS. 778 A 785 – CÓDIGO CIVIL

Seção II
Do Seguro de Dano

Art. 778. Nos seguros de dano, a garantia prometida não pode ultrapassar o valor do interesse segurado no momento da conclusão do contrato, sob pena do disposto no art. 766, e sem prejuízo da ação penal que no caso couber.

Veja arts. 776, 781 e 782, CC.

Art. 779. O risco do seguro compreenderá todos os prejuízos resultantes ou consequentes, como sejam os estragos ocasionados para evitar o sinistro, minorar o dano, ou salvar a coisa.

Veja art. 771, CC.

Art. 780. A vigência da garantia, no seguro de coisas transportadas, começa no momento em que são pelo transportador recebidas, e cessa com a sua entrega ao destinatário.

Veja art. 750, CC.

Art. 781. A indenização não pode ultrapassar o valor do interesse segurado no momento do sinistro, e, em hipótese alguma, o limite máximo da garantia fixado na apólice, salvo em caso de mora do segurador.

Veja arts. 394 a 401, 765, 776, 778, 782 e 783, CC.

Art. 782. O segurado que, na vigência do contrato, pretender obter novo seguro sobre o mesmo interesse, e contra o mesmo risco junto a outro segurador, deve previamente comunicar sua intenção por escrito ao primeiro, indicando a soma por que pretende segurar-se, a fim de se comprovar a obediência ao disposto no art. 778.

Veja arts. 765 e 781, CC.

Art. 783. Salvo disposição em contrário, o seguro de um interesse por menos do que valha acarreta a redução proporcional da indenização, no caso de sinistro parcial.

Art. 784. Não se inclui na garantia o sinistro provocado por vício intrínseco da coisa segurada, não declarado pelo segurado.

Veja arts. 441 a 446, CC.

Parágrafo único. Entende-se por vício intrínseco o defeito próprio da coisa, que se não encontra normalmente em outras da mesma espécie.

Art. 785. Salvo disposição em contrário, admite-se a transferência do contrato a terceiro com a alienação ou cessão do interesse segurado.

Veja arts. 286 a 298 e 959, I, CC.

§ 1º Se o instrumento contratual é nominativo, a transferência só produz efeitos em relação ao segurador mediante aviso escrito assinado pelo cedente e pelo cessionário.

Veja Súmula n. 465, do STJ.

§ 2º A apólice ou o bilhete à ordem só se transfere por endosso em preto, datado e assinado pelo endossante e pelo endossatário.

Veja art. 760, CC.

Veja Súmula n. 465, STJ.

CÓDIGO CIVIL – ARTS. 786 A 789 | 117

Art. 786. Paga a indenização, o segurador sub-roga-se, nos limites do valor respectivo, nos direitos e ações que competirem ao segurado contra o autor do dano.
Veja arts. 346 a 351, CC.
Veja art. 125, II, CPC.
§ 1º Salvo dolo, a sub-rogação não tem lugar se o dano foi causado pelo cônjuge do segurado, seus descendentes ou ascendentes, consanguíneos ou afins.
Veja arts. 145 a 150 e 1.591 a 1.595, CC.
§ 2º É ineficaz qualquer ato do segurado que diminua ou extinga, em prejuízo do segurador, os direitos a que se refere este artigo.
Art. 787. No seguro de responsabilidade civil, o segurador garante o pagamento de perdas e danos devidos pelo segurado a terceiro.
Veja arts. 402 a 405 e 927 a 954, CC.
Veja art. 125, II, CPC.
§ 1º Tão logo saiba o segurado das consequências de ato seu, suscetível de lhe acarretar a responsabilidade incluída na garantia, comunicará o fato ao segurador.
Veja art. 771, CC.
§ 2º É defeso ao segurado reconhecer sua responsabilidade ou confessar a ação, bem como transigir com o terceiro prejudicado, ou indenizá-lo diretamente, sem anuência expressa do segurador.
§ 3º Intentada a ação contra o segurado, dará este ciência da lide ao segurador.
Veja art. 125, II, CPC.
§ 4º Subsistirá a responsabilidade do segurado perante o terceiro, se o segurador for insolvente.
Veja art. 955, CC.
Art. 788. Nos seguros de responsabilidade legalmente obrigatórios, a indenização por sinistro será paga pelo segurador diretamente ao terceiro prejudicado.
Veja arts. 927 a 954, CC.
Parágrafo único. Demandado em ação direta pela vítima do dano, o segurador não poderá opor a exceção de contrato não cumprido pelo segurado, sem promover a citação deste para integrar o contraditório.
Veja arts. 476 e 477, CC.
Veja art. 125, II, CPC.

Seção III
Do Seguro de Pessoa

Art. 789. Nos seguros de pessoas, o capital segurado é livremente estipulado pelo proponente, que pode contratar mais de um seguro sobre o mesmo interesse, com o mesmo ou diversos seguradores.
Veja arts. 794, 798 e 799, CC.

Art. 790. No seguro sobre a vida de outros, o proponente é obrigado a declarar, sob pena de falsidade, o seu interesse pela preservação da vida do segurado.

Parágrafo único. Até prova em contrário, presume-se o interesse, quando o segurado é cônjuge, ascendente ou descendente do proponente.

Veja arts. 1.591 a 1.595, CC.

Art. 791. Se o segurado não renunciar à faculdade, ou se o seguro não tiver como causa declarada a garantia de alguma obrigação, é lícita a substituição do beneficiário, por ato entre vivos ou de última vontade.

Veja arts. 436 a 438, CC.

Parágrafo único. O segurador, que não for cientificado oportunamente da substituição, desobrigar-se-á pagando o capital segurado ao antigo beneficiário.

Art. 792. Na falta de indicação da pessoa ou beneficiário, ou se por qualquer motivo não prevalecer a que for feita, o capital segurado será pago por metade ao cônjuge não separado judicialmente, e o restante aos herdeiros do segurado, obedecida a ordem da vocação hereditária.

Veja arts. 1.829 e 1.851 a 1.856, CC.

Parágrafo único. Na falta das pessoas indicadas neste artigo, serão beneficiários os que provarem que a morte do segurado os privou dos meios necessários à subsistência.

Veja arts. 1.798 e 1.799, CC.

Art. 793. É válida a instituição do companheiro como beneficiário, se ao tempo do contrato o segurado era separado judicialmente, ou já se encontrava separado de fato.

Veja ADIn n. 4.277 e ADPF n. 132.

Veja arts. 1.723 a 1.727 e 1.801, III, CC.

Veja art. 226, § 3º, CF.

Art. 794. No seguro de vida ou de acidentes pessoais para o caso de morte, o capital estipulado não está sujeito às dívidas do segurado, nem se considera herança para todos os efeitos de direito.

Veja arts. 784, V, e 833, IX, CPC.

Art. 795. É nula, no seguro de pessoa, qualquer transação para pagamento reduzido do capital segurado.

Veja arts. 840 a 850, CC.

Art. 796. O prêmio, no seguro de vida, será conveniado por prazo limitado, ou por toda a vida do segurado.

Veja arts. 127 e 135, CC.

Parágrafo único. Em qualquer hipótese, no seguro individual, o segurador não terá ação para cobrar o prêmio vencido, cuja falta de pagamento, nos prazos previstos, acarretará, conforme se estipular, a resolução do contrato, com a restituição da reserva já formada, ou a redução do capital garantido proporcionalmente ao prêmio pago.

Veja arts. 127 e 135, CC.

CÓDIGO CIVIL – ARTS. 797 A 804 | 119

Art. 797. No seguro de vida para o caso de morte, é lícito estipular-se um prazo de carência, durante o qual o segurador não responde pela ocorrência do sinistro.

Veja Súmula n. 610, STJ.

Parágrafo único. No caso deste artigo o segurador é obrigado a devolver ao beneficiário o montante da reserva técnica já formada.

Art. 798. O beneficiário não tem direito ao capital estipulado quando o segurado se suicida nos primeiros dois anos de vigência inicial do contrato, ou da sua recondução depois de suspenso, observado o disposto no parágrafo único do artigo antecedente.

Veja art. 797, CC.

Veja Súmula n. 610, STJ.

Parágrafo único. Ressalvada a hipótese prevista neste artigo, é nula a cláusula contratual que exclui o pagamento do capital por suicídio do segurado.

Veja art. 184, CC.

Art. 799. O segurador não pode eximir-se ao pagamento do seguro, ainda que da apólice conste a restrição, se a morte ou a incapacidade do segurado provier da utilização de meio de transporte mais arriscado, da prestação de serviço militar, da prática de esporte, ou de atos de humanidade em auxílio de outrem.

Art. 800. Nos seguros de pessoas, o segurador não pode sub-rogar-se nos direitos e ações do segurado, ou do beneficiário, contra o causador do sinistro.

Art. 801. O seguro de pessoas pode ser estipulado por pessoa natural ou jurídica em proveito de grupo que a ela, de qualquer modo, se vincule.

Veja arts. 2º, 6º e 40 a 45, CC.

§ 1º O estipulante não representa o segurador perante o grupo segurado, e é o único responsável, para com o segurador, pelo cumprimento de todas as obrigações contratuais.

§ 2º A modificação da apólice em vigor dependerá da anuência expressa de segurados que representem três quartos do grupo.

Art. 802. Não se compreende nas disposições desta Seção a garantia do reembolso de despesas hospitalares ou de tratamento médico, nem o custeio das despesas de luto e de funeral do segurado.

CAPÍTULO XVI
DA CONSTITUIÇÃO DE RENDA

Art. 803. Pode uma pessoa, pelo contrato de constituição de renda, obrigar-se para com outra a uma prestação periódica, a título gratuito.

Veja art. 813, CC.

Art. 804. O contrato pode ser também a título oneroso, entregando-se bens móveis ou imóveis à pessoa que se obriga a satisfazer as prestações a favor do credor ou de terceiros.

ARTS. 804 A 814 – CÓDIGO CIVIL

Veja arts. 79 a 84 e 809, CC.

Art. 805. Sendo o contrato a título oneroso, pode o credor, ao contratar, exigir que o rendeiro lhe preste garantia real, ou fidejussória.

Veja arts. 810, 818 e 1.419 a 1.430, CC.

Art. 806. O contrato de constituição de renda será feito a prazo certo, ou por vida, podendo ultrapassar a vida do devedor mas não a do credor, seja ele o contratante, seja terceiro.

Veja arts. 6º, 127, 132 e 135, CC.

Art. 807. O contrato de constituição de renda requer escritura pública.

Veja arts. 109 e 215, CC.

Art. 808. É nula a constituição de renda em favor de pessoa já falecida, ou que, nos 30 (trinta) dias seguintes, vier a falecer de moléstia que já sofria, quando foi celebrado o contrato.

Veja art. 166, VII, CC.

Art. 809. Os bens dados em compensação da renda caem, desde a tradição, no domínio da pessoa que por aquela se obrigou.

Veja arts. 804 e 1.267, CC.

Art. 810. Se o rendeiro, ou censuário, deixar de cumprir a obrigação estipulada, poderá o credor da renda acioná-lo, tanto para que lhe pague as prestações atrasadas como para que lhe dê garantias das futuras, sob pena de rescisão do contrato.

Veja arts. 472 e 475 a 477, CC.

Art. 811. O credor adquire o direito à renda dia a dia, se a prestação não houver de ser paga adiantada, no começo de cada um dos períodos prefixos.

Art. 812. Quando a renda for constituída em benefício de duas ou mais pessoas, sem determinação da parte de cada uma, entende-se que os seus direitos são iguais; e, salvo estipulação diversa, não adquirirão os sobreviços direito à parte dos que morrerem.

Veja art. 257, CC.

Art. 813. A renda constituída por título gratuito pode, por ato do instituidor, ficar isenta de todas as execuções pendentes e futuras.

Veja art. 803, CC.

Veja art. 833, I, CPC.

Parágrafo único. A isenção prevista neste artigo prevalece de pleno direito em favor dos montepios e pensões alimentícias.

Veja art. 833, VII, CPC.

CAPÍTULO XVII
DO JOGO E DA APOSTA

Art. 814. As dívidas de jogo ou de aposta não obrigam a pagamento; mas não se pode recobrar a quantia, que voluntariamente se pagou, salvo se foi ganha por dolo, ou se o perdente é menor ou interdito.

Veja arts. 3º, 4º, 145 a 150, 166, 816 e 882, CC.

Veja art. 174, CP.

CÓDIGO CIVIL – ARTS. 814 A 822 | 121

§ 1º Estende-se esta disposição a qualquer contrato que encubra ou envolva reconhecimento, novação ou fiança de dívida de jogo; mas a nulidade resultante não pode ser oposta ao terceiro de boa-fé.

Veja arts. 360 a 367 e 818 a 839, CC.

§ 2º O preceito contido neste artigo tem aplicação, ainda que se trate de jogo não proibido, só se exceptuando os jogos e apostas legalmente permitidos.

§ 3º Exceptuam-se, igualmente, os prêmios oferecidos ou prometidos para o vencedor em competição de natureza esportiva, intelectual ou artística, desde que os interessados se submetam às prescrições legais e regulamentares.

Art. 815. Não se pode exigir reembolso do que se emprestou para jogo ou aposta, no ato de apostar ou jogar.

Veja arts. 579, 586 e 816, CC.

Art. 816. As disposições dos arts. 814 e 815 não se aplicam aos contratos sobre títulos de bolsa, mercadorias ou valores, em que se estipulem a liquidação exclusivamente pela diferença entre o preço ajustado e a cotação que eles tiverem no vencimento do ajuste.

Art. 817. O sorteio para dirimir questões ou dividir coisas comuns considera-se sistema de partilha ou processo de transação, conforme o caso.

Veja arts. 840 a 850 e 2.013 a 2.022, CC.

CAPÍTULO XVIII
DA FIANÇA

Seção I
Disposições Gerais

Art. 818. Pelo contrato de fiança, uma pessoa garante satisfazer ao credor uma obrigação assumida pelo devedor, caso este não a cumpra.

Veja arts. 114, 333, III, 476, 477, 1.642, IV, 1.645 e 1.647, III, CC.

Art. 819. A fiança dar-se-á por escrito, e não admite interpretação extensiva.

Veja arts. 113 e 114, CC.

Art. 819-A. (*Vetado.*)

Artigo acrescentado pela Lei n. 10.931, de 02.08.2004.

Art. 820. Pode-se estipular a fiança, ainda que sem consentimento do devedor ou contra a sua vontade.

Art. 821. As dívidas futuras podem ser objeto de fiança; mas o fiador, neste caso, não será demandado senão depois que se fizer certa e líquida a obrigação do principal devedor.

Veja arts. 458 a 461, CC.

Art. 822. Não sendo limitada, a fiança compreenderá todos os acessórios da dívida principal, inclusive as despesas judiciais, desde a citação do fiador.

122 | ARTS. 822 A 829 – CÓDIGO CIVIL

Veja art. 92, CC.

Art. 823. A fiança pode ser de valor inferior ao da obrigação principal e contraída em condições menos onerosas, e, quando exceder o valor da dívida, ou for mais onerosa que ela, não valerá senão até ao limite da obrigação afiançada.

Veja arts. 478, 479 e 830, CC.

Art. 824. As obrigações nulas não são suscetíveis de fiança, exceto se a nulidade resultar apenas de incapacidade pessoal do devedor.

Veja arts. 3º, 4º, 166 a 170, 814, § 1º, e 837, CC.

Parágrafo único. A exceção estabelecida neste artigo não abrange o caso de mútuo feito a menor.

Veja arts. 588 e 589, CC.

Art. 825. Quando alguém houver de oferecer fiador, o credor não pode ser obrigado a aceitá-lo se não for pessoa idônea, domiciliada no município onde tenha de prestar a fiança, e não possua bens suficientes para cumprir a obrigação.

Art. 826. Se o fiador se tornar insolvente ou incapaz, poderá o credor exigir que seja substituído.

Veja arts. 3º, 4º, 333, III, e 955, CC.

Seção II
Dos Efeitos da Fiança

Art. 827. O fiador demandado pelo pagamento da dívida tem direito a exigir, até a contestação da lide, que sejam primeiro executados os bens do devedor.

Veja arts. 371, 838 e 839, CC.

Veja arts. 130 e 794, CPC.

Parágrafo único. O fiador que alegar o benefício de ordem, a que se refere este artigo, deve nomear bens do devedor, sitos no mesmo município, livres e desembargados, quantos bastem para solver o débito.

Art. 828. Não aproveita este benefício ao fiador:

I – se ele o renunciou expressamente;

Veja arts. 114, CC.

II – se se obrigou como principal pagador, ou devedor solidário;

Veja arts. 264 a 266 e 275 a 285, CC.

III – se o devedor for insolvente, ou falido.

Veja arts. 839 e 955, CC.

Art. 829. A fiança conjuntamente prestada a um só débito por mais de uma pessoa importa o compromisso de solidariedade entre elas, se declaradamente não se reservarem o benefício de divisão.

Veja art. 264, CC.

Veja art. 130, CPC.

Parágrafo único. Estipulado este benefício, cada fiador responde unicamente pela parte que, em proporção, lhe couber no pagamento.

CÓDIGO CIVIL – ARTS. 829 A 838 | 123

Veja arts. 823 e 830, CC.

Art. 830. Cada fiador pode fixar no contrato a parte da dívida que toma sob sua responsabilidade, caso em que não será por mais obrigado.

Veja arts. 823 e 829, parágrafo único, CC.

Art. 831. O fiador que pagar integralmente a dívida fica sub-rogado nos direitos do credor; mas só poderá demandar a cada um dos outros fiadores pela respectiva quota.

Veja arts. 283, 304 e 346 a 351, CC.

Veja arts. 130 e 794, CPC.

Parágrafo único. A parte do fiador insolvente distribuir-se-á pelos outros.

Veja art. 284, CC.

Veja art. 794, § 2º, CPC.

Art. 832. O devedor responde também perante o fiador por todas as perdas e danos que este pagar, e pelos que sofrer em razão da fiança.

Veja arts. 402 a 405, CC.

Art. 833. O fiador tem direito aos juros do desembolso pela taxa estipulada na obrigação principal, e, não havendo taxa convencionada, aos juros legais da mora.

Veja arts. 406 e 407, CC.

Art. 834. Quando o credor, sem justa causa, demorar a execução iniciada contra o devedor, poderá o fiador promover-lhe o andamento.

Veja art. 778, § 1º, CPC.

Art. 835. O fiador poderá exonerar-se da fiança que tiver assinado sem limitação de tempo, sempre que lhe convier, ficando obrigado por todos os efeitos da fiança, durante sessenta dias após a notificação do credor.

Art. 836. A obrigação do fiador passa aos herdeiros; mas a responsabilidade da fiança se limita ao tempo decorrido até a morte do fiador, e não pode ultrapassar as forças da herança.

Veja arts. 1.792, 1.821 e 1.997, CC.

Seção III
Da Extinção da Fiança

Art. 837. O fiador pode opor ao credor as exceções que lhe forem pessoais, e as extintivas da obrigação que competem ao devedor principal, se não provierem simplesmente de incapacidade pessoal, salvo o caso do mútuo feito a pessoa menor.

Veja arts. 3º, 4º, 204, 366, 371, 376, 588, 589, 814, § 1º, 824 e 844, § 1º, CC.

Art. 838. O fiador, ainda que solidário, ficará desobrigado:

Veja arts. 827, 828, II, e 829, CC.

I – se, sem consentimento seu, o credor conceder moratória ao devedor;

II – se, por fato do credor, for impossível a sub-rogação nos seus direitos e preferências;

Veja arts. 346 a 351 e 955 a 965, CC.

124 | ARTS. 838 A 845 – CÓDIGO CIVIL

III – se o credor, em pagamento da dívida, aceitar amigavelmente do devedor objeto diverso do que este era obrigado a lhe dar, ainda que depois venha a perdê-lo por evicção.

Veja arts. 313, 356 a 359 e 447 a 457, CC.

Art. 839. Se for invocado o benefício da excussão e o devedor, retardando-se a execução, cair em insolvência, ficará exonerado o fiador que o invocou, se provar que os bens por ele indicados eram, ao tempo da penhora, suficientes para a solução da dívida afiançada.

Veja arts. 827, 828 e 955, CC.

CAPÍTULO XIX
DA TRANSAÇÃO

Art. 840. É lícito aos interessados prevenirem ou terminarem o litígio mediante concessões mútuas.

Veja arts. 262, *caput* e parágrafo único, 661, 795, 817 e 1.748, III, CC.

Veja arts. 90, 122, 487, III, 535, VI, 619, II, e 924, CPC.

Art. 841. Só quanto a direitos patrimoniais de caráter privado se permite a transação.

Veja art. 392, CPC.

Art. 842. A transação far-se-á por escritura pública, nas obrigações em que a lei o exige, ou por instrumento particular, nas em que ela o admite; se recair sobre direitos contestados em juízo, será feita por escritura pública, ou por termo nos autos, assinado pelos transigentes e homologado pelo juiz.

Veja arts. 108, 109, 215 e 221, CC.

Veja arts. 200, 359 e 487, III, CPC.

Art. 843. A transação interpreta-se restritivamente, e por ela não se transmitem, apenas se declaram ou reconhecem direitos.

Veja art. 114, CC.

Art. 844. A transação não aproveita, nem prejudica senão aos que nela intervierem, ainda que diga respeito a coisa indivisível.

Veja arts. 87, 88, 257 a 263 e 314, CC.

Veja art. 1.005, parágrafo único, CPC.

§ 1º Se for concluída entre o credor e o devedor, desobrigará o fiador.

Veja art. 838, CC.

§ 2º Se entre um dos credores solidários e o devedor, extingue a obrigação deste para com os outros credores.

Veja arts. 267 a 273, CC.

Veja art. 1.005, parágrafo único, CPC.

§ 3º Se entre um dos devedores solidários e seu credor, extingue a dívida em relação aos codevedores.

Veja arts. 275 a 285, CC.

Art. 845. Dada a evicção da coisa renunciada por um dos transigentes, ou por ele transferida à outra parte, não revive a obrigação extinta pela transação; mas ao evicto cabe o direito de reclamar perdas e danos.

CÓDIGO CIVIL – ARTS. 845 A 854 | 125

Veja arts. 402 a 405 e 447 a 457, CC.

Parágrafo único. Se um dos transigentes adquirir, depois da transação, novo direito sobre a coisa renunciada ou transferida, a transação feita não o inibirá de exercê-lo.

Art. 846. A transação concernente a obrigações resultantes de delito não extingue a ação penal pública.

Art. 847. É admissível, na transação, a pena convencional.

Veja arts. 408 a 416, CC.

Art. 848. Sendo nula qualquer das cláusulas da transação, nula será esta.

Veja arts. 166 a 170 e 184, CC.

Parágrafo único. Quando a transação versar sobre diversos direitos contestados, independentes entre si, o fato de não prevalecer em relação a um não prejudicará os demais.

Art. 849. A transação só se anula por dolo, coação, ou erro essencial quanto à pessoa ou coisa controversa.

Veja arts. 138, 139, I e II, 145 a 155 e 171, II, CC.

Parágrafo único. A transação não se anula por erro de direito a respeito das questões que foram objeto de controvérsia entre as partes.

Veja art. 139, III, CC.

Art. 850. É nula a transação a respeito do litígio decidido por sentença passada em julgado, se dela não tinha ciência algum dos transatores, ou quando, por título ulteriormente descoberto, se verificar que nenhum deles tinha direito sobre o objeto da transação.

Veja arts. 166 a 170, CC.

CAPÍTULO XX
DO COMPROMISSO

Art. 851. É admitido compromisso, judicial ou extrajudicial, para resolver litígios entre pessoas que podem contratar.

Veja art. 661, § 2º, CC.

Veja arts. 42, 337, I e § 5º, 485, VII, 535, 917, § 2º, e 1.012, IV, CPC.

Art. 852. É vedado compromisso para solução de questões de estado, de direito pessoal de família e de outras que não tenham caráter estritamente patrimonial.

Veja art. 841, CC.

Art. 853. Admite-se nos contratos a cláusula compromissória, para resolver divergências mediante juízo arbitral, na forma estabelecida em lei especial.

TÍTULO VII
DOS ATOS UNILATERAIS

CAPÍTULO I
DA PROMESSA DE RECOMPENSA

Art. 854. Aquele que, por anúncios públicos, se comprometer a recom-

126 | ARTS. 854 A 861 – CÓDIGO CIVIL

pensar, ou gratificar, a quem preencha certa condição, ou desempenhe certo serviço, contrai obrigação de cumprir o prometido.

Veja arts. 121, 427 e 855, CC.

Art. 855. Quem quer que, nos termos do artigo antecedente, fizer o serviço, ou satisfizer a condição, ainda que não pelo interesse da promessa, poderá exigir a recompensa estipulada.

Veja art. 121, CC.

Art. 856. Antes de prestado o serviço ou preenchida a condição, pode o promitente revogar a promessa, contanto que o faça com a mesma publicidade; se houver assinado prazo à execução da tarefa, entender-se-á que renuncia o arbítrio de retirar, durante ele, a oferta.

Veja arts. 114 e 859, CC.

Parágrafo único. O candidato de boa-fé, que houver feito despesas, terá direito a reembolso.

Art. 857. Se o ato contemplado na promessa for praticado por mais de um indivíduo, terá direito à recompensa o que primeiro o executou.

Veja art. 859, § 3°, CC.

Art. 858. Sendo simultânea a execução, a cada um tocará quinhão igual na recompensa; se esta não for divisível, conferir-se-á por sorteio, e o que obtiver a coisa dará ao outro o valor de seu quinhão.

Veja arts. 87, 88, 817 e 859, § 3°, CC.

Art. 859. Nos concursos que se abrirem com promessa pública de recompensa, é condição essencial, para valerem, a fixação de um prazo, observadas também as disposições dos parágrafos seguintes.

Veja arts. 856 e 860, CC.

§ 1° A decisão da pessoa nomeada, nos anúncios, como juiz, obriga os interessados.

§ 2° Em falta de pessoa designada para julgar o mérito dos trabalhos que se apresentarem, entender-se-á que o promitente se reservou essa função.

§ 3° Se os trabalhos tiverem mérito igual, proceder-se-á de acordo com os arts. 857 e 858.

Art. 860. As obras premiadas, nos concursos de que trata o artigo antecedente, só ficarão pertencendo ao promitente, se assim for estipulado na publicação da promessa.

CAPÍTULO II
DA GESTÃO DE NEGÓCIOS

Art. 861. Aquele que, sem autorização do interessado, intervém na gestão de negócio alheio, dirigi-lo-á segundo o interesse e a vontade presumível de seu dono, ficando responsável a este e às pessoas com que tratar.

Veja art. 873, CC.

Veja arts. 53, IV, *b*, e 121, parágrafo único, CPC.

CÓDIGO CIVIL – ARTS. 862 A 869 | 127

Art. 862. Se a gestão foi iniciada contra a vontade manifesta ou presumível do interessado, responderá o gestor até pelos casos fortuitos, não provando que teriam sobrevindo, ainda quando se houvesse abatido.

O correto parece ser "abstido" em vez de "abatido".

Veja arts. 393, parágrafo único, 863, 868 e 874, CC.

Art. 863. No caso do artigo antecedente, se os prejuízos da gestão excederem o seu proveito, poderá o dono do negócio exigir que o gestor restitua as coisas ao estado anterior, ou o indenize da diferença.

Veja arts. 870 e 874, CC.

Art. 864. Tanto que se possa, comunicará o gestor ao dono do negócio a gestão que assumiu, aguardando-lhe a resposta, se da espera não resultar perigo.

Art. 865. Enquanto o dono não providenciar, velará o gestor pelo negócio, até o levar a cabo, esperando, se aquele falecer durante a gestão, as instruções dos herdeiros, sem se descuidar, entretanto, das medidas que o caso reclame.

Veja art. 674, CC.

Art. 866. O gestor envidará toda sua diligência habitual na administração do negócio, ressarcindo ao dono o prejuízo resultante de qualquer culpa na gestão.

Veja arts. 667, 696, 712, 723, 862 e 868, CC.

Art. 867. Se o gestor se fizer substituir por outrem, responderá pelas faltas do substituto, ainda que seja pessoa idônea, sem prejuízo da ação que a ele, ou ao dono do negócio, contra ela possa caber.

Veja art. 667, CC.

Parágrafo único. Havendo mais de um gestor, solidária será a sua responsabilidade.

Veja arts. 264 a 266, 275 a 285 e 672, CC.

Art. 868. O gestor responde pelo caso fortuito quando fizer operações arriscadas, ainda que o dono costumasse fazê-las, ou quando preterir interesse deste em proveito de interesses seus.

Veja arts. 393, parágrafo único, e 862, CC.

Parágrafo único. Querendo o dono aproveitar-se da gestão, será obrigado a indenizar o gestor das despesas necessárias, que tiver feito, e dos prejuízos, que por motivo da gestão, houver sofrido.

Art. 869. Se o negócio for utilmente administrado, cumprirá ao dono as obrigações contraídas em seu nome, reembolsando ao gestor as despesas necessárias ou úteis que houver feito, com os juros legais, desde o desembolso, respondendo ainda pelos prejuízos que este houver sofrido por causa da gestão.

Veja arts. 305, 406, 407, 675, 861, 868, 870, 873 e 874, CC.

§ 1º A utilidade, ou necessidade, da despesa, apreciar-se-á não pelo resultado obtido, mas segundo as circunstâncias da ocasião em que se fizerem.

128 | ARTS. 869 A 878 – CÓDIGO CIVIL

§ 2º Vigora o disposto neste artigo, ainda quando o gestor, em erro quanto ao dono do negócio, der a outra pessoa as contas da gestão.

Art. 870. Aplica-se a disposição do artigo antecedente, quando a gestão se proponha a acudir a prejuízos iminentes, ou redunde em proveito do dono do negócio ou da coisa; mas a indenização ao gestor não excederá, em importância, as vantagens obtidas com a gestão.

Veja art. 874, CC.

Art. 871. Quando alguém, na ausência do indivíduo obrigado a alimentos, por ele os prestar a quem se devem, poder-lhes-á reaver do devedor a importância, ainda que este não ratifique o ato.

Veja arts. 305, 872, parágrafo único, 1.694 a 1.698 e 1.700, CC.

Art. 872. Nas despesas do enterro, proporcionadas aos usos locais e à condição do falecido, feitas por terceiro, podem ser cobradas da pessoa que teria a obrigação de alimentar a que veio a falecer, ainda mesmo que esta não tenha deixado bens.

Veja arts. 1.694 a 1.698 e 1.700, CC.

Parágrafo único. Cessa o disposto neste artigo e no antecedente, em se provando que o gestor fez essas despesas com o simples intento de bem-fazer.

Art. 873. A ratificação pura e simples do dono do negócio retroage ao dia do começo da gestão, e produz todos os efeitos do mandato.

Veja arts. 172 a 176, 308, 653 a 691 e 1.205, II, CC.

Art. 874. Se o dono do negócio, ou da coisa, desaprovar a gestão, considerando-a contrária aos seus interesses, vigorará o disposto nos arts. 862 e 863, salvo o estabelecido nos arts. 869 e 870.

Art. 875. Se os negócios alheios forem conexos ao do gestor, de tal arte que se não possam gerir separadamente, haver-se-á o gestor por sócio daquele cujos interesses agenciar de envolta com os seus.

Veja arts. 981 e 982, CC.

Parágrafo único. No caso deste artigo, aquele em cujo benefício interveio o gestor só é obrigado na razão das vantagens que lograr.

CAPÍTULO III
DO PAGAMENTO INDEVIDO

Art. 876. Todo aquele que recebeu o que lhe não era devido fica obrigado a restituir; obrigação que incumbe àquele que recebe dívida condicional antes de cumprida a condição.

Veja arts. 125, 309, 312, 940 e 941, CC.

Art. 877. Àquele que voluntariamente pagou o indevido incumbe a prova de tê-lo feito por erro.

Veja arts. 138 a 144 e 212, CC.

Veja Súmula n. 322, STJ.

Art. 878. Aos frutos, acessões, benfeitorias e deteriorações sobrevindas à coisa dada em pagamento indevido, aplica-se o disposto neste Código sobre o possuidor de boa-fé ou de má-fé, conforme o caso.

CÓDIGO CIVIL – ARTS. 878 A 886 | 129

Veja arts. 92 a 97 e 1.214 a 1.222, CC.

Art. 879. Se aquele que indevidamente recebeu um imóvel o tiver alienado em boa-fé, por título oneroso, responde somente pela quantia recebida; mas, se agiu de má-fé, além do valor do imóvel, responde por perdas e danos.

Veja arts. 402 a 405, CC.

Parágrafo único. Se o imóvel foi alienado por título gratuito, ou se, alienado por título oneroso, o terceiro adquirente agiu de má-fé, cabe ao que pagou por erro o direito de reivindicação.

Veja arts. 138 a 144, 538 a 541, 544, 546, 547, 550 a 560 e 562 a 564, CC.

Art. 880. Fica isento de restituir pagamento indevido aquele que, recebendo-o como parte de dívida verdadeira, inutilizou o título, deixou prescrever a pretensão ou abriu mão das garantias que asseguravam seu direito; mas aquele que pagou dispõe de ação regressiva contra o verdadeiro devedor e seu fiador.

Veja arts. 189, 305, 827 e 828, CC.

Veja art. 125, II, CPC.

Art. 881. Se o pagamento indevido tiver consistido no desempenho de obrigação de fazer ou para eximir-se da obrigação de não fazer, aquele que recebeu a prestação fica na obrigação de indenizar o que a cumpriu, na medida do lucro obtido.

Veja arts. 247 a 251 e 927, CC.

Veja arts. 814 a 823, CPC.

Art. 882. Não se pode repetir o que se pagou para solver dívida prescrita, ou cumprir obrigação judicialmente inexigível.

Veja arts. 191, 564, III, e 814, CC.

Art. 883. Não terá direito à repetição aquele que deu alguma coisa para obter fim ilícito, imoral, ou proibido por lei.

Veja art. 814, CC.

Parágrafo único. No caso deste artigo, o que se deu reverterá em favor de estabelecimento local de beneficência, a critério do juiz.

CAPÍTULO IV
DO ENRIQUECIMENTO SEM CAUSA

Art. 884. Aquele que, sem justa causa, se enriquecer à custa de outrem, será obrigado a restituir o indevidamente auferido, feita a atualização dos valores monetários.

Veja arts. 206, § 3º, IV, e 478 a 480, CC.

Parágrafo único. Se o enriquecimento tiver por objeto coisa determinada, quem a recebeu é obrigado a restituí-la, e, se a coisa não mais subsistir, a restituição se fará pelo valor do bem na época em que foi exigido.

Art. 885. A restituição é devida, não só quando não tenha havido causa que justifique o enriquecimento, mas também se esta deixou de existir.

Art. 886. Não caberá a restituição por enriquecimento, se a lei conferir ao lesado outros meios para se ressarcir do prejuízo sofrido.

TÍTULO VIII
DOS TÍTULOS DE CRÉDITO

CAPÍTULO I
DISPOSIÇÕES GERAIS

Art. 887. O título de crédito, documento necessário ao exercício do direito literal e autônomo nele contido, somente produz efeito quando preencha os requisitos da lei.

Veja arts. 206, § 3º, VIII, 223, parágrafo único, e 889, CC.

Veja art. 784, I, CPC.

Art. 888. A omissão de qualquer requisito legal, que tire ao escrito a sua validade como título de crédito, não implica a invalidade do negócio jurídico que lhe deu origem.

Veja arts. 166, IV, 170, 185 e 889, CC.

Art. 889. Deve o título de crédito conter a data da emissão, a indicação precisa dos direitos que confere, e a assinatura do emitente.

§ 1º É à vista o título de crédito que não contenha indicação de vencimento.

Veja art. 331, CC.

§ 2º Considera-se lugar de emissão e de pagamento, quando não indicado no título, o domicílio do emitente.

Veja art. 327, CC.

§ 3º O título poderá ser emitido a partir dos caracteres criados em computador ou meio técnico equivalente e que constem da escrituração do emitente, observados os requisitos mínimos previstos neste artigo.

Art. 890. Consideram-se não escritas no título a cláusula de juros, a proibitiva de endosso, a excludente de responsabilidade pelo pagamento ou por despesas, a que dispense a observância de termos e formalidade prescritas, e a que, além dos limites fixados em lei, exclua ou restrinja direitos e obrigações.

Art. 891. O título de crédito, incompleto ao tempo da emissão, deve ser preenchido de conformidade com os ajustes realizados.

Parágrafo único. O descumprimento dos ajustes previstos neste artigo pelos que deles participaram, não constitui motivo de oposição ao terceiro portador, salvo se este, ao adquirir o título, tiver agido de má-fé.

Art. 892. Aquele que, sem ter poderes, ou excedendo os que tem, lança a sua assinatura em título de crédito, como mandatário ou representante de outrem, fica pessoalmente obrigado, e, pagando o título, tem ele os mesmos direitos que teria o suposto mandante ou representado.

Veja arts. 661 a 663 e 665, CC.

Veja art. 1º, V, Decreto n. 2.044, de 31.12.1908.

Art. 893. A transferência do título de crédito implica a de todos os direitos que lhe são inerentes.

Veja art. 287, CC.

CÓDIGO CIVIL – ARTS. 894 A 902 | 131

Art. 894. O portador de título representativo de mercadoria tem o direito de transferi-lo, de conformidade com as normas que regulam a sua circulação, ou de receber aquela independentemente de quaisquer formalidades, além da entrega do título devidamente quitado.

Veja arts. 319 a 321, CC.

Art. 895. Enquanto o título de crédito estiver em circulação, só ele poderá ser dado em garantia, ou ser objeto de medidas judiciais, e não, separadamente, os direitos ou mercadorias que representa.

Art. 896. O título de crédito não pode ser reivindicado do portador que o adquiriu de boa-fé e na conformidade das normas que disciplinam a sua circulação.

Art. 897. O pagamento de título de crédito, que contenha obrigação de pagar soma determinada, pode ser garantido por aval.

Veja arts. 898 a 900 e 1.647, III, CC.

Veja art. 12, parágrafo único, Lei n. 5.474, de 18.07.1968.

Parágrafo único. É vedado o aval parcial.

Art. 898. O aval deve ser dado no verso ou no anverso do próprio título.

§ 1º Para a validade do aval, dado no anverso do título, é suficiente a simples assinatura do avalista.

Veja art. 12, parágrafo único, Lei n. 5.474, de 18.07.1968.

§ 2º Considera-se não escrito o aval cancelado.

Art. 899. O avalista equipara-se àquele cujo nome indicar; na falta de indicação, ao emitente ou devedor final.

Veja arts. 264 a 266 e 275 a 285, CC.

Veja art. 12, parágrafo único, Lei n. 5.474, de 18.07.1968.

§ 1º Pagando o título, tem o avalista ação de regresso contra o seu avalizado e demais coobrigados anteriores.

Veja art. 125, II, CPC.

§ 2º Subsiste a responsabilidade do avalista, ainda que nula a obrigação daquele a quem se equipara, a menos que a nulidade decorra de vício de forma.

Art. 900. O aval posterior ao vencimento produz os mesmos efeitos do anteriormente dado.

Veja art. 920, CC.

Veja art. 12, parágrafo único, Lei n. 5.474, de 18.07.1968.

Art. 901. Fica validamente desonerado o devedor que paga título de crédito ao legítimo portador, no vencimento, sem oposição, salvo se agiu de má-fé.

Veja arts. 308 a 311, CC.

Parágrafo único. Pagando, pode o devedor exigir do credor, além da entrega do título, quitação regular.

Veja arts. 319 a 321 e 324, CC.

Art. 902. Não é o credor obrigado a receber o pagamento antes do vencimento do título, e aquele que o paga, antes do vencimento, fica responsável pela validade do pagamento.

132 | ARTS. 902 A 910 – CÓDIGO CIVIL

§ 1º No vencimento, não pode o credor recusar pagamento, ainda que parcial.

§ 2º No caso de pagamento parcial, em que se não opera a tradição do título, além da quitação em separado, outra deverá ser firmada no próprio título.
Veja arts. 319 e 320, CC.

Art. 903. Salvo disposição diversa em lei especial, regem-se os títulos de crédito pelo disposto neste Código.

CAPÍTULO II
DO TÍTULO AO PORTADOR
Veja art. 2º, I e II, Lei n. 8.021, de 12.04.1990.

Art. 904. A transferência de título ao portador se faz por simples tradição.
Veja arts. 291, 910, § 2º, 1.226 e 1.267, CC.
Veja art. 856, CPC.

Art. 905. O possuidor de título ao portador tem direito à prestação nele indicada, mediante a sua simples apresentação ao devedor.
Veja arts. 308 e 311, CC.

Parágrafo único. A prestação é devida ainda que o título tenha entrado em circulação contra a vontade do emitente.
Veja art. 51, Decreto n. 2.044, de 31.12.1908.

Art. 906. O devedor só poderá opor ao portador exceção fundada em direito pessoal, ou em nulidade de sua obrigação.
Veja arts. 281, 371, 915 a 917, § 3º, e 918, § 2º, CC.
Veja art. 51, Decreto n. 2.044, de 31.12.1908.

Art. 907. É nulo o título ao portador emitido sem autorização de lei especial.
Veja art. 21, VIII, CF.

Art. 908. O possuidor de título dilacerado, porém identificável, tem direito a obter do emitente a substituição do anterior, mediante a restituição do primeiro e o pagamento das despesas.

Art. 909. O proprietário, que perder ou extraviar título, ou for injustamente desapossado dele, poderá obter novo título em juízo, bem como impedir sejam pagos a outrem capital e rendimentos.
Veja arts. 321 e 1.268, CC.
Veja art. 36, Decreto n. 2.044, de 31.12.1908.
Veja art. 24, Lei n. 7.357, de 02.09.1985.

Parágrafo único. O pagamento, feito antes de ter ciência da ação referida neste artigo, exonera o devedor, salvo se se provar que ele tinha conhecimento do fato.

CAPÍTULO III
DO TÍTULO À ORDEM
Art. 910. O endosso deve ser lançado pelo endossante no verso ou anverso do próprio título.

CÓDIGO CIVIL – ARTS. 910 A 917 | 133

Veja arts. 917, 918 e 923, CC.

Veja art. 8º, Decreto n. 2.044, de 31.12.1908.

§ 1º Pode o endossante designar o endossatário, e para validade do endosso, dado no verso do título, é suficiente a simples assinatura do endossante.

§ 2º A transferência por endosso completa-se com a tradição do título.

Veja arts. 904 e 1.267, CC.

§ 3º Considera-se não escrito o endosso cancelado, total ou parcialmente.

Art. 911. Considera-se legítimo possuidor o portador do título à ordem com série regular e ininterrupta de endossos, ainda que o último seja em branco.

Parágrafo único. Aquele que paga o título está obrigado a verificar a regularidade da série de endossos, mas não a autenticidade das assinaturas.

Veja art. 923, §§ 1º e 2º, CC.

Art. 912. Considera-se não escrita no endosso qualquer condição a que o subordine o endossante.

Parágrafo único. É nulo o endosso parcial.

Art. 913. O endossatário de endosso em branco pode mudá-lo para endosso em preto, completando-o com o seu nome ou de terceiro; pode endossar novamente o título, em branco ou em preto; ou pode transferi-lo sem novo endosso.

Art. 914. Ressalvada cláusula expressa em contrário, constante do endosso, não responde o endossante pelo cumprimento da prestação constante do título.

Veja art. 43, Decreto n. 2.044, de 31.12.1908.

§ 1º Assumindo responsabilidade pelo pagamento, o endossante se torna devedor solidário.

Veja arts. 275 a 285, CC.

§ 2º Pagando o título, tem o endossante ação de regresso contra os coobrigados anteriores.

Veja art. 125, II, CPC.

Art. 915. O devedor, além das exceções fundadas nas relações pessoais que tiver com o portador, só poderá opor a este as exceções relativas à forma do título e ao seu conteúdo literal, à falsidade da própria assinatura, a defeito de capacidade ou de representação no momento da subscrição, e à falta de requisito necessário ao exercício da ação.

Veja arts. 906, 916, 917, § 3º, e 918, § 2º, CC.

Art. 916. As exceções, fundadas em relação do devedor com os portadores precedentes, somente poderão ser por ele opostas ao portador, se este, ao adquirir o título, tiver agido de má-fé.

Veja arts. 906, 915, 917, § 3º, e 918, § 2º, CC.

Art. 917. A cláusula constitutiva de mandato, lançada no endosso, confere ao endossatário o exercício dos direitos inerentes ao título, salvo restrição expressamente estatuída.

Veja art. 653, CC.

Veja art. 8º, § 1º, Decreto n. 2.044, de 31.12.1908.

ARTS. 917 A 923 – CÓDIGO CIVIL

Veja Súmula n. 476, STJ.

§ 1º O endossatário de endosso-mandato só pode endossar novamente o título na qualidade de procurador, com os mesmos poderes que recebeu.

Veja art. 918, § 1º, CC.

§ 2º Com a morte ou a superveniente incapacidade do endossante, não perde eficácia o endosso-mandato.

Veja arts. 3º e 4º, CC.

§ 3º Pode o devedor opor ao endossatário de endosso-mandato somente as exceções que tiver contra o endossante.

Veja arts. 906, 915, 916 e 918, § 2º, CC.

Art. 918. A cláusula constitutiva de penhor, lançada no endosso, confere ao endossatário o exercício dos direitos inerentes ao título.

Veja art. 1.458, CC.

§ 1º O endossatário de endosso-penhor só pode endossar novamente o título na qualidade de procurador.

Veja art. 917, § 1º, CC.

§ 2º Não pode o devedor opor ao endossatário de endosso-penhor as exceções que tinha contra o endossante, salvo se aquele tiver agido de má-fé.

Veja arts. 906 e 915 a 917, § 3º, CC.

Art. 919. A aquisição de título à ordem, por meio diverso do endosso, tem efeito de cessão civil.

Veja arts. 286 a 298, CC.

Art. 920. O endosso posterior ao vencimento produz os mesmos efeitos do anterior.

Veja art. 900, CC.

CAPÍTULO IV
DO TÍTULO NOMINATIVO

Art. 921. É título nominativo o emitido em favor de pessoa cujo nome conste no registro do emitente.

Art. 922. Transfere-se o título nominativo mediante termo, em registro do emitente, assinado pelo proprietário e pelo adquirente.

Veja art. 925, CC.

Art. 923. O título nominativo também pode ser transferido por endosso que contenha o nome do endossatário.

Veja arts. 910, 913 e 925, CC.

§ 1º A transferência mediante endosso só tem eficácia perante o emitente, uma vez feita a competente averbação em seu registro, podendo o emitente exigir do endossatário que comprove a autenticidade da assinatura do endossante.

Veja art. 911, parágrafo único, CC.

§ 2º O endossatário, legitimado por série regular e ininterrupta de endossos, tem o direito de obter a averbação no registro do emitente, comprovada a autenticidade das assinaturas de todos os endossantes.

Veja art. 911, parágrafo único, CC.

CÓDIGO CIVIL – ARTS. 923 A 930 | 135

§ 3º Caso o título original contenha o nome do primitivo proprietário, tem direito o adquirente a obter do emitente novo título, em seu nome, devendo a emissão do novo título constar no registro do emitente.

Art. 924. Ressalvada proibição legal, pode o título nominativo ser transformado em à ordem ou ao portador, a pedido do proprietário e à sua custa.

Veja arts. 904 a 920, CC.

Art. 925. Fica desonerado o emitente que de boa-fé fizer a transferência pelos modos indicados nos artigos antecedentes.

Art. 926. Qualquer negócio ou medida judicial, que tenha por objeto o título, só produz efeito perante o emitente ou terceiros, uma vez feita a competente averbação no registro do emitente.

TÍTULO IX
DA RESPONSABILIDADE CIVIL

CAPÍTULO I
DA OBRIGAÇÃO DE INDENIZAR

Art. 927. Aquele que, por ato ilícito (arts. 186 e 187), causar dano a outrem, fica obrigado a repará-lo.

Veja arts. 43, 186 a 188, 206, § 3º, V, 475, 612, 613, 617, 734, 784, 884 e 944 a 954, CC.

Veja arts. 5º, V, X e LXXV, e 37, § 6º, CF.

Veja art. 91, I, CP.

Veja art. 5º, Lei n. 8.429, de 02.06.1992.

Veja art. 21, Lei n. 9.263, de 12.01.1996.

Veja Súmula n. 595, STJ.

Parágrafo único. Haverá obrigação de reparar o dano, independentemente de culpa, nos casos especificados em lei, ou quando a atividade normalmente desenvolvida pelo autor do dano implicar, por sua natureza, risco para os direitos de outrem.

Veja arts. 77, 81, 143, 161, 302 e 718, CPC.

Art. 928. O incapaz responde pelos prejuízos que causar, se as pessoas por ele responsáveis não tiverem obrigação de fazê-lo ou não dispuserem de meios suficientes.

Veja arts. 3º, 4º, 932, I e II, 933, 934 e 942, CC.

Parágrafo único. A indenização prevista neste artigo, que deverá ser equitativa, não terá lugar se privar do necessário o incapaz ou as pessoas que dele dependem.

Art. 929. Se a pessoa lesada, ou o dono da coisa, no caso do inciso II do art. 188, não forem culpados do perigo, assistir-lhes-á direito à indenização do prejuízo que sofreram.

Veja art. 927, parágrafo único, CC.

Art. 930. No caso do inciso II do art. 188, se o perigo ocorrer por culpa de terceiro, contra este terá o autor do dano ação regressiva para haver a importância que tiver ressarcido ao lesado.

136 | ARTS. 930 A 936 – CÓDIGO CIVIL

Veja arts. 735 e 927, parágrafo único, CC.

Veja art. 125, II, CPC.

Parágrafo único. A mesma ação competirá contra aquele em defesa de quem se causou o dano (art. 188, inciso I).

Art. 931. Ressalvados outros casos previstos em lei especial, os empresários individuais e as empresas respondem independentemente de culpa pelos danos causados pelos produtos postos em circulação.

Veja art. 966, CC.

Art. 932. São também responsáveis pela reparação civil:

Veja arts. 927, 933, 934 e 942, parágrafo único, CC.

Veja art. 37, § 6º, CF.

Veja art. 91, I, CP.

Veja art. 21, Lei n. 9.263, de 12.01.1996.

I – os pais, pelos filhos menores que estiverem sob sua autoridade e em sua companhia;

Veja arts. 928, 933 e 934, CC.

Veja art. 116, ECA.

II – o tutor e o curador, pelos pupilos e curatelados, que se acharem nas mesmas condições;

Veja arts. 928, 933 e 934, CC.

III – o empregador ou comitente, por seus empregados, serviçais e prepostos, no exercício do trabalho que lhes competir, ou em razão dele;

Veja arts. 149, 933 e 1.169 a 1.178, CC.

IV – os donos de hotéis, hospedarias, casas ou estabelecimentos onde se albergue por dinheiro, mesmo para fins de educação, pelos seus hóspedes, moradores e educandos;

Veja arts. 647 a 650 e 933, CC.

V – os que gratuitamente houverem participado nos produtos do crime, até a concorrente quantia.

Veja arts. 933 e 935, CC.

Art. 933. As pessoas indicadas nos incisos I a V do artigo antecedente, ainda que não haja culpa de sua parte, responderão pelos atos praticados pelos terceiros ali referidos.

Art. 934. Aquele que ressarcir o dano causado por outrem pode reaver o que houver pago daquele por quem pagou, salvo se o causador do dano for descendente seu, absoluta ou relativamente incapaz.

Veja arts. 3º, 4º, 932, I e II, 1.591, 1.593 e 1.594, CC.

Art. 935. A responsabilidade civil é independente da criminal, não se podendo questionar mais sobre a existência do fato, ou sobre quem seja o seu autor, quando estas questões se acharem decididas no juízo criminal.

Veja art. 91, I, CP.

Art. 936. O dono, ou detentor, do animal ressarcirá o dano por este causado, se não provar culpa da vítima ou força maior.

Veja arts. 393, parágrafo único, e 945, CC.

CÓDIGO CIVIL – ARTS. 937 A 946 | 137

Art. 937. O dono de edifício ou construção responde pelos danos que resultarem de sua ruína, se esta provier de falta de reparos, cuja necessidade fosse manifesta.

Veja arts. 618 e 1.280, CC.

Art. 938. Aquele que habitar prédio, ou parte dele, responde pelo dano proveniente das coisas que dele caírem ou forem lançadas em lugar indevido.

Art. 939. O credor que demandar o devedor antes de vencida a dívida, fora dos casos em que a lei o permita, ficará obrigado a esperar o tempo que faltava para o vencimento, a descontar os juros correspondentes, embora estipulados, e a pagar as custas em dobro.

Veja arts. 333 e 941, CC.

Art. 940. Aquele que demandar por dívida já paga, no todo ou em parte, sem ressalvar as quantias recebidas ou pedir mais do que for devido, ficará obrigado a pagar ao devedor, no primeiro caso, o dobro do que houver cobrado e, no segundo, o equivalente do que dele exigir, salvo se houver prescrição.

Veja arts. 876 e 941, CC.

Art. 941. As penas previstas nos arts. 939 e 940 não se aplicarão quando o autor desistir da ação antes de contestada a lide, salvo ao réu o direito de haver indenização por algum prejuízo que prove ter sofrido.

Art. 942. Os bens do responsável pela ofensa ou violação do direito de outrem ficam sujeitos à reparação do dano causado; e, se a ofensa tiver mais de um autor, todos responderão solidariamente pela reparação.

Veja arts. 186, 264 a 266 e 275 a 285, CC.

Veja art. 5º, V e X, CF.

Veja art. 21, Lei n. 9.263, de 12.01.1996.

Parágrafo único. São solidariamente responsáveis com os autores os coautores e as pessoas designadas no art. 932.

Veja arts. 933 e 934, CC.

Art. 943. O direito de exigir reparação e a obrigação de prestá-la transmitem-se com a herança.

Veja arts. 1.792, 1.821 e 1.997, CC.

Veja Súmula n. 642, STJ.

CAPÍTULO II
DA INDENIZAÇÃO

Art. 944. A indenização mede-se pela extensão do dano.

Parágrafo único. Se houver excessiva desproporção entre a gravidade da culpa e o dano, poderá o juiz reduzir, equitativamente, a indenização.

Art. 945. Se a vítima tiver concorrido culposamente para o evento danoso, a sua indenização será fixada tendo-se em conta a gravidade de sua culpa em confronto com a do autor do dano.

Veja art. 738, parágrafo único, CC.

Art. 946. Se a obrigação for indeterminada, e não houver na lei ou no contrato disposição fixando a indenização devida pelo inadimplente, apurar-se-á o valor das perdas e danos na forma que a lei processual determinar.

138 | ARTS. 946 A 954 – CÓDIGO CIVIL

Veja arts. 402 a 405, CC.

Art. 947. Se o devedor não puder cumprir a prestação na espécie ajustada, substituir-se-á pelo seu valor, em moeda corrente.

Art. 948. No caso de homicídio, a indenização consiste, sem excluir outras reparações:

Veja art. 951, CC.

I – no pagamento das despesas com o tratamento da vítima, seu funeral e o luto da família;

Veja Súmula n. 642, STJ.

II – na prestação de alimentos às pessoas a quem o morto os devia, levando-se em conta a duração provável da vida da vítima.

Veja arts. 1.694 a 1.710, CC.

Art. 949. No caso de lesão ou outra ofensa à saúde, o ofensor indenizará o ofendido das despesas do tratamento e dos lucros cessantes até ao fim da convalescença, além de algum outro prejuízo que o ofendido prove haver sofrido.

Veja arts. 402 a 405 e 951, CC.

Art. 950. Se da ofensa resultar defeito pelo qual o ofendido não possa exercer o seu ofício ou profissão, ou se lhe diminua a capacidade de trabalho, a indenização, além das despesas do tratamento e lucros cessantes até ao fim da convalescença, incluirá pensão correspondente à importância do trabalho para que se inabilitou, ou da depreciação que ele sofreu.

Veja arts. 402 a 405 e 951, CC.

Parágrafo único. O prejudicado, se preferir, poderá exigir que a indenização seja arbitrada e paga de uma só vez.

Art. 951. O disposto nos arts. 948, 949 e 950 aplica-se ainda no caso de indenização devida por aquele que, no exercício de atividade profissional, por negligência, imprudência ou imperícia, causar a morte do paciente, agravar-lhe o mal, causar-lhe lesão, ou inabilitá-lo para o trabalho.

Art. 952. Havendo usurpação ou esbulho do alheio, além da restituição da coisa, a indenização consistirá em pagar o valor das suas deteriorações e o devido a título de lucros cessantes; faltando a coisa, dever-se-á reembolsar o seu equivalente ao prejudicado.

Veja arts. 402 a 405, 1.210 e 1.228, CC.

Parágrafo único. Para se restituir o equivalente, quando não exista a própria coisa, estimar-se-á ela pelo seu preço ordinário e pelo de afeição, contanto que este não se avantaje àquele.

Veja arts. 884 a 886, CC.

Art. 953. A indenização por injúria, difamação ou calúnia consistirá na reparação do dano que delas resulte ao ofendido.

Parágrafo único. Se o ofendido não puder provar prejuízo material, caberá ao juiz fixar, equitativamente, o valor da indenização, na conformidade das circunstâncias do caso.

Veja art. 954, CC.

Art. 954. A indenização por ofensa à liberdade pessoal consistirá no pagamento das perdas e danos que sobrevierem ao ofendido, e se este não pu-

CÓDIGO CIVIL – ARTS. 954 A 962 | 139

der provar prejuízo, tem aplicação o disposto no parágrafo único do artigo antecedente.

Veja arts. 402 a 405, CC.

Parágrafo único. Consideram-se ofensivos da liberdade pessoal:

I – o cárcere privado;

II – a prisão por queixa ou denúncia falsa e de má-fé;

III – a prisão ilegal.

Veja art. 5º, LXV, CF.

TÍTULO X
DAS PREFERÊNCIAS E PRIVILÉGIOS CREDITÓRIOS

Veja art. 1.368-E, § 1º, CC.

Art. 955. Procede-se à declaração de insolvência toda vez que as dívidas excedam à importância dos bens do devedor.

Art. 956. A discussão entre os credores pode versar quer sobre a preferência entre eles disputada, quer sobre a nulidade, simulação, fraude, ou falsidade das dívidas e contratos.

Veja arts. 158 a 184, CC.

Art. 957. Não havendo título legal à preferência, terão os credores igual direito sobre os bens do devedor comum.

Art. 958. Os títulos legais de preferência são os privilégios e os direitos reais.

Veja arts. 964, 965 e 1.225, CC.

Art. 959. Conservam seus respectivos direitos os credores, hipotecários ou privilegiados:

Veja art. 960, CC.

I – sobre o preço do seguro da coisa gravada com hipoteca ou privilégio, ou sobre a indenização devida, havendo responsável pela perda ou danificação da coisa;

Veja art. 1.425, IV e § 2º, CC.

II – sobre o valor da indenização, se a coisa obrigada a hipoteca ou privilégio for desapropriada.

Veja art. 1.425, V e § 2º, CC.

Art. 960. Nos casos a que se refere o artigo antecedente, o devedor do seguro, ou da indenização, exonera-se pagando sem oposição dos credores hipotecários ou privilegiados.

Art. 961. O crédito real prefere ao pessoal de qualquer espécie; o crédito pessoal privilegiado, ao simples; e o privilégio especial, ao geral.

Veja arts. 1.419 e 1.509, § 1º, CC.

Art. 962. Quando concorrerem aos mesmos bens, e por título igual, dois ou mais credores da mesma classe especialmente privilegiados, haverá entre eles rateio proporcional ao valor dos respectivos créditos, se o produto não bastar para o pagamento integral de todos.

Veja arts. 87, 88 e 257, CC.

140 | ARTS. 963 A 965 – CÓDIGO CIVIL

Art. 963. O privilégio especial só compreende os bens sujeitos, por expressa disposição de lei, ao pagamento do crédito que ele favorece; e o geral, todos os bens não sujeitos a crédito real nem a privilégio especial.
Veja arts. 964 e 965, CC.

Art. 964. Têm privilégio especial:

I – sobre a coisa arrecadada e liquidada, o credor de custas e despesas judiciais feitas com a arrecadação e liquidação;

II – sobre a coisa salvada, o credor por despesas de salvamento;

III – sobre a coisa beneficiada, o credor por benfeitorias necessárias ou úteis;
Veja art. 96, CC.

IV – sobre os prédios rústicos ou urbanos, fábricas, oficinas, ou quaisquer outras construções, o credor de materiais, dinheiro, ou serviços para a sua edificação, reconstrução, ou melhoramento;

V – sobre os frutos agrícolas, o credor por sementes, instrumentos e serviços à cultura, ou à colheita;

VI – sobre as alfaias e utensílios de uso doméstico, nos prédios rústicos ou urbanos, o credor de aluguéis, quanto às prestações do ano corrente e do anterior;

VII – sobre os exemplares da obra existente na massa do editor, o autor dela, ou seus legítimos representantes, pelo crédito fundado contra aquele no contrato da edição;

VIII – sobre o produto da colheita, para a qual houver concorrido com o seu trabalho, e precipuamente a quaisquer outros créditos, ainda que reais, o trabalhador agrícola, quanto à dívida dos seus salários;

IX – sobre os produtos do abate, o credor por animais.
Inciso acrescentado pela Lei n. 13.176, de 21.10.2015.

Art. 965. Goza de privilégio geral, na ordem seguinte, sobre os bens do devedor:

I – o crédito por despesa de seu funeral, feito segundo a condição do morto e o costume do lugar;

II – o crédito por custas judiciais, ou por despesas com a arrecadação e liquidação da massa;

III – o crédito por despesas com o luto do cônjuge sobrevivo e dos filhos do devedor falecido, se foram moderadas;

IV – o crédito por despesas com a doença de que faleceu o devedor, no semestre anterior à sua morte;

V – o crédito pelos gastos necessários à mantença do devedor falecido e sua família, no trimestre anterior ao falecimento;

VI – o crédito pelos impostos devidos à Fazenda Pública, no ano corrente e no anterior;

VII – o crédito pelos salários dos empregados do serviço doméstico do devedor, nos seus derradeiros seis meses de vida;

VIII – os demais créditos de privilégio geral.

LIVRO II
DO DIREITO DE EMPRESA

TÍTULO I
DO EMPRESÁRIO

CAPÍTULO I
DA CARACTERIZAÇÃO E DA INSCRIÇÃO

Art. 966. Considera-se empresário quem exerce profissionalmente atividade econômica organizada para a produção ou a circulação de bens ou de serviços.

Veja arts. 972 a 980, 982 a 984, 1.150, 1.155, 1.156, 1.163, 1.166, 1.168, 1.179, 1.194, 2.031 e 2.037, CC.

Parágrafo único. Não se considera empresário quem exerce profissão intelectual, de natureza científica, literária ou artística, ainda com o concurso de auxiliares ou colaboradores, salvo se o exercício da profissão constituir elemento de empresa.

Art. 967. É obrigatória a inscrição do empresário no Registro Público de Empresas Mercantis da respectiva sede, antes do início de sua atividade.

Veja arts. 968, 969, 971, 979, 982, 984 e 1.150 a 1.154, CC.

Art. 968. A inscrição do empresário far-se-á mediante requerimento que contenha:

Veja arts. 967, 971, 984, 1.131, 1.136 e 1.141, § 3º, CC.

I – o seu nome, nacionalidade, domicílio, estado civil e, se casado, o regime de bens;

Veja arts. 16 a 19, 70 a 74, 977 a 980 e 1.639 a 1.688, CC.

Veja art. 12, CF.

II – a firma, com a respectiva assinatura autógrafa que poderá ser substituída pela assinatura autenticada com certificação digital ou meio equivalente que comprove a sua autenticidade, ressalvado o disposto no inciso I do § 1º do art. 4º da Lei Complementar n. 123, de 14 de dezembro de 2006;

Inciso com redação dada pela LC n. 147, de 07.08.2014.

III – o capital;

IV – o objeto e a sede da empresa.

Veja art. 1.142, CC.

§ 1º Com as indicações estabelecidas neste artigo, a inscrição será tomada por termo no livro próprio do Registro Público de Empresas Mercantis, e obedecerá a número de ordem contínuo para todos os empresários inscritos.

Veja art. 971, CC.

§ 2º À margem da inscrição, e com as mesmas formalidades, serão averbadas quaisquer modificações nela ocorrentes.

Veja arts. 971, 976, 979, 980, 999, parágrafo único, 1.003, parágrafo único, 1.012, 1.032, 1.048, 1.057, parágrafo único, 1.063, §§ 2º e 3º, 1.083, 1.084, § 3º, 1.086, 1.102, parágrafo único, 1.113, 1.121, 1.138, parágrafo único, 1.141, § 3º, 1.144 e 1.174, CC.

142 | ARTS. 968 A 972 – CÓDIGO CIVIL

§ 3º Caso venha a admitir sócios, o empresário individual poderá solicitar ao Registro Público de Empresas Mercantis a transformação de seu registro de empresário para registro de sociedade empresária, observado, no que couber, o disposto nos arts. 1.113 a 1.115 deste Código.

Parágrafo acrescentado pela LC n. 128, de 19.12.2008.

§ 4º O processo de abertura, registro, alteração e baixa do microempreendedor individual de que trata o art. 18-A da Lei Complementar n. 123, de 14 de dezembro de 2006, bem como qualquer exigência para o início de seu funcionamento deverão ter trâmite especial e simplificado, preferentemente eletrônico, opcional para o empreendedor, na forma a ser disciplinada pelo Comitê para Gestão da Rede Nacional para a Simplificação do Registro e da Legalização de Empresas e Negócios – CGSIM, de que trata o inciso III do art. 2º da mesma Lei.

Parágrafo acrescentado pela Lei n. 12.470, de 31.08.2011.

§ 5º Para fins do disposto no § 4º, poderão ser dispensados o uso da firma, com a respectiva assinatura autógrafa, o capital, requerimentos, demais assinaturas, informações relativas à nacionalidade, estado civil e regime de bens, bem como remessa de documentos, na forma estabelecida pelo CGSIM.

Parágrafo acrescentado pela Lei n. 12.470, de 31.08.2011.

Art. 969. O empresário que instituir sucursal, filial ou agência, em lugar sujeito à jurisdição de outro Registro Público de Empresas Mercantis, neste deverá também inscrevê-la, com a prova da inscrição originária.

Veja art. 1.000, CC.

Veja art. 24, III, CF.

Parágrafo único. Em qualquer caso, a constituição do estabelecimento secundário deverá ser averbada no Registro Público de Empresas Mercantis da respectiva sede.

Art. 970. A lei assegurará tratamento favorecido, diferenciado e simplificado ao empresário rural e ao pequeno empresário, quanto à inscrição e aos efeitos daí decorrentes.

Veja arts. 971 e 1.179, § 2º, CC.

Veja arts. 170, IX, e 179, CF.

Art. 971. O empresário, cuja atividade rural constitua sua principal profissão, pode, observadas as formalidades de que tratam o art. 968 e seus parágrafos, requerer inscrição no Registro Público de Empresas Mercantis da respectiva sede, caso em que, depois de inscrito, ficará equiparado, para todos os efeitos, ao empresário sujeito a registro.

Veja arts. 970, 984 e 1.150 a 1.154, CC.

CAPÍTULO II
DA CAPACIDADE

Art. 972. Podem exercer a atividade de empresário os que estiverem em pleno gozo da capacidade civil e não forem legalmente impedidos.

CÓDIGO CIVIL – ARTS. 973 A 976 | 143

Veja arts. 3º, 4º, 5º, parágrafo único, 966, 974 e 1.011, § 1º, CC.

Veja arts. 54, II, *a*, 128, § 5º, II, *c*, 176, § 1º, 178, parágrafo único, e 222, CF.

Veja art. 725, I, CPC.

Art. 973. A pessoa legalmente impedida de exercer atividade própria de empresário, se a exercer, responderá pelas obrigações contraídas.

Veja art. 892, CC.

Veja art. 158, Lei n. 6.404, de 15.12.1976.

Art. 974. Poderá o incapaz, por meio de representante ou devidamente assistido, continuar a empresa antes exercida por ele enquanto capaz, por seus pais ou pelo autor de herança.

Veja arts. 3º, 4º, 115 a 120, 166, I, 178, III, 181, 972, 976, 1.630 a 1.634, VII, 1.728 e 1.767, CC.

§ 1º Nos casos deste artigo, precederá autorização judicial, após exame das circunstâncias e dos riscos da empresa, bem como da conveniência em continuá-la, podendo a autorização ser revogada pelo juiz, ouvidos os pais, tutores ou representantes legais do menor ou do interdito, sem prejuízo dos direitos adquiridos por terceiros.

§ 2º Não ficam sujeitos ao resultado da empresa os bens que o incapaz já possuía, ao tempo da sucessão ou da interdição, desde que estranhos ao acervo daquela, devendo tais fatos constar do alvará que conceder a autorização.

§ 3º O Registro Público de Empresas Mercantis a cargo das Juntas Comerciais deverá registrar contratos ou alterações contratuais de sociedade que envolva sócio incapaz, desde que atendidos, de forma conjunta, os seguintes pressupostos:

Parágrafo e incisos acrescentados pela Lei n. 12.399, de 01.04.2011.

I – o sócio incapaz não pode exercer a administração da sociedade;

II – o capital social deve ser totalmente integralizado;

III – o sócio relativamente incapaz deve ser assistido e o absolutamente incapaz deve ser representado por seus representantes legais.

Art. 975. Se o representante ou assistente do incapaz for pessoa que, por disposição de lei, não puder exercer atividade de empresário, nomeará, com a aprovação do juiz, um ou mais gerentes.

Veja arts. 972, 974 e 1.172 a 1.176, CC.

§ 1º Do mesmo modo será nomeado gerente em todos os casos em que o juiz entender ser conveniente.

§ 2º A aprovação do juiz não exime o representante ou assistente do menor ou do interdito da responsabilidade pelos atos dos gerentes nomeados.

Art. 976. A prova da emancipação e da autorização do incapaz, nos casos do art. 974, e a de eventual revogação desta, serão inscritas ou averbadas no Registro Público de Empresas Mercantis.

Veja arts. 5º, parágrafo único, e 968, § 2º, CC.

Parágrafo único. O uso da nova firma caberá, conforme o caso, ao gerente; ou ao representante do incapaz; ou a este, quando puder ser autorizado.

Veja arts. 974, § 1º, 975 e 1.172 a 1.176, CC.

144 | ARTS. 977 A 980-A – CÓDIGO CIVIL

Art. 977. Faculta-se aos cônjuges contratar sociedade, entre si ou com terceiros, desde que não tenham casado no regime da comunhão universal de bens, ou no da separação obrigatória.

Veja arts. 1.641, 1.667 a 1.671, 1.688 e 1.689, CC.

Veja art. 5º, XVII, CF.

Art. 978. O empresário casado pode, sem necessidade de outorga conjugal, qualquer que seja o regime de bens, alienar os imóveis que integrem o patrimônio da empresa ou gravá-los de ônus real.

Veja arts. 1.643 e 1.647, I, CC.

Veja art. 5º, I, CF.

Art. 979. Além de no Registro Civil, serão arquivados e averbados, no Registro Público de Empresas Mercantis, os pactos e declarações antenupciais do empresário, o título de doação, herança, ou legado, de bens clausulados de incomunicabilidade ou inalienabilidade.

Veja arts. 1.653 a 1.657, 1.659, 1.668, I, II, IV e V, 1.674, I e II, 1.848 e 1.911, CC.

Art. 980. A sentença que decretar ou homologar a separação judicial do empresário e o ato de reconciliação não podem ser opostos a terceiros, antes de arquivados e averbados no Registro Público de Empresas Mercantis.

Veja arts. 1.571, III, e 1.577, parágrafo único, CC.

Veja EC n. 66, de 13.07.2010.

TÍTULO I-A
DA EMPRESA INDIVIDUAL
DE RESPONSABILIDADE LIMITADA

Título acrescentado pela Lei n. 12.441, de 11.07.2011.

Art. 980-A. A empresa individual de responsabilidade limitada será constituída por uma única pessoa titular da totalidade do capital social, devidamente integralizado, que não será inferior a 100 (cem) vezes o maior salário mínimo vigente no País.

Caput acrescentado pela Lei n. 12.441, de 11.07.2011.

§ 1º O nome empresarial deverá ser formado pela inclusão da expressão "EIRELI" após a firma ou a denominação social da empresa individual de responsabilidade limitada.

Parágrafo acrescentado pela Lei n. 12.441, de 11.07.2011.

§ 2º A pessoa natural que constituir empresa individual de responsabilidade limitada somente poderá figurar em uma única empresa dessa modalidade.

Parágrafo acrescentado pela Lei n. 12.441, de 11.07.2011.

§ 3º A empresa individual de responsabilidade limitada também poderá resultar da concentração das quotas de outra modalidade societária num único sócio, independentemente das razões que motivaram tal concentração.

Parágrafo acrescentado pela Lei n. 12.441, de 11.07.2011.

§ 4º (*Vetado.*)

Parágrafo acrescentado pela Lei n. 12.441, de 11.07.2011.

CÓDIGO CIVIL – ARTS. 980-A A 983 | 145

§ 5º Poderá ser atribuída à empresa individual de responsabilidade limitada constituída para a prestação de serviços de qualquer natureza a remuneração decorrente da cessão de direitos patrimoniais de autor ou de imagem, nome, marca ou voz de que seja detentor o titular da pessoa jurídica, vinculados à atividade profissional.

Parágrafo acrescentado pela Lei n. 12.441, de 11.07.2011.

§ 6º Aplicam-se à empresa individual de responsabilidade limitada, no que couber, as regras previstas para as sociedades limitadas.

Parágrafo acrescentado pela Lei n. 12.441, de 11.07.2011.

§ 7º Somente o patrimônio social da empresa responderá pelas dívidas da empresa individual de responsabilidade limitada, hipótese em que não se confundirá, em qualquer situação, com o patrimônio do titular que a constitui, ressalvados os casos de fraude.

Parágrafo acrescentado pela Lei n. 13.874, de 20.09.2019.

TÍTULO II
DA SOCIEDADE

CAPÍTULO ÚNICO
DISPOSIÇÕES GERAIS

Art. 981. Celebram contrato de sociedade as pessoas que reciprocamente se obrigam a contribuir, com bens ou serviços, para o exercício de atividade econômica e a partilha, entre si, dos resultados.

Veja arts. 44, § 2º, 53 a 61, 2.031 e 2.033, CC.

Veja art. 5º, XVII a XXI, CF.

Parágrafo único. A atividade pode restringir-se à realização de um ou mais negócios determinados.

Veja arts. 991 e 996, CC.

Art. 982. Salvo as exceções expressas, considera-se empresária a sociedade que tem por objeto o exercício de atividade própria de empresário sujeito a registro (art. 967); e, simples, as demais.

Veja arts. 966, 983, 997 a 1.087 e 2.037, CC.

Parágrafo único. Independentemente de seu objeto, considera-se empresária a sociedade por ações; e, simples, a cooperativa.

Veja arts. 1.088 a 1.096, CC.

Veja art. 174, § 2º, CF.

Art. 983. A sociedade empresária deve constituir-se segundo um dos tipos regulados nos arts. 1.039 a 1.092; a sociedade simples pode constituir-se de conformidade com um desses tipos, e, não o fazendo, subordina-se às normas que lhe são próprias.

Veja arts. 997 a 1.038, CC.

Veja art. 170, CF.

Parágrafo único. Ressalvam-se as disposições concernentes à sociedade em conta de participação e à cooperativa, bem como as constantes de leis

146 | ARTS. 983 A 990 – CÓDIGO CIVIL

especiais que, para o exercício de certas atividades, imponham a constituição da sociedade segundo determinado tipo.

Veja arts. 991 a 996 e 1.093 a 1.096, CC.

Art. 984. A sociedade que tenha por objeto o exercício de atividade própria de empresário rural e seja constituída, ou transformada, de acordo com
um dos tipos de sociedade empresária, pode, com as formalidades do art.
968, requerer inscrição no Registro Público de Empresas Mercantis da sua
sede, caso em que, depois de inscrita, ficará equiparada, para todos os efeitos, à sociedade empresária.

Veja arts. 971, 982, 983 e 1.039 a 1.092, CC.

Parágrafo único. Embora já constituída a sociedade segundo um daqueles tipos, o pedido de inscrição se subordinará, no que for aplicável, às normas que regem a transformação.

Veja arts. 1.113 a 1.115, CC.

Art. 985. A sociedade adquire personalidade jurídica com a inscrição, no
registro próprio e na forma da lei, dos seus atos constitutivos (arts. 45 e 1.150).

Veja arts. 44, II, 46 e 1.150 a 1.154, CC.

SUBTÍTULO I
DA SOCIEDADE NÃO PERSONIFICADA

Veja art. 3º, Lei n. 11.795, de 08.10.2008.

CAPÍTULO I
DA SOCIEDADE EM COMUM

Art. 986. Enquanto não inscritos os atos constitutivos, reger-se-á a sociedade, exceto por ações em organização, pelo disposto neste Capítulo, observadas, subsidiariamente e no que com ele forem compatíveis, as normas
da sociedade simples.

Veja arts. 997 a 1.038, CC.

Art. 987. Os sócios, nas relações entre si ou com terceiros, somente por
escrito podem provar a existência da sociedade, mas os terceiros podem
prová-la de qualquer modo.

Veja art. 212, CC.

Veja art. 75, IX e § 2º, CPC.

Art. 988. Os bens e dívidas sociais constituem patrimônio especial, do
qual os sócios são titulares em comum.

Art. 989. Os bens sociais respondem pelos atos de gestão praticados por
qualquer dos sócios, salvo pacto expresso limitativo de poderes, que somente terá eficácia contra o terceiro que o conheça ou deva conhecer.

Veja art. 1.015, parágrafo único, CC.

Veja art. 795, CPC.

Art. 990. Todos os sócios respondem solidária e ilimitadamente pelas
obrigações sociais, excluído do benefício de ordem, previsto no art. 1.024,
aquele que contratou pela sociedade.

CÓDIGO CIVIL – ARTS. 990 A 996 | 147

Veja arts. 264 a 266 e 275 a 285, CC.
Veja art. 795, CPC.

CAPÍTULO II
DA SOCIEDADE EM CONTA DE PARTICIPAÇÃO

Art. 991. Na sociedade em conta de participação, a atividade constitutiva do objeto social é exercida unicamente pelo sócio ostensivo, em seu nome individual e sob sua própria e exclusiva responsabilidade, participando os demais dos resultados correspondentes.

Veja arts. 983, parágrafo único, e 1.162, CC.

Parágrafo único. Obriga-se perante terceiro tão somente o sócio ostensivo; e, exclusivamente perante este, o sócio participante, nos termos do contrato social.

Art. 992. A constituição da sociedade em conta de participação independe de qualquer formalidade e pode provar-se por todos os meios de direito.

Veja art. 212, CC.

Art. 993. O contrato social produz efeito somente entre os sócios, e a eventual inscrição de seu instrumento em qualquer registro não confere personalidade jurídica à sociedade.

Parágrafo único. Sem prejuízo do direito de fiscalizar a gestão dos negócios sociais, o sócio participante não pode tomar parte nas relações do sócio ostensivo com terceiros, sob pena de responder solidariamente com este pelas obrigações em que intervier.

Veja arts. 264 a 266 e 275 a 285, CC.

Art. 994. A contribuição do sócio participante constitui, com a do sócio ostensivo, patrimônio especial, objeto da conta de participação relativa aos negócios sociais.

§ 1º A especialização patrimonial somente produz efeitos em relação aos sócios.

§ 2º A falência do sócio ostensivo acarreta a dissolução da sociedade e a liquidação da respectiva conta, cujo saldo constituirá crédito quirografário.

§ 3º Falindo o sócio participante, o contrato social fica sujeito às normas que regulam os efeitos da falência nos contratos bilaterais do falido.

Art. 995. Salvo estipulação em contrário, o sócio ostensivo não pode admitir novo sócio sem o consentimento expresso dos demais.

Art. 996. Aplica-se à sociedade em conta de participação, subsidiariamente e no que com ela for compatível, o disposto para a sociedade simples, e a sua liquidação rege-se pelas normas relativas à prestação de contas, na forma da lei processual.

Veja arts. 997 a 1.038, CC.
Veja arts. 550 a 553, CPC.

Parágrafo único. Havendo mais de um sócio ostensivo, as respectivas contas serão prestadas e julgadas no mesmo processo.

148 | ARTS. 997 A 999 – CÓDIGO CIVIL

SUBTÍTULO II
DA SOCIEDADE PERSONIFICADA

CAPÍTULO I
DA SOCIEDADE SIMPLES

Seção I
Do Contrato Social

Art. 997. A sociedade constitui-se mediante contrato escrito, particular ou público, que, além de cláusulas estipuladas pelas partes, mencionará:
Veja arts. 982, 998, § 2º, 999, 1.001, 1.041 e 1.054, CC.

I – nome, nacionalidade, estado civil, profissão e residência dos sócios, se pessoas naturais, e a firma ou a denominação, nacionalidade e sede dos sócios, se jurídicas;

II – denominação, objeto, sede e prazo da sociedade;

III – capital da sociedade, expresso em moeda corrente, podendo compreender qualquer espécie de bens, suscetíveis de avaliação pecuniária;

IV – a quota de cada sócio no capital social, e o modo de realizá-la;

V – as prestações a que se obriga o sócio, cuja contribuição consista em serviços;
Veja arts. 1.006 e 1.007, CC.

VI – as pessoas naturais incumbidas da administração da sociedade, e seus poderes e atribuições;
Veja arts. 1.011, § 1º, e 1.015, parágrafo único, CC.

VII – a participação de cada sócio nos lucros e nas perdas;
Veja art. 1.007, CC.

VIII – se os sócios respondem, ou não, subsidiariamente, pelas obrigações sociais.

Parágrafo único. É ineficaz em relação a terceiros qualquer pacto separado, contrário ao disposto no instrumento do contrato.

Art. 998. Nos trinta dias subsequentes à sua constituição, a sociedade deverá requerer a inscrição do contrato social no Registro Civil das Pessoas Jurídicas do local de sua sede.
Veja arts. 45, 46, 75, IV, e 1.150 a 1.154, CC.

§ 1º O pedido de inscrição será acompanhado do instrumento autenticado do contrato, e, se algum sócio nele houver sido representado por procurador, o da respectiva procuração, bem como, se for o caso, da prova de autorização da autoridade competente.
Veja art. 653, CC.

§ 2º Com todas as indicações enumeradas no artigo antecedente, será a inscrição tomada por termo no livro de registro próprio, e obedecerá a número de ordem contínua para todas as sociedades inscritas.

Art. 999. As modificações do contrato social, que tenham por objeto matéria indicada no art. 997, dependem do consentimento de todos os sócios;

CÓDIGO CIVIL – ARTS. 999 A 1.005 | 149

as demais podem ser decididas por maioria absoluta de votos, se o contrato não determinar a necessidade de deliberação unânime.

Veja arts. 1.002 e 1.003, CC.

Parágrafo único. Qualquer modificação do contrato social será averbada, cumprindo-se as formalidades previstas no artigo antecedente.

Veja art. 2.033, CC.

Art. 1.000. A sociedade simples que instituir sucursal, filial ou agência na circunscrição de outro Registro Civil das Pessoas Jurídicas, neste deverá também inscrevê-la, com a prova da inscrição originária.

Veja art. 969, CC.

Parágrafo único. Em qualquer caso, a constituição da sucursal, filial ou agência deverá ser averbada no Registro Civil da respectiva sede.

Seção II
Dos Direitos e Obrigações dos Sócios

Art. 1.001. As obrigações dos sócios começam imediatamente com o contrato, se este não fixar outra data, e terminam quando, liquidada a sociedade, se extinguirem as responsabilidades sociais.

Veja arts. 997, II, e 1.109, CC.

Art. 1.002. O sócio não pode ser substituído no exercício das suas funções, sem o consentimento dos demais sócios, expresso em modificação do contrato social.

Veja arts. 997, I, 999 e 1.018, CC.

Art. 1.003. A cessão total ou parcial de quota, sem a correspondente modificação do contrato social com o consentimento dos demais sócios, não terá eficácia quanto a estes e à sociedade.

Veja arts. 997, IV, 999 e 1.032, CC.

Veja art. 5º, XX, CF.

Parágrafo único. Até dois anos depois de averbada a modificação do contrato, responde o cedente solidariamente com o cessionário, perante a sociedade e terceiros, pelas obrigações que tinha como sócio.

Veja arts. 264 a 266, 275 a 285 e 1.057, parágrafo único, CC.

Art. 1.004. Os sócios são obrigados, na forma e prazo previstos, às contribuições estabelecidas no contrato social, e aquele que deixar de fazê-lo, nos trinta dias seguintes ao da notificação pela sociedade, responderá perante esta pelo dano emergente da mora.

Veja arts. 394 a 405, 997, IV e V, 1.030 e 1.058, CC.

Parágrafo único. Verificada a mora, poderá a maioria dos demais sócios preferir, à indenização, a exclusão do sócio remisso, ou reduzir-lhe a quota ao montante já realizado, aplicando-se, em ambos os casos, o disposto no § 1º do art. 1.031.

Veja art. 1.058, CC.

Art. 1.005. O sócio que, a título de quota social, transmitir domínio, posse ou uso, responde pela evicção; e pela solvência do devedor, aquele que transferir crédito.

150 | ARTS. 1.005 A 1.011 – CÓDIGO CIVIL

Veja arts. 286, 297, 447 a 457, 1.204 e 1.267, CC.

Art. 1.006. O sócio, cuja contribuição consiste em serviços, não pode, salvo convenção em contrário, empregar-se em atividade estranha à sociedade, sob pena de ser privado de seus lucros e dela excluído.

Veja arts. 997, V, e 1.030, CC.

Art. 1.007. Salvo estipulação em contrário, o sócio participa dos lucros e das perdas, na proporção das respectivas quotas, mas aquele, cuja contribuição consiste em serviços, somente participa dos lucros na proporção da média do valor das quotas.

Veja art. 997, V e VII, CC.

Art. 1.008. É nula a estipulação contratual que exclua qualquer sócio de participar dos lucros e das perdas.

Veja arts. 997, VII, e 1.006, CC.

Art. 1.009. A distribuição de lucros ilícitos ou fictícios acarreta responsabilidade solidária dos administradores que a realizarem e dos sócios que os receberem, conhecendo ou devendo conhecer-lhes a ilegitimidade.

Veja arts. 264 a 266 e 275 a 285, CC.

Seção III
Da Administração

Art. 1.010. Quando, por lei ou pelo contrato social, competir aos sócios decidir sobre os negócios da sociedade, as deliberações serão tomadas por maioria de votos, contados segundo o valor das quotas de cada um.

Veja arts. 1.071 a 1.080-A, CC.

§ 1º Para formação da maioria absoluta são necessários votos correspondentes a mais de metade do capital.

§ 2º Prevalece a decisão sufragada por maior número de sócios no caso de empate, e, se este persistir, decidirá o juiz.

§ 3º Responde por perdas e danos o sócio que, tendo em alguma operação interesse contrário ao da sociedade, participar da deliberação que a aprove graças a seu voto.

Veja arts. 402 a 405 e 1.017, parágrafo único, CC.

Art. 1.011. O administrador da sociedade deverá ter, no exercício de suas funções, o cuidado e a diligência que todo homem ativo e probo costuma empregar na administração de seus próprios negócios.

Veja art. 667, CC.

§ 1º Não podem ser administradores, além das pessoas impedidas por lei especial, os condenados a pena que vede, ainda que temporariamente, o acesso a cargos públicos; ou por crime falimentar, de prevaricação, peita ou suborno, concussão, peculato; ou contra a economia popular, contra o sistema financeiro nacional, contra as normas de defesa da concorrência, contra as relações de consumo, a fé pública ou a propriedade, enquanto perdurarem os efeitos da condenação.

Veja arts. 972, 973 e 1.066, § 1º, CC.

CÓDIGO CIVIL – ARTS. 1.011 A 1.017 | 151

§ 2º Aplicam-se à atividade dos administradores, no que couber, as disposições concernentes ao mandato.

Veja arts. 653 a 691, CC.

Art. 1.012. O administrador, nomeado por instrumento em separado, deve averbá-lo à margem da inscrição da sociedade, e, pelos atos que praticar, antes de requerer a averbação, responde pessoal e solidariamente com a sociedade.

Veja arts. 264 a 266, 275 a 285, 997, VI, 999, parágrafo único, e 1.019, parágrafo único, CC.

Art. 1.013. A administração da sociedade, nada dispondo o contrato social, compete separadamente a cada um dos sócios.

Veja art. 997, VI, CC.

§ 1º Se a administração competir separadamente a vários administradores, cada um pode impugnar operação pretendida por outro, cabendo a decisão aos sócios, por maioria de votos.

Veja art. 1.010, CC.

§ 2º Responde por perdas e danos perante a sociedade o administrador que realizar operações, sabendo ou devendo saber que estava agindo em desacordo com a maioria.

Veja arts. 402 a 405, CC.

Art. 1.014. Nos atos de competência conjunta de vários administradores, torna-se necessário o concurso de todos, salvo nos casos urgentes, em que a omissão ou retardo das providências possa ocasionar dano irreparável ou grave.

Veja art. 1.010, CC.

Art. 1.015. No silêncio do contrato, os administradores podem praticar todos os atos pertinentes à gestão da sociedade; não constituindo objeto social, a oneração ou a venda de bens imóveis depende do que a maioria dos sócios decidir.

Parágrafo único. O excesso por parte dos administradores somente pode ser oposto a terceiros se ocorrer pelo menos uma das seguintes hipóteses:

I – se a limitação de poderes estiver inscrita ou averbada no registro próprio da sociedade;

Veja art. 997, VI, CC.

II – provando-se que era conhecida do terceiro;

III – tratando-se de operação evidentemente estranha aos negócios da sociedade.

Art. 1.016. Os administradores respondem solidariamente perante a sociedade e os terceiros prejudicados, por culpa no desempenho de suas funções.

Veja arts. 186, 187, 264 a 266, 275 a 285, 1.022 e 1.070, CC.

Veja art. 795, CPC.

Art. 1.017. O administrador que, sem consentimento escrito dos sócios, aplicar créditos ou bens sociais em proveito próprio ou de terceiros, terá de restituí-los à sociedade, ou pagar o equivalente, com todos os lucros resultantes, e, se houver prejuízo, por ele também responderá.

152 | ARTS. 1.017 A 1.025 – CÓDIGO CIVIL

Veja arts. 402 a 405, CC.

Parágrafo único. Fica sujeito às sanções o administrador que, tendo em qualquer operação interesse contrário ao da sociedade, tome parte na correspondente deliberação.

Veja art. 1.010, § 3°, CC.

Art. 1.018. Ao administrador é vedado fazer-se substituir no exercício de suas funções, sendo-lhe facultado, nos limites de seus poderes, constituir mandatários da sociedade, especificados no instrumento os atos e operações que poderão praticar.

Veja arts. 653, 656, 657, 660 e 667 a 674, CC.

Art. 1.019. São irrevogáveis os poderes do sócio investido na administração por cláusula expressa do contrato social, salvo justa causa, reconhecida judicialmente, a pedido de qualquer dos sócios.

Veja art. 683, CC.

Parágrafo único. São revogáveis, a qualquer tempo, os poderes conferidos a sócio por ato separado, ou a quem não seja sócio.

Veja arts. 997, VI, 999 e 1.012, CC.

Art. 1.020. Os administradores são obrigados a prestar aos sócios contas justificadas de sua administração, e apresentar-lhes o inventário anualmente, bem como o balanço patrimonial e o de resultado econômico.

Veja arts. 206, § 3°, VII, *b*, 1.065, 1.069, III, 1.078, I e § 3°, 1.140, 1.178, 1.179 e 1.187 a 1.189, CC.

Art. 1.021. Salvo estipulação que determine época própria, o sócio pode, a qualquer tempo, examinar os livros e documentos, e o estado da caixa e da carteira da sociedade.

Veja arts. 417 a 421, CPC.

Seção IV
Das Relações com Terceiros

Art. 1.022. A sociedade adquire direitos, assume obrigações e procede judicialmente, por meio de administradores com poderes especiais, ou, não os havendo, por intermédio de qualquer administrador.

Veja arts. 1.013 a 1.015, CC.

Art. 1.023. Se os bens da sociedade não lhe cobrirem as dívidas, respondem os sócios pelo saldo, na proporção em que participem das perdas sociais, salvo cláusula de responsabilidade solidária.

Veja arts. 264 a 266, 275 a 285 e 1.016, CC.

Veja arts. 790, II, e 795, CPC.

Art. 1.024. Os bens particulares dos sócios não podem ser executados por dívidas da sociedade, senão depois de executados os bens sociais.

Veja art. 990, CC.

Veja arts. 790, II, e 795, CPC.

Art. 1.025. O sócio, admitido em sociedade já constituída, não se exime das dívidas sociais anteriores à admissão.

CÓDIGO CIVIL – ARTS. 1.026 A 1.031 | 153

Art. 1.026. O credor particular de sócio pode, na insuficiência de outros bens do devedor, fazer recair a execução sobre o que a este couber nos lucros da sociedade, ou na parte que lhe tocar em liquidação.
Veja arts. 997, VII, e 1.030, parágrafo único, CC.

Parágrafo único. Se a sociedade não estiver dissolvida, pode o credor requerer a liquidação da quota do devedor, cujo valor, apurado na forma do art. 1.031, será depositado em dinheiro, no juízo da execução, até noventa dias após aquela liquidação.

Art. 1.027. Os herdeiros do cônjuge de sócio, ou o cônjuge do que se separou judicialmente, não podem exigir desde logo a parte que lhes couber na quota social, mas concorrer à divisão periódica dos lucros, até que se liquide a sociedade.
Veja arts. 1.028, III, e 1.571, III, CC.

Seção V
Da Resolução da Sociedade
em Relação a um Sócio

Art. 1.028. No caso de morte de sócio, liquidar-se-á sua quota, salvo:
Veja art. 1.032, CC.

I – se o contrato dispuser diferentemente;
Veja art. 997, CC.

II – se os sócios remanescentes optarem pela dissolução da sociedade;
Veja arts. 1.033 a 1.038, CC.

III – se, por acordo com os herdeiros, regular-se a substituição do sócio falecido.

Art. 1.029. Além dos casos previstos na lei ou no contrato, qualquer sócio pode retirar-se da sociedade; se de prazo indeterminado, mediante notificação aos demais sócios, com antecedência mínima de sessenta dias; se de prazo determinado, provando judicialmente justa causa.

Parágrafo único. Nos trinta dias subsequentes à notificação, podem os demais sócios optar pela dissolução da sociedade.
Veja arts. 1.033 a 1.038, CC.
Veja art. 5º, XX, CF.

Art. 1.030. Ressalvado o disposto no art. 1.004 e seu parágrafo único, pode o sócio ser excluído judicialmente, mediante iniciativa da maioria dos demais sócios, por falta grave no cumprimento de suas obrigações, ou, ainda, por incapacidade superveniente.
Veja art. 1.085, CC.

Parágrafo único. Será de pleno direito excluído da sociedade o sócio declarado falido, ou aquele cuja quota tenha sido liquidada nos termos do parágrafo único do art. 1.026.

Art. 1.031. Nos casos em que a sociedade se resolver em relação a um sócio, o valor da sua quota, considerada pelo montante efetivamente realizado, liquidar-se-á, salvo disposição contratual em contrário, com base na

154 | ARTS. 1.031 A 1.034 – CÓDIGO CIVIL

situação patrimonial da sociedade, à data da resolução, verificada em balanço especialmente levantado.

Veja arts. 1.026, parágrafo único, 1.028 a 1.030, 1.077, 1.086, 1.114 e 1.135, parágrafo único, CC.

§ 1º O capital social sofrerá a correspondente redução, salvo se os demais sócios suprirem o valor da quota.

Veja art. 1.004, parágrafo único, CC.

§ 2º A quota liquidada será paga em dinheiro, no prazo de noventa dias, a partir da liquidação, salvo acordo, ou estipulação contratual em contrário.

Veja art. 609, CPC.

Art. 1.032. A retirada, exclusão ou morte do sócio, não o exime, ou a seus herdeiros, da responsabilidade pelas obrigações sociais anteriores, até dois anos após averbada a resolução da sociedade; nem nos dois primeiros casos, pelas posteriores e em igual prazo, enquanto não se requerer a averbação.

Veja arts. 999, parágrafo único, 1.003, parágrafo único, e 1.086, CC.

Seção VI
Da Dissolução

Art. 1.033. Dissolve-se a sociedade quando ocorrer:

Veja arts. 46, VI, 51, §§ 1º a 3º, 1.044 e 2.034, CC.

Veja art. 5º, XIX, CF.

I – o vencimento do prazo de duração, salvo se, vencido este e sem oposição de sócio, não entrar a sociedade em liquidação, caso em que se prorrogará por tempo indeterminado;

II – o consenso unânime dos sócios;

Veja art. 1.071, VI, CC.

III – a deliberação dos sócios, por maioria absoluta, na sociedade de prazo indeterminado;

Veja art. 1.071, VI, CC.

IV – a falta de pluralidade de sócios, não reconstituída no prazo de cento e oitenta dias;

V – a extinção, na forma da lei, de autorização para funcionar.

Veja arts. 51, §§ 1º a 3º, 1.037, 1.124 e 1.125, CC.

Parágrafo único. Não se aplica o disposto no inciso IV caso o sócio remanescente, inclusive na hipótese de concentração de todas as cotas da sociedade sob sua titularidade, requeira, no Registro Público de Empresas Mercantis, a transformação do registro da sociedade para empresário individual ou para empresa individual de responsabilidade limitada, observado, no que couber, o disposto nos arts. 1.113 a 1.115 deste Código.

Parágrafo acrescentado pela LC n. 128, de 19.12.2008, e com redação dada pela Lei n. 12.441, de 11.07.2011.

Art. 1.034. A sociedade pode ser dissolvida judicialmente, a requerimento de qualquer dos sócios, quando:

CÓDIGO CIVIL – ARTS. 1.034 A 1.039 | 155

I – anulada a sua constituição;
Veja art. 997, CC.

II – exaurido o fim social, ou verificada a sua inexequibilidade.

Art. 1.035. O contrato pode prever outras causas de dissolução, a serem verificadas judicialmente quando contestadas.

Art. 1.036. Ocorrida a dissolução, cumpre aos administradores providenciar imediatamente a investidura do liquidante, e restringir a gestão própria aos negócios inadiáveis, vedadas novas operações, pelas quais responderão solidária e ilimitadamente.
Veja arts. 264 a 266, 275 a 285 e 1.038, CC.

Parágrafo único. Dissolvida de pleno direito a sociedade, pode o sócio requerer, desde logo, a liquidação judicial.
Veja arts. 1.037, 1.111 e 1.112, CC.

Art. 1.037. Ocorrendo a hipótese prevista no inciso V do art. 1.033, o Ministério Público, tão logo lhe comunique a autoridade competente, promoverá a liquidação judicial da sociedade, se os administradores não o tiverem feito nos trinta dias seguintes à perda da autorização, ou se o sócio não houver exercido a faculdade assegurada no parágrafo único do artigo antecedente.
Veja arts. 51, 1.111, 1.112, 1.124 e 1.125, CC.

Parágrafo único. Caso o Ministério Público não promova a liquidação judicial da sociedade nos quinze dias subsequentes ao recebimento da comunicação, a autoridade competente para conceder a autorização nomeará interventor com poderes para requerer a medida e administrar a sociedade até que seja nomeado o liquidante.
Veja arts. 1.036, 1.038 e 1.123, parágrafo único, CC.

Art. 1.038. Se não estiver designado no contrato social, o liquidante será eleito por deliberação dos sócios, podendo a escolha recair em pessoa estranha à sociedade.
Veja arts. 1.071, VII, e 1.103 a 1.105, CC.

§ 1º O liquidante pode ser destituído, a todo tempo:

I – se eleito pela forma prevista neste artigo, mediante deliberação dos sócios;
Veja art. 1.071, VII, CC.

II – em qualquer caso, por via judicial, a requerimento de um ou mais sócios, ocorrendo justa causa.

§ 2º A liquidação da sociedade se processa de conformidade com o disposto no Capítulo IX, deste Subtítulo.

CAPÍTULO II
DA SOCIEDADE EM NOME COLETIVO

Art. 1.039. Somente pessoas físicas podem tomar parte na sociedade em nome coletivo, respondendo todos os sócios, solidária e ilimitadamente, pelas obrigações sociais.

156 | ARTS. 1.039 A 1.047 – CÓDIGO CIVIL

Veja arts. 264 a 266, 275 a 285, 983, 1.045 e 1.046, CC.

Parágrafo único. Sem prejuízo da responsabilidade perante terceiros, podem os sócios, no ato constitutivo, ou por unânime convenção posterior, limitar entre si a responsabilidade de cada um.

Art. 1.040. A sociedade em nome coletivo se rege pelas normas deste Capítulo e, no que seja omisso, pelas do Capítulo antecedente.

Veja art. 983, CC.

Art. 1.041. O contrato deve mencionar, além das indicações referidas no art. 997, a firma social.

Veja art. 983, CC.

Art. 1.042. A administração da sociedade compete exclusivamente a sócios, sendo o uso da firma, nos limites do contrato, privativo dos que tenham os necessários poderes.

Veja arts. 983 e 1.010 a 1.021, CC.

Art. 1.043. O credor particular de sócio não pode, antes de dissolver-se a sociedade, pretender a liquidação da quota do devedor.

Veja art. 983, CC.

Parágrafo único. Poderá fazê-lo quando:

I – a sociedade houver sido prorrogada tacitamente;

II – tendo ocorrido prorrogação contratual, for acolhida judicialmente oposição do credor, levantada no prazo de noventa dias, contado da publicação do ato dilatório.

Art. 1.044. A sociedade se dissolve de pleno direito por qualquer das causas enumeradas no art. 1.033 e, se empresária, também pela declaração da falência.

Veja arts. 982, 1.051, I, e 1.087, CC.

CAPÍTULO III
DA SOCIEDADE EM COMANDITA SIMPLES

Art. 1.045. Na sociedade em comandita simples tomam parte sócios de duas categorias: os comanditados, pessoas físicas, responsáveis solidária e ilimitadamente pelas obrigações sociais; e os comanditários, obrigados somente pelo valor de sua quota.

Veja arts. 264 a 266, 275 a 285 e 983, CC.

Parágrafo único. O contrato deve discriminar os comanditados e os comanditários.

Art. 1.046. Aplicam-se à sociedade em comandita simples as normas da sociedade em nome coletivo, no que forem compatíveis com as deste Capítulo.

Veja art. 983, CC.

Parágrafo único. Aos comanditados cabem os mesmos direitos e obrigações dos sócios da sociedade em nome coletivo.

Veja arts. 1.001 a 1.009, CC.

Art. 1.047. Sem prejuízo da faculdade de participar das deliberações da sociedade e de lhe fiscalizar as operações, não pode o comanditário prati-

CÓDIGO CIVIL – ARTS. 1.047 A 1.052 | 157

car qualquer ato de gestão, nem ter o nome na firma social, sob pena de ficar sujeito às responsabilidades de sócio comanditado.

Veja art. 983, CC.

Parágrafo único. Pode o comanditário ser constituído procurador da sociedade, para negócio determinado e com poderes especiais.

Veja arts. 653 e 660, CC.

Art. 1.048. Somente após averbada a modificação do contrato, produz efeito, quanto a terceiros, a diminuição da quota do comanditário, em consequência de ter sido reduzido o capital social, sempre sem prejuízo dos credores preexistentes.

Veja arts. 983 e 999, parágrafo único, CC.

Art. 1.049. O sócio comanditário não é obrigado à reposição de lucros recebidos de boa-fé e de acordo com o balanço.

Veja art. 983, CC.

Parágrafo único. Diminuído o capital social por perdas supervenientes, não pode o comanditário receber quaisquer lucros, antes de reintegrado aquele.

Art. 1.050. No caso de morte de sócio comanditário, a sociedade, salvo disposição do contrato, continuará com os seus sucessores, que designarão quem os represente.

Veja arts. 983 e 997, CC.

Art. 1.051. Dissolve-se de pleno direito a sociedade:

Veja art. 983, CC.

I – por qualquer das causas previstas no art. 1.044;

II – quando por mais de cento e oitenta dias perdurar a falta de uma das categorias de sócio.

Parágrafo único. Na falta de sócio comanditado, os comanditários nomearão administrador provisório para praticar, durante o período referido no inciso II e sem assumir a condição de sócio, os atos de administração.

CAPÍTULO IV
DA SOCIEDADE LIMITADA

Seção I
Disposições Preliminares

Art. 1.052. Na sociedade limitada, a responsabilidade de cada sócio é restrita ao valor de suas quotas, mas todos respondem solidariamente pela integralização do capital social.

Veja arts. 264 a 266, 275 a 285, 983, 1.056, § 2º, e 1.158, § 3º, CC.

§ 1º A sociedade limitada pode ser constituída por 1 (uma) ou mais pessoas.

Parágrafo acrescentado pela Lei n. 13.874, de 20.09.2019.

§ 2º Se for unipessoal, aplicar-se-ão ao documento de constituição do sócio único, no que couber, as disposições sobre o contrato social.

158 | ARTS. 1.052 A 1.058 – CÓDIGO CIVIL

Parágrafo acrescentado pela Lei n. 13.874, de 20.09.2019.

Art. 1.053. A sociedade limitada rege-se, nas omissões deste Capítulo, pelas normas da sociedade simples.

Veja art. 983, CC.

Parágrafo único. O contrato social poderá prever a regência supletiva da sociedade limitada pelas normas da sociedade anônima.

Veja arts. 997 a 1.000, 1.088 e 1.089, CC.

Veja Lei n. 6.404, de 15.12.1976.

Art. 1.054. O contrato mencionará, no que couber, as indicações do art. 997, e, se for o caso, a firma social.

Veja arts. 983, 1.064, 1.150, 1.155 e 1.158, CC.

Seção II
Das Quotas

Art. 1.055. O capital social divide-se em quotas, iguais ou desiguais, cabendo uma ou diversas a cada sócio.

Veja art. 983, CC.

§ 1º Pela exata estimação de bens conferidos ao capital social respondem solidariamente todos os sócios, até o prazo de cinco anos da data do registro da sociedade.

Veja arts. 264 a 266 e 275 a 285, CC.

§ 2º É vedada contribuição que consista em prestação de serviços.

Veja art. 594, CC.

Art. 1.056. A quota é indivisível em relação à sociedade, salvo para efeito de transferência, caso em que se observará o disposto no artigo seguinte.

Veja art. 983, CC.

§ 1º No caso de condomínio de quota, os direitos a ela inerentes somente podem ser exercidos pelo condômino representante, ou pelo inventariante do espólio de sócio falecido.

Veja arts. 1.314, parágrafo único, 1.324 e 1.991, CC.

§ 2º Sem prejuízo do disposto no art. 1.052, os condôminos de quota indivisa respondem solidariamente pelas prestações necessárias à sua integralização.

Art. 1.057. Na omissão do contrato, o sócio pode ceder sua quota, total ou parcialmente, a quem seja sócio, independentemente de audiência dos outros, ou a estranho, se não houver oposição de titulares de mais de um quarto do capital social.

Veja arts. 983 e 1.081, § 2º, CC.

Veja art. 5º, XX e XXII, CF.

Parágrafo único. A cessão terá eficácia quanto à sociedade e terceiros, inclusive para os fins do parágrafo único do art. 1.003, a partir da averbação do respectivo instrumento, subscrito pelos sócios anuentes.

Veja art. 999, parágrafo único, CC.

Art. 1.058. Não integralizada a quota de sócio remisso, os outros sócios podem, sem prejuízo do disposto no art. 1.004 e seu parágrafo único, to-

CÓDIGO CIVIL – ARTS. 1.058 A 1.063 | 159

má-la para si ou transferi-la a terceiros, excluindo o primitivo titular e devolvendo-lhe o que houver pago, deduzidos os juros da mora, as prestações estabelecidas no contrato mais as despesas.

Veja arts. 394 a 401, 405 a 407 e 983, CC.

Art. 1.059. Os sócios serão obrigados à reposição dos lucros e das quantias retiradas, a qualquer título, ainda que autorizados pelo contrato, quando tais lucros ou quantia se distribuírem com prejuízo do capital.

Veja arts. 983 e 1.009, CC.

Seção III
Da Administração

Art. 1.060. A sociedade limitada é administrada por uma ou mais pessoas designadas no contrato social ou em ato separado.

Veja arts. 983, 1.061 e 1.062, CC.

Parágrafo único. A administração atribuída no contrato a todos os sócios não se estende de pleno direito aos que posteriormente adquiram essa qualidade.

Art. 1.061. A designação de administradores não sócios dependerá de aprovação da unanimidade dos sócios, enquanto o capital não estiver integralizado, e de 2/3 (dois terços), no mínimo, após a integralização.

Artigo com redação dada pela Lei n. 12.375, de 30.12.2010.

Veja arts. 983 e 1.076, CC.

Art. 1.062. O administrador designado em ato separado investir-se-á no cargo mediante termo de posse no livro de atas da administração.

Veja art. 983, CC.

§ 1º Se o termo não for assinado nos trinta dias seguintes à designação, esta se tornará sem efeito.

§ 2º Nos dez dias seguintes ao da investidura, deve o administrador requerer seja averbada sua nomeação no registro competente, mencionando o seu nome, nacionalidade, estado civil, residência, com exibição de documento de identidade, o ato e a data da nomeação e o prazo de gestão.

Veja arts. 997, VI, e 998, § 2º, CC.

Art. 1.063. O exercício do cargo de administrador cessa pela destituição, em qualquer tempo, do titular, ou pelo término do prazo se, fixado no contrato ou em ato separado, não houver recondução.

Veja arts. 983 e 1.076, CC.

§ 1º Tratando-se de sócio nomeado administrador no contrato, sua destituição somente se opera pela aprovação de titulares de quotas correspondentes a mais da metade do capital social, salvo disposição contratual diversa.

Parágrafo com redação dada pela Lei n. 13.792, de 03.01.2019.

Veja art. 1.076, CC.

§ 2º A cessação do exercício do cargo de administrador deve ser averbada no registro competente, mediante requerimento apresentado nos dez dias seguintes ao da ocorrência.

160 | ARTS. 1.063 A 1.069 – CÓDIGO CIVIL

Veja art. 999, parágrafo único, CC.

§ 3º A renúncia de administrador torna-se eficaz, em relação à sociedade, desde o momento em que esta toma conhecimento da comunicação escrita do renunciante; e, em relação a terceiros, após a averbação e publicação.

Veja art. 999, parágrafo único, CC.

Art. 1.064. O uso da firma ou denominação social é privativo dos administradores que tenham os necessários poderes.

Veja arts. 983, 1.054 e 1.158, CC.

Art. 1.065. Ao término de cada exercício social, proceder-se-á à elaboração do inventário, do balanço patrimonial e do balanço de resultado econômico.

Veja arts. 206, § 3º, VII, b, 983, 1.020, 1.069, III, 1.078, I e § 3º, 1.140, 1.179, 1.188 e 1.189, CC.

Seção IV
Do Conselho Fiscal

Art. 1.066. Sem prejuízo dos poderes da assembleia dos sócios, pode o contrato instituir conselho fiscal composto de três ou mais membros e respectivos suplentes, sócios ou não, residentes no País, eleitos na assembleia anual prevista no art. 1.078.

Veja art. 983, CC.

§ 1º Não podem fazer parte do conselho fiscal, além dos inelegíveis enumerados no § 1º do art. 1.011, os membros dos demais órgãos da sociedade ou de outra por ela controlada, os empregados de quaisquer delas ou dos respectivos administradores, o cônjuge ou parente destes até o terceiro grau.

Veja arts. 1.591 a 1.595, CC.

§ 2º É assegurado aos sócios minoritários, que representarem pelo menos um quinto do capital social, o direito de eleger, separadamente, um dos membros do conselho fiscal e o respectivo suplente.

Art. 1.067. O membro ou suplente eleito, assinando termo de posse lavrado no livro de atas e pareceres do conselho fiscal, em que se mencione o seu nome, nacionalidade, estado civil, residência e a data da escolha, ficará investido nas suas funções, que exercerá, salvo cessação anterior, até a subsequente assembleia anual.

Veja art. 983, CC.

Parágrafo único. Se o termo não for assinado nos trinta dias seguintes ao da eleição, esta se tornará sem efeito.

Art. 1.068. A remuneração dos membros do conselho fiscal será fixada, anualmente, pela assembleia dos sócios que os eleger.

Veja art. 983, CC.

Art. 1.069. Além de outras atribuições determinadas na lei ou no contrato social, aos membros do conselho fiscal incumbem, individual ou conjuntamente, os deveres seguintes:

Veja arts. 983 e 1.178, CC.

CÓDIGO CIVIL – ARTS. 1.069 A 1.071 | 161

I – examinar, pelo menos trimestralmente, os livros e papéis da sociedade e o estado da caixa e da carteira, devendo os administradores ou liquidantes prestar-lhes as informações solicitadas;

II – lavrar no livro de atas e pareceres do conselho fiscal o resultado dos exames referidos no inciso I deste artigo;

III – exarar no mesmo livro e apresentar à assembleia anual dos sócios parecer sobre os negócios e as operações sociais do exercício em que servirem, tomando por base o balanço patrimonial e o de resultado econômico;

Veja arts. 206, § 3º, VII, b, 1.020, 1.065, 1.078, I e § 3º, 1.140, 1.179, 1.188 e 1.189, CC.

IV – denunciar os erros, fraudes ou crimes que descobrirem, sugerindo providências úteis à sociedade;

V – convocar a assembleia dos sócios se a diretoria retardar por mais de trinta dias a sua convocação anual, ou sempre que ocorram motivos graves e urgentes;

Veja art. 1.073, II, CC.

VI – praticar, durante o período da liquidação da sociedade, os atos a que se refere este artigo, tendo em vista as disposições especiais reguladoras da liquidação.

Veja arts. 1.102 a 1.112, CC.

Art. 1.070. As atribuições e poderes conferidos pela lei ao conselho fiscal não podem ser outorgados a outro órgão da sociedade, e a responsabilidade de seus membros obedece à regra que define a dos administradores (art. 1.016).

Veja art. 983, CC.

Parágrafo único. O conselho fiscal poderá escolher para assisti-lo no exame dos livros, dos balanços e das contas, contabilista legalmente habilitado, mediante remuneração aprovada pela assembleia dos sócios.

Veja arts. 1.177 e 1.178, CC.

Seção V
Das Deliberações dos Sócios

Art. 1.071. Dependem da deliberação dos sócios, além de outras matérias indicadas na lei ou no contrato:

Veja art. 983, CC.

I – a aprovação das contas da administração;

Veja art. 1.065, CC.

II – a designação dos administradores, quando feita em ato separado;

Veja arts. 1.060, 1.062 e 1.076, II, CC.

III – a destituição dos administradores;

Veja arts. 1.063 e 1.076, II, CC.

IV – o modo de sua remuneração, quando não estabelecido no contrato;

Veja art. 1.076, II, CC.

V – a modificação do contrato social;

Veja arts. 1.076, I, e 1.081 a 1.086, CC.

162 | ARTS. 1.071 A 1.074 – CÓDIGO CIVIL

VI – a incorporação, a fusão e a dissolução da sociedade, ou a cessação do estado de liquidação;

Veja arts. 1.076, I, 1.087 e 1.116 a 1.120, CC.

VII – a nomeação e destituição dos liquidantes e o julgamento das suas contas;

Veja arts. 1.038 e 1.103, III, VI e VIII, CC.

VIII – o pedido de concordata.

Veja arts. 1.072, § 4º, e 1.076, II, CC.

Art. 1.072. As deliberações dos sócios, obedecido o disposto no art. 1.010, serão tomadas em reunião ou em assembleia, conforme previsto no contrato social, devendo ser convocadas pelos administradores nos casos previstos em lei ou no contrato.

Veja art. 983, CC.

§ 1º A deliberação em assembleia será obrigatória se o número dos sócios for superior a dez.

Veja art. 1.079, CC.

§ 2º Dispensam-se as formalidades de convocação previstas no § 3º do art. 1.152, quando todos os sócios comparecerem ou se declararem, por escrito, cientes do local, data, hora e ordem do dia.

§ 3º A reunião ou a assembleia tornam-se dispensáveis quando todos os sócios decidirem, por escrito, sobre a matéria que seria objeto delas.

§ 4º No caso do inciso VIII do artigo antecedente, os administradores, se houver urgência e com autorização de titulares de mais da metade do capital social, podem requerer concordata preventiva.

§ 5º As deliberações tomadas de conformidade com a lei e o contrato vinculam todos os sócios, ainda que ausentes ou dissidentes.

Veja art. 1.080, CC.

§ 6º Aplica-se às reuniões dos sócios, nos casos omissos no contrato, o disposto na presente Seção sobre a assembleia.

Veja arts. 1.073 a 1.080-A, CC.

Art. 1.073. A reunião ou a assembleia podem também ser convocadas:

Veja art. 983, CC.

I – por sócio, quando os administradores retardarem a convocação, por mais de sessenta dias, nos casos previstos em lei ou no contrato, ou por titulares de mais de um quinto do capital, quando não atendido, no prazo de oito dias, pedido de convocação fundamentado, com indicação das matérias a serem tratadas;

II – pelo conselho fiscal, se houver, nos casos a que se refere o inciso V do art. 1.069.

Art. 1.074. A assembleia dos sócios instala-se com a presença, em primeira convocação, de titulares de no mínimo três quartos do capital social, e, em segunda, com qualquer número.

Veja art. 983, CC.

CÓDIGO CIVIL – ARTS. 1.074 A 1.078 | 163

§ 1º O sócio pode ser representado na assembleia por outro sócio, ou por advogado, mediante outorga de mandato com especificação dos atos autorizados, devendo o instrumento ser levado a registro, juntamente com a ata.

Veja art. 653, CC.

§ 2º Nenhum sócio, por si ou na condição de mandatário, pode votar matéria que lhe diga respeito diretamente.

Veja art. 667, CC.

Art. 1.075. A assembleia será presidida e secretariada por sócios escolhidos entre os presentes.

Veja art. 983, CC.

§ 1º Dos trabalhos e deliberações será lavrada, no livro de atas da assembleia, ata assinada pelos membros da mesa e por sócios participantes da reunião, quantos bastem à validade das deliberações, mas sem prejuízo dos que queiram assiná-la.

§ 2º Cópia da ata autenticada pelos administradores, ou pela mesa, será, nos vinte dias subsequentes à reunião, apresentada ao Registro Público de Empresas Mercantis para arquivamento e averbação.

§ 3º Ao sócio, que a solicitar, será entregue cópia autenticada da ata.

Art. 1.076. Ressalvado o disposto no art. 1.061, as deliberações dos sócios serão tomadas:

Caput com redação dada pela Lei n. 13.792, de 03.01.2019.

Veja art. 983, CC.

I – pelos votos correspondentes, no mínimo, a três quartos do capital social, nos casos previstos nos incisos V e VI do art. 1.071;

II – pelos votos correspondentes a mais de metade do capital social, nos casos previstos nos incisos II, III, IV e VIII do art. 1.071;

III – pela maioria de votos dos presentes, nos demais casos previstos na lei ou no contrato, se este não exigir maioria mais elevada.

Art. 1.077. Quando houver modificação do contrato, fusão da sociedade, incorporação de outra, ou dela por outra, terá o sócio que dissentiu o direito de retirar-se da sociedade, nos trinta dias subsequentes à reunião, aplicando-se, no silêncio do contrato social antes vigente, o disposto no art. 1.031.

Veja arts. 983 e 1.116 a 1.120, CC.

Art. 1.078. A assembleia dos sócios deve realizar-se ao menos uma vez por ano, nos quatro meses seguintes ao término do exercício social, com o objetivo de:

Veja arts. 983, 1.065, 1.066 e 1.074, CC.

Veja art. 4º, Lei n. 14.030, de 28.07.2020.

I – tomar as contas dos administradores e deliberar sobre o balanço patrimonial e o de resultado econômico;

Veja arts. 206, § 3º, VII, *b*, 1.020, 1.065, 1.069, III, 1.140, 1.179, 1.188 e 1.189, CC.

II – designar administradores, quando for o caso;

III – tratar de qualquer outro assunto constante da ordem do dia.

164 | ARTS. 1.078 A 1.081 – CÓDIGO CIVIL

§ 1º Até trinta dias antes da data marcada para a assembleia, os documentos referidos no inciso I deste artigo devem ser postos, por escrito, e com a prova do respectivo recebimento, à disposição dos sócios que não exerçam a administração.

§ 2º Instalada a assembleia, proceder-se-á à leitura dos documentos referidos no parágrafo antecedente, os quais serão submetidos, pelo presidente, a discussão e votação, nesta não podendo tomar parte os membros da administração e, se houver, os do conselho fiscal.

§ 3º A aprovação, sem reserva, do balanço patrimonial e do de resultado econômico, salvo erro, dolo ou simulação, exonera de responsabilidade os membros da administração e, se houver, os do conselho fiscal.

Veja arts. 138 a 150, 167, 1.020, 1.065, 1.069, III, 1.140, 1.179, 1.188 e 1.189, CC.

§ 4º Extingue-se em dois anos o direito de anular a aprovação a que se refere o parágrafo antecedente.

Art. 1.079. Aplica-se às reuniões dos sócios, nos casos omissos no contrato, o estabelecido nesta Seção sobre a assembleia, obedecido o disposto no § 1º do art. 1.072.

Veja art. 983, CC.

Art. 1.080. As deliberações infringentes do contrato ou da lei tornam ilimitada a responsabilidade dos que expressamente as aprovaram.

Veja arts. 186, 983 e 1.072, § 5º, CC.

Art. 1.080-A. O sócio poderá participar e votar a distância em reunião ou em assembleia, nos termos do regulamento do órgão competente do Poder Executivo federal.

Artigo acrescentado pela Lei n. 14.030, de 28.07.2020.

Parágrafo único. A reunião ou a assembleia poderá ser realizada de forma digital, respeitados os direitos legalmente previstos de participação e de manifestação dos sócios e os demais requisitos regulamentares.

Seção VI
Do Aumento e da Redução do Capital

Art. 1.081. Ressalvado o disposto em lei especial, integralizadas as quotas, pode ser o capital aumentado, com a correspondente modificação do contrato.

Veja arts. 983 e 1.071, V, CC.

§ 1º Até trinta dias após a deliberação, terão os sócios preferência para participar do aumento, na proporção das quotas de que sejam titulares.

§ 2º À cessão do direito de preferência, aplica-se o disposto no *caput* do art. 1.057.

§ 3º Decorrido o prazo da preferência, e assumida pelos sócios, ou por terceiros, a totalidade do aumento, haverá reunião ou assembleia dos sócios, para que seja aprovada a modificação do contrato.

Veja art. 1.072, CC.

CÓDIGO CIVIL – ARTS. 1.082 A 1.085 | 165

Art. 1.082. Pode a sociedade reduzir o capital, mediante a correspondente modificação do contrato:

Veja arts. 983, 999, parágrafo único, e 1.071, V, CC.

I – depois de integralizado, se houver perdas irreparáveis;

Veja art. 1.083, CC.

II – se excessivo em relação ao objeto da sociedade.

Veja art. 1.084, CC.

Art. 1.083. No caso do inciso I do artigo antecedente, a redução do capital será realizada com a diminuição proporcional do valor nominal das quotas, tornando-se efetiva a partir da averbação, no Registro Público de Empresas Mercantis, da ata da assembleia que a tenha aprovado.

Veja arts. 968, § 2º, e 983, CC.

Art. 1.084. No caso do inciso II do art. 1.082, a redução do capital será feita restituindo-se parte do valor das quotas aos sócios, ou dispensando-se as prestações ainda devidas, com diminuição proporcional, em ambos os casos, do valor nominal das quotas.

Veja art. 983, CC.

§ 1º No prazo de noventa dias, contado da data da publicação da ata da assembleia que aprovar a redução, o credor quirografário, por título líquido anterior a essa data, poderá opor-se ao deliberado.

§ 2º A redução somente se tornará eficaz se, no prazo estabelecido no parágrafo antecedente, não for impugnada, ou se provado o pagamento da dívida ou o depósito judicial do respectivo valor.

§ 3º Satisfeitas as condições estabelecidas no parágrafo antecedente, proceder-se-á à averbação, no Registro Público de Empresas Mercantis, da ata que tenha aprovado a redução.

Veja art. 968, § 2º, CC.

Seção VII
Da Resolução da Sociedade
em Relação a Sócios Minoritários

Art. 1.085. Ressalvado o disposto no art. 1.030, quando a maioria dos sócios, representativa de mais da metade do capital social, entender que um ou mais sócios estão pondo em risco a continuidade da empresa, em virtude de atos de inegável gravidade, poderá excluí-los da sociedade, mediante alteração do contrato social, desde que prevista neste a exclusão por justa causa.

Veja art. 983, CC.

Parágrafo único. Ressalvado o caso em que haja apenas dois sócios na sociedade, a exclusão de um sócio somente poderá ser determinada em reunião ou assembleia especialmente convocada para esse fim, ciente o acusado em tempo hábil para permitir seu comparecimento e o exercício do direito de defesa.

Parágrafo com redação dada pela Lei n. 13.792, de 03.01.2019.

Veja art. 5º, XXXIV, XXXV e LV, CF.

166 | ARTS. 1.086 A 1.091 – CÓDIGO CIVIL

Art. 1.086. Efetuado o registro da alteração contratual, aplicar-se-á o disposto nos arts. 1.031 e 1.032.
Veja art. 983, CC.

Seção VIII
Da Dissolução

Art. 1.087. A sociedade dissolve-se, de pleno direito, por qualquer das causas previstas no art. 1.044.
Veja art. 983, CC.

CAPÍTULO V
DA SOCIEDADE ANÔNIMA

Veja art. 983, CC.

Seção Única
Da Caracterização

Art. 1.088. Na sociedade anônima ou companhia, o capital divide-se em ações, obrigando-se cada sócio ou acionista somente pelo preço de emissão das ações que subscrever ou adquirir.
Veja art. 983, CC.

Art. 1.089. A sociedade anônima rege-se por lei especial, aplicando-se-lhe, nos casos omissos, as disposições deste Código.
Veja arts. 206, §§ 1º, IV, e 3º, VII, a, 983, 1.052, 1.053, parágrafo único, 1.126, parágrafo único, 1.128 a 1.132, 1.134, 1.160 e 1.187, parágrafo único, II, CC.

CAPÍTULO VI
DA SOCIEDADE EM COMANDITA POR AÇÕES

Art. 1.090. A sociedade em comandita por ações tem o capital dividido em ações, regendo-se pelas normas relativas à sociedade anônima, sem prejuízo das modificações constantes deste Capítulo, e opera sob firma ou denominação.
Veja arts. 983, 1.045 a 1.051, 1.088, 1.089 e 1.161, CC.

Art. 1.091. Somente o acionista tem qualidade para administrar a sociedade e, como diretor, responde subsidiária e ilimitadamente pelas obrigações da sociedade.
Veja art. 983, CC.

§ 1º Se houver mais de um diretor, serão solidariamente responsáveis, depois de esgotados os bens sociais.
Veja arts. 264 a 266 e 275 a 285, CC.

§ 2º Os diretores serão nomeados no ato constitutivo da sociedade, sem limitação de tempo, e somente poderão ser destituídos por deliberação de acionistas que representem no mínimo dois terços do capital social.

§ 3º O diretor destituído ou exonerado continua, durante dois anos, responsável pelas obrigações sociais contraídas sob sua administração.

CÓDIGO CIVIL – ARTS. 1.092 A 1.096 | 167

Art. 1.092. A assembleia geral não pode, sem o consentimento dos diretores, mudar o objeto essencial da sociedade, prorrogar-lhe o prazo de duração, aumentar ou diminuir o capital social, criar debêntures, ou partes beneficiárias.

Veja art. 983, CC.

CAPÍTULO VII
DA SOCIEDADE COOPERATIVA

Art. 1.093. A sociedade cooperativa reger-se-á pelo disposto no presente Capítulo, ressalvada a legislação especial.

Veja arts. 982, parágrafo único, 983, parágrafo único, e 1.159, CC.

Veja arts. 174, § 2º, e 187, VI, CF.

Art. 1.094. São características da sociedade cooperativa:

Veja art. 1.096, CC.

Veja art. 4º, Lei n. 5.764, de 16.12.1971.

I – variabilidade, ou dispensa do capital social;

II – concurso de sócios em número mínimo necessário a compor a administração da sociedade, sem limitação de número máximo;

III – limitação do valor da soma de quotas do capital social que cada sócio poderá tomar;

IV – intransferibilidade das quotas do capital a terceiros estranhos à sociedade, ainda que por herança;

V – *quorum*, para a assembleia geral funcionar e deliberar, fundado no número de sócios presentes à reunião, e não no capital social representado;

VI – direito de cada sócio a um só voto nas deliberações, tenha ou não capital a sociedade, e qualquer que seja o valor de sua participação;

VII – distribuição dos resultados, proporcionalmente ao valor das operações efetuadas pelo sócio com a sociedade, podendo ser atribuído juro fixo ao capital realizado;

VIII – indivisibilidade do fundo de reserva entre os sócios, ainda que em caso de dissolução da sociedade.

Art. 1.095. Na sociedade cooperativa, a responsabilidade dos sócios pode ser limitada ou ilimitada.

§ 1º É limitada a responsabilidade na cooperativa em que o sócio responde somente pelo valor de suas quotas e pelo prejuízo verificado nas operações sociais, guardada a proporção de sua participação nas mesmas operações.

§ 2º É ilimitada a responsabilidade na cooperativa em que o sócio responde solidária e ilimitadamente pelas obrigações sociais.

Veja arts. 264 a 266 e 275 a 285, CC.

Art. 1.096. No que a lei for omissa, aplicam-se as disposições referentes à sociedade simples, resguardadas as características estabelecidas no art. 1.094.

CAPÍTULO VIII
DAS SOCIEDADES COLIGADAS

Art. 1.097. Consideram-se coligadas as sociedades que, em suas relações de capital, são controladas, filiadas, ou de simples participação, na forma dos artigos seguintes.

Veja arts. 1.098 a 1.100 e 1.188, parágrafo único, CC.

Art. 1.098. É controlada:

Veja art. 1.097, CC.

I – a sociedade de cujo capital outra sociedade possua a maioria dos votos nas deliberações dos quotistas ou da assembleia geral e o poder de eleger a maioria dos administradores;

II – a sociedade cujo controle, referido no inciso antecedente, esteja em poder de outra, mediante ações ou quotas possuídas por sociedades ou sociedades por esta já controladas.

Art. 1.099. Diz-se coligada ou filiada a sociedade de cujo capital outra sociedade participa com dez por cento ou mais, do capital da outra, sem controlá-la.

Veja art. 1.097, CC.

Veja art. 46, parágrafo único, Lei n. 11.941, de 27.05.2009.

Art. 1.100. É de simples participação a sociedade de cujo capital outra sociedade possua menos de dez por cento do capital com direito de voto.

Veja art. 1.097, CC.

Art. 1.101. Salvo disposição especial de lei, a sociedade não pode participar de outra, que seja sua sócia, por montante superior, segundo o balanço, ao das próprias reservas, excluída a reserva legal.

Parágrafo único. Aprovado o balanço em que se verifique ter sido excedido esse limite, a sociedade não poderá exercer o direito de voto correspondente às ações ou quotas em excesso, as quais devem ser alienadas nos cento e oitenta dias seguintes àquela aprovação.

CAPÍTULO IX
DA LIQUIDAÇÃO DA SOCIEDADE

Art. 1.102. Dissolvida a sociedade e nomeado o liquidante na forma do disposto neste Livro, procede-se à sua liquidação, de conformidade com os preceitos deste Capítulo, ressalvado o disposto no ato constitutivo ou no instrumento da dissolução.

Veja arts. 1.033 a 1.038, 1.069, VI, e 2.034, CC.

Parágrafo único. O liquidante, que não seja administrador da sociedade, investir-se-á nas funções, averbada a sua nomeação no registro próprio.

Veja arts. 999, parágrafo único, e 1.103, CC.

Art. 1.103. Constituem deveres do liquidante:

Veja art. 206, § 3º, VII, *b*, CC.

I – averbar e publicar a ata, sentença ou instrumento de dissolução da sociedade;

CÓDIGO CIVIL – ARTS. 1.103 A 1.106 | 169

II – arrecadar os bens, livros e documentos da sociedade, onde quer que estejam;

III – proceder, nos quinze dias seguintes ao da sua investidura e com a assistência, sempre que possível, dos administradores, à elaboração do inventário e do balanço geral do ativo e do passivo;

IV – ultimar os negócios da sociedade, realizar o ativo, pagar o passivo e partilhar o remanescente entre os sócios ou acionistas;

V – exigir dos quotistas, quando insuficiente o ativo à solução do passivo, a integralização de suas quotas e, se for o caso, as quantias necessárias, nos limites da responsabilidade de cada um e proporcionalmente à respectiva participação nas perdas, repartindo-se, entre os sócios solventes e na mesma proporção, o devido pelo insolvente;

VI – convocar assembleia dos quotistas, cada seis meses, para apresentar relatório e balanço do estado da liquidação, prestando conta dos atos praticados durante o semestre, ou sempre que necessário;

VII – confessar a falência da sociedade e pedir concordata, de acordo com as formalidades prescritas para o tipo de sociedade liquidanda;

A concordata foi substituída pela recuperação judicial e extrajudicial de empresas pela Lei n. 11.101, de 09.02.2005.

VIII – finda a liquidação, apresentar aos sócios o relatório da liquidação e as suas contas finais;

IX – averbar a ata da reunião ou da assembleia, ou o instrumento firmado pelos sócios, que considerar encerrada a liquidação.

Parágrafo único. Em todos os atos, documentos ou publicações, o liquidante empregará a firma ou denominação social sempre seguida da cláusula "em liquidação" e de sua assinatura individual, com a declaração de sua qualidade.

Art. 1.104. As obrigações e a responsabilidade do liquidante regem-se pelos preceitos peculiares às dos administradores da sociedade liquidanda.

Art. 1.105. Compete ao liquidante representar a sociedade e praticar todos os atos necessários à sua liquidação, inclusive alienar bens móveis ou imóveis, transigir, receber e dar quitação.

Veja arts. 79 a 84, 319 a 325 e 840 a 850, CC.

Parágrafo único. Sem estar expressamente autorizado pelo contrato social, ou pelo voto da maioria dos sócios, não pode o liquidante gravar de ônus reais os móveis e imóveis, contrair empréstimos, salvo quando indispensáveis ao pagamento de obrigações inadiáveis, nem prosseguir, embora para facilitar a liquidação, na atividade social.

Veja arts. 586, 587 e 590 a 592, II, CC.

Art. 1.106. Respeitados os direitos dos credores preferenciais, pagará o liquidante as dívidas sociais proporcionalmente, sem distinção entre vencidas e vincendas, mas, em relação a estas, com desconto.

Veja arts. 956 a 958 e 961 a 965, CC.

170 | ARTS. 1.106 A 1.115 – CÓDIGO CIVIL

Parágrafo único. Se o ativo for superior ao passivo, pode o liquidante, sob sua responsabilidade pessoal, pagar integralmente as dívidas vencidas.

Art. 1.107. Os sócios podem resolver, por maioria de votos, antes de ultimada a liquidação, mas depois de pagos os credores, que o liquidante faça rateios por antecipação da partilha, à medida que se apurem os haveres sociais.

Art. 1.108. Pago o passivo e partilhado o remanescente, convocará o liquidante assembleia dos sócios para a prestação final de contas.

Art. 1.109. Aprovadas as contas, encerra-se a liquidação, e a sociedade se extingue, ao ser averbada no registro próprio a ata da assembleia.

Veja arts. 999, parágrafo único, e 1.168, CC.

Parágrafo único. O dissidente tem o prazo de trinta dias, a contar da publicação da ata, devidamente averbada, para promover a ação que couber.

Art. 1.110. Encerrada a liquidação, o credor não satisfeito só terá direito a exigir dos sócios, individualmente, o pagamento do seu crédito, até o limite da soma por eles recebida em partilha, e a propor contra o liquidante ação de perdas e danos.

Veja arts. 402 a 405, CC.

Art. 1.111. No caso de liquidação judicial, será observado o disposto na lei processual.

Art. 1.112. No curso de liquidação judicial, o juiz convocará, se necessário, reunião ou assembleia para deliberar sobre os interesses da liquidação, e as presidirá, resolvendo sumariamente as questões suscitadas.

Parágrafo único. As atas das assembleias serão, em cópia autêntica, apensadas ao processo judicial.

CAPÍTULO X
DA TRANSFORMAÇÃO, DA INCORPORAÇÃO, DA FUSÃO E DA CISÃO DAS SOCIEDADES

Art. 1.113. O ato de transformação independe de dissolução ou liquidação da sociedade, e obedecerá aos preceitos reguladores da constituição e inscrição próprios do tipo em que vai converter-se.

Veja arts. 968, § 3º, 999, parágrafo único, 1.033, parágrafo único, 1.071, V, e 2.033, CC.

Art. 1.114. A transformação depende do consentimento de todos os sócios, salvo se prevista no ato constitutivo, caso em que o dissidente poderá retirar-se da sociedade, aplicando-se, no silêncio do estatuto ou do contrato social, o disposto no art. 1.031.

Veja arts. 968, § 3º, 1.033, parágrafo único, e 1.076, I, CC.

Art. 1.115. A transformação não modificará nem prejudicará, em qualquer caso, os direitos dos credores.

Veja arts. 968, § 3º, e 1.033, parágrafo único, CC.

Parágrafo único. A falência da sociedade transformada somente produzirá efeitos em relação aos sócios que, no tipo anterior, a eles estariam su-

CÓDIGO CIVIL – ARTS. 1.115 A 1.122 | 171

jeitos, se o pedirem os titulares de créditos anteriores à transformação, e somente a estes beneficiará.

Art. 1.116. Na incorporação, uma ou várias sociedades são absorvidas por outra, que lhes sucede em todos os direitos e obrigações, devendo todas aprová-la, na forma estabelecida para os respectivos tipos.

Veja arts. 1.071, VI, e 2.033, CC.

Art. 1.117. A deliberação dos sócios da sociedade incorporada deverá aprovar as bases da operação e o projeto de reforma do ato constitutivo.

Veja art. 1.076, I, CC.

§ 1º A sociedade que houver de ser incorporada tomará conhecimento desse ato, e, se o aprovar, autorizará os administradores a praticar o necessário à incorporação, inclusive a subscrição em bens pelo valor da diferença que se verificar entre o ativo e o passivo.

§ 2º A deliberação dos sócios da sociedade incorporadora compreenderá a nomeação dos peritos para a avaliação do patrimônio líquido da sociedade, que tenha de ser incorporada.

Art. 1.118. Aprovados os atos da incorporação, a incorporadora declarará extinta a incorporada, e promoverá a respectiva averbação no registro próprio.

Veja art. 999, parágrafo único, CC.

Art. 1.119. A fusão determina a extinção das sociedades que se unem, para formar sociedade nova, que a elas sucederá nos direitos e obrigações.

Veja art. 2.033, CC.

Art. 1.120. A fusão será decidida, na forma estabelecida para os respectivos tipos, pelas sociedades que pretendam unir-se.

Veja arts. 1.071, VI, e 1.076, I, CC.

§ 1º Em reunião ou assembleia dos sócios de cada sociedade, deliberada a fusão e aprovado o projeto do ato constitutivo da nova sociedade, bem como o plano de distribuição do capital social, serão nomeados os peritos para a avaliação do patrimônio da sociedade.

§ 2º Apresentados os laudos, os administradores convocarão reunião ou assembleia dos sócios para tomar conhecimento deles, decidindo sobre a constituição definitiva da nova sociedade.

§ 3º É vedado aos sócios votar o laudo de avaliação do patrimônio da sociedade de que façam parte.

Art. 1.121. Constituída a nova sociedade, aos administradores incumbe fazer inscrever, no registro próprio da sede, os atos relativos à fusão.

Veja art. 999, parágrafo único, CC.

Art. 1.122. Até noventa dias após publicados os atos relativos à incorporação, fusão ou cisão, o credor anterior, por ela prejudicado, poderá promover judicialmente a anulação deles.

§ 1º A consignação em pagamento prejudicará a anulação pleiteada.

Veja arts. 334 a 345, CC.

§ 2º Sendo ilíquida a dívida, a sociedade poderá garantir-lhe a execução, suspendendo-se o processo de anulação.

172 | ARTS. 1.122 A 1.127 – CÓDIGO CIVIL

§ 3° Ocorrendo, no prazo deste artigo, a falência da sociedade incorpo-radora, da sociedade nova ou da cindida, qualquer credor anterior terá direito a pedir a separação dos patrimônios, para o fim de serem os créditos pagos pelos bens das respectivas massas.

CAPÍTULO XI
DA SOCIEDADE DEPENDENTE
DE AUTORIZAÇÃO

Seção I
Disposições Gerais

Art. 1.123. A sociedade que dependa de autorização do Poder Executivo para funcionar reger-se-á por este título, sem prejuízo do disposto em lei especial.
Veja arts. 45, 1.132 e 1.133, CC.
Veja art. 176, § 1°, CF.
Parágrafo único. A competência para a autorização será sempre do Poder Executivo federal.
Art. 1.124. Na falta de prazo estipulado em lei ou em ato do poder público, será considerada caduca a autorização se a sociedade não entrar em funcionamento nos doze meses seguintes à respectiva publicação.
Veja art. 1.033, V, CC.
Art. 1.125. Ao Poder Executivo é facultado, a qualquer tempo, cassar a autorização concedida a sociedade nacional ou estrangeira que infringir disposição de ordem pública ou praticar atos contrários aos fins declarados no seu estatuto.
Veja art. 1.033, V, CC.
Veja art. 5°, LIV e LV, CF.

Seção II
Da Sociedade Nacional

Art. 1.126. É nacional a sociedade organizada de conformidade com a lei brasileira e que tenha no País a sede de sua administração.
Veja art. 75, IV, CC.
Veja art. 170, IX, CF.
Parágrafo único. Quando a lei exigir que todos ou alguns sócios sejam brasileiros, as ações da sociedade anônima revestirão, no silêncio da lei, a forma nominativa. Qualquer que seja o tipo da sociedade, na sua sede ficará arquivada cópia autêntica do documento comprobatório da nacionalidade dos sócios.
Veja arts. 1.088 e 1.089, CC.
Veja arts. 176, § 1°, e 222, CF.
Art. 1.127. Não haverá mudança de nacionalidade de sociedade brasileira sem o consentimento unânime dos sócios ou acionistas.

CÓDIGO CIVIL – ARTS. 1.128 A 1.134 | 173

Art. 1.128. O requerimento de autorização de sociedade nacional deve ser acompanhado de cópia do contrato, assinada por todos os sócios, ou, tratando-se de sociedade anônima, de cópia, autenticada pelos fundadores, dos documentos exigidos pela lei especial.
Veja arts. 1.088, 1.089 e 1.131, CC.

Parágrafo único. Se a sociedade tiver sido constituída por escritura pública, bastará juntar-se ao requerimento a respectiva certidão.

Art. 1.129. Ao Poder Executivo é facultado exigir que se procedam a alterações ou aditamento no contrato ou no estatuto, devendo os sócios, ou, tratando-se de sociedade anônima, os fundadores, cumprir as formalidades legais para revisão dos atos constitutivos, e juntar ao processo prova regular.
Veja arts. 1.088, 1.089 e 1.131, CC.

Art. 1.130. Ao Poder Executivo é facultado recusar a autorização, se a sociedade não atender às condições econômicas, financeiras ou jurídicas especificadas em lei.

Art. 1.131. Expedido o decreto de autorização, cumprirá à sociedade publicar os atos referidos nos arts. 1.128 e 1.129, em trinta dias, no órgão oficial da União, cujo exemplar representará prova para inscrição, no registro próprio, dos atos constitutivos da sociedade.
Veja arts. 998, 1.135, parágrafo único, 1.136, § 3º, e 1.150 a 1.154, CC.

Parágrafo único. A sociedade promoverá, também no órgão oficial da União e no prazo de trinta dias, a publicação do termo de inscrição.
Veja art. 1.136, § 3º, CC.

Art. 1.132. As sociedades anônimas nacionais, que dependam de autorização do Poder Executivo para funcionar, não se constituirão sem obtê-la, quando seus fundadores pretenderem recorrer a subscrição pública para a formação do capital.
Veja arts. 1.088, 1.089 e 1.123, CC.

§ 1º Os fundadores deverão juntar ao requerimento cópias autênticas do projeto do estatuto e do prospecto.

§ 2º Obtida a autorização e constituída a sociedade, proceder-se-á à inscrição dos seus atos constitutivos.

Art. 1.133. Dependem de aprovação as modificações do contrato ou do estatuto de sociedade sujeita a autorização do Poder Executivo, salvo se decorrerem de aumento do capital social, em virtude de utilização de reservas ou reavaliação do ativo.
Veja art. 1.123, CC.

Seção III
Da Sociedade Estrangeira

Art. 1.134. A sociedade estrangeira, qualquer que seja o seu objeto, não pode, sem autorização do Poder Executivo, funcionar no País, ainda que por estabelecimentos subordinados, podendo, todavia, ressalvados os casos expressos em lei, ser acionista de sociedade anônima brasileira.

174 | ARTS. 1.134 A 1.136 – CÓDIGO CIVIL

Veja arts. 1.088, 1.089 e 1.141, § 1º, CC.

Veja Decreto n. 9.787, de 08.05.2019.

§ 1º Ao requerimento de autorização devem juntar-se:

Veja art. 1.135, parágrafo único, CC.

I – prova de se achar a sociedade constituída conforme a lei de seu país;

II – inteiro teor do contrato ou do estatuto;

III – relação dos membros de todos os órgãos da administração da sociedade, com nome, nacionalidade, profissão, domicílio e, salvo quanto a ações ao portador, o valor da participação de cada um no capital da sociedade;

Veja arts. 70 a 74, CC.

IV – cópia do ato que autorizou o funcionamento no Brasil e fixou o capital destinado às operações no território nacional;

V – prova de nomeação do representante no Brasil, com poderes expressos para aceitar as condições exigidas para a autorização;

Veja arts. 115 a 120, CC.

VI – último balanço.

§ 2º Os documentos serão autenticados, de conformidade com a lei nacional da sociedade requerente, legalizados no consulado brasileiro da respectiva sede e acompanhados de tradução em vernáculo.

Art. 1.135. É facultado ao Poder Executivo, para conceder a autorização, estabelecer condições convenientes à defesa dos interesses nacionais.

Veja art. 1.141, § 2º, CC.

Veja art. 1.135, parágrafo único, CC.

Parágrafo único. Aceitas as condições, expedirá o Poder Executivo decreto de autorização, do qual constará o montante de capital destinado às operações no País, cabendo à sociedade promover a publicação dos atos referidos no art. 1.131 e no § 1º do art. 1.134.

Veja art. 1.136, parágrafo único, CC.

Art. 1.136. A sociedade autorizada não pode iniciar sua atividade antes de inscrita no registro próprio do lugar em que se deva estabelecer.

Veja art. 998, CC.

§ 1º O requerimento de inscrição será instruído com exemplar da publicação exigida no parágrafo único do artigo antecedente, acompanhado de documento do depósito em dinheiro, em estabelecimento bancário oficial, do capital ali mencionado.

§ 2º Arquivados esses documentos, a inscrição será feita por termo em livro especial para as sociedades estrangeiras, com número de ordem contínuo para todas as sociedades inscritas; no termo constarão:

I – nome, objeto, duração e sede da sociedade no estrangeiro;

II – lugar da sucursal, filial ou agência, no País;

Veja art. 75, § 2º, CC.

III – data e número do decreto de autorização;

IV – capital destinado às operações no País;

V – individuação do seu representante permanente.

CÓDIGO CIVIL – ARTS. 1.136 A 1.141 | 175

§ 3º Inscrita a sociedade, promover-se-á a publicação determinada no parágrafo único do art. 1.131.

Art. 1.137. A sociedade estrangeira autorizada a funcionar ficará sujeita às leis e aos tribunais brasileiros, quanto aos atos ou operações praticados no Brasil.

Veja arts. 21, 23 e 24, CPC.

Parágrafo único. A sociedade estrangeira funcionará no território nacional com o nome que tiver em seu país de origem, podendo acrescentar as palavras "do Brasil" ou "para o Brasil".

Art. 1.138. A sociedade estrangeira autorizada a funcionar é obrigada a ter, permanentemente, representante no Brasil, com poderes para resolver quaisquer questões e receber citação judicial pela sociedade.

Veja arts. 115 a 120, CC.

Veja arts. 21, parágrafo único, e 75, X e § 3º, CPC.

Parágrafo único. O representante somente pode agir perante terceiros depois de arquivado e averbado o instrumento de sua nomeação.

Veja art. 999, parágrafo único, CC.

Art. 1.139. Qualquer modificação no contrato ou no estatuto dependerá da aprovação do Poder Executivo, para produzir efeitos no território nacional.

Veja Decreto n. 9.787, de 08.05.2019.

Art. 1.140. A sociedade estrangeira deve, sob pena de lhe ser cassada a autorização, reproduzir no órgão oficial da União, e do Estado, se for o caso, as publicações que, segundo a sua lei nacional, seja obrigada a fazer relativamente ao balanço patrimonial e ao de resultado econômico, bem como aos atos de sua administração.

Veja arts. 1.020, 1.065, 1.069, III, 1.078, I e § 3º, 1.125, 1.179, 1.188 e 1.189, CC.

Parágrafo único. Sob pena, também, de lhe ser cassada a autorização, a sociedade estrangeira deverá publicar o balanço patrimonial e o de resultado econômico das sucursais, filiais ou agências existentes no País.

Art. 1.141. Mediante autorização do Poder Executivo, a sociedade estrangeira admitida a funcionar no País pode nacionalizar-se, transferindo sua sede para o Brasil.

Veja art. 75, IV, CC.

Veja Decreto n. 9.787, de 08.05.2019.

§ 1º Para o fim previsto neste artigo, deverá a sociedade, por seus representantes, oferecer, com o requerimento, os documentos exigidos no art. 1.134, e ainda a prova da realização do capital, pela forma declarada no contrato, ou no estatuto, e do ato em que foi deliberada a nacionalização.

§ 2º O Poder Executivo poderá impor as condições que julgar convenientes à defesa dos interesses nacionais.

Veja art. 1.135, CC.

§ 3º Aceitas as condições pelo representante, proceder-se-á, após a expedição do decreto de autorização, à inscrição da sociedade e publicação do respectivo termo.

Veja art. 998, CC.

TÍTULO III
DO ESTABELECIMENTO
Veja Lei n. 12.291, de 20.07.2010.

CAPÍTULO ÚNICO
DISPOSIÇÕES GERAIS

Art. 1.142. Considera-se estabelecimento todo complexo de bens organizado, para exercício da empresa, por empresário, ou por sociedade empresária.

Veja arts. 90, 91, 966, 981 e 982, CC.

Veja Súmula n. 451, STJ.

Art. 1.143. Pode o estabelecimento ser objeto unitário de direitos e de negócios jurídicos, translativos ou constitutivos, que sejam compatíveis com a sua natureza.

Veja arts. 90, parágrafo único, e 1.164, parágrafo único, CC.

Art. 1.144. O contrato que tenha por objeto a alienação, o usufruto ou arrendamento do estabelecimento, só produzirá efeitos quanto a terceiros depois de averbado à margem da inscrição do empresário, ou da sociedade empresária, no Registro Público de Empresas Mercantis, e de publicado na imprensa oficial.

Veja arts. 565, 968, § 2º, e 1.390, CC.

Art. 1.145. Se ao alienante não restarem bens suficientes para solver o seu passivo, a eficácia da alienação do estabelecimento depende do pagamento de todos os credores, ou do consentimento destes, de modo expresso ou tácito, em trinta dias a partir de sua notificação.

Art. 1.146. O adquirente do estabelecimento responde pelo pagamento dos débitos anteriores à transferência, desde que regularmente contabilizados, continuando o devedor primitivo solidariamente obrigado pelo prazo de um ano, a partir, quanto aos créditos vencidos, da publicação, e, quanto aos outros, da data do vencimento.

Veja arts. 264 a 266 e 275 a 285, CC.

Veja art. 81, § 1º, Lei n. 11.101, de 09.02.2005.

Art. 1.147. Não havendo autorização expressa, o alienante do estabelecimento não pode fazer concorrência ao adquirente, nos cinco anos subsequentes à transferência.

Parágrafo único. No caso de arrendamento ou usufruto do estabelecimento, a proibição prevista neste artigo persistirá durante o prazo do contrato.

Veja arts. 565 e 1.390, CC.

Art. 1.148. Salvo disposição em contrário, a transferência importa a sub-rogação do adquirente nos contratos estipulados para exploração do estabelecimento, se não tiverem caráter pessoal, podendo os terceiros rescindir o contrato em noventa dias a contar da publicação da transferência, se ocorrer justa causa, ressalvada, neste caso, a responsabilidade do alienante.

CÓDIGO CIVIL – ARTS. 1.149 A 1.152 | 177

Art. 1.149. A cessão dos créditos referentes ao estabelecimento transferido produzirá efeito em relação aos respectivos devedores, desde o momento da publicação da transferência, mas o devedor ficará exonerado se de boa-fé pagar ao cedente.
Veja arts. 286 e 290, CC.

TÍTULO IV
DOS INSTITUTOS COMPLEMENTARES

CAPÍTULO I
DO REGISTRO

Art. 1.150. O empresário e a sociedade empresária vinculam-se ao Registro Público de Empresas Mercantis a cargo das Juntas Comerciais, e a sociedade simples ao Registro Civil das Pessoas Jurídicas, o qual deverá obedecer às normas fixadas para aquele registro, se a sociedade simples adotar um dos tipos de sociedade empresária.
Veja arts. 45, 966 a 971, 976, 979 a 985, 997, 998, 1.000, 1.144 e 1.151, CC.
Veja art. 75, IX e § 2º, CPC.
Veja art. 3º, II, Lei n. 8.934, de 18.11.1994.

Art. 1.151. O registro dos atos sujeitos à formalidade exigida no artigo antecedente será requerido pela pessoa obrigada em lei, e, no caso de omissão ou demora, pelo sócio ou qualquer interessado.

§ 1º Os documentos necessários ao registro deverão ser apresentados no prazo de trinta dias, contado da lavratura dos atos respectivos.
Veja art. 36, Lei n. 8.934, de 18.11.1994.

§ 2º Requerido além do prazo previsto neste artigo, o registro somente produzirá efeito a partir da data de sua concessão.

§ 3º As pessoas obrigadas a requerer o registro responderão por perdas e danos, em caso de omissão ou demora.
Veja arts. 402 a 405, CC.

Art. 1.152. Cabe ao órgão incumbido do registro verificar a regularidade das publicações determinadas em lei, de acordo com o disposto nos parágrafos deste artigo.
Veja art. 37, CF.

§ 1º Salvo exceção expressa, as publicações ordenadas neste Livro serão feitas no órgão oficial da União ou do Estado, conforme o local da sede do empresário ou da sociedade, e em jornal de grande circulação.

§ 2º As publicações das sociedades estrangeiras serão feitas nos órgãos oficiais da União e do Estado onde tiverem sucursais, filiais ou agências.

§ 3º O anúncio de convocação da assembleia de sócios será publicado por três vezes, ao menos, devendo mediar, entre a data da primeira inserção e a da realização da assembleia, o prazo mínimo de oito dias, para a primeira convocação, e de cinco dias, para as posteriores.
Veja art. 1.072, § 2º, CC.

178 | ARTS. 1.153 A 1.158 – CÓDIGO CIVIL

Art. 1.153. Cumpre à autoridade competente, antes de efetivar o registro, verificar a autenticidade e a legitimidade do signatário do requerimento, bem como fiscalizar a observância das prescrições legais concernentes ao ato ou aos documentos apresentados.

Parágrafo único. Das irregularidades encontradas deve ser notificado o requerente, que, se for o caso, poderá saná-las, obedecendo às formalidades da lei.

Art. 1.154. O ato sujeito a registro, ressalvadas disposições especiais da lei, não pode, antes do cumprimento das respectivas formalidades, ser oposto a terceiro, salvo prova de que este o conhecia.

Veja art. 1.166, CC.

Parágrafo único. O terceiro não pode alegar ignorância, desde que cumpridas as referidas formalidades.

Veja arts. 138 a 144, CC.

CAPÍTULO II
DO NOME EMPRESARIAL

Veja art. 124, V, Lei n. 9.279, de 14.05.1996.

Art. 1.155. Considera-se nome empresarial a firma ou a denominação adotada, de conformidade com este Capítulo, para o exercício de empresa.

Parágrafo único. Equipara-se ao nome empresarial, para os efeitos da proteção da lei, a denominação das sociedades simples, associações e fundações.

Veja art. 54, I, CC.

Art. 1.156. O empresário opera sob firma constituída por seu nome, completo ou abreviado, aditando-lhe, se quiser, designação mais precisa da sua pessoa ou do gênero de atividade.

Veja art. 966, CC.

Art. 1.157. A sociedade em que houver sócios de responsabilidade ilimitada operará sob firma, na qual somente os nomes daqueles poderão figurar, bastando para formá-la aditar ao nome de um deles a expressão "e companhia" ou sua abreviatura.

Veja arts. 997, I, 1.041, 1.045 e 1.047, CC.

Parágrafo único. Ficam solidária e ilimitadamente responsáveis pelas obrigações contraídas sob a firma social aqueles que, por seus nomes, figurarem na firma da sociedade de que trata este artigo.

Veja arts. 264 a 266 e 275 a 285, CC.

Art. 1.158. Pode a sociedade limitada adotar firma ou denominação, integradas pela palavra final "limitada" ou a sua abreviatura.

Veja arts. 1.054 e 1.064, CC.

§ 1º A firma será composta com o nome de um ou mais sócios, desde que pessoas físicas, de modo indicativo da relação social.

§ 2º A denominação deve designar o objeto da sociedade, sendo permitido nela figurar o nome de um ou mais sócios.

CÓDIGO CIVIL – ARTS. 1.158 A 1.167 | 179

§ 3º A omissão da palavra "limitada" determina a responsabilidade solidária e ilimitada dos administradores que assim empregarem a firma ou a denominação da sociedade.
Veja arts. 264 a 266, 275 a 285 e 1.052, CC.

Art. 1.159. A sociedade cooperativa funciona sob denominação integrada pelo vocábulo "cooperativa".
Veja art. 1.093, CC.

Art. 1.160. A sociedade anônima opera sob denominação designativa do objeto social, integrada pelas expressões "sociedade anônima" ou "companhia", por extenso ou abreviadamente.
Veja arts. 1.088 e 1.089, CC.

Parágrafo único. Pode constar da denominação o nome do fundador, acionista, ou pessoa que haja concorrido para o bom êxito da formação da empresa.

Art. 1.161. A sociedade em comandita por ações pode, em lugar de firma, adotar denominação designativa do objeto social, aditada da expressão "comandita por ações".
Veja art. 1.090, CC.

Art. 1.162. A sociedade em conta de participação não pode ter firma ou denominação.
Veja art. 991, CC.

Art. 1.163. O nome de empresário deve distinguir-se de qualquer outro já inscrito no mesmo registro.
Veja art. 968, I, CC.
Veja art. 35, V, Lei n. 8.934, de 18.11.1994.

Parágrafo único. Se o empresário tiver nome idêntico ao de outros já inscritos, deverá acrescentar designação que o distinga.

Art. 1.164. O nome empresarial não pode ser objeto de alienação.

Parágrafo único. O adquirente de estabelecimento, por ato entre vivos, pode, se o contrato o permitir, usar o nome do alienante, precedido do seu próprio, com a qualificação de sucessor.
Veja art. 1.144, CC.

Art. 1.165. O nome de sócio que vier a falecer, for excluído ou se retirar, não pode ser conservado na firma social.
Veja arts. 999, parágrafo único, 1.041, 1.054 e 1.090, CC.

Art. 1.166. A inscrição do empresário, ou dos atos constitutivos das pessoas jurídicas, ou as respectivas averbações, no registro próprio, asseguram o uso exclusivo do nome nos limites do respectivo Estado.
Veja art. 5º, XXIX, CF.

Parágrafo único. O uso previsto neste artigo estender-se-á a todo o território nacional, se registrado na forma da lei especial.

Art. 1.167. Cabe ao prejudicado, a qualquer tempo, ação para anular a inscrição do nome empresarial feita com violação da lei ou do contrato.

180 | ARTS. 1.168 A 1.174 – CÓDIGO CIVIL

Art. 1.168. A inscrição do nome empresarial será cancelada, a requerimento de qualquer interessado, quando cessar o exercício da atividade para que foi adotado, ou quando ultimar-se a liquidação da sociedade que o inscreveu.

Veja art. 1.109, CC.

Veja art. 60, § 1º, Lei n. 8.934, de 18.11.1994.

CAPÍTULO III
DOS PREPOSTOS

Seção I
Disposições Gerais

Art. 1.169. O preposto não pode, sem autorização escrita, fazer-se substituir no desempenho da preposição, sob pena de responder pessoalmente pelos atos do substituto e pelas obrigações por ele contraídas.

Art. 1.170. O preposto, salvo autorização expressa, não pode negociar por conta própria ou de terceiro, nem participar, embora indiretamente, de operação do mesmo gênero da que lhe foi cometida, sob pena de responder por perdas e danos e de serem retidos pelo preponente os lucros da operação.

Veja arts. 119 e 402 a 405, CC.

Art. 1.171. Considera-se perfeita a entrega de papéis, bens ou valores ao preposto, encarregado pelo preponente, se os recebeu sem protesto, salvo nos casos em que haja prazo para reclamação.

Seção II
Do Gerente

Art. 1.172. Considera-se gerente o preposto permanente no exercício da empresa, na sede desta, ou em sucursal, filial ou agência.

Veja arts. 1.169 a 1.171, CC.

Art. 1.173. Quando a lei não exigir poderes especiais, considera-se o gerente autorizado a praticar todos os atos necessários ao exercício dos poderes que lhe foram outorgados.

Veja arts. 116 e 661, § 1º, CC.

Parágrafo único. Na falta de estipulação diversa, consideram-se solidários os poderes conferidos a dois ou mais gerentes.

Veja arts. 264 a 266 e 275 a 285, CC.

Art. 1.174. As limitações contidas na outorga de poderes, para serem opostas a terceiros, dependem do arquivamento e averbação do instrumento no Registro Público de Empresas Mercantis, salvo se provado serem conhecidas da pessoa que tratou com o gerente.

Veja arts. 968, § 2º, 1.154, 1.178 e 1.182, CC.

Parágrafo único. Para o mesmo efeito e com idêntica ressalva, deve a modificação ou revogação do mandato ser arquivada e averbada no Registro Público de Empresas Mercantis.

CÓDIGO CIVIL – ARTS. 1.175 A 1.180 | 181

Art. 1.175. O preponente responde com o gerente pelos atos que este pratique em seu próprio nome, mas à conta daquele.

Veja arts. 264 a 266, 275 a 285, 932, III, 933, 1.177 e 1.178, CC.

Art. 1.176. O gerente pode estar em juízo em nome do preponente, pelas obrigações resultantes do exercício da sua função.

Veja arts. 242, § 1º, e 334, § 10, CPC.

Seção III
Do Contabilista e Outros Auxiliares

Art. 1.177. Os assentos lançados nos livros ou fichas do preponente, por qualquer dos prepostos encarregados de sua escrituração, produzem, salvo se houver procedido de má-fé, os mesmos efeitos como se o fossem por aquele.

Veja arts. 226, 932, III, 933, 1.175 e 1.178, CC.

Parágrafo único. No exercício de suas funções, os prepostos são pessoalmente responsáveis, perante os preponentes, pelos atos culposos; e, perante terceiros, solidariamente com o preponente, pelos atos dolosos.

Veja arts. 145 a 150, 264 a 266, 275 a 285 e 1.182, CC.

Art. 1.178. Os preponentes são responsáveis pelos atos de quaisquer prepostos, praticados nos seus estabelecimentos e relativos à atividade da empresa, ainda que não autorizados por escrito.

Veja arts. 932, III, 933, 1.020, 1.069, 1.142, 1.175 e 1.177, CC.

Parágrafo único. Quando tais atos forem praticados fora do estabelecimento, somente obrigarão o preponente nos limites dos poderes conferidos por escrito, cujo instrumento pode ser suprido pela certidão ou cópia autêntica do seu teor.

CAPÍTULO IV
DA ESCRITURAÇÃO

Art. 1.179. O empresário e a sociedade empresária são obrigados a seguir um sistema de contabilidade, mecanizado ou não, com base na escrituração uniforme de seus livros, em correspondência com a documentação respectiva, e a levantar anualmente o balanço patrimonial e o de resultado econômico.

Veja arts. 1.020, 1.065, 1.069, III, 1.078, I e § 3º, 1.140, 1.188 e 1.189, CC.

§ 1º Salvo o disposto no art. 1.180, o número e a espécie de livros ficam a critério dos interessados.

§ 2º É dispensado das exigências deste artigo o pequeno empresário a que se refere o art. 970.

Veja art. 1º, parágrafo único, DL n. 486, de 03.03.1969.

Art. 1.180. Além dos demais livros exigidos por lei, é indispensável o Diário, que pode ser substituído por fichas no caso de escrituração mecanizada ou eletrônica.

Veja arts. 226, 1.179, § 1º, e 1.184 a 1.186, CC.

182 | ARTS. 1.180 A 1.185 – CÓDIGO CIVIL

Veja art. 19, § 3º, Lei n. 5.474, de 18.07.1968.
Veja art. 5º, DL n. 486, de 03.03.1969.
Parágrafo único. A adoção de fichas não dispensa o uso de livro apropriado para o lançamento do balanço patrimonial e do de resultado econômico.
Veja arts. 1.188 e 1.189, CC.
Art. 1.181. Salvo disposição especial de lei, os livros obrigatórios e, se for o caso, as fichas, antes de postos em uso, devem ser autenticados no Registro Público de Empresas Mercantis.
Parágrafo único. A autenticação não se fará sem que esteja inscrito o empresário, ou a sociedade empresária, que poderá fazer autenticar livros não obrigatórios.
Veja arts. 967 a 971, 982, 985 e 997 a 1.000, CC.
Art. 1.182. Sem prejuízo do disposto no art. 1.174, a escrituração ficará sob a responsabilidade de contabilista legalmente habilitado, salvo se nenhum houver na localidade.
Veja arts. 1.177 e 1.178, CC.
Veja art. 3º, DL n. 486, de 03.03.1969.
Art. 1.183. A escrituração será feita em idioma e moeda corrente nacionais e em forma contábil, por ordem cronológica de dia, mês e ano, sem intervalos em branco, nem entrelinhas, borrões, rasuras, emendas ou transportes para as margens.
Veja art. 418, CPC.
Veja art. 2º, DL n. 486, de 03.03.1969.
Parágrafo único. É permitido o uso de código de números ou de abreviaturas, que constem de livro próprio, regularmente autenticado.
Art. 1.184. No Diário serão lançadas, com individuação, clareza e caracterização do documento respectivo, dia a dia, por escrita direta ou reprodução, todas as operações relativas ao exercício da empresa.
Veja art. 1.180, CC.
Veja art. 2º, DL n. 486, de 03.03.1969.
§ 1º Admite-se a escrituração resumida do Diário, com totais que não excedam o período de trinta dias, relativamente a contas cujas operações sejam numerosas ou realizadas fora da sede do estabelecimento, desde que utilizados livros auxiliares regularmente autenticados, para registro individualizado, e conservados os documentos que permitam a sua perfeita verificação.
§ 2º Serão lançados no Diário o balanço patrimonial e o de resultado econômico, devendo ambos ser assinados por técnico em Ciências Contábeis legalmente habilitado e pelo empresário ou sociedade empresária.
Veja arts. 1.177, 1.178, 1.182, 1.188 e 1.189, CC.
Art. 1.185. O empresário ou sociedade empresária que adotar o sistema de fichas de lançamentos poderá substituir o livro Diário pelo livro Balancetes Diários e Balanços, observadas as mesmas formalidades extrínsecas exigidas para aquele.
Veja arts. 1.180 e 1.186, CC.

CÓDIGO CIVIL – ARTS. 1.186 A 1.188 | 183

Art. 1.186. O livro Balancetes Diários e Balanços será escriturado de modo que registre:

I – a posição diária de cada uma das contas ou títulos contábeis, pelo respectivo saldo, em forma de balancetes diários;

II – o balanço patrimonial e o de resultado econômico, no encerramento do exercício.

Veja arts. 1.188 e 1.189, CC.

Art. 1.187. Na coleta dos elementos para o inventário serão observados os critérios de avaliação a seguir determinados:

I – os bens destinados à exploração da atividade serão avaliados pelo custo de aquisição, devendo, na avaliação dos que se desgastam ou depreciam com o uso, pela ação do tempo ou outros fatores, atender-se à desvalorização respectiva, criando-se fundos de amortização para assegurar-lhes a substituição ou a conservação do valor;

II – os valores mobiliários, matéria-prima, bens destinados à alienação, ou que constituem produtos ou artigos da indústria ou comércio da empresa, podem ser estimados pelo custo de aquisição ou de fabricação, ou pelo preço corrente, sempre que este for inferior ao preço de custo, e quando o preço corrente ou venal estiver acima do valor do custo de aquisição, ou fabricação, e os bens forem avaliados pelo preço corrente, a diferença entre este e o preço de custo não será levada em conta para a distribuição de lucros, nem para as percentagens referentes a fundos de reserva;

III – o valor das ações e dos títulos de renda fixa pode ser determinado com base na respectiva cotação da Bolsa de Valores; os não cotados e as participações não acionárias serão considerados pelo seu valor de aquisição;

IV – os créditos serão considerados de conformidade com o presumível valor de realização, não se levando em conta os prescritos ou de difícil liquidação, salvo se houver, quanto aos últimos, previsão equivalente.

Parágrafo único. Entre os valores do ativo podem figurar, desde que se preceda, anualmente, à sua amortização:

O correto parece ser "proceda" em vez de "preceda".

I – as despesas de instalação da sociedade, até o limite correspondente a dez por cento do capital social;

II – os juros pagos aos acionistas da sociedade anônima, no período antecedente ao início das operações sociais, à taxa não superior a doze por cento ao ano, fixada no estatuto;

Veja arts. 1.088 e 1.089, CC.

III – a quantia efetivamente paga a título de aviamento de estabelecimento adquirido pelo empresário ou sociedade.

Veja arts. 966, 981 e 1.142, CC.

Art. 1.188. O balanço patrimonial deverá exprimir, com fidelidade e clareza, a situação real da empresa e, atendidas as peculiaridades desta, bem como as disposições das leis especiais, indicará, distintamente, o ativo e o passivo.

184 | ARTS. 1.188 A 1.194 – CÓDIGO CIVIL

Veja arts. 1.020, 1.065, 1.069, III, 1.078, I e § 3º, 1.140, 1.179, 1.180, parágrafo único, e 1.184, § 2º, CC.

Parágrafo único. Lei especial disporá sobre as informações que acompanharão o balanço patrimonial, em caso de sociedades coligadas.

Veja arts. 1.097 a 1.101, CC.

Art. 1.189. O balanço de resultado econômico, ou demonstração da conta de lucros e perdas, acompanhará o balanço patrimonial e dele constarão crédito e débito, na forma da lei especial.

Veja arts. 1.020, 1.065, 1.069, III, 1.078, I e § 3º, 1.140, 1.179, 1.180, parágrafo único, e 1.184, § 2º, CC.

Art. 1.190. Ressalvados os casos previstos em lei, nenhuma autoridade, juiz ou tribunal, sob qualquer pretexto, poderá fazer ou ordenar diligência para verificar se o empresário ou a sociedade empresária observam, ou não, em seus livros e fichas, as formalidades prescritas em lei.

Veja arts. 226 e 1.191, CC.

Art. 1.191. O juiz só poderá autorizar a exibição integral dos livros e papéis de escrituração quando necessária para resolver questões relativas a sucessão, comunhão ou sociedade, administração ou gestão à conta de outrem, ou em caso de falência.

Veja arts. 226, 1.192, 1.511 e 1.784, CC.

Veja arts. 355, 396 a 404 e 417 a 421, CPC.

§ 1º O juiz ou tribunal que conhecer de medida cautelar ou de ação pode, a requerimento ou de ofício, ordenar que os livros de qualquer das partes, ou de ambas, sejam examinados na presença do empresário ou da sociedade empresária a que pertencerem, ou de pessoas por estes nomeadas, para deles se extrair o que interessar à questão.

Veja art. 1.192, CC.

§ 2º Achando-se os livros em outra jurisdição, nela se fará o exame, perante o respectivo juiz.

Art. 1.192. Recusada a apresentação dos livros, nos casos do artigo antecedente, serão apreendidos judicialmente e, no do seu § 1º, ter-se-á como verdadeiro o alegado pela parte contrária para se provar pelos livros.

Veja arts. 396, 399, I, e 400, CPC.

Parágrafo único. A confissão resultante da recusa pode ser elidida por prova documental em contrário.

Veja art. 212, II, CC.

Art. 1.193. As restrições estabelecidas neste Capítulo ao exame da escrituração, em parte ou por inteiro, não se aplicam às autoridades fazendárias, no exercício da fiscalização do pagamento de impostos, nos termos estritos das respectivas leis especiais.

Art. 1.194. O empresário e a sociedade empresária são obrigados a conservar em boa guarda toda a escrituração, correspondência e mais papéis concernentes à sua atividade, enquanto não ocorrer prescrição ou decadência no tocante aos atos neles consignados.

CÓDIGO CIVIL – ARTS. 1.194 A 1.201 | 185

Veja arts. 189 a 211, CC.

Veja art. 5º, DL n. 486, de 03.03.1969.

Art. 1.195. As disposições deste Capítulo aplicam-se às sucursais, filiais ou agências, no Brasil, do empresário ou sociedade com sede em país estrangeiro.

Veja arts. 1.134 a 1.141 e 2.035, parágrafo único, CC.

Veja arts. 5º, XXIII e LXXIII, 170, III, 182, § 2º, 186 e 225, §§ 1º a 5º, CF.

Veja art. 806, CPC.

LIVRO III
DO DIREITO DAS COISAS

TÍTULO I
DA POSSE

CAPÍTULO I
DA POSSE E SUA CLASSIFICAÇÃO

Art. 1.196. Considera-se possuidor todo aquele que tem de fato o exercício, pleno ou não, de algum dos poderes inerentes à propriedade.

Veja arts. 1.199, 1.204 a 1.210, 1.223, 1.670 e 1.784, CC.

Veja arts. 554 a 568, CPC.

Art. 1.197. A posse direta, de pessoa que tem a coisa em seu poder, temporariamente, em virtude de direito pessoal, ou real, não anula a indireta, de quem aquela foi havida, podendo o possuidor direto defender a sua posse contra o indireto.

Veja arts. 1.267, 1.268 e 1.394, CC.

Veja art. 168, CP.

Art. 1.198. Considera-se detentor aquele que, achando-se em relação de dependência para com outro, conserva a posse em nome deste e em cumprimento de ordens ou instruções suas.

Veja art. 338, CPC.

Veja art. 168, CP.

Parágrafo único. Aquele que começou a comportar-se do modo como prescreve este artigo, em relação ao bem e à outra pessoa, presume-se detentor, até que prove o contrário.

Art. 1.199. Se duas ou mais pessoas possuírem coisa indivisa, poderá cada uma exercer sobre ela atos possessórios, contanto que não excluam os dos outros compossuidores.

Veja arts. 1.314 a 1.322, CC.

Art. 1.200. É justa a posse que não for violenta, clandestina ou precária.

Veja art. 1.208, CC.

Veja arts. 554 a 568, CPC.

Art. 1.201. É de boa-fé a posse, se o possuidor ignora o vício, ou o obstáculo que impede a aquisição da coisa.

186 | ARTS. 1.201 A 1.210 – CÓDIGO CIVIL

Veja arts. 113, 307, parágrafo único, 1.214 a 1.222 e 1.254 a 1.261, CC.

Parágrafo único. O possuidor com justo título tem por si a presunção de boa-fé, salvo prova em contrário, ou quando a lei expressamente não admite esta presunção.

Art. 1.202. A posse de boa-fé só perde este caráter no caso e desde o momento em que as circunstâncias façam presumir que o possuidor não ignora que possui indevidamente.

Veja art. 113, CC.

Art. 1.203. Salvo prova em contrário, entende-se manter a posse o mesmo caráter com que foi adquirida.

Veja arts. 1.206 a 1.208, CC.

CAPÍTULO II
DA AQUISIÇÃO DA POSSE

Art. 1.204. Adquire-se a posse desde o momento em que se torna possível o exercício, em nome próprio, de qualquer dos poderes inerentes à propriedade.

Veja arts. 1.196, 1.238 a 1.245, 1.248 e 1.274, CC.

Art. 1.205. A posse pode ser adquirida:

I – pela própria pessoa que a pretende ou por seu representante;

Veja art. 116, CC.

II – por terceiro sem mandato, dependendo de ratificação.

Veja arts. 662, 673 e 873, CC.

Art. 1.206. A posse transmite-se aos herdeiros ou legatários do possuidor com os mesmos caracteres.

Veja arts. 1.203, 1.207 e 1.784, CC.

Art. 1.207. O sucessor universal continua de direito a posse do seu antecessor; e ao sucessor singular é facultado unir sua posse à do antecessor, para os efeitos legais.

Veja arts. 80, II, 1.203, 1.206, 1.243 e 1.784, CC.

Art. 1.208. Não induzem posse os atos de mera permissão ou tolerância assim como não autorizam a sua aquisição os atos violentos, ou clandestinos, senão depois de cessar a violência ou a clandestinidade.

Veja arts. 1.200 e 1.203, CC.

Veja arts. 554 a 568, CPC.

Veja art. 168, CP.

Veja Súmula n. 619, STJ.

Art. 1.209. A posse do imóvel faz presumir, até prova contrária, a das coisas móveis que nele estiverem.

Veja arts. 79 e 82, CC.

CAPÍTULO III
DOS EFEITOS DA POSSE

Art. 1.210. O possuidor tem direito a ser mantido na posse em caso de

CÓDIGO CIVIL – ARTS. 1.210 A 1.217 | 187

turbação, restituído no de esbulho, e segurado de violência iminente, se tiver justo receio de ser molestado.

Veja arts. 560 a 566, CPC.

Veja art. 161, § 1º, II, CP.

§ 1º O possuidor turbado, ou esbulhado, poderá manter-se ou restituir-se por sua própria força, contanto que o faça logo; os atos de defesa, ou de desforço, não podem ir além do indispensável à manutenção, ou restituição da posse.

Veja art. 1.224, CC.

§ 2º Não obsta à manutenção ou reintegração na posse a alegação de propriedade, ou de outro direito sobre a coisa.

Veja art. 557, CPC.

Art. 1.211. Quando mais de uma pessoa se disser possuidora, manter-se-á provisoriamente a que tiver a coisa, se não estiver manifesto que a obteve de alguma das outras por modo vicioso.

Veja art. 1.200, CC.

Art. 1.212. O possuidor pode intentar a ação de esbulho, ou a de indenização, contra o terceiro, que recebeu a coisa esbulhada sabendo que o era.

Veja arts. 554, 555 e 560, CPC.

Veja art. 161, § 1º, II, CP.

Art. 1.213. O disposto nos artigos antecedentes não se aplica às servidões não aparentes, salvo quando os respectivos títulos provierem do possuidor do prédio serviente, ou daqueles de quem este o houve.

Veja art. 1.378 a 1.389, CC.

Veja art. 161, § 1º, II, CP.

Art. 1.214. O possuidor de boa-fé tem direito, enquanto ela durar, aos frutos percebidos.

Veja arts. 95, 242, parágrafo único, 878, 1.201, 1.232, 1.253 a 1.257, 1.396 e 1.826, CC.

Parágrafo único. Os frutos pendentes ao tempo em que cessar a boa-fé devem ser restituídos, depois de deduzidas as despesas da produção e custeio; devem ser também restituídos os frutos colhidos com antecipação.

Veja art. 1.216, CC.

Art. 1.215. Os frutos naturais e industriais reputam-se colhidos e percebidos, logo que são separados; os civis reputam-se percebidos dia por dia.

Veja arts. 242, parágrafo único, 878 e 1.398, CC.

Art. 1.216. O possuidor de má-fé responde por todos os frutos colhidos e percebidos, bem como pelos que, por culpa sua, deixou de perceber, desde o momento em que se constituiu de má-fé; tem direito às despesas da produção e custeio.

Veja arts. 242, parágrafo único, 878, 1.201 e 1.214, CC.

Veja Súmula n. 445, TST.

Art. 1.217. O possuidor de boa-fé não responde pela perda ou deterioração da coisa, a que não der causa.

Veja art. 1.201, CC.

188 | ARTS. 1.218 A 1.225 – CÓDIGO CIVIL

Art. 1.218. O possuidor de má-fé responde pela perda, ou deterioração da coisa, ainda que acidentais, salvo se provar que de igual modo se teriam dado, estando ela na posse do reivindicante.

Art. 1.219. O possuidor de boa-fé tem direito à indenização das benfeitorias necessárias e úteis, bem como, quanto às voluptuárias, se não lhe forem pagas, a levantá-las, quando o puder sem detrimento da coisa, e poderá exercer o direito de retenção pelo valor das benfeitorias necessárias e úteis.

Veja arts. 96, 97, 242, 878, 964, III, e 1.201, CC.

Veja art. 810, I e II, CPC.

Veja art. 27, § 4º, Lei n. 9.514, de 20.11.1997.

Art. 1.220. Ao possuidor de má-fé serão ressarcidas somente as benfeitorias necessárias; não lhe assiste o direito de retenção pela importância destas, nem o de levantar as voluptuárias.

Veja arts. 96, §§ 1º e 3º, 242 e 878, CC.

Art. 1.221. As benfeitorias compensam-se com os danos, e só obrigam ao ressarcimento se ao tempo da evicção ainda existirem.

Veja arts. 242, 368 a 380 e 878, CC.

Art. 1.222. O reivindicante, obrigado a indenizar as benfeitorias ao possuidor de má-fé, tem o direito de optar entre o seu valor atual e o seu custo; ao possuidor de boa-fé indenizará pelo valor atual.

Veja arts. 242, 878, 944 e 1.826, CC.

CAPÍTULO IV
DA PERDA DA POSSE

Art. 1.223. Perde-se a posse quando cessa, embora contra a vontade do possuidor, o poder sobre o bem, ao qual se refere o art. 1.196.

Veja arts. 1.210, § 1º, 1.275 e 1.378 a 1.389, CC.

Art. 1.224. Só se considera perdida a posse para quem não presenciou o esbulho, quando, tendo notícia dele, se abstém de retornar a coisa, ou, tentando recuperá-la, é violentamente repelido.

O correto parece ser "retomar" em vez de "retornar".

Veja art. 1.210, CC.

Veja art. 558, parágrafo único, CPC.

TÍTULO II
DOS DIREITOS REAIS

CAPÍTULO ÚNICO
DISPOSIÇÕES GERAIS

Art. 1.225. São direitos reais:

Veja arts. 80, I, e 2.038, CC.

I – a propriedade;

Veja arts. 1.228 a 1.368-B, CC.

II – a superfície;

CÓDIGO CIVIL – ARTS. 1.225 A 1.228 | 189

Veja arts. 1.369 a 1.377, CC.

III – as servidões;

Veja arts. 1.378 a 1.389, CC.

IV – o usufruto;

Veja arts. 1.390 a 1.411, CC.

V – o uso;

Veja arts. 1.412 e 1.413, CC.

VI – a habitação;

Veja arts. 1.414 a 1.416, CC.

VII – o direito do promitente comprador do imóvel;

Veja arts. 1.417 e 1.418, CC.

VIII – o penhor;

Veja arts. 1.431 a 1.472, CC.

IX – a hipoteca;

Veja arts. 1.473 a 1.505, CC.

X – a anticrese;

Veja arts. 1.506 a 1.510, CC.

XI – a concessão de uso especial para fins de moradia;

Inciso acrescentado pela Lei n. 11.481, de 31.05.2007.

XII – a concessão de direito real de uso; e

Inciso com redação dada pela Lei n. 13.465, de 11.07.2017.

XIII – a laje.

Inciso acrescentado pela Lei n. 13.465, de 11.07.2017.

Art. 1.226. Os direitos reais sobre coisas móveis, quando constituídos, ou transmitidos por atos entre vivos, só se adquirem com a tradição.

Veja arts. 234, 237, 238, 291, 444, 492, 495, 529, 541, parágrafo único, 579, 587, 809, 904, 1.263, 1.267, 1.268, 1.431 e 1.458, CC.

Art. 1.227. Os direitos reais sobre imóveis constituídos, ou transmitidos por atos entre vivos, só se adquirem com o registro no Cartório de Registro de Imóveis dos referidos títulos (arts. 1.245 a 1.247), salvo os casos expressos neste Código.

Veja arts. 80, 108, 215, 1.245 a 1.247, 1.275, parágrafo único, 1.369, 1.378, 1.379, 1.391, 1.413, 1.416, 1.417, 1.500, 1.509 e 1.689, I, CC.

TÍTULO III
DA PROPRIEDADE

CAPÍTULO I
DA PROPRIEDADE EM GERAL

Seção I
Disposições Preliminares

Art. 1.228. O proprietário tem a faculdade de usar, gozar e dispor da coi-

ARTS. 1.228 A 1.230 – CÓDIGO CIVIL

sa, e o direito de reavê-la do poder de quem quer que injustamente a possua ou detenha.

Veja arts. 1.231, 1.359, 1.784 e 2.031, CC.

Veja art. 5º, XXII, CF.

Veja art. 806, CPC.

§ 1º O direito de propriedade deve ser exercido em consonância com as suas finalidades econômicas e sociais e de modo que sejam preservados, de conformidade com o estabelecido em lei especial, a flora, a fauna, as belezas naturais, o equilíbrio ecológico e o patrimônio histórico e artístico, bem como evitada a poluição do ar e das águas.

Veja art. 2.035, parágrafo único, CC.

Veja arts. 5º, XXIII e LXXIII, 170, III, 182, § 2º, 186 e 225, §§ 1º a 5º, CF.

Veja arts. 1º a 4º, Lei n. 10.257, de 10.07.2001.

§ 2º São defesos os atos que não trazem ao proprietário qualquer comodidade, ou utilidade, e sejam animados pela intenção de prejudicar outrem.

Veja arts. 186, 187, 1.277 e 1.299, CC.

§ 3º O proprietário pode ser privado da coisa, nos casos de desapropriação, por necessidade ou utilidade pública ou interesse social, bem como no de requisição, em caso de perigo público iminente.

Veja arts. 519 e 1.275, V, CC.

Veja arts. 5º, XXIV, 22, II, 182, §§ 3º e 4º, III, e 184, §§ 1º a 5º, CF.

Veja DL n. 3.365, de 21.06.1941.

Veja art. 8º, Lei n. 10.257, de 10.07.2001.

§ 4º O proprietário também pode ser privado da coisa se o imóvel reivindicado consistir em extensa área, na posse ininterrupta e de boa-fé, por mais de cinco anos, de considerável número de pessoas, e estas nela houverem realizado, em conjunto ou separadamente, obras e serviços considerados pelo juiz de interesse social e econômico relevante.

Veja arts. 1.238, 2.029 e 2.031, CC.

§ 5º No caso do parágrafo antecedente, o juiz fixará a justa indenização devida ao proprietário; pago o preço, valerá a sentença como título para o registro do imóvel em nome dos possuidores.

Veja art. 952, CC.

Art. 1.229. A propriedade do solo abrange a do espaço aéreo e subsolo correspondentes, em altura e profundidade úteis ao seu exercício, não podendo o proprietário opor-se a atividades que sejam realizadas, por terceiros, a uma altura ou profundidade tais, que não tenha ele interesse legítimo em impedi-las.

Veja arts. 79 e 1.310, CC.

Veja arts. 21, XXV, 22, XII e parágrafo único, 26, 176 e 177, I e V, CF.

Art. 1.230. A propriedade do solo não abrange as jazidas, minas e demais recursos minerais, os potenciais de energia hidráulica, os monumentos arqueológicos e outros bens referidos por leis especiais.

Veja arts. 79 e 1.473, V, CC.

CÓDIGO CIVIL – ARTS. 1.230 A 1.237 | 191

Veja arts. 21, XXV, 22, XII e parágrafo único, 23, III, 26, 176 e 177, I e V, CF.

Parágrafo único. O proprietário do solo tem o direito de explorar os recursos minerais de emprego imediato na construção civil, desde que não submetidos a transformação industrial, obedecido o disposto em lei especial.

Veja arts. 79, 1.392, § 2º, e 1.473, V, CC.

Art. 1.231. A propriedade presume-se plena e exclusiva, até prova em contrário.

Veja arts. 1.225, I, 1.228, 1.328, 1.359, 1.360, 1.367 e 1.953, CC.

Art. 1.232. Os frutos e mais produtos da coisa pertencem, ainda quando separados, ao seu proprietário, salvo se, por preceito jurídico especial, couberem a outrem.

Veja arts. 1.214 a 1.216 e 1.254 a 1.259, CC.

Seção II
Da Descoberta

Art. 1.233. Quem quer que ache coisa alheia perdida há de restituí-la ao dono ou legítimo possuidor.

Veja arts. 1.204 e 1.263, CC.

Veja art. 746, CPC.

Veja art. 169, parágrafo único, II, CP.

Veja art. 28, Lei n. 7.542, de 26.09.1986.

Parágrafo único. Não o conhecendo, o descobridor fará por encontrá-lo, e, se não o encontrar, entregará a coisa achada à autoridade competente.

Art. 1.234. Aquele que restituir a coisa achada, nos termos do artigo antecedente, terá direito a uma recompensa não inferior a cinco por cento do seu valor, e à indenização pelas despesas que houver feito com a conservação e transporte da coisa, se o dono não preferir abandoná-la.

Veja art. 169, parágrafo único, II, CP.

Veja art. 28, Lei n. 7.542, de 26.09.1986.

Parágrafo único. Na determinação do montante da recompensa, considerar-se-á o esforço desenvolvido pelo descobridor para encontrar o dono, ou o legítimo possuidor, as possibilidades que teria este de encontrar a coisa e a situação econômica de ambos.

Art. 1.235. O descobridor responde pelos prejuízos causados ao proprietário ou possuidor legítimo, quando tiver procedido com dolo.

Veja art. 169, parágrafo único, II, CP.

Veja art. 28, Lei n. 7.542, de 26.09.1986.

Art. 1.236. A autoridade competente dará conhecimento da descoberta através da imprensa e outros meios de informação, somente expedindo editais se o seu valor os comportar.

Veja art. 746, CPC.

Veja art. 28, Lei n. 7.542, de 26.09.1986.

Art. 1.237. Decorridos sessenta dias da divulgação da notícia pela imprensa, ou do edital, não se apresentando quem comprove a propriedade sobre a coisa, será esta vendida em hasta pública e, deduzidas do preço as despesas, mais a recompensa do descobridor, pertencerá o remanescente ao Município em cuja circunscrição se deparou o objeto perdido.

Veja art. 730, CPC.

Veja art. 169, parágrafo único, II, CP.

Veja art. 28, Lei n. 7.542, de 26.09.1986.

Parágrafo único. Sendo de diminuto valor, poderá o Município abandonar a coisa em favor de quem a achou.

CAPÍTULO II
DA AQUISIÇÃO DA PROPRIEDADE IMÓVEL

Veja DL n. 58, de 10.12.1937.

Veja Lei n. 6.766, de 19.12.1979.

Seção I
Da Usucapião

Art. 1.238. Aquele que, por quinze anos, sem interrupção, nem oposição, possuir como seu um imóvel, adquire-lhe a propriedade, independentemente de título e boa-fé; podendo requerer ao juiz que assim o declare por sentença, a qual servirá de título para o registro no Cartório de Registro de Imóveis.

Veja arts. 102, 1.379 e 2.029, CC.

Veja arts. 183, §§ 1º a 3º, 191 e 231, § 4º, CF.

Veja arts. 246, § 3º, e 259, I, CPC.

Parágrafo único. O prazo estabelecido neste artigo reduzir-se-á a dez anos se o possuidor houver estabelecido no imóvel a sua moradia habitual, ou nele realizado obras ou serviços de caráter produtivo.

Veja art. 2.029, CC.

Art. 1.239. Aquele que, não sendo proprietário de imóvel rural ou urbano, possua como sua, por cinco anos ininterruptos, sem oposição, área de terra em zona rural não superior a cinquenta hectares, tornando-a produtiva por seu trabalho ou de sua família, tendo nela sua moradia, adquirir-lhe-á a propriedade.

Veja arts. 183, § 3º, 190, 191 e 231, § 4º, CF.

Veja art. 1º, Lei n. 6.969, de 10.12.1981.

Art. 1.240. Aquele que possuir, como sua, área urbana de até duzentos e cinquenta metros quadrados, por cinco anos ininterruptamente e sem oposição, utilizando-a para sua moradia ou de sua família, adquirir-lhe-á o domínio, desde que não seja proprietário de outro imóvel urbano ou rural.

Veja arts. 183, §§ 1º a 3º, e 231, § 4º, CF.

§ 1º O título de domínio e a concessão de uso serão conferidos ao homem ou à mulher, ou a ambos, independentemente do estado civil.

§ 2º O direito previsto no parágrafo antecedente não será reconhecido ao mesmo possuidor mais de uma vez.

CÓDIGO CIVIL – ARTS. 1.240-A A 1.245 | 193

Art. 1.240-A. Aquele que exercer, por 2 (dois) anos ininterruptamente e sem oposição, posse direta, com exclusividade, sobre imóvel urbano de até 250 m² (duzentos e cinquenta metros quadrados) cuja propriedade divida com ex-cônjuge ou ex-companheiro que abandonou o lar, utilizando-o para sua moradia ou de sua família, adquirir-lhe-á o domínio integral, desde que não seja proprietário de outro imóvel urbano ou rural.

Artigo acrescentado pela Lei n. 12.424, de 16.06.2011.

§ 1º O direito previsto no *caput* não será reconhecido ao mesmo possuidor mais de uma vez.

§ 2º (*Vetado.*)

Art. 1.241. Poderá o possuidor requerer ao juiz seja declarada adquirida, mediante usucapião, a propriedade imóvel.

Veja arts. 246, § 3º, e 259, I, CPC.

Parágrafo único. A declaração obtida na forma deste artigo constituirá título hábil para o registro no Cartório de Registro de Imóveis.

Art. 1.242. Adquire também a propriedade do imóvel aquele que, contínua e incontestadamente, com justo título e boa-fé, o possuir por dez anos.

Veja arts. 1.201 a 1.203, 1.243 e 1.379, CC.

Veja arts. 183, § 3º, e 231, § 4º, CF.

Parágrafo único. Será de cinco anos o prazo previsto neste artigo se o imóvel houver sido adquirido, onerosamente, com base no registro constante do respectivo cartório, cancelada posteriormente, desde que os possuidores nele tiverem estabelecido a sua moradia, ou realizado investimentos de interesse social e econômico.

Veja art. 2.029, CC.

Art. 1.243. O possuidor pode, para o fim de contar o tempo exigido pelos artigos antecedentes, acrescentar à sua posse a dos seus antecessores (art. 1.207), contanto que todas sejam contínuas, pacíficas e, nos casos do art. 1.242, com justo título e de boa-fé.

Veja art. 1.262, CC.

Art. 1.244. Estende-se ao possuidor o disposto quanto ao devedor acerca das causas que obstam, suspendem ou interrompem a prescrição, as quais também se aplicam à usucapião.

Veja arts. 197 a 199, 201 e 1.262, CC.

Seção II
Da Aquisição pelo Registro do Título

Art. 1.245. Transfere-se entre vivos a propriedade mediante o registro do título translativo no Registro de Imóveis.

Veja arts. 1.204, 1.227 e 1.275, parágrafo único, CC.

Veja art. 22, XXV, CF.

§ 1º Enquanto não se registrar o título translativo, o alienante continua a ser havido como dono do imóvel.

§ 2º Enquanto não se promover, por meio de ação própria, a decretação de invalidade do registro, e o respectivo cancelamento, o adquirente continua a ser havido como dono do imóvel.

Art. 1.246. O registro é eficaz desde o momento em que se apresentar o título ao oficial do registro, e este o prenotar no protocolo.

Veja art. 1.227, CC.

Art. 1.247. Se o teor do registro não exprimir a verdade, poderá o interessado reclamar que se retifique ou anule.

Veja art. 1.227, CC.

Parágrafo único. Cancelado o registro, poderá o proprietário reivindicar o imóvel, independentemente da boa-fé ou do título do terceiro adquirente.

Seção III
Da Aquisição por Acessão

Art. 1.248. A acessão pode dar-se:

Veja art. 1.204, CC.

I – por formação de ilhas;

Veja art. 1.249, CC.

II – por aluvião;

Veja art. 1.250, CC.

III – por avulsão;

Veja art. 1.251, CC.

IV – por abandono de álveo;

Veja art. 1.252, CC.

V – por plantações ou construções.

Veja arts. 1.253 a 1.259, CC.

Subseção I
Das Ilhas

Art. 1.249. As ilhas que se formarem em correntes comuns ou particulares pertencem aos proprietários ribeirinhos fronteiros, observadas as regras seguintes:

Veja arts. 20, IV, e 26, II e III, CF.

I – as que se formarem no meio do rio consideram-se acréscimos sobrevindos aos terrenos ribeirinhos fronteiros de ambas as margens, na proporção de suas testadas, até a linha que dividir o álveo em duas partes iguais;

II – as que se formarem entre a referida linha e uma das margens consideram-se acréscimos aos terrenos ribeirinhos fronteiros desse mesmo lado;

III – as que se formarem pelo desdobramento de um novo braço do rio continuam a pertencer aos proprietários dos terrenos à custa dos quais se constituíram.

CÓDIGO CIVIL – ARTS. 1.250 A 1.255 | 195

Subseção II
Da Aluvião

Art. 1.250. Os acréscimos formados, sucessiva e imperceptivelmente, por depósitos e aterros naturais ao longo das margens das correntes, ou pelo desvio das águas destas, pertencem aos donos dos terrenos marginais, sem indenização.

Parágrafo único. O terreno aluvial, que se formar em frente de prédios de proprietários diferentes, dividir-se-á entre eles, na proporção da testada de cada um sobre a antiga margem.

Subseção III
Da Avulsão

Art. 1.251. Quando, por força natural violenta, uma porção de terra se destacar de um prédio e se juntar a outro, o dono deste adquirirá a propriedade do acréscimo, se indenizar o dono do primeiro ou, sem indenização, se, em um ano, ninguém houver reclamado.

Parágrafo único. Recusando-se ao pagamento de indenização, o dono do prédio a que se juntou a porção de terra deverá aquiescer a que se remova a parte acrescida.

Subseção IV
Do Álveo Abandonado

Art. 1.252. O álveo abandonado de corrente pertence aos proprietários ribeirinhos das duas margens, sem que tenham indenização os donos dos terrenos por onde as águas abrirem novo curso, entendendo-se que os prédios marginais se estendem até o meio do álveo.

Subseção V
Das Construções e Plantações

Art. 1.253. Toda construção ou plantação existente em um terreno presume-se feita pelo proprietário e à sua custa, até que se prove o contrário.

Art. 1.254. Aquele que semeia, planta ou edifica em terreno próprio com sementes, plantas ou materiais alheios, adquire a propriedade destes; mas fica obrigado a pagar-lhes o valor, além de responder por perdas e danos, se agiu de má-fé.

Veja arts. 402 a 405, 1.201, 1.214 a 1.222 e 1.248, V, CC.

Art. 1.255. Aquele que semeia, planta ou edifica em terreno alheio perde, em proveito do proprietário, as sementes, plantas e construções; se procedeu de boa-fé, terá direito a indenização.

Veja Súmula n. 619, STJ.

Parágrafo único. Se a construção ou a plantação exceder consideravelmente o valor do terreno, aquele que, de boa-fé, plantou ou edificou, adquirirá a propriedade do solo, mediante pagamento da indenização fixada judicialmente, se não houver acordo.

196 | ARTS. 1.256 A 1.261 – CÓDIGO CIVIL

Art. 1.256. Se de ambas as partes houve má-fé, adquirirá o proprietário as sementes, plantas e construções, devendo ressarcir o valor das acessões.
Veja art. 1.257, CC.

Parágrafo único. Presume-se má-fé no proprietário, quando o trabalho de construção, ou lavoura, se fez em sua presença e sem impugnação sua.

Art. 1.257. O disposto no artigo antecedente aplica-se ao caso de não pertencerem as sementes, plantas ou materiais a quem de boa-fé os empregou em solo alheio.

Parágrafo único. O proprietário das sementes, plantas ou materiais poderá cobrar do proprietário do solo a indenização devida, quando não puder havê-la do plantador ou construtor.

Art. 1.258. Se a construção, feita parcialmente em solo próprio, invade solo alheio em proporção não superior à vigésima parte deste, adquire o construtor de boa-fé a propriedade da parte do solo invadido, se o valor da construção exceder o dessa parte, e responde por indenização que represente, também, o valor da área perdida e a desvalorização da área remanescente.
Veja arts. 402 a 405, CC.

Parágrafo único. Pagando em décuplo as perdas e danos previstos neste artigo, o construtor de má-fé adquire a propriedade da parte do solo que invadiu, se em proporção à vigésima parte deste e o valor da construção exceder consideravelmente o dessa parte e não se puder demolir a porção invasora sem grave prejuízo para a construção.

Art. 1.259. Se o construtor estiver de boa-fé, e a invasão do solo alheio exceder a vigésima parte deste, adquire a propriedade da parte do solo invadido, e responde por perdas e danos que abranjam o valor que a invasão acrescer à construção, mais o da área perdida e o desvalorização da área remanescente; se de má-fé, é obrigado a demolir o que nele construiu, pagando as perdas e danos apurados, que serão devidos em dobro.
Veja arts. 402 a 405, CC.

CAPÍTULO III
DA AQUISIÇÃO DA PROPRIEDADE MÓVEL

Seção I
Da Usucapião

Art. 1.260. Aquele que possuir coisa móvel como sua, contínua e incontestadamente durante três anos, com justo título e boa-fé, adquirir-lhe-á a propriedade.
Veja arts. 1.208 e 1.242, CC.

Art. 1.261. Se a posse da coisa móvel se prolongar por cinco anos, produzirá usucapião, independentemente de título ou boa-fé.
Veja art. 1.238, CC.

CÓDIGO CIVIL – ARTS. 1.262 A 1.268 | 197

Art. 1.262. Aplica-se à usucapião das coisas móveis o disposto nos arts. 1.243 e 1.244.

Seção II
Da Ocupação

Art. 1.263. Quem se assenhorear de coisa sem dono para logo lhe adquire a propriedade, não sendo essa ocupação defesa por lei.
Veja arts. 1.226, 1.233 a 1.237 e 1.264 a 1.266, CC.

Seção III
Do Achado do Tesouro

Art. 1.264. O depósito antigo de coisas preciosas, oculto e de cujo dono não haja memória, será dividido por igual entre o proprietário do prédio e o que achar o tesouro casualmente.
Veja art. 1.392, § 3º, CC.
Veja art. 169, parágrafo único, I, CP.
Veja art. 28, Lei n. 7.542, de 26.09.1986.

Art. 1.265. O tesouro pertencerá por inteiro ao proprietário do prédio, se for achado por ele, ou em pesquisa que ordenou, ou por terceiro não autorizado.
Veja art. 169, parágrafo único, I, CP.
Veja art. 28, Lei n. 7.542, de 26.09.1986.

Art. 1.266. Achando-se em terreno aforado, o tesouro será dividido por igual entre o descobridor e o enfiteuta, ou será deste por inteiro quando ele mesmo seja o descobridor.
Veja arts. 1.369 a 1.377 e 2.038, CC.
Veja art. 169, parágrafo único, I, CP.
Veja art. 28, Lei n. 7.542, de 26.09.1986.

Seção IV
Da Tradição

Art. 1.267. A propriedade das coisas não se transfere pelos negócios jurídicos antes da tradição.
Veja arts. 234, 237, 238, 291, 444, 492, 495, 541, parágrafo único, 579, 809, 1.205, 1.226 e 1.431, CC.

Parágrafo único. Subentende-se a tradição quando o transmitente continua a possuir pelo constituto possessório; quando cede ao adquirente o direito à restituição da coisa, que se encontra em poder de terceiro; ou quando o adquirente já está na posse da coisa, por ocasião do negócio jurídico.
Veja art. 1.197, CC.

Art. 1.268. Feita por quem não seja proprietário, a tradição não aliena a propriedade, exceto se a coisa, oferecida ao público, em leilão ou estabelecimento comercial, for transferida em circunstâncias tais que, ao adquirente de boa-fé, como a qualquer pessoa, o alienante se afigurar dono.

198 | ARTS. 1.268 A 1.273 – CÓDIGO CIVIL

Veja arts. 307 e 1.912, CC.

§ 1º Se o adquirente estiver de boa-fé e o alienante adquirir depois a propriedade, considera-se realizada a transferência desde o momento em que ocorreu a tradição.

Veja art. 1.420, § 1º, CC.

§ 2º Não transfere a propriedade a tradição, quando tiver por título um negócio jurídico nulo.

Veja arts. 166 a 170, CC.

Seção V
Da Especificação

Art. 1.269. Aquele que, trabalhando em matéria-prima em parte alheia, obtiver espécie nova, desta será proprietário, se não se puder restituir à forma anterior.

Veja arts. 1.271 e 1.274, CC.

Art. 1.270. Se toda a matéria for alheia, e não se puder reduzir à forma precedente, será do especificador de boa-fé a espécie nova.

Veja art. 1.271, CC.

§ 1º Sendo praticável a redução, ou quando impraticável, se a espécie nova se obteve de má-fé, pertencerá ao dono da matéria-prima.

§ 2º Em qualquer caso, inclusive o da pintura em relação à tela, da escultura, escritura e outro qualquer trabalho gráfico em relação à matéria-prima, a espécie nova será do especificador, se o seu valor exceder consideravelmente o da matéria-prima.

Art. 1.271. Aos prejudicados, nas hipóteses dos arts. 1.269 e 1.270, se ressarcirá o dano que sofrerem, menos ao especificador de má-fé, no caso do § 1º do artigo antecedente, quando irredutível a especificação.

Seção VI
Da Confusão, da Comissão e da Adjunção

O correto parece ser "comistão" em vez de "comissão".

Art. 1.272. As coisas pertencentes a diversos donos, confundidas, misturadas ou adjuntadas sem o consentimento deles, continuam a pertencer-lhes, sendo possível separá-las sem deterioração.

Veja arts. 87 e 1.274, CC.

§ 1º Não sendo possível a separação das coisas, ou exigindo dispêndio excessivo, subsiste indiviso o todo, cabendo a cada um dos donos quinhão proporcional ao valor da coisa com que entrou para a mistura ou agregado.

§ 2º Se uma das coisas puder considerar-se principal, o dono sê-lo-á do todo, indenizando os outros.

Veja art. 92, CC.

Art. 1.273. Se a confusão, comissão ou adjunção se operou de má-fé, à outra parte caberá escolher entre adquirir a propriedade do todo, pagando

CÓDIGO CIVIL – ARTS. 1.273 A 1.276 | 199

o que não for seu, abatida a indenização que lhe for devida, ou renunciar ao que lhe pertencer, caso em que será indenizado.

O correto parece ser "comistão" em vez de "comissão".

Veja art. 1.274, CC.

Art. 1.274. Se da união de matérias de natureza diversa se formar espécie nova, à confusão, comissão ou adjunção aplicam-se as normas dos arts. 1.272 e 1.273.

O correto parece ser "comistão" em vez de "comissão".

Veja art. 1.269, CC.

CAPÍTULO IV
DA PERDA DA PROPRIEDADE

Art. 1.275. Além das causas consideradas neste Código, perde-se a propriedade:

Veja arts. 26, 1.228, 1.819 e 1.829, CC.

I – por alienação;

II – pela renúncia;

III – por abandono;

IV – por perecimento da coisa;

V – por desapropriação.

Veja art. 1.228, §§ 3º a 5º, CC.

Parágrafo único. Nos casos dos incisos I e II, os efeitos da perda da propriedade imóvel serão subordinados ao registro do título transmissivo ou do ato renunciativo no Registro de Imóveis.

Veja art. 1.245, CC.

Art. 1.276. O imóvel urbano que o proprietário abandonar, com a intenção de não mais o conservar em seu patrimônio, e que se não encontrar na posse de outrem, poderá ser arrecadado, como bem vago, e passar, três anos depois, à propriedade do Município ou à do Distrito Federal, se se achar nas respectivas circunscrições.

Veja arts. 26, 1.245, 1.819 e 1.844, CC.

Veja art. 746, CPC.

Veja art. 10, Lei n. 6.969, de 10.12.1981.

§ 1º O imóvel situado na zona rural, abandonado nas mesmas circunstâncias, poderá ser arrecadado, como bem vago, e passar, três anos depois, à propriedade da União, onde quer que ele se localize.

§ 2º Presumir-se-á de modo absoluto a intenção a que se refere este artigo, quando, cessados os atos de posse, deixar o proprietário de satisfazer os ônus fiscais.

CAPÍTULO V
DOS DIREITOS DE VIZINHANÇA

Veja art. 18, DL n. 25, de 30.11.1937.

200 | ARTS. 1.277 A 1.285 – CÓDIGO CIVIL

Seção I
Do Uso Anormal da Propriedade

Art. 1.277. O proprietário ou o possuidor de um prédio tem o direito de fazer cessar as interferências prejudiciais à segurança, ao sossego e à saúde dos que o habitam, provocadas pela utilização de propriedade vizinha.

Veja art. 1.336, IV, CC.

Veja art. 47, § 1º, CPC.

Parágrafo único. Proíbem-se as interferências considerando-se a natureza da utilização, a localização do prédio, atendidas as normas que distribuem as edificações em zonas, e os limites ordinários de tolerância dos moradores da vizinhança.

Art. 1.278. O direito a que se refere o artigo antecedente não prevalece quando as interferências forem justificadas por interesse público, caso em que o proprietário ou o possuidor, causador delas, pagará ao vizinho indenização cabal.

Art. 1.279. Ainda que por decisão judicial devam ser toleradas as interferências, poderá o vizinho exigir a sua redução, ou eliminação, quando estas se tornarem possíveis.

Art. 1.280. O proprietário ou o possuidor tem direito a exigir do dono do prédio vizinho a demolição, ou a reparação deste, quando ameace ruína, bem como que lhe preste caução pelo dano iminente.

Veja arts. 618 e 937, CC.

Veja arts. 297 e 300, § 1º, CPC.

Art. 1.281. O proprietário ou o possuidor de um prédio, em que alguém tenha direito de fazer obras, pode, no caso de dano iminente, exigir do autor delas as necessárias garantias contra o prejuízo eventual.

Veja arts. 1.297, 1.311 e 1.313, CC.

Seção II
Das Árvores Limítrofes

Art. 1.282. A árvore, cujo tronco estiver na linha divisória, presume-se pertencer em comum aos donos dos prédios confinantes.

Veja art. 1.327, CC.

Art. 1.283. As raízes e os ramos de árvore, que ultrapassarem a estrema do prédio, poderão ser cortados, até o plano vertical divisório, pelo proprietário do terreno invadido.

Art. 1.284. Os frutos caídos de árvore do terreno vizinho pertencem ao dono do solo onde caíram, se este for de propriedade particular.

Seção III
Da Passagem Forçada

Art. 1.285. O dono do prédio que não tiver acesso a via pública, nascente ou porto, pode, mediante pagamento de indenização cabal, constranger

CÓDIGO CIVIL – ARTS. 1.285 A 1.291 | 201

o vizinho a lhe dar passagem, cujo rumo será judicialmente fixado, se necessário.

Veja arts. 1.378 a 1.389, CC.

§ 1º Sofrerá o constrangimento o vizinho cujo imóvel mais natural e facilmente se prestar à passagem.

§ 2º Se ocorrer alienação parcial do prédio, de modo que uma das partes perca o acesso a via pública, nascente ou porto, o proprietário da outra deve tolerar a passagem.

§ 3º Aplica-se o disposto no parágrafo antecedente ainda quando, antes da alienação, existia passagem através de imóvel vizinho, não estando o proprietário deste constrangido, depois, a dar uma outra.

Seção IV
Da Passagem de Cabos e Tubulações

Art. 1.286. Mediante recebimento de indenização que atenda, também, à desvalorização da área remanescente, o proprietário é obrigado a tolerar a passagem, através de seu imóvel, de cabos, tubulações e outros condutos subterrâneos de serviços de utilidade pública, em proveito de proprietários vizinhos, quando de outro modo for impossível ou excessivamente onerosa.

Veja art. 1.294, CC.

Parágrafo único. O proprietário prejudicado pode exigir que a instalação seja feita de modo menos gravoso ao prédio onerado, bem como, depois, seja removida, à sua custa, para outro local do imóvel.

Art. 1.287. Se as instalações oferecerem grave risco, será facultado ao proprietário do prédio onerado exigir a realização de obras de segurança.

Veja art. 1.294, CC.

Seção V
Das Águas

Art. 1.288. O dono ou o possuidor do prédio inferior é obrigado a receber as águas que correm naturalmente do superior, não podendo realizar obras que embaracem o seu fluxo; porém a condição natural e anterior do prédio inferior não pode ser agravada por obras feitas pelo dono ou possuidor do prédio superior.

Art. 1.289. Quando as águas, artificialmente levadas ao prédio superior, ou aí colhidas, correrem dele para o inferior, poderá o dono deste reclamar que se desviem, ou se lhe indenize o prejuízo que sofrer.

Parágrafo único. Da indenização será deduzido o valor do benefício obtido.

Art. 1.290. O proprietário de nascente, ou do solo onde caem águas pluviais, satisfeitas as necessidades de seu consumo, não pode impedir, ou desviar o curso natural das águas remanescentes pelos prédios inferiores.

Art. 1.291. O possuidor do imóvel superior não poderá poluir as águas indispensáveis às primeiras necessidades da vida dos possuidores dos imó-

202 | ARTS. 1.291 A 1.297 – CÓDIGO CIVIL

veis inferiores; as demais, que poluir, deverá recuperar, ressarcindo os danos que estes sofrerem, se não for possível a recuperação ou o desvio do curso artificial das águas.

Veja art. 1.309, CC.

Art. 1.292. O proprietário tem direito de construir barragens, açudes, ou outras obras para represamento de água em seu prédio; se as águas represadas invadirem prédio alheio, será o seu proprietário indenizado pelo dano sofrido, deduzido o valor do benefício obtido.

Art. 1.293. É permitido a quem quer que seja, mediante prévia indenização aos proprietários prejudicados, construir canais, através de prédios alheios, para receber as águas a que tenha direito, indispensáveis às primeiras necessidades da vida, e, desde que não cause prejuízo considerável à agricultura e à indústria, bem como para o escoamento de águas supérfluas ou acumuladas, ou a drenagem de terrenos.

Veja art. 1.296, CC.

§ 1º Ao proprietário prejudicado, em tal caso, também assiste direito a ressarcimento pelos danos que de futuro lhe advenham da infiltração ou irrupção das águas, bem como da deterioração das obras destinadas a canalizá-las.

§ 2º O proprietário prejudicado poderá exigir que seja subterrânea a canalização que atravessa áreas edificadas, pátios, hortas, jardins ou quintais.

§ 3º O aqueduto será construído de maneira que cause o menor prejuízo aos proprietários dos imóveis vizinhos, e a expensas do seu dono, a quem incumbem também as despesas de conservação.

Art. 1.294. Aplica-se ao direito de aqueduto o disposto nos arts. 1.286 e 1.287.

Art. 1.295. O aqueduto não impedirá que os proprietários cerquem os imóveis e construam sobre ele, sem prejuízo para a sua segurança e conservação; os proprietários dos imóveis poderão usar das águas do aqueduto para as primeiras necessidades da vida.

Art. 1.296. Havendo no aqueduto águas supérfluas, outros poderão canalizá-las, para os fins previstos no art. 1.293, mediante pagamento de indenização aos proprietários prejudicados e ao dono do aqueduto, de importância equivalente às despesas que então seriam necessárias para a condução das águas até o ponto de derivação.

Parágrafo único. Têm preferência os proprietários dos imóveis atravessados pelo aqueduto.

Seção VI
Dos Limites entre Prédios
e do Direito de Tapagem

Art. 1.297. O proprietário tem direito a cercar, murar, valar ou tapar de qualquer modo o seu prédio, urbano ou rural, e pode constranger o seu confinante a proceder com ele à demarcação entre os dois prédios, a aviven-

CÓDIGO CIVIL – ARTS. 1.297 A 1.302 | 203

tar rumos apagados e a renovar marcos destruídos ou arruinados, repartin-do-se proporcionalmente entre os interessados as respectivas despesas.

Veja arts. 1.327 e 1.328, CC.

Veja arts. 89 e 569 a 598, CPC.

§ 1° Os intervalos, muros, cercas e os tapumes divisórios, tais como se-bes vivas, cercas de arame ou de madeira, valas ou banquetas, presumem--se, até prova em contrário, pertencer a ambos os proprietários confinan-tes, sendo estes obrigados, de conformidade com os costumes da localidade, a concorrer, em partes iguais, para as despesas de sua construção e conser-vação.

Veja arts. 1.327 a 1.330, CC.

§ 2° As sebes vivas, as árvores, ou plantas quaisquer, que servem de mar-co divisório, só podem ser cortadas, ou arrancadas, de comum acordo en-tre proprietários.

§ 3° A construção de tapumes especiais para impedir a passagem de ani-mais de pequeno porte, ou para outro fim, pode ser exigida de quem pro-vocou a necessidade deles, pelo proprietário, que não está obrigado a con-correr para as despesas.

Veja art. 1.313, II, CC.

Art. 1.298. Sendo confusos, os limites, em falta de outro meio, se deter-minarão de conformidade com a posse justa; e, não se achando ela prova-da, o terreno contestado se dividirá por partes iguais entre os prédios, ou, não sendo possível a divisão cômoda, se adjudicará a um deles, mediante indenização ao outro.

Veja art. 1.327, CC.

Seção VII
Do Direito de Construir

Art. 1.299. O proprietário pode levantar em seu terreno as construções que lhe aprouver, salvo o direito dos vizinhos e os regulamentos adminis-trativos.

Veja art. 1.327, CC.

Art. 1.300. O proprietário construirá de maneira que o seu prédio não despeje águas, diretamente, sobre o prédio vizinho.

Art. 1.301. É defeso abrir janelas, ou fazer eirado, terraço ou varanda, a menos de metro e meio do terreno vizinho.

§ 1° As janelas cuja visão não incida sobre a linha divisória, bem como as perpendiculares, não poderão ser abertas a menos de setenta e cinco cen-tímetros.

§ 2° As disposições deste artigo não abrangem as aberturas para luz ou ventilação, não maiores de dez centímetros de largura sobre vinte de com-primento e construídas a mais de dois metros de altura de cada piso.

Art. 1.302. O proprietário pode, no lapso de ano e dia após a conclusão da obra, exigir que se desfaça janela, sacada, terraço ou goteira sobre o seu

204 | ARTS. 1.302 A 1.309 – CÓDIGO CIVIL

prédio; escoado o prazo, não poderá, por sua vez, edificar sem atender ao disposto no artigo antecedente, nem impedir, ou dificultar, o escoamento das águas da goteira, com prejuízo para o prédio vizinho.

Veja art. 1.312, CC.

Parágrafo único. Em se tratando de vãos, ou aberturas para luz, seja qual for a quantidade, altura e disposição, o vizinho poderá, a todo tempo, levantar a sua edificação, ou contramuro, ainda que lhes vede a claridade.

Art. 1.303. Na zona rural, não será permitido levantar edificações a menos de três metros do terreno vizinho.

Art. 1.304. Nas cidades, vilas e povoados cuja edificação estiver adstrita a alinhamento, o dono de um terreno pode nele edificar, madeirando na parede divisória do prédio contíguo, se ela suportar a nova construção; mas terá de embolsar ao vizinho metade do valor da parede e do chão correspondentes.

Veja art. 1.327, CC.

Art. 1.305. O confinante, que primeiro construir, pode assentar a parede divisória até meia espessura no terreno contíguo, sem perder por isso o direito a haver meio valor dela se o vizinho a travejar, caso em que o primeiro fixará a largura e a profundidade do alicerce.

Veja arts. 1.312 e 1.327, CC.

Parágrafo único. Se a parede divisória pertencer a um dos vizinhos, e não tiver capacidade para ser travejada pelo outro, não poderá este fazer-lhe o alicerce ao pé sem prestar caução àquele, pelo risco a que expõe a construção anterior.

Art. 1.306. O condômino da parede-meia pode utilizá-la até ao meio da espessura, não pondo em risco a segurança ou a separação dos dois prédios, e avisando previamente o outro condômino das obras que ali tenciona fazer; não pode sem consentimento do outro, fazer, na parede-meia, armários, ou obras semelhantes, correspondendo a outras, da mesma natureza, já feitas do lado oposto.

Veja art. 1.327, CC.

Art. 1.307. Qualquer dos confinantes pode altear a parede divisória, se necessário reconstruindo-a, para suportar o alteamento; arcará com todas as despesas, inclusive de conservação, ou com metade, se o vizinho adquirir meação também na parte aumentada.

Veja art. 1.327, CC.

Art. 1.308. Não é lícito encostar à parede divisória chaminés, fogões, fornos ou quaisquer aparelhos ou depósitos suscetíveis de produzir infiltrações ou interferências prejudiciais ao vizinho.

Parágrafo único. A disposição anterior não abrange as chaminés ordinárias e os fogões de cozinha.

Art. 1.309. São proibidas construções capazes de poluir, ou inutilizar, para uso ordinário, a água do poço, ou nascente alheia, a elas preexistentes.

Veja art. 1.291, CC.

CÓDIGO CIVIL – ARTS. 1.310 A 1.314 | 205

Art. 1.310. Não é permitido fazer escavações ou quaisquer obras que tirem ao poço ou à nascente de outrem a água indispensável às suas necessidades normais.
Veja art. 1.229, CC.

Art. 1.311. Não é permitida a execução de qualquer obra ou serviço suscetível de provocar desmoronamento ou deslocação de terra, ou que comprometa a segurança do prédio vizinho, senão após haverem sido feitas as obras acautelatórias.
Veja art. 1.281, CC.

Parágrafo único. O proprietário do prédio vizinho tem direito a ressarcimento pelos prejuízos que sofrer, não obstante haverem sido realizadas as obras acautelatórias.

Art. 1.312. Todo aquele que violar as proibições estabelecidas nesta Seção é obrigado a demolir as construções feitas, respondendo por perdas e danos.
Veja arts. 402 a 405, CC.

Art. 1.313. O proprietário ou ocupante do imóvel é obrigado a tolerar que o vizinho entre no prédio, mediante prévio aviso, para:

I – dele temporariamente usar, quando indispensável à reparação, construção, reconstrução ou limpeza de sua casa ou do muro divisório;

II – apoderar-se de coisas suas, inclusive animais que aí se encontrem casualmente.
Veja arts. 1.281 e 1.297, § 3º, CC.

§ 1º O disposto neste artigo aplica-se aos casos de limpeza ou reparação de esgotos, goteiras, aparelhos higiênicos, poços e nascentes e ao aparo de cerca viva.

§ 2º Na hipótese do inciso II, uma vez entregues as coisas buscadas pelo vizinho, poderá ser impedida a sua entrada no imóvel.

§ 3º Se do exercício do direito assegurado neste artigo provier dano, terá o prejudicado direito a ressarcimento.

CAPÍTULO VI
DO CONDOMÍNIO GERAL
Veja art. 1.368-C, § 1º, CC.

Seção I
Do Condomínio Voluntário

Subseção I
Dos Direitos e Deveres dos Condôminos

Art. 1.314. Cada condômino pode usar da coisa conforme sua destinação, sobre ela exercer todos os direitos compatíveis com a indivisão, reivindicá-la de terceiro, defender a sua posse e alhear a respectiva parte ideal, ou gravá-la.
Veja arts. 504, 1.199, 1.320, 1.327 a 1.346, 1.357, 1.358, 1.420, § 2º, e 1.791, parágrafo único, CC.

Parágrafo único. Nenhum dos condôminos pode alterar a destinação da coisa comum, nem dar posse, uso ou gozo dela a estranhos, sem o consenso dos outros.

Veja arts. 1.339 e 1.341 a 1.343, CC.

Art. 1.315. O condômino é obrigado, na proporção de sua parte, a concorrer para as despesas de conservação ou divisão da coisa, e a suportar os ônus a que estiver sujeita.

Veja art. 1.325, § 3°, CC.

Parágrafo único. Presumem-se iguais as partes ideais dos condôminos.

Veja art. 1.322, CC.

Veja art. 89, CPC.

Art. 1.316. Pode o condômino eximir-se do pagamento das despesas e dívidas, renunciando à parte ideal.

§ 1° Se os demais condôminos assumem as despesas e as dívidas, a renúncia lhes aproveita, adquirindo a parte ideal de quem renunciou, na proporção dos pagamentos que fizerem.

§ 2° Se não há condômino que faça os pagamentos, a coisa comum será dividida.

Veja art. 1.318, CC.

Art. 1.317. Quando a dívida houver sido contraída por todos os condôminos, sem se discriminar a parte de cada um na obrigação, nem se estipular solidariedade, entende-se que cada qual se obrigou proporcionalmente ao seu quinhão na coisa comum.

Veja arts. 275 a 285, CC.

Art. 1.318. As dívidas contraídas por um dos condôminos em proveito da comunhão, e durante ela, obrigam o contratante; mas terá este ação regressiva contra os demais.

Veja art. 1.316, § 2°, CC.

Veja art. 125, II, CPC.

Art. 1.319. Cada condômino responde aos outros pelos frutos que percebeu da coisa e pelo dano que lhe causou.

Veja art. 1.326, CC.

Art. 1.320. A todo tempo será lícito ao condômino exigir a divisão da coisa comum, respondendo o quinhão de cada um pela sua parte nas despesas da divisão.

Veja art. 1.314, CC.

Veja arts. 569 a 598, CPC.

§ 1° Podem os condôminos acordar que fique indivisa a coisa comum por prazo não maior de cinco anos, suscetível de prorrogação ulterior.

Veja arts. 88, 504 e 1.322, CC.

Veja arts. 569 e segs., do CPC.

§ 2° Não poderá exceder de cinco anos a indivisão estabelecida pelo doador ou pelo testador.

CÓDIGO CIVIL – ARTS. 1.320 A 1.327 | 207

§ 3º A requerimento de qualquer interessado e se graves razões o aconselharem, pode o juiz determinar a divisão da coisa comum antes do prazo.

Art. 1.321. Aplicam-se à divisão do condomínio, no que couber, as regras de partilha de herança (arts. 2.013 a 2.022).

Art. 1.322. Quando a coisa for indivisível, e os consortes não quiserem adjudicá-la a um só, indenizando os outros, será vendida e repartido o apurado, preferindo-se, na venda, em condições iguais de oferta, o condômino ao estranho, e entre os condôminos aquele que tiver na coisa benfeitorias mais valiosas, e, não as havendo, o de quinhão maior.

Veja arts. 88, 96, 97, 504, 1.320 e 2.019, CC.

Veja art. 725, IV, CPC.

Parágrafo único. Se nenhum dos condôminos tem benfeitorias na coisa comum e participam todos do condomínio em partes iguais, realizar-se-á licitação entre estranhos e, antes de adjudicada a coisa àquele que ofereceu maior lanço, proceder-se-á à licitação entre os condôminos, a fim de que a coisa seja adjudicada a quem afinal oferecer melhor lanço, preferindo, em condições iguais, o condômino ao estranho.

Subseção II
Da Administração do Condomínio

Art. 1.323. Deliberando a maioria sobre a administração da coisa comum, escolherá o administrador, que poderá ser estranho ao condomínio; resolvendo alugá-la, preferir-se-á, em condições iguais, o condômino ao que não o é.

Veja art. 725, IV, CPC.

Art. 1.324. O condômino que administrar sem oposição dos outros presume-se representante comum.

Veja arts. 115 a 120 e 656, CC.

Art. 1.325. A maioria será calculada pelo valor dos quinhões.

§ 1º As deliberações serão obrigatórias, sendo tomadas por maioria absoluta.

§ 2º Não sendo possível alcançar maioria absoluta, decidirá o juiz, a requerimento de qualquer condômino, ouvidos os outros.

§ 3º Havendo dúvida quanto ao valor do quinhão, será este avaliado judicialmente.

Veja art. 1.315, parágrafo único, CC.

Art. 1.326. Os frutos da coisa comum, não havendo em contrário estipulação ou disposição de última vontade, serão partilhados na proporção dos quinhões.

Veja arts. 1.315, parágrafo único, 1.319, 1.320 e 1.325, § 3º, CC.

Seção II
Do Condomínio Necessário

Art. 1.327. O condomínio por meação de paredes, cercas, muros e valas regula-se pelo disposto neste Código (arts. 1.297 e 1.298; 1.304 a 1.307).

208 | ARTS. 1.327 A 1.331 – CÓDIGO CIVIL

Veja arts. 1.282 e 1.392, § 3º, CC.

Art. 1.328. O proprietário que tiver direito a estremar um imóvel com paredes, cercas, muros, valas ou valados, tê-lo-á igualmente a adquirir meação na parede, muro, valado ou cerca do vizinho, embolsando-lhe metade do que atualmente valer a obra e o terreno por ela ocupado (art. 1.297).

Veja art. 1.231, CC.

Art. 1.329. Não convindo os dois no preço da obra, será este arbitrado por peritos, a expensas de ambos os confinantes.

Art. 1.330. Qualquer que seja o valor da meação, enquanto aquele que pretender a divisão não o pagar ou depositar, nenhum uso poderá fazer na parede, muro, vala, cerca ou qualquer outra obra divisória.

Veja art. 1.378, CC.

CAPÍTULO VII
DO CONDOMÍNIO EDILÍCIO

Seção I
Disposições Gerais

Art. 1.331. Pode haver, em edificações, partes que são propriedade exclusiva, e partes que são propriedade comum dos condôminos.

§ 1º As partes suscetíveis de utilização independente, tais como apartamentos, escritórios, salas, lojas e sobrelojas, com as respectivas frações ideais no solo e nas outras partes comuns, sujeitam-se a propriedade exclusiva, podendo ser alienadas e gravadas livremente por seus proprietários, exceto os abrigos para veículos, que não poderão ser alienados ou alugados a pessoas estranhas ao condomínio, salvo autorização expressa na convenção de condomínio.

Parágrafo com redação dada pela Lei n. 12.607, de 04.04.2012.

Veja art. 1.338, CC.

§ 2º O solo, a estrutura do prédio, o telhado, a rede geral de distribuição de água, esgoto, gás e eletricidade, a calefação e refrigeração centrais, e as demais partes comuns, inclusive o acesso ao logradouro público, são utilizados em comum pelos condôminos, não podendo ser alienados separadamente, ou divididos.

Veja art. 3º, Lei n. 4.591, de 16.12.1964.

§ 3º A cada unidade imobiliária caberá, como parte inseparável, uma fração ideal no solo e nas outras partes comuns, que será identificada em forma decimal ou ordinária no instrumento de instituição do condomínio.

Parágrafo com redação dada pela Lei n. 10.931, de 02.08.2004.

§ 4º Nenhuma unidade imobiliária pode ser privada do acesso ao logradouro público.

§ 5º O terraço de cobertura é parte comum, salvo disposição contrária da escritura de constituição do condomínio.

Veja art. 1.344, CC.

CÓDIGO CIVIL – ARTS. 1.332 A 1.336 | 209

Art. 1.332. Institui-se o condomínio edilício por ato entre vivos ou testamento, registrado no Cartório de Registro de Imóveis, devendo constar daquele ato, além do disposto em lei especial:

Veja art. 1.334, CC.

Veja arts. 7º e 9º, § 3º, Lei n. 4.591, de 16.12.1964.

I – a discriminação e individualização das unidades de propriedade exclusiva, estremadas uma das outras e das partes comuns;

II – a determinação da fração ideal atribuída a cada unidade, relativamente ao terreno e partes comuns;

III – o fim a que as unidades se destinam.

Art. 1.333. A convenção que constitui o condomínio edilício deve ser subscrita pelos titulares de, no mínimo, dois terços das frações ideais e torna-se, desde logo, obrigatória para os titulares de direito sobre as unidades, ou para quantos sobre elas tenham posse ou detenção.

Parágrafo único. Para ser oponível contra terceiros, a convenção do condomínio deverá ser registrada no Cartório de Registro de Imóveis.

Art. 1.334. Além das cláusulas referidas no art. 1.332 e das que os interessados houverem por bem estipular, a convenção determinará:

Veja arts. 7º e 9º, § 3º, Lei n. 4.591, de 16.12.1964.

I – a quota proporcional e o modo de pagamento das contribuições dos condôminos para atender às despesas ordinárias e extraordinárias do condomínio;

II – sua forma de administração;

III – a competência das assembleias, forma de sua convocação e *quorum* exigido para as deliberações;

IV – as sanções a que estão sujeitos os condôminos, ou possuidores;

V – o regimento interno.

§ 1º A convenção poderá ser feita por escritura pública ou por instrumento particular.

§ 2º São equiparados aos proprietários, para os fins deste artigo, salvo disposição em contrário, os promitentes compradores e os cessionários de direitos relativos às unidades autônomas.

Art. 1.335. São direitos do condômino:

Veja art. 19, Lei n. 4.591, de 16.12.1964.

I – usar, fruir e livremente dispor das suas unidades;

II – usar das partes comuns, conforme a sua destinação, e contanto que não exclua a utilização dos demais compossuidores;

III – votar nas deliberações da assembleia e delas participar, estando quite.

Art. 1.336. São deveres do condômino:

I – contribuir para as despesas do condomínio na proporção das suas frações ideais, salvo disposição em contrário na convenção;

Inciso com redação dada pela Lei n. 10.931, de 02.08.2004.

II – não realizar obras que comprometam a segurança da edificação;

Veja art. 10, Lei n. 4.591, de 16.12.1964.

210 | ARTS. 1.336 A 1.339 – CÓDIGO CIVIL

III – não alterar a forma e a cor da fachada, das partes e esquadrias externas;

Veja art. 10, Lei n. 4.591, de 16.12.1964.

IV – dar às suas partes a mesma destinação que tem a edificação, e não as utilizar de maneira prejudicial ao sossego, salubridade e segurança dos possuidores, ou aos bons costumes.

Veja art. 1.277, CC.

Veja art. 10, Lei n. 4.591, de 16.12.1964.

§ 1º O condômino que não pagar a sua contribuição ficará sujeito aos juros moratórios convencionados ou, não sendo previstos, os de um por cento ao mês e multa de até dois por cento sobre o débito.

Veja art. 12, § 3º, Lei n. 4.591, de 16.12.1964.

§ 2º O condômino, que não cumprir qualquer dos deveres estabelecidos nos incisos II a IV, pagará a multa prevista no ato constitutivo ou na convenção, não podendo ela ser superior a cinco vezes o valor de suas contribuições mensais, independentemente das perdas e danos que se apurarem; não havendo disposição expressa, caberá à assembleia geral, por dois terços no mínimo dos condôminos restantes, deliberar sobre a cobrança da multa.

Veja art. 10, § 1º, Lei n. 4.591, de 16.12.1964.

Art. 1.337. O condômino, ou possuidor, que não cumpre reiteradamente com os seus deveres perante o condomínio poderá, por deliberação de três quartos dos condôminos restantes, ser constrangido a pagar multa correspondente até ao quíntuplo do valor atribuído à contribuição para as despesas condominiais, conforme a gravidade das faltas e a reiteração, independentemente das perdas e danos que se apurem.

Veja arts. 402 a 405, CC.

Veja art. 21, parágrafo único, Lei n. 4.591, de 16.12.1964.

Parágrafo único. O condômino ou possuidor que, por seu reiterado comportamento antissocial, gerar incompatibilidade de convivência com os demais condôminos ou possuidores, poderá ser constrangido a pagar multa correspondente ao décuplo do valor atribuído à contribuição para as despesas condominiais, até ulterior deliberação da assembleia.

Art. 1.338. Resolvendo o condômino alugar área no abrigo para veículos, preferir-se-á, em condições iguais, qualquer dos condôminos a estranhos, e, entre todos, os possuidores.

Veja art. 2º, §§ 1º e 2º, Lei n. 4.591, de 16.12.1964.

Art. 1.339. Os direitos de cada condômino às partes comuns são inseparáveis de sua propriedade exclusiva; são também inseparáveis das frações ideais correspondentes as unidades imobiliárias, com as suas partes acessórias.

§ 1º Nos casos deste artigo é proibido alienar ou gravar os bens em separado.

§ 2º É permitido ao condômino alienar parte acessória de sua unidade imobiliária a outro condômino, só podendo fazê-lo a terceiro se essa faculdade constar do ato constitutivo do condomínio, e se a ela não se opuser a respectiva assembleia geral.

CÓDIGO CIVIL – ARTS. 1.339 A 1.347 | 211

Veja arts. 504 e 1.322, CC.

Art. 1.340. As despesas relativas a partes comuns de uso exclusivo de um condômino, ou de alguns deles, incumbem a quem delas se serve.

Art. 1.341. A realização de obras no condomínio depende:

Veja art. 12, § 4º, Lei n. 4.591, de 16.12.1964.

I – se voluptuárias, de voto de dois terços dos condôminos;

II – se úteis, de voto da maioria dos condôminos.

§ 1º As obras ou reparações necessárias podem ser realizadas, independentemente de autorização, pelo síndico, ou, em caso de omissão ou impedimento deste, por qualquer condômino.

§ 2º Se as obras ou reparos necessários forem urgentes e importarem em despesas excessivas, determinada sua realização, o síndico ou o condômino que tomou a iniciativa delas dará ciência à assembleia, que deverá ser convocada imediatamente.

§ 3º Não sendo urgentes, as obras ou reparos necessários, que importarem em despesas excessivas, somente poderão ser efetuadas após autorização da assembleia, especialmente convocada pelo síndico, ou, em caso de omissão ou impedimento deste, por qualquer dos condôminos.

§ 4º O condômino que realizar obras ou reparos necessários será reembolsado das despesas que efetuar, não tendo direito à restituição das que fizer com obras ou reparos de outra natureza, embora de interesse comum.

Art. 1.342. A realização de obras, em partes comuns, em acréscimo às já existentes, a fim de lhes facilitar ou aumentar a utilização, depende da aprovação de dois terços dos votos dos condôminos, não sendo permitidas construções, nas partes comuns, suscetíveis de prejudicar a utilização, por qualquer dos condôminos, das partes próprias, ou comuns.

Art. 1.343. A construção de outro pavimento, ou, no solo comum, de outro edifício, destinado a conter novas unidades imobiliárias, depende da aprovação da unanimidade dos condôminos.

Veja art. 1.351, CC.

Art. 1.344. Ao proprietário do terraço de cobertura incumbem as despesas da sua conservação, de modo que não haja danos às unidades imobiliárias inferiores.

Veja art. 1.331, § 5º, CC.

Art. 1.345. O adquirente de unidade responde pelos débitos do alienante, em relação ao condomínio, inclusive multas e juros moratórios.

Art. 1.346. É obrigatório o seguro de toda a edificação contra o risco de incêndio ou destruição, total ou parcial.

Veja arts. 757 e 778 a 788, CC.

Veja art. 13, parágrafo único, Lei n. 4.591, de 16.12.1964.

Seção II
Da Administração do Condomínio

Art. 1.347. A assembleia escolherá um síndico, que poderá não ser con-

212 | ARTS. 1.347 A 1.351 – CÓDIGO CIVIL

dômino, para administrar o condomínio, por prazo não superior a dois anos, o qual poderá renovar-se.

Art. 1.348. Compete ao síndico:

I – convocar a assembleia dos condôminos;

II – representar, ativa e passivamente, o condomínio, praticando, em juízo ou fora dele, os atos necessários à defesa dos interesses comuns;

Veja art. 75, XI, CPC.

III – dar imediato conhecimento à assembleia da existência de procedimento judicial ou administrativo, de interesse do condomínio;

IV – cumprir e fazer cumprir a convenção, o regimento interno e as determinações da assembleia;

V – diligenciar a conservação e a guarda das partes comuns e zelar pela prestação dos serviços que interessem aos possuidores;

VI – elaborar o orçamento da receita e da despesa relativa a cada ano;

VII – cobrar dos condôminos as suas contribuições, bem como impor e cobrar as multas devidas;

VIII – prestar contas à assembleia, anualmente e quando exigidas;

IX – realizar o seguro da edificação.

Veja art. 1.346, CC.

§ 1º Poderá a assembleia investir outra pessoa, em lugar do síndico, em poderes de representação.

§ 2º O síndico pode transferir a outrem, total ou parcialmente, os poderes de representação ou as funções administrativas, mediante aprovação da assembleia, salvo disposição em contrário da convenção.

Veja art. 1.349, CC.

Art. 1.349. A assembleia, especialmente convocada para o fim estabelecido no § 2º do artigo antecedente, poderá, pelo voto da maioria absoluta de seus membros, destituir o síndico que praticar irregularidades, não prestar contas, ou não administrar convenientemente o condomínio.

Veja art. 12, Lei n. 14.010, de 10.06.2020.

Art. 1.350. Convocará o síndico, anualmente, reunião da assembleia dos condôminos, na forma prevista na convenção, a fim de aprovar o orçamento das despesas, as contribuições dos condôminos e a prestação de contas, e eventualmente eleger-lhe o substituto e alterar o regimento interno.

Veja art. 12, Lei n. 14.010, de 10.06.2020.

§ 1º Se o síndico não convocar a assembleia, um quarto dos condôminos poderá fazê-lo.

§ 2º Se a assembleia não se reunir, o juiz decidirá, a requerimento de qualquer condômino.

Art. 1.351. Depende da aprovação de 2/3 (dois terços) dos votos dos condôminos a alteração da convenção; a mudança da destinação do edifício, ou da unidade imobiliária, depende da aprovação pela unanimidade dos condôminos.

Artigo com redação dada pela Lei n. 10.931, de 02.08.2004.

CÓDIGO CIVIL – ARTS. 1.351 A 1.358-A | 213

Veja art. 1.343, CC.

Art. 1.352. Salvo quando exigido *quorum* especial, as deliberações da assembleia serão tomadas, em primeira convocação, por maioria de votos dos condôminos presentes que representem pelo menos metade das frações ideais.

Parágrafo único. Os votos serão proporcionais às frações ideais no solo e nas outras partes comuns pertencentes a cada condômino, salvo disposição diversa da convenção de constituição do condomínio.

Art. 1.353. Em segunda convocação, a assembleia poderá deliberar por maioria dos votos dos presentes, salvo quando exigido *quorum* especial.

Art. 1.354. A assembleia não poderá deliberar se todos os condôminos não forem convocados para a reunião.

Veja art. 1.334, § 2º, CC.

Art. 1.355. Assembleias extraordinárias poderão ser convocadas pelo síndico ou por um quarto dos condôminos.

Art. 1.356. Poderá haver no condomínio um conselho fiscal, composto de três membros, eleitos pela assembleia, por prazo não superior a dois anos, ao qual compete dar parecer sobre as contas do síndico.

Seção III
Da Extinção do Condomínio

Art. 1.357. Se a edificação for total ou consideravelmente destruída, ou ameace ruína, os condôminos deliberarão em assembleia sobre a reconstrução, ou venda, por votos que representem metade mais uma das frações ideais.

Veja arts. 14, § 3º, e 17, § 3º, Lei n. 4.591, de 16.12.1964.

§ 1º Deliberada a reconstrução, poderá o condômino eximir-se do pagamento das despesas respectivas, alienando os seus direitos a outros condôminos, mediante avaliação judicial.

§ 2º Realizada a venda, em que se preferirá, em condições iguais de oferta, o condômino ao estranho, será repartido o apurado entre os condôminos, proporcionalmente ao valor das suas unidades imobiliárias.

Veja art. 1.358, CC.

Art. 1.358. Se ocorrer desapropriação, a indenização será repartida na proporção a que se refere o § 2º do artigo antecedente.

Veja art. 18, Lei n. 4.591, de 16.12.1964.

Seção IV
Do Condomínio de Lotes

Seção acrescentada pela Lei n. 13.465, de 11.07.2017.

Art. 1.358-A. Pode haver, em terrenos, partes designadas de lotes que são propriedade exclusiva e partes que são propriedade comum dos condôminos.

Artigo acrescentado pela Lei n. 13.465, de 11.07.2017.

214 | ARTS. 1.358-A A 1.358-E – CÓDIGO CIVIL

§ 1º A fração ideal de cada condômino poderá ser proporcional à área do solo de cada unidade autônoma, ao respectivo potencial construtivo ou a outros critérios indicados no ato de instituição.

§ 2º Aplica-se, no que couber, ao condomínio de lotes o disposto sobre condomínio edilício neste Capítulo, respeitada a legislação urbanística.

§ 3º Para fins de incorporação imobiliária, a implantação de toda a infraestrutura ficará a cargo do empreendedor.

CAPÍTULO VII-A
DO CONDOMÍNIO EM MULTIPROPRIEDADE
Capítulo acrescentado pela Lei n. 13.777, de 20.12.2018.

Seção I
Disposições Gerais
Seção acrescentada pela Lei n. 13.777, de 20.12.2018.

Art. 1.358-B. A multipropriedade reger-se-á pelo disposto neste Capítulo e, de forma supletiva e subsidiária, pelas demais disposições deste Código e pelas disposições das Leis ns. 4.591, de 16 de dezembro de 1964, e 8.078, de 11 de setembro de 1990 (Código de Defesa do Consumidor).
Artigo acrescentado pela Lei n. 13.777, de 20.12.2018.

Art. 1.358-C. Multipropriedade é o regime de condomínio em que cada um dos proprietários de um mesmo imóvel é titular de uma fração de tempo, à qual corresponde a faculdade de uso e gozo, com exclusividade, da totalidade do imóvel, a ser exercida pelos proprietários de forma alternada.
Artigo acrescentado pela Lei n. 13.777, de 20.12.2018.

Parágrafo único. A multipropriedade não se extinguirá automaticamente se todas as frações de tempo forem do mesmo multiproprietário.

Art. 1.358-D. O imóvel objeto da multipropriedade:
Artigo acrescentado pela Lei n. 13.777, de 20.12.2018.

I – é indivisível, não se sujeitando a ação de divisão ou de extinção de condomínio;

II – inclui as instalações, os equipamentos e o mobiliário destinados a seu uso e gozo.

Art. 1.358-E. Cada fração de tempo é indivisível.
Artigo acrescentado pela Lei n. 13.777, de 20.12.2018.

§ 1º O período correspondente a cada fração de tempo será de, no mínimo, 7 (sete) dias, seguidos ou intercalados, e poderá ser:

I – fixo e determinado, no mesmo período de cada ano;

II – flutuante, caso em que a determinação do período será realizada de forma periódica, mediante procedimento objetivo que respeite, em relação a todos os multiproprietários, o princípio da isonomia, devendo ser previamente divulgado; ou

III – misto, combinando os sistemas fixo e flutuante.

§ 2º Todos os multiproprietários terão direito a uma mesma quantidade

CÓDIGO CIVIL – ARTS. 1.359-E A 1.358-H | 215

mínima de dias seguidos durante o ano, podendo haver a aquisição de frações maiores que a mínima, com o correspondente direito ao uso por períodos também maiores.

Seção II
Da Instituição da Multipropriedade
Seção acrescentada pela Lei n. 13.777, de 20.12.2018.

Art. 1.358-F. Institui-se a multipropriedade por ato entre vivos ou testamento, registrado no competente cartório de registro de imóveis, devendo constar daquele ato a duração dos períodos correspondentes a cada fração de tempo.

Artigo acrescentado pela Lei n. 13.777, de 20.12.2018.

Art. 1.358-G. Além das cláusulas que os multiproprietários decidirem estipular, a convenção de condomínio em multipropriedade determinará:

Artigo acrescentado pela Lei n. 13.777, de 20.12.2018.

Veja art. 1.358-P, *caput*, CC.

I – os poderes e deveres dos multiproprietários, especialmente em matéria de instalações, equipamentos e mobiliário do imóvel, de manutenção ordinária e extraordinária, de conservação e limpeza e de pagamento da contribuição condominial;

II – o número máximo de pessoas que podem ocupar simultaneamente o imóvel no período correspondente a cada fração de tempo;

III – as regras de acesso do administrador condominial ao imóvel para cumprimento do dever de manutenção, conservação e limpeza;

IV – a criação de fundo de reserva para reposição e manutenção dos equipamentos, instalações e mobiliário;

V – o regime aplicável em caso de perda ou destruição parcial ou total do imóvel, inclusive para efeitos de participação no risco ou no valor do seguro, da indenização ou da parte restante;

VI – as multas aplicáveis ao multiproprietário nas hipóteses de descumprimento de deveres.

Art. 1.358-H. O instrumento de instituição da multipropriedade ou a convenção de condomínio em multipropriedade poderá estabelecer o limite máximo de frações de tempo no mesmo imóvel que poderão ser detidas pela mesma pessoa natural ou jurídica.

Artigo acrescentado pela Lei n. 13.777, de 20.12.2018.

Parágrafo único. Em caso de instituição da multipropriedade para posterior venda das frações de tempo a terceiros, o atendimento a eventual limite de frações de tempo por titular estabelecido no instrumento de instituição será obrigatório somente após a venda das frações.

Seção III
Dos Direitos e das Obrigações do Multiproprietário
Seção acrescentada pela Lei n. 13.777, de 20.12.2018.

216 | ARTS. 1.358-I E 1.358-J – CÓDIGO CIVIL

Art. 1.358-I. São direitos do multiproprietário, além daqueles previstos no instrumento de instituição e na convenção de condomínio em multipropriedade:

Artigo acrescentado pela Lei n. 13.777, de 20.12.2018.

I – usar e gozar, durante o período correspondente à sua fração de tempo, do imóvel e de suas instalações, equipamentos e mobiliário;

II – ceder a fração de tempo em locação ou comodato;

III – alienar a fração de tempo, por ato entre vivos ou por causa de morte, a título oneroso ou gratuito, ou onerá-la, devendo a alienação e a qualificação do sucessor, ou a oneração, ser informadas ao administrador;

IV – participar e votar, pessoalmente ou por intermédio de representante ou procurador, desde que esteja quite com as obrigações condominiais, em:

a) assembleia geral do condomínio em multipropriedade, e o voto do multiproprietário corresponderá à quota de sua fração de tempo no imóvel;

b) assembleia geral do condomínio edilício, quando for o caso, e o voto do multiproprietário corresponderá à quota de sua fração de tempo em relação à quota de poder político atribuído à unidade autônoma na respectiva convenção de condomínio edilício.

Art. 1.358-J. São obrigações do multiproprietário, além daquelas previstas no instrumento de instituição e na convenção de condomínio em multipropriedade:

Artigo acrescentado pela Lei n. 13.777, de 20.12.2018.

I – pagar a contribuição condominial do condomínio em multipropriedade e, quando for o caso, do condomínio edilício, ainda que renuncie ao uso e gozo, total ou parcial, do imóvel, das áreas comuns ou das respectivas instalações, equipamentos e mobiliário;

II – responder por danos causados ao imóvel, às instalações, aos equipamentos e ao mobiliário por si, por qualquer de seus acompanhantes, convidados ou prepostos ou por pessoas por ele autorizadas;

III – comunicar imediatamente ao administrador os defeitos, avarias e vícios no imóvel dos quais tiver ciência durante a utilização;

IV – não modificar, alterar ou substituir o mobiliário, os equipamentos e as instalações do imóvel;

V – manter o imóvel em estado de conservação e limpeza condizente com os fins a que se destina e com a natureza da respectiva construção;

VI – usar o imóvel, bem como suas instalações, equipamentos e mobiliário, conforme seu destino e natureza;

VII – usar o imóvel exclusivamente durante o período correspondente à sua fração de tempo;

VIII – desocupar o imóvel, impreterivelmente, até o dia e hora fixados no instrumento de instituição ou na convenção de condomínio em multipropriedade, sob pena de multa diária, conforme convencionado no instrumento pertinente;

IX – permitir a realização de obras ou reparos urgentes.

CÓDIGO CIVIL – ARTS. 1.358-J A 1.358-M | 217

§ 1º Conforme previsão que deverá constar da respectiva convenção de condomínio em multipropriedade, o multiproprietário estará sujeito a:

I – multa, no caso de descumprimento de qualquer de seus deveres;

II – multa progressiva e perda temporária do direito de utilização do imóvel no período correspondente à sua fração de tempo, no caso de descumprimento reiterado de deveres.

§ 2º A responsabilidade pelas despesas referentes a reparos no imóvel, bem como suas instalações, equipamentos e mobiliário, será:

I – de todos os multiproprietários, quando decorrentes do uso normal e do desgaste natural do imóvel;

II – exclusivamente do multiproprietário responsável pelo uso anormal, sem prejuízo de multa, quando decorrentes de uso anormal do imóvel.

§§ 3º a 5º (*Vetados.*)

Art. 1.358-K. Para os efeitos do disposto nesta Seção, são equiparados aos multiproprietários os promitentes compradores e os cessionários de direitos relativos a cada fração de tempo.

Artigo acrescentado pela Lei n. 13.777, de 20.12.2018.

Seção IV
Da Transferência
da Multipropriedade

Seção acrescentada pela Lei n. 13.777, de 20.12.2018.

Art. 1.358-L. A transferência do direito de multipropriedade e a sua produção de efeitos perante terceiros dar-se-ão na forma da lei civil e não dependerão da anuência ou cientificação dos demais multiproprietários.

Artigo acrescentado pela Lei n. 13.777, de 20.12.2018.

§ 1º Não haverá direito de preferência na alienação de fração de tempo, salvo se estabelecido no instrumento de instituição ou na convenção do condomínio em multipropriedade em favor dos demais multiproprietários ou do instituidor do condomínio em multipropriedade.

§ 2º O adquirente será solidariamente responsável com o alienante pelas obrigações de que trata o § 5º do art. 1.358-J deste Código caso não obtenha a declaração de inexistência de débitos referente à fração de tempo no momento de sua aquisição.

O art. 1.358-J, § 5º, foi vetado.

Seção V
Da Administração da Multipropriedade

Seção acrescentada pela Lei n. 13.777, de 20.12.2018.

Art. 1.358-M. A administração do imóvel e de suas instalações, equipamentos e mobiliário será de responsabilidade da pessoa indicada no instrumento de instituição ou na convenção de condomínio em multipropriedade, ou, na falta de indicação, de pessoa escolhida em assembleia geral dos condôminos.

218 | ARTS. 1.358-M A 1.358-O – CÓDIGO CIVIL

Artigo acrescentado pela Lei n. 13.777, de 20.12.2018.

§ 1º O administrador exercerá, além daquelas previstas no instrumento de instituição e na convenção de condomínio em multipropriedade, as seguintes atribuições:

I – coordenação da utilização do imóvel pelos multiproprietários durante o período correspondente a suas respectivas frações de tempo;

II – determinação, no caso dos sistemas flutuante ou misto, dos períodos concretos de uso e gozo exclusivos de cada multiproprietário em cada ano;

III – manutenção, conservação e limpeza do imóvel;

IV – troca ou substituição de instalações, equipamentos ou mobiliário, inclusive:

a) determinar a necessidade da troca ou substituição;

b) providenciar os orçamentos necessários para a troca ou substituição;

c) submeter os orçamentos à aprovação pela maioria simples dos condôminos em assembleia;

V – elaboração do orçamento anual, com previsão das receitas e despesas;

VI – cobrança das quotas de custeio de responsabilidade dos multiproprietários;

VII – pagamento, por conta do condomínio edilício ou voluntário, com os fundos comuns arrecadados, de todas as despesas comuns.

§ 2º A convenção de condomínio em multipropriedade poderá regrar de forma diversa a atribuição prevista no inciso IV do § 1º deste artigo.

Art. 1.358-N. O instrumento de instituição poderá prever fração de tempo destinada à realização, no imóvel e em suas instalações, em seus equipamentos e em seu mobiliário, de reparos indispensáveis ao exercício normal do direito de multipropriedade.

Artigo acrescentado pela Lei n. 13.777, de 20.12.2018.

§ 1º A fração de tempo de que trata o *caput* deste artigo poderá ser atribuída:

I – ao instituidor da multipropriedade; ou

II – aos multiproprietários, proporcionalmente às respectivas frações.

§ 2º Em caso de emergência, os reparos de que trata o *caput* deste artigo poderão ser feitos durante o período correspondente à fração de tempo de um dos multiproprietários.

Seção VI
Disposições Específicas Relativas
às Unidades Autônomas de Condomínios Edilícios

Seção acrescentada pela Lei n. 13.777, de 20.12.2018.

Art. 1.358-O. O condomínio edilício poderá adotar o regime de multipropriedade em parte ou na totalidade de suas unidades autônomas, mediante:

Artigo acrescentado pela Lei n. 13.777, de 20.12.2018.

Veja arts. 1.358-P, *caput*, e 1.358-Q, *caput*, CC.

CÓDIGO CIVIL – ARTS. 1.358-O A 1.358-Q | 219

I – previsão no instrumento de instituição; ou

II – deliberação da maioria absoluta dos condôminos.

Parágrafo único. No caso previsto no inciso I do *caput* deste artigo, a iniciativa e a responsabilidade para a instituição do regime da multipropriedade serão atribuídas às mesmas pessoas e observarão os mesmos requisitos indicados nas alíneas *a*, *b* e *c* e no § 1º do art. 31 da Lei n. 4.591, de 16 de dezembro de 1964.

Art. 1.358-P. Na hipótese do art. 1.358-O, a convenção de condomínio edilício deve prever, além das matérias elencadas nos arts. 1.332, 1.334 e, se for o caso, 1.358-G deste Código:

Artigo acrescentado pela Lei n. 13.777, de 20.12.2018.

Veja art. 1.358-P, *caput*, CC.

I – a identificação das unidades sujeitas ao regime da multipropriedade, no caso de empreendimentos mistos;

II – a indicação da duração das frações de tempo de cada unidade autônoma sujeita ao regime da multipropriedade;

III – a forma de rateio, entre os multiproprietários de uma mesma unidade autônoma, das contribuições condominiais relativas à unidade, que, salvo se disciplinada de forma diversa no instrumento de instituição ou na convenção de condomínio em multipropriedade, será proporcional à fração de tempo de cada multiproprietário;

IV – a especificação das despesas ordinárias, cujo custeio será obrigatório, independentemente do uso e gozo do imóvel e das áreas comuns;

V – os órgãos de administração da multipropriedade;

VI – a indicação, se for o caso, de que o empreendimento conta com sistema de administração de intercâmbio, na forma prevista no § 2º do art. 23 da Lei n. 11.771, de 17 de setembro de 2008, seja do período de fruição da fração de tempo, seja do local de fruição, caso em que a responsabilidade e as obrigações da companhia de intercâmbio limitam-se ao contido na documentação de sua contratação;

VII – a competência para a imposição de sanções e o respectivo procedimento, especialmente nos casos de mora no cumprimento das obrigações de custeio e nos casos de descumprimento da obrigação de desocupar o imóvel até o dia e hora previstos;

VIII – o quórum exigido para a deliberação de adjudicação da fração de tempo na hipótese de inadimplemento do respectivo multiproprietário;

IX – o quórum exigido para a deliberação de alienação, pelo condomínio edilício, da fração de tempo adjudicada em virtude do inadimplemento do respectivo multiproprietário.

Art. 1.358-Q. Na hipótese do art. 1.358-O deste Código, o regimento interno do condomínio edilício deve prever:

Artigo acrescentado pela Lei n. 13.777, de 20.12.2018.

I – os direitos dos multiproprietários sobre as partes comuns do condomínio edilício;

220 | ARTS. 1.358-Q E 1.358-R – CÓDIGO CIVIL

II – os direitos e obrigações do administrador, inclusive quanto ao acesso ao imóvel para cumprimento do dever de manutenção, conservação e limpeza;

III – as condições e regras para uso das áreas comuns;

IV – os procedimentos a serem observados para uso e gozo dos imóveis e das instalações, equipamentos e mobiliário destinados ao regime da multipropriedade;

V – o número máximo de pessoas que podem ocupar simultaneamente o imóvel no período correspondente a cada fração de tempo;

VI – as regras de convivência entre os multiproprietários e os ocupantes de unidades autônomas não sujeitas ao regime da multipropriedade, quando se tratar de empreendimentos mistos;

VII – a forma de contribuição, destinação e gestão do fundo de reserva específico para cada imóvel, para reposição e manutenção dos equipamentos, instalações e mobiliário, sem prejuízo do fundo de reserva do condomínio edilício;

VIII – a possibilidade de realização de assembleias não presenciais, inclusive por meio eletrônico;

IX – os mecanismos de participação e representação dos titulares;

X – o funcionamento do sistema de reserva, os meios de confirmação e os requisitos a serem cumpridos pelo multiproprietário quando não exercer diretamente sua faculdade de uso;

XI – a descrição dos serviços adicionais, se existentes, e as regras para seu uso e custeio.

Parágrafo único. O regimento interno poderá ser instituído por escritura pública ou por instrumento particular.

Art. 1.358-R. O condomínio edilício em que tenha sido instituído o regime de multipropriedade em parte ou na totalidade de suas unidades autônomas terá necessariamente um administrador profissional.

Artigo acrescentado pela Lei n. 13.777, de 20.12.2018.

§ 1º O prazo de duração do contrato de administração será livremente convencionado.

§ 2º O administrador do condomínio referido no *caput* deste artigo será também o administrador de todos os condomínios em multipropriedade de suas unidades autônomas.

§ 3º O administrador será mandatário legal de todos os multiproprietários, exclusivamente para a realização dos atos de gestão ordinária da multipropriedade, incluindo manutenção, conservação e limpeza do imóvel e de suas instalações, equipamentos e mobiliário.

§ 4º O administrador poderá modificar o regimento interno quanto aos aspectos estritamente operacionais da gestão da multipropriedade no condomínio edilício.

§ 5º O administrador pode ser ou não um prestador de serviços de hospedagem.

CÓDIGO CIVIL – ARTS. 1.358-S A 1.359 | 221

Art. 1.358-S. Na hipótese de inadimplemento, por parte do multiproprietário, da obrigação de custeio das despesas ordinárias ou extraordinárias, é cabível, na forma da lei processual civil, a adjudicação ao condomínio edilício da fração de tempo correspondente.

Artigo acrescentado pela Lei n. 13.777, de 20.12.2018.

Parágrafo único. Na hipótese de o imóvel objeto da multipropriedade ser parte integrante de empreendimento em que haja sistema de locação das frações de tempo no qual os titulares possam ou sejam obrigados a locar suas frações de tempo exclusivamente por meio de uma administração única, repartindo entre si as receitas das locações independentemente da efetiva ocupação de cada unidade autônoma, poderá a convenção do condomínio edilício regrar que em caso de inadimplência:

I – o inadimplente fique proibido de utilizar o imóvel até a integral quitação da dívida;

II – a fração de tempo do inadimplente passe a integrar o *pool* da administradora;

III – a administradora do sistema de locação fique automaticamente munida de poderes e obrigada a, por conta e ordem do inadimplente, utilizar a integralidade dos valores líquidos a que o inadimplente tiver direito para amortizar suas dívidas condominiais, seja do condomínio edilício, seja do condomínio em multipropriedade, até sua integral quitação, devendo eventual saldo ser imediatamente repassado ao multiproprietário.

Art. 1.358-T. O multiproprietário somente poderá renunciar de forma translativa a seu direito de multipropriedade em favor do condomínio edilício.

Artigo acrescentado pela Lei n. 13.777, de 20.12.2018.

Parágrafo único. A renúncia de que trata o *caput* deste artigo só é admitida se o multiproprietário estiver em dia com as contribuições condominiais, com os tributos imobiliários e, se houver, com o foro ou a taxa de ocupação.

Art. 1.358-U. As convenções dos condomínios edilícios, os memoriais de loteamentos e os instrumentos de venda dos lotes em loteamentos urbanos poderão limitar ou impedir a instituição da multipropriedade nos respectivos imóveis, vedação que somente poderá ser alterada no mínimo pela maioria absoluta dos condôminos.

Artigo acrescentado pela Lei n. 13.777, de 20.12.2018.

CAPÍTULO VIII
DA PROPRIEDADE RESOLÚVEL

Art. 1.359. Resolvida a propriedade pelo implemento da condição ou pelo advento do termo, entendem-se também resolvidos os direitos reais concedidos na sua pendência, e o proprietário, em cujo favor se opera a resolução, pode reivindicar a coisa do poder de quem a possua ou detenha.

Veja arts. 127, 128, 135, 507, 513, 547, 1.225, I, 1.499, III, 1.953 e 1.954, CC.

222 | ARTS. 1.359 A 1.365 – CÓDIGO CIVIL

Veja art. 33, Lei n. 9.514, de 20.11.1997.

Art. 1.360. Se a propriedade se resolver por outra causa superveniente, o possuidor, que a tiver adquirido por título anterior à sua resolução, será considerado proprietário perfeito, restando à pessoa, em cujo benefício houve a resolução, ação contra aquele cuja propriedade se resolveu para haver a própria coisa ou o seu valor.

Veja arts. 127, 128, 507, 557, 563, 564 e 1.954, CC.

Veja art. 33, Lei n. 9.514, de 20.11.1997.

CAPÍTULO IX
DA PROPRIEDADE FIDUCIÁRIA

Art. 1.361. Considera-se fiduciária a propriedade resolúvel de coisa móvel infungível que o devedor, com escopo de garantia, transfere ao credor.

§ 1º Constitui-se a propriedade fiduciária com o registro do contrato, celebrado por instrumento público ou particular, que lhe serve de título, no Registro de Títulos e Documentos do domicílio do devedor, ou, em se tratando de veículos, na repartição competente para o licenciamento, fazendo-se a anotação no certificado de registro.

Veja art. 129-B, CTB.

§ 2º Com a constituição da propriedade fiduciária, dá-se o desdobramento da posse, tornando-se o devedor possuidor direto da coisa.

§ 3º A propriedade superveniente, adquirida pelo devedor, torna eficaz, desde o arquivamento, a transferência da propriedade fiduciária.

Art. 1.362. O contrato, que serve de título à propriedade fiduciária, conterá:

I – o total da dívida, ou sua estimativa;

II – o prazo, ou a época do pagamento;

III – a taxa de juros, se houver;

IV – a descrição da coisa objeto da transferência, com os elementos indispensáveis à sua identificação.

Veja art. 1.361, § 1º, CC.

Art. 1.363. Antes de vencida a dívida, o devedor, a suas expensas e risco, pode usar a coisa segundo sua destinação, sendo obrigado, como depositário:

Veja arts. 627 a 652, CC.

I – a empregar na guarda da coisa a diligência exigida por sua natureza;

II – a entregá-la ao credor, se a dívida não for paga no vencimento.

Veja art. 1.361, § 2º, CC.

Art. 1.364. Vencida a dívida, e não paga, fica o credor obrigado a vender, judicial ou extrajudicialmente, a coisa a terceiros, a aplicar o preço no pagamento de seu crédito e das despesas de cobrança, e a entregar o saldo, se houver, ao devedor.

Veja art. 1.366, CC.

Art. 1.365. É nula a cláusula que autoriza o proprietário fiduciário a ficar com a coisa alienada em garantia, se a dívida não for paga no vencimento.

CÓDIGO CIVIL – ARTS. 1.365 A 1.368-C | 223

Parágrafo único. O devedor pode, com a anuência do credor, dar seu direito eventual à coisa em pagamento da dívida, após o vencimento desta.

Art. 1.366. Quando, vendida a coisa, o produto não bastar para o pagamento da dívida e das despesas de cobrança, continuará o devedor obrigado pelo restante.

Veja art. 1.364, CC.

Art. 1.367. A propriedade fiduciária em garantia de bens móveis ou imóveis sujeita-se às disposições do Capítulo I do Título X do Livro III da Parte Especial deste Código e, no que for específico, à legislação especial pertinente, não se equiparando, para quaisquer efeitos, à propriedade plena de que trata o art. 1.231.

Artigo com redação dada pela Lei n. 13.043, de 13.11.2014.

Art. 1.368. O terceiro, interessado ou não, que pagar a dívida, se sub-rogará de pleno direito no crédito e na propriedade fiduciária.

Veja arts. 346 a 351, CC.

Art. 1.368-A. As demais espécies de propriedade fiduciária ou de titularidade fiduciária submetem-se à disciplina específica das respectivas leis especiais, somente se aplicando as disposições deste Código naquilo que não for incompatível com a legislação especial.

Artigo acrescentado pela Lei n. 10.931, de 02.08.2004.

Art. 1.368-B. A alienação fiduciária em garantia de bem móvel ou imóvel confere direito real de aquisição ao fiduciante, seu cessionário ou sucessor.

Artigo acrescentado pela Lei n. 13.043, de 13.11.2014.

Parágrafo único. O credor fiduciário que se tornar proprietário pleno do bem, por efeito de realização da garantia, mediante consolidação da propriedade, adjudicação, dação ou outra forma pela qual lhe tenha sido transmitida a propriedade plena, passa a responder pelo pagamento dos tributos sobre a propriedade e a posse, taxas, despesas condominiais e quaisquer outros encargos, tributários ou não, incidentes sobre o bem objeto da garantia, a partir da data em que vier a ser imitido na posse direta do bem.

CAPÍTULO X
DO FUNDO DE INVESTIMENTO

Capítulo acrescentado pela Lei n. 13.874, de 20.09.2019.

Art. 1.368-C. O fundo de investimento é uma comunhão de recursos, constituído sob a forma de condomínio de natureza especial, destinado à aplicação em ativos financeiros, bens e direitos de qualquer natureza.

Artigo acrescentado pela Lei n. 13.874, de 20.09.2019.

§ 1º Não se aplicam ao fundo de investimento as disposições constantes dos arts. 1.314 ao 1.358-A deste Código.

§ 2º Competirá à Comissão de Valores Mobiliários disciplinar o disposto no *caput* deste artigo.

Veja art. 1.368-D, CC.

224 | ARTS. 1.368-C A 1.369 – CÓDIGO CIVIL

§ 3º O registro dos regulamentos dos fundos de investimentos na Comissão de Valores Mobiliários é condição suficiente para garantir a sua publicidade e a oponibilidade de efeitos em relação a terceiros.

Art. 1.368-D. O regulamento do fundo de investimento poderá, observado o disposto na regulamentação a que se refere o § 2º do art. 1.368-C desta Lei, estabelecer:

Artigo acrescentado pela Lei n. 13.874, de 20.09.2019.

I – a limitação da responsabilidade de cada investidor ao valor de suas cotas;

II – a limitação da responsabilidade, bem como parâmetros de sua aferição, dos prestadores de serviços do fundo de investimento, perante o condomínio e entre si, ao cumprimento dos deveres particulares de cada um, sem solidariedade; e

III – classes de cotas com direitos e obrigações distintos, com possibilidade de constituir patrimônio segregado para cada classe.

§ 1º A adoção da responsabilidade limitada por fundo de investimento constituído sem a limitação de responsabilidade somente abrangerá fatos ocorridos após a respectiva mudança em seu regulamento.

§ 2º A avaliação de responsabilidade dos prestadores de serviço deverá levar sempre em consideração os riscos inerentes às aplicações nos mercados de atuação do fundo de investimento e a natureza de obrigação de meio de seus serviços.

§ 3º O patrimônio segregado referido no inciso III do *caput* deste artigo só responderá por obrigações vinculadas à classe respectiva, nos termos do regulamento.

Art. 1.368-E. Os fundos de investimento respondem diretamente pelas obrigações legais e contratuais por eles assumidas, e os prestadores de serviço não respondem por essas obrigações, mas respondem pelos prejuízos que causarem quando procederem com dolo ou má-fé.

Artigo acrescentado pela Lei n. 13.874, de 20.09.2019.

§ 1º Se o fundo de investimento com limitação de responsabilidade não possuir patrimônio suficiente para responder por suas dívidas, aplicam-se as regras de insolvência previstas nos arts. 955 a 965 deste Código.

§ 2º A insolvência pode ser requerida judicialmente por credores, por deliberação própria dos cotistas do fundo de investimento, nos termos de seu regulamento, ou pela Comissão de Valores Mobiliários.

Art. 1.368-F. O fundo de investimento constituído por lei específica e regulamentado pela Comissão de Valores Mobiliários deverá, no que couber, seguir as disposições deste Capítulo.

Artigo acrescentado pela Lei n. 13.874, de 20.09.2019.

TÍTULO IV
DA SUPERFÍCIE

Art. 1.369. O proprietário pode conceder a outrem o direito de construir

CÓDIGO CIVIL – ARTS. 1.369 A 1.379 | 225

ou de plantar em seu terreno, por tempo determinado, mediante escritura pública devidamente registrada no Cartório de Registro de Imóveis.

Veja art. 1.225, II, CC.

Parágrafo único. O direito de superfície não autoriza obra no subsolo, salvo se for inerente ao objeto da concessão.

Art. 1.370. A concessão da superfície será gratuita ou onerosa; se onerosa, estipularão as partes se o pagamento será feito de uma só vez, ou parceladamente.

Art. 1.371. O superficiário responderá pelos encargos e tributos que incidirem sobre o imóvel.

Art. 1.372. O direito de superfície pode transferir-se a terceiros e, por morte do superficiário, aos seus herdeiros.

Veja arts. 1.207 e 1.784, CC.

Parágrafo único. Não poderá ser estipulado pelo concedente, a nenhum título, qualquer pagamento pela transferência.

Art. 1.373. Em caso de alienação do imóvel ou do direito de superfície, o superficiário ou o proprietário tem direito de preferência, em igualdade de condições.

Art. 1.374. Antes do termo final, resolver-se-á a concessão se o superficiário der ao terreno destinação diversa daquela para que foi concedida.

Art. 1.375. Extinta a concessão, o proprietário passará a ter a propriedade plena sobre o terreno, construção ou plantação, independentemente de indenização, se as partes não houverem estipulado o contrário.

Art. 1.376. No caso de extinção do direito de superfície em consequência de desapropriação, a indenização cabe ao proprietário e ao superficiário, no valor correspondente ao direito real de cada um.

Art. 1.377. O direito de superfície, constituído por pessoa jurídica de direito público interno, rege-se por este Código, no que não for diversamente disciplinado em lei especial.

TÍTULO V
DAS SERVIDÕES

CAPÍTULO I
DA CONSTITUIÇÃO DAS SERVIDÕES

Art. 1.378. A servidão proporciona utilidade para o prédio dominante, e grava o prédio serviente, que pertence a diverso dono, e constitui-se mediante declaração expressa dos proprietários, ou por testamento, e subsequente registro no Cartório de Registro de Imóveis.

Veja arts. 1.225, III, 1.227 e 1.285, CC.

Veja art. 47, § 1º, CPC.

Art. 1.379. O exercício incontestado e contínuo de uma servidão aparente, por dez anos, nos termos do art. 1.242, autoriza o interessado a registrá-

226 | ARTS. 1.379 A 1.387 – CÓDIGO CIVIL

-la em seu nome no Registro de Imóveis, valendo-lhe como título a sentença que julgar consumado a usucapião.

Veja arts. 246, § 3º, e 259, I, CPC.

Parágrafo único. Se o possuidor não tiver título, o prazo da usucapião será de vinte anos.

CAPÍTULO II
DO EXERCÍCIO DAS SERVIDÕES

Art. 1.380. O dono de uma servidão pode fazer todas as obras necessárias à sua conservação e uso, e, se a servidão pertencer a mais de um prédio, serão as despesas rateadas entre os respectivos donos.

Art. 1.381. As obras a que se refere o artigo antecedente devem ser feitas pelo dono do prédio dominante, se o contrário não dispuser expressamente o título.

Art. 1.382. Quando a obrigação incumbir ao dono do prédio serviente, este poderá exonerar-se, abandonando, total ou parcialmente, a propriedade ao dono do dominante.

Parágrafo único. Se o proprietário do prédio dominante se recusar a receber a propriedade do serviente, ou parte dela, caber-lhe-á custear as obras.

Art. 1.383. O dono do prédio serviente não poderá embaraçar de modo algum o exercício legítimo da servidão.

Art. 1.384. A servidão pode ser removida, de um local para outro, pelo dono do prédio serviente e à sua custa, se em nada diminuir as vantagens do prédio dominante, ou pelo dono deste e à sua custa, se houver considerável incremento da utilidade e não prejudicar o prédio serviente.

Art. 1.385. Restringir-se-á o exercício da servidão às necessidades do prédio dominante, evitando-se, quanto possível, agravar o encargo ao prédio serviente.

§ 1º Constituída para certo fim, a servidão não se pode ampliar a outro.

§ 2º Nas servidões de trânsito, a de maior inclui a de menor ônus, e a menor exclui a mais onerosa.

§ 3º Se as necessidades da cultura, ou da indústria, do prédio dominante impuserem à servidão maior largueza, o dono do serviente é obrigado a sofrê-la; mas tem direito a ser indenizado pelo excesso.

Art. 1.386. As servidões prediais são indivisíveis, e subsistem, no caso de divisão dos imóveis, em benefício de cada uma das porções do prédio dominante, e continuam a gravar cada uma das do prédio serviente, salvo se, por natureza, ou destino, só se aplicarem a certa parte de um ou de outro.

Veja arts. 87 e 88, CC.

CAPÍTULO III
DA EXTINÇÃO DAS SERVIDÕES

Art. 1.387. Salvo nas desapropriações, a servidão, uma vez registrada, só se extingue, com respeito a terceiros, quando cancelada.

Parágrafo único. Se o prédio dominante estiver hipotecado, e a servidão se mencionar no título hipotecário, será também preciso, para a cancelar, o consentimento do credor.

Veja arts. 256 e 257, LRP, que estabelecem que o cancelamento da servidão, quando o prédio dominante estiver hipotecado, só poderá ser feito com aquiescência do credor, expressamente manifestado.

Art. 1.388. O dono do prédio serviente tem direito, pelos meios judiciais, ao cancelamento do registro, embora o dono do prédio dominante lho impugne:

I – quando o titular houver renunciado a sua servidão;

II – quando tiver cessado, para o prédio dominante, a utilidade ou a comodidade, que determinou a constituição da servidão;

III – quando o dono do prédio serviente resgatar a servidão.

Art. 1.389. Também se extingue a servidão, ficando ao dono do prédio serviente a faculdade de fazê-la cancelar, mediante a prova da extinção:

I – pela reunião dos dois prédios no domínio da mesma pessoa;

II – pela supressão das respectivas obras por efeito de contrato, ou de outro título expresso;

III – pelo não uso, durante dez anos contínuos.

TÍTULO VI
DO USUFRUTO

CAPÍTULO I
DISPOSIÇÕES GERAIS

Art. 1.390. O usufruto pode recair em um ou mais bens, móveis ou imóveis, em um patrimônio inteiro, ou parte deste, abrangendo-lhe, no todo ou em parte, os frutos e utilidades.

Veja arts. 1.225, IV, 1.410, VIII, 1.413, 1.416, 1.689, I, 1.693, 1.816, parágrafo único, 1.921, 1.946 e 1.952, CC.

Veja art. 231, § 2º, CF.

Veja arts. 825, III, e 867 a 869, CPC.

Art. 1.391. O usufruto de imóveis, quando não resulte de usucapião, constituir-se-á mediante registro no Cartório de Registro de Imóveis.

Veja arts. 1.227 e 1.652, I, CC.

Art. 1.392. Salvo disposição em contrário, o usufruto estende-se aos acessórios da coisa e seus acrescidos.

Veja arts. 92, 96, 97 e 1.248, CC.

§ 1º Se, entre os acessórios e os acrescidos, houver coisas consumíveis, terá o usufrutuário o dever de restituir, findo o usufruto, as que ainda houver e, das outras, o equivalente em gênero, qualidade e quantidade, ou, não sendo possível, o seu valor, estimado ao tempo da restituição.

Veja arts. 86, 1.248, V, e 1.254 a 1.257, CC.

228 | ARTS. 1.392 A 1.399 – CÓDIGO CIVIL

§ 2º Se há no prédio em que recai o usufruto florestas ou os recursos minerais a que se refere o art. 1.230, devem o dono e o usufrutuário prefixar-lhe a extensão do gozo e a maneira de exploração.

§ 3º Se o usufruto recai sobre universalidade ou quota-parte de bens, o usufrutuário tem direito à parte do tesouro achado por outrem, e ao preço pago pelo vizinho do prédio usufruído, para obter meação em parede, cerca, muro, vala ou valado.

Veja arts. 90, 91, 1.264 a 1.266, 1.297, § 1º, e 1.328, CC.

Art. 1.393. Não se pode transferir o usufruto por alienação; mas o seu exercício pode ceder-se por título gratuito ou oneroso.

Veja arts. 1.399 e 1.410, VI, CC.

CAPÍTULO II
DOS DIREITOS DO USUFRUTUÁRIO

Art. 1.394. O usufrutuário tem direito à posse, uso, administração e percepção dos frutos.

Veja arts. 1.196, 1.392, 1.395 a 1.410, 1.413 e 1.416, CC.

Art. 1.395. Quando o usufruto recai em títulos de crédito, o usufrutuário tem direito a perceber os frutos e a cobrar as respectivas dívidas.

Veja art. 1.410, VII, CC.

Parágrafo único. Cobradas as dívidas, o usufrutuário aplicará, de imediato, a importância em títulos da mesma natureza, ou em títulos da dívida pública federal, com cláusula de atualização monetária segundo índices oficiais regularmente estabelecidos.

Art. 1.396. Salvo direito adquirido por outrem, o usufrutuário faz seus os frutos naturais, pendentes ao começar o usufruto, sem encargo de pagar as despesas de produção.

Veja art. 1.215, CC.

Parágrafo único. Os frutos naturais, pendentes ao tempo em que cessa o usufruto, pertencem ao dono, também sem compensação das despesas.

Veja art. 1.214, parágrafo único, CC.

Art. 1.397. As crias dos animais pertencem ao usufrutuário, deduzidas quantas bastem para inteirar as cabeças de gado existentes ao começar o usufruto.

Art. 1.398. Os frutos civis, vencidos na data inicial do usufruto, pertencem ao proprietário, e ao usufrutuário os vencidos na data em que cessa o usufruto.

Veja art. 1.215, CC.

Art. 1.399. O usufrutuário pode usufruir em pessoa, ou mediante arrendamento, o prédio, mas não mudar-lhe a destinação econômica, sem expressa autorização do proprietário.

Veja arts. 1.393 e 1.410, VIII, CC.

CÓDIGO CIVIL – ARTS. 1.400 A 1.407 | 229

CAPÍTULO III
DOS DEVERES DO USUFRUTUÁRIO

Art. 1.400. O usufrutuário, antes de assumir o usufruto, inventariará, à sua custa, os bens que receber, determinando o estado em que se acham, e dará caução, fidejussória ou real, se lha exigir o dono, de velar-lhes pela conservação, e entregá-los findo o usufruto.

Veja arts. 538, 1.402, 1.652, I, e 1.689, I, CC.

Parágrafo único. Não é obrigado à caução o doador que se reservar o usufruto da coisa doada.

Art. 1.401. O usufrutuário que não quiser ou não puder dar caução suficiente perderá o direito de administrar o usufruto; e, neste caso, os bens serão administrados pelo proprietário, que ficará obrigado, mediante caução, a entregar ao usufrutuário o rendimento deles, deduzidas as despesas de administração, entre as quais se incluirá a quantia fixada pelo juiz como remuneração do administrador.

Art. 1.402. O usufrutuário não é obrigado a pagar as deteriorações resultantes do exercício regular do usufruto.

Veja arts. 569, IV, e 1.400, CC.

Art. 1.403. Incumbem ao usufrutuário:

I – as despesas ordinárias de conservação dos bens no estado em que os recebeu;

II – as prestações e os tributos devidos pela posse ou rendimento da coisa usufruída.

Art. 1.404. Incumbem ao dono as reparações extraordinárias e as que não forem de custo módico; mas o usufrutuário lhe pagará os juros do capital despendido com as que forem necessárias à conservação, ou aumentarem o rendimento da coisa usufruída.

§ 1º Não se consideram módicas as despesas superiores a dois terços do líquido rendimento em um ano.

§ 2º Se o dono não fizer as reparações a que está obrigado, e que são indispensáveis à conservação da coisa, o usufrutuário pode realizá-las, cobrando daquele a importância despendida.

Art. 1.405. Se o usufruto recair num patrimônio, ou parte deste, será o usufrutuário obrigado aos juros da dívida que onerar o patrimônio ou a parte dele.

Veja arts. 90 e 91, CC.

Art. 1.406. O usufrutuário é obrigado a dar ciência ao dono de qualquer lesão produzida contra a posse da coisa, ou os direitos deste.

Art. 1.407. Se a coisa estiver segurada, incumbe ao usufrutuário pagar, durante o usufruto, as contribuições do seguro.

Veja arts. 1.408 e 1.410, V, CC.

§ 1º Se o usufrutuário fizer o seguro, ao proprietário caberá o direito dele resultante contra o segurador.

230 | ARTS. 1.407 A 1.412 – CÓDIGO CIVIL

§ 2º Em qualquer hipótese, o direito do usufrutuário fica sub-rogado no valor da indenização do seguro.

Art. 1.408. Se um edifício sujeito a usufruto for destruído sem culpa do proprietário, não será este obrigado a reconstruí-lo, nem o usufruto se restabelecerá, se o proprietário reconstruir à sua custa o prédio; mas se a indenização do seguro for aplicada à reconstrução do prédio, restabelecer-se-á o usufruto.

Veja arts. 1.407 e 1.410, V, CC.

Art. 1.409. Também fica sub-rogada no ônus do usufruto, em lugar do prédio, a indenização paga, se ele for desapropriado, ou a importância do dano, ressarcido pelo terceiro responsável no caso de danificação ou perda.

Veja art. 1.410, V, CC.

CAPÍTULO IV
DA EXTINÇÃO DO USUFRUTO

Art. 1.410. O usufruto extingue-se, cancelando-se o registro no Cartório de Registro de Imóveis:

Veja art. 1.393, CC.

Veja art. 725, VI, CPC.

I – pela renúncia ou morte do usufrutuário;

Veja art. 1.921, CC.

II – pelo termo de sua duração;

III – pela extinção da pessoa jurídica, em favor de quem o usufruto foi constituído, ou, se ela perdurar, pelo decurso de trinta anos da data em que se começou a exercer;

IV – pela cessação do motivo de que se origina;

V – pela destruição da coisa, guardadas as disposições dos arts. 1.407, 1.408, 2ª parte, e 1.409;

VI – pela consolidação;

VII – por culpa do usufrutuário, quando aliena, deteriora, ou deixa arruinar os bens, não lhes acudindo com os reparos de conservação, ou quando, no usufruto de títulos de crédito, não dá às importâncias recebidas a aplicação prevista no parágrafo único do art. 1.395;

VIII – pelo não uso, ou não fruição, da coisa em que o usufruto recai (arts. 1.390 e 1.399).

Art. 1.411. Constituído o usufruto em favor de duas ou mais pessoas, extinguir-se-á a parte em relação a cada uma das que falecerem, salvo se, por estipulação expressa, o quinhão desses couber ao sobrevivente.

Veja art. 1.946, CC.

TÍTULO VII
DO USO

Art. 1.412. O usuário usará da coisa e perceberá os seus frutos, quanto o exigirem as necessidades suas e de sua família.

CÓDIGO CIVIL – ARTS. 1.412 A 1.419 | 231

§ 1º Avaliar-se-ão as necessidades pessoais do usuário conforme a sua condição social e o lugar onde viver.

§ 2º As necessidades da família do usuário compreendem as de seu cônjuge, dos filhos solteiros e das pessoas de seu serviço doméstico.

Art. 1.413. São aplicáveis ao uso, no que não for contrário à sua natureza, as disposições relativas ao usufruto.

Veja arts. 1.390 a 1.411, CC.

TÍTULO VIII
DA HABITAÇÃO

Art. 1.414. Quando o uso consistir no direito de habitar gratuitamente casa alheia, o titular deste direito não a pode alugar, nem emprestar, mas simplesmente ocupá-la com sua família.

Veja arts. 1.225, VI, e 1.831, CC.

Art. 1.415. Se o direito real de habitação for conferido a mais de uma pessoa, qualquer delas que sozinha habite a casa não terá de pagar aluguel à outra, ou às outras, mas não as pode inibir de exercerem, querendo, o direito, que também lhes compete, de habitá-la.

Art. 1.416. São aplicáveis à habitação, no que não for contrário à sua natureza, as disposições relativas ao usufruto.

Veja arts. 1.390 a 1.411, CC.

TÍTULO IX
DO DIREITO DO PROMITENTE COMPRADOR

Art. 1.417. Mediante promessa de compra e venda, em que se não pactuou arrependimento, celebrada por instrumento público ou particular, e registrada no Cartório de Registro de Imóveis, adquire o promitente comprador direito real à aquisição do imóvel.

Veja arts. 108, 463 e 1.225, VII, CC.

Art. 1.418. O promitente comprador, titular de direito real, pode exigir do promitente vendedor, ou de terceiros, a quem os direitos deste forem cedidos, a outorga da escritura definitiva de compra e venda, conforme o disposto no instrumento preliminar; e, se houver recusa, requerer ao juiz a adjudicação do imóvel.

Veja art. 464, CC.

TÍTULO X
DO PENHOR, DA HIPOTECA E DA ANTICRESE

CAPÍTULO I
DISPOSIÇÕES GERAIS

Veja art. 1.367, CC.

Art. 1.419. Nas dívidas garantidas por penhor, anticrese ou hipoteca, o

232 | ARTS. 1.419 A 1.425 – CÓDIGO CIVIL

bem dado em garantia fica sujeito, por vínculo real, ao cumprimento da obrigação.

Veja arts. 30, 163, 165, parágrafo único, 364, 805, 961 e 1.225, VIII a X, CC.

Veja art. 171, § 2º, II, CP.

Art. 1.420. Só aquele que pode alienar poderá empenhar, hipotecar ou dar em anticrese; só os bens que se podem alienar poderão ser dados em penhor, anticrese ou hipoteca.

Veja arts. 1.647, I, 1.691, 1.717 e 1.848, CC.

§ 1º A propriedade superveniente torna eficaz, desde o registro, as garantias reais estabelecidas por quem não era dono.

Veja arts. 845, parágrafo único, 1.268 e 1.912, CC.

§ 2º A coisa comum a dois ou mais proprietários não pode ser dada em garantia real, na sua totalidade, sem o consentimento de todos; mas cada um pode individualmente dar em garantia real a parte que tiver.

Veja arts. 87 e 1.314, CC.

Art. 1.421. O pagamento de uma ou mais prestações da dívida não importa exoneração correspondente da garantia, ainda que esta compreenda vários bens, salvo disposição expressa no título ou na quitação.

Veja art. 1.367, CC.

Veja art. 66-B, § 5º, Lei n. 4.728, de 14.07.1965.

Art. 1.422. O credor hipotecário e o pignoratício têm o direito de excutir a coisa hipotecada ou empenhada, e preferir, no pagamento, a outros credores, observada, quanto à hipoteca, a prioridade no registro.

Veja arts. 958, 959, 961 e 1.493, parágrafo único, CC.

Veja arts. 784, V, e 842, CPC.

Parágrafo único. Excetuam-se da regra estabelecida neste artigo as dívidas que, em virtude de outras leis, devam ser pagas precipuamente a quaisquer outros créditos.

Veja arts. 960, 964 e 965, CC.

Veja arts. 905, II, e 909, CPC.

Art. 1.423. O credor anticrético tem direito a reter em seu poder o bem, enquanto a dívida não for paga; extingue-se esse direito decorridos quinze anos da data de sua constituição.

Veja arts. 1.507 e 1.509, CC.

Art. 1.424. Os contratos de penhor, anticrese e hipoteca declararão, sob pena de não terem eficácia:

I – o valor do crédito, sua estimação, ou valor máximo;

II – o prazo fixado para pagamento;

III – a taxa dos juros, se houver;

IV – o bem dado em garantia com as suas especificações.

Art. 1.425. A dívida considera-se vencida:

Veja art. 1.367, CC.

Veja art. 66-B, § 5º, Lei n. 4.728, de 14.07.1965.

CÓDIGO CIVIL – ARTS. 1.425 A 1.429 | 233

I – se, deteriorando-se, ou depreciando-se o bem dado em segurança, desfalcar a garantia, e o devedor, intimado, não a reforçar ou substituir;

II – se o devedor cair em insolvência ou falir;

Veja art. 333, II, CC.

III – se as prestações não forem pontualmente pagas, toda vez que deste modo se achar estipulado o pagamento. Neste caso, o recebimento posterior da prestação atrasada importa renúncia do credor ao seu direito de execução imediata;

Veja art. 401, CC.

IV – se perecer o bem dado em garantia, e não for substituído;

V – se se desapropriar o bem dado em garantia, hipótese na qual se depositará a parte do preço que for necessária para o pagamento integral do credor.

Veja art. 959, II, CC.

§ 1º Nos casos de perecimento da coisa dada em garantia, esta se sub-rogará na indenização do seguro, ou no ressarcimento do dano, em benefício do credor, a quem assistirá sobre ela preferência até seu completo reembolso.

Veja art. 959, CC.

§ 2º Nos casos dos incisos IV e V, só se vencerá a hipoteca antes do prazo estipulado, se o perecimento, ou a desapropriação recair sobre o bem dado em garantia, e esta não abranger outras; subsistindo, no caso contrário, a dívida reduzida, com a respectiva garantia sobre os demais bens, não desapropriados ou destruídos.

Art. 1.426. Nas hipóteses do artigo anterior, de vencimento antecipado da dívida, não se compreendem os juros correspondentes ao tempo ainda não decorrido.

Veja art. 1.367, CC.

Veja art. 66-B, § 5º, Lei n. 4.728, de 14.07.1965.

Art. 1.427. Salvo cláusula expressa, o terceiro que presta garantia real por dívida alheia não fica obrigado a substituí-la, ou reforçá-la, quando, sem culpa sua, se perca, deteriore, ou desvalorize.

Veja art. 1.367, CC.

Art. 1.428. É nula a cláusula que autoriza o credor pignoratício, anticrético ou hipotecário a ficar com o objeto da garantia, se a dívida não for paga no vencimento.

Veja arts. 1.365, 1.433, IV, e 1.434, CC.

Parágrafo único. Após o vencimento, poderá o devedor dar a coisa em pagamento da dívida.

Art. 1.429. Os sucessores do devedor não podem remir parcialmente o penhor ou a hipoteca na proporção dos seus quinhões; qualquer deles, porém, pode fazê-lo no todo.

Parágrafo único. O herdeiro ou sucessor que fizer a remição fica sub-rogado nos direitos do credor pelas quotas que houver satisfeito.

234 | ARTS. 1.430 A 1.433 – CÓDIGO CIVIL

Art. 1.430. Quando, excutido o penhor, ou executada a hipoteca, o produto não bastar para pagamento da dívida e despesas judiciais, continuará o devedor obrigado pessoalmente pelo restante.
Veja arts. 957 e 1.488, § 3°, CC.

CAPÍTULO II
DO PENHOR

Seção I
Da Constituição do Penhor

Art. 1.431. Constitui-se o penhor pela transferência efetiva da posse que, em garantia do débito ao credor ou a quem o represente, faz o devedor, ou alguém por ele, de uma coisa móvel, suscetível de alienação.
Veja arts. 30, 364, 1.225, VIII, 1.419 a 1.422 e 1.424 a 1.430, CC.
Veja arts. 784, V, 799, I e II, e 804, CPC.
Veja art. 171, § 2°, III, CP.

Parágrafo único. No penhor rural, industrial, mercantil e de veículos, as coisas empenhadas continuam em poder do devedor, que as deve guardar e conservar.
Veja arts. 1.438 a 1.450 e 1.461 a 1.466, CC.

Art. 1.432. O instrumento do penhor deverá ser levado a registro, por qualquer dos contratantes; o do penhor comum será registrado no Cartório de Títulos e Documentos.
Veja arts. 183, 221, 1.424, 1.438, 1.448, 1.452, 1.453, 1.458 e 1.462, CC.

Seção II
Dos Direitos do Credor Pignoratício

Art. 1.433. O credor pignoratício tem direito:
I – à posse da coisa empenhada;
II – à retenção dela, até que o indenizem das despesas devidamente justificadas, que tiver feito, não sendo ocasionadas por culpa sua;
III – ao ressarcimento do prejuízo que houver sofrido por vício da coisa empenhada;
IV – a promover a execução judicial, ou a venda amigável, se lhe permitir expressamente o contrato, ou lhe autorizar o devedor mediante procuração;
Veja arts. 1.428 e 1.435, V, CC.
V – a apropriar-se dos frutos da coisa empenhada que se encontra em seu poder;
Veja art. 1.435, III, CC.
VI – a promover a venda antecipada, mediante prévia autorização judicial, sempre que haja receio fundado de que a coisa empenhada se perca ou deteriore, devendo o preço ser depositado. O dono da coisa empenhada pode impedir a venda antecipada, substituindo-a, ou oferecendo outra garantia real idônea.

CÓDIGO CIVIL – ARTS. 1.434 A 1.436 | 235

Art. 1.434. O credor não pode ser constrangido a devolver a coisa empenhada, ou uma parte dela, antes de ser integralmente pago, podendo o juiz, a requerimento do proprietário, determinar que seja vendida apenas uma das coisas, ou parte da coisa empenhada, suficiente para o pagamento do credor.

Seção III
Das Obrigações do Credor Pignoratício

Art. 1.435. O credor pignoratício é obrigado:
Veja art. 66-B, § 5º, Lei n. 4.728, de 14.07.1965.

I – à custódia da coisa, como depositário, e a ressarcir ao dono a perda ou deterioração de que for culpado, podendo ser compensada na dívida, até a concorrente quantia, a importância da responsabilidade;
Veja arts. 368 a 380, 627 a 652 e 1.431, parágrafo único, CC.

II – à defesa da posse da coisa empenhada e a dar ciência, ao dono dela, das circunstâncias que tornarem necessário o exercício de ação possessória;

III – a imputar o valor dos frutos, de que se apropriar (art. 1.433, inciso V) nas despesas de guarda e conservação, nos juros e no capital da obrigação garantida, sucessivamente;

IV – a restituí-la, com os respectivos frutos e acessões, uma vez paga a dívida;
Veja arts. 652 e 1.445, CC.

V – a entregar o que sobeje do preço, quando a dívida for paga, no caso do inciso IV do art. 1.433.
Veja arts. 1.428 e 1.436, V, CC.
Veja art. 907, CPC.

Seção IV
Da Extinção do Penhor

Art. 1.436. Extingue-se o penhor:
Veja art. 1.367, CC.
Veja art. 66-B, § 5º, Lei n. 4.728, de 14.07.1965.

I – extinguindo-se a obrigação;
Veja arts. 1.433, 1.434 e 1.435, IV, CC.

II – perecendo a coisa;
Veja art. 1.435, I, CC.

III – renunciando o credor;
Veja art. 1.436, § 1º, CC.

IV – confundindo-se na mesma pessoa as qualidades de credor e de dono da coisa;
Veja arts. 381 a 384 e 1.436, § 2º, CC.

V – dando-se a adjudicação judicial, a remissão ou a venda da coisa empenhada, feita pelo credor ou por ele autorizada.
O correto parece ser "remição" em vez de "remissão".
Veja arts. 1.435, V, e 1.445, CC.

236 | ARTS. 1.436 A 1.441 – CÓDIGO CIVIL

§ 1º Presume-se a renúncia do credor quando consentir na venda particular do penhor sem reserva de preço, quando restituir a sua posse ao devedor, ou quando anuir à sua substituição por outra garantia.

Veja art. 387, CC.

§ 2º Operando-se a confusão tão somente quanto à parte da dívida pignoratícia, subsistirá inteiro o penhor quanto ao resto.

Veja arts. 381 a 384 e 1.421, CC.

Art. 1.437. Produz efeitos a extinção do penhor depois de averbado o cancelamento do registro, à vista da respectiva prova.

Seção V
Do Penhor Rural

Subseção I
Disposições Gerais

Art. 1.438. Constitui-se o penhor rural mediante instrumento público ou particular, registrado no Cartório de Registro de Imóveis da circunscrição em que estiverem situadas as coisas empenhadas.

Veja art. 108, CC.

Parágrafo único. Prometendo pagar em dinheiro a dívida, que garante com penhor rural, o devedor poderá emitir, em favor do credor, cédula rural pignoratícia, na forma determinada em lei especial.

Art. 1.439. O penhor agrícola e o penhor pecuário não podem ser convencionados por prazos superiores aos das obrigações garantidas.

Caput com redação dada pela Lei n. 12.873, de 24.10.2013.

Veja art. 61, *caput*, do DL n. 167, de 14.02.1967, que assim dispõe:

"Art. 61. O prazo do penhor rural, agrícola ou pecuário não excederá o prazo da obrigação garantida e, embora vencido o prazo, permanece a garantia, enquanto subsistirem os bens que a constituem".

§ 1º Embora vencidos os prazos, permanece a garantia, enquanto subsistirem os bens que a constituem.

§ 2º A prorrogação deve ser averbada à margem do registro respectivo, mediante requerimento do credor e do devedor.

Art. 1.440. Se o prédio estiver hipotecado, o penhor rural poderá constituir-se independentemente da anuência do credor hipotecário, mas não lhe prejudica o direito de preferência, nem restringe a extensão da hipoteca, ao ser executada.

Art. 1.441. Tem o credor direito a verificar o estado das coisas empenhadas, inspecionando-as onde se acharem, por si ou por pessoa que credenciar.

Veja arts. 1.450 e 1.464, CC.

Subseção II
Do Penhor Agrícola

Veja art. 61, *caput*, DL n. 167, de 14.02.1967. Veja nota ao art. 1.439, CC.

CÓDIGO CIVIL – ARTS. 1.442 A 1.447 | 237

Art. 1.442. Podem ser objeto de penhor:
I – máquinas e instrumentos de agricultura;
II – colheitas pendentes, ou em via de formação;
Veja art. 1.443, CC.
III – frutos acondicionados ou armazenados;
IV – lenha cortada e carvão vegetal;
V – animais do serviço ordinário de estabelecimento agrícola.

Art. 1.443. O penhor agrícola que recai sobre colheita pendente, ou em via de formação, abrange a imediatamente seguinte, no caso de frustrar-se ou ser insuficiente a que se deu em garantia.
Veja arts. 1.439 e 1.442, II, CC.

Parágrafo único. Se o credor não financiar a nova safra, poderá o devedor constituir com outrem novo penhor, em quantia máxima equivalente à do primeiro; o segundo penhor terá preferência sobre o primeiro, abrangendo este apenas o excesso apurado na colheita seguinte.

Subseção III
Do Penhor Pecuário

Veja art. 61, *caput*, DL n. 167, de 14.02.1967. Veja nota ao art. 1.439, CC.

Art. 1.444. Podem ser objeto de penhor os animais que integram a atividade pastoril, agrícola ou de lacticínios.

Art. 1.445. O devedor não poderá alienar os animais empenhados sem prévio consentimento, por escrito, do credor.
Veja art. 171, § 2º, III, CP.

Parágrafo único. Quando o devedor pretende alienar o gado empenhado ou, por negligência, ameace prejudicar o credor, poderá este requerer se depositem os animais sob a guarda de terceiro, ou exigir que se lhe pague a dívida de imediato.

Art. 1.446. Os animais da mesma espécie, comprados para substituir os mortos, ficam sub-rogados no penhor.

Parágrafo único. Presume-se a substituição prevista neste artigo, mas não terá eficácia contra terceiros, se não constar de menção adicional ao respectivo contrato, a qual deverá ser averbada.

Seção VI
Do Penhor Industrial e Mercantil

Veja art. 61, *caput*, DL n. 167, de 14.02.1967. Veja nota ao art. 1.439, CC.

Art. 1.447. Podem ser objeto de penhor máquinas, aparelhos, materiais, instrumentos, instalados e em funcionamento, com os acessórios ou sem eles; animais, utilizados na indústria; sal e bens destinados à exploração das salinas; produtos de suinocultura, animais destinados à industrialização de carnes e derivados; matérias-primas e produtos industrializados.

Parágrafo único. Regula-se pelas disposições relativas aos armazéns gerais o penhor das mercadorias neles depositadas.

238 | ARTS. 1.448 A 1.456 – CÓDIGO CIVIL

Art. 1.448. Constitui-se o penhor industrial, ou o mercantil, mediante instrumento público ou particular, registrado no Cartório de Registro de Imóveis da circunscrição onde estiverem situadas as coisas empenhadas.

Parágrafo único. Prometendo pagar em dinheiro a dívida, que garante com penhor industrial ou mercantil, o devedor poderá emitir, em favor do credor, cédula do respectivo crédito, na forma e para os fins que a lei especial determinar.

Art. 1.449. O devedor não pode, sem o consentimento por escrito do credor, alterar as coisas empenhadas ou mudar-lhes a situação, nem delas dispor. O devedor que, anuindo o credor, alienar as coisas empenhadas, deverá repor outros bens da mesma natureza, que ficarão sub-rogados no penhor.

Art. 1.450. Tem o credor direito a verificar o estado das coisas empenhadas, inspecionando-as onde se acharem, por si ou por pessoa que credenciar.

Veja arts. 1.431, parágrafo único, 1.441 e 1.464, CC.

Seção VII
Do Penhor de Direitos e Títulos de Crédito

Art. 1.451. Podem ser objeto de penhor direitos, suscetíveis de cessão, sobre coisas móveis.

Veja arts. 83, II, e 1.452, CC.

Art. 1.452. Constitui-se o penhor de direito mediante instrumento público ou particular, registrado no Registro de Títulos e Documentos.

Veja art. 108, CC.

Parágrafo único. O titular de direito empenhado deverá entregar ao credor pignoratício os documentos comprobatórios desse direito, salvo se tiver interesse legítimo em conservá-los.

Art. 1.453. O penhor de crédito não tem eficácia senão quando notificado ao devedor; por notificado tem-se o devedor que, em instrumento público ou particular, declarar-se ciente da existência do penhor.

Veja art. 83, III, CC.

Art. 1.454. O credor pignoratício deve praticar os atos necessários à conservação e defesa do direito empenhado e cobrar os juros e mais prestações acessórias compreendidas na garantia.

Veja art. 1.435, II e III, CC.

Art. 1.455. Deverá o credor pignoratício cobrar o crédito empenhado, assim que se torne exigível. Se este consistir numa prestação pecuniária, depositará a importância recebida, de acordo com o devedor pignoratício, ou onde o juiz determinar; se consistir na entrega da coisa, nesta se sub-rogará o penhor.

Parágrafo único. Estando vencido o crédito pignoratício, tem o credor direito a reter, da quantia recebida, o que lhe é devido, restituindo o restante ao devedor; ou a excutir a coisa a ele entregue.

Art. 1.456. Se o mesmo crédito for objeto de vários penhores, só ao credor pignoratício, cujo direito prefira aos demais, o devedor deve pagar; res-

CÓDIGO CIVIL – ARTS. 1.456 A 1.462 | 239

ponde por perdas e danos aos demais credores o credor preferente que, notificado por qualquer um deles, não promover oportunamente a cobrança.

Veja arts. 402 a 405, CC.

Art. 1.457. O titular do crédito empenhado só pode receber o pagamento com a anuência, por escrito, do credor pignoratício, caso em que o penhor se extinguirá.

Veja art. 1.436, CC.

Art. 1.458. O penhor, que recai sobre título de crédito, constitui-se mediante instrumento público ou particular ou endosso pignoratício, com a tradição do título ao credor, regendo-se pelas Disposições Gerais deste Título e, no que couber, pela presente Seção.

Veja arts. 918, 1.419 a 1.422 e 1.424 a 1.430, CC.

Art. 1.459. Ao credor, em penhor de título de crédito, compete o direito de:

Veja art. 1.433, CC.

Veja art. 17, § 2º, Lei n. 9.514, de 20.11.1997.

I – conservar a posse do título e recuperá-la de quem quer que o detenha;

II – usar dos meios judiciais convenientes para assegurar os seus direitos, e os do credor do título empenhado;

III – fazer intimar ao devedor do título que não pague ao seu credor, enquanto durar o penhor;

Veja art. 1.460, CC.

IV – receber a importância consubstanciada no título e os respectivos juros, se exigíveis, restituindo o título ao devedor, quando este solver a obrigação.

Art. 1.460. O devedor do título empenhado que receber a intimação prevista no inciso III do artigo antecedente, ou se der por ciente do penhor, não poderá pagar ao seu credor. Se o fizer, responderá solidariamente por este, por perdas e danos, perante o credor pignoratício.

Veja arts. 264 a 266, 275 e 285 e 402 a 405, CC.

Veja art. 17, § 2º, Lei n. 9.514, de 20.11.1997.

Parágrafo único. Se o credor der quitação ao devedor do título empenhado, deverá saldar imediatamente a dívida, em cuja garantia se constituiu o penhor.

Seção VIII
Do Penhor de Veículos

Art. 1.461. Podem ser objeto de penhor os veículos empregados em qualquer espécie de transporte ou condução.

Art. 1.462. Constitui-se o penhor, a que se refere o artigo antecedente, mediante instrumento público ou particular, registrado no Cartório de Títulos e Documentos do domicílio do devedor, e anotado no certificado de propriedade.

Veja art. 108, CC.

240 | ARTS. 1.462 A 1.472 – CÓDIGO CIVIL

Parágrafo único. Prometendo pagar em dinheiro a dívida garantida com o penhor, poderá o devedor emitir cédula de crédito, na forma e para os fins que a lei especial determinar.

Art. 1.463. Não se fará o penhor de veículos sem que estejam previamente segurados contra furto, avaria, perecimento e danos causados a terceiros.

Veja art. 1.425, § 1º, CC.

Art. 1.464. Tem o credor direito a verificar o estado do veículo empenhado, inspecionando-o onde se achar, por si ou por pessoa que credenciar.

Veja arts. 1.441 e 1.450, CC.

Art. 1.465. A alienação, ou a mudança, do veículo empenhado sem prévia comunicação ao credor importa no vencimento antecipado do crédito pignoratício.

Art. 1.466. O penhor de veículos só se pode convencionar pelo prazo máximo de dois anos, prorrogável até o limite de igual tempo, averbada a prorrogação à margem do registro respectivo.

Seção IX
Do Penhor Legal

Art. 1.467. São credores pignoratícios, independentemente de convenção:

Veja arts. 1.469 e 1.470, CC.

Veja art. 171, § 2º, III, CP.

I – os hospedeiros, ou fornecedores de pousada ou alimento, sobre as bagagens, móveis, joias ou dinheiro que os seus consumidores ou fregueses tiverem consigo nas respectivas casas ou estabelecimentos, pelas despesas ou consumo que aí tiverem feito;

Veja arts. 206, § 1º, I, 649 e 1.468, CC.

II – o dono do prédio rústico ou urbano, sobre os bens móveis que o rendeiro ou inquilino tiver guarnecendo o mesmo prédio, pelos aluguéis ou rendas.

Art. 1.468. A conta das dívidas enumeradas no inciso I do artigo antecedente será extraída conforme a tabela impressa, prévia e ostensivamente exposta na casa, dos preços de hospedagem, da pensão ou dos gêneros fornecidos, sob pena de nulidade do penhor.

Art. 1.469. Em cada um dos casos do art. 1.467, o credor poderá tomar em garantia um ou mais objetos até o valor da dívida.

Art. 1.470. Os credores, compreendidos no art. 1.467, podem fazer efetivo o penhor, antes de recorrerem à autoridade judiciária, sempre que haja perigo na demora, dando aos devedores comprovante dos bens de que se apossarem.

Art. 1.471. Tomado o penhor, requererá o credor, ato contínuo, a sua homologação judicial.

Veja arts. 703 a 706, CPC.

Art. 1.472. Pode o locatário impedir a constituição do penhor mediante caução idônea.

Veja art. 565, CC.

CÓDIGO CIVIL – ARTS. 1.473 A 1.475 | 241

CAPÍTULO III
DA HIPOTECA

Seção I
Disposições Gerais

Art. 1.473. Podem ser objeto de hipoteca:

Veja arts. 165, parágrafo único, 364, 959, 1.225, IX, 1.419 a 1.422, 1.424 a 1.430 e 2.040, CC.
Veja arts. 784, V, 799, I e II, e 804, I, CPC.

I – os imóveis e os acessórios dos imóveis conjuntamente com eles;

Veja arts. 79 a 81, 92, 96, 97 e 1.331, § 1º, CC.

II – o domínio direto;

Veja art. 2.038, CC.

III – o domínio útil;

Veja art. 2.038, CC.

IV – as estradas de ferro;

Veja arts. 1.502 a 1.505, CC.

V – os recursos naturais a que se refere o art. 1.230, independentemente do solo onde se acham;

VI – os navios;

VII – as aeronaves;

VIII – o direito de uso especial para fins de moradia;

Inciso acrescentado pela Lei n. 11.481, de 31.05.2007.

IX – o direito real de uso;

Inciso acrescentado pela Lei n. 11.481, de 31.05.2007.

X – a propriedade superficiária.

Inciso acrescentado pela Lei n. 11.481, de 31.05.2007.

§ 1º A hipoteca dos navios e das aeronaves reger-se-á pelo disposto em lei especial.

Antigo parágrafo único renumerado pela Lei n. 11.481, de 31.05.2007.

§ 2º Os direitos de garantia instituídos nas hipóteses dos incisos IX e X do *caput* deste artigo ficam limitados à duração da concessão ou direito de superfície, caso tenham sido transferidos por período determinado.

Parágrafo acrescentado pela Lei n. 11.481, de 31.05.2007.

Art. 1.474. A hipoteca abrange todas as acessões, melhoramentos ou construções do imóvel. Subsistem os ônus reais constituídos e registrados, anteriormente à hipoteca, sobre o mesmo imóvel.

Veja arts. 94, 96, 97 e 1.248, CC.

Art. 1.475. É nula a cláusula que proíbe ao proprietário alienar imóvel hipotecado.

Veja arts. 303 e 1.479, CC.

Parágrafo único. Pode convencionar-se que vencerá o crédito hipotecário, se o imóvel for alienado.

Veja art. 2.040, CC.

242 | ARTS. 1.476 A 1.481 – CÓDIGO CIVIL

Art. 1.476. O dono do imóvel hipotecado pode constituir outra hipoteca sobre ele, mediante novo título, em favor do mesmo ou de outro credor.

Art. 1.477. Salvo o caso de insolvência do devedor, o credor da segunda hipoteca, embora vencida, não poderá executar o imóvel antes de vencida a primeira.

Parágrafo único. Não se considera insolvente o devedor por faltar ao pagamento das obrigações garantidas por hipotecas posteriores à primeira.

Art. 1.478. Se o devedor da obrigação garantida pela primeira hipoteca não se oferecer, no vencimento, para pagá-la, o credor da segunda pode promover-lhe a extinção, consignando a importância e citando o primeiro credor para recebê-la e o devedor para pagá-la; se este não pagar, o segundo credor, efetuado o pagamento, se sub-rogará nos direitos da hipoteca anterior, sem prejuízo dos que lhe competirem contra o devedor comum.

Veja art. 346, I, CC.

Parágrafo único. Se o primeiro credor estiver promovendo a execução da hipoteca, o credor da segunda depositará a importância do débito e as despesas judiciais.

Art. 1.479. O adquirente do imóvel hipotecado, desde que não se tenha obrigado pessoalmente a pagar as dívidas aos credores hipotecários, poderá exonerar-se da hipoteca, abandonando-lhes o imóvel.

Veja arts. 303, 831, 1.475 e 1.480, parágrafo único, CC.

Art. 1.480. O adquirente notificará o vendedor e os credores hipotecários, deferindo-lhes, conjuntamente, a posse do imóvel, ou o depositará em juízo.

Veja art. 346, II, CC.

Parágrafo único. Poderá o adquirente exercer a faculdade de abandonar o imóvel hipotecado, até as vinte e quatro horas subsequentes à citação, com que se inicia o procedimento executivo.

Veja art. 1.479, CC.

Art. 1.481. Dentro em trinta dias, contados do registro do título aquisitivo, tem o adquirente do imóvel hipotecado o direito de remi-lo, citando os credores hipotecários e propondo importância não inferior ao preço por que o adquiriu.

§ 1º Se o credor impugnar o preço da aquisição ou a importância oferecida, realizar-se-á licitação, efetuando-se a venda judicial a quem oferecer maior preço, assegurada preferência ao adquirente do imóvel.

§ 2º Não impugnado pelo credor, o preço da aquisição ou o preço proposto pelo adquirente, haver-se-á por definitivamente fixado para a remissão do imóvel, que ficará livre de hipoteca, uma vez pago ou depositado o preço.

O correto parece ser "remição" em vez de "remissão".

Veja art. 1.499, V, CC.

§ 3º Se o adquirente deixar de remir o imóvel, sujeitando-o a execução, ficará obrigado a ressarcir os credores hipotecários da desvalorização que,

CÓDIGO CIVIL – ARTS. 1.481 A 1.488 | 243

por sua culpa, o mesmo vier a sofrer, além das despesas judiciais da execução.

Veja arts. 402 a 405, CC.

§ 4º Disporá de ação regressiva contra o vendedor o adquirente que ficar privado do imóvel em consequência de licitação ou penhora, o que pagar a hipoteca, o que, por causa de adjudicação ou licitação, desembolsar com o pagamento da hipoteca importância excedente à da compra e o que suportar custas e despesas judiciais.

Veja art. 346, II, CC.

Veja art. 125, II, CPC.

Art. 1.482. (*Revogado pela Lei n. 13.105, de 16.03.2015.*)

Art. 1.483. (*Revogado pela Lei n. 13.105, de 16.03.2015.*)

Art. 1.484. É lícito aos interessados fazer constar das escrituras o valor entre si ajustado dos imóveis hipotecados, o qual, devidamente atualizado, será a base para as arrematações, adjudicações e remições, dispensada a avaliação.

Veja art. 871, I, CPC.

Art. 1.485. Mediante simples averbação, requerida por ambas as partes, poderá prorrogar-se a hipoteca, até 30 (trinta) anos da data do contrato. Desde que perfaça esse prazo, só poderá subsistir o contrato de hipoteca reconstituindo-se por novo título e novo registro; e, nesse caso, lhe será mantida a precedência, que então lhe competir.

Artigo com redação dada pela Lei n. 10.931, de 02.08.2004.

Veja art. 1.498, CC.

Art. 1.486. Podem o credor e o devedor, no ato constitutivo da hipoteca, autorizar a emissão da correspondente cédula hipotecária, na forma e para os fins previstos em lei especial.

Art. 1.487. A hipoteca pode ser constituída para garantia de dívida futura ou condicionada, desde que determinado o valor máximo do crédito a ser garantido.

Veja arts. 121 a 130, CC.

§ 1º Nos casos deste artigo, a execução da hipoteca dependerá de prévia e expressa concordância do devedor quanto à verificação da condição, ou ao montante da dívida.

§ 2º Havendo divergência entre o credor e o devedor, caberá àquele fazer prova de seu crédito. Reconhecido este, o devedor responderá, inclusive, por perdas e danos, em razão da superveniente desvalorização do imóvel.

Veja arts. 402 a 405, CC.

Art. 1.488. Se o imóvel, dado em garantia hipotecária, vier a ser loteado, ou se nele se constituir condomínio edilício, poderá o ônus ser dividido, gravando cada lote ou unidade autônoma, se o requererem ao juiz o credor, o devedor ou os donos, obedecida a proporção entre o valor de cada um deles e o crédito.

§ 1º O credor só poderá se opor ao pedido de desmembramento do ônus, provando que o mesmo importa em diminuição de sua garantia.

244 | ARTS. 1.488 A 1.493 – CÓDIGO CIVIL

§ 2º Salvo convenção em contrário, todas as despesas judiciais ou extrajudiciais necessárias ao desmembramento do ônus correm por conta de quem o requerer.

§ 3º O desmembramento do ônus não exonera o devedor originário da responsabilidade a que se refere o art. 1.430, salvo anuência do credor.

Seção II
Da Hipoteca Legal

Art. 1.489. A lei confere hipoteca:

Veja arts. 30, 2.019 e 2.040, CC.

Veja arts. 495 e 759, §§ 1º e 2º, CPC.

I – às pessoas de direito público interno (art. 41) sobre os imóveis pertencentes aos encarregados da cobrança, guarda ou administração dos respectivos fundos e rendas;

II – aos filhos, sobre os imóveis do pai ou da mãe que passar a outras núpcias, antes de fazer o inventário do casal anterior;

Veja arts. 1.523, I, e 1.641, I, CC.

III – ao ofendido, ou aos seus herdeiros, sobre os imóveis do delinquente, para satisfação do dano causado pelo delito e pagamento das despesas judiciais;

Veja arts. 186 a 188 e 927, CC.

IV – ao coerdeiro, para garantia do seu quinhão ou torna da partilha, sobre o imóvel adjudicado ao herdeiro reponente;

Veja arts. 1.322 e 2.019, CC.

V – ao credor sobre o imóvel arrematado, para garantia do pagamento do restante do preço da arrematação.

Art. 1.490. O credor da hipoteca legal, ou quem o represente, poderá, provando a insuficiência dos imóveis especializados, exigir do devedor que seja reforçado com outros.

Art. 1.491. A hipoteca legal pode ser substituída por caução de títulos da dívida pública federal ou estadual, recebidos pelo valor de sua cotação mínima no ano corrente; ou por outra garantia, a critério do juiz, a requerimento do devedor.

Veja art. 1.451, CC.

Seção III
Do Registro da Hipoteca

Art. 1.492. As hipotecas serão registradas no cartório do lugar do imóvel, ou no de cada um deles, se o título se referir a mais de um.

Veja arts. 1.497 e 1.502, CC.

Parágrafo único. Compete aos interessados, exibido o título, requerer o registro da hipoteca.

Art. 1.493. Os registros e averbações seguirão a ordem em que forem requeridos, verificando-se ela pela da sua numeração sucessiva no protocolo.

Parágrafo único. O número de ordem determina a prioridade, e esta a preferência entre as hipotecas.

Veja art. 1.422, CC.

Art. 1.494. Não se registrarão no mesmo dia duas hipotecas, ou uma hipoteca e outro direito real, sobre o mesmo imóvel, em favor de pessoas diversas, salvo se as escrituras, do mesmo dia, indicarem a hora em que foram lavradas.

Veja arts. 190 a 192, LRP.

Art. 1.495. Quando se apresentar ao oficial do registro título de hipoteca que mencione a constituição de anterior, não registrada, sobrestará ele na inscrição da nova, depois de a prenotar, até trinta dias, aguardando que o interessado inscreva a precedente; esgotado o prazo, sem que se requeira a inscrição desta, a hipoteca ulterior será registrada e obterá preferência.

Veja art. 189, LRP.

Art. 1.496. Se tiver dúvida sobre a legalidade do registro requerido, o oficial fará, ainda assim, a prenotação do pedido. Se a dúvida, dentro em noventa dias, for julgada improcedente, o registro efetuar-se-á com o mesmo número que teria na data da prenotação; no caso contrário, cancelada esta, receberá o registro o número correspondente à data em que se tornar a requerer.

Veja art. 1.495, CC.

Art. 1.497. As hipotecas legais, de qualquer natureza, deverão ser registradas e especializadas.

Veja art. 1.492, CC.

§ 1º O registro e a especialização das hipotecas legais incumbem a quem está obrigado a prestar a garantia, mas os interessados podem promover a inscrição delas, ou solicitar ao Ministério Público que o faça.

Veja art. 1.489, CC.

§ 2º As pessoas, às quais incumbir o registro e a especialização das hipotecas legais, estão sujeitas a perdas e danos pela omissão.

Veja arts. 402 a 405, CC.

Art. 1.498. Vale o registro da hipoteca, enquanto a obrigação perdurar; mas a especialização, em completando vinte anos, deve ser renovada.

Veja art. 1.485, CC.

Seção IV
Da Extinção da Hipoteca

Art. 1.499. A hipoteca extingue-se:

I – pela extinção da obrigação principal;

II – pelo perecimento da coisa;

Veja arts. 1.275, IV, e 1.425, IV e §§ 1º e 2º, CC.

III – pela resolução da propriedade;

Veja arts. 1.359 e 1.360, CC.

IV – pela renúncia do credor;

246 | ARTS. 1.499 A 1.506 – CÓDIGO CIVIL

V – pela remição;
Veja arts. 1.479 e 1.481, CC.
VI – pela arrematação ou adjudicação.
Veja art. 1.501, CC.
Veja arts. 879 a 903, CPC.
Veja art. 31, DL n. 3.365, de 21.06.1941.

Art. 1.500. Extingue-se ainda a hipoteca com a averbação, no Registro de Imóveis, do cancelamento do registro, à vista da respectiva prova.

Art. 1.501. Não extinguirá a hipoteca, devidamente registrada, a arrematação ou adjudicação, sem que tenham sido notificados judicialmente os respectivos credores hipotecários, que não forem de qualquer modo partes na execução.
Veja arts. 297, 300, § 1º, e 922, CPC.

Seção V
Da Hipoteca de Vias Férreas

Art. 1.502. As hipotecas sobre as estradas de ferro serão registradas no Município da estação inicial da respectiva linha.
Veja arts. 1.473, IV, e 1.492, CC.

Art. 1.503. Os credores hipotecários não podem embaraçar a exploração da linha, nem contrariar as modificações, que a administração deliberar, no leito da estrada, em suas dependências, ou no seu material.

Art. 1.504. A hipoteca será circunscrita à linha ou às linhas especificadas na escritura e ao respectivo material de exploração, no estado em que ao tempo da execução estiverem; mas os credores hipotecários poderão opor-se à venda da estrada, à de suas linhas, de seus ramais ou de parte considerável do material de exploração; bem como à fusão com outra empresa, sempre que com isso a garantia do débito enfraquecer.

Art. 1.505. Na execução das hipotecas será intimado o representante da União ou do Estado, para, dentro em quinze dias, remir a estrada de ferro hipotecada, pagando o preço da arrematação ou da adjudicação.

CAPÍTULO IV
DA ANTICRESE

Art. 1.506. Pode o devedor ou outrem por ele, com a entrega do imóvel ao credor, ceder-lhe o direito de perceber, em compensação da dívida, os frutos e rendimentos.
Veja arts. 165, parágrafo único, 364, 1.225, X, 1.419 a 1.421, 1.423 a 1.430 e 1.509, CC.
Veja arts. 784, II a IV, 799, I e II, e 804, CPC.

§ 1º É permitido estipular que os frutos e rendimentos do imóvel sejam percebidos pelo credor à conta de juros, mas se o seu valor ultrapassar a taxa máxima permitida em lei para as operações financeiras, o remanescente será imputado ao capital.

CÓDIGO CIVIL – ARTS. 1.506 A 1.510-A | 247

Veja arts. 352, 355, 406 e 407, CC.

§ 2º Quando a anticrese recair sobre bem imóvel, este poderá ser hipotecado pelo devedor ao credor anticrético, ou a terceiros, assim como o imóvel hipotecado poderá ser dado em anticrese.

Art. 1.507. O credor anticrético pode administrar os bens dados em anticrese e fruir seus frutos e utilidades, mas deverá apresentar anualmente balanço, exato e fiel, de sua administração.

Veja arts. 1.423 e 1.509, CC.

§ 1º Se o devedor anticrético não concordar com o que se contém no balanço, por ser inexato, ou ruinosa a administração, poderá impugná-lo, e, se o quiser, requerer a transformação em arrendamento, fixando o juiz o valor mensal do aluguel, o qual poderá ser corrigido anualmente.

§ 2º O credor anticrético pode, salvo pacto em sentido contrário, arrendar os bens dados em anticrese a terceiro, mantendo, até ser pago, direito de retenção do imóvel, embora o aluguel desse arrendamento não seja vinculativo para o devedor.

Art. 1.508. O credor anticrético responde pelas deteriorações que, por culpa sua, o imóvel vier a sofrer, e pelos frutos e rendimentos que, por sua negligência, deixar de perceber.

Veja art. 569, IV, CC.

Art. 1.509. O credor anticrético pode vindicar os seus direitos contra o adquirente dos bens, os credores quirografários e os hipotecários posteriores ao registro da anticrese.

Veja arts. 1.423 e 1.507, CC.

§ 1º Se executar os bens por falta de pagamento da dívida, ou permitir que outro credor o execute, sem opor o seu direito de retenção ao exequente, não terá preferência sobre o preço.

§ 2º O credor anticrético não terá preferência sobre a indenização do seguro, quando o prédio seja destruído, nem, se forem desapropriados os bens, com relação à desapropriação.

Veja art. 1.425, § 1º, CC.

Art. 1.510. O adquirente dos bens dados em anticrese poderá remi-los, antes do vencimento da dívida, pagando a sua totalidade à data do pedido de remição e imitir-se-á, se for o caso, na sua posse.

TÍTULO XI
DA LAJE

Título acrescentado pela Lei n. 13.465, de 11.07.2017.

Art. 1.510-A. O proprietário de uma construção-base poderá ceder a superfície superior ou inferior de sua construção a fim de que o titular da laje mantenha unidade distinta daquela originalmente construída sobre o solo.

Artigo acrescentado pela Lei n. 13.465, de 11.07.2017.

§ 1º O direito real de laje contempla o espaço aéreo ou o subsolo de terrenos públicos ou privados, tomados em projeção vertical, como unidade

248 | ARTS. 1.510-A A 1.510-D – CÓDIGO CIVIL

imobiliária autônoma, não contemplando as demais áreas edificadas ou não pertencentes ao proprietário da construção-base.

§ 2º O titular do direito real de laje responderá pelos encargos e tributos que incidirem sobre a sua unidade.

§ 3º Os titulares da laje, unidade imobiliária autônoma constituída em matrícula própria, poderão dela usar, gozar e dispor.

§ 4º A instituição do direito real de laje não implica a atribuição de fração ideal de terreno ao titular da laje ou a participação proporcional em áreas já edificadas.

§ 5º Os Municípios e o Distrito Federal poderão dispor sobre posturas edilícias e urbanísticas associadas ao direito real de laje.

§ 6º O titular da laje poderá ceder a superfície de sua construção para a instituição de um sucessivo direito real de laje, desde que haja autorização expressa dos titulares da construção-base e das demais lajes, respeitadas as posturas edilícias e urbanísticas vigentes.

Art. 1.510-B. É expressamente vedado ao titular da laje prejudicar com obras novas ou com falta de reparação a segurança, a linha arquitetônica ou o arranjo estético do edifício, observadas as posturas previstas em legislação local.

Artigo acrescentado pela Lei n. 13.465, de 11.07.2017.

Art. 1.510-C. Sem prejuízo, no que couber, das normas aplicáveis aos condomínios edilícios, para fins do direito real de laje, as despesas necessárias à conservação e fruição das partes que sirvam a todo o edifício e ao pagamento de serviços de interesse comum serão partilhadas entre o proprietário da construção-base e o titular da laje, na proporção que venha a ser estipulada em contrato.

Artigo acrescentado pela Lei n. 13.465, de 11.07.2017.

§ 1º São partes que servem a todo o edifício:

I – os alicerces, colunas, pilares, paredes-mestras e todas as partes restantes que constituam a estrutura do prédio;

II – o telhado ou os terraços de cobertura, ainda que destinados ao uso exclusivo do titular da laje;

III – as instalações gerais de água, esgoto, eletricidade, aquecimento, ar condicionado, gás, comunicações e semelhantes que sirvam a todo o edifício; e

IV – em geral, as coisas que sejam afetadas ao uso de todo o edifício.

§ 2º É assegurado, em qualquer caso, o direito de qualquer interessado em promover reparações urgentes na construção na forma do parágrafo único do art. 249 deste Código.

Art. 1.510-D. Em caso de alienação de qualquer das unidades sobrepostas, terão direito de preferência, em igualdade de condições com terceiros, os titulares da construção-base e da laje, nessa ordem, que serão cientificados por escrito para que se manifestem no prazo de trinta dias, salvo se o contrato dispuser de modo diverso.

CÓDIGO CIVIL – ARTS. 1.510-D A 1.513 | 249

Artigo acrescentado pela Lei n. 13.465, de 11.07.2017.

§ 1º O titular da construção-base ou da laje a quem não se der conhecimento da alienação poderá, mediante depósito do respectivo preço, haver para si a parte alienada a terceiros, se o requerer no prazo decadencial de cento e oitenta dias, contado da data de alienação.

§ 2º Se houver mais de uma laje, terá preferência, sucessivamente, o titular das lajes ascendentes e o titular das lajes descendentes, assegurada a prioridade para a laje mais próxima à unidade sobreposta a ser alienada.

Art. 1.510-E. A ruína da construção-base implica extinção do direito real de laje, salvo:

Artigo acrescentado pela Lei n. 13.465, de 11.07.2017.

I – se este tiver sido instituído sobre o subsolo;

II – se a construção-base não for reconstruída no prazo de cinco anos.

Parágrafo único. O disposto neste artigo não afasta o direito a eventual reparação civil contra o culpado pela ruína.

LIVRO IV
DO DIREITO DE FAMÍLIA

TÍTULO I
DO DIREITO PESSOAL

SUBTÍTULO I
DO CASAMENTO

CAPÍTULO I
DISPOSIÇÕES GERAIS

Art. 1.511. O casamento estabelece comunhão plena de vida, com base na igualdade de direitos e deveres dos cônjuges.

Veja arts. 9º, I, 1.565 a 1.568 e 1.573, CC.

Veja arts. 5º, I, 98, II, 226, §§ 1º a 6º, 227, § 6º, e 239, § 2º, CF.

Veja arts. 53, I, 189, II, 388, parágrafo único, e 731, CPC.

Veja arts. 235 a 239, CP.

Art. 1.512. O casamento é civil e gratuita a sua celebração.

Veja art. 1.515, CC.

Veja art. 226, § 1º, CF.

Parágrafo único. A habilitação para o casamento, o registro e a primeira certidão serão isentos de selos, emolumentos e custas, para as pessoas cuja pobreza for declarada, sob as penas da lei.

Art. 1.513. É defeso a qualquer pessoa, de direito público ou privado, interferir na comunhão de vida instituída pela família.

Veja arts. 41, 44 e 1.565, § 2º, CC.

Veja art. 226, §§ 1º a 4º e 7º, CF.

250 | ARTS. 1.514 A 1.519 – CÓDIGO CIVIL

Art. 1.514. O casamento se realiza no momento em que o homem e a mulher manifestam, perante o juiz, a sua vontade de estabelecer vínculo conjugal, e o juiz os declara casados.

Veja arts. 1.535, 1.538, 1.541, III, e 1.542, CC.

Veja Res. n. 175, de 14.05.2013, CNJ.

Art. 1.515. O casamento religioso, que atender às exigências da lei para a validade do casamento civil, equipara-se a este, desde que registrado no registro próprio, produzindo efeitos a partir da data de sua celebração.

Veja arts. 1.512, 1.516, 1.543, 1.554 e 1.723 a 1.727, CC.

Veja art. 226, § 2º, CF.

Art. 1.516. O registro do casamento religioso submete-se aos mesmos requisitos exigidos para o casamento civil.

Veja arts. 1.515, 1.525 a 1.532, 1.536 e 1.554, CC.

§ 1º O registro civil do casamento religioso deverá ser promovido dentro de noventa dias de sua realização, mediante comunicação do celebrante ao ofício competente, ou por iniciativa de qualquer interessado, desde que haja sido homologada previamente a habilitação regulada neste Código. Após o referido prazo, o registro dependerá de nova habilitação.

Veja art. 73, *caput*, LRP (prazo de 30 dias para o registro civil do casamento religioso).

§ 2º O casamento religioso, celebrado sem as formalidades exigidas neste Código, terá efeitos civis se, a requerimento do casal, for registrado, a qualquer tempo, no registro civil, mediante prévia habilitação perante a autoridade competente e observado o prazo do art. 1.532.

§ 3º Será nulo o registro civil do casamento religioso se, antes dele, qualquer dos consorciados houver contraído com outrem casamento civil.

Veja art. 1.521, VI, CC.

CAPÍTULO II
DA CAPACIDADE PARA O CASAMENTO

Art. 1.517. O homem e a mulher com dezesseis anos podem casar, exigindo-se autorização de ambos os pais, ou de seus representantes legais, enquanto não atingida a maioridade civil.

Veja arts. 4º, I, 5º, 1.520, 1.537, 1.612, 1.631, 1.633, 1.634, III, 1.641, III, 1.690 e 1.747, I, CC.

Veja arts. 5º, I, 226, § 5º, e 227, § 6º, CF.

Veja Decreto n. 66.605, de 20.05.1970.

Parágrafo único. Se houver divergência entre os pais, aplica-se o disposto no parágrafo único do art. 1.631.

Veja arts. 1.551 a 1.560, CC.

Art. 1.518. Até a celebração do casamento podem os pais ou tutores revogar a autorização.

Artigo com redação dada pela Lei n. 13.146, de 06.07.2015.

Veja arts. 1.728 e 1.767, CC.

Art. 1.519. A denegação do consentimento, quando injusta, pode ser suprida pelo juiz.

CÓDIGO CIVIL – ARTS. 1.519 A 1.523 | 251

Veja arts. 719, 724 e 1.009, CPC.

Veja art. 148, parágrafo único, *c*, ECA.

Art. 1.520. Não será permitido, em qualquer caso, o casamento de quem não atingiu a idade núbil, observado o disposto no art. 1.517 deste Código.

Artigo com redação dada pela Lei n. 13.811, de 12.03.2019.

Veja arts. 1.550, I, 1.551 e 1.552, CC.

CAPÍTULO III
DOS IMPEDIMENTOS

Art. 1.521. Não podem casar:

Veja arts. 1.548, I, 1.549, 1.723, § 1º, e 1.727, CC.

Veja art. 236, CP.

I – os ascendentes com os descendentes, seja o parentesco natural ou civil;

Veja arts. 1.591 e 1.593, CC.

Veja art. 227, § 6º, CF.

II – os afins em linha reta;

Veja arts. 1.591 e 1.595, CC.

Veja art. 227, § 6º, CF.

III – o adotante com quem foi cônjuge do adotado e o adotado com quem o foi do adotante;

Veja art. 41, ECA.

IV – os irmãos, unilaterais ou bilaterais, e demais colaterais, até o terceiro grau inclusive;

Veja art. 1.592, CC.

Veja art. 1º, DL n. 3.200, de 19.04.1941.

V – o adotado com o filho do adotante;

Veja arts. 1.618 e 1.619, CC.

Veja art. 41, ECA.

VI – as pessoas casadas;

Veja art. 1.723, § 1º, CC.

VII – o cônjuge sobrevivente com o condenado por homicídio ou tentativa de homicídio contra o seu consorte.

Art. 1.522. Os impedimentos podem ser opostos, até o momento da celebração do casamento, por qualquer pessoa capaz.

Veja arts. 1.518, 1.529 e 1.530, CC.

Veja art. 237, CP.

Veja art. 67, § 5º, LRP.

Parágrafo único. Se o juiz, ou o oficial de registro, tiver conhecimento da existência de algum impedimento, será obrigado a declará-lo.

CAPÍTULO IV
DAS CAUSAS SUSPENSIVAS

Art. 1.523. Não devem casar:

252 | ARTS. 1.523 A 1.525 – CÓDIGO CIVIL

Veja arts. 1.529, 1.641, I, e 1.723, § 2º, CC.

I – o viúvo ou a viúva que tiver filho do cônjuge falecido, enquanto não fizer inventário dos bens do casal e der partilha aos herdeiros;

Veja art. 1.489, II, CC.

II – a viúva, ou a mulher cujo casamento se desfez por ser nulo ou ter sido anulado, até dez meses depois do começo da viuvez, ou da dissolução da sociedade conjugal;

Veja art. 1.598, CC.

III – o divorciado, enquanto não houver sido homologada ou decidida a partilha dos bens do casal;

Veja arts. 1.571, IV, e 1.579 a 1.582, CC.

IV – o tutor ou o curador e os seus descendentes, ascendentes, irmãos, cunhados ou sobrinhos, com a pessoa tutelada ou curatelada, enquanto não cessar a tutela ou curatela, e não estiverem saldadas as respectivas contas.

Veja arts. 1.591 a 1.595, 1.728 e 1.763 a 1.767, CC.

Parágrafo único. É permitido aos nubentes solicitar ao juiz que não lhes sejam aplicadas as causas suspensivas previstas nos incisos I, III e IV deste artigo, provando-se a inexistência de prejuízo, respectivamente, para o herdeiro, para o ex-cônjuge e para a pessoa tutelada ou curatelada; no caso do inciso II, a nubente deverá provar nascimento de filho, ou inexistência de gravidez, na fluência do prazo.

Art. 1.524. As causas suspensivas da celebração do casamento podem ser arguidas pelos parentes em linha reta de um dos nubentes, sejam consanguíneos ou afins, e pelos colaterais em segundo grau, sejam também consanguíneos ou afins.

Veja arts. 1.530 e 1.591 a 1.595, CC.

Veja art. 237, CP.

CAPÍTULO V
DO PROCESSO DE
HABILITAÇÃO PARA O CASAMENTO

Art. 1.525. O requerimento de habilitação para o casamento será firmado por ambos os nubentes, de próprio punho, ou, a seu pedido, por procurador, e deve ser instruído com os seguintes documentos:

Veja art. 1.726, CC.

Veja arts. 2º e 4º, Lei n. 1.110, de 23.05.1950.

Veja art. 74, LRP.

I – certidão de nascimento ou documento equivalente;

II – autorização por escrito das pessoas sob cuja dependência legal estiverem, ou ato judicial que a supra;

Veja arts. 1.517 a 1.520, CC.

III – declaração de duas testemunhas maiores, parentes ou não, que atestem conhecê-los e afirmem não existir impedimento que os iniba de casar;

Veja art. 228, CC.

CÓDIGO CIVIL – ARTS. 1.525 A 1.531 | 253

IV – declaração do estado civil, do domicílio e da residência atual dos contraentes e de seus pais, se forem conhecidos;
Veja art. 1.521, VI, CC.

V – certidão de óbito do cônjuge falecido, de sentença declaratória de nulidade ou de anulação de casamento, transitada em julgado, ou do registro da sentença de divórcio.
Veja arts. 1.521, VI, e 1.548 a 1.564, CC.
Veja art. 226, §§ 1º a 4º, CF.

Art. 1.526. A habilitação será feita pessoalmente perante o oficial do Registro Civil, com a audiência do Ministério Público.
Caput com redação dada e parágrafo acrescentado pela Lei n. 12.133, de 17.12.2009.
Veja art. 1.531, CC.

Parágrafo único. Caso haja impugnação do oficial, do Ministério Público ou de terceiro, a habilitação será submetida ao juiz.

Art. 1.527. Estando em ordem a documentação, o oficial extrairá o edital, que se afixará durante quinze dias nas circunscrições do Registro Civil de ambos os nubentes, e, obrigatoriamente, se publicará na imprensa local, se houver.
Veja art. 1.531, CC.
Veja art. 2º, Lei n. 1.110, de 23.05.1950.

Parágrafo único. A autoridade competente, havendo urgência, poderá dispensar a publicação.
Veja arts. 1.539 e 1.540, CC.

Art. 1.528. É dever do oficial do registro esclarecer os nubentes a respeito dos fatos que podem ocasionar a invalidade do casamento, bem como sobre os diversos regimes de bens.
Veja arts. 1.548 a 1.556, 1.559 e 1.639 e 1.722, CC.

Art. 1.529. Tanto os impedimentos quanto as causas suspensivas serão opostos em declaração escrita e assinada, instruída com as provas do fato alegado, ou com a indicação do lugar onde possam ser obtidas.
Veja arts. 1.521 e 1.523, CC.

Art. 1.530. O oficial do registro dará aos nubentes ou a seus representantes nota da oposição, indicando os fundamentos, as provas e o nome de quem a ofereceu.
Veja arts. 1.522 e 1.524, CC.
Veja art. 237, CP.

Parágrafo único. Podem os nubentes requerer prazo razoável para fazer prova contrária aos fatos alegados, e promover as ações civis e criminais contra o oponente de má-fé.

Art. 1.531. Cumpridas as formalidades dos arts. 1.526 e 1.527 e verificada a inexistência de fato obstativo, o oficial do registro extrairá o certificado de habilitação.
Veja art. 1.533, CC.
Veja art. 3º, Lei n. 1.110, de 23.05.1950.

254 | ART. 1.532 E 1.536 – CÓDIGO CIVIL

Art. 1.532. A eficácia da habilitação será de noventa dias, a contar da data em que foi extraído o certificado.

Veja art. 1.516, § 2º, CC.

Veja art. 3º, Lei n. 1.110, de 23.05.1950.

Veja art. 67, § 3º, LRP.

CAPÍTULO VI
DA CELEBRAÇÃO DO CASAMENTO

Art. 1.533. Celebrar-se-á o casamento, no dia, hora e lugar previamente designados pela autoridade que houver de presidir o ato, mediante petição dos contraentes, que se mostrem habilitados com a certidão do art. 1.531.

Veja arts. 1.515, 1.542, 1.639, § 1º, e 1.726, CC.

Veja art. 226, §§ 1º a 6º, CF.

Veja art. 238, CP.

Art. 1.534. A solenidade realizar-se-á na sede do cartório, com toda publicidade, a portas abertas, presentes pelo menos duas testemunhas, parentes ou não dos contraentes, ou, querendo as partes e consentindo a autoridade celebrante, noutro edifício público ou particular.

Veja art. 228, CC.

§ 1º Quando o casamento for em edifício particular, ficará este de portas abertas durante o ato.

§ 2º Serão quatro as testemunhas na hipótese do parágrafo anterior e se algum dos contraentes não souber ou não puder escrever.

Art. 1.535. Presentes os contraentes, em pessoa ou por procurador especial, juntamente com as testemunhas e o oficial do registro, o presidente do ato, ouvida aos nubentes a afirmação de que pretendem casar por livre e espontânea vontade, declarará efetuado o casamento, nestes termos: "De acordo com a vontade que ambos acabais de afirmar perante mim, de vos receberdes por marido e mulher, eu, em nome da lei, vos declaro casados".

Veja arts. 1.514, 1.538 e 1.542, CC.

Art. 1.536. Do casamento, logo depois de celebrado, lavrar-se-á o assento no livro de registro. No assento, assinado pelo presidente do ato, pelos cônjuges, as testemunhas, e o oficial do registro, serão exarados:

Veja art. 1.514, CC.

Veja Decreto n. 66.605, de 20.05.1970.

Veja art. 70, LRP.

I – os prenomes, sobrenomes, datas de nascimento, profissão, domicílio e residência atual dos cônjuges;

II – os prenomes, sobrenomes, datas de nascimento ou de morte, domicílio e residência atual dos pais;

Veja art. 1.565, § 1º, CC.

III – o prenome e sobrenome do cônjuge precedente e a data da dissolução do casamento anterior;

IV – a data da publicação dos proclamas e da celebração do casamento;

CÓDIGO CIVIL – ARTS. 1.536 A 1.541 | 255

V – a relação dos documentos apresentados ao oficial do registro;

VI – o prenome, sobrenome, profissão, domicílio e residência atual das testemunhas;

VII – o regime do casamento, com a declaração da data e do cartório em cujas notas foi lavrada a escritura antenupcial, quando o regime não for o da comunhão parcial, ou o obrigatoriamente estabelecido.

Veja arts. 1.641 e 1.657, CC.

Art. 1.537. O instrumento da autorização para casar transcrever-se-á integralmente na escritura antenupcial.

Veja arts. 220, 1.517, 1.520, 1.525, II, 1.634, III, e 1.653, CC.

Art. 1.538. A celebração do casamento será imediatamente suspensa se algum dos contraentes:

Veja art. 1.535, CC.

I – recusar a solene afirmação da sua vontade;

II – declarar que esta não é livre e espontânea;

III – manifestar-se arrependido.

Parágrafo único. O nubente que, por algum dos fatos mencionados neste artigo, der causa à suspensão do ato, não será admitido a retratar-se no mesmo dia.

Art. 1.539. No caso de moléstia grave de um dos nubentes, o presidente do ato irá celebrá-lo onde se encontrar o impedido, sendo urgente, ainda que à noite, perante duas testemunhas que saibam ler e escrever.

Veja arts. 1.527, parágrafo único, 1.534 e 1.542, CC.

§ 1º A falta ou impedimento da autoridade competente para presidir o casamento suprir-se-á por qualquer dos seus substitutos legais, e a do oficial do Registro Civil por outro *ad hoc*, nomeado pelo presidente do ato.

§ 2º O termo avulso, lavrado pelo oficial *ad hoc*, será registrado no respectivo registro dentro em cinco dias, perante duas testemunhas, ficando arquivado.

Art. 1.540. Quando algum dos contraentes estiver em iminente risco de vida, não obtendo a presença da autoridade à qual incumba presidir o ato, nem a de seu substituto, poderá o casamento ser celebrado na presença de seis testemunhas, que com os nubentes não tenham parentesco em linha reta, ou, na colateral, até segundo grau.

Veja arts. 1.527, parágrafo único, 1.541, § 5º, e 1.591 a 1.595, CC.

Art. 1.541. Realizado o casamento, devem as testemunhas comparecer perante a autoridade judicial mais próxima, dentro em dez dias, pedindo que lhes tome por termo a declaração de:

Veja art. 76, LRP.

I – que foram convocadas por parte do enfermo;

II – que este parecia em perigo de vida, mas em seu juízo;

III – que, em sua presença, declararam os contraentes, livre e espontaneamente, receber-se por marido e mulher.

Veja art. 1.535, CC.

256 | ARTS. 1.541 A 1.544 – CÓDIGO CIVIL

§ 1º Autuado o pedido e tomadas as declarações, o juiz procederá às diligências necessárias para verificar se os contraentes podiam ter-se habilitado, na forma ordinária, ouvidos os interessados que o requererem, dentro em quinze dias.

Veja art. 76, § 3º, LRP.

§ 2º Verificada a idoneidade dos cônjuges para o casamento, assim o decidirá a autoridade competente, com recurso voluntário às partes.

Veja art. 76, § 5º, LRP.

§ 3º Se da decisão não se tiver recorrido, ou se ela passar em julgado, apesar dos recursos interpostos, o juiz mandará registrá-la no livro do Registro dos Casamentos.

Veja art. 76, § 5º, LRP.

§ 4º O assento assim lavrado retrotrairá os efeitos do casamento, quanto ao estado dos cônjuges, à data da celebração.

§ 5º Serão dispensadas as formalidades deste e do artigo antecedente, se o enfermo convalescer e puder ratificar o casamento na presença da autoridade competente e do oficial do registro.

Art. 1.542. O casamento pode celebrar-se mediante procuração, por instrumento público, com poderes especiais.

Veja arts. 653, 655, 657, 660, 1.525, 1.539 e 1.540, CC.

Veja Decreto n. 66.605, de 20.05.1970.

§ 1º A revogação do mandato não necessita chegar ao conhecimento do mandatário; mas, celebrado o casamento sem que o mandatário ou o outro contraente tivessem ciência da revogação, responderá o mandante por perdas e danos.

Veja arts. 402 a 405, 682, I, 686, 687 e 1.550, V e parágrafo único, CC.

§ 2º O nubente que não estiver em iminente risco de vida poderá fazer-se representar no casamento nuncupativo.

§ 3º A eficácia do mandato não ultrapassará noventa dias.

§ 4º Só por instrumento público se poderá revogar o mandato.

Veja arts. 109, 682, I, 686 e 687, CC.

CAPÍTULO VII
DAS PROVAS DO CASAMENTO

Art. 1.543. O casamento celebrado no Brasil prova-se pela certidão do registro.

Veja arts. 9º, I, 1.515 e 1.516, CC.

Parágrafo único. Justificada a falta ou perda do registro civil, é admissível qualquer outra espécie de prova.

Art. 1.544. O casamento de brasileiro, celebrado no estrangeiro, perante as respectivas autoridades ou os cônsules brasileiros, deverá ser registrado em cento e oitenta dias, a contar da volta de um ou de ambos os cônjuges ao Brasil, no cartório do respectivo domicílio, ou, em sua falta, no 1º Ofício da Capital do Estado em que passarem a residir.

Veja art. 32, LRP.

Art. 1.545. O casamento de pessoas que, na posse do estado de casadas, não possam manifestar vontade, ou tenham falecido, não se pode contestar em prejuízo da prole comum, salvo mediante certidão do Registro Civil que prove que já era casada alguma delas, quando contraiu o casamento impugnado.

Veja arts. 3º, 4º e 6º, CC.

Veja art. 227, § 6º, CF.

Art. 1.546. Quando a prova da celebração legal do casamento resultar de processo judicial, o registro da sentença no livro do Registro Civil produzirá, tanto no que toca aos cônjuges como no que respeita aos filhos, todos os efeitos civis desde a data do casamento.

Veja art. 1.541, § 4º, CC.

Veja art. 227, § 6º, CF.

Art. 1.547. Na dúvida entre as provas favoráveis e contrárias, julgar-se-á pelo casamento, se os cônjuges, cujo casamento se impugna, viverem ou tiverem vivido na posse do estado de casados.

Veja arts. 1.521 a 1.524, CC.

CAPÍTULO VIII
DA INVALIDADE DO CASAMENTO

Art. 1.548. É nulo o casamento contraído:

Veja arts. 10, 166, IV e VII, 185, 1.549 e 1.561, CC.

Veja art. 226, § 6º, CF.

Veja arts. 235, § 2º, e 236, parágrafo único, CP.

Veja art. 8º, Lei n. 1.110, de 23.05.1950.

I – (*Revogado pela Lei n. 13.146, de 06.07.2015.*)

II – por infringência de impedimento.

Veja arts. 1.521 e 1.522, CC.

Veja art. 8º, Lei n. 1.110, de 23.05.1950.

Art. 1.549. A decretação de nulidade de casamento, pelos motivos previstos no artigo antecedente, pode ser promovida mediante ação direta, por qualquer interessado, ou pelo Ministério Público.

Veja art. 17, CPC.

Art. 1.550. É anulável o casamento:

Veja art. 10 e 1.561, CC.

Veja art. 8º, Lei n. 1.110, de 23.05.1950.

I – de quem não completou a idade mínima para casar;

Veja arts. 3º, 1.517, 1.520 e 1.551 a 1.553, CC.

II – do menor em idade núbil, quando não autorizado por seu representante legal;

Veja arts. 4º, I, 1.517 a 1.519, 1.551 e 1.555, CC.

III – por vício da vontade, nos termos dos arts. 1.556 a 1.558;

IV – do incapaz de consentir ou manifestar, de modo inequívoco, o consentimento;

258 | ARTS. 1.550 A 1.555 – CÓDIGO CIVIL

Veja arts. 4º, II e III, e 1.560, I, CC.

V – realizado pelo mandatário, sem que ele ou o outro contraente soubesse da revogação do mandato, e não sobrevindo coabitação entre os cônjuges;

Veja arts. 1.542 e 1.560, § 2º, CC.

VI – por incompetência da autoridade celebrante.

Veja arts. 1.554 e 1.560, II, CC.

§ 1º Equipara-se à revogação a invalidade do mandato judicialmente decretada.

Antigo parágrafo único renumerado pela Lei n. 13.146, de 06.07.2015.

§ 2º A pessoa com deficiência mental ou intelectual em idade núbia poderá contrair matrimônio, expressando sua vontade diretamente ou por meio de seu responsável ou curador.

Parágrafo acrescentado pela Lei n. 13.146, de 06.07.2015.

Art. 1.551. Não se anulará, por motivo de idade, o casamento de que resultou gravidez.

Veja arts. 1.517 a 1.520 e 1.550, I e II, CC.

Art. 1.552. A anulação do casamento dos menores de dezesseis anos será requerida:

Veja arts. 3º, I, 1.520, 1.550, I, 1.551 e 1.560, CC.

I – pelo próprio cônjuge menor;

II – por seus representantes legais;

III – por seus ascendentes.

Art. 1.553. O menor que não atingia a idade núbil poderá, depois de completá-la, confirmar seu casamento, com a autorização de seus representantes legais, se necessária, ou com suprimento judicial.

Veja arts. 1.518 a 1.520 e 1.550, I, CC.

Art. 1.554. Subsiste o casamento celebrado por aquele que, sem possuir a competência exigida na lei, exercer publicamente as funções de juiz de casamentos e, nessa qualidade, tiver registrado o ato no Registro Civil.

Veja arts. 1.515, 1.516 e 1.550, VI, CC.

Art. 1.555. O casamento do menor em idade núbil, quando não autorizado por seu representante legal, só poderá ser anulado se a ação for proposta em cento e oitenta dias, por iniciativa do incapaz, ao deixar de sê-lo, de seus representantes legais ou de seus herdeiros necessários.

Veja arts. 209, 1.550, II, 1.551, 1.634, III, e 1.845, CC.

§ 1º O prazo estabelecido neste artigo será contado do dia em que cessou a incapacidade, no primeiro caso; a partir do casamento, no segundo; e, no terceiro, da morte do incapaz.

§ 2º Não se anulará o casamento quando à sua celebração houverem assistido os representantes legais do incapaz, ou tiverem, por qualquer modo, manifestado sua aprovação.

Veja arts. 1.517 e 1.525, II, CC.

CÓDIGO CIVIL – ARTS. 1.556 A 1.560 | 259

Art. 1.556. O casamento pode ser anulado por vício da vontade, se houve por parte de um dos nubentes, ao consentir, erro essencial quanto à pessoa do outro.
Veja arts. 138, 139, II, 185, 1.550, III, e 1.557, CC.

Art. 1.557. Considera-se erro essencial sobre a pessoa do outro cônjuge:
Veja arts. 138, 139, II, 1.550, III, 1.556 e 1.560, III, CC.

I – o que diz respeito à sua identidade, sua honra e boa fama, sendo esse erro tal que o seu conhecimento ulterior torne insuportável a vida em comum ao cônjuge enganado;
Veja art. 1.560, III, CC.

II – a ignorância de crime, anterior ao casamento, que, por sua natureza, torne insuportável a vida conjugal;
Veja art. 1.560, III, CC.

III – a ignorância, anterior ao casamento, de defeito físico irremediável que não caracterize deficiência ou de moléstia grave e transmissível, por contágio ou por herança, capaz de pôr em risco a saúde do outro cônjuge ou de sua descendência;
Inciso com redação dada pela Lei n. 13.146, de 06.07.2015.
Veja arts. 1.559 e 1.560, III, CC.

IV – (*Revogado pela Lei n. 13.146, de 06.07.2015.*)

Art. 1.558. É anulável o casamento em virtude de coação, quando o consentimento de um ou de ambos os cônjuges houver sido captado mediante fundado temor de mal considerável e iminente para a vida, a saúde e a honra, sua ou de seus familiares.
Veja arts. 151 a 155, 1.550, III, e 1.560, IV, CC.

Art. 1.559. Somente o cônjuge que incidiu em erro, ou sofreu coação, pode demandar a anulação do casamento; mas a coabitação, havendo ciência do vício, valida o ato, ressalvadas as hipóteses dos incisos III e IV do art. 1.557.
Veja arts. 138, 139, 151 a 155 e 1.558, CC.

Art. 1.560. O prazo para ser intentada a ação de anulação do casamento, a contar da data da celebração, é de:

I – cento e oitenta dias, no caso do inciso IV do art. 1.550;

II – dois anos, se incompetente a autoridade celebrante;
Veja arts. 1.550, VI, e 1.554, CC.

III – três anos, nos casos dos incisos I a IV do art. 1.557;
Veja arts. 1.556 e 1.559, CC.

IV – quatro anos, se houver coação.
Veja arts. 1.558 e 1.559, CC.

§ 1º Extingue-se, em cento e oitenta dias, o direito de anular o casamento dos menores de dezesseis anos, contado o prazo para o menor do dia em que perfez essa idade; e da data do casamento, para seus representantes legais ou ascendentes.
Veja art. 1.552, CC.

260 | ARTS. 1.560 A 1.565 – CÓDIGO CIVIL

§ 2º Na hipótese do inciso V do art. 1.550, o prazo para anulação do casamento é de cento e oitenta dias, a partir da data em que o mandante tiver conhecimento da celebração.

Veja art. 1.550, parágrafo único, CC.

Art. 1.561. Embora anulável ou mesmo nulo, se contraído de boa-fé por ambos os cônjuges, o casamento, em relação a estes como aos filhos, produz todos os efeitos até o dia da sentença anulatória.

Veja arts. 1.548, 1.550, 1.596, 1.617 e 1.834, CC.

Veja art. 227, § 6º, CF.

§ 1º Se um dos cônjuges estava de boa-fé ao celebrar o casamento, os seus efeitos civis só a ele e aos filhos aproveitarão.

Veja art. 1.564, CC.

§ 2º Se ambos os cônjuges estavam de má-fé ao celebrar o casamento, os seus efeitos civis só aos filhos aproveitarão.

Art. 1.562. Antes de mover a ação de nulidade do casamento, a de anulação, a de separação judicial, a de divórcio direto ou a de dissolução de união estável, poderá requerer a parte, comprovando sua necessidade, a separação de corpos, que será concedida pelo juiz com a possível brevidade.

Veja arts. 1.549, 1.552, 1.555, 1.559, 1.575, 1.580, 1.585 a 1.723 a 1.727, CC.

Veja EC n. 66, de 13.07.2010.

Art. 1.563. A sentença que decretar a nulidade do casamento retroagirá à data da sua celebração, sem prejudicar a aquisição de direitos, a título oneroso, por terceiros de boa-fé, nem a resultante de sentença transitada em julgado.

Veja art. 5º, XXXVI, CF.

Art. 1.564. Quando o casamento for anulado por culpa de um dos cônjuges, este incorrerá:

I – na perda de todas as vantagens havidas do cônjuge inocente;

Veja art. 1.561, § 1º, CC.

II – na obrigação de cumprir as promessas que lhe fez no contrato antenupcial.

Veja arts. 1.639 e 1.653 a 1.657, CC.

CAPÍTULO IX
DA EFICÁCIA DO CASAMENTO

Art. 1.565. Pelo casamento, homem e mulher assumem mutuamente a condição de consortes, companheiros e responsáveis pelos encargos da família.

Veja arts. 1.511, 1.567 e 1.568, CC.

Veja arts. 5º, I, 226, §§ 1º a 3º e 5º, e 227, § 6º, CF.

§ 1º Qualquer dos nubentes, querendo, poderá acrescer ao seu o sobrenome do outro.

Veja arts. 1.536, I, 1.571, § 2º, e 1.578, CC.

Veja art. 70, § 8º, LRP.

CÓDIGO CIVIL – ARTS. 1.565 A 1.569 | 261

§ 2º O planejamento familiar é de livre decisão do casal, competindo ao Estado propiciar recursos educacionais e financeiros para o exercício desse direito, vedado qualquer tipo de coerção por parte de instituições privadas ou públicas.

Veja art. 1.513, CC.

Veja art. 226, § 7º, CF.

Veja art. 1º, Lei n. 9.263, de 12.01.1996.

Art. 1.566. São deveres de ambos os cônjuges:

Veja arts. 1.511, 1.572 e 1.724, CC.

Veja art. 226, § 5º, CF.

I – fidelidade recíproca;

Veja arts. 1.573, I, e 1.576, CC.

II – vida em comum, no domicílio conjugal;

Veja arts. 1.562, 1.569, 1.573, IV, e 1.576, CC.

III – mútua assistência;

Veja arts. 1.568, 1.694 e 1.695, CC.

Veja art. 26, Lei n. 6.515, de 26.12.1977.

IV – sustento, guarda e educação dos filhos;

Veja arts. 1.568 e 1.630 a 1.638, CC.

Veja arts. 226, § 5º, 227 e 229, CF.

Veja arts. 133 e 136, CP.

Veja arts. 33 a 35, ECA.

V – respeito e consideração mútuos.

Veja art. 1.573, II, III e V, CC.

Art. 1.567. A direção da sociedade conjugal será exercida, em colaboração, pelo marido e pela mulher, sempre no interesse do casal e dos filhos.

Veja arts. 1.642, 1.643, 1.647, 1.651, 1.663 e 1.783, CC.

Veja arts. 5º, I, e 226, § 5º, CF.

Veja art. 73, CPC.

Parágrafo único. Havendo divergência, qualquer dos cônjuges poderá recorrer ao juiz, que decidirá tendo em consideração aqueles interesses.

Veja art. 1.648, CC.

Veja art. 74, CPC.

Art. 1.568. Os cônjuges são obrigados a concorrer, na proporção de seus bens e dos rendimentos do trabalho, para o sustento da família e a educação dos filhos, qualquer que seja o regime patrimonial.

Veja arts. 1.565, 1.566, III e IV, e 1.688, CC.

Veja art. 226, § 5º, CF.

Art. 1.569. O domicílio do casal será escolhido por ambos os cônjuges, mas um e outro podem ausentar-se do domicílio conjugal para atender a encargos públicos, ao exercício de sua profissão, ou a interesses particulares relevantes.

Veja arts. 70 a 74, 76, 77, 1.566, II, e 1.573, IV, CC.

Veja art. 226, § 5º, CF.

262 | ARTS. 1.570 A 1.572 – CÓDIGO CIVIL

Art. 1.570. Se qualquer dos cônjuges estiver em lugar remoto ou não sabido, encarcerado por mais de cento e oitenta dias, interditado judicialmente ou privado, episodicamente, de consciência, em virtude de enfermidade ou de acidente, o outro exercerá com exclusividade a direção da família, cabendo-lhe a administração dos bens.
Veja arts. 25, 1.651, 1.652, 1.775 e 1.783, CC.

CAPÍTULO X
DA DISSOLUÇÃO DA SOCIEDADE E DO VÍNCULO CONJUGAL
Veja EC n. 66, de 13.07.2010.

Art. 1.571. A sociedade conjugal termina:
Veja art. 10, CC.
Veja art. 2º, Lei n. 6.515, de 26.12.1977.
I – pela morte de um dos cônjuges;
Veja art. 6º, CC.
II – pela nulidade ou anulação do casamento;
Veja arts. 1.548 a 1.559, CC.
III – pela separação judicial;
Veja arts. 980, 1.027 e 1.572 a 1.578, CC.
Veja EC n. 66, de 13.07.2010.
IV – pelo divórcio.
Veja arts. 1.579 a 1.582, CC.
Veja EC n. 66, de 13.07.2010.
§ 1º O casamento válido só se dissolve pela morte de um dos cônjuges ou pelo divórcio, aplicando-se a presunção estabelecida neste Código quanto ao ausente.
§ 2º Dissolvido o casamento pelo divórcio direto ou por conversão, o cônjuge poderá manter o nome de casado; salvo, no segundo caso, dispondo em contrário a sentença de separação judicial.
Veja arts. 1.565, § 1º, e 1.578, CC.
Veja EC n. 66, de 13.07.2010.
Veja arts. 17, 18 e 25, parágrafo único, Lei n. 6.515, de 26.12.1977.

Art. 1.572. Qualquer dos cônjuges poderá propor a ação de separação judicial, imputando ao outro qualquer ato que importe grave violação dos deveres do casamento e torne insuportável a vida em comum.
Veja arts. 1.566, 1.571, III, 1.573 e 1.582, CC.
Veja EC n. 66, de 13.07.2010.
Veja art. 5º, Lei n. 6.515, de 26.12.1977.
§ 1º A separação judicial pode também ser pedida se um dos cônjuges provar ruptura da vida em comum há mais de um ano e a impossibilidade de sua reconstituição.
Veja art. 5º, § 1º, Lei n. 6.515, de 26.12.1977.
§ 2º O cônjuge pode ainda pedir a separação judicial quando o outro estiver acometido de doença mental grave, manifestada após o casamento,

CÓDIGO CIVIL – ARTS. 1.572 E 1.576 | 263

que torne impossível a continuação da vida em comum, desde que, após uma duração de dois anos, a enfermidade tenha sido reconhecida de cura improvável.

Veja art. 5°, § 2°, Lei n. 6.515, de 26.12.1977.

§ 3° No caso do § 2°, reverterão ao cônjuge enfermo, que não houver pedido a separação judicial, os remanescentes dos bens que levou para o casamento, e se o regime dos bens adotado o permitir, a meação dos adquiridos na constância da sociedade conjugal.

Veja art. 5°, § 3°, Lei n. 6.515, de 26.12.1977.

Art. 1.573. Pode caracterizar a impossibilidade da comunhão de vida a ocorrência de algum dos seguintes motivos:

Veja EC n. 66, de 13.07.2010.

I – adultério;

Veja art. 1.566, I, CC.

II – tentativa de morte;

III – sevícia ou injúria grave;

IV – abandono voluntário do lar conjugal, durante um ano contínuo;

V – condenação por crime infamante;

VI – conduta desonrosa.

Parágrafo único. O juiz poderá considerar outros fatos que tornem evidente a impossibilidade da vida em comum.

Veja art. 1.572, §§ 1° a 3°, CC.

Art. 1.574. Dar-se-á a separação judicial por mútuo consentimento dos cônjuges se forem casados por mais de um ano e o manifestarem perante o juiz, sendo por ele devidamente homologada a convenção.

Veja arts. 731 a 734, CPC.

Veja EC n. 66, de 13.07.2010.

Veja art. 4°, Lei n. 6.515, de 26.12.1977.

Parágrafo único. O juiz pode recusar a homologação e não decretar a separação judicial se apurar que a convenção não preserva suficientemente os interesses dos filhos ou de um dos cônjuges.

Art. 1.575. A sentença de separação judicial importa a separação de corpos e a partilha de bens.

Veja arts. 980, 1.027, 1.562, 1.576, 1.581, 1.585, 1.658 a 1.662, 1.667 a 1.669, 1.671, 1.672 a 1.684 e 1.687, CC.

Veja EC n. 66, de 13.07.2010.

Veja art. 7°, § 2°, Lei n. 6.515, de 26.12.1977.

Parágrafo único. A partilha de bens poderá ser feita mediante proposta dos cônjuges e homologada pelo juiz ou por este decidida.

Art. 1.576. A separação judicial põe termo aos deveres de coabitação e fidelidade recíproca e ao regime de bens.

Veja arts. 1.566, I e II, e 1.639, CC.

Veja EC n. 66, de 13.07.2010.

Veja art. 3°, Lei n. 6.515, de 26.12.1977.

264 | ARTS. 1.576 A 1.580 – CÓDIGO CIVIL

Parágrafo único. O procedimento judicial da separação caberá somente aos cônjuges, e, no caso de incapacidade, serão representados pelo curador, pelo ascendente ou pelo irmão.

Veja arts. 3º, 4º e 1.767, CC.

Veja art. 3º, § 1º, Lei n. 6.515, de 26.12.1977.

Art. 1.577. Seja qual for a causa da separação judicial e o modo como esta se faça, é lícito aos cônjuges restabelecer, a todo tempo, a sociedade conjugal, por ato regular em juízo.

Veja EC n. 66, de 13.07.2010.

Veja art. 46, *caput*, Lei n. 6.515, de 26.12.1977.

Parágrafo único. A reconciliação em nada prejudicará o direito de terceiros, adquirido antes e durante o estado de separado, seja qual for o regime de bens.

Veja art. 46, parágrafo único, Lei n. 6.515, de 26.12.1977.

Veja art. 980, CC.

Veja art. 5º, XXXVI, CF.

Art. 1.578. O cônjuge declarado culpado na ação de separação judicial perde o direito de usar o sobrenome do outro, desde que expressamente requerido pelo cônjuge inocente e se a alteração não acarretar:

Veja arts. 1.565, § 1º, e 1.571, § 2º, CC.

Veja arts. 5º, I, e 226, § 6º, CF.

Veja EC n. 66, de 13.07.2010.

Veja arts. 17, 18 e 25, parágrafo único, Lei n. 6.515, de 26.12.1977.

I – evidente prejuízo para a sua identificação;

II – manifesta distinção entre o seu nome de família e o dos filhos havidos da união dissolvida;

III – dano grave reconhecido na decisão judicial.

§ 1º O cônjuge inocente na ação de separação judicial poderá renunciar, a qualquer momento, ao direito de usar o sobrenome do outro.

§ 2º Nos demais casos caberá a opção pela conservação do nome de casado.

Art. 1.579. O divórcio não modificará os direitos e deveres dos pais em relação aos filhos.

Veja EC n. 66, de 13.07.2010.

Veja art. 27, Lei n. 6.515, de 26.12.1977.

Parágrafo único. Novo casamento de qualquer dos pais, ou de ambos, não poderá importar restrições aos direitos e deveres previstos neste artigo.

Art. 1.580. Decorrido um ano do trânsito em julgado da sentença que houver decretado a separação judicial, ou da decisão concessiva da medida cautelar de separação de corpos, qualquer das partes poderá requerer sua conversão em divórcio.

Veja arts. 1.562, 1.571, IV e § 2º, e 1.575, CC.

Veja EC n. 66, de 13.07.2010.

Veja arts. 731 a 734, CPC.

CÓDIGO CIVIL – ARTS. 1.580 A 1.583 | 265

Veja art. 25, Lei n. 6.515, de 26.12.1977.

§ 1º A conversão em divórcio da separação judicial dos cônjuges será decretada por sentença, da qual não constará referência à causa que a determinou.

§ 2º O divórcio poderá ser requerido, por um ou por ambos os cônjuges, no caso de comprovada separação de fato por mais de dois anos.

Veja arts. 731 a 734, CPC.

Art. 1.581. O divórcio pode ser concedido sem que haja prévia partilha de bens.

Veja arts. 1.523, III e parágrafo único, 1.575 e 1.576, CC.

Veja arts. 731 a 734, CPC.

Veja art. 31, Lei n. 6.515, de 26.12.1977.

Art. 1.582. O pedido de divórcio somente competirá aos cônjuges.

Veja art. 1.572, CC.

Veja art. 24, parágrafo único, Lei n. 6.515, de 26.12.1977.

Parágrafo único. Se o cônjuge for incapaz para propor a ação ou defender-se, poderá fazê-lo o curador, o ascendente ou o irmão.

CAPÍTULO XI
DA PROTEÇÃO DA PESSOA DOS FILHOS

Art. 1.583. A guarda será unilateral ou compartilhada.

Caput com redação dada pela Lei n. 11.698, de 13.06.2008.

§ 1º Compreende-se por guarda unilateral a atribuída a um só dos genitores ou a alguém que o substitua (art. 1.584, § 5º) e, por guarda compartilhada a responsabilização conjunta e o exercício de direitos e deveres do pai e da mãe que não vivam sob o mesmo teto, concernentes ao poder familiar dos filhos comuns.

Parágrafo acrescentado pela Lei n. 11.698, de 13.06.2008.

§ 2º Na guarda compartilhada, o tempo de convívio com os filhos deve ser dividido de forma equilibrada com a mãe e com o pai, sempre tendo em vista as condições fáticas e os interesses dos filhos.

Parágrafo acrescentado pela Lei n. 11.698, de 13.06.2008, e com redação dada pela Lei n. 13.058, de 22.12.2014.

I a III – (*Revogados pela Lei n. 13.058, de 22.12.2014.*)

§ 3º Na guarda compartilhada, a cidade considerada base de moradia dos filhos será aquela que melhor atender aos interesses dos filhos.

Parágrafo acrescentado pela Lei n. 11.698, de 13.06.2008, e com redação dada pela Lei n. 13.058, de 22.12.2014.

§ 4º (*Vetado.*)

Parágrafo acrescentado pela Lei n. 11.698, de 13.06.2008.

§ 5º A guarda unilateral obriga o pai ou a mãe que não a detenha a supervisionar os interesses dos filhos, e, para possibilitar tal supervisão, qualquer dos genitores sempre será parte legítima para solicitar informações e/ou prestação de contas, objetivas ou subjetivas, em assuntos ou situações

266 | ARTS. 1.583 E 1.584 – CÓDIGO CIVIL

que direta ou indiretamente afetem a saúde física e psicológica e a educação de seus filhos.

Parágrafo acrescentado pela Lei n. 13.058, de 22.12.2014.

Art. 1.584. A guarda, unilateral ou compartilhada, poderá ser:

Caput com redação dada pela Lei n. 11.698, de 13.06.2008.

Veja arts. 1.585 e 1.634, CC.

Veja art. 42, § 5º, ECA.

I – requerida, por consenso, pelo pai e pela mãe, ou por qualquer deles, em ação autônoma de separação, de divórcio, de dissolução de união estável ou em medida cautelar;

Inciso acrescentado pela Lei n. 11.698, de 13.06.2008.

II – decretada pelo juiz, em atenção a necessidades específicas do filho, ou em razão da distribuição de tempo necessário ao convívio deste com o pai e com a mãe.

Inciso acrescentado pela Lei n. 11.698, de 13.06.2008.

§ 1º Na audiência de conciliação, o juiz informará ao pai e à mãe o significado da guarda compartilhada, a sua importância, a similitude de deveres e direitos atribuídos aos genitores e as sanções pelo descumprimento de suas cláusulas.

Parágrafo renumerado e com redação dada pela Lei n. 11.698, de 13.06.2008.

§ 2º Quando não houver acordo entre a mãe e o pai quanto à guarda do filho, encontrando-se ambos os genitores aptos a exercer o poder familiar, será aplicada a guarda compartilhada, salvo se um dos genitores declarar ao magistrado que não deseja a guarda do menor.

Parágrafo acrescentado pela Lei n. 11.698, de 13.06.2008, e com redação dada pela Lei n. 13.058, de 22.12.2014.

§ 3º Para estabelecer as atribuições do pai e da mãe e os períodos de convivência sob guarda compartilhada, o juiz, de ofício ou a requerimento do Ministério Público, poderá basear-se em orientação técnico-profissional ou de equipe interdisciplinar, que deverá visar à divisão equilibrada do tempo com o pai e com a mãe.

Parágrafo acrescentado pela Lei n. 11.698, de 13.06.2008, e com redação dada pela Lei n. 13.058, de 22.12.2014.

§ 4º A alteração não autorizada ou o descumprimento imotivado de cláusula de guarda unilateral ou compartilhada poderá implicar a redução de prerrogativas atribuídas ao seu detentor.

Parágrafo acrescentado pela Lei n. 11.698, de 13.06.2008, e com redação dada pela Lei n. 13.058, de 22.12.2014.

§ 5º Se o juiz verificar que o filho não deve permanecer sob a guarda do pai ou da mãe, deferirá a guarda a pessoa que revele compatibilidade com a natureza da medida, considerados, de preferência, o grau de parentesco e as relações de afinidade e afetividade.

CÓDIGO CIVIL – ARTS. 1.584 A 1.590 | 267

Parágrafo acrescentado pela Lei n. 11.698, de 13.06.2008, e com redação dada pela Lei n. 13.058, de 22.12.2014.

Veja art. 1.583, § 1º, CC.

§ 6º Qualquer estabelecimento público ou privado é obrigado a prestar informações a qualquer dos genitores sobre os filhos destes, sob pena de multa de R$ 200,00 (duzentos reais) a R$ 500,00 (quinhentos reais) por dia pelo não atendimento da solicitação.

Parágrafo acrescentado pela Lei n. 13.058, de 22.12.2014.

Art. 1.585. Em sede de medida cautelar de separação de corpos, em sede de medida cautelar de guarda ou em outra sede de fixação liminar de guarda, a decisão sobre guarda de filhos, mesmo que provisória, será proferida preferencialmente após a oitiva de ambas as partes perante o juiz, salvo se a proteção aos interesses dos filhos exigir a concessão de liminar sem a oitiva da outra parte, aplicando-se as disposições do art. 1.584.

Artigo com redação dada pela Lei n. 13.058, de 22.12.2014.

Veja arts. 1.562 e 1.590, CC.

Art. 1.586. Havendo motivos graves, poderá o juiz, em qualquer caso, a bem dos filhos, regular de maneira diferente da estabelecida nos artigos antecedentes a situação deles para com os pais.

Veja arts. 1.587 e 1.590, CC.

Veja art. 226, § 5º, CF.

Veja art. 13, Lei n. 6.515, de 26.12.1977.

Art. 1.587. No caso de invalidade do casamento, havendo filhos comuns, observar-se-á o disposto nos arts. 1.584 e 1.586.

Veja arts. 1.548 a 1.559 e 1.590, CC.

Art. 1.588. O pai ou a mãe que contrair novas núpcias não perde o direito de ter consigo os filhos, que só lhe poderão ser retirados por mandado judicial, provado que não são tratados convenientemente.

Veja arts. 1.590, 1.634, 1.636 e 1.638, CC.

Art. 1.589. O pai ou a mãe, em cuja guarda não estejam os filhos, poderá visitá-los e tê-los em sua companhia, segundo o que acordar com o outro cônjuge, ou for fixado pelo juiz, bem como fiscalizar sua manutenção e educação.

Veja arts. 1.583 e 1.590, CC.

Veja art. 15, Lei n. 6.515, de 26.12.1977.

Parágrafo único. O direito de visita estende-se a qualquer dos avós, a critério do juiz, observados os interesses da criança ou do adolescente.

Parágrafo acrescentado pela Lei n. 12.398, de 28.03.2011.

Art. 1.590. As disposições relativas à guarda e prestação de alimentos aos filhos menores estendem-se aos maiores incapazes.

Veja arts. 3º, 4º e 1.694 a 1.710, CC.

Veja art. 16, Lei n. 6.515, de 26.12.1977.

268 | ARTS. 1.591 A 1.597 – CÓDIGO CIVIL

SUBTÍTULO II
DAS RELAÇÕES DE PARENTESCO

CAPÍTULO I
DISPOSIÇÕES GERAIS

Art. 1.591. São parentes em linha reta as pessoas que estão umas para com as outras na relação de ascendentes e descendentes.

Veja arts. 1.521, I a V, 1.696, 1.697 e 1.829, I e II, CC.

Veja arts. 14, § 7º, 226, § 4º, e 227, § 6º, CF.

Veja arts. 144, III e IV, e 447, § 2º, I, CPC.

Art. 1.592. São parentes em linha colateral ou transversal, até o quarto grau, as pessoas provenientes de um só tronco, sem descenderem uma da outra.

Veja arts. 1.829, IV, e 1.839, CC.

Art. 1.593. O parentesco é natural ou civil, conforme resulte de consanguinidade ou outra origem.

Veja arts. 226, § 4º, e 227, § 6º, CF.

Art. 1.594. Contam-se, na linha reta, os graus de parentesco pelo número de gerações, e, na colateral, também pelo número delas, subindo de um dos parentes até ao ascendente comum, e descendo até encontrar o outro parente.

Art. 1.595. Cada cônjuge ou companheiro é aliado aos parentes do outro pelo vínculo da afinidade.

§ 1º O parentesco por afinidade limita-se aos ascendentes, aos descendentes e aos irmãos do cônjuge ou companheiro.

§ 2º Na linha reta, a afinidade não se extingue com a dissolução do casamento ou da união estável.

Veja arts. 1.521, II, 1.571 a 1.582 e 1.723 a 1.727, CC.

Veja art. 226, § 3º, CF.

CAPÍTULO II
DA FILIAÇÃO

Art. 1.596. Os filhos, havidos ou não da relação de casamento, ou por adoção, terão os mesmos direitos e qualificações, proibidas quaisquer designações discriminatórias relativas à filiação.

Veja art. 1.834, CC.

Veja art. 227, § 6º, CF.

Veja art. 1º, Lei n. 883, de 21.10.1949.

Veja arts. 20 e 28, ECA.

Veja art. 5º, Lei n. 8.560, de 29.12.1992.

Art. 1.597. Presumem-se concebidos na constância do casamento os filhos:

Veja art. 1.607, CC.

Veja art. 227, § 6º, CF.

CÓDIGO CIVIL – ARTS. 1.597 A 1.604 | 269

I – nascidos cento e oitenta dias, pelo menos, depois de estabelecida a convivência conjugal;

Veja art. 1.598, CC.

II – nascidos nos trezentos dias subsequentes à dissolução da sociedade conjugal, por morte, separação judicial, nulidade e anulação do casamento;

Veja arts. 1.523, II, 1.563, 1.571 e 1.723, § 1º, CC.

III – havidos por fecundação artificial homóloga, mesmo que falecido o marido;

IV – havidos, a qualquer tempo, quando se tratar de embriões excedentários, decorrentes de concepção artificial homóloga;

V – havidos por inseminação artificial heteróloga, desde que tenha prévia autorização do marido.

Art. 1.598. Salvo prova em contrário, se, antes de decorrido o prazo previsto no inciso II do art. 1.523, a mulher contrair novas núpcias e lhe nascer algum filho, este se presume do primeiro marido, se nascido dentro dos trezentos dias a contar da data do falecimento deste e, do segundo, se o nascimento ocorrer após esse período e já decorrido o prazo a que se refere o inciso I do art. 1.597.

Art. 1.599. A prova da impotência do cônjuge para gerar, à época da concepção, ilide a presunção da paternidade.

Art. 1.600. Não basta o adultério da mulher, ainda que confessado, para ilidir a presunção legal da paternidade.

Veja art. 1.601 e 1.602, CC.

Veja art. 227, § 6º, CF.

Art. 1.601. Cabe ao marido o direito de contestar a paternidade dos filhos nascidos de sua mulher, sendo tal ação imprescritível.

Veja arts. 1.600 e 1.602, CC.

Veja art. 227, § 6º, CF.

Parágrafo único. Contestada a filiação, os herdeiros do impugnante têm direito de prosseguir na ação.

Veja art. 1.829, CC.

Art. 1.602. Não basta a confissão materna para excluir a paternidade.

Veja arts. 1.600 e 1.601, CC.

Veja art. 227, § 6º, CF.

Veja art. 392, CPC.

Art. 1.603. A filiação prova-se pela certidão do termo de nascimento registrada no Registro Civil.

Veja art. 9º, I, CC.

Veja art. 227, § 6º, CF.

Art. 1.604. Ninguém pode vindicar estado contrário ao que resulta do registro de nascimento, salvo provando-se erro ou falsidade do registro.

Veja arts. 138 a 144, 185 e 1.608, CC.

Veja art. 227, § 6º, CF.

270 | ARTS. 1.605 A 1.609 – CÓDIGO CIVIL

Art. 1.605. Na falta, ou defeito, do termo de nascimento, poderá provar-se a filiação por qualquer modo admissível em direito:
Veja art. 212, CC.
Veja art. 227, § 6º, CF.
I – quando houver começo de prova por escrito, proveniente dos pais, conjunta ou separadamente;
II – quando existirem veementes presunções resultantes de fatos já certos.

Art. 1.606. A ação de prova de filiação compete ao filho, enquanto viver, passando aos herdeiros, se ele morrer menor ou incapaz.
Veja arts. 3º a 5º, 1.615 e 1.616, CC.
Veja art. 227, § 6º, CF.
Veja art. 27, ECA.

Parágrafo único. Se iniciada a ação pelo filho, os herdeiros poderão continuá-la, salvo se julgado extinto o processo.
Veja art. 485, CPC.

CAPÍTULO III
DO RECONHECIMENTO DOS FILHOS

Art. 1.607. O filho havido fora do casamento pode ser reconhecido pelos pais, conjunta ou separadamente.
Veja arts. 10, II, 1.596, 1.597 e 1.693, I, CC.
Veja art. 227, § 6º, CF.
Veja art. 1º, Lei n. 883, de 21.10.1949.
Veja art. 26, ECA.

Art. 1.608. Quando a maternidade constar do termo do nascimento do filho, a mãe só poderá contestá-la, provando a falsidade do termo, ou das declarações nele contidas.
Veja art. 1.604, CC.
Veja art. 5º, I, CF.

Art. 1.609. O reconhecimento dos filhos havidos fora do casamento é irrevogável e será feito:
Veja arts. 1.596 e 1.763, II, CC.
Veja art. 227, § 6º, CF.
Veja art. 26, ECA.
Veja art. 1º, Lei n. 8.560, de 29.12.1992.
I – no registro do nascimento;
Veja art. 9º, I, CC.
II – por escritura pública ou escrito particular, a ser arquivado em cartório;
Veja arts. 215 e 221, CC.
III – por testamento, ainda que incidentalmente manifestado;
Veja arts. 1.610 e 1.857, § 2º, CC.

CÓDIGO CIVIL – ARTS. 1.609 A 1.617 | 271

IV – por manifestação direta e expressa perante o juiz, ainda que o reconhecimento não haja sido o objeto único e principal do ato que o contém.

Parágrafo único. O reconhecimento pode preceder o nascimento do filho ou ser posterior ao seu falecimento, se ele deixar descendentes.

Veja art. 26, parágrafo único, ECA.

Art. 1.610. O reconhecimento não pode ser revogado, nem mesmo quando feito em testamento.

Veja art. 1.609, III, CC.

Veja art. 1º, Lei n. 8.560, de 29.12.1992.

Art. 1.611. O filho havido fora do casamento, reconhecido por um dos cônjuges, não poderá residir no lar conjugal sem o consentimento do outro.

Veja art. 1.596, CC.

Veja art. 227, § 6º, CF.

Veja art. 15, DL n. 3.200, de 19.04.1941.

Art. 1.612. O filho reconhecido, enquanto menor, ficará sob a guarda do genitor que o reconheceu, e, se ambos o reconheceram e não houver acordo, sob a de quem melhor atender aos interesses do menor.

Veja arts. 1.583, 1.584, 1.586, 1.630, 1.633 e 1.634, CC.

Veja arts. 5º, I, e 226, § 5º, CF.

Veja art. 16, § 2º, DL n. 3.200, de 19.04.1941.

Art. 1.613. São ineficazes a condição e o termo apostos ao ato de reconhecimento do filho.

Veja arts. 121, 135 e 136, CC.

Art. 1.614. O filho maior não pode ser reconhecido sem o seu consentimento, e o menor pode impugnar o reconhecimento, nos quatro anos que se seguirem à maioridade, ou à emancipação.

Veja art. 5º, parágrafo único, CC.

Veja art. 26, ECA.

Veja art. 4º, Lei n. 8.560, de 29.12.1992.

Art. 1.615. Qualquer pessoa, que justo interesse tenha, pode contestar a ação de investigação de paternidade, ou maternidade.

Veja art. 1.606, CC.

Veja art. 2º, § 5º, Lei n. 8.560, de 29.12.1992.

Art. 1.616. A sentença que julgar procedente a ação de investigação produzirá os mesmos efeitos do reconhecimento; mas poderá ordenar que o filho se crie e eduque fora da companhia dos pais ou daquele que lhe contestou essa qualidade.

Veja arts. 1.584, parágrafo único, e 1.586, CC.

Art. 1.617. A filiação materna ou paterna pode resultar de casamento declarado nulo, ainda mesmo sem as condições do putativo.

Veja arts. 1.548 a 1.550, 1.561 e 1.597, CC.

Veja art. 227, § 6º, CF.

272 | ARTS. 1.618 A 1.632 – CÓDIGO CIVIL

CAPÍTULO IV
DA ADOÇÃO

Veja art. 227, § 6º, CF.

Veja Lei n. 12.010, de 03.08.2009.

Veja Res. n. 54, de 29.04.2008, CNJ.

Art. 1.618. A adoção de crianças e adolescentes será deferida na forma prevista pela Lei n. 8.069, de 13 de julho de 1990 – Estatuto da Criança e do Adolescente.

Caput com redação dada pela Lei n. 12.010, de 03.08.2009.

Veja art. 227, § 6º, CF.

Veja arts. 39 a 52-D, ECA.

Veja Lei n. 12.010, de 03.08.2009.

Parágrafo único. (*Revogado pela Lei n. 12.010, de 03.08.2009.*)

Art. 1.619. A adoção de maiores de 18 (dezoito) anos dependerá da assistência efetiva do poder público e de sentença constitutiva, aplicando-se, no que couber, as regras gerais da Lei n. 8.069, de 13 de julho de 1990 – Estatuto da Criança e do Adolescente.

Artigo com redação dada pela Lei n. 12.010, de 03.08.2009.

Veja art. 227, § 6º, CF.

Veja art. 42, § 3º, ECA.

Arts. 1.620 a 1.629. (*Revogados pela Lei n. 12.010, de 03.08.2009.*)

CAPÍTULO V
DO PODER FAMILIAR

Seção I
Disposições Gerais

Art. 1.630. Os filhos estão sujeitos ao poder familiar, enquanto menores.

Veja arts. 3º, I, 4º, I, 5º, 197, II, 1.517 a 1.520, 1.612, 1.633, 1.635 e 1.638, CC.

Veja art. 227, § 6º, CF.

Art. 1.631. Durante o casamento e a união estável, compete o poder familiar aos pais; na falta ou impedimento de um deles, o outro o exercerá com exclusividade.

Veja arts. 1.511, 1.567, 1.588, 1.635, V, 1.637, 1.638, 1.689, 1.690 e 1.723 a 1.727, CC.

Veja art. 226, § 5º, CF.

Parágrafo único. Divergindo os pais quanto ao exercício do poder familiar, é assegurado a qualquer deles recorrer ao juiz para solução do desacordo.

Veja art. 1.517, parágrafo único, CC.

Art. 1.632. A separação judicial, o divórcio e a dissolução da união estável não alteram as relações entre pais e filhos senão quanto ao direito, que aos primeiros cabe, de terem em sua companhia os segundos.

Veja arts. 1.583 a 1.590, CC.

Veja art. 27, Lei n. 6.515, de 26.12.1977.

CÓDIGO CIVIL – ARTS. 1.633 A 1.635 | 273

Art. 1.633. O filho, não reconhecido pelo pai, fica sob poder familiar exclusivo da mãe; se a mãe não for conhecida ou capaz de exercê-lo, dar-se-á tutor ao menor.

Veja arts. 1.612, 1.630, 1.635, V, 1.637, 1.638 e 1.728, CC.

Veja arts. 226, § 5º, e 227, § 6º, CF.

Seção II
Do Exercício do Poder Familiar

Art. 1.634. Compete a ambos os pais, qualquer que seja a sua situação conjugal, o pleno exercício do poder familiar, que consiste em, quanto aos filhos:

Caput com redação dada pela Lei n. 13.058, de 22.12.2014.

I – dirigir-lhes a criação e a educação;

Inciso com redação dada pela Lei n. 13.058, de 22.12.2014.

II – exercer a guarda unilateral ou compartilhada nos termos do art. 1.584;

Inciso com redação dada pela Lei n. 13.058, de 22.12.2014.

III – conceder-lhes ou negar-lhes consentimento para casarem;

Inciso com redação mantida pela Lei n. 13.058, de 22.12.2014.

IV – conceder-lhes ou negar-lhes consentimento para viajarem ao exterior;

Inciso com redação dada pela Lei n. 13.058, de 22.12.2014.

V – conceder-lhes ou negar-lhes consentimento para mudarem sua residência permanente para outro Município;

Inciso com redação dada pela Lei n. 13.058, de 22.12.2014.

VI – nomear-lhes tutor por testamento ou documento autêntico, se o outro dos pais não lhe sobreviver, ou o sobrevivo não puder exercer o poder familiar;

Antigo inciso IV renumerado pela Lei n. 13.058, de 22.12.2014.

VII – representá-los judicial e extrajudicialmente até os 16 (dezesseis) anos, nos atos da vida civil, e assisti-los, após essa idade, nos atos em que forem partes, suprindo-lhes o consentimento;

Inciso com redação dada pela Lei n. 13.058, de 22.12.2014.

VIII – reclamá-los de quem ilegalmente os detenha;

Antigo inciso VI renumerado pela Lei n. 13.058, de 22.12.2014.

IX – exigir que lhes prestem obediência, respeito e os serviços próprios de sua idade e condição.

Antigo inciso VII renumerado pela Lei n. 13.058, de 22.12.2014.

Seção III
Da Suspensão e Extinção do Poder Familiar

Art. 1.635. Extingue-se o poder familiar:

Veja arts. 1.630 e 1.728, CC.

I – pela morte dos pais ou do filho;

Veja art. 6º, CC.

274 | ARTS. 1.635 A 1.638 – CÓDIGO CIVIL

II – pela emancipação, nos termos do art. 5º, parágrafo único;
III – pela maioridade;
Veja art. 5º, CC.
IV – pela adoção;
V – por decisão judicial, na forma do art. 1.638.

Art. 1.636. O pai ou a mãe que contrai novas núpcias, ou estabelece união estável, não perde, quanto aos filhos do relacionamento anterior, os direitos ao poder familiar, exercendo-os sem qualquer interferência do novo cônjuge ou companheiro.
Veja art. 1.588, CC.
Veja art. 226, § 5º, CF.

Parágrafo único. Igual preceito ao estabelecido neste artigo aplica-se ao pai ou à mãe solteiros que casarem ou estabelecerem união estável.
Veja art. 1.723, CC.

Art. 1.637. Se o pai, ou a mãe, abusar de sua autoridade, faltando aos deveres a eles inerentes ou arruinando os bens dos filhos, cabe ao juiz, requerendo algum parente, ou o Ministério Público, adotar a medida que lhe pareça reclamada pela segurança do menor e seus haveres, até suspendendo o poder familiar, quando convenha.
Veja arts. 1.638, IV, 1.689 e 1.691, CC.
Veja art. 92, II, CP.
Veja art. 161, § 1º, ECA.

Parágrafo único. Suspende-se igualmente o exercício do poder familiar ao pai ou à mãe condenados por sentença irrecorrível, em virtude de crime cuja pena exceda a dois anos de prisão.

Art. 1.638. Perderá por ato judicial o poder familiar o pai ou a mãe que:
Veja art. 1.635, V, CC.
Veja art. 161, § 1º, ECA.
I – castigar imoderadamente o filho;
II – deixar o filho em abandono;
III – praticar atos contrários à moral e aos bons costumes;
IV – incidir, reiteradamente, nas faltas previstas no artigo antecedente;
Veja art. 1.637, CC.
V – entregar de forma irregular o filho a terceiros para fins de adoção.
Inciso acrescentado pela Lei n. 13.509, de 22.11.2017.

Parágrafo único. Perderá também por ato judicial o poder familiar aquele que:
Parágrafo acrescentado pela Lei n. 13.715, de 24.09.2018.
I – praticar contra outrem igualmente titular do mesmo poder familiar:
Inciso acrescentado pela Lei n. 13.715, de 24.09.2018.
a) homicídio ou feminicídio ou lesão corporal de natureza grave ou seguida de morte, quando se tratar de crime doloso envolvendo violência doméstica e familiar ou menosprezo ou discriminação à condição de mulher;
Alínea acrescentada pela Lei n. 13.715, de 24.09.2018.

CÓDIGO CIVIL – ARTS. 1.638 A 1.641 | 275

b) estupro ou outro crime contra a dignidade sexual sujeito à pena de reclusão;

Alínea acrescentada pela Lei n. 13.715, de 24.09.2018.

II – praticar contra filho, filha ou outro descendente:

Inciso acrescentado pela Lei n. 13.715, de 24.09.2018.

a) homicídio, feminicídio ou lesão corporal de natureza grave ou seguida de morte, quando se tratar de crime doloso envolvendo violência doméstica e familiar ou menosprezo ou discriminação à condição de mulher;

Alínea acrescentada pela Lei n. 13.715, de 24.09.2018.

b) estupro, estupro de vulnerável ou outro crime contra a dignidade sexual sujeito à pena de reclusão.

Alínea acrescentada pela Lei n. 13.715, de 24.09.2018.

TÍTULO II
DO DIREITO PATRIMONIAL

SUBTÍTULO I
DO REGIME DE BENS ENTRE OS CÔNJUGES

CAPÍTULO I
DISPOSIÇÕES GERAIS

Art. 1.639. É lícito aos nubentes, antes de celebrado o casamento, estipular, quanto aos seus bens, o que lhes aprouver.

Veja arts. 1.536, VII, 1.564, II, 1.640, 1.641, 1.653 a 1.657, 1.668, IV, 1.688 e 2.039, CC.

§ 1º O regime de bens entre os cônjuges começa a vigorar desde a data do casamento.

§ 2º É admissível alteração do regime de bens, mediante autorização judicial em pedido motivado de ambos os cônjuges, apurada a procedência das razões invocadas e ressalvados os direitos de terceiros.

Art. 1.640. Não havendo convenção, ou sendo ela nula ou ineficaz, vigorará, quanto aos bens entre os cônjuges, o regime da comunhão parcial.

Veja arts. 1.658 a 1.666, CC.

Parágrafo único. Poderão os nubentes, no processo de habilitação, optar por qualquer dos regimes que este Código regula. Quanto à forma, reduzir-se-á a termo a opção pela comunhão parcial, fazendo-se o pacto antenupcial por escritura pública, nas demais escolhas.

Veja arts. 215, 1.528, 1.639, 1.653 a 1.657, 1.667, 1.672 e 1.687, CC.

Art. 1.641. É obrigatório o regime da separação de bens no casamento:

Veja arts. 977 e 1.536, VII, CC.

Veja art. 5º, I, CF.

I – das pessoas que o contraírem com inobservância das causas suspensivas da celebração do casamento;

Veja arts. 1.523 e 1.524, CC.

II – da pessoa maior de 70 (setenta) anos;

276 | ARTS. 1.641 A 1.645 – CÓDIGO CIVIL

Inciso com redação dada pela Lei n. 12.344, de 09.12.2010.

Veja art. 5°, I, CF.

Veja art. 45, Lei n. 6.515, de 26.12.1977.

III – de todos os que dependerem, para casar, de suprimento judicial.

Veja arts. 1.517, 1.520, 1.634, III, 1.747, I, e 1.781, CC.

Art. 1.642. Qualquer que seja o regime de bens, tanto o marido quanto a mulher podem livremente:

Veja art. 226, § 5°, CF.

Veja arts. 73, 74 e 674, I, CPC.

I – praticar todos os atos de disposição e de administração necessários ao desempenho de sua profissão, com as limitações estabelecidas no inciso I do art. 1.647;

Veja art. 226, § 5°, CF.

II – administrar os bens próprios;

III – desobrigar ou reivindicar os imóveis que tenham sido gravados ou alienados sem o seu consentimento ou sem suprimento judicial;

Veja arts. 1.645 e 1.646, CC.

Veja art. 73, CPC.

IV – demandar a rescisão dos contratos de fiança e doação, ou a invalidação do aval, realizados pelo outro cônjuge com infração do disposto nos incisos III e IV do art. 1.647;

Veja arts. 1.645 e 1.646, CC.

V – reivindicar os bens comuns, móveis ou imóveis, doados ou transferidos pelo outro cônjuge ao concubino, desde que provado que os bens não foram adquiridos pelo esforço comum destes, se o casal estiver separado de fato por mais de cinco anos;

Veja arts. 550 e 1.645, CC.

VI – praticar todos os atos que não lhes forem vedados expressamente.

Veja art. 226, § 5°, CF.

Art. 1.643. Podem os cônjuges, independentemente de autorização um do outro:

Veja arts. 978, 1.567, 1.644, 1.664 e 1.688, CC.

Veja art. 226, § 5°, CF.

I – comprar, ainda a crédito, as coisas necessárias à economia doméstica;

II – obter, por empréstimo, as quantias que a aquisição dessas coisas possa exigir.

Veja art. 226, § 5°, CF.

Art. 1.644. As dívidas contraídas para os fins do artigo antecedente obrigam solidariamente ambos os cônjuges.

Veja arts. 264 a 266 e 275 a 285, CC.

Veja art. 226, § 5°, CF.

Art. 1.645. As ações fundadas nos incisos III, IV e V do art. 1.642 competem ao cônjuge prejudicado e a seus herdeiros.

Veja arts. 1.646 e 1.649, CC.

CÓDIGO CIVIL – ARTS. 1.645 A 1.650 | 277

Veja art. 226, § 5º, CF.

Art. 1.646. No caso dos incisos III e IV do art. 1.642, o terceiro, prejudicado com a sentença favorável ao autor, terá direito regressivo contra o cônjuge, que realizou o negócio jurídico, ou seus herdeiros.

Veja art. 1.645, CC.

Veja art. 226, § 5º, CF.

Veja art. 125, II, CPC.

Art. 1.647. Ressalvado o disposto no art. 1.648, nenhum dos cônjuges pode, sem autorização do outro, exceto no regime da separação absoluta:

Veja arts. 220, 496, 499, 533, II, 1.649, 1.687 a 1.689 e 1.783, CC.

Veja art. 5º, I, e 226, § 5º, CF.

Veja arts. 73, 74 e 76, § 1º, CPC.

I – alienar ou gravar de ônus real os bens imóveis;

Veja arts. 108, 978, 1.420, 1.438 e 1.642, I e III, CC.

II – pleitear, como autor ou réu, acerca desses bens ou direitos;

III – prestar fiança ou aval;

Veja arts. 818, 897 a 900 e 1.642, IV, CC.

Veja Súmula n. 332, STJ.

IV – fazer doação, não sendo remuneratória, de bens comuns, ou dos que possam integrar futura meação.

Veja arts. 544, 1.642, IV, e 1.675, CC.

Parágrafo único. São válidas as doações nupciais feitas aos filhos quando casarem ou estabelecerem economia separada.

Veja art. 5º, I, e 226, § 5º, CF.

Art. 1.648. Cabe ao juiz, nos casos do artigo antecedente, suprir a outorga, quando um dos cônjuges a denegue sem motivo justo, ou lhe seja impossível concedê-la.

Veja arts. 1.567, parágrafo único, 1.570 e 1.647, CC.

Veja art. 226, § 5º, CF.

Veja arts. 74, 719 a 724 e 725, IV e V, CPC.

Art. 1.649. A falta de autorização, não suprida pelo juiz, quando necessária (art. 1.647), tornará anulável o ato praticado, podendo o outro cônjuge pleitear-lhe a anulação, até dois anos depois de terminada a sociedade conjugal.

Veja art. 1.650, CC.

Parágrafo único. A aprovação torna válido o ato, desde que feita por instrumento público, ou particular, autenticado.

Veja arts. 215 a 218 e 221, CC.

Veja art. 226, § 5º, CF.

Veja art. 74, CPC.

Art. 1.650. A decretação de invalidade dos atos praticados sem outorga, sem consentimento, ou sem suprimento do juiz, só poderá ser demandada pelo cônjuge a quem cabia concedê-la, ou por seus herdeiros.

Veja art. 1.649, CC.

Veja art. 226, § 5º, CF.

278 | ARTS. 1.651 A 1.658 – CÓDIGO CIVIL

Art. 1.651. Quando um dos cônjuges não puder exercer a administração dos bens que lhe incumbem, segundo o regime de bens, caberá ao outro:
Veja arts. 25, 1.567, 1.570, 1.775 e 1.783, CC.

I – gerir os bens comuns e os do consorte;

II – alienar os bens móveis comuns;

III – alienar os imóveis comuns e os móveis ou imóveis do consorte, mediante autorização judicial.

Art. 1.652. O cônjuge, que estiver na posse dos bens particulares do outro, será para com este e seus herdeiros responsável:
Veja arts. 1.196, 1.651, 1.659, I, II e V a VII, 1.668, I, II, IV e V, e 1.687, CC.
Veja art. 226, § 5º, CF.

I – como usufrutuário, se o rendimento for comum;
Veja arts. 1.400 a 1.409, CC.

II – como procurador, se tiver mandato expresso ou tácito para os administrar;
Veja arts. 656, 663, 665 e 667 a 674, CC.

III – como depositário, se não for usufrutuário, nem administrador.
Veja arts. 647 a 652, CC.

CAPÍTULO II
DO PACTO ANTENUPCIAL

Art. 1.653. É nulo o pacto antenupcial se não for feito por escritura pública, e ineficaz se não lhe seguir o casamento.
Veja arts. 109, 166, IV, V e VII, 185, 215, 1.537, 1.639 e 1.657, CC.

Art. 1.654. A eficácia do pacto antenupcial, realizado por menor, fica condicionada à aprovação de seu representante legal, salvo as hipóteses de regime obrigatório de separação de bens.
Veja arts. 1.517 a 1.520 e 1.641, CC.

Art. 1.655. É nula a convenção ou cláusula dela que contravenha disposição absoluta de lei.

Art. 1.656. No pacto antenupcial, que adotar o regime de participação final nos aquestos, poder-se-á convencionar a livre disposição dos bens imóveis, desde que particulares.
Veja arts. 1.639 e 1.672 a 1.686, CC.

Art. 1.657. As convenções antenupciais não terão efeito perante terceiros senão depois de registradas, em livro especial, pelo oficial do Registro de Imóveis do domicílio dos cônjuges.
Veja arts. 979 e 1.569, CC.

CAPÍTULO III
DO REGIME DE COMUNHÃO PARCIAL

Art. 1.658. No regime de comunhão parcial, comunicam-se os bens que sobrevierem ao casal, na constância do casamento, com as exceções dos artigos seguintes.

Veja arts. 1.640 e 1.725, CC.

Art. 1.659. Excluem-se da comunhão:

Veja art. 226, § 5º, CF.

I – os bens que cada cônjuge possuir ao casar, e os que lhe sobrevierem, na constância do casamento, por doação ou sucessão, e os sub-rogados em seu lugar;

Veja arts. 538 a 546, 1.951, 1.952 e 1.960, CC.

II – os bens adquiridos com valores exclusivamente pertencentes a um dos cônjuges em sub-rogação dos bens particulares;

Veja art. 1.661, CC.

III – as obrigações anteriores ao casamento;

Veja arts. 1.661 e 1.668, III, CC.

IV – as obrigações provenientes de atos ilícitos, salvo reversão em proveito do casal;

Veja arts. 389 a 391 e 942, parágrafo único, CC.

V – os bens de uso pessoal, os livros e instrumentos de profissão;

Veja art. 1.668, V, CC.

VI – os proventos do trabalho pessoal de cada cônjuge;

Veja art. 1.668, V, CC.

VII – as pensões, meios-soldos, montepios e outras rendas semelhantes.

Veja art. 1.668, V, CC.

Art. 1.660. Entram na comunhão:

I – os bens adquiridos na constância do casamento por título oneroso, ainda que só em nome de um dos cônjuges;

II – os bens adquiridos por fato eventual, com ou sem o concurso de trabalho ou despesa anterior;

Veja arts. 1.250 e 1.264 a 1.266, CC.

III – os bens adquiridos por doação, herança ou legado, em favor de ambos os cônjuges;

Veja arts. 546 e 551, CC.

IV – as benfeitorias em bens particulares de cada cônjuge;

Veja arts. 96 e 97, CC.

V – os frutos dos bens comuns, ou dos particulares de cada cônjuge, percebidos na constância do casamento, ou pendentes ao tempo de cessar a comunhão.

Veja art. 1.669, CC.

Art. 1.661. São incomunicáveis os bens cuja aquisição tiver por título uma causa anterior ao casamento.

Veja art. 1.659, II e III, CC.

Art. 1.662. No regime da comunhão parcial, presumem-se adquiridos na constância do casamento os bens móveis, quando não se provar que o foram em data anterior.

Veja arts. 82 a 84, CC.

280 | ARTS. 1.663 A 1.668 – CÓDIGO CIVIL

Art. 1.663. A administração do patrimônio comum compete a qualquer dos cônjuges.

Veja arts. 1.567 e 1.568, CC.

Veja art. 226, § 5º, CF.

§ 1º As dívidas contraídas no exercício da administração obrigam os bens comuns e particulares do cônjuge que os administra, e os do outro na razão do proveito que houver auferido.

Veja arts. 1.642, II, 1.665 e 1.666, CC.

§ 2º A anuência de ambos os cônjuges é necessária para os atos, a título gratuito, que impliquem cessão do uso ou gozo dos bens comuns.

Veja art. 1.647, I, II, IV e parágrafo único, CC.

§ 3º Em caso de malversação dos bens, o juiz poderá atribuir a administração a apenas um dos cônjuges.

Art. 1.664. Os bens da comunhão respondem pelas obrigações contraídas pelo marido ou pela mulher para atender aos encargos da família, às despesas de administração e às decorrentes de imposição legal.

Veja arts. 1.643 e 1.644, CC.

Veja art. 226, § 5º, CF.

Art. 1.665. A administração e a disposição dos bens constitutivos do patrimônio particular competem ao cônjuge proprietário, salvo convenção diversa em pacto antenupcial.

Veja arts. 1.639, 1.642, II, e 1.663, CC.

Art. 1.666. As dívidas, contraídas por qualquer dos cônjuges na administração de seus bens particulares e em benefício destes, não obrigam os bens comuns.

Veja arts. 1.642, II, 1.663 e 1.677, CC.

Veja art. 226, § 5º, CF.

CAPÍTULO IV
DO REGIME DE COMUNHÃO UNIVERSAL

Art. 1.667. O regime de comunhão universal importa a comunicação de todos os bens presentes e futuros dos cônjuges e suas dívidas passivas, com as exceções do artigo seguinte.

Veja arts. 977, 978 e 1.783, CC.

Art. 1.668. São excluídos da comunhão:

Veja arts. 1.652 e 1.669, CC.

I – os bens doados ou herdados com a cláusula de incomunicabilidade e os sub-rogados em seu lugar;

Veja art. 538, CC.

II – os bens gravados de fideicomisso e o direito do herdeiro fideicomissário, antes de realizada a condição suspensiva;

Veja arts. 125, 126, 130 e 1.951 a 1.960, CC.

III – as dívidas anteriores ao casamento, salvo se provierem de despesas com seus aprestos, ou reverterem em proveito comum;

CÓDIGO CIVIL – ARTS. 1.668 A 1.675 | 281

Veja art. 1.659, III, CC.

IV – as doações antenupciais feitas por um dos cônjuges ao outro com a cláusula de incomunicabilidade;

Veja art. 538, CC.

V – os bens referidos nos incisos V a VII do art. 1.659.

Art. 1.669. A incomunicabilidade dos bens enumerados no artigo antecedente não se estende aos frutos, quando se percebam ou vençam durante o casamento.

Art. 1.670. Aplica-se ao regime da comunhão universal o disposto no Capítulo antecedente, quanto à administração dos bens.

Veja arts. 1.567, 1.568 e 1.663 a 1.666, CC.

Veja art. 226, § 5º, CF.

Art. 1.671. Extinta a comunhão, e efetuada a divisão do ativo e do passivo, cessará a responsabilidade de cada um dos cônjuges para com os credores do outro.

Veja art. 1.571, CC.

CAPÍTULO V
DO REGIME DE PARTICIPAÇÃO
FINAL NOS AQUESTOS

Art. 1.672. No regime de participação final nos aquestos, cada cônjuge possui patrimônio próprio, consoante disposto no artigo seguinte, e lhe cabe, à época da dissolução da sociedade conjugal, direito à metade dos bens adquiridos pelo casal, a título oneroso, na constância do casamento.

Veja arts. 977, 978, 1.571 e 1.656, CC.

Art. 1.673. Integram o patrimônio próprio os bens que cada cônjuge possuía ao casar e os por ele adquiridos, a qualquer título, na constância do casamento.

Veja arts. 1.647, 1.656, 1.672 e 1.676, CC.

Parágrafo único. A administração desses bens é exclusiva de cada cônjuge, que os poderá livremente alienar, se forem móveis.

Art. 1.674. Sobrevindo a dissolução da sociedade conjugal, apurar-se-á o montante dos aquestos, excluindo-se da soma dos patrimônios próprios:

Veja arts. 1.571 e 1.683, CC.

I – os bens anteriores ao casamento e os que em seu lugar se sub-rogaram;

II – os que sobrevieram a cada cônjuge por sucessão ou liberalidade;

Veja art. 1.659, I, CC.

III – as dívidas relativas a esses bens.

Parágrafo único. Salvo prova em contrário, presumem-se adquiridos durante o casamento os bens móveis.

Veja art. 1.680, CC.

Art. 1.675. Ao determinar-se o montante dos aquestos, computar-se-á o valor das doações feitas por um dos cônjuges, sem a necessária autorização do outro; nesse caso, o bem poderá ser reivindicado pelo cônjuge prejudi-

ARTS. 1.675 A 1.685 – CÓDIGO CIVIL

cado ou por seus herdeiros, ou declarado no monte partilhável, por valor equivalente ao da época da dissolução.

Veja arts. 1.642, IV e V, 1.647, IV, 1.649, parágrafo único, e 1.656, CC.

Art. 1.676. Incorpora-se ao monte o valor dos bens alienados em detrimento da meação, se não houver preferência do cônjuge lesado, ou de seus herdeiros, de os reivindicar.

Veja art. 1.673, CC.

Art. 1.677. Pelas dívidas posteriores ao casamento, contraídas por um dos cônjuges, somente este responderá, salvo prova de terem revertido, parcial ou totalmente, em benefício do outro.

Veja arts. 1.663, § 1º, e 1.666, CC.

Art. 1.678. Se um dos cônjuges solveu uma dívida do outro com bens do seu patrimônio, o valor do pagamento deve ser atualizado e imputado, na data da dissolução, à meação do outro cônjuge.

Veja art. 346, III, CC.

Art. 1.679. No caso de bens adquiridos pelo trabalho conjunto, terá cada um dos cônjuges uma quota igual no condomínio ou no crédito por aquele modo estabelecido.

Veja art. 1.315, parágrafo único, CC.

Art. 1.680. As coisas móveis, em face de terceiros, presumem-se do domínio do cônjuge devedor, salvo se o bem for de uso pessoal do outro.

Veja arts. 82 a 84 e 1.674, parágrafo único, CC.

Art. 1.681. Os bens imóveis são de propriedade do cônjuge cujo nome constar no registro.

Parágrafo único. Impugnada a titularidade, caberá ao cônjuge proprietário provar a aquisição regular dos bens.

Art. 1.682. O direito à meação não é renunciável, cessível ou penhorável na vigência do regime matrimonial.

Art. 1.683. Na dissolução do regime de bens por separação judicial ou por divórcio, verificar-se-á o montante dos aquestos à data em que cessou a convivência.

Veja arts. 1.571, III e IV, e 1.674, CC.

Art. 1.684. Se não for possível nem conveniente a divisão de todos os bens em natureza, calcular-se-á o valor de alguns ou de todos para reposição em dinheiro ao cônjuge não proprietário.

Veja arts. 87 e 88, CC.

Parágrafo único. Não se podendo realizar a reposição em dinheiro, serão avaliados e, mediante autorização judicial, alienados tantos bens quantos bastarem.

Art. 1.685. Na dissolução da sociedade conjugal por morte, verificar-se--á a meação do cônjuge sobrevivente de conformidade com os artigos antecedentes, deferindo-se a herança aos herdeiros na forma estabelecida neste Código.

Veja arts. 1.571, I, e 1.784, CC.

CÓDIGO CIVIL – ARTS. 1.686 A 1.691 | 283

Art. 1.686. As dívidas de um dos cônjuges, quando superiores à sua meação, não obrigam ao outro, ou a seus herdeiros.
Veja art. 1.792, CC.

CAPÍTULO VI
DO REGIME DE SEPARAÇÃO DE BENS

Art. 1.687. Estipulada a separação de bens, estes permanecerão sob a administração exclusiva de cada um dos cônjuges, que os poderá livremente alienar ou gravar de ônus real.
Veja arts. 977, 978, 1.639, 1.641, 1.642, 1.651, 1.652, 1.831 e 1.838, CC.

Art. 1.688. Ambos os cônjuges são obrigados a contribuir para as despesas do casal na proporção dos rendimentos de seu trabalho e de seus bens, salvo estipulação em contrário no pacto antenupcial.
Veja arts. 1.565, 1.567, 1.568, 1.641 e 1.653 a 1.655, CC.
Veja art. 226, § 5º, CF.
Veja art. 2º, Lei n. 4.121, de 27.08.1962.

SUBTÍTULO II
DO USUFRUTO E DA ADMINISTRAÇÃO
DOS BENS DE FILHOS MENORES

Art. 1.689. O pai e a mãe, enquanto no exercício do poder familiar:
Veja arts. 3º, I, 4º, I, 1.631 e 1.693, CC.
I – são usufrutuários dos bens dos filhos;
Veja arts. 1.390 a 1.411, CC.
II – têm a administração dos bens dos filhos menores sob sua autoridade.
Veja art. 1.691, CC.

Art. 1.690. Compete aos pais, e na falta de um deles ao outro, com exclusividade, representar os filhos menores de dezesseis anos, bem como assisti-los até completarem a maioridade ou serem emancipados.
Veja arts. 3º, I, 4º, I, 5º, 115 a 120, 1.555, 1.612, 1.632, 1.634 e 1.729, CC.
Veja arts. 226, § 5º, e 229, CF.
Veja art. 71, CPC.

Parágrafo único. Os pais devem decidir em comum as questões relativas aos filhos e a seus bens; havendo divergência, poderá qualquer deles recorrer ao juiz para a solução necessária.
Veja art. 1.631, CC.

Art. 1.691. Não podem os pais alienar, ou gravar de ônus real os imóveis dos filhos, nem contrair, em nome deles, obrigações que ultrapassem os limites da simples administração, salvo por necessidade ou evidente interesse da prole, mediante prévia autorização do juiz.
Veja arts. 1.637 e 1.689, II, CC.

Parágrafo único. Podem pleitear a declaração de nulidade dos atos previstos neste artigo:
I – os filhos;

284 | ARTS. 1.691 A 1.695 – CÓDIGO CIVIL

II – os herdeiros;

III – o representante legal.

Art. 1.692. Sempre que no exercício do poder familiar colidir o interesse dos pais com o do filho, a requerimento deste ou do Ministério Público o juiz lhe dará curador especial.

Veja arts. 142, parágrafo único, e 148, parágrafo único, *f*, ECA.

Art. 1.693. Excluem-se do usufruto e da administração dos pais:

Veja art. 1.689, CC.

I – os bens adquiridos pelo filho havido fora do casamento, antes do reconhecimento;

Veja arts. 1.607 a 1.617, CC.

II – os valores auferidos pelo filho maior de dezesseis anos, no exercício de atividade profissional e os bens com tais recursos adquiridos;

Veja arts. 4º, I, e 589, III, CC.

III – os bens deixados ou doados ao filho, sob a condição de não serem usufruídos, ou administrados, pelos pais;

Veja arts. 1.733, § 2º, 1.816, parágrafo único, e 1.848, CC.

IV – os bens que aos filhos couberem na herança, quando os pais forem excluídos da sucessão.

Veja arts. 1.733, § 2º, 1.814, 1.816 e 1.961 a 1.965, CC.

SUBTÍTULO III
DOS ALIMENTOS

Art. 1.694. Podem os parentes, os cônjuges ou companheiros pedir uns aos outros os alimentos de que necessitem para viver de modo compatível com a sua condição social, inclusive para atender às necessidades de sua educação.

Veja arts. 206, § 2º, 373, II, 557, IV, 871, 948, II, 1.590, 1.697, 1.700 a 1.702 e 1.740, I, CC.

Veja arts. 5º, LXVII, 100, § 1º-A, 227 e 229, CF.

Veja arts. 53, II, 189, II, 215, II, 292, VI, 833, II, 834 e 911 a 913, CPC.

Veja art. 1º, Lei n. 8.971, de 29.12.1994.

§ 1º Os alimentos devem ser fixados na proporção das necessidades do reclamante e dos recursos da pessoa obrigada.

Veja arts. 1.698 e 1.699, CC.

§ 2º Os alimentos serão apenas os indispensáveis à subsistência, quando a situação de necessidade resultar de culpa de quem os pleiteia.

Veja art. 1.702, CC.

Art. 1.695. São devidos os alimentos quando quem os pretende não tem bens suficientes, nem pode prover, pelo seu trabalho, à própria mantença, e aquele, de quem se reclamam, pode fornecê-los, sem desfalque do necessário ao seu sustento.

Veja arts. 1.698 e 1.699, CC.

Veja art. 229, CF.

CÓDIGO CIVIL – ARTS. 1.696 A 1.702 | 285

Art. 1.696. O direito à prestação de alimentos é recíproco entre pais e filhos, e extensivo a todos os ascendentes, recaindo a obrigação nos mais próximos em grau, uns em falta de outros.
Veja arts. 871 e 1.698, CC.
Veja art. 229, CF.
Veja Súmula n. 596, STJ.

Art. 1.697. Na falta dos ascendentes cabe a obrigação aos descendentes, guardada a ordem de sucessão e, faltando estes, aos irmãos, assim germanos como unilaterais.
Veja arts. 871 e 1.829, CC.

Art. 1.698. Se o parente, que deve alimentos em primeiro lugar, não estiver em condições de suportar totalmente o encargo, serão chamados a concorrer os de grau imediato; sendo várias as pessoas obrigadas a prestar alimentos, todas devem concorrer na proporção dos respectivos recursos, e, intentada ação contra uma delas, poderão as demais ser chamadas a integrar a lide.
Veja art. 1.694, § 1º, CC.
Veja Súmula n. 596, STJ.

Art. 1.699. Se, fixados os alimentos, sobrevier mudança na situação financeira de quem os supre, ou na de quem os recebe, poderá o interessado reclamar ao juiz, conforme as circunstâncias, exoneração, redução ou majoração do encargo.
Veja art. 1.694, § 1º, CC.
Veja art. 505, I, CPC.

Art. 1.700. A obrigação de prestar alimentos transmite-se aos herdeiros do devedor, na forma do art. 1.694.
Veja arts. 943, 1.845 e 1.997, CC.
Veja art. 23, Lei n. 6.515, de 26.12.1977.

Art. 1.701. A pessoa obrigada a suprir alimentos poderá pensionar o alimentando, ou dar-lhe hospedagem e sustento, sem prejuízo do dever de prestar o necessário à sua educação, quando menor.
Veja arts. 1.635, II, e 1.920, CC.
Veja arts. 911 e 913, CPC.
Veja art. 25, Lei n. 5.478, de 25.07.1968.

Parágrafo único. Compete ao juiz, se as circunstâncias o exigirem, fixar a forma do cumprimento da prestação.
Veja art. 1.928, parágrafo único, CC.
Veja arts. 911 e 913, CPC.

Art. 1.702. Na separação judicial litigiosa, sendo um dos cônjuges inocente e desprovido de recursos, prestar-lhe-á o outro a pensão alimentícia que o juiz fixar, obedecidos os critérios estabelecidos no art. 1.694.
Veja art. 1.572, CC.
Veja art. 19, Lei n. 6.515, de 26.12.1977.

286 | ARTS. 1.703 A 1.710 – CÓDIGO CIVIL

Art. 1.703. Para a manutenção dos filhos, os cônjuges separados judicialmente contribuirão na proporção de seus recursos.

Veja art. 1.579, CC.

Veja art. 20, Lei n. 6.515, de 26.12.1977.

Art. 1.704. Se um dos cônjuges separados judicialmente vier a necessitar de alimentos, será o outro obrigado a prestá-los mediante pensão a ser fixada pelo juiz, caso não tenha sido declarado culpado na ação de separação judicial.

Veja art. 1.572, CC.

Veja art. 19, Lei n. 6.515, de 26.12.1977.

Parágrafo único. Se o cônjuge declarado culpado vier a necessitar de alimentos, e não tiver parentes em condições de prestá-los, nem aptidão para o trabalho, o outro cônjuge será obrigado a assegurá-los, fixando o juiz o valor indispensável à sobrevivência.

Veja art. 1.694, § 2º, CC.

Art. 1.705. Para obter alimentos, o filho havido fora do casamento pode acionar o genitor, sendo facultado ao juiz determinar, a pedido de qualquer das partes, que a ação se processe em segredo de justiça.

Veja art. 227, § 6º, CF.

Veja arts. 189, II, 215, II, e 292, VI, CPC.

Veja art. 4º, Lei n. 883, de 21.10.1949.

Veja art. 7º, Lei n. 8.560, de 29.12.1992.

Art. 1.706. Os alimentos provisionais serão fixados pelo juiz, nos termos da lei processual.

Veja art. 226, § 5º, CF.

Veja art. 7º, Lei n. 8.560, de 29.12.1992.

Art. 1.707. Pode o credor não exercer, porém lhe é vedado renunciar o direito a alimentos, sendo o respectivo crédito insuscetível de cessão, compensação ou penhora.

Veja art. 206, § 2º, CC.

Veja art. 833, II, CPC.

Art. 1.708. Com o casamento, a união estável ou o concubinato do credor, cessa o dever de prestar alimentos.

Veja arts. 1.533, 1.723 e 1.727, CC.

Parágrafo único. Com relação ao credor cessa, também, o direito a alimentos, se tiver procedimento indigno em relação ao devedor.

Art. 1.709. O novo casamento do cônjuge devedor não extingue a obrigação constante da sentença de divórcio.

Art. 1.710. As prestações alimentícias, de qualquer natureza, serão atualizadas segundo índice oficial regularmente estabelecido.

SUBTÍTULO IV
DO BEM DE FAMÍLIA

Veja arts. 19 a 23, DL n. 3.200, de 19.04.1941.

Veja Lei n. 8.009, de 29.03.1990.

Veja Súmulas ns. 205 e 449, STJ.

Art. 1.711. Podem os cônjuges, ou a entidade familiar, mediante escritura pública ou testamento, destinar parte de seu patrimônio para instituir bem de família, desde que não ultrapasse um terço do patrimônio líquido existente ao tempo da instituição, mantidas as regras sobre a impenhorabilidade do imóvel residencial estabelecida em lei especial.

Veja arts. 215 e 1.857, CC.

Veja art. 226, §§ 1º a 4º, CF.

Veja art. 833, I, CPC.

Parágrafo único. O terceiro poderá igualmente instituir bem de família por testamento ou doação, dependendo da eficácia do ato da aceitação expressa de ambos os cônjuges beneficiados ou da entidade familiar beneficiada.

Veja art. 538, CC.

Veja art. 5º, parágrafo único, Lei n. 8.009, de 29.03.1990.

Art. 1.712. O bem de família consistirá em prédio residencial urbano ou rural, com suas pertenças e acessórios, destinando-se em ambos os casos a domicílio familiar, e poderá abranger valores mobiliários, cuja renda será aplicada na conservação do imóvel e no sustento da família.

Veja arts. 92, 93, 1.713 e 1.717, CC.

Veja art. 4º, § 2º, Lei n. 8.009, de 29.03.1990.

Art. 1.713. Os valores mobiliários, destinados aos fins previstos no artigo antecedente, não poderão exceder o valor do prédio instituído em bem de família, à época de sua instituição.

§ 1º Deverão os valores mobiliários ser devidamente individualizados no instrumento de instituição do bem de família.

§ 2º Se se tratar de títulos nominativos, a sua instituição como bem de família deverá constar dos respectivos livros de registro.

Veja arts. 921 a 926, CC.

§ 3º O instituidor poderá determinar que a administração dos valores mobiliários seja confiada a instituição financeira, bem como disciplinar a forma de pagamento da respectiva renda aos beneficiários, caso em que a responsabilidade dos administradores obedecerá às regras do contrato de depósito.

Veja arts. 627 a 652 e 1.718, CC.

Art. 1.714. O bem de família, quer instituído pelos cônjuges ou por terceiro, constitui-se pelo registro de seu título no Registro de Imóveis.

Veja art. 1.711, CC.

Art. 1.715. O bem de família é isento de execução por dívidas posteriores à sua instituição, salvo as que provierem de tributos relativos ao prédio, ou de despesas de condomínio.

Veja art. 1.336, I e § 1º, CC.

Veja art. 833, I, CPC.

Veja art. 5º, parágrafo único, Lei n. 8.009, de 29.03.1990.

288 | ARTS. 1.715 A 1.722 – CÓDIGO CIVIL

Parágrafo único. No caso de execução pelas dívidas referidas neste artigo, o saldo existente será aplicado em outro prédio, como bem de família, ou em títulos da dívida pública, para sustento familiar, salvo se motivos relevantes aconselharem outra solução, a critério do juiz.

Art. 1.716. A isenção de que trata o artigo antecedente durará enquanto viver um dos cônjuges, ou, na falta destes, até que os filhos completem a maioridade.

Veja art. 1.722, CC.

Veja art. 833, I, CPC.

Veja art. 5º, parágrafo único, Lei n. 8.009, de 29.03.1990.

Art. 1.717. O prédio e os valores mobiliários, constituídos como bem da família, não podem ter destino diverso do previsto no art. 1.712 ou serem alienados sem o consentimento dos interessados e seus representantes legais, ouvido o Ministério Público.

Veja art. 1.420, CC.

Art. 1.718. Qualquer forma de liquidação da entidade administradora, a que se refere o § 3º do art. 1.713, não atingirá os valores a ela confiados, ordenando o juiz a sua transferência para outra instituição semelhante, obedecendo-se, no caso de falência, ao disposto sobre pedido de restituição.

Veja arts. 627 a 646, CC.

Art. 1.719. Comprovada a impossibilidade da manutenção do bem de família nas condições em que foi instituído, poderá o juiz, a requerimento dos interessados, extingui-lo ou autorizar a sub-rogação dos bens que o constituem em outros, ouvidos o instituidor e o Ministério Público.

Veja art. 1.712, CC.

Art. 1.720. Salvo disposição em contrário do ato de instituição, a administração do bem de família compete a ambos os cônjuges, resolvendo o juiz em caso de divergência.

Veja art. 1.567, CC.

Parágrafo único. Com o falecimento de ambos os cônjuges, a administração passará ao filho mais velho, se for maior, e, do contrário, a seu tutor.

Veja arts. 1.728, I, e 1.741, CC.

Veja art. 229, CF.

Art. 1.721. A dissolução da sociedade conjugal não extingue o bem de família.

Veja art. 1.571, CC.

Parágrafo único. Dissolvida a sociedade conjugal pela morte de um dos cônjuges, o sobrevivente poderá pedir a extinção do bem de família, se for o único bem do casal.

Veja art. 1.571, I, e 1.716, CC.

Art. 1.722. Extingue-se, igualmente, o bem de família com a morte de ambos os cônjuges e a maioridade dos filhos, desde que não sujeitos a curatela.

Veja arts. 1.716 e 1.767, CC.

CÓDIGO CIVIL – ARTS. 1.723 A 1.727 | 289

TÍTULO III
DA UNIÃO ESTÁVEL

Veja Lei n. 8.971, de 29.12.1994.

Veja Lei n. 9.278, de 10.05.1996.

Art. 1.723. É reconhecida como entidade familiar a união estável entre o homem e a mulher, configurada na convivência pública, contínua e duradoura e estabelecida com o objetivo de constituição de família.

Veja arts. 793 e 1.790, CC.

Veja art. 226, § 3º, CF.

Veja art. 1º, Lei n. 9.278, de 10.05.1996.

Veja ADIn n. 4.277 e ADPF n. 132.

§ 1º A união estável não se constituirá se ocorrerem os impedimentos do art. 1.521; não se aplicando a incidência do inciso VI no caso de a pessoa casada se achar separada de fato ou judicialmente.

Veja art. 1.727, CC.

§ 2º As causas suspensivas do art. 1.523 não impedirão a caracterização da união estável.

Art. 1.724. As relações pessoais entre os companheiros obedecerão aos deveres de lealdade, respeito e assistência, e de guarda, sustento e educação dos filhos.

Veja arts. 1.562, 1.566, I e III a V, 1.572 e 1.573, CC.

Veja arts. 226, § 3º, e 229, CF.

Veja art. 2º, Lei n. 9.278, de 10.05.1996.

Art. 1.725. Na união estável, salvo contrato escrito entre os companheiros, aplica-se às relações patrimoniais, no que couber, o regime da comunhão parcial de bens.

Veja arts. 1.658 a 1.666, CC.

Veja art. 5º, Lei n. 9.278, de 10.05.1996.

Art. 1.726. A união estável poderá converter-se em casamento, mediante pedido dos companheiros ao juiz e assento no Registro Civil.

Veja art. 1.526, CC.

Veja art. 226, § 3º, CF.

Veja art. 8º, Lei n. 9.278, de 10.05.1996.

Veja Res. n. 175, de 14.05.2013, CNJ.

Art. 1.727. As relações não eventuais entre o homem e a mulher, impedidos de casar, constituem concubinato.

Veja arts. 550, 1.521, 1.723, § 1º, e 1.801, III, CC.

TÍTULO IV
DA TUTELA, DA CURATELA
E DA TOMADA DE DECISÃO APOIADA

Título com denominação dada pela Lei n. 13.146, de 06.07.2015.

290 | ARTS. 1.728 A 1.732 – CÓDIGO CIVIL

CAPÍTULO I
DA TUTELA

Seção I
Dos Tutores

Art. 1.728. Os filhos menores são postos em tutela:

Veja arts. 3º, I, 4º, I, 5º, parágrafo único, e 197, III, CC.

Veja arts. 759 a 763, CPC.

Veja art. 168, § 1º, II, CP.

I – com o falecimento dos pais, ou sendo estes julgados ausentes;

Veja arts. 22, 23, 1.635, I, e 1.720, parágrafo único, CC.

II – em caso de os pais decaírem do poder familiar.

Veja arts. 1.637 e 1.638, CC.

Veja arts. 759 a 763, CPC.

Art. 1.729. O direito de nomear tutor compete aos pais, em conjunto.

Veja art. 1.730, CC.

Veja arts. 5º, I, e 226, § 5º, CF.

Veja art. 37, *caput*, ECA.

Parágrafo único. A nomeação deve constar de testamento ou de qualquer outro documento autêntico.

Veja arts. 212, II, 1.634, VI, e 1.857 a 1.859, CC.

Art. 1.730. É nula a nomeação de tutor pelo pai ou pela mãe que, ao tempo de sua morte, não tinha o poder familiar.

Veja arts. 1.635, 1.638 e 1.729, parágrafo único, CC.

Veja arts. 5º, I, e 226, § 5º, CF.

Art. 1.731. Em falta de tutor nomeado pelos pais incumbe a tutela aos parentes consanguíneos do menor, por esta ordem:

Veja arts. 1.735 a 1.739, CC.

Veja art. 5º, I, CF.

I – aos ascendentes, preferindo o de grau mais próximo ao mais remoto;

Veja arts. 1.591 e 1.594, CC.

II – aos colaterais até o terceiro grau, preferindo os mais próximos aos mais remotos, e, no mesmo grau, os mais velhos aos mais moços; em qualquer dos casos, o juiz escolherá entre eles o mais apto a exercer a tutela em benefício do menor.

Veja arts. 1.592 e 1.594, CC.

Art. 1.732. O juiz nomeará tutor idôneo e residente no domicílio do menor:

Veja arts. 759 a 763, CPC.

I – na falta de tutor testamentário ou legítimo;

Veja arts. 1.729, parágrafo único, e 1.731, CC.

II – quando estes forem excluídos ou escusados da tutela;

Veja arts. 1.736 a 1.739, 1.764, II, e 1.766, CC.

CÓDIGO CIVIL – ARTS. 1.732 A 1.735 | 291

III – quando removidos por não idôneos o tutor legítimo e o testamentário.
Veja arts. 1.729, parágrafo único, 1.735, III a V, 1.764, III, e 1.766, CC.
Veja arts. 761, 762 e 763, § 1º, CPC.

Art. 1.733. Aos irmãos órfãos dar-se-á um só tutor.

§ 1º No caso de ser nomeado mais de um tutor por disposição testamentária sem indicação de precedência, entende-se que a tutela foi cometida ao primeiro, e que os outros lhe sucederão pela ordem de nomeação, se ocorrer morte, incapacidade, escusa ou qualquer outro impedimento.
Veja arts. 1.735 a 1.737, CC.

§ 2º Quem institui um menor herdeiro, ou legatário seu, poderá nomear-lhe curador especial para os bens deixados, ainda que o beneficiário se encontre sob o poder familiar, ou tutela.
Veja art. 1.897, CC.

Art. 1.734. As crianças e os adolescentes cujos pais forem desconhecidos, falecidos ou que tiverem sido suspensos ou destituídos do poder familiar terão tutores nomeados pelo Juiz ou serão incluídos em programa de colocação familiar, na forma prevista pela Lei n. 8.069, de 13 de julho de 1990 – Estatuto da Criança e do Adolescente.
Artigo com redação dada pela Lei n. 12.010, de 03.08.2009.
Veja art. 1.752, CC.

Seção II
Dos Incapazes de Exercer a Tutela

Art. 1.735. Não podem ser tutores e serão exonerados da tutela, caso a exerçam:
Veja arts. 1.732, 1.764, III, e 1.766, CC.
Veja arts. 759 a 763, CPC.

I – aqueles que não tiverem a livre administração de seus bens;
Veja arts. 3º, 4º e 1.767, CC.

II – aqueles que, no momento de lhes ser deferida a tutela, se acharem constituídos em obrigação para com o menor, ou tiverem que fazer valer direitos contra este, e aqueles cujos pais, filhos ou cônjuges tiverem demanda contra o menor;
Veja art. 1.751, CC.

III – os inimigos do menor, ou de seus pais, ou que tiverem sido por estes expressamente excluídos da tutela;

IV – os condenados por crime de furto, roubo, estelionato, falsidade, contra a família ou os costumes, tenham ou não cumprido pena;

V – as pessoas de mau procedimento, ou falhas em probidade, e as culpadas de abuso em tutorias anteriores;

VI – aqueles que exercerem função pública incompatível com a boa administração da tutela.
Veja arts. 759 a 763, CPC.

292 | ARTS. 1.736 A 1.741 – CÓDIGO CIVIL

Seção III
Da Escusa dos Tutores

Art. 1.736. Podem escusar-se da tutela:

I – mulheres casadas;

Veja art. 5º, I, CF.

II – maiores de sessenta anos;

III – aqueles que tiverem sob sua autoridade mais de três filhos;

IV – os impossibilitados por enfermidade;

V – aqueles que habitarem longe do lugar onde se haja de exercer a tutela;

VI – aqueles que já exercerem tutela ou curatela;

VII – militares em serviço.

Art. 1.737. Quem não for parente do menor não poderá ser obrigado a aceitar a tutela, se houver no lugar parente idôneo, consanguíneo ou afim, em condições de exercê-la.

Veja arts. 1.591 a 1.595 e 1.764, II, CC.

Art. 1.738. A escusa apresentar-se-á nos dez dias subsequentes à designação, sob pena de entender-se renunciado o direito de alegá-la; se o motivo escusatório ocorrer depois de aceita a tutela, os dez dias contar-se-ão do em que ele sobrevier.

Artigo com redação dada pela Lei n. 12.010, de 03.08.2009.

Veja art. 760, CPC, que estabelece prazo de 5 (cinco) dias para a escusa.

Veja art. 1.764, II, CC.

Veja art. 224, CPC.

Art. 1.739. Se o juiz não admitir a escusa, exercerá o nomeado a tutela, enquanto o recurso interposto não tiver provimento, e responderá desde logo pelas perdas e danos que o menor venha a sofrer.

Veja arts. 402 a 405, CC.

Veja art. 760, § 2º, CPC.

Seção IV
Do Exercício da Tutela

Art. 1.740. Incumbe ao tutor, quanto à pessoa do menor:

Veja arts. 116, 932, II, e 1.634, CC.

I – dirigir-lhe a educação, defendê-lo e prestar-lhe alimentos, conforme os seus haveres e condição;

Veja art. 1.695, CC.

II – reclamar do juiz que providencie, como houver por bem, quando o menor haja mister correção;

III – adimplir os demais deveres que normalmente cabem aos pais, ouvida a opinião do menor, se este já contar doze anos de idade.

Art. 1.741. Incumbe ao tutor, sob a inspeção do juiz, administrar os bens do tutelado, em proveito deste, cumprindo seus deveres com zelo e boa-fé.

Veja arts. 1.742, 1.745, 1.746, 1.752 e 1.756, CC.

Veja arts. 133 e 136, CP.

CÓDIGO CIVIL – ARTS. 1.742 A 1.748 | 293

Art. 1.742. Para fiscalização dos atos do tutor, pode o juiz nomear um protutor.

Veja art. 1.752, CC.

Art. 1.743. Se os bens e interesses administrativos exigirem conhecimentos técnicos, forem complexos, ou realizados em lugares distantes do domicílio do tutor, poderá este, mediante aprovação judicial, delegar a outras pessoas físicas ou jurídicas o exercício parcial da tutela.

Veja arts. 40 a 44, CC.

Art. 1.744. A responsabilidade do juiz será:

Veja art. 143, II, CPC.

Veja arts. 133 e 136, CP.

I – direta e pessoal, quando não tiver nomeado o tutor, ou não o houver feito oportunamente;

II – subsidiária, quando não tiver exigido garantia legal do tutor, nem o removido, tanto que se tornou suspeito.

Veja art. 1.745, parágrafo único, CC.

Art. 1.745. Os bens do menor serão entregues ao tutor mediante termo especificado deles e seus valores, ainda que os pais o tenham dispensado.

Veja art. 759, §§ 1º e 2º, CPC.

Parágrafo único. Se o patrimônio do menor for de valor considerável, poderá o juiz condicionar o exercício da tutela à prestação de caução bastante, podendo dispensá-la se o tutor for de reconhecida idoneidade.

Veja arts. 1.744 e 2.040, CC.

Art. 1.746. Se o menor possuir bens, será sustentado e educado a expensas deles, arbitrando o juiz para tal fim as quantias que lhe pareçam necessárias, considerado o rendimento da fortuna do pupilo quando o pai ou a mãe não as houver fixado.

Veja arts. 1.695, 1.740, I, 1.743 e 1.753, CC.

Art. 1.747. Compete mais ao tutor:

I – representar o menor, até os dezesseis anos, nos atos da vida civil, e assisti-lo, após essa idade, nos atos em que for parte;

Veja arts. 3º, 4º, I, 115 a 120 e 1.634, VII, CC.

II – receber as rendas e pensões do menor, e as quantias a ele devidas;

Veja art. 1.753, §§ 1º e 2º, CC.

III – fazer-lhe as despesas de subsistência e educação, bem como as de administração, conservação e melhoramentos de seus bens;

Veja art. 1.754, I e II, CC.

IV – alienar os bens do menor destinados a venda;

V – promover-lhe, mediante preço conveniente, o arrendamento de bens de raiz.

Art. 1.748. Compete também ao tutor, com autorização do juiz:

I – pagar as dívidas do menor;

II – aceitar por ele heranças, legados ou doações, ainda que com encargos;

Veja art. 539, CC.

294 | ARTS. 1.748 A 1.753 – CÓDIGO CIVIL

III – transigir;

IV – vender-lhe os bens móveis, cuja conservação não convier, e os imóveis nos casos em que for permitido;

Veja art. 1.750, CC.

V – propor em juízo as ações, ou nelas assistir o menor, e promover todas as diligências a bem deste, assim como defendê-lo nos pleitos contra ele movidos.

Parágrafo único. No caso de falta de autorização, a eficácia de ato do tutor depende da aprovação ulterior do juiz.

Art. 1.749. Ainda com a autorização judicial, não pode o tutor, sob pena de nulidade:

Veja art. 1.523, IV, CC.

I – adquirir por si, ou por interposta pessoa, mediante contrato particular, bens móveis ou imóveis pertencentes ao menor;

Veja arts. 79 a 84 e 497, I, CC.

II – dispor dos bens do menor a título gratuito;

Veja art. 580, CC.

III – constituir-se cessionário de crédito ou de direito, contra o menor.

Veja arts. 286 a 298, CC.

Art. 1.750. Os imóveis pertencentes aos menores sob tutela somente podem ser vendidos quando houver manifesta vantagem, mediante prévia avaliação judicial e aprovação do juiz.

Veja art. 1.748, IV, CC.

Veja arts. 725, III, e 730, CPC.

Art. 1.751. Antes de assumir a tutela, o tutor declarará tudo o que o menor lhe deva, sob pena de não lhe poder cobrar, enquanto exerça a tutoria, salvo provando que não conhecia o débito quando a assumiu.

Veja art. 1.735, II, CC.

Art. 1.752. O tutor responde pelos prejuízos que, por culpa, ou dolo, causar ao tutelado; mas tem direito a ser pago pelo que realmente despender no exercício da tutela, salvo no caso do art. 1.734, e a perceber remuneração proporcional à importância dos bens administrados.

Veja arts. 186, 197, III, 402 a 405, 1.741 e 1.760, CC.

§ 1º Ao protutor será arbitrada uma gratificação módica pela fiscalização efetuada.

Veja art. 1.742, CC.

§ 2º São solidariamente responsáveis pelos prejuízos as pessoas às quais competia fiscalizar a atividade do tutor, e as que concorreram para o dano.

Veja arts. 264 a 266, 275 a 285, 1.742 e 1.744, CC.

Seção V
Dos Bens do Tutelado

Art. 1.753. Os tutores não podem conservar em seu poder dinheiro dos tutelados, além do necessário para as despesas ordinárias com o seu sustento, a sua educação e a administração de seus bens.

CÓDIGO CIVIL – ARTS. 1.753 A 1.757 | 295

Veja arts. 1.746 e 1.754, CC.

Veja arts. 725, III, e 730, CPC.

§ 1º Se houver necessidade, os objetos de ouro e prata, pedras preciosas e móveis serão avaliados por pessoa idônea e, após autorização judicial, alienados, e o seu produto convertido em títulos, obrigações e letras de responsabilidade direta ou indireta da União ou dos Estados, atendendo-se preferentemente à rentabilidade, e recolhidos ao estabelecimento bancário oficial ou aplicado na aquisição de imóveis, conforme for determinado pelo juiz.

Veja arts. 887 a 926, 1.754, II, e 1.757, parágrafo único, CC.

Veja arts. 725, III, 730 e 840, I, CPC.

§ 2º O mesmo destino previsto no parágrafo antecedente terá o dinheiro proveniente de qualquer outra procedência.

§ 3º Os tutores respondem pela demora na aplicação dos valores acima referidos, pagando os juros legais desde o dia em que deveriam dar esse destino, o que não os exime da obrigação, que o juiz fará efetiva, da referida aplicação.

Veja arts. 406 e 407, CC.

Art. 1.754. Os valores que existirem em estabelecimento bancário oficial, na forma do artigo antecedente, não se poderão retirar, senão mediante ordem do juiz, e somente:

I – para as despesas com o sustento e educação do tutelado, ou a administração de seus bens;

Veja art. 1.747, III, CC.

II – para se comprarem bens imóveis e títulos, obrigações ou letras, nas condições previstas no § 1º do artigo antecedente;

Veja arts. 79 a 81 e 887 a 926, CC.

III – para se empregarem em conformidade com o disposto por quem os houver doado, ou deixado;

IV – para se entregarem aos órfãos, quando emancipados, ou maiores, ou, mortos eles, aos seus herdeiros.

Veja arts. 5º, parágrafo único, e 1.784, CC.

Seção VI
Da Prestação de Contas

Art. 1.755. Os tutores, embora o contrário tivessem disposto os pais dos tutelados, são obrigados a prestar contas da sua administração.

Art. 1.756. No fim de cada ano de administração, os tutores submeterão ao juiz o balanço respectivo, que, depois de aprovado, se anexará aos autos do inventário.

Veja arts. 1.781 e 1.783, CC.

Art. 1.757. Os tutores prestarão contas de dois em dois anos, e também quando, por qualquer motivo, deixarem o exercício da tutela ou toda vez que o juiz achar conveniente.

Veja art. 553, parágrafo único, CPC.

296 | ARTS. 1.757 E 1.765 – CÓDIGO CIVIL

Parágrafo único. As contas serão prestadas em juízo, e julgadas depois da audiência dos interessados, recolhendo o tutor imediatamente a estabelecimento bancário oficial os saldos, ou adquirindo bens imóveis, ou títulos, obrigações ou letras, na forma do § 1º do art. 1.753.

Veja arts. 550 a 553, CPC.

Art. 1.758. Finda a tutela pela emancipação ou maioridade, a quitação do menor não produzirá efeito antes de aprovadas as contas pelo juiz, subsistindo inteira, até então, a responsabilidade do tutor.

Veja arts. 5º, parágrafo único, e 206, § 4º, CC.

Art. 1.759. Nos casos de morte, ausência, ou interdição do tutor, as contas serão prestadas por seus herdeiros ou representantes.

Veja arts. 22, 23 e 1.767, CC.

Art. 1.760. Serão levadas a crédito do tutor todas as despesas justificadas e reconhecidamente proveitosas ao menor.

Veja art. 1.752, CC.

Art. 1.761. As despesas com a prestação das contas serão pagas pelo tutelado.

Veja arts. 1.752 e 1.760, CC.

Art. 1.762. O alcance do tutor, bem como o saldo contra o tutelado, são dívidas de valor e vencem juros desde o julgamento definitivo das contas.

Veja arts. 405 a 407, CC.

Seção VII
Da Cessação da Tutela

Art. 1.763. Cessa a condição de tutelado:

I – com a maioridade ou a emancipação do menor;

Veja art. 5º, parágrafo único, CC.

II – ao cair o menor sob o poder familiar, no caso de reconhecimento ou adoção.

Veja arts. 1.607, 1.609 e 1.618 a 1.630, CC.
Veja art. 227, § 6º, CF.

Art. 1.764. Cessam as funções do tutor:

Veja arts. 761, 762 e 763, § 1º, CPC.

I – ao expirar o termo, em que era obrigado a servir;

Veja art. 1.765, CC.

II – ao sobrevir escusa legítima;

Veja arts. 1.736 a 1.739, CC.

III – ao ser removido.

Veja arts. 1.735, 1.744 e 1.766, CC.

Art. 1.765. O tutor é obrigado a servir por espaço de dois anos.

Veja art. 763, § 1º, CPC.

CÓDIGO CIVIL – ARTS. 1.765 A 1.775 | 297

Parágrafo único. Pode o tutor continuar no exercício da tutela, além do prazo previsto neste artigo, se o quiser e o juiz julgar conveniente ao menor.

Veja art. 763, § 1º, CPC.

Art. 1.766. Será destituído o tutor, quando negligente, prevaricador ou incurso em incapacidade.

Veja arts. 1.735 e 1.764, III, CC.

Veja arts. 761, 762 e 763, § 1º, CPC.

CAPÍTULO II
DA CURATELA

Seção I
Dos Interditos

Art. 1.767. Estão sujeitos a curatela:

Veja arts. 1.800 e 1.860, CC.

Veja arts. 747 a 758, CPC.

I – aqueles que, por causa transitória ou permanente, não puderem exprimir sua vontade;

Inciso com redação dada pela Lei n. 13.146, de 06.07.2015.

Veja art. 1.777, CC.

Veja art. 447, § 1º, I e II, CPC.

II – (*Revogado pela Lei n. 13.146, de 06.07.2015.*)

III – os ébrios habituais e os viciados em tóxico;

Inciso com redação dada pela Lei n. 13.146, de 06.07.2015.

Veja arts. 4º, II, e 1.777, CC.

IV – (*Revogado pela Lei n. 13.146, de 06.07.2015.*)

V – os pródigos.

Veja arts. 4º, IV, e 1.782, CC.

Arts. 1.768 a 1.773. (*Revogados pela Lei n. 13.105, de 16.03.2015.*)

Art. 1.774. Aplicam-se à curatela as disposições concernentes à tutela, com as modificações dos artigos seguintes.

Veja arts. 24, 497, 1.641, I e III, e 1.728 a 1.766, CC.

Veja arts. 759 a 763, CPC.

Art. 1.775. O cônjuge ou companheiro, não separado judicialmente ou de fato, é, de direito, curador do outro, quando interdito.

Veja arts. 25, 932, II, 1.570, 1.593, 1.595, 1.651, 1.783 e 1.800, § 1º, CC.

Veja arts. 5º, I, e 226, § 5º, CF.

§ 1º Na falta do cônjuge ou companheiro, é curador legítimo o pai ou a mãe; na falta destes, o descendente que se demonstrar mais apto.

Veja art. 1.591, CC.

Veja arts. 5º, I, e 226, § 5º, CF.

§ 2º Entre os descendentes, os mais próximos precedem aos mais remotos.

Veja art. 1.594, CC.

298 | ARTS. 1.775 A 1.783 – CÓDIGO CIVIL

§ 3º Na falta das pessoas mencionadas neste artigo, compete ao juiz a escolha do curador.

Veja art. 206, § 5º, II, CC.

Veja arts. 753 e 754, CPC.

Art. 1.775-A. Na nomeação de curador para a pessoa com deficiência, o juiz poderá estabelecer curatela compartilhada a mais de uma pessoa.

Artigo acrescentado pela Lei n. 13.146, de 06.07.2015.

Art. 1.776. (*Revogado pela Lei n. 13.146, de 06.07.2015.*)

Art. 1.777. As pessoas referidas no inciso I do art. 1.767 receberão todo o apoio necessário para ter preservado o direito à convivência familiar e comunitária, sendo evitado o seu recolhimento em estabelecimento que os afaste desse convívio.

Artigo com redação dada pela Lei n. 13.146, de 06.07.2015.

Art. 1.778. A autoridade do curador estende-se à pessoa e aos bens dos filhos do curatelado, observado o art. 5º.

Veja art. 1.779, parágrafo único, CC.

Seção II
Da Curatela do Nascituro e do Enfermo
ou Portador de Deficiência Física

Art. 1.779. Dar-se-á curador ao nascituro, se o pai falecer estando grávida a mulher, e não tendo o poder familiar.

Veja arts. 2º, 1.635, 1.637 e 1.638, CC.

Parágrafo único. Se a mulher estiver interdita, seu curador será o do nascituro.

Veja art. 1.778, CC.

Art. 1.780. (*Revogado pela Lei n. 13.146, de 06.07.2015.*)

Seção III
Do Exercício da Curatela

Art. 1.781. As regras a respeito do exercício da tutela aplicam-se ao da curatela, com a restrição do art. 1.772 e as desta Seção.

Veja arts. 1.740 a 1.752, CC.

Veja arts. 133 e 136, CP.

Art. 1.782. A interdição do pródigo só o privará de, sem curador, emprestar, transigir, dar quitação, alienar, hipotecar, demandar ou ser demandado, e praticar, em geral, os atos que não sejam de mera administração.

Veja arts. 4º, IV, e 1.767, V, CC.

Art. 1.783. Quando o curador for o cônjuge e o regime de bens do casamento for de comunhão universal, não será obrigado à prestação de contas, salvo determinação judicial.

Veja arts. 25, 1.567, 1.651, 1.652, 1.667 a 1.671 e 1.775, CC.

Veja art. 226, § 5º, CF.

CÓDIGO CIVIL – ART. 1.783-A | 299

CAPÍTULO III
DA TOMADA DE DECISÃO APOIADA

Capítulo acrescentado pela Lei n. 13.146, de 06.07.2015.

Art. 1.783-A. A tomada de decisão apoiada é o processo pelo qual a pessoa com deficiência elege pelo menos 2 (duas) pessoas idôneas, com as quais mantenha vínculos e que gozem de sua confiança, para prestar-lhe apoio na tomada de decisão sobre atos da vida civil, fornecendo-lhes os elementos e informações necessários para que possa exercer sua capacidade.

Artigo acrescentado pela Lei n. 13.146, de 06.07.2015.

§ 1º Para formular pedido de tomada de decisão apoiada, a pessoa com deficiência e os apoiadores devem apresentar termo em que constem os limites do apoio a ser oferecido e os compromissos dos apoiadores, inclusive o prazo de vigência do acordo e o respeito à vontade, aos direitos e aos interesses da pessoa que devem apoiar.

§ 2º O pedido de tomada de decisão apoiada será requerido pela pessoa a ser apoiada, com indicação expressa das pessoas aptas a prestarem o apoio previsto no *caput* deste artigo.

§ 3º Antes de se pronunciar sobre o pedido de tomada de decisão apoiada, o juiz, assistido por equipe multidisciplinar, após oitiva do Ministério Público, ouvirá pessoalmente o requerente e as pessoas que lhe prestarão apoio.

§ 4º A decisão tomada por pessoa apoiada terá validade e efeitos sobre terceiros, sem restrições, desde que esteja inserida nos limites do apoio acordado.

§ 5º Terceiro com quem a pessoa apoiada mantenha relação negocial pode solicitar que os apoiadores contra-assinem o contrato ou acordo, especificando, por escrito, sua função em relação ao apoiado.

§ 6º Em caso de negócio jurídico que possa trazer risco ou prejuízo relevante, havendo divergência de opiniões entre a pessoa apoiada e um dos apoiadores, deverá o juiz, ouvido o Ministério Público, decidir sobre a questão.

§ 7º Se o apoiador agir com negligência, exercer pressão indevida ou não adimplir as obrigações assumidas, poderá a pessoa apoiada ou qualquer pessoa apresentar denúncia ao Ministério Público ou ao juiz.

§ 8º Se procedente a denúncia, o juiz destituirá o apoiador e nomeará, ouvida a pessoa apoiada e se for de seu interesse, outra pessoa para prestação de apoio.

§ 9º A pessoa apoiada pode, a qualquer tempo, solicitar o término de acordo firmado em processo de tomada de decisão apoiada.

§ 10. O apoiador pode solicitar ao juiz a exclusão de sua participação do processo de tomada de decisão apoiada, sendo seu desligamento condicionado à manifestação do juiz sobre a matéria.

§ 11. Aplicam-se à tomada de decisão apoiada, no que couber, as disposições referentes à prestação de contas na curatela.

300 | ARTS. 1.784 A 1.790 – CÓDIGO CIVIL

LIVRO V
DO DIREITO DAS SUCESSÕES

TÍTULO I
DA SUCESSÃO EM GERAL

CAPÍTULO I
DISPOSIÇÕES GERAIS

Art. 1.784. Aberta a sucessão, a herança transmite-se, desde logo, aos herdeiros legítimos e testamentários.

Veja arts. 6º, 26, 35, 80, II, 91, 1.206, 1.207, 1.788, 1.789, 1.829 a 1.990 e 1.997, CC.

Veja art. 5º, XXX e XXXI, CF.

Art. 1.785. A sucessão abre-se no lugar do último domicílio do falecido.

Veja arts. 70 a 78, CC.

Veja art. 5º, XXVII, XXX e XXXI, CF.

Art. 1.786. A sucessão dá-se por lei ou por disposição de última vontade.

Veja arts. 426, 1.788, 1.789, 1.829 e 1.857 a 1.859, CC.

Veja art. 5º, XXXI, CF.

Art. 1.787. Regula a sucessão e a legitimação para suceder a lei vigente ao tempo da abertura daquela.

Veja art. 2.042, CC.

Veja art. 5º, XXXI, CF.

Veja art. 48, CPC.

Art. 1.788. Morrendo a pessoa sem testamento, transmite a herança aos herdeiros legítimos; o mesmo ocorrerá quanto aos bens que não forem compreendidos no testamento; e subsiste a sucessão legítima se o testamento caducar, ou for julgado nulo.

Veja arts. 1.786, 1.829, 1.850, 1.906, 1.908, 1.939, 1.940, 1.944, 1.955, 1.966 e 1.969 a 1.975, CC.

Art. 1.789. Havendo herdeiros necessários, o testador só poderá dispor da metade da herança.

Veja arts. 544, 549, 1.845 a 1.850, 1.961, 1.973 a 1.975 e 2.018, CC.

Art. 1.790. A companheira ou o companheiro participará da sucessão do outro, quanto aos bens adquiridos onerosamente na vigência da união estável, nas condições seguintes:

Veja arts. 1.723 a 1.727, CC.

Veja art. 2º, Lei n. 8.971, de 29.12.1994.

Veja art. 7º, Lei n. 9.278, de 10.05.1996.

Veja RE ns. 646.721 e 878.694, STF.

I – se concorrer com filhos comuns, terá direito a uma quota equivalente à que por lei for atribuída ao filho;

II – se concorrer com descendentes só do autor da herança, tocar-lhe-á a metade do que couber a cada um daqueles;

CÓDIGO CIVIL – ARTS. 1.790 A 1.795 | 301

III – se concorrer com outros parentes sucessíveis, terá direito a um terço da herança;

IV – não havendo parentes sucessíveis, terá direito à totalidade da herança.

Veja art. 1.844, CC.

CAPÍTULO II
DA HERANÇA E DE SUA ADMINISTRAÇÃO

Art. 1.791. A herança defere-se como um todo unitário, ainda que vários sejam os herdeiros.

Veja arts. 88, 91 e 1.199, CC.

Parágrafo único. Até a partilha, o direito dos coerdeiros, quanto à propriedade e posse da herança, será indivisível, e regular-se-á pelas normas relativas ao condomínio.

Veja arts. 1.314 a 1.326 e 2.013 a 2.022, CC.

Veja arts. 610 a 673, CPC.

Art. 1.792. O herdeiro não responde por encargos superiores às forças da herança; incumbe-lhe, porém, a prova do excesso, salvo se houver inventário que a escuse, demonstrando o valor dos bens herdados.

Veja arts. 637, 836, 943, 1.821 e 1.997, CC.

Veja art. 796, CPC.

Veja art. 8º, Lei n. 8.429, de 02.06.1992.

Art. 1.793. O direito à sucessão aberta, bem como o quinhão de que disponha o coerdeiro, pode ser objeto de cessão por escritura pública.

Veja arts. 80, II, 166, IV, 215, 426, 1.649 e 1.794, CC.

§ 1º Os direitos, conferidos ao herdeiro em consequência de substituição ou de direito de acrescer, presumem-se não abrangidos pela cessão feita anteriormente.

Veja arts. 1.941 a 1.960, CC.

§ 2º É ineficaz a cessão, pelo coerdeiro, de seu direito hereditário sobre qualquer bem da herança considerado singularmente.

Veja arts. 89, 91 e 1.791, CC.

§ 3º Ineficaz é a disposição, sem prévia autorização do juiz da sucessão, por qualquer herdeiro, de bem componente do acervo hereditário, pendente a indivisibilidade.

Veja arts. 88 e 1.791, parágrafo único, CC.

Veja art. 619, I, CPC.

Art. 1.794. O coerdeiro não poderá ceder a sua quota hereditária a pessoa estranha à sucessão, se outro coerdeiro a quiser, tanto por tanto.

Veja arts. 504, 1.791 e 1.795, parágrafo único, CC.

Art. 1.795. O coerdeiro, a quem não se der conhecimento da cessão, poderá, depositado o preço, haver para si a quota cedida a estranho, se o requerer até cento e oitenta dias após a transmissão.

302 | ARTS. 1.795 A 1.800 – CÓDIGO CIVIL

Parágrafo único. Sendo vários os coerdeiros a exercer a preferência, entre eles se distribuirá o quinhão cedido, na proporção das respectivas quotas hereditárias.

Veja arts. 504 e 1.794, CC.

Art. 1.796. No prazo de trinta dias, a contar da abertura da sucessão, instaurar-se-á inventário do patrimônio hereditário, perante o juízo competente no lugar da sucessão, para fins de liquidação e, quando for o caso, de partilha da herança.

Veja art. 611, CPC (prazo de 2 meses para requerer inventário).

Veja arts. 70 a 73, 1.191, 1.192, 1.785 e 2.013 a 2.022, CC.

Veja arts. 48 e 610 a 673, CPC.

Art. 1.797. Até o compromisso do inventariante, a administração da herança caberá, sucessivamente:

Veja art. 1.991, CC.

Veja art. 75, § 1º, CPC.

I – ao cônjuge ou companheiro, se com o outro convivia ao tempo da abertura da sucessão;

Veja art. 1.723, CC.

II – ao herdeiro que estiver na posse e administração dos bens, e, se houver mais de um nessas condições, ao mais velho;

III – ao testamenteiro;

Veja arts. 1.976 a 1.990, CC.

IV – a pessoa de confiança do juiz, na falta ou escusa das indicadas nos incisos antecedentes, ou quando tiverem de ser afastadas por motivo grave levado ao conhecimento do juiz.

Veja arts. 613 a 614, CPC.

CAPÍTULO III
DA VOCAÇÃO HEREDITÁRIA

Art. 1.798. Legitimam-se a suceder as pessoas nascidas ou já concebidas no momento da abertura da sucessão.

Veja arts. 2º, 1.784, 1.906 e 1.908, CC.

Art. 1.799. Na sucessão testamentária podem ainda ser chamados a suceder:

Veja arts. 1.947 a 1.950, CC.

I – os filhos, ainda não concebidos, de pessoas indicadas pelo testador, desde que vivas estas ao abrir-se a sucessão;

Veja arts. 1.800 e 1.952, CC.

II – as pessoas jurídicas;

Veja arts. 40 a 69, CC.

III – as pessoas jurídicas, cuja organização for determinada pelo testador sob a forma de fundação.

Veja arts. 62 a 69, CC.

Art. 1.800. No caso do inciso I do artigo antecedente, os bens da herança serão confiados, após a liquidação ou partilha, a curador nomeado pelo juiz.

CÓDIGO CIVIL – ARTS. 1.800 A 1.804 | 303

§ 1º Salvo disposição testamentária em contrário, a curatela caberá à pessoa cujo filho o testador esperava ter por herdeiro, e, sucessivamente, às pessoas indicadas no art. 1.775.

O correto seria art. 1.797 em vez de art. 1.775.

§ 2º Os poderes, deveres e responsabilidades do curador, assim nomeado, regem-se pelas disposições concernentes à curatela dos incapazes, no que couber.

Veja arts. 1.767 a 1.783, CC.

§ 3º Nascendo com vida o herdeiro esperado, ser-lhe-á deferida a sucessão, com os frutos e rendimentos relativos à deixa, a partir da morte do testador.

§ 4º Se, decorridos dois anos após a abertura da sucessão, não for concebido o herdeiro esperado, os bens reservados, salvo disposição em contrário do testador, caberão aos herdeiros legítimos.

Veja art. 1.829, CC.

Art. 1.801. Não podem ser nomeados herdeiros nem legatários:

Veja art. 1.900, V, CC.

I – a pessoa que, a rogo, escreveu o testamento, nem o seu cônjuge ou companheiro, ou os seus ascendentes e irmãos;

Veja arts. 1.802, 1.865, 1.868, 1.870, 1.888 e 1.893, CC.

II – as testemunhas do testamento;

Veja arts. 228, 1.864, II, 1.868, III, 1.876, 1.888, 1.893, 1.894 e 1.896, CC.

III – o concubino do testador casado, salvo se este, sem culpa sua, estiver separado de fato do cônjuge há mais de cinco anos;

Veja arts. 1.723, § 1º, e 1.727, CC.

IV – o tabelião, civil ou militar, ou o comandante ou escrivão, perante quem se fizer, assim como o que fizer ou aprovar o testamento.

Veja arts. 1.864, I, 1.868, III, 1.869, 1.870, 1.874, 1.888, 1.889, 1.893 e 1.894, CC.

Art. 1.802. São nulas as disposições testamentárias em favor de pessoas não legitimadas a suceder, ainda quando simuladas sob a forma de contrato oneroso, ou feitas mediante interposta pessoa.

Veja arts. 1.799, 1.801 e 1.900, V, CC.

Parágrafo único. Presumem-se pessoas interpostas os ascendentes, os descendentes, os irmãos e o cônjuge ou companheiro do não legitimado a suceder.

Veja arts. 5º, I, e 226, § 5º, CF.

Art. 1.803. É lícita a deixa ao filho do concubino, quando também o for do testador.

CAPÍTULO IV
DA ACEITAÇÃO E RENÚNCIA DA HERANÇA

Art. 1.804. Aceita a herança, torna-se definitiva a sua transmissão ao herdeiro, desde a abertura da sucessão.

Veja arts. 6º e 1.784, CC.

304 | ARTS. 1.804 A 1.811 – CÓDIGO CIVIL

Parágrafo único. A transmissão tem-se por não verificada quando o herdeiro renunciar à herança.

Art. 1.805. A aceitação da herança, quando expressa, faz-se por declaração escrita; quando tácita, há de resultar tão somente de atos próprios da qualidade de herdeiro.

Veja arts. 80, II, 108, 1.806, 1.807 e 2.008, CC.

§ 1º Não exprimem aceitação de herança os atos oficiosos, como o funeral do finado, os meramente conservatórios, ou os de administração e guarda provisória.

§ 2º Não importa igualmente aceitação a cessão gratuita, pura e simples, da herança, aos demais coerdeiros.

Art. 1.806. A renúncia da herança deve constar expressamente de instrumento público ou termo judicial.

Veja arts. 80, II, 104, III, 107, 166, IV, 215 a 218, 1.647, 1.807 e 1.954, CC.

Art. 1.807. O interessado em que o herdeiro declare se aceita, ou não, a herança, poderá, vinte dias após aberta a sucessão, requerer ao juiz prazo razoável, não maior de trinta dias, para, nele, se pronunciar o herdeiro, sob pena de se haver a herança por aceita.

Veja arts. 1.805 e 1.806, CC.

Art. 1.808. Não se pode aceitar ou renunciar a herança em parte, sob condição ou a termo.

Veja arts. 121 e 135, CC.

§ 1º O herdeiro, a quem se testarem legados, pode aceitá-los, renunciando a herança; ou, aceitando-a, repudiá-los.

Veja arts. 1.912 a 1.940, CC.

§ 2º O herdeiro, chamado, na mesma sucessão, a mais de um quinhão hereditário, sob títulos sucessórios diversos, pode livremente deliberar quanto aos quinhões que aceita e aos que renuncia.

Art. 1.809. Falecendo o herdeiro antes de declarar se aceita a herança, o poder de aceitar passa-lhe aos herdeiros, a menos que se trate de vocação adstrita a uma condição suspensiva, ainda não verificada.

Veja arts. 125, 1.897 e 1.933, CC.

Parágrafo único. Os chamados à sucessão do herdeiro falecido antes da aceitação, desde que concordem em receber a segunda herança, poderão aceitar ou renunciar a primeira.

Art. 1.810. Na sucessão legítima, a parte do renunciante acresce à dos outros herdeiros da mesma classe e, sendo ele o único desta, devolve-se aos da subsequente.

Veja arts. 1.829 e 1.856, CC.

Art. 1.811. Ninguém pode suceder, representando herdeiro renunciante. Se, porém, ele for o único legítimo da sua classe, ou se todos os outros da mesma classe renunciarem a herança, poderão os filhos vir à sucessão, por direito próprio, e por cabeça.

Veja arts. 1.829, 1.835, 1.851, CC.

CÓDIGO CIVIL – ARTS. 1.812 A 1.816 | 305

Art. 1.812. São irrevogáveis os atos de aceitação ou de renúncia da herança.

Veja arts. 138 a 155, CC.

Art. 1.813. Quando o herdeiro prejudicar os seus credores, renunciando à herança, poderão eles, com autorização do juiz, aceitá-la em nome do renunciante.

Veja arts. 158 a 165 e 391, CC.

Veja art. 789, CPC.

§ 1º A habilitação dos credores se fará no prazo de trinta dias seguintes ao conhecimento do fato.

§ 2º Pagas as dívidas do renunciante, prevalece a renúncia quanto ao remanescente, que será devolvido aos demais herdeiros.

CAPÍTULO V
DOS EXCLUÍDOS DA SUCESSÃO

Art. 1.814. São excluídos da sucessão os herdeiros ou legatários:

Veja arts. 557, 935, 1.818, 1.939, IV, e 1.961 a 1.965, CC.

Veja art. 9º, Lei n. 883, de 21.10.1949.

I – que houverem sido autores, coautores ou partícipes de homicídio doloso, ou tentativa deste, contra a pessoa de cuja sucessão se tratar, seu cônjuge, companheiro, ascendente ou descendente;

II – que houverem acusado caluniosamente em juízo o autor da herança ou incorrerem em crime contra a sua honra, ou de seu cônjuge ou companheiro;

III – que, por violência ou meios fraudulentos, inibirem ou obstarem o autor da herança de dispor livremente de seus bens por ato de última vontade.

Art. 1.815. A exclusão do herdeiro ou legatário, em qualquer desses casos de indignidade, será declarada por sentença.

Veja art. 1.939, IV, CC.

§ 1º O direito de demandar a exclusão do herdeiro ou legatário extingue-se em quatro anos, contados da abertura da sucessão.

Parágrafo renumerado pela Lei n. 13.532, de 07.12.2017.

Veja art. 1.965, parágrafo único, CC.

§ 2º Na hipótese do inciso I do art. 1.814, o Ministério Público tem legitimidade para demandar a exclusão do herdeiro ou legatário.

Parágrafo acrescentado pela Lei n. 13.532, de 07.12.2017.

Art. 1.816. São pessoais os efeitos da exclusão; os descendentes do herdeiro excluído sucedem, como se ele morto fosse antes da abertura da sucessão.

Veja arts. 1.835 e 1.961, CC.

Veja art. 5º, XXX, CF.

Parágrafo único. O excluído da sucessão não terá direito ao usufruto ou à administração dos bens que a seus sucessores couberem na herança, nem à sucessão eventual desses bens.

306 | ARTS. 1.816 A 1.822 – CÓDIGO CIVIL

Veja arts. 1.689 e 1.693, IV, CC.

Art. 1.817. São válidas as alienações onerosas de bens hereditários a terceiros de boa-fé, e os atos de administração legalmente praticados pelo herdeiro, antes da sentença de exclusão; mas aos herdeiros subsiste, quando prejudicados, o direito de demandar-lhe perdas e danos.

Veja arts. 402 a 405, 1.359, 1.360 e 1.827, parágrafo único, CC.

Parágrafo único. O excluído da sucessão é obrigado a restituir os frutos e rendimentos que dos bens da herança houver percebido, mas tem direito a ser indenizado das despesas com a conservação deles.

Veja art. 884, CC.

Art. 1.818. Aquele que incorreu em atos que determinem a exclusão da herança será admitido a suceder, se o ofendido o tiver expressamente reabilitado em testamento, ou em outro ato autêntico.

Veja art. 1.814, CC.

Parágrafo único. Não havendo reabilitação expressa, o indigno, contemplado em testamento do ofendido, quando o testador, ao testar, já conhecia a causa da indignidade, pode suceder no limite da disposição testamentária.

CAPÍTULO VI
DA HERANÇA JACENTE

Art. 1.819. Falecendo alguém sem deixar testamento nem herdeiro legítimo notoriamente conhecido, os bens da herança, depois de arrecadados, ficarão sob a guarda e administração de um curador, até a sua entrega ao sucessor devidamente habilitado ou à declaração de sua vacância.

Veja arts. 26, 28, § 2º, 1.275 e 1.276, CC.

Veja arts. 48, 75, VI, e 738 a 743, CPC.

Art. 1.820. Praticadas as diligências de arrecadação e ultimado o inventário, serão expedidos editais na forma da lei processual, e, decorrido um ano de sua primeira publicação, sem que haja herdeiro habilitado, ou penda habilitação, será a herança declarada vacante.

Veja art. 28, § 2º, CC.

Veja arts. 687 a 692 e 738 a 743, CPC.

Art. 1.821. É assegurado aos credores o direito de pedir o pagamento das dívidas reconhecidas, nos limites das forças da herança.

Veja arts. 28, § 2º, 836, 1.792 e 1.997, CC.

Veja art. 741, § 4º, CPC.

Veja art. 8º, Lei n. 8.429, de 02.06.1992.

Art. 1.822. A declaração de vacância da herança não prejudicará os herdeiros que legalmente se habilitarem; mas, decorridos cinco anos da abertura da sucessão, os bens arrecadados passarão ao domínio do Município ou do Distrito Federal, se localizados nas respectivas circunscrições, incorporando-se ao domínio da União quando situados em território federal.

Veja arts. 28, § 2º, 39, 98 e 1.844, CC.

Veja arts. 738 a 743, CPC.

CÓDIGO CIVIL – ARTS. 1.822 A 1.829 | 307

Parágrafo único. Não se habilitando até a declaração de vacância, os colaterais ficarão excluídos da sucessão.

Art. 1.823. Quando todos os chamados a suceder renunciarem à herança, será esta desde logo declarada vacante.
Veja arts. 28, § 2º, 1.804 a 1.806, 1.812 e 1.822, CC.
Veja art. 48, CPC.

CAPÍTULO VII
DA PETIÇÃO DE HERANÇA

Art. 1.824. O herdeiro pode, em ação de petição de herança, demandar o reconhecimento de seu direito sucessório, para obter a restituição da herança, ou de parte dela, contra quem, na qualidade de herdeiro, ou mesmo sem título, a possua.
Veja art. 205, CC.
Veja art. 628, §§ 1º e 2º, CPC.

Art. 1.825. A ação de petição de herança, ainda que exercida por um só dos herdeiros, poderá compreender todos os bens hereditários.
Veja art. 1.791, CC.

Art. 1.826. O possuidor da herança está obrigado à restituição dos bens do acervo, fixando-se-lhe a responsabilidade segundo a sua posse, observado o disposto nos arts. 1.214 a 1.222.

Parágrafo único. A partir da citação, a responsabilidade do possuidor se há de aferir pelas regras concernentes à posse de má-fé e à mora.
Veja arts. 394 a 401, CC.

Art. 1.827. O herdeiro pode demandar os bens da herança, mesmo em poder de terceiros, sem prejuízo da responsabilidade do possuidor originário pelo valor dos bens alienados.
Veja art. 1.817, CC.

Parágrafo único. São eficazes as alienações feitas, a título oneroso, pelo herdeiro aparente a terceiro de boa-fé.

Art. 1.828. O herdeiro aparente, que de boa-fé houver pago um legado, não está obrigado a prestar o equivalente ao verdadeiro sucessor, ressalvado a este o direito de proceder contra quem o recebeu.
Veja art. 1.934, CC.

TÍTULO II
DA SUCESSÃO LEGÍTIMA

CAPÍTULO I
DA ORDEM DA VOCAÇÃO HEREDITÁRIA
Veja art. 2.041, CC.

Art. 1.829. A sucessão legítima defere-se na ordem seguinte:
Veja arts. 1.784 a 1.790, 1.810, 1.811, 1.851, 1.951 a 1.965 e 2.041, CC.
Veja art. 5º, XXX, CF.

308 | ARTS. 1.829 A 1.835 – CÓDIGO CIVIL

Veja RE ns. 646.721 e 878.694, STF.

Veja Súmula n. 642, STJ.

I – aos descendentes, em concorrência com o cônjuge sobrevivente, salvo se casado este com o falecido no regime da comunhão universal, ou no da separação obrigatória de bens (art. 1.640, parágrafo único); ou se, no regime da comunhão parcial, o autor da herança não houver deixado bens particulares;

Veja arts. 1.594, 1.641, 1.667 a 1.671, 1.687, 1.688, 1.832 a 1.835, 1.845 e 1.852, CC.

Veja art. 227, § 6º, CF.

II – aos ascendentes, em concorrência com o cônjuge;

Veja arts. 1.591, 1.594, 1.595, 1.836 e 1.837, CC.

III – ao cônjuge sobrevivente;

Veja arts. 1.790, 1.830, 1.832, 1.836 e 1.838, CC.

Veja art. 2º, III, Lei n. 8.971, de 29.12.1994.

IV – aos colaterais.

Veja arts. 1.592, 1.594 e 1.839 a 1.843, CC.

Art. 1.830. Somente é reconhecido direito sucessório ao cônjuge sobrevivente se, ao tempo da morte do outro, não estavam separados judicialmente, nem separados de fato há mais de dois anos, salvo prova, neste caso, de que essa convivência se tornara impossível sem culpa do sobrevivente.

Veja arts. 1.839 e 2.041, CC.

Art. 1.831. Ao cônjuge sobrevivente, qualquer que seja o regime de bens, será assegurado, sem prejuízo da participação que lhe caiba na herança, o direito real de habitação relativamente ao imóvel destinado à residência da família, desde que seja o único daquela natureza a inventariar.

Veja arts. 1.225, VI, 1.414 a 1.416 e 2.041, CC.

Veja art. 7º, parágrafo único, Lei n. 9.278, de 10.05.1996.

Art. 1.832. Em concorrência com os descendentes (art. 1.829, I) caberá ao cônjuge quinhão igual ao dos que sucederem por cabeça, não podendo a sua quota ser inferior à quarta parte da herança, se for ascendente dos herdeiros com que concorrer.

Veja arts. 1.830, 1.847 e 2.041, CC.

Veja art. 227, § 6º, CF.

Art. 1.833. Entre os descendentes, os em grau mais próximo excluem os mais remotos, salvo o direito de representação.

Veja arts. 1.594, 1.816, 1.851 a 1.856 e 2.041, CC.

Art. 1.834. Os descendentes da mesma classe têm os mesmos direitos à sucessão de seus ascendentes.

Veja arts. 1.561, 1.591 a 1.595, 1.607, 1.609 e 2.041, CC.

Veja art. 227, § 6º, CF.

Art. 1.835. Na linha descendente, os filhos sucedem por cabeça, e os outros descendentes, por cabeça ou por estirpe, conforme se achem ou não no mesmo grau.

Veja arts. 1.596, 1.810, 1.811, 1.816, 1.833, 1.835, 1.852 e 2.041, CC.

Veja art. 227, § 6º, CF.

CÓDIGO CIVIL – ARTS. 1.836 A 1.844 | 309

Art. 1.836. Na falta de descendentes, são chamados à sucessão os ascendentes, em concorrência com o cônjuge sobrevivente.

Veja arts. 1.829, II, 1.837 e 2.041, CC.

§ 1º Na classe dos ascendentes, o grau mais próximo exclui o mais remoto, sem distinção de linhas.

Veja art. 1.594, CC.

§ 2º Havendo igualdade em grau e diversidade em linha, os ascendentes da linha paterna herdam a metade, cabendo a outra aos da linha materna.

Art. 1.837. Concorrendo com ascendente em primeiro grau, ao cônjuge tocará um terço da herança; caber-lhe-á a metade desta se houver um só ascendente, ou se maior for aquele grau.

Veja arts. 1.829 e 2.041, CC.

Art. 1.838. Em falta de descendentes e ascendentes, será deferida a sucessão por inteiro ao cônjuge sobrevivente.

Veja arts. 1.830 e 2.041, CC.

Veja art. 2º, III, Lei n. 8.971, de 29.12.1994.

Art. 1.839. Se não houver cônjuge sobrevivente, nas condições estabelecidas no art. 1.830, serão chamados a suceder os colaterais até o quarto grau.

Veja arts. 1.592, 1.594, 1.840, 1.850 e 2.041, CC.

Veja Súmula n. 642, STJ.

Art. 1.840. Na classe dos colaterais, os mais próximos excluem os mais remotos, salvo o direito de representação concedido aos filhos de irmãos.

Veja arts. 1.592, 1.594, 1.810, 1.811, 1.816, 1.841, 1.843, 1.850 a 1.856 e 2.041, CC.

Art. 1.841. Concorrendo à herança do falecido irmãos bilaterais com irmãos unilaterais, cada um destes herdará metade do que cada um daqueles herdar.

Veja art. 2.041, CC.

Art. 1.842. Não concorrendo à herança irmão bilateral, herdarão, em partes iguais, os unilaterais.

Veja arts. 1.843, § 3º, e 2.041, CC.

Art. 1.843. Na falta de irmãos, herdarão os filhos destes e, não os havendo, os tios.

Veja art. 2.041, CC.

§ 1º Se concorrerem à herança somente filhos de irmãos falecidos, herdarão por cabeça.

Veja art. 1.853, CC.

§ 2º Se concorrem filhos de irmãos bilaterais com filhos de irmãos unilaterais, cada um destes herdará a metade do que herdar cada um daqueles.

§ 3º Se todos forem filhos de irmãos bilaterais, ou todos de irmãos unilaterais, herdarão por igual.

Veja art. 1.842, CC.

Art. 1.844. Não sobrevivendo cônjuge, ou companheiro, nem parente algum sucessível, ou tendo eles renunciado a herança, esta se devolve ao Município ou ao Distrito Federal, se localizada nas respectivas circunscrições, ou à União, quando situada em território federal.

Veja arts. 1.822 e 2.041, CC.

310 | ARTS. 1.845 A 1.855 – CÓDIGO CIVIL

CAPÍTULO II
DOS HERDEIROS NECESSÁRIOS

Art. 1.845. São herdeiros necessários os descendentes, os ascendentes e o cônjuge.

Veja arts. 1.829, I a III, 1.830, 1.961 e 2.018, CC.

Art. 1.846. Pertence aos herdeiros necessários, de pleno direito, a metade dos bens da herança, constituindo a legítima.

Veja arts. 544, 1.789, 1.847, 1.857, § 1º, 1.961 e 2.003, CC.

Art. 1.847. Calcula-se a legítima sobre o valor dos bens existentes na abertura da sucessão, abatidas as dívidas e as despesas do funeral, adicionando-se, em seguida, o valor dos bens sujeitos a colação.

Veja arts. 544, 1.789, 1.846, 1.967, 1.997, 1.998 e 2.002 a 2.012, CC.

Art. 1.848. Salvo se houver justa causa, declarada no testamento, não pode o testador estabelecer cláusula de inalienabilidade, impenhorabilidade, e de incomunicabilidade, sobre os bens da legítima.

Veja arts. 1.420, 1.693, 1.911 e 2.042, CC.

Veja art. 833, CPC.

§ 1º Não é permitido ao testador estabelecer a conversão dos bens da legítima em outros de espécie diversa.

§ 2º Mediante autorização judicial e havendo justa causa, podem ser alienados os bens gravados, convertendo-se o produto em outros bens, que ficarão sub-rogados nos ônus dos primeiros.

Art. 1.849. O herdeiro necessário, a quem o testador deixar a sua parte disponível, ou algum legado, não perderá o direito à legítima.

Veja art. 1.789, CC.

Art. 1.850. Para excluir da sucessão os herdeiros colaterais, basta que o testador disponha de seu patrimônio sem os contemplar.

Veja arts. 1.788, 1.829, IV, 1.839, 1.906 e 1.908, CC.

CAPÍTULO III
DO DIREITO DE REPRESENTAÇÃO

Art. 1.851. Dá-se o direito de representação, quando a lei chama certos parentes do falecido a suceder em todos os direitos, em que ele sucederia, se vivo fosse.

Veja arts. 1.811, 1.833 e 1.854 a 1.856, CC.

Art. 1.852. O direito de representação dá-se na linha reta descendente, mas nunca na ascendente.

Veja arts. 1.591 e 1.835, CC.

Art. 1.853. Na linha transversal, somente se dá o direito de representação em favor dos filhos de irmãos do falecido, quando com irmãos deste concorrerem.

Veja arts. 1.592, 1.840 e 1.843, § 1º, CC.

Art. 1.854. Os representantes só podem herdar, como tais, o que herdaria o representado, se vivo fosse.

Art. 1.855. O quinhão do representado partir-se-á por igual entre os representantes.

CÓDIGO CIVIL – ARTS. 1.856 A 1.862 | 311

Art. 1.856. O renunciante à herança de uma pessoa poderá representá-la na sucessão de outra.

Veja arts. 1.811 e 1.851, CC.

TÍTULO III
DA SUCESSÃO TESTAMENTÁRIA

CAPÍTULO I
DO TESTAMENTO EM GERAL

Art. 1.857. Toda pessoa capaz pode dispor, por testamento, da totalidade dos seus bens, ou de parte deles, para depois de sua morte.

Veja arts. 62, 1.711, 1.862, 1.881 a 1.886 e 1.969 a 1.975, CC.

§ 1º A legítima dos herdeiros necessários não poderá ser incluída no testamento.

Veja arts. 1.846 a 1.849, 1.961 e 1.966 a 1.968, CC.

§ 2º São válidas as disposições testamentárias de caráter não patrimonial, ainda que o testador somente a elas se tenha limitado.

Veja arts. 791, 792, 1.332, 1.378, 1.609, III, 1.610, 1.634, VI, 1.729, parágrafo único, 1.818, 1.848 e 1.881, CC.

Art. 1.858. O testamento é ato personalíssimo, podendo ser mudado a qualquer tempo.

Veja arts. 1.863, 1.969, 1.970 e 1.973 a 1.975, CC.

Art. 1.859. Extingue-se em cinco anos o direito de impugnar a validade do testamento, contado o prazo da data do seu registro.

Veja arts. 1.900, 1.903 e 1.909, CC.

Veja arts. 735 a 737, CPC.

CAPÍTULO II
DA CAPACIDADE DE TESTAR

Art. 1.860. Além dos incapazes, não podem testar os que, no ato de fazê-lo, não tiverem pleno discernimento.

Veja arts. 3º, 4º, II e III, 1.782, 1.866, 1.867, 1.872, 1.873 e 1.881, CC.

Parágrafo único. Podem testar os maiores de dezesseis anos.

Art. 1.861. A incapacidade superveniente do testador não invalida o testamento, nem o testamento do incapaz se valida com a superveniência da capacidade.

CAPÍTULO III
DAS FORMAS ORDINÁRIAS DO TESTAMENTO

Seção I
Disposições Gerais

Art. 1.862. São testamentos ordinários:

I – o público;

312 | ARTS. 1.862 A 1.868 – CÓDIGO CIVIL

Veja arts. 1.864 a 1.867, CC.

II – o cerrado;

Veja arts. 1.868 a 1.875, CC.

III – o particular.

Veja arts. 1.876 a 1.880, CC.

Art. 1.863. É proibido o testamento conjuntivo, seja simultâneo, recíproco ou correspectivo.

Veja art. 1.858, CC.

Seção II
Do Testamento Público

Art. 1.864. São requisitos essenciais do testamento público:

Veja art. 736, CPC.

I – ser escrito por tabelião ou por seu substituto legal em seu livro de notas, de acordo com as declarações do testador, podendo este servir-se de minuta, notas ou apontamentos;

II – lavrado o instrumento, ser lido em voz alta pelo tabelião ao testador e a duas testemunhas, a um só tempo; ou pelo testador, se o quiser, na presença destas e do oficial;

Veja art. 228, CC.

III – ser o instrumento, em seguida à leitura, assinado pelo testador, pelas testemunhas e pelo tabelião.

Veja art. 1.865, CC.

Parágrafo único. O testamento público pode ser escrito manualmente ou mecanicamente, bem como ser feito pela inserção da declaração de vontade em partes impressas de livro de notas, desde que rubricadas todas as páginas pelo testador, se mais de uma.

Veja art. 1.865, CC.

Art. 1.865. Se o testador não souber, ou não puder assinar, o tabelião ou seu substituto legal assim o declarará, assinando, neste caso, pelo testador, e, a seu rogo, uma das testemunhas instrumentárias.

Art. 1.866. O indivíduo inteiramente surdo, sabendo ler, lerá o seu testamento, e, se não o souber, designará quem o leia em seu lugar, presentes as testemunhas.

Art. 1.867. Ao cego só se permite o testamento público, que lhe será lido, em voz alta, duas vezes, uma pelo tabelião ou por seu substituto legal, e a outra por uma das testemunhas, designada pelo testador, fazendo-se de tudo circunstanciada menção no testamento.

Seção III
Do Testamento Cerrado

Art. 1.868. O testamento escrito pelo testador, ou por outra pessoa, a seu rogo, e por aquele assinado, será válido se aprovado pelo tabelião ou seu substituto legal, observadas as seguintes formalidades:

CÓDIGO CIVIL – ARTS. 1.868 A 1.876 | 313

Veja arts. 1.801, 1.857 a 1.859, 1.870, 1.871 e 1.998, CC.
Veja arts. 735 a 737, CPC.

I – que o testador o entregue ao tabelião em presença de duas testemunhas;
Veja art. 228, CC.

II – que o testador declare que aquele é o seu testamento e quer que seja aprovado;

III – que o tabelião lavre, desde logo, o auto de aprovação, na presença de duas testemunhas, e o leia, em seguida, ao testador e testemunhas;

IV – que o auto de aprovação seja assinado pelo tabelião, pelas testemunhas e pelo testador.
Veja art. 736, CPC.

Parágrafo único. O testamento cerrado pode ser escrito mecanicamente, desde que seu subscritor numere e autentique, com a sua assinatura, todas as páginas.

Art. 1.869. O tabelião deve começar o auto de aprovação imediatamente depois da última palavra do testador, declarando, sob sua fé, que o testador lhe entregou para ser aprovado na presença das testemunhas; passando a cerrar e coser o instrumento aprovado.
Veja arts. 1.870 e 1.871, CC.

Parágrafo único. Se não houver espaço na última folha do testamento, para início da aprovação, o tabelião aporá nele o seu sinal público, mencionando a circunstância no auto.

Art. 1.870. Se o tabelião tiver escrito o testamento a rogo do testador, poderá, não obstante, aprová-lo.

Art. 1.871. O testamento pode ser escrito em língua nacional ou estrangeira, pelo próprio testador, ou por outrem, a seu rogo.

Art. 1.872. Não pode dispor de seus bens em testamento cerrado quem não saiba ou não possa ler.

Art. 1.873. Pode fazer testamento cerrado o surdo-mudo, contanto que o escreva todo, e o assine de sua mão, e que, ao entregá-lo ao oficial público, ante as duas testemunhas, escreva, na face externa do papel ou do envoltório, que aquele é o seu testamento, cuja aprovação lhe pede.

Art. 1.874. Depois de aprovado e cerrado, será o testamento entregue ao testador, e o tabelião lançará, no seu livro, nota do lugar, dia, mês e ano em que o testamento foi aprovado e entregue.

Art. 1.875. Falecido o testador, o testamento será apresentado ao juiz, que o abrirá e o fará registrar, ordenando seja cumprido, se não achar vício externo que o torne eivado de nulidade ou suspeito de falsidade.
Veja art. 1.972, CC.
Veja arts. 735 a 737, CPC.

Seção IV
Do Testamento Particular

Art. 1.876. O testamento particular pode ser escrito de próprio punho ou mediante processo mecânico.

314 | ARTS. 1.876 A 1.884 – CÓDIGO CIVIL

§ 1º Se escrito de próprio punho, são requisitos essenciais à sua validade seja lido e assinado por quem o escreveu, na presença de pelo menos três testemunhas, que o devem subscrever.

Veja arts. 228 e 1.880, CC.

§ 2º Se elaborado por processo mecânico, não pode conter rasuras ou espaços em branco, devendo ser assinado pelo testador, depois de o ter lido na presença de pelo menos três testemunhas, que o subscreverão.

Art. 1.877. Morto o testador, publicar-se-á em juízo o testamento, com citação dos herdeiros legítimos.

Veja art. 1.829, CC.

Veja art. 737, CPC.

Art. 1.878. Se as testemunhas forem contestes sobre o fato da disposição, ou, ao menos, sobre a sua leitura perante elas, e se reconhecerem as próprias assinaturas, assim como a do testador, o testamento será confirmado.

Veja art. 737, CPC.

Parágrafo único. Se faltarem testemunhas, por morte ou ausência, e se pelo menos uma delas o reconhecer, o testamento poderá ser confirmado, se, a critério do juiz, houver prova suficiente de sua veracidade.

Art. 1.879. Em circunstâncias excepcionais declaradas na cédula, o testamento particular de próprio punho e assinado pelo testador, sem testemunhas, poderá ser confirmado, a critério do juiz.

Art. 1.880. O testamento particular pode ser escrito em língua estrangeira, contanto que as testemunhas a compreendam.

Veja art. 1.876, § 1º, CC.

CAPÍTULO IV
DOS CODICILOS

Art. 1.881. Toda pessoa capaz de testar poderá, mediante escrito particular seu, datado e assinado, fazer disposições especiais sobre o seu enterro, sobre esmolas de pouca monta a certas e determinadas pessoas, ou, indeterminadamente, aos pobres de certo lugar, assim como legar móveis, roupas ou joias, de pouco valor, de seu uso pessoal.

Veja arts. 1.857, 1.860, 1.883 e 1.902, CC.

Veja art. 737, § 3º, CPC.

Art. 1.882. Os atos a que se refere o artigo antecedente, salvo direito de terceiro, valerão como codicilos, deixe ou não testamento o autor.

Art. 1.883. Pelo modo estabelecido no art. 1.881, poder-se-ão nomear ou substituir testamenteiros.

Veja art. 1.976, CC.

Art. 1.884. Os atos previstos nos artigos antecedentes revogam-se por atos iguais, e consideram-se revogados, se, havendo testamento posterior, de qualquer natureza, este os não confirmar ou modificar.

Veja arts. 1.969 a 1.971, CC.

CÓDIGO CIVIL – ARTS. 1.885 A 1.892 | 315

Art. 1.885. Se estiver fechado o codicilo, abrir-se-á do mesmo modo que o testamento cerrado.
Veja art. 1.875, CC.
Veja art. 735, CPC.

CAPÍTULO V
DOS TESTAMENTOS ESPECIAIS

Seção I
Disposições Gerais

Art. 1.886. São testamentos especiais:
Veja art. 1.887, CC.
Veja art. 737, § 3°, CPC.
I – o marítimo;
Veja arts. 1.888 a 1.892, CC.
II – o aeronáutico;
Veja arts. 1.888 a 1.892, CC.
III – o militar.
Veja arts. 1.893 a 1.896, CC.

Art. 1.887. Não se admitem outros testamentos especiais além dos contemplados neste Código.
Veja art. 1.886, CC.

Seção II
Do Testamento Marítimo e do Testamento Aeronáutico

Art. 1.888. Quem estiver em viagem, a bordo de navio nacional, de guerra ou mercante, pode testar perante o comandante, em presença de duas testemunhas, por forma que corresponda ao testamento público ou ao cerrado.
Veja arts. 1.788, 1.801, I e IV, 1.864 a 1.875 e 1.886, I e II, CC.
Veja art. 737, § 3°, CPC.

Parágrafo único. O registro do testamento será feito no diário de bordo.

Art. 1.889. Quem estiver em viagem, a bordo de aeronave militar ou comercial, pode testar perante pessoa designada pelo comandante, observado o disposto no artigo antecedente.

Art. 1.890. O testamento marítimo ou aeronáutico ficará sob a guarda do comandante, que o entregará às autoridades administrativas do primeiro porto ou aeroporto nacional, contra recibo averbado no diário de bordo.

Art. 1.891. Caducará o testamento marítimo, ou aeronáutico, se o testador não morrer na viagem, nem nos noventa dias subsequentes ao seu desembarque em terra, onde possa fazer, na forma ordinária, outro testamento.

Art. 1.892. Não valerá o testamento marítimo, ainda que feito no curso de uma viagem, se, ao tempo em que se fez, o navio estava em porto onde o testador pudesse desembarcar e testar na forma ordinária.

316 | ARTS. 1.893 A 1.897 – CÓDIGO CIVIL

Seção III
Do Testamento Militar

Art. 1.893. O testamento dos militares e demais pessoas a serviço das Forças Armadas em campanha, dentro do País ou fora dele, assim como em praça sitiada, ou que esteja de comunicações interrompidas, poderá fazer--se, não havendo tabelião ou seu substituto legal, ante duas, ou três testemunhas, se o testador não puder, ou não souber assinar, caso em que assinará por ele uma delas.

Veja arts. 1.788, 1.801, I e IV, 1.886, III, e 1.896, CC.

Veja art. 142, CF.

Veja art. 737, § 3º, CPC.

§ 1º Se o testador pertencer a corpo ou seção de corpo destacado, o testamento será escrito pelo respectivo comandante, ainda que de graduação ou posto inferior.

§ 2º Se o testador estiver em tratamento em hospital, o testamento será escrito pelo respectivo oficial de saúde, ou pelo diretor do estabelecimento.

§ 3º Se o testador for o oficial mais graduado, o testamento será escrito por aquele que o substituir.

Art. 1.894. Se o testador souber escrever, poderá fazer o testamento de seu punho, contanto que o date e assine por extenso, e o apresente aberto ou cerrado, na presença de duas testemunhas ao auditor, ou ao oficial de patente, que lhe faça as vezes neste mister.

Parágrafo único. O auditor, ou o oficial a quem o testamento se apresente notará, em qualquer parte dele, lugar, dia, mês e ano, em que lhe for apresentado, nota esta que será assinada por ele e pelas testemunhas.

Art. 1.895. Caduca o testamento militar, desde que, depois dele, o testador esteja, noventa dias seguidos, em lugar onde possa testar na forma ordinária, salvo se esse testamento apresentar as solenidades prescritas no parágrafo único do artigo antecedente.

Art. 1.896. As pessoas designadas no art. 1.893, estando empenhadas em combate, ou feridas, podem testar oralmente, confiando a sua última vontade a duas testemunhas.

Veja art. 1.801, II, CC.

Veja arts. 735 a 737, CPC.

Parágrafo único. Não terá efeito o testamento se o testador não morrer na guerra ou convalescer do ferimento.

CAPÍTULO VI
DAS DISPOSIÇÕES TESTAMENTÁRIAS

Art. 1.897. A nomeação de herdeiro, ou legatário, pode fazer-se pura e simplesmente, sob condição, para certo fim ou modo, ou por certo motivo.

Veja arts. 62, 80, II, 121, 137, 1.693, III e IV, e 1.733, § 2º, CC.

CÓDIGO CIVIL – ARTS. 1.898 A 1.903 | 317

Art. 1.898. A designação do tempo em que deva começar ou cessar o direito do herdeiro, salvo nas disposições fideicomissárias, ter-se-á por não escrita.
Veja arts. 131, 133, 135, 1.924, 1.928 e 1.951 a 1.960, CC.

Art. 1.899. Quando a cláusula testamentária for suscetível de interpretações diferentes, prevalecerá a que melhor assegure a observância da vontade do testador.
Veja arts. 112, 113 e 133, CC.

Art. 1.900. É nula a disposição:
Veja arts. 166, 1.859 e 1.909, CC.

I – que institua herdeiro ou legatário sob a condição captatória de que este disponha, também por testamento, em benefício do testador, ou de terceiro;

II – que se refira a pessoa incerta, cuja identidade não se possa averiguar;
Veja art. 1.903, CC.

III – que favoreça a pessoa incerta, cometendo a determinação de sua identidade a terceiro;
Veja arts. 1.901, I, e 1.903, CC.

IV – que deixe a arbítrio do herdeiro, ou de outrem, fixar o valor do legado;
Veja arts. 1.901, II, e 1.903, CC.

V – que favoreça as pessoas a que se referem os arts. 1.801 e 1.802.

Art. 1.901. Valerá a disposição:

I – em favor de pessoa incerta que deva ser determinada por terceiro, dentre duas ou mais pessoas mencionadas pelo testador, ou pertencentes a uma família, ou a um corpo coletivo, ou a um estabelecimento por ele designado;
Veja art. 1.900, III, CC.

II – em remuneração de serviços prestados ao testador, por ocasião da moléstia de que faleceu, ainda que fique ao arbítrio do herdeiro ou de outrem determinar o valor do legado.
Veja art. 1.900, IV, CC.

Art. 1.902. A disposição geral em favor dos pobres, dos estabelecimentos particulares de caridade, ou dos de assistência pública, entender-se-á relativa aos pobres do lugar do domicílio do testador ao tempo de sua morte, ou dos estabelecimentos aí sitos, salvo se manifestamente constar que tinha em mente beneficiar os de outra localidade.
Veja art. 1.881, CC.

Parágrafo único. Nos casos deste artigo, as instituições particulares preferirão sempre às públicas.

Art. 1.903. O erro na designação da pessoa do herdeiro, do legatário, ou da coisa legada anula a disposição, salvo se, pelo contexto do testamento, por outros documentos, ou por fatos inequívocos, se puder identificar a pessoa ou coisa a que o testador queria referir-se.

318 | ARTS. 1.903 A 1.912 – CÓDIGO CIVIL

Veja arts. 142, 1.859, 1.899, 1.900 e 1.909, CC.

Art. 1.904. Se o testamento nomear dois ou mais herdeiros, sem discriminar a parte de cada um, partilhar-se-á por igual, entre todos, a porção disponível do testador.

Veja art. 1.789, CC.

Art. 1.905. Se o testador nomear certos herdeiros individualmente e outros coletivamente, a herança será dividida em tantas quotas quantos forem os indivíduos e os grupos designados.

Art. 1.906. Se forem determinadas as quotas de cada herdeiro, e não absorverem toda a herança, o remanescente pertencerá aos herdeiros legítimos, segundo a ordem da vocação hereditária.

Veja arts. 1.829, 1.850 e 1.966, CC.

Art. 1.907. Se forem determinados os quinhões de uns e não os de outros herdeiros, distribuir-se-á por igual a estes últimos o que restar, depois de completas as porções hereditárias dos primeiros.

Art. 1.908. Dispondo o testador que não caiba ao herdeiro instituído certo e determinado objeto, dentre os da herança, tocará ele aos herdeiros legítimos.

Art. 1.909. São anuláveis as disposições testamentárias inquinadas de erro, dolo ou coação.

Veja arts. 138 a 155, 171 a 185, 1.788, 1.859, 1.900 e 1.903, CC.

Parágrafo único. Extingue-se em quatro anos o direito de anular a disposição, contados de quando o interessado tiver conhecimento do vício.

Art. 1.910. A ineficácia de uma disposição testamentária importa a das outras que, sem aquela, não teriam sido determinadas pelo testador.

Veja arts. 184 e 185, CC.

Art. 1.911. A cláusula de inalienabilidade, imposta aos bens por ato de liberalidade, implica impenhorabilidade e incomunicabilidade.

Veja arts. 1.693, III, 1.733, § 2°, e 1.848, CC.

Veja arts. 833 e 834, CPC.

Veja art. 171, § 2°, II, CP.

Parágrafo único. No caso de desapropriação de bens clausulados, ou de sua alienação, por conveniência econômica do donatário ou do herdeiro, mediante autorização judicial, o produto da venda converter-se-á em outros bens, sobre os quais incidirão as restrições apostas aos primeiros.

Veja arts. 723, parágrafo único, e 725, II, CPC.

CAPÍTULO VII
DOS LEGADOS

Seção I
Disposições Gerais

Art. 1.912. É ineficaz o legado de coisa certa que não pertença ao testador no momento da abertura da sucessão.

CÓDIGO CIVIL – ARTS. 1.912 A 1.922 | 319

Veja arts. 166, VII, 185, 1.268, 1.420, § 1º, 1.914 a 1.916 e 1.939, II, CC.

Art. 1.913. Se o testador ordenar que o herdeiro ou legatário entregue coisa de sua propriedade a outrem, não o cumprindo ele, entender-se-á que renunciou à herança ou ao legado.

Veja arts. 1.914 e 1.935, CC.

Art. 1.914. Se tão somente em parte a coisa legada pertencer ao testador, ou, no caso do artigo antecedente, ao herdeiro ou ao legatário, só quanto a essa parte valerá o legado.

Veja art. 1.939, II, CC.

Art. 1.915. Se o legado for de coisa que se determine pelo gênero, será o mesmo cumprido, ainda que tal coisa não exista entre os bens deixados pelo testador.

Veja arts. 85 e 1.929 a 1.931, CC.

Art. 1.916. Se o testador legar coisa sua, singularizando-a, só terá eficácia o legado se, ao tempo do seu falecimento, ela se achava entre os bens da herança; se a coisa legada existir entre os bens do testador, mas em quantidade inferior à do legado, este será eficaz apenas quanto à existente.

Veja art. 1.939, II, CC.

Art. 1.917. O legado de coisa que deva encontrar-se em determinado lugar só terá eficácia se nele for achada, salvo se removida a título transitório.

Art. 1.918. O legado de crédito, ou de quitação de dívida, terá eficácia somente até a importância desta, ou daquele, ao tempo da morte do testador.

§ 1º Cumpre-se o legado, entregando o herdeiro ao legatário o título respectivo.

§ 2º Este legado não compreende as dívidas posteriores à data do testamento.

Art. 1.919. Não o declarando expressamente o testador, não se reputará compensação da sua dívida o legado que ele faça ao credor.

Veja arts. 368 a 380, CC.

Parágrafo único. Subsistirá integralmente o legado, se a dívida lhe foi posterior, e o testador a solveu antes de morrer.

Art. 1.920. O legado de alimentos abrange o sustento, a cura, o vestuário e a casa, enquanto o legatário viver, além da educação, se ele for menor.

Veja art. 1.928, parágrafo único, CC.

Art. 1.921. O legado de usufruto, sem fixação de tempo, entende-se deixado ao legatário por toda a sua vida.

Veja art. 1.410, I, CC.

Art. 1.922. Se aquele que legar um imóvel lhe ajuntar depois novas aquisições, estas, ainda que contíguas, não se compreendem no legado, salvo expressa declaração em contrário do testador.

Veja arts. 92 e 1.937, CC.

Parágrafo único. Não se aplica o disposto neste artigo às benfeitorias necessárias, úteis ou voluptuárias feitas no prédio legado.

Veja art. 96, CC.

320 | ARTS. 1.923 A 1.931 – CÓDIGO CIVIL

Seção II
Dos Efeitos do Legado e do seu Pagamento

Art. 1.923. Desde a abertura da sucessão, pertence ao legatário a coisa certa, existente no acervo, salvo se o legado estiver sob condição suspensiva.

Veja arts. 121, 125, 131, 135, 1.784, 1.900, I, e 1.937, CC.

§ 1º Não se defere de imediato a posse da coisa, nem nela pode o legatário entrar por autoridade própria.

§ 2º O legado de coisa certa existente na herança transfere também ao legatário os frutos que produzir, desde a morte do testador, exceto se dependente de condição suspensiva, ou de termo inicial.

Art. 1.924. O direito de pedir o legado não se exercerá, enquanto se litigue sobre a validade do testamento, e, nos legados condicionais, ou a prazo, enquanto esteja pendente a condição ou o prazo não se vença.

Veja arts. 121 a 135 e 1.923, CC.

Art. 1.925. O legado em dinheiro só vence juros desde o dia em que se constituir em mora a pessoa obrigada a prestá-lo.

Veja arts. 394, 397, 406, 407 e 1.923, § 2º, CC.

Art. 1.926. Se o legado consistir em renda vitalícia ou pensão periódica, esta ou aquela correrá da morte do testador.

Veja arts. 1.920 e 1.928, CC.

Art. 1.927. Se o legado for de quantidades certas, em prestações periódicas, datará da morte do testador o primeiro período, e o legatário terá direito a cada prestação, uma vez encetado cada um dos períodos sucessivos, ainda que venha a falecer antes do termo dele.

Art. 1.928. Sendo periódicas as prestações, só no termo de cada período se poderão exigir.

Parágrafo único. Se as prestações forem deixadas a título de alimentos, pagar-se-ão no começo de cada período, sempre que outra coisa não tenha disposto o testador.

Veja art. 1.920, CC.

Art. 1.929. Se o legado consiste em coisa determinada pelo gênero, ao herdeiro tocará escolhê-la, guardando o meio-termo entre as congêneres da melhor e pior qualidade.

Veja arts. 244, 1.915, 1.930 e 1.931, CC.

Art. 1.930. O estabelecido no artigo antecedente será observado, quando a escolha for deixada a arbítrio de terceiro; e, se este não a quiser ou não a puder exercer, ao juiz competirá fazê-la, guardado o disposto na última parte do artigo antecedente.

Veja arts. 252, § 4º, e 1.931, CC.

Art. 1.931. Se a opção foi deixada ao legatário, este poderá escolher, do gênero determinado, a melhor coisa que houver na herança; e, se nesta não existir coisa de tal gênero, dar-lhe-á de outra congênere o herdeiro, observada a disposição na última parte do art. 1.929.

Veja arts. 244, 252 e 1.930, CC.

CÓDIGO CIVIL – ARTS. 1.932 A 1.940 | 321

Art. 1.932. No legado alternativo, presume-se deixada ao herdeiro a opção.

Veja arts. 252 a 256 e 1.940, CC.

Art. 1.933. Se o herdeiro ou legatário a quem couber a opção falecer antes de exercê-la, passará este poder aos seus herdeiros.

Veja arts. 252 e 1.809, CC.

Art. 1.934. No silêncio do testamento, o cumprimento dos legados incumbe aos herdeiros e, não os havendo, aos legatários, na proporção do que herdaram.

Parágrafo único. O encargo estabelecido neste artigo, não havendo disposição testamentária em contrário, caberá ao herdeiro ou legatário incumbido pelo testador da execução do legado; quando indicados mais de um, os onerados dividirão entre si o ônus, na proporção do que recebam da herança.

Art. 1.935. Se algum legado consistir em coisa pertencente a herdeiro ou legatário (art. 1.913), só a ele incumbirá cumpri-lo, com regresso contra os coerdeiros, pela quota de cada um, salvo se o contrário expressamente dispôs o testador.

Veja art. 125, II, CPC.

Art. 1.936. As despesas e os riscos da entrega do legado correm à conta do legatário, se não dispuser diversamente o testador.

Art. 1.937. A coisa legada entregar-se-á, com seus acessórios, no lugar e estado em que se achava ao falecer o testador, passando ao legatário com todos os encargos que a onerarem.

Veja arts. 92, 1.922, parágrafo único, e 1.923, CC.

Art. 1.938. Nos legados com encargo, aplica-se ao legatário o disposto neste Código quanto às doações de igual natureza.

Veja arts. 136, 553, 555 e 562, CC.

Seção III
Da Caducidade dos Legados

Art. 1.939. Caducará o legado:

I – se, depois do testamento, o testador modificar a coisa legada, ao ponto de já não ter a forma nem lhe caber a denominação que possuía;

II – se o testador, por qualquer título, alienar no todo ou em parte a coisa legada; nesse caso, caducará até onde ela deixou de pertencer ao testador;

Veja arts. 1.912, 1.914 e 1.916, CC.

III – se a coisa perecer ou for evicta, vivo ou morto o testador, sem culpa do herdeiro ou legatário incumbido do seu cumprimento;

Veja arts. 447 a 457 e 552, CC.

IV – se o legatário for excluído da sucessão, nos termos do art. 1.815;

V – se o legatário falecer antes do testador.

Art. 1.940. Se o legado for de duas ou mais coisas alternativamente, e algumas delas perecerem, subsistirá quanto às restantes; perecendo parte de uma, valerá, quanto ao seu remanescente, o legado.

ARTS. 1.940 A 1.946 – CÓDIGO CIVIL

Veja arts. 253, 1.932 e 1.939, III, CC.

CAPÍTULO VIII
DO DIREITO DE ACRESCER
ENTRE HERDEIROS E LEGATÁRIOS

Art. 1.941. Quando vários herdeiros, pela mesma disposição testamentária, forem conjuntamente chamados à herança em quinhões não determinados, e qualquer deles não puder ou não quiser aceitá-la, a sua parte acrescerá à dos coerdeiros, salvo o direito do substituto.

Veja arts. 1.943 e 1.947, CC.

Art. 1.942. O direito de acrescer competirá aos colegatários, quando nomeados conjuntamente a respeito de uma só coisa, determinada e certa, ou quando o objeto do legado não puder ser dividido sem risco de desvalorização.

Veja arts. 87, 88 e 1.943, CC.

Art. 1.943. Se um dos coerdeiros ou colegatários, nas condições do artigo antecedente, morrer antes do testador; se renunciar a herança ou legado, ou destes for excluído, e, se a condição sob a qual foi instituído não se verificar, acrescerá o seu quinhão, salvo o direito do substituto, à parte dos coerdeiros ou colegatários conjuntos.

Veja arts. 121, 125, 127, 1.788, 1.809, 1.810, 1.814, 1.941, 1.942 e 1.947, CC.

Parágrafo único. Os coerdeiros ou colegatários, aos quais acresceu o quinhão daquele que não quis ou não pôde suceder, ficam sujeitos às obrigações ou encargos que o oneravam.

Veja art. 136, CC.

Art. 1.944. Quando não se efetua o direito de acrescer, transmite-se aos herdeiros legítimos a quota vaga do nomeado.

Veja arts. 1.784, 1.906 e 1.908, CC.

Parágrafo único. Não existindo o direito de acrescer entre os colegatários, a quota do que faltar acresce ao herdeiro ou ao legatário incumbido de satisfazer esse legado, ou a todos os herdeiros, na proporção dos seus quinhões, se o legado se deduziu da herança.

Art. 1.945. Não pode o beneficiário do acréscimo repudiá-lo separadamente da herança ou legado que lhe caiba, salvo se o acréscimo comportar encargos especiais impostos pelo testador; nesse caso, uma vez repudiado, reverte o acréscimo para a pessoa a favor de quem os encargos foram instituídos.

Art. 1.946. Legado um só usufruto conjuntamente a duas ou mais pessoas, a parte da que faltar acresce aos colegatários.

Veja art. 1.411, CC.

Parágrafo único. Se não houver conjunção entre os colegatários, ou se, apesar de conjuntos, só lhes foi legada certa parte do usufruto, consolidar-se-ão na propriedade as quotas dos que faltarem, à medida que eles forem faltando.

CÓDIGO CIVIL – ARTS. 1.947 A 1.954 | 323

CAPÍTULO IX
DAS SUBSTITUIÇÕES

Seção I
Da Substituição Vulgar e da Recíproca

Art. 1.947. O testador pode substituir outra pessoa ao herdeiro ou ao legatário nomeado, para o caso de um ou outro não querer ou não poder aceitar a herança ou o legado, presumindo-se que a substituição foi determinada para as duas alternativas, ainda que o testador só a uma se refira.

Veja art. 1.799, CC.

Art. 1.948. Também é lícito ao testador substituir muitas pessoas por uma só, ou vice-versa, e ainda substituir com reciprocidade ou sem ela.

Art. 1.949. O substituto fica sujeito à condição ou encargo imposto ao substituído, quando não for diversa a intenção manifestada pelo testador, ou não resultar outra coisa da natureza da condição ou do encargo.

Veja arts. 121 e 136, CC.

Art. 1.950. Se, entre muitos coerdeiros ou legatários de partes desiguais, for estabelecida substituição recíproca, a proporção dos quinhões fixada na primeira disposição entender-se-á mantida na segunda; se, com as outras anteriormente nomeadas, for incluída mais alguma pessoa na substituição, o quinhão vago pertencerá em partes iguais aos substitutos.

Seção II
Da Substituição Fideicomissária

Art. 1.951. Pode o testador instituir herdeiros ou legatários, estabelecendo que, por ocasião de sua morte, a herança ou o legado se transmita ao fiduciário, resolvendo-se o direito deste, por sua morte, a certo tempo ou sob certa condição, em favor de outrem, que se qualifica de fideicomissário.

Veja arts. 27, III, 1.668, II, e 1.898, CC.

Art. 1.952. A substituição fideicomissária somente se permite em favor dos não concebidos ao tempo da morte do testador.

Veja arts. 2°, 1.799, I, e 1.959, CC.

Parágrafo único. Se, ao tempo da morte do testador, já houver nascido o fideicomissário, adquirirá este a propriedade dos bens fideicometidos, convertendo-se em usufruto o direito do fiduciário.

Veja arts. 1.390 a 1.411, CC.

Art. 1.953. O fiduciário tem a propriedade da herança ou legado, mas restrita e resolúvel.

Veja arts. 1.231, 1.359 e 1.360, CC.

Parágrafo único. O fiduciário é obrigado a proceder ao inventário dos bens gravados, e a prestar caução de restituí-los se o exigir o fideicomissário.

Art. 1.954. Salvo disposição em contrário do testador, se o fiduciário renunciar a herança ou o legado, defere-se ao fideicomissário o poder de aceitar.

324 | ARTS. 1.954 A 1.964 – CÓDIGO CIVIL

Veja arts. 1.806, 1.808, 1.943 e 1.944, CC.

Art. 1.955. O fideicomissário pode renunciar a herança ou o legado, e, neste caso, o fideicomisso caduca, deixando de ser resolúvel a propriedade do fiduciário, se não houver disposição contrária do testador.

Veja arts. 1.806, 1.808, 1.813 e 1.958, CC.

Art. 1.956. Se o fideicomissário aceitar a herança ou o legado, terá direito à parte que, ao fiduciário, em qualquer tempo acrescer.

Art. 1.957. Ao sobrevir a sucessão, o fideicomissário responde pelos encargos da herança que ainda restarem.

Art. 1.958. Caduca o fideicomisso se o fideicomissário morrer antes do fiduciário, ou antes de realizar-se a condição resolutória do direito deste último; nesse caso, a propriedade consolida-se no fiduciário, nos termos do art. 1.955.

Art. 1.959. São nulos os fideicomissos além do segundo grau.

Art. 1.960. A nulidade da substituição ilegal não prejudica a instituição, que valerá sem o encargo resolutório.

Veja art. 1.959, CC.

CAPÍTULO X
DA DESERDAÇÃO

Art. 1.961. Os herdeiros necessários podem ser privados de sua legítima, ou deserdados, em todos os casos em que podem ser excluídos da sucessão.

Veja arts. 1.789, 1.814 a 1.818 e 1.846, CC.

Art. 1.962. Além das causas mencionadas no art. 1.814, autorizam a deserdação dos descendentes por seus ascendentes:

Veja art. 557, CC.

Veja arts. 5º, I, e 227, § 6º, CF.

Veja art. 9º, Lei n. 883, de 21.10.1949.

I – ofensa física;

II – injúria grave;

III – relações ilícitas com a madrasta ou com o padrasto;

IV – desamparo do ascendente em alienação mental ou grave enfermidade.

Art. 1.963. Além das causas enumeradas no art. 1.814, autorizam a deserdação dos ascendentes pelos descendentes:

I – ofensa física;

II – injúria grave;

III – relações ilícitas com a mulher ou companheira do filho ou a do neto, ou com o marido ou companheiro da filha ou o da neta;

IV – desamparo do filho ou neto com deficiência mental ou grave enfermidade.

Art. 1.964. Somente com expressa declaração de causa pode a deserdação ser ordenada em testamento.

CÓDIGO CIVIL – ARTS. 1.964 A 1.969 | 325

Veja arts. 1.814 e 1.975, CC.

Art. 1.965. Ao herdeiro instituído, ou àquele a quem aproveite a deserdação, incumbe provar a veracidade da causa alegada pelo testador.
Veja arts. 1.816 e 1.964, CC.

Parágrafo único. O direito de provar a causa da deserdação extingue-se no prazo de quatro anos, a contar da data da abertura do testamento.
Veja art. 1.815, parágrafo único, CC.

CAPÍTULO XI
DA REDUÇÃO DAS DISPOSIÇÕES TESTAMENTÁRIAS

Art. 1.966. O remanescente pertencerá aos herdeiros legítimos, quando o testador só em parte dispuser da quota hereditária disponível.
Veja arts. 1.829, 1.845, 1.906, 1.908 e 1.975, CC.

Art. 1.967. As disposições que excederem a parte disponível reduzir-se-ão aos limites dela, de conformidade com o disposto nos parágrafos seguintes.
Veja arts. 549, 1.846, 1.847 e 2.007, CC.

§ 1º Em se verificando excederem as disposições testamentárias a porção disponível, serão proporcionalmente reduzidas as quotas do herdeiro ou herdeiros instituídos, até onde baste, e, não bastando, também os legados, na proporção do seu valor.

§ 2º Se o testador, prevenindo o caso, dispuser que se inteirem, de preferência, certos herdeiros e legatários, a redução far-se-á nos outros quinhões ou legados, observando-se a seu respeito a ordem estabelecida no parágrafo antecedente.

Art. 1.968. Quando consistir em prédio divisível o legado sujeito a redução, far-se-á esta dividindo-o proporcionalmente.
Veja arts. 87 e 1.904 a 1.908, CC.

§ 1º Se não for possível a divisão, e o excesso do legado montar a mais de um quarto do valor do prédio, o legatário deixará inteiro na herança o imóvel legado, ficando com o direito de pedir aos herdeiros o valor que couber na parte disponível; se o excesso não for de mais de um quarto, aos herdeiros fará tornar em dinheiro o legatário, que ficará com o prédio.

§ 2º Se o legatário for ao mesmo tempo herdeiro necessário, poderá inteirar sua legítima no mesmo imóvel, de preferência aos outros, sempre que ela e a parte subsistente do legado lhe absorverem o valor.
Veja arts. 1.845 a 1.849, CC.

CAPÍTULO XII
DA REVOGAÇÃO DO TESTAMENTO

Art. 1.969. O testamento pode ser revogado pelo mesmo modo e forma como pode ser feito.
Veja art. 1º, III, Lei n. 8.560, de 29.12.1992.

326 | ARTS. 1.970 A 1.977 – CÓDIGO CIVIL

Art. 1.970. A revogação do testamento pode ser total ou parcial.

Parágrafo único. Se parcial, ou se o testamento posterior não contiver cláusula revogatória expressa, o anterior subsiste em tudo que não for contrário ao posterior.

Art. 1.971. A revogação produzirá seus efeitos, ainda quando o testamento, que a encerra, vier a caducar por exclusão, incapacidade ou renúncia do herdeiro nele nomeado; não valerá, se o testamento revogatório for anulado por omissão ou infração de solenidades essenciais ou por vícios intrínsecos.

Veja arts. 1.864, 1.868, 1.891 e 1.895, CC.

Art. 1.972. O testamento cerrado que o testador abrir ou dilacerar, ou for aberto ou dilacerado com seu consentimento, haver-se-á como revogado.

Veja arts. 1.868 a 1.875, CC.

CAPÍTULO XIII
DO ROMPIMENTO DO TESTAMENTO

Art. 1.973. Sobrevindo descendente sucessível ao testador, que não o tinha ou não o conhecia quando testou, rompe-se o testamento em todas as suas disposições, se esse descendente sobreviver ao testador.

Veja arts. 1.609, 1.610, 1.788, 1.789, 1.845, 1.846, 1.939 e 1.940, CC.

Art. 1.974. Rompe-se também o testamento feito na ignorância de existirem outros herdeiros necessários.

Veja arts. 1.789, 1.845 a 1.847, 1.939 e 1.940, CC.

Art. 1.975. Não se rompe o testamento, se o testador dispuser da sua metade, não contemplando os herdeiros necessários de cuja existência saiba, ou quando os exclua dessa parte.

Veja arts. 1.789, 1.845 a 1.847, 1.850, 1.939, 1.940 e 1.961 a 1.965, CC.

CAPÍTULO XIV
DO TESTAMENTEIRO

Art. 1.976. O testador pode nomear um ou mais testamenteiros, conjuntos ou separados, para lhe darem cumprimento às disposições de última vontade.

Veja arts. 1.883 e 1.986, CC.

Veja art. 168, § 1º, II, CP.

Art. 1.977. O testador pode conceder ao testamenteiro a posse e a administração da herança, ou de parte dela, não havendo cônjuge ou herdeiros necessários.

Veja arts. 1.797, III, e 1.845, CC.

Veja art. 617, V, CPC.

Parágrafo único. Qualquer herdeiro pode requerer partilha imediata, ou devolução da herança, habilitando o testamenteiro com os meios necessários para o cumprimento dos legados, ou dando caução de prestá-los.

Veja art. 2.013, CC.

CÓDIGO CIVIL – ARTS. 1.978 A 1.987 | 327

Art. 1.978. Tendo o testamenteiro a posse e a administração dos bens, incumbe-lhe requerer inventário e cumprir o testamento.
Veja arts. 615 e 616, IV, CPC.

Art. 1.979. O testamenteiro nomeado, ou qualquer parte interessada, pode requerer, assim como o juiz pode ordenar, de ofício, ao detentor do testamento, que o leve a registro.
Veja art. 735, §§ 3º e 4º, CPC.

Art. 1.980. O testamenteiro é obrigado a cumprir as disposições testamentárias, no prazo marcado pelo testador, e a dar contas do que recebeu e despendeu, subsistindo sua responsabilidade enquanto durar a execução do testamento.
Veja art. 1.983, CC.

Art. 1.981. Compete ao testamenteiro, com ou sem o concurso do inventariante e dos herdeiros instituídos, defender a validade do testamento.

Art. 1.982. Além das atribuições exaradas nos artigos antecedentes, terá o testamenteiro as que lhe conferir o testador, nos limites da lei.

Art. 1.983. Não concedendo o testador prazo maior, cumprirá o testamenteiro o testamento e prestará contas em cento e oitenta dias, contados da aceitação da testamentaria.

Parágrafo único. Pode esse prazo ser prorrogado se houver motivo suficiente.

Art. 1.984. Na falta de testamenteiro nomeado pelo testador, a execução testamentária compete a um dos cônjuges, e, em falta destes, ao herdeiro nomeado pelo juiz.
Veja art. 1.797, CC.
Veja art. 617, CPC.

Art. 1.985. O encargo da testamentaria não se transmite aos herdeiros do testamenteiro, nem é delegável; mas o testamenteiro pode fazer-se representar em juízo e fora dele, mediante mandatário com poderes especiais.
Veja arts. 653, 660 e 692, CC.

Art. 1.986. Havendo simultaneamente mais de um testamenteiro, que tenha aceitado o cargo, poderá cada qual exercê-lo, em falta dos outros; mas todos ficam solidariamente obrigados a dar conta dos bens que lhes forem confiados, salvo se cada um tiver, pelo testamento, funções distintas, e a elas se limitar.
Veja arts. 275 a 285 e 1.976, CC.

Art. 1.987. Salvo disposição testamentária em contrário, o testamenteiro, que não seja herdeiro ou legatário, terá direito a um prêmio, que, se o testador não o houver fixado, será de um a cinco por cento, arbitrado pelo juiz, sobre a herança líquida, conforme a importância dela e maior ou menor dificuldade na execução do testamento.
Veja art. 1.989, CC.

Parágrafo único. O prêmio arbitrado será pago à conta da parte disponível, quando houver herdeiro necessário.

328 | ARTS. 1.987 A 1.995 – CÓDIGO CIVIL

Veja arts. 1.845 a 1.849, CC.

Art. 1.988. O herdeiro ou o legatário nomeado testamenteiro poderá preferir o prêmio à herança ou ao legado.

Art. 1.989. Reverterá à herança o prêmio que o testamenteiro perder, por ser removido ou por não ter cumprido o testamento.

Veja arts. 1.796, 1.978 e 1.987, CC.

Art. 1.990. Se o testador tiver distribuído toda a herança em legados, exercerá o testamenteiro as funções de inventariante.

Veja arts. 1.797, III, 1.912 a 1.938 e 1.991, CC.

Veja arts. 617 a 619, CPC.

TÍTULO IV
DO INVENTÁRIO E DA PARTILHA

CAPÍTULO I
DO INVENTÁRIO

Veja art. 610, CPC.

Art. 1.991. Desde a assinatura do compromisso até a homologação da partilha, a administração da herança será exercida pelo inventariante.

Veja arts. 1.314, 1.784, 1.791, 1.796, 1.797, 1.977, 1.978, 1.981, 1.990 e 2.013, CC.

Veja arts. 48, 75, VII, § 1º, e 610 a 625, CPC.

CAPÍTULO II
DOS SONEGADOS

Art. 1.992. O herdeiro que sonegar bens da herança, não os descrevendo no inventário quando estejam em seu poder, ou, com o seu conhecimento, no de outrem, ou que os omitir na colação, a que os deva levar, ou que deixar de restituí-los, perderá o direito que sobre eles lhe cabia.

Veja arts. 2.003 e 2.022, CC.

Veja arts. 621 e 669, I, CPC.

Art. 1.993. Além da pena cominada no artigo antecedente, se o sonegador for o próprio inventariante, remover-se-á, em se provando a sonegação, ou negando ele a existência dos bens, quando indicados.

Veja arts. 621 e 622, VI, CPC.

Art. 1.994. A pena de sonegados só se pode requerer e impor em ação movida pelos herdeiros ou pelos credores da herança.

Veja arts. 205 e 2.022, CC.

Parágrafo único. A sentença que se proferir na ação de sonegados, movida por qualquer dos herdeiros ou credores, aproveita aos demais interessados.

Art. 1.995. Se não se restituírem os bens sonegados, por já não os ter o sonegador em seu poder, pagará ele a importância dos valores que ocultou, mais as perdas e danos.

CÓDIGO CIVIL – ARTS. 1.995 A 2.001 | 329

Veja arts. 402 a 405, CC.

Veja art. 641, § 2º, CPC.

Art. 1.996. Só se pode arguir de sonegação o inventariante depois de encerrada a descrição dos bens, com a declaração, por ele feita, de não existirem outros por inventariar e partir, assim como arguir o herdeiro, depois de declarar-se no inventário que não os possui.

Veja art. 621, CPC.

CAPÍTULO III
DO PAGAMENTO DAS DÍVIDAS

Art. 1.997. A herança responde pelo pagamento das dívidas do falecido; mas, feita a partilha, só respondem os herdeiros, cada qual em proporção da parte que na herança lhe coube.

Veja arts. 91, 276, 391, 836, 943, 1.700, 1.792 e 1.821, CC.

Veja arts. 642 a 646, 659 a 667, 789 e 796, CPC.

Veja art. 23, Lei n. 6.515, de 26.12.1977.

§ 1º Quando, antes da partilha, for requerido no inventário o pagamento de dívidas constantes de documentos, revestidos de formalidades legais, constituindo prova bastante da obrigação, e houver impugnação, que não se funde na alegação de pagamento, acompanhada de prova valiosa, o juiz mandará reservar, em poder do inventariante, bens suficientes para solução do débito, sobre os quais venha a recair oportunamente a execução.

Veja arts. 643, parágrafo único, e 651, CPC.

§ 2º No caso previsto no parágrafo antecedente, o credor será obrigado a iniciar a ação de cobrança no prazo de trinta dias, sob pena de se tornar de nenhum efeito a providência indicada.

Veja arts. 642 a 646 e 668, I, CPC.

Art. 1.998. As despesas funerárias, haja ou não herdeiros legítimos, sairão do monte da herança; mas as de sufrágios por alma do falecido só obrigarão a herança quando ordenadas em testamento ou codicilo.

Veja arts. 965, I, e 1.847 e 1.881, CC.

Art. 1.999. Sempre que houver ação regressiva de uns contra outros herdeiros, a parte do coerdeiro insolvente dividir-se-á em proporção entre os demais.

Veja art. 125, II, CPC.

Art. 2.000. Os legatários e credores da herança podem exigir que do patrimônio do falecido se discrimine o do herdeiro, e, em concurso com os credores deste, ser-lhes-ão preferidos no pagamento.

Art. 2.001. Se o herdeiro for devedor ao espólio, sua dívida será partilhada igualmente entre todos, salvo se a maioria consentir que o débito seja imputado inteiramente no quinhão do devedor.

CAPÍTULO IV
DA COLAÇÃO

Art. 2.002. Os descendentes que concorrerem à sucessão do ascendente comum são obrigados, para igualar as legítimas, a conferir o valor das doações que dele em vida receberam, sob pena de sonegação.

Veja arts. 1.829, I, 1.992, 2.010 e 2.011, CC.

Veja arts. 411, III, 412 a 418 e 639 a 641, CPC.

Parágrafo único. Para cálculo da legítima, o valor dos bens conferidos será computado na parte indisponível, sem aumentar a disponível.

Veja arts. 544, 549, 1.846 e 1.847, CC.

Art. 2.003. A colação tem por fim igualar, na proporção estabelecida neste Código, as legítimas dos descendentes e do cônjuge sobrevivente, obrigando também os donatários que, ao tempo do falecimento do doador, já não possuírem os bens doados.

Veja arts. 544 e 2.009, CC.

Veja arts. 305 a 307, CPC.

Parágrafo único. Se, computados os valores das doações feitas em adiantamento de legítima, não houver no acervo bens suficientes para igualar as legítimas dos descendentes e do cônjuge, os bens assim doados serão conferidos em espécie, ou, quando deles já não disponha o donatário, pelo seu valor ao tempo da liberalidade.

Veja art. 2.004, CC.

Art. 2.004. O valor de colação dos bens doados será aquele, certo ou estimativo, que lhes atribuir o ato de liberalidade.

Veja art. 639, parágrafo único, CPC.

§ 1º Se do ato de doação não constar valor certo, nem houver estimação feita naquela época, os bens serão conferidos na partilha pelo que então se calcular valessem ao tempo da liberalidade.

§ 2º Só o valor dos bens doados entrará em colação; não assim o das benfeitorias acrescidas, as quais pertencerão ao herdeiro donatário, correndo também à conta deste os rendimentos ou lucros, assim como os danos e perdas que eles sofrerem.

Veja arts. 96 e 402 a 405, CC.

Art. 2.005. São dispensadas da colação as doações que o doador determinar saiam da parte disponível, contanto que não a excedam, computado o seu valor ao tempo da doação.

Veja arts. 549 e 1.857, § 1º, CC.

Parágrafo único. Presume-se imputada na parte disponível a liberalidade feita a descendente que, ao tempo do ato, não seria chamado à sucessão na qualidade de herdeiro necessário.

Art. 2.006. A dispensa da colação pode ser outorgada pelo doador em testamento, ou no próprio título de liberalidade.

Art. 2.007. São sujeitas à redução as doações em que se apurar excesso quanto ao que o doador poderia dispor, no momento da liberalidade.

CÓDIGO CIVIL – ARTS. 2.007 A 2.014 | 331

Veja arts. 549, 1.967, 2.003, parágrafo único, e 2.005, CC.

Veja art. 640, CPC.

§ 1º O excesso será apurado com base no valor que os bens doados tinham, no momento da liberalidade.

Veja art. 2.004, CC.

§ 2º A redução da liberalidade far-se-á pela restituição ao monte do excesso assim apurado; a restituição será em espécie, ou, se não mais existir o bem em poder do donatário, em dinheiro, segundo o seu valor ao tempo da abertura da sucessão, observadas, no que forem aplicáveis, as regras deste Código sobre a redução das disposições testamentárias.

§ 3º Sujeita-se a redução, nos termos do parágrafo antecedente, a parte da doação feita a herdeiros necessários que exceder a legítima e mais a quota disponível.

§ 4º Sendo várias as doações a herdeiros necessários, feitas em diferentes datas, serão elas reduzidas a partir da última, até a eliminação do excesso.

Art. 2.008. Aquele que renunciou a herança ou dela foi excluído, deve, não obstante, conferir as doações recebidas, para o fim de repor o que exceder o disponível.

Veja arts. 549, 1.806, 1.808, 1.810 a 1.812, 1.814 a 1.818, 1.961 a 1.963 e 1.967, CC.

Veja arts. 618, I, e 640, CPC.

Art. 2.009. Quando os netos, representando os seus pais, sucederem aos avós, serão obrigados a trazer à colação, ainda que não o hajam herdado, o que os pais teriam de conferir.

Veja arts. 1.835, 1.851 e 1.852, CC.

Art. 2.010. Não virão à colação os gastos ordinários do ascendente com o descendente, enquanto menor, na sua educação, estudos, sustento, vestuário, tratamento nas enfermidades, enxoval, assim como as despesas de casamento, ou as feitas no interesse de sua defesa em processo-crime.

Veja art. 1.694, CC.

Art. 2.011. As doações remuneratórias de serviços feitos ao ascendente também não estão sujeitas a colação.

Art. 2.012. Sendo feita a doação por ambos os cônjuges, no inventário de cada um se conferirá por metade.

CAPÍTULO V
DA PARTILHA

Art. 2.013. O herdeiro pode sempre requerer a partilha, ainda que o testador o proíba, cabendo igual faculdade aos seus cessionários e credores.

Veja arts. 349, 1.321 e 2.023, CC.

Veja arts. 616 e 647 a 658, CPC.

Art. 2.014. Pode o testador indicar os bens e valores que devem compor os quinhões hereditários, deliberando ele próprio a partilha, que prevalecerá, salvo se o valor dos bens não corresponder às quotas estabelecidas.

Veja arts. 1.321 e 2.018, CC.

332 | ARTS. 2.015 A 2.022 – CÓDIGO CIVIL

Art. 2.015. Se os herdeiros forem capazes, poderão fazer partilha amigável, por escritura pública, termo nos autos do inventário, ou escrito particular, homologado pelo juiz.
Veja art. 1.321, CC.
Veja arts. 657 e 659 a 667, CPC.

Art. 2.016. Será sempre judicial a partilha, se os herdeiros divergirem, assim como se algum deles for incapaz.
Veja arts. 3º, 4º e 1.321, CC.
Veja arts. 647 e 658, CPC.

Art. 2.017. No partilhar os bens, observar-se-á, quanto ao seu valor, natureza e qualidade, a maior igualdade possível.
Veja art. 1.321, CC.

Art. 2.018. É válida a partilha feita por ascendente, por ato entre vivos ou de última vontade, contanto que não prejudique a legítima dos herdeiros necessários.
Veja arts. 426, 544, 1.321, 1.789, 1.845 a 1.847 e 2.014, CC.

Art. 2.019. Os bens insuscetíveis de divisão cômoda, que não couberem na meação do cônjuge sobrevivente ou no quinhão de um só herdeiro, serão vendidos judicialmente, partilhando-se o valor apurado, a não ser que haja acordo para serem adjudicados a todos.
Veja arts. 1.321, 1.322 e 1.489, IV, CC.

§ 1º Não se fará a venda judicial se o cônjuge sobrevivente ou um ou mais herdeiros requererem lhes seja adjudicado o bem, repondo aos outros, em dinheiro, a diferença, após avaliação atualizada.

§ 2º Se a adjudicação for requerida por mais de um herdeiro, observar-se-á o processo da licitação.

Art. 2.020. Os herdeiros em posse dos bens da herança, o cônjuge sobrevivente e o inventariante são obrigados a trazer ao acervo os frutos que perceberam, desde a abertura da sucessão; têm direito ao reembolso das despesas necessárias e úteis que fizeram, e respondem pelo dano a que, por dolo ou culpa, deram causa.
Veja art. 1.321, CC.
Veja art. 614, CPC.

Art. 2.021. Quando parte da herança consistir em bens remotos do lugar do inventário, litigiosos, ou de liquidação morosa ou difícil, poderá proceder-se, no prazo legal, à partilha dos outros, reservando-se aqueles para uma ou mais sobrepartilhas, sob a guarda e a administração do mesmo ou diverso inventariante, e consentimento da maioria dos herdeiros.
Veja art. 1.321, CC.
Veja arts. 669, III e IV, parágrafo único, e 670, CPC.

Art. 2.022. Ficam sujeitos a sobrepartilha os bens sonegados e quaisquer outros bens da herança de que se tiver ciência após a partilha.
Veja arts. 1.321 e 1.992 a 1.996, CC.
Veja art. 669, I e II, CPC.

CÓDIGO CIVIL – ARTS. 2.023 A 2.031 | 333

CAPÍTULO VI
DA GARANTIA DOS QUINHÕES HEREDITÁRIOS

Art. 2.023. Julgada a partilha, fica o direito de cada um dos herdeiros circunscrito aos bens do seu quinhão.

Veja art. 2.013, CC.

Art. 2.024. Os coerdeiros são reciprocamente obrigados a indenizar-se no caso de evicção dos bens aquinhoados.

Veja arts. 447 a 457, 2.025 e 2.027, CC.

Art. 2.025. Cessa a obrigação mútua estabelecida no artigo antecedente, havendo convenção em contrário, e bem assim dando-se a evicção por culpa do evicto, ou por fato posterior à partilha.

Veja arts. 447 a 457, CC.

Art. 2.026. O evicto será indenizado pelos coerdeiros na proporção de suas quotas hereditárias, mas, se algum deles se achar insolvente, responderão os demais na mesma proporção, pela parte desse, menos a quota que corresponderia ao indenizado.

Veja arts. 447 a 457 e 2.024, CC.

CAPÍTULO VII
DA ANULAÇÃO DA PARTILHA

Art. 2.027. A partilha é anulável pelos vícios e defeitos que invalidam, em geral, os negócios jurídicos.

Caput com redação dada pela Lei n. 13.105, de 16.03.2015.

Veja arts. 104, 138 a 155, 171 a 180, 185 e 441 a 446, CC.

Veja arts. 657 e 966, § 4º, CPC.

Parágrafo único. Extingue-se em um ano o direito de anular a partilha.

Veja arts. 657, parágrafo único, 658 e 975, CPC.

LIVRO COMPLEMENTAR
DAS DISPOSIÇÕES FINAIS E TRANSITÓRIAS

Art. 2.028. Serão os da lei anterior os prazos, quando reduzidos por este Código, e se, na data de sua entrada em vigor, já houver transcorrido mais da metade do tempo estabelecido na lei revogada.

Veja Súmula n. 371, STJ.

Art. 2.029. Até dois anos após a entrada em vigor deste Código, os prazos estabelecidos no parágrafo único do art. 1.238 e no parágrafo único do art. 1.242 serão acrescidos de dois anos, qualquer que seja o tempo transcorrido na vigência do anterior, Lei n. 3.071, de 1º de janeiro de 1916.

Veja art. 2.030, CC.

Art. 2.030. O acréscimo de que trata o artigo antecedente, será feito nos casos a que se refere o § 4º do art. 1.228.

Art. 2.031. As associações, sociedades e fundações, constituídas na forma das leis anteriores, bem como os empresários, deverão se adaptar às disposições deste Código até 11 de janeiro de 2007.

334 | ARTS. 2.031 A 2.038 – CÓDIGO CIVIL

Caput com redação dada pela Lei n. 11.127, de 28.06.2005.
Veja arts. 44, I a III, 46, 53 a 69, 966 a 1.141, 1.150 a 1.154 e 1.156 a 1.168, CC.

Parágrafo único. O disposto neste artigo não se aplica às organizações religiosas nem aos partidos políticos.
Parágrafo acrescentado pela Lei n. 10.825, de 22.12.2003.
Veja art. 44, IV e V, CC.

Art. 2.032. As fundações, instituídas segundo a legislação anterior, inclusive as de fins diversos dos previstos no parágrafo único do art. 62, subordinam-se, quanto ao seu funcionamento, ao disposto neste Código.
Veja arts. 44, III, e 62 a 69, CC.

Art. 2.033. Salvo o disposto em lei especial, as modificações dos atos constitutivos das pessoas jurídicas referidas no art. 44, bem como a sua transformação, incorporação, cisão ou fusão, regem-se desde logo por este Código.
Veja arts. 59, IV e parágrafo único, 67, 68, 1.071, V e VI, 1.113 a 1.122 e 2.034, CC.

Art. 2.034. A dissolução e a liquidação das pessoas jurídicas referidas no artigo antecedente, quando iniciadas antes da vigência deste Código, obedecerão ao disposto nas leis anteriores.
Veja arts. 1.033 a 1.038 e 1.102 a 1.112, CC.

Art. 2.035. A validade dos negócios e demais atos jurídicos, constituídos antes da entrada em vigor deste Código, obedece ao disposto nas leis anteriores, referidas no art. 2.045, mas os seus efeitos, produzidos após a vigência deste Código, aos preceitos dele se subordinam, salvo se houver sido prevista pelas partes determinada forma de execução.
Veja arts. 104 a 114, 138 a 185 e 2.044, CC.
Veja art. 5º, XXXVI, CF.

Parágrafo único. Nenhuma convenção prevalecerá se contrariar preceitos de ordem pública, tais como os estabelecidos por este Código para assegurar a função social da propriedade e dos contratos.

Art. 2.036. A locação de prédio urbano, que esteja sujeita à lei especial, por esta continua a ser regida.
Veja arts. 1º e 79, Lei n. 8.245, de 18.10.1991.

Art. 2.037. Salvo disposição em contrário, aplicam-se aos empresários e sociedades empresárias as disposições de lei não revogadas por este Código, referentes a comerciantes, ou a sociedades comerciais, bem como a atividades mercantis.
Veja arts. 966, 981 e 982, CC.

Art. 2.038. Fica proibida a constituição de enfiteuses e subenfiteuses, subordinando-se as existentes, até sua extinção, às disposições do Código Civil anterior, Lei n. 3.071, de 1º de janeiro de 1916, e leis posteriores.
Veja art. 549, CPC.

§ 1º Nos aforamentos a que se refere este artigo é defeso:

I – cobrar laudêmio ou prestação análoga nas transmissões de bem aforado, sobre o valor das construções ou plantações;

II – constituir subenfiteuse.

CÓDIGO CIVIL – ARTS. 2.038 A 2.046 | 335

§ 2º A enfiteuse dos terrenos de marinha e acrescidos regula-se por lei especial.

Art. 2.039. O regime de bens nos casamentos celebrados na vigência do Código Civil anterior, Lei n. 3.071, de 1º de janeiro de 1916, é o por ele estabelecido.

Veja art. 5º, XXXVI, CF.

Art. 2.040. A hipoteca legal dos bens do tutor ou curador, inscrita em conformidade com o inciso IV do art. 827 do Código Civil anterior, Lei n. 3.071, de 1º de janeiro de 1916, poderá ser cancelada, obedecido o disposto no parágrafo único do art. 1.745 deste Código.

Art. 2.041. As disposições deste Código relativas à ordem da vocação hereditária (arts. 1.829 a 1.844) não se aplicam à sucessão aberta antes de sua vigência, prevalecendo o disposto na lei anterior (Lei n. 3.071, de 1º de janeiro de 1916).

Art. 2.042. Aplica-se o disposto no *caput* do art. 1.848, quando aberta a sucessão no prazo de um ano após a entrada em vigor deste Código, ainda que o testamento tenha sido feito na vigência do anterior, Lei n. 3.071, de 1o de janeiro de 1916; se, no prazo, o testador não aditar o testamento para declarar a justa causa de cláusula aposta à legítima, não subsistirá a restrição.

Art. 2.043. Até que por outra forma se disciplinem, continuam em vigor as disposições de natureza processual, administrativa ou penal, constantes de leis cujos preceitos de natureza civil hajam sido incorporados a este Código.

Art. 2.044. Este Código entrará em vigor um ano após a sua publicação.

Art. 2.045. Revogam-se a Lei n. 3.071, de 1º de janeiro de 1916 – Código Civil e a Parte Primeira do Código Comercial, Lei n. 556, de 25 de junho de 1850.

Veja art. 2.035, CC.

Art. 2.046. Todas as remissões, em diplomas legislativos, aos Códigos referidos no artigo antecedente, consideram-se feitas às disposições correspondentes deste Código.

Brasília, 10 de janeiro de 2002;
181º da Independência e 114º da República.

FERNANDO HENRIQUE CARDOSO

ÍNDICE ALFABÉTICO-REMISSIVO
DO CÓDIGO CIVIL

ACESSÃO
  Arts. 1.248 a 1.259
  Aluvião – art. 1.250
  Álveo abandonado – art. 1.252
  Avulsão – art. 1.251
  Construções e plantações – arts. 1.253 a 1.259
  Ilhas – art. 1.249
ACHADO
  Tesouro – arts. 1.264 a 1.266
AÇÕES
  Sociedade em comandita por ações – arts. 1.090 a 1.092
ADIMPLEMENTO
  Obrigações – arts. 304 a 388
ADJUNÇÃO
  Propriedade móvel – arts. 1.272 a 1.274
ADMINISTRAÇÃO
  Bens de filhos menores – arts. 1.689 a 1.693
  Condomínio edilício – arts. 1.347 a 1.356
  Condomínio voluntário – arts. 1.323 a 1.326
  Herança – arts. 1.791 a 1.797
  Sociedade limitada – arts. 1.060 a 1.065
  Sociedade simples – arts. 1.010 a 1.021
ADOÇÃO
  Arts. 1.618 e 1.619

AGÊNCIA
  Distribuição – arts. 710 a 721
ÁGUAS
  Arts. 1.288 a 1.296
ALEATÓRIO
  Contratos – arts. 458 a 461
ALIMENTOS
  Arts. 1.694 a 1.710
ALTERNATIVA
  Obrigações alternativas – arts. 252 a 256
ALUVIÃO
  Art. 1.250
ÁLVEO
  Abandonado – art. 1.252
ANÔNIMA
  Sociedade – arts. 1.088 e 1.089
ANTICRESE
  Arts. 1.506 a 1.510
  Penhor, hipoteca e anticrese.
    Disposições gerais – arts. 1.419 a 1.430
ANULAÇÃO
  Partilha – art. 2.027
APOSTA
  Jogo – arts. 814 a 817
AQUESTOS
  Regime de participação final – arts. 1.672 a 1.686
AQUISIÇÃO

338 | ÍNDICE ALFABÉTICO-REMISSIVO DO CÓDIGO CIVIL

Posse – arts. 1.204 a 1.209
Propriedade imóvel – arts. 1.238 a
1.259
Propriedade móvel – arts. 1.260 a 1.274

ARRAS
Arts. 417 a 420

ÁRVORES
Limítrofes – arts. 1.282 a 1.284

ASSOCIAÇÕES
Arts. 53 a 61

ASSUNÇÃO
Dívida – arts. 299 a 303

ATO
V. ATOS JURÍDICOS
V. ATOS UNILATERAIS

ATOS JURÍDICOS
Coação – arts. 151 a 155
Dolo – arts. 145 a 150
Erro ou ignorância – arts. 138 a 144
Ilícitos – arts. 186 a 188
Lícitos – art. 185
Prova – arts. 212 a 232

ATOS UNILATERAIS
Enriquecimento sem causa – arts. 884
a 886
Gestão de negócios – arts. 861 a 875
Pagamento indevido – arts. 876 a 883
Promessa de recompensa – arts. 854
a 860

AUSÊNCIA
Arts. 22 a 29
Curadoria dos bens do ausente – arts.
22 a 25
Sucessão definitiva – arts. 37 a 39
Sucessão provisória – arts. 26 a 36

AUSENTE
V. AUSÊNCIA

AUTORIZAÇÃO
Sociedade – arts. 1.123 a 1.141

AVULSÃO
Art. 1.251

BEM DE FAMÍLIA
Arts. 1.711 a 1.722

BENS
V. BEM DE FAMÍLIA
V. REGIME DE BENS
Bens coletivos – arts. 89 a 91
Bens considerados em si mesmos –
arts. 79 a 91
Bens consumíveis – arts. 85 e 86
Bens de filhos menores – arts. 1.689
a 1.693
Bens divisíveis – arts. 87 e 88
Bens fungíveis – arts. 85 e 86
Bens imóveis – arts. 79 a 81
Bens móveis – arts. 82 a 84
Bens públicos – arts. 98 a 103
Bens reciprocamente considerados –
arts. 92 a 97
Bens singulares – arts. 89 a 91
Curadoria do ausente – arts. 22 a 25
Tutelado – arts. 1.753 e 1.754

CABOS
Passagem de cabos e tubulações –
arts. 1.286 e 1.287

CADUCIDADE
Legados – arts. 1.939 e 1.940

CAPACIDADE
Arts. 1º a 10
Casamento – arts. 1.517 a 1.520
Empresário – arts. 972 a 980
Testar – arts. 1.860 e 1.861

CAPITAL
Aumento e redução. Sociedades
limitadas – arts. 1.081 a 1.084

CARACTERIZAÇÃO
Empresário – arts. 966 a 971

CASAMENTO
Capacidade – arts. 1.517 a 1.520
Causas suspensivas – arts. 1.523 e
1.524
Celebração – arts. 1.533 a 1.542

ÍNDICE ALFABÉTICO-REMISSIVO DO CÓDIGO CIVIL | 339

Disposições gerais – arts. 1.511 a 1.516
Dissolução da sociedade e do vínculo
conjugal – arts. 1.571 a 1.582
Eficácia – arts. 1.565 a 1.570
Impedimentos – arts. 1.521 e 1.522
Invalidade – arts. 1.548 a 1.564
Processo de habilitação – arts. 1.525
a 1.532
Proteção da pessoa dos filhos – arts.
1.583 a 1.590
Provas – arts. 1.543 a 1.547
CAUSAS INTERRUPTIVAS
V. PRESCRIÇÃO
CAUSAS SUSPENSIVAS
V. PRESCRIÇÃO
Casamento – arts. 1.523 e 1.524
CELEBRAÇÃO
Casamento – arts. 1.533 a 1.542
CESSÃO
Crédito – arts. 286 a 298
CISÃO
Sociedades – arts. 1.113 a 1.122
CLÁUSULA PENAL
Arts. 408 a 416
CLÁUSULA RESOLUTIVA
Arts. 474 e 475
COAÇÃO
Arts. 151 a 155
CODICILO
Arts. 1.881 a 1.885
COISA
V. BENS
V. COISA CERTA
V. COISA INCERTA
Locação – arts. 565 a 578
Transporte – arts. 743 a 756
COISA CERTA
Obrigações – arts. 233 a 242
COISA INCERTA
Obrigações – arts. 243 a 246
COLAÇÃO
Inventário – arts. 2.002 a 2.012

COLIGADAS
Sociedades – arts. 1.097 a 1.101
COMANDITA
Comandita por ações – arts. 1.090 a
1.092
Comandita simples – arts. 1.045 a
1.051
Sociedade – arts. 1.045 a 1.051
Sociedade por ações – arts. 1.090 a
1.092
COMISSÃO
Arts. 693 a 709
Propriedade móvel – arts. 1.272 a 1.274
COMODATO
Arts. 579 a 585
COMPENSAÇÃO
Arts. 368 a 380
COMPRA E VENDA
Cláusulas especiais – arts. 505 a 532
Disposições gerais – arts. 481 a 504
Preempção ou preferência – arts. 513
a 520
Retrovenda – arts. 505 a 508
Venda a contento e da sujeita a prova –
arts. 509 a 512
Venda com reserva de domínio – arts.
521 a 528
Venda sobre documentos – arts. 529
a 532
COMPRADOR
Direitos do promitente – arts. 1.417
e 1.418
COMPROMISSO
Arts. 851 a 853
COMUM
Sociedade – arts. 986 a 990
COMUNHÃO
V. REGIME DE BENS
Comunhão parcial – arts. 1.658 a 1.666
Comunhão universal – arts. 1.667 a
1.671
CONDIÇÃO

ÍNDICE ALFABÉTICO-REMISSIVO DO CÓDIGO CIVIL

Arts. 121 a 137

CONDOMÍNIO
V. CONDOMÍNIO EDILÍCIO
V. CONDOMÍNIO VOLUNTÁRIO
V. CONDOMÍNIO DE LOTES
V. CONDOMÍNIO EM
MULTIPROPRIEDADE
Geral – arts. 1.314 a 1.330
Necessário – arts. 1.327 a 1.330

CONDOMÍNIO DE LOTES
Art. 1.358-A

CONDOMÍNIO EDILÍCIO
Arts. 1.331 a 1.358
Administração – arts. 1.347 a 1.356
Disposições gerais – arts. 1.331 a 1.346
Extinção – arts. 1.357 e 1.358

CONDOMÍNIO EM MULTIPROPRIEDADE
Arts. 1.358-B a 1.358-U
Administração da multipropriedade –
arts. 1.358-M e 1.358-N
Direitos e obrigações do
multiproprietário – arts. 1.358-I a
1.358-K
Disposições específicas relativas às
unidades autônomas de condomínios
edilícios – arts. 1.358-O a 1.358-U
Disposições gerais – arts. 1.358-B a
1.358-E
Instituição da multipropriedade – arts.
1.358-F a 1.358-H
Transferência da multipropriedade –
art. 1.358-L

CONDOMÍNIO VOLUNTÁRIO
Arts. 1.314 a 1.326
Administração – arts. 1.323 a 1.326
Direitos e deveres dos condôminos –
arts. 1.314 a 1.322

CONDÔMINOS
V. CONDOMÍNIO

CONFUSÃO
Arts. 381 a 384
Propriedade móvel – arts. 1.272 a 1.274

CÔNJUGES
V. REGIME DE BENS

CONSELHO FISCAL
Sociedade limitada – arts. 1.066 a
1.070

CONSIGNAÇÃO
Pagamento – arts. 334 a 345

CONSTITUIÇÃO DE RENDA
Arts. 803 a 813

CONSTRUÇÃO
Arts. 1.253 a 1.259
Direito de construir – arts. 1.299 a
1.313

CONTA DE PARTICIPAÇÃO
Sociedade – arts. 991 a 996

CONTADOR
Preposto – arts. 1.177 e 1.178

CONTRATO
V. CONTRATO ESTIMATÓRIO
V. CONTRATO SOCIAL
V. CONTRATOS EM ESPÉCIE
Cláusula resolutiva – arts. 474 e 475
Contrato com pessoa a declarar – arts.
467 a 471
Contrato preliminar – arts. 462 a 466
Contratos aleatórios – arts. 458 a 461
Disposições gerais – arts. 421 a 471
Distrato – arts. 472 e 473
Estipulação em favor de terceiro – arts.
436 a 438
Evicção – arts. 447 a 457
Exceção de contrato não cumprido –
arts. 476 e 477
Extinção – arts. 472 a 480
Formação – arts. 427 a 435
Promessa de fato de terceiro – arts.
439 e 440
Resolução por onerosidade excessiva –
arts. 478 a 480
Vícios redibitórios – arts. 441 a 446

CONTRATO ESTIMATÓRIO
Arts. 534 a 537

ÍNDICE ALFABÉTICO-REMISSIVO DO CÓDIGO CIVIL | 341

CONTRATO SOCIAL
  Sociedade simples – arts. 997 a 1.000
CONTRATOS EM ESPÉCIE
  Agência e distribuição – arts. 710 a 721
  Comissão – arts. 693 a 709
  Compra e venda – arts. 481 a 532
  Compromisso – arts. 851 a 853
  Constituição de renda – arts. 803 a
    813
  Contrato estimatório – arts. 534 a 537
  Corretagem – arts. 722 a 729
  Depósito – arts. 627 a 652
  Doação – arts. 538 a 564
  Empreitada – arts. 610 a 626
  Empréstimo – arts. 579 a 592
  Fiança – arts. 818 a 839
  Jogo e aposta – arts. 814 a 817
  Locação de coisas – arts. 565 a 578
  Mandato – arts. 653 a 692
  Prestação de serviço – arts. 593 a 609
  Seguro – arts. 757 a 802
  Transação – arts. 840 a 850
  Transporte – arts. 730 a 756
  Troca ou permuta – art. 533
COOPERATIVA
  Sociedade – arts. 1.093 a 1.096
CORRETAGEM
  Arts. 722 a 729
CRÉDITO
  V. TÍTULOS DE CRÉDITO
  Cessão – arts. 286 a 298
CREDOR PIGNORATÍCIO
  V. PENHOR
CURADORIA
  Bens do ausente – arts. 22 a 25
CURATELA
  Arts. 1.767 a 1.783
  Exercício – arts. 1.781 a 1.783
  Interditos – arts. 1.767 a 1.778
  Nascituro e do enfermo ou portador
    de deficiência física – arts. 1.779
    e 1.780

  Tomada de decisão apoiada – art.
    1.783-A
DAÇÃO EM PAGAMENTO
  Arts. 356 a 359
DANOS
  V. PERDAS E DANOS
  Seguro – arts. 778 a 788
DECADÊNCIA
  V. PRESCRIÇÃO
  Arts. 207 a 211
DEFEITOS
  Coação – arts. 151 a 155
  Dolo – arts. 145 a 150
  Erro ou ignorância – arts. 138 a 144
  Estado de perigo – art. 156
  Fraude contra credores – arts. 158
    a 165
  Invalidade do negócio jurídico – arts.
    166 a 184
  Lesão – art. 157
  Negócio jurídico – arts. 138 a 165
DEFICIENTE FÍSICO
  Curatela – arts. 1.779 e 1.780
DELIBERAÇÕES DOS SÓCIOS
  Sociedades limitadas – arts. 1.071 a
    1.080-A
DEPÓSITO
  Arts. 627 a 652
  Necessário – arts. 647 a 652
  Voluntário – arts. 627 a 646
DESCOBERTA
  Propriedade – arts. 1.233 a 1.237
DESERDAÇÃO
  Arts. 1.961 a 1965
DEVERES
  Condôminos – arts. 1.314 a 1.322
  Usufrutuário – arts. 1.400 a 1.409
DIREITOS
  V. DIREITOS DE VIZINHANÇA
  V. DIREITOS REAIS
  Condôminos – arts. 1.314 a 1.322
  Construção – arts. 1.299 a 1.313

ÍNDICE ALFABÉTICO-REMISSIVO DO CÓDIGO CIVIL

Credor pignoratício – arts. 1.433 e 1.434

Personalidade – arts. 11 a 21

Promitente comprador – arts. 1.417 e 1.418

Sócios. Sociedade simples – arts. 1.001 a 1.009

Tapagem – arts. 1.297 e 1.298

Usufrutuário – arts. 1.394 a 1.399

DIREITOS DE VIZINHANÇA
Arts. 1.277 a 1.313

Águas – arts. 1.288 a 1.296

Árvores limítrofes – arts. 1.282 a 1.284

Direito de construir – arts. 1.299 a 1.313

Limites entre prédios e direito de tapagem – arts. 1.297 e 1.298

Passagem de cabos e tubulações – arts. 1.286 e 1.287

Passagem forçada – art. 1.285

Penhor – arts. 1.451 a 1.460

Representação – arts. 1.851 a 1.856

Uso anormal da propriedade – arts. 1.277 a 1.281

DIREITOS REAIS
Arts. 1.225 a 1.227

DISPOSIÇÕES FINAIS E TRANSITÓRIAS
Arts. 2.028 a 2.046

DISSOLUÇÃO
Casamento – arts. 1.571 a 1.582

Sociedade limitada – art. 1.087

Sociedade simples – arts. 1.033 a 1.038

DISTRATO
Arts. 472 e 473

DISTRIBUIÇÃO
Agência – arts. 710 a 721

DÍVIDA
Assunção – arts. 299 a 303

Pagamento. Inventário – arts. 1.997 a 2.001

Remissão – arts. 385 a 388

DIVISÍVEL

Obrigações divisíveis e indivisíveis – arts. 257 a 263

DOAÇÃO
Arts. 538 a 564

Disposições gerais – arts. 538 a 554

Revogação – arts. 555 a 564

DOLO
Arts. 145 a 150

DOMICÍLIO
Arts. 70 a 78

EFEITOS
Fiança – arts. 827 a 836

Legado – arts. 1.923 a 1.938

Posse – arts. 1.210 a 1.222

EFICÁCIA
Casamento – arts. 1.565 a 1.570

EMPREITADA
Arts. 610 a 626

EMPRESÁRIO
Capacidade – arts. 972 a 980

Caracterização e da inscrição – arts. 966 a 971

EMPRÉSTIMO
Arts. 579 a 592

Comodato – arts. 579 a 585

Mútuo – arts. 586 a 592

ENCARGO
Arts. 121 a 137

ENFERMO
Curatela – arts. 1.779 e 1.780

ENRIQUECIMENTO
Sem causa – arts. 884 a 886

ERRO
Arts. 138 a 144

ESCRITURAÇÃO
Sociedade – arts. 1.179 a 1.195

ESPECIFICAÇÃO
Propriedade móvel – arts. 1.269 a 1.271

ESTABELECIMENTO
Arts. 1.142 a 1.149

ESTADO DE PERIGO
Art. 156

ÍNDICE ALFABÉTICO-REMISSIVO DO CÓDIGO CIVIL | 343

ESTIMATIVA
Contrato estimatório – arts. 534 a 537
ESTIPULAÇÃO EM FAVOR DE TERCEIRO
Arts. 436 a 438
ESTRADA DE FERRO
V. VIAS FÉRREAS
ESTRANGEIRA
Sociedade – arts. 1.134 a 1.141
EVICÇÃO
Arts. 447 a 457
EXCEÇÃO
Contrato não cumprido – arts. 476 e 477
EXERCÍCIO
Curatela – arts. 1.781 a 1.783
Poder familiar – art. 1.634
Servidões – arts. 1.380 a 1.386
EXTINÇÃO
Condomínio edilício – arts. 1.357 e 1.358
Contrato – arts. 472 a 480
Fiança – arts. 837 a 839
Hipoteca – arts. 1.499 a 1.501
Mandato – arts. 682 a 691
Obrigações – arts. 304 a 388
Penhor – arts. 1.436 e 1.437
Poder familiar – arts. 1.635 a 1.638
Servidões – arts. 1.387 a 1.389
Usufruto – arts. 1.410 e 1.411
FAZER
Obrigações – arts. 247 a 249
FIANÇA
Arts. 818 a 839
Disposições gerais – arts. 818 a 826
Efeitos – arts. 827 a 836
Extinção – arts. 837 a 839
FIDUCIÁRIA
Propriedade – arts. 1.361 a 1.368-B
FILHO
Bens de menores – arts. 1.689 a 1.693
Filiação – arts. 1.596 a 1.606
Poder familiar – arts. 1.630 a 1.638

Proteção – arts. 1.583 a 1.590
Reconhecimento – arts. 1.607 a 1.617
FORMAÇÃO
Contrato – arts. 427 a 435
FRAUDE CONTRA CREDORES
Arts. 158 a 165
FUNDAÇÕES
Arts. 62 a 69
FUNDO DE INVESTIMENTO
Arts. 1.368-C a 1.368-E
FUSÃO
Sociedades – arts. 1.113 a 1.122
GERENTE
Preposto – arts. 1.172 a 1.176
GESTÃO DE NEGÓCIOS
Arts. 861 a 875
HABILITAÇÃO
Casamento – arts. 1.525 a 1.532
HABITAÇÃO
Arts. 1.414 a 1.416
HERANÇA
V. SUCESSÃO
Aceitação e renúncia – arts. 1.804 a 1.813
Administração – arts. 1.791 a 1.797
Garantia dos quinhões hereditários – arts. 2.023 a 2.026
Jacente – arts. 1.819 a 1.823
Petição – arts. 1.824 a 1.828
HERDEIROS
V. HERANÇA
V. SUCESSÃO
HIPOTECA
Arts. 1.473 a 1.505
Disposições gerais – arts. 1.473 a 1.488
Extinção – arts. 1.499 a 1.501
Hipoteca legal – arts. 1.489 a 1.491
Penhor, hipoteca e anticrese.
Disposições gerais – arts. 1.419 a 1.430
Registro – arts. 1.492 a 1.498
Vias férreas – arts. 1.503 a 1.505

344 | ÍNDICE ALFABÉTICO-REMISSIVO DO CÓDIGO CIVIL

IGNORÂNCIA
Arts. 138 a 144

ILHAS
Art. 1.249

IMPEDIMENTOS
Casamento – arts. 1.521 e 1.522

IMPUTAÇÃO
Pagamento – arts. 352 a 355

INADIMPLEMENTO
Obrigações – arts. 389 a 420

INCORPORAÇÃO
Sociedades – arts. 1.113 a 1.122

INDENIZAÇÃO
Arts. 944 a 954
Obrigação de indenizar – arts. 927 a 943

INDIVISÍVEL
Obrigações divisíveis e indivisíveis – arts. 257 a 263

INSCRIÇÃO
Empresário – arts. 966 a 971

INSTITUTOS COMPLEMENTARES
Escrituração – arts. 1.179 a 1.195
Prepostos – arts. 1.169 a 1.178
Registro – arts. 1.150 a 1.154

INTERDITOS
Curatela – arts. 1.767 a 1.778

INVALIDADE
Casamento – arts. 1.548 a 1.564
Negócio jurídico – arts. 166 a 184

INVENTÁRIO
Art. 1.991
Colação – arts. 2.002 a 2.012
Pagamento das dívidas – arts. 1.997 a 2.001
Sonegados – arts. 1.992 a 1.996

JOGO
Aposta – arts. 814 a 817

JUROS
Legais – arts. 406 e 407

LAJE
Arts. 1.510-A a 1.510-E

LEGADOS
Arts. 1.912 a 1.940
Caducidade – arts. 1.939 e 1.940
Disposições gerais – arts. 1.912 a 1.922
Efeitos do legado e do seu pagamento – arts. 1.923 a 1.938

LESÃO
Art. 157

LIMITES
Árvores limítrofes – arts. 1.282 a 1.284
Prédios e direito de tapagem – arts. 1.297 e 1.298

LIQUIDAÇÃO
Sociedade – arts. 1.102 a 1.112

LOCAÇÃO
Coisas – arts. 565 a 578

LUGAR
Pagamento – arts. 327 a 330

MANDATO
Arts. 653 a 692
Disposições gerais – arts. 653 a 666
Extinção – arts. 682 a 691
Judicial – art. 692
Obrigações do mandante – arts. 675 a 681
Obrigações do mandatário – arts. 667 a 674

MORA
Arts. 394 a 401

MULTIPROPRIEDADE
V. CONDOMÍNIO EM MULTIPROPRIEDADE

MÚTUO
Arts. 586 a 592

NACIONAL
Sociedade – arts. 1.126 a 1.133

NÃO FAZER
Obrigações – arts. 250 e 251

NASCITURO
Curatela – arts. 1.779 e 1.780

NEGÓCIO
V. NEGÓCIO JURÍDICO

ÍNDICE ALFABÉTICO-REMISSIVO DO CÓDIGO CIVIL | 345

Gestão – arts. 861 a 875

NEGÓCIO JURÍDICO
Arts. 104 a 184
Condição, termo e encargo – arts. 121 a 137
Defeitos do negócio jurídico – arts. 138 a 165
Disposições gerais – arts. 104 a 114
Invalidade do negócio jurídico – arts. 166 a 184
Representação – arts. 115 a 120

NOME
Empresa – arts. 1.155 a 1.168

NOMINATIVO
Título de crédito – arts. 921 a 926

NOVAÇÃO
Arts. 360 a 367

OBRIGAÇÕES
Adimplemento e extinção – arts. 304 a 388
Alternativas – arts. 252 a 256
Credor pignoratício – art. 1.435
Dar – arts. 233 a 246
Dar coisa certa – arts. 233 a 242
Dar coisa incerta – arts. 243 a 246
Divisíveis – arts. 257 a 263
Fazer – arts. 247 a 249
Inadimplemento – arts. 389 a 420
Indenizar – arts. 927 a 943
Indivisíveis – arts. 257 a 263
Mandante – arts. 675 a 681
Mandatário – arts. 667 a 674
Modalidades – arts. 233 a 285
Não fazer – arts. 250 e 251
Sócios. Sociedade simples – arts. 1.001 a 1.009
Solidárias – arts. 264 a 285
Transmissão – arts. 286 a 303

OCUPAÇÃO
Propriedade móvel – art. 1.263

ONEROSIDADE

Resolução por onerosidade excessiva – arts. 478 a 480

ORDEM
Título de crédito – arts. 910 a 920

PACTO
Antenupcial – arts. 1.653 a 1.657

PAGAMENTO
Arts. 304 a 333
A quem se deve pagar – arts. 308 a 312
Consignação – arts. 334 a 345
Dação em pagamento – arts. 356 a 359
Dívidas – arts. 1.997 a 2.001
Imputação – arts. 352 a 355
Indevido – arts. 876 a 883
Lugar do pagamento – arts. 327 a 330
Objeto do pagamento e sua prova – arts. 313 a 326
Quem deve pagar – arts. 304 a 307
Sub-rogação – arts. 346 a 351
Tempo do pagamento – arts. 331 a 333

PARENTESCO
V. RELAÇÕES DE PARENTESCO

PARTILHA
Arts. 2.013 a 2.022
Anulação – art. 2.027
Garantia dos quinhões hereditários – arts. 2.023 a 2.026

PASSAGEM
Cabos e tubulações – arts. 1.286 e 1.287
Forçada – art. 1.285

PENAL
V. CLÁUSULA PENAL

PENHOR
V. PENHOR RURAL
Arts. 1.431 a 1.472
Constituição – arts. 1.431 e 1.432
Direitos do credor pignoratício – arts. 1.433 e 1.434
Disposições gerais – arts. 1.419 a 1.430
Extinção – arts. 1.436 e 1.437

Obrigações do credor pignoratício – art. 1.435

Penhor de direitos e títulos de crédito – arts. 1.451 a 1.460

Penhor de veículos – arts. 1.461 a 1.466

Penhor industrial e mercantil – arts. 1.447 a 1.450

Penhor legal – arts. 1.467 a 1.472

PENHOR RURAL

Arts. 1.438 a 1.446

Disposições gerais – arts. 1.438 a 1.441

Penhor agrícola – arts. 1.442 e 1.443

Penhor pecuário – arts. 1.444 a 1.446

PERDA

V. PERDAS E DANOS

Posse – arts. 1.223 e 1.224

Propriedade – arts. 1.275 e 1.276

PERDAS E DANOS

Arts. 402 a 405

PERIGO

V. estado de perigo

PERMUTA

Troca – art. 533

PERSONALIDADE

Arts. 1º a 10

Direitos – arts. 11 a 21

PESSOAS

V. PESSOAS JURÍDICAS

V. PESSOAS NATURAIS

Domicílio – arts. 70 a 78

Seguro – arts. 789 a 802

Transporte – arts. 734 a 742

PESSOAS JURÍDICAS

Arts. 40 a 69

Associações – arts. 53 a 61

Disposições gerais – arts. 40 a 52

Fundações – arts. 62 a 69

PESSOAS NATURAIS

Arts. 1º a 39

Ausência – arts. 22 a 39

Capacidade – arts. 1º a 10

Direitos da personalidade – arts. 11 a 21

Personalidade – arts. 1º a 10

PLANTAÇÃO

V. PRESTAÇÃO DE CONTAS

Arts. 1.253 a 1.259

PODER FAMILIAR

Arts. 1.630 a 1.638

Disposições gerais – arts. 1.630 a 1.633

Exercício – art. 1.634

Suspensão e extinção – arts. 1.635 a 1.638

PORTADOR

Título de crédito – arts. 904 a 909

POSSE

Aquisição – arts. 1.204 a 1.209

Classificação – arts. 1.196 a 1.203

Efeitos – arts. 1.210 a 1.222

Perda – arts. 1.223 e 1.224

PRAZO

Prescrição – arts. 205 e 206

PRÉDIOS

V. LIMITES

PREEMPÇÃO

Preferência – arts. 513 a 520

PREFERÊNCIA

Preempção – arts. 513 a 520

Privilégios creditários – arts. 955 a 965

PRELIMINAR

Contrato preliminar – arts. 462 a 466

PREPOSTOS

Arts. 1.169 a 1.178

Contabilista e outros auxiliares – arts. 1.177 e 1.178

Disposições gerais – arts. 1.169 a 1.171

Gerente – arts. 1.172 a 1.176

PRESCRIÇÃO

Arts. 189 a 206

Causas que impedem ou suspendem – arts. 197 a 201

Causas que interrompem – arts. 202 a 204

ÍNDICE ALFABÉTICO-REMISSIVO DO CÓDIGO CIVIL | 347

Decadência – arts. 207 a 211
Disposições gerais – arts. 189 a 196
Prazos – arts. 205 e 206
PRESTAÇÃO
Serviço – arts. 593 a 609
PRESTAÇÃO DE CONTAS
Tutela – arts. 1.755 a 1.762
PRIVILÉGIOS CREDITÓRIOS
Arts. 955 a 965
PROCESSO
Habilitação para o casamento – arts. 1.525 a 1.532
PROMESSA
Fato de terceiro – arts. 439 e 440
Recompensa – arts. 854 a 860
PROMITENTE COMPRADOR
Direitos – arts. 1.417 e 1.418
PROPRIEDADE
V. PROPRIEDADE IMÓVEL
V. PROPRIEDADE MÓVEL
Aquisição da propriedade móvel – arts. 1.260 a 1.274
Condomínio edilício – arts. 1.331 a 1.358
Condomínio geral – arts. 1.314 a 1.330
Condomínio necessário – arts. 1.327 a 1.330
Condomínio voluntário – arts. 1.314 a 1.326
Descoberta – arts. 1.233 a 1.237
Direitos de vizinhança – arts. 1.277 a 1.313
Disposições preliminares – arts. 1.228 a 1.232
Fiduciária – arts. 1.361 a 1.368-B
Geral – arts. 1.228 a 1.237
Perda – arts. 1.275 e 1.276
Propriedade fiduciária – arts. 1.361 a 1.368-B
Propriedade resolúvel – arts. 1.359 e 1.360
PROPRIEDADE IMÓVEL

Acessão – arts. 1.248 a 1.259
Aquisição – arts. 1.238 a 1.259
Registro do título – arts. 1.245 a 1.247
Usucapião – arts. 1.238 a 1.244
PROPRIEDADE MÓVEL
Achado do tesouro – arts. 1.264 a 1.266
Aquisição – arts. 1.260 a 1.274
Confusão, comissão e adjunção – arts. 1.272 a 1.274
Especificação – arts. 1.269 a 1.271
Ocupação – art. 1.263
Tradição – arts. 1.267 e 1.268
Usucapião – arts. 1.260 a 1.262
PROTEÇÃO
Filhos – arts. 1.583 a 1.590
PROVA
Arts. 212 a 232
Casamento – arts. 1.543 a 1.547
Pagamento – arts. 313 a 326
Venda a contento e sujeita a prova – arts. 509 a 512
QUOTAS
Sociedade limitada – arts. 1.055 a 1.059
RECOMPENSA
Promessa – arts. 854 a 860
RECONHECIMENTO
Filhos – arts. 1.607 a 1.617
REGIME
V. REGIME DE BENS
REGIME DE BENS
Comunhão parcial – arts. 1.658 a 1.666
Comunhão universal – arts. 1.667 a 1.671
Disposições gerais – arts. 1.639 a 1.652
Pacto antenupcial – arts. 1.653 a 1.657
Participação final nos aquestos – arts. 1.672 a 1.686
Separação de bens – arts. 1.687 e 1.688
REGISTRO
Hipoteca – arts. 1.492 a 1.498

348 | ÍNDICE ALFABÉTICO-REMISSIVO DO CÓDIGO CIVIL

Propriedade imóvel – arts. 1.245 a 1.247

Sociedade – arts. 1.150 a 1.154

RELAÇÕES COM TERCEIROS
Sociedade simples – arts. 1.022 a 1.027

RELAÇÕES DE PARENTESCO
Adoção – arts. 1.618 e 1.619
Disposições gerais – arts. 1.591 a 1.595
Filiação – arts. 1.596 a 1.606
Poder familiar – arts. 1.630 a 1.638
Reconhecimento dos filhos – arts. 1.607 a 1.617

REMISSÃO
Dívidas – arts. 385 a 388

RENDA
Constituição – arts. 803 a 813

REPRESENTAÇÃO
Arts. 115 a 120

RESERVA DE DOMÍNIO
Venda – arts. 521 a 528

RESOLUÇÃO
Onerosidade excessiva – arts. 478 a 480
Sociedade limitada – arts. 1.085 e 1.086
Sociedade simples em relação a um sócio – arts. 1.028 a 1.032

RESOLÚVEL
Propriedade – arts. 1.359 e 1.360

RESPONSABILIDADE CIVIL
Indenização – arts. 944 a 954
Obrigação de indenizar – arts. 927 a 943

RETROVENDA
Arts. 505 a 508

REVOGAÇÃO
Doação – arts. 555 a 564
Testamento – arts. 1.969 a 1.972

ROMPIMENTO
Testamento – arts. 1.973 a 1.975

SEGURADO
V. SEGURO

SEGURADOR
V. SEGURO

SEGURO
Arts. 757 a 802
Dano – arts. 778 a 788
Disposições gerais – arts. 757 a 777
Pessoa – arts. 789 a 802

SEPARAÇÃO
V. DISSOLUÇÃO
Bens – arts. 1.687 e 1.688

SERVIÇOS
Prestação – arts. 593 a 609

SERVIDÕES
V. SERVIDÕES PREDIAIS

SERVIDÕES PREDIAIS
Constituição – arts. 1.378 e 1.379
Exercício – arts. 1.380 a 1.386
Extinção – arts. 1.387 a 1.389

SINAL
Arts. 417 a 420

SOCIEDADE
V. SOCIEDADE ANÔNIMA
V. SOCIEDADE DEPENDENTE DE AUTORIZAÇÃO
V. SOCIEDADE LIMITADA
V. SOCIEDADE SIMPLES
Autorização – arts. 1.123 a 1.141
Cisão – arts. 1.113 a 1.122
Coligadas – arts. 1.097 a 1.101
Comandita por ações – arts. 1.090 a 1.092
Comandita simples – arts. 1.045 a 1.051
Comum – arts. 986 a 990
Conta de participação – arts. 991 a 996
Cooperativa – arts. 1.093 a 1.096
Disposições gerais – arts. 981 a 985
Dissolução da sociedade e do vínculo conjugal – arts. 1.571 a 1.582
Escrituração – arts. 1.179 a 1.195
Estrangeira – arts. 1.134 a 1.141
Fusão – arts. 1.113 a 1.122

Incorporação – arts. 1.113 a 1.122
Liquidação – arts. 1.102 a 1.112
Nacional – arts. 1.126 a 1.133
Não personificada – arts. 986 a 996
Nome coletivo – arts. 1.039 a 1.044
Nome empresarial – arts. 1.155 a 1.168
Personificada – arts. 987 a 1.141
Prepostos – arts. 1.169 a 1.178
Registro – arts. 1.150 a 1.154
Transformação – arts. 1.113 a 1.122

SOCIEDADE ANÔNIMA
Caracterização – arts. 1.088 e 1.089

SOCIEDADE DEPENDENTE DE AUTORIZAÇÃO
Arts. 1.123 a 1.141
Disposições gerais – arts. 1.123 a 1.125
Sociedade estrangeira – arts. 1.134 a 1.141
Sociedade nacional – arts. 1.126 a 1.133

SOCIEDADE LIMITADA
Arts. 1.052 a 1.087
Administração – arts. 1.060 a 1.065
Aumento e redução do capital – arts. 1.081 a 1.084
Conselho fiscal – arts. 1.066 a 1.070
Deliberações dos sócios – arts. 1.071 a 1.080-A
Disposições preliminares – arts. 1.052 a 1.054
Dissolução – art. 1.087
Quotas – arts. 1.055 a 1.059
Resolução da sociedade em relação a sócios minoritários – arts. 1.085 e 1.086

SOCIEDADE SIMPLES
Arts. 997 a 1.038
Administração – arts. 1.010 a 1.021
Contrato social – arts. 997 a 1.000
Direitos e obrigações dos sócios – arts. 1.001 a 1.009
Dissolução – arts. 1.033 a 1.038

Relações com terceiros – arts. 1.022 a 1.027
Resolução da sociedade em relação a um sócio – arts. 1.028 a 1.032

SÓCIO
V. SOCIEDADE
Deliberações na sociedade limitada – arts. 1.071 a 1.080-A
Direitos e obrigações na sociedade simples – arts. 1.001 a 1.009
Resolução da sociedade limitada – arts. 1.085 e 1.086
Resolução da sociedade simples – arts. 1.028 a 1.032

SOLIDÁRIA
V. SOLIDARIEDADE
Obrigações solidárias – arts. 264 a 285

SOLIDARIEDADE
Ativa – arts. 267 a 274
Disposições gerais – arts. 264 a 266
Passiva – arts. 275 a 285

SONEGADOS
Arts. 1.992 a 1.996

SUB-ROGAÇÃO
Pagamento – arts. 346 a 351

SUBSTITUIÇÕES TESTAMENTÁRIAS
Arts. 1.947 a 1.960
Substituição fideicomissária – arts. 1.951 a 1.960
Substituição vulgar e recíproca – arts. 1.947 a 1.950

SUCESSÃO
V. HERANÇA
V. SUCESSÃO LEGÍTIMA
V. SUCESSÃO TESTAMENTÁRIA
Disposições gerais – arts. 1.784 a 1.790
Excluídos da sucessão – arts. 1.814 a 1.818
Sucessão definitiva – arts. 37 a 39
Sucessão provisória – arts. 26 a 36
Vocação hereditária – arts. 1.798 a 1.803

SUCESSÃO LEGÍTIMA

Direito de representação – arts. 1.851 a 1.856

Herdeiros necessários – arts. 1.845 a 1850

Ordem da vocação hereditária – arts. 1.829 a 1.844

SUCESSÃO TESTAMENTÁRIA

Capacidade de testar – arts. 1.860 e 1.861

Codicilos – arts. 1.881 a 1.885

Deserdação – arts. 1.961 a 1965

Direito de acrescer entre herdeiros e legatários – arts. 1.941 a 1.946

Disposições testamentárias – arts. 1.897 a 1.911

Formas ordinárias do testamento – arts. 1.862 a 1.880

Legados – arts. 1.912 a 1.940

Redução das disposições testamentárias – arts. 1.966 a 1.968

Revogação do testamento – arts. 1.969 a 1.972

Rompimento do testamento – arts. 1.973 a 1.975

Substituições – arts. 1.947 a 1.960

Testamenteiro – arts. 1.976 a 1.990

Testamento cerrado – arts. 1.868 a 1.875

Testamento em geral – arts. 1.857 a 1.859

Testamento particular – arts. 1.876 a 1.880

Testamento público – arts. 1.864 a 1.867

Testamentos especiais – arts. 1.886 a 1.896

SUPERFÍCIE

Arts. 1.369 a 1.377

SUSPENSÃO

Poder familiar – arts. 1.635 a 1.638

TAPAGEM

Direito – arts. 1.297 e 1.298

TEMPO

Pagamento – arts. 331 a 333

TERCEIRO

Estipulação em favor de terceiro – arts. 436 a 438

Promessa de fato de terceiro – arts. 439 e 440

Relações com terceiros. Sociedade simples – arts. 1.022 a 1.027

TERMO

Arts. 121 a 137

TESOURO

Achado – arts. 1.264 a 1.266

TESTAMENTEIRO

Arts. 1.976 a 1.990

TESTAMENTO

Arts. 1.857 a 1.859

Arts. 1.862 a 1.880

Deserdação – arts. 1.961 a 1965

Disposições testamentárias – arts. 1.897 a 1.911

Redução das disposições testamentárias – arts. 1.966 a 1.968

Revogação do testamento – arts. 1.969 a 1.972

Rompimento do testamento – arts. 1.973 a 1.975

Substituições – arts. 1.947 a 1.960

Testamenteiro – arts. 1.976 a 1.990

Testamento cerrado – arts. 1.868 a 1.875

Testamento marítimo e testamento aeronáutico – arts. 1.888 a 1.892

Testamento militar – arts. 1.893 a 1.896

Testamento particular – arts. 1.876 a 1.880

Testamento público – arts. 1.864 a 1.867

ÍNDICE ALFABÉTICO-REMISSIVO DO CÓDIGO CIVIL | 351

Testamentos especiais – arts. 1.886 a 1.896

TÍTULOS DE CRÉDITO

Disposições gerais – arts. 887 a 903

Penhor – arts. 1.451 a 1.460

Título à ordem – arts. 910 a 920

Título ao portador – arts. 904 a 909

Título nominativo – arts. 921 a 926

TOMADA DE DECISÃO APOIADA

Art. 1.783-A

TRADIÇÃO

Propriedade móvel – arts. 1.267 e 1.268

TRANSAÇÃO

Arts. 840 a 850

TRANSFORMAÇÃO

Sociedades – arts. 1.113 a 1.122

TRANSMISSÃO DAS OBRIGAÇÕES

Assunção de dívida – arts. 299 a 303

Cessão de crédito – arts. 286 a 298

TRANSPORTE

Arts. 730 a 756

Coisas – arts. 743 a 756

Disposições gerais – arts. 730 a 733

Pessoas – arts. 734 a 742

TROCA

Permuta – art. 533

TUBULAÇÕES

Passagem de cabos e tubulações – arts. 1.286 e 1.287

TUTELA

Arts. 1.728 a 1.766

Bens do tutelado – arts. 1.753 e 1.754

Cessação da tutela – arts. 1.763 a 1.766

Escusa dos tutores – arts. 1.736 a 1.739

Exercício da tutela – arts. 1.740 a 1.752

Incapazes de exercer a tutela – art. 1.735

Prestação de contas – arts. 1.755 a 1.762

Tomada de decisão apoiada – art. 1.783-A

Tutores – arts. 1.728 a 1.734

TUTELADO

V. TUTELA

TUTORES

V. TUTELA

UNIÃO ESTÁVEL

Arts. 1.723 a 1.727

USO

Arts. 1.412 e 1.413

Anormal da propriedade – arts. 1.277 a 1.281

USUCAPIÃO

Propriedade imóvel – arts. 1.238 a 1.244

Propriedade móvel – arts. 1.260 a 1.262

USUFRUTO

Bens dos filhos menores – arts. 1.689 a 1.693

Deveres do usufrutuário – arts. 1.400 a 1.409

Direitos do usufrutuário – arts. 1.394 a 1.399

Disposições gerais – arts. 1.390 a 1.393

Extinção – arts. 1.410 e 1.411

USUFRUTUÁRIO

V. USUFRUTO

VEÍCULOS

Penhor – arts. 1.461 a 1.466

VENDA

V. COMPRA E VENDA

Contento e sujeita a prova – arts. 509 a 512

Preempção ou preferência – arts. 513 a 520

Reserva de domínio – arts. 521 a 528

Retrovenda – arts. 505 a 508

Sobre documentos – arts. 529 a 532

VIAS FÉRREAS

Hipoteca – arts. 1.503 a 1.505

VÍCIO REDIBITÓRIO

ÍNDICE ALFABÉTICO-REMISSIVO DO CÓDIGO CIVIL

Arts. 441 a 446

VÍNCULO CONJUGAL
Dissolução – arts. 1.571 a 1.582

VIZINHANÇA
V. DIREITOS DE VIZINHANÇA

VOCAÇÃO HEREDITÁRIA
V. SUCESSÃO
V. SUCESSÃO LEGÍTIMA

VOLUNTÁRIO
V. CONDOMÍNIO VOLUNTÁRIO

KRISTEN PROBY
BESTSELLER DO NY TIMES E USA TODAY

JOGA
Comigo
With me in Seattle 3

Copyright © 2013 by Kristen Proby
Tradução © Editora Charme, 2017
Edição publicada mediante acordo com Taryn Fagerness Agency e Sandra Bruna Agencia Literaria, SL.

Todos os direitos reservados.
Nenhuma parte deste livro pode ser reproduzida, digitalizada ou distribuída de qualquer forma, seja impressa ou eletrônica, sem permissão. Este livro é uma obra de ficção e qualquer semelhança com qualquer pessoa, viva ou morta, qualquer lugar, evento ou ocorrência é mera coincidência. Os personagens e enredos são criados a partir da imaginação da autora ou são usados ficticiamente. O assunto não é apropriado para menores de idade.

1ª Impressão 2017

Produção Editorial - Editora Charme
Foto - Deposiphotos
Criação e Produção Gráfica - Verônica Góes
Tradução - Bianca Briones
Revisão - Ingrid Lopes

Este livro segue as regras da Nova Ortografia da Língua Portuguesa.

CIP-BRASIL, CATALOGAÇÃO NA PUBLICAÇÃO
SINDICATO NACIONAL DE EDITORES DE LIVROS, RJ

Proby, Kristen
Joga Comigo /Kristen Proby
Titulo Original - Play with me
Série With me in Seattle - Livro 3
Editora Charme, 2017.

ISBN: 978-85-68056-38-7
1. Romance Estrangeiro

813
321.111(73)3

---

www.editoracharme.com.br

KRISTEN PROBY
BESTSELLER DO NY TIMES E USA TODAY

JOGA Comigo
With me in Seattle 3

Tradução - Bianca Briones

Dedicatória

Este livro é dedicado ao meu irmão, Mike Holien.
Nunca houve uma irmã mais velha mais orgulhosa.
Você me faz rir e sabe muito bem que é o meu favorito.
Eu te amo, irmãozinho.

Prólogo

Srta. McBride,

Agradecemos sua solicitação para que Will Montgomery e o resto da equipe visitem seu hospital. Nossa organização recebe milhares de pedidos semelhantes a cada ano e, infelizmente, o Sr. Montgomery é incapaz de atender a todos. Ele não está disponível no momento.

Atenciosamente,

Susan Jones
Relações Públicas do Seattle Seahawks

Que legal. Essa é a quinta rejeição do esquivo Will Montgomery nos últimos dois anos. Meus garotos vão se decepcionar novamente.

Apago o e-mail da tela do celular e jogo-o na minha bolsa, saio com meu carro e sigo para o Red Mill Burgers, o meu lugar favorito para conseguir um grande e suculento hambúrguer com batatas fritas.

Estou no final da fila, pensando no mais recente e-mail de uma longa série de pedidos rejeitados pela equipe do Seahawks. Eu sou enfermeira no Hospital Infantil de Seattle, e os meus adolescentes adorariam conhecer seus heróis esportivos mais do que qualquer coisa.

Pensei que eles fossem aceitar facilmente. Tudo que estou pedindo são algumas horas. Eles não têm que passar a noite, pelo amor de Deus.

Olho à minha direita e, sentada no meio do pequeno restaurante, não está outra pessoa senão a minha amiga de faculdade, Jules, e seu irmão, Will Cuzão Montgomery.

Filhodaputa!

Eu amo a Jules. Natalie, ela e eu éramos boas amigas na faculdade, por isso com certeza vou até lá dizer oi. Eu só gostaria de não ter que falar com o bundão arrogante do seu irmão.

Faço o meu pedido e vou até minha amiga.

— Jules? — eu a chamo, colocando a mão em seu ombro.

— Meg! — Ela se sobressalta e me puxa para um abraço caloroso. — Ah, meu Deus, eu não te vejo há anos! Como você está?

Olho de relance, tensa, para Will.

— Vou muito bem, obrigada. É maravilhoso ver você. — Ela está ótima, como sempre, mas seu olhar está um pouco triste. Eu me pergunto o que está acontecendo...

— Will, esta é Megan McBride, uma amiga minha da faculdade. Meg, este é meu irmão, Will.

Will se levanta, seu corpo alto erguendo-se bem acima do meu, e me oferece sua mão. Droga, eu tenho que encostar nele? Aperto sua mão e a balanço educadamente depois de buscar bem lá no fundo em mim as boas maneiras que aprendi.

— Eu sei quem você é.

Ele assente e se senta no seu lugar outra vez.

— O que você tem feito? — ela me pergunta.

— Sou enfermeira no Hospital Infantil de Seattle, na ala de câncer. — Sorrio para ela, consciente dos olhos de Will em mim, correndo para cima e para baixo pelo meu corpo, sobre a minha folgada blusa branca ajustada com um cinto e a legging preta e minhas botas de cowboy vermelhas. Ele me deixa nervosa.

— Isso é incrível! Bom para você, garota. Você ainda canta? — ela pergunta com um sorriso.

— Ah, não. — Balanço a cabeça e olho para baixo, na mesa. — Não canto desde a faculdade.

— Você canta? — Will pergunta, as sobrancelhas erguidas.

— Ela tem uma voz fantástica — Jules responde orgulhosa. Ela sempre foi tão doce e incentivadora.

— Obrigada, mas você sabe como a vida é — respondo, dando de ombros. — Ela segue e ficamos muito ocupados.

E nossos melhores amigos nos deixam para trás para começar sua própria banda.

Will e Jules trocam um olhar e de repente ela me surpreende com uma pergunta:

— Você está casada?

Solto uma gargalhada. Nem pensar.

— Claro que não.

— Posso pegar seu telefone? — Will pergunta sem rodeios.

Idiota arrogante. Aposto que as mulheres caem em cima dele em todos os lugares que vai. Estreito os olhos, incapaz de esconder meu desprezo por este homem.

— Claro que não.

O queixo de Will cai e então ele sorri, balançando a cabeça.

— Como é?

— Eu acho que deu para entender bem — respondo e coloco a mão no ombro de Jules, dando um sorriso forçado para minha amiga. — Foi ótimo ver você. Se cuida, garota.

— Você também, Meg.

Quando me viro para ir embora, ouço Will murmurar:

— Que diabos foi isso?

Imbecil.

Pego a embalagem para viagem com meu hambúrguer e batatas fritas e saio do restaurante para voltar para casa e aproveitar minha única noite de folga esta semana, rezando para não ser chamada no trabalho.

10   Kristen Proby

Capítulo Um

— Para Nate e Jules. — Luke Williams levanta a taça de champanhe no ar e mantém um braço em torno de sua linda esposa, Natalie. Todos o seguem, brindando ao casal feliz. — Que seu amor continue a crescer. Não desejamos nada além de toda a felicidade do mundo.

— Para Nate e Jules! — os convidados repetem e dão um gole em suas bebidas para comemorar.

Nate McKenna, alto e moreno, e um pouco intenso, vira sua deslumbrante noiva loira em seus braços e a beija profundamente na frente de todos nós, em meio a assobios e aplausos.

Will Montgomery, irmão de Jules, grita:

— Arranjem um quarto!

Tomo um gole do meu champanhe cor-de-rosa e olho ao redor do salão extravagante e gigante do Hotel Edgewater. Pela centésima vez, eu me pergunto o que estou fazendo aqui. Fiquei chocada ao receber o convite para a festa de noivado de Jules Montgomery.

Jules, Natalie e eu éramos inseparáveis na faculdade e foi ótimo revê-la alguns meses atrás, mas eu não esperava um convite para estar com sua família e amigos mais próximos. Estou no mesmo lugar que Luke Williams, pelo amor de Deus. A estrela de cinema.

O salão está decorado em azul e branco, com simples buquês de flores brancas sobre as mesas, toalhas de mesa e guardanapos em branco e azul e alguns outros toques nesta cor. É incrivelmente elegante.

É completamente Jules.

É o começo de uma bela noite do verão, e não está muito escuro ainda, então nós temos uma incrível vista da Enseada Puget. O céu, que começou a mudar de cor para cor-de-rosa e laranja, está refletido na água. As portas de vidro estão abertas para os convidados entrarem e saírem à vontade, desfrutando da bela vista do final de verão da varanda, ou entrar e dançar.

— Meg, estou tão feliz que você pôde vir. — Natalie bate no meu ombro e me puxa para um grande abraço. — Senti sua falta, garota.

— Eu também — respondo, abraçando-a, e, em seguida, me afasto um pouco para admirar a linda mulher na minha frente. — Você está fantástica. Casamento e maternidade combinam com você, minha amiga.

E é verdade. Os olhos verdes de Natalie brilham com felicidade e contentamento. Seu cabelo castanho-escuro está puxado para trás de seu rosto em ondas, e ela está usando um vestido preto sem mangas fantástico.

— Obrigada. Eu amei seu vestido. Seu estilo não mudou nada — ela responde com um sorriso.

Olho para o meu vestido prateado, sem alças, com a barra soltinha, e sandálias de tiras prata nos pés.

— Não mudei muita coisa mesmo — respondo com um encolher de ombros.

— Exceto o seu cabelo, como sempre. — Natalie ri, apontando para o meu cabelo castanho-avermelhado, com algumas mechas loiras, e eu rio com ela.

— Meu cabelo sempre muda, é minha mania. As crianças se divertem, e, bem, você sabe... uma vez garota roqueira, sempre garota roqueira.

— Sabe — Natalie sorri presunçosamente —, eu ainda tenho as fotos que fizemos de você com seu violão e nada mais.

— Ah, Deus. — Eu rio com a lembrança de nos divertirmos no estúdio de Natalie, na época da faculdade, anos atrás. — Você pode queimá-las.

— Não, eu estou pensando que devíamos marcar uma nova sessão. Você não tinha isso naquela época. — Ela aponta para a parte interna do meu braço e eu sigo o seu olhar para minha tatuagem.

— Talvez um dia.

— Então... — ela começa, mas é interrompida pela chegada do seu marido. — Oh, Meg, este é o meu marido, Luke. Luke, eu gostaria que você conhecesse uma velha amiga minha e da Jules, Megan McBride.

— Olá, Megan, prazer em conhecê-la. — Ele me oferece sua mão direita e eu sinto meu rosto corar um pouco, antes de segurar a sua para cumprimentá-lo. Mas, em vez disso, ele a leva aos lábios e beija meus dedos.

— Hum, é bom conhecer você também, Luke.

Ele me dá o seu sorriso de estrela de cinema, aquele que está estampado em cada capa de revista do país, e depois pede licença, quando Caleb, outro dos irmãos de Jules, o chama.

— Hum, Nat?

— Sim? — ela responde com um suspiro de satisfação.

— Você é casada com Luke Williams.

Ela ri e balança a cabeça.

— Eu sou.

— Como diabos isso aconteceu?

— É uma longa história. Eu vou te contar numa noite dessas regada a vinho.

— Está marcado.

— Aí estão vocês! — Jules exclama e nos puxa para um abraço em grupo. — Meg, estou tão feliz que você veio!

— Eu não perderia por nada. Embora eu tenha ficado surpresa ao receber o convite.

— Você é minha amiga. Eu queria você aqui. — Jules sorri e observa o salão, até seus olhos encontrarem seu homem.

— Ele é muito bonito, Jules. E completamente apaixonado por você — murmuro e sigo o seu olhar.

— Sim, ele é. E é recíproco.

— Estou feliz por você. — Bebo mais um pouco do delicioso champanhe.

— Obrigada. — Seu sorriso é largo e feliz.

Estou muito feliz por ela ter encontrado sua cara metade. Eles ficam ótimos juntos.

— Quando é que vamos comer? — Will pergunta de uma mesa não muito longe da nossa.

Joga Comigo   13

Fiz o que pude para ignorar Will Montgomery, também conhecido como quarterback do Seahawks, além de um babaca arrogante. Eu consegui ficar fora do seu caminho e evitar que alguém quisesse nos apresentar outra vez, mas senti seus olhos em mim a noite toda, o que não entendo. Eu com certeza não sou o tipo dele, e não é segredo que eu não estou interessada.

— O buffet está pronto para começar, senhorita Montgomery. — Uma loira muito curvilínea caminha até Jules com um largo sorriso. — O jantar poderá ser servido assim que você quiser.

— Perfeito, obrigada, Alecia. Certifique-se de que você e sua assistente também jantem.

— Ah, nós vamos. — Alecia ri e vai embora, consultando seu iPad.

— Deus, eu amo essa mulher. — Jules expira e apoia as mãos em seu vestido de chiffon vermelho esvoaçante sem alças.

— Ela é incrível — Nat concorda.

— Quem é ela? — pergunto.

— Organizadora de festas — responde Jules. — Eu a conheci quando organizei o chá de bebê da Nat alguns meses atrás. Ela também está organizando meu casamento. Ela é um gênio.

— É a minha maldita heroína — Will resmunga e segue Alecia. — Estou morrendo de fome.

— Você está sempre morrendo de fome! — Jules grita para ele e dá uma gargalhada.

Como eu acabei na mesa de Will é um mistério para mim. Na verdade, estou sentada com todos os irmãos incrivelmente bonitos de Jules, uma mulher doce chamada Brynna, e a cunhada de Jules, Stacy, que é adorável e está grávida, e bem perto de ter o bebê.

Todo mundo está rindo, brincando uns com os outros, e todos eles parecem incríveis. Por que diabos eu não trouxe um acompanhante? O mais provável é que tenha sido porque, da última vez que fui a um encontro, um tsunami atingiu o Japão.

Patético.

— Então, Megan, o que você faz? — Matt, o irmão de Jules, me pergunta.

— Eu sou enfermeira no Hospital Infantil de Seattle.

— Qual departamento? — ele pergunta e corta o bife.

— Trabalho com adolescentes, no andar de tratamento do câncer. — Dou uma mordida na batata assada e um gole no vinho. Eu vou precisar mais disso.

— Há quanto tempo você faz isso? — Matt pergunta, e vejo Will fazer uma carranca. Qual é o problema dele?

— Sou enfermeira há cerca de seis anos e estou no meu cargo há dois.

Matt enche meu copo de vinho e me oferece um sorriso amável, e eu retribuo.

— Você é jovem para ter um trabalho tão importante — Will comenta gentilmente, mas eu reviro meus olhos e o ignoro, fazendo com que ele me encare.

— Então, se Stacy entrar em trabalho de parto, você pode salvar o dia — sugere Caleb e todos riem.

— Não, eu não sou uma enfermeira obstetra. Mas posso chamar uma ambulância — respondo.

Stacy acaricia a barriga e sorri.

— Está tudo bem, pessoal. Ainda temos aproximadamente um mês para o grande evento.

Isaac se inclina e beija a bochecha de sua esposa, e sussurra algo no ouvido dela, fazendo-a sorrir.

Todos estes homens são absolutamente encantadores. Jules e o restante da família têm uma genética impressionante.

Matt me serve mais uma taça de vinho, e eu imediatamente tomo um gole, empurrando meu prato. Estou muito nervosa para comer, de qualquer maneira.

No meio de uma conversa com Stacy, percebo que estou começando a sentir uma leve pontada de dor de cabeça, então me desculpo e levanto para ir ao banheiro, para pressionar um pano frio na minha testa e repassar o gloss.

— Meg, espere.

Merda.

Joga Comigo 15

Tento entrar rapidamente no banheiro feminino, mas Will me segue e tranca a porta.

— Que porra você está fazendo? — pergunto com uma sobrancelha levantada.

— Você não gosta muito de mim, não é? — Ele se apoia contra a porta e cruza os braços sobre o peito. Ele é muito alto mesmo.

Ele tirou o largo paletó há um tempo e ficou vestindo apenas a camisa rosa — *rosa* — que parece surpreendentemente sexy nele. Sua calça é preta e ele está sem gravata. As mangas estão dobradas, mostrando antebraços musculosos. Seu cabelo loiro-escuro está comprido demais e bagunçado, e seus olhos azuis percorrem para cima e para baixo o meu corpo, antes de pousar no meu rosto.

— Eu não te conheço bem o suficiente para gostar ou não de você.

— Você está mentindo — diz ele calmamente.

— Isso não importa. — Dou de ombros e volto para a pia para lavar as mãos e aplicar o gloss, enquanto os olhos de Will não me deixam. — O que foi? — pergunto e me viro.

— Por que você não me diz o que eu fiz para te chatear para que eu possa me desculpar com você?

Comecei a rir, fazendo-o franzir a testa, o que me fez rir ainda mais.

— Você realmente é um babaca arrogante, não é?

— Não, eu não sou. — Ele está muito sério, não achando esta situação nem um pouco engraçada.

— Sim, você é. Eu não quero que você se desculpe comigo.

Ele dá de ombros como se o que eu quisesse não alterasse em nada sua determinação.

— Eu não sou um babaca, Meg. O que fiz para te ofender tanto?

Paro de rir e limpo a minha garganta, encarando-o. Ele parece sincero. Mas eu nunca vou conseguir esquecer os olhares de desapontamento dos meus pacientes.

— Não importa — repito.

Will se afasta da porta e caminha em minha direção, me prendendo contra o balcão do banheiro, com as mãos sobre o granito, uma mão de cada lado do meu quadril. Ele não me toca, mas se abaixa e seu nariz está bem próximo do meu.

— Importa sim — murmura.

— Por quê? — Meu coração simplesmente acelerou na velocidade máxima e, ah, Deus, ele cheira tão bem. Estou culpando o excesso de vinho pela confusão em minha cabeça, que eu bebi sem comer quase nada.

— Preciso que você me diga o que eu fiz para te irritar tanto, para que eu possa me desculpar. — Ele se afasta um pouco e seus olhos viajam pelo meu corpo. Posso sentir o calor do seu olhar e sinto minha pele quente. Ele volta a me encarar com seu olhar azul quente.

— Você está maravilhosa neste vestido, com o cabelo encaracolado e todo bagunçado em torno do seu lindo rosto.

— Hum... — Que pergunta ele tinha feito mesmo?

— Diga-me — ele insiste.

— Dizer o quê? — eu sussurro.

Ele sorri e sussurra de volta.

— O que eu fiz para te irritar, Meg?

— Eu mandei muitas mensagens ao seu departamento de relações públicas nos últimos dois anos pedindo que você e sua equipe viessem visitar as crianças. A cada pedido, recebi uma resposta negativa, dizendo que você não está interessado.

Ele franze a testa ligeiramente e balança a cabeça.

— Eu nunca recebi nada do meu pessoal de relações públicas sobre ir ao departamento infantil do hospital.

— Ah, tá — respondo com sarcasmo e tento me afastar para não sentir seu cheiro almiscarado. Ele está fazendo com que eu sinta coisas, como querer lamber seu pescoço.

— Não estou mentindo. Eles passam um monte de pedidos para mim. Esse nunca foi passado.

Oh.

Bem, que merda.

Joga Comigo   17

— Por que você simplesmente não pediu para Jules falar comigo sobre isso? Ou pediu meu telefone para ela?

— Certo. — Eu inspiro. — Primeiro, ela é minha amiga e eu não vou usá-la para coisas como essa e, segundo, por que eu iria te ligar? Nem conheço você.

Will sorri suavemente e levanta a mão até o meu rosto, segurando meu queixo para cima com o dedo indicador, me fazendo olhar nos olhos dele. Ele é tão alto, mas agora está se inclinando sobre mim. Seus olhos azuis brilhantes me veem lamber meus lábios, e, quando mordo o lábio inferior, ele inala bruscamente e encara meus olhos escuros.

Sua mão segura levemente meu queixo, enquanto a outra acaricia meu cabelo, e eu estou perdida com aqueles olhos. Não posso me mover. Eu deveria empurrá-lo. Eu não faço isso. Não deixo homens estranhos me tocarem em banheiros públicos, enquanto a sua família inteira está lá fora conversando, rindo e comendo.

Mas eu não posso desviar o olhar.

Ele baixa o rosto até o meu, resvala seus lábios levemente sobre os meus, sempre muito gentil, e sorri para mim daquela maneira arrogante, característica dele, e então aprofunda o beijo, enterrando as mãos no meu cabelo, segurando meu rosto para que ele possa mover sua boca contra a minha.

Puta merda, ele é bom nessa coisa de beijar. Seus lábios são macios e firmes, o que, de alguma forma, faz todo sentido para mim. Seus lábios se movem com precisão e propósito sobre os meus. Eu solto um gemido. Meus braços envolvem sua cintura e Will geme contra mim. De repente, o beijo se transforma não mais em um desejo, mas uma necessidade. Sua língua invade a minha boca, girando e dançando contra a minha. Eu me aproximo mais, meus braços em volta de seu pescoço, e torço meus dedos em seu cabelo macio e glorioso, praticamente subindo nele, tentando me aproximar.

Finalmente, ele segura minha bunda em suas mãos grandes e me levanta. Minhas pernas envolvem sua cintura, e, antes que eu perceba, meu corpo está apoiado contra a porta, com Will me segurando firmemente no lugar, me beijando sem parar.

Caramba, esse homem sabe beijar.

— Deus, você é um doce — ele murmura e dá vários beijos do meu queixo até a orelha, chegando até o meu pescoço. — Nós poderíamos nos divertir muito, gatinha.

Gatinha? E como se alguém tivesse me jogado um balde de água fria, eu recupero meus sentidos. Estou prestes a transar em um banheiro público — eca! — com Will Montgomery. Não!

— Pare! — exijo com a voz firme.

20   Kristen Proby

Capítulo

Dois

— Você não quer que eu pare. — Ele empurra seu quadril contra o meu e eu mordo o lábio para segurar o gemido que quer sair da minha garganta.

— Eu disse para parar, Will.

Ele se afasta e me olha nos olhos, ofegante, seus olhos se estreitando. Ele balança a cabeça, como se estivesse tentando clarear a mente, e me coloca em pé novamente. Meus joelhos fracos quase me derrubam, e ele me estabiliza com as mãos em meus ombros.

— O que foi? — ele pergunta.

— Eu não vou fazer isso com você. Nunca.

Ele dá um passo para trás, passa aquelas mãos fantásticas pelo cabelo, respira fundo e aperta os olhos fechados.

— Ok. — Ele engole em seco. — Sinto muito. Pensei que você estivesse interessada.

— Vamos esclarecer uma coisa agora. Eu não sou uma maria-chuteira estúpida e desesperada que está morrendo de vontade de tirar sua calça. E eu não sou sua *gatinha*.

Deus, eu odeio ser chamada assim.

— Peço desculpas outra vez pelo mal-entendido sobre a minha relações públicas e por isso. — Sua voz é firme agora, sua respiração está sob controle e ele enfia as mãos nos bolsos. *Uau, ele é bonito.*

Passo a língua pelos meus lábios, ainda sentindo seu gosto em mim.

— Se você se afastar, eu vou deixá-la sozinha.

De repente, odeio essa frieza educada com que estamos nos tratando. Eu gostaria que ele me pegasse em seus braços novamente e me beijasse.

Joga Comigo   21

Meu ódio por ele agora já não é tão grande. Talvez ele não seja tão mau como eu pensava, só não é para mim.

Eu rapidamente saio do seu caminho e ele abre a porta do banheiro. Antes de sair, olha para mim e me oferece um meio-sorriso e uma piscadinha, e me deixa em paz.

Observo meu reflexo. Meus olhos estão um pouco vidrados com o excesso de vinho e luxúria. Meu cabelo está um pouco bagunçado, mas eu sempre estou com ele assim, então não é nada demais. Além de meu gloss ter sido tirado com o beijo, eu continuo igual quando entrei aqui. Então, por que sinto que tudo está prestes a mudar?

— Ok, o que vamos beber agora? — pergunto e olho ao redor da mesa para as minhas amigas e os seus homens.

Seus pais foram embora há algumas horas, e restam apenas Jules e Nate, Natalie e Luke, Stacy e Isaac, Brynna, Matt, Caleb, Will e eu. Todos os outros convidados foram para casa, deixando apenas nós onze para beber, rir e conversar. Eu não me divertia assim há um bom tempo.

Se eu beber apenas mais esta dose, conseguirei esquecer minha escapada no banheiro com Will.

Talvez.

Provavelmente não.

Falando em Will, ele continua me olhando, bebendo uma cerveja, quieto. Mas eu o ignoro e levanto outra dose de tequila no ar. Até agora, os assuntos foram bebês, rock and roll, tatuagens, compras, e compras novamente.

— Aqui está, aos orgasmos! E aos três que eu vou ter hoje à noite! — Natalie exclama, ganhando acessos de risos do resto de nós meninas, enquanto os meninos, todos, exceto Luke, resmungam.

— Aos orgasmos! — todas concordamos e viramos o copo.

Eu parei de usar as rodelas de limão e sal três doses atrás. Olho para Will, que está agora conversando com seu irmão Caleb, e, apesar do meu estado claramente bêbado, minhas coxas apertam apenas com a visão dele. Deus! Ele é todo ombros largos e músculos, olhos azuis e aquele cabelo loiro-escuro desgrenhado, bagunçado pelos seus dedos... Eu quero dar mais um bom puxão neles.

Eu deveria ter transado com ele no banheiro.

Pare com isso! Isso é apenas a Meg bêbada e com tesão falando.

— Então, Meg — Jules fala com a voz bêbada, enquanto se inclina para mim e coloca o braço em meus ombros. — Por que você ainda está solteira, minha linda amiga?

— Porque o meu trabalho é o meu relacionamento, minha igualmente linda amiga.

— Isso é uma droga.

— Está tudo bem. — Aceno despreocupadamente e tomo um gole da minha quinta margarita. Droga, eu realmente deveria ter comido mais no jantar.

— Será que o seu trabalho te dá orgasmos? — Natalie pergunta, enquanto se ajeita no colo de Luke.

— Não. — Eu dou uma risada.

— Então não está tudo bem — ela responde com ar satisfeito.

Não, não está tudo bem, mas é o que tenho. Preciso mudar de assunto.

— Você devia cantar alguma coisa. — Jules bate as mãos, entusiasmada.

— Vocês estão começando a atrapalhar a sensação gostosa que eu estava sentindo.

— Canta! — exige Jules.

— Eu mal posso falar. Não vou cantar. Não canto há um longo tempo, de qualquer maneira.

— Ok, então vamos dançar. — Jules se levanta e depois oscila.

Nate a puxa para o colo, rindo.

— Eu acho que é hora de levá-la para o quarto, baby.

Ela segura seu rosto em suas mãos e sorri para ele.

— Tudo bem. Posso ter alguns orgasmos?

— Eu acho que posso fazer isso acontecer — ele responde com um sorriso.

— Não é justo! — Natalie exclama. — Eu quero orgasmos!

Joga Comigo   23

Meu Deus, nada mudou, nós sempre falávamos sobre orgasmos quando estávamos bêbadas na faculdade.

— Então, vamos até o quarto também. Eu vou te dar alguns orgasmos. — Luke beija a bochecha de Nat e se levanta com ela em seus braços.

Jesus, Luke Williams está no mesmo ambiente que eu e falando sobre orgasmos.

Isso é uma loucura.

— Eu vou embora também. — Tomo a última dose, pego minha bolsa e me levanto. O salão gira um pouco, mas me encosto na parte de trás de uma cadeira e inspiro profundamente.

— Você não está dirigindo, certo? — Nate pergunta.

— Vou chamar um táxi.

— Eu vou te levar para casa. — Will se levanta e em instantes está ao meu lado, segurando meu cotovelo.

— Você está bêbado também — eu o lembro.

— Eu bebi uma cerveja. Estou bem.

Oh.

— Sério?

— Estou no meio de uma temporada, Meg. Não posso beber muito.

— Que tipo de temporada? — pergunto, enquanto o salão gira lentamente à minha volta. Estou vagamente consciente de um riso abafado ao redor, mas estou muito bêbada para brigar com alguém.

— Futebol — ele diz suavemente e coloca meu cabelo atrás da orelha.

— Você quer jogar futebol? — Estou tão confusa. — Estou bêbada demais para jogar futebol. — Will ri e balança a cabeça.

— Não, minha querida, eu vou jogar futebol no domingo. Com o meu time. Lembra-se?

— Ah, sim. Você é uma estrela do futebol. — Aceno e me viro para as minhas amigas. — Ele é jogador de um grande time de futebol. Vocês sabiam?

Natalie dá outra risadinha para mim.

— Meg, você é tão engraçada. Estou feliz que esteja saindo com a gente de novo.

— Cara, você a pega? — Caleb pergunta.

— Sim, eu pego — Will confirma.

— Quem pega quem? — eu pergunto.

— Você, menina bêbada. Vamos. — Ele se vira para me levar até a saída e eu começo a segui-lo, mas, por alguma razão, meus pés não estão colaborando muito.

— Hum, Will?

— Sim?

— Eu perdi meus pés.

— O quê? — Ele ri e aperta a ponta do seu nariz.

— Eu não consigo encontrar meus pés. Por que todo mundo está rindo de mim? Isso é sério!

— Ok, eu pego você. — Ele me levanta facilmente em seus braços e me acomoda contra seu peito.

— Você não tem que me carregar.

— Se eu quiser chegar até o carro e levá-la para casa, acho que preciso.

— Eu pensei que você queria jogar futebol. — Bocejo e inclino minha cabeça em seu ombro. Humm... ele ainda cheira bem.

— Hoje não.

— Eu acho que estou bêbada.

— Qual foi a sua primeira pista? — Ele ri.

— Não me faça te machucar, *Mungumry*.

— Ah, sim, você me assusta.

— Que tipo de carro é esse? — pergunto.

— É um Shelby.

— Shelby é sua namorada? — pergunto, mortificada. Puta merda! Eu fiquei com um cara que tem namorada!

— Não, este carro é um Mustang Shelby, Megan.

— Ah. Então, quem é a sua namorada?

— Eu não tenho namorada.

— Por que não?

— Não tenho tempo. — Ele dá de ombros. — Ninguém me interessou, até muito recentemente — ele murmura essa última parte e, antes que eu possa perguntar o que quer dizer, ele rapidamente me coloca no carro e me leva até minha casa.

— Obrigada pela carona.

— De nada. Fique parada aí.

Eu não acho que conseguiria sair do carro nem se eu quisesse. Ele fica muito perto do chão, mas é bonito. O assento é confortável.

De repente, a porta do passageiro se abre e Will se inclina para dentro, me tirando do carro. Ele me deixa ficar de pé e então me pega no colo outra vez.

— Eu provavelmente poderia caminhar agora.

— Duvido. Só não vomite em mim, por favor.

Bem, eu não estava com vontade de vomitar até ele falar. Agora meu estômago está revirando e estou com uma sensação nojenta na garganta.

Porra!

— Onde estão as chaves? — pergunta ele.

— Bolsa.

— Você quer que eu pegue?

— Sim.

Apenas respire. Basta respirar e você não vai vomitar.

— Ok, eu vou te encostar na parede por um segundo.

Será que ele fala a minha língua? Eu não entendo o que ele fala. Tudo o que faço é me concentrar em não vomitar.

Ele mexe na minha bolsa até achar as chaves.

— Essa aqui. — Aponto para a chave de casa e ele abre a porta, depois me pega no colo novamente, me levando para dentro.

— Você não tem um sistema de alarme? — pergunta ele, com a testa franzida.

— Não.

— Por que não?

— Muito caro. Merda, me coloque no chão.

Ele me abaixa e, assim que meus pés tocam o chão, corro para o banheiro e vomito mais ou menos duas garrafas de tequila no vaso sanitário.

O gosto saindo nunca é tão bom quanto entrando.

Ah, querido Deus, faça parar. Meu estômago convulsiona e estremeço, sentindo um suor frio brotar na minha pele.

De repente, meu cabelo é puxado do meu rosto e um pano frio é pressionado na minha nuca.

Porra, eu esqueci que ele estava aqui. Que humilhante.

— Você pode ir — resmungo e descanso a testa no braço, ainda me segurando na privada.

— Eu vou ficar. — Sua voz é firme e talvez um pouco sombria.

— Estou bem, Will.

— Eu não vou deixar você assim, então fique quieta. — Ele gentilmente levanta minha cabeça e aperta outro pano frio na minha testa, me fazendo gemer de prazer.

— Isso é bom.

— Eu sei. Você terminou de vomitar?

— Acho que sim.

— Ok, vou te levar para a cama.

— Ei! — Ergo a cabeça abruptamente e o encaro.

— Você não vai me levar para a cama.

— Sim, eu vou. Não se preocupe, querida, não vamos transar. — Ele sorri e eu solto um gemido, quando tenho outra onda de náuseas. Estou exausta.

— Ok. — Eu me ergo e ele leva um braço sem jeito até minha cintura. Ele é muito alto. — Estou bem, Will. O pior já passou. Você pode ir.

Ele olha para mim e enxuga meu rosto com o pano frio.

— Eu vou te deixar dormindo antes de sair.

— Por quê? Não tenho sido muito agradável com você.

— Porque não sou um babaca e, quanto mais cedo você perceber isso, melhor.

Faço uma careta para ele, não entendendo direito. Ele abre as gavetas da minha cômoda, mexendo nas minhas roupas e meias, então se vira para mim, com a testa franzida.

— Onde estão os seus pijamas?

— Eu não uso pijama.

— Então, o que você veste para dormir? — ele pergunta e coloca a mão no quadril.

— Nada.

Ele fecha os olhos e expira profundamente, em seguida, procura em minhas gavetas novamente até encontrar uma velha camiseta e joga para mim.

— Aqui, coloque isso.

— Por quê?

— Porque eu vou deitar na cama com você e você não pode ficar nua ou aí sim eu vou ser um babaca. — Ele parece quase com raiva.

— Vire-se — murmuro. Quando ele está de costas, eu rapidamente tiro meu vestido e coloco a camiseta. Não estou usando calcinha, mas a camiseta é comprida o suficiente para que ele não veja. — Eu não acho que possa tirar minhas sandálias sem cair.

Will se vira para mim e seus olhos suavizam.

— Você parece tão jovem agora.

— Tenho certeza de que estou uma merda, mas tudo bem. Sandálias?

— Sente-se. — Ele se ajoelha diante de mim e as tira, depois me coloca na cama.

Ele desabotoa a camisa, deixa-a cair pelos ombros e a pendura em uma cadeira. Santo corpo musculoso, Batman.

— Sua casa é bem legal — ele resmunga.

— Humm. — Fecho os olhos para bloquear a imagem de um delicioso Will seminu. Ouço o zíper de sua calça e o farfalhar dele a tirando. Em seguida, a cama afunda quando ele rasteja ao meu lado. Ele me vira de costas para ele.

— Durma.

— Por que você ainda está aqui? — pergunto sonolenta.

Eu deveria exigir que ele fosse embora, mas, porra, está tão gostoso ficar assim.

— Não sei — ele sussurra.

Will

Ela imediatamente adormece, virada contra mim, com a respiração lenta e uniforme. Por que ainda estou aqui? Boa pergunta. Eu a trouxe em casa e a coloquei na cama, em segurança. Ela vai dormir a noite inteira e acordar bem de manhã, embora com um pouco de ressaca. Mas estar deitado com ela parece certo e, pela primeira vez em um longo, longo tempo, me sinto protetor com uma mulher que não é da minha família.

Ela é diferente. Ela não se importa com o meu trabalho ou com as relações da minha família.

E ela me disse não. E isso é novo.

Sorrio e beijo o topo de sua cabeça, apreciando o cheiro de menta no seu cabelo e a forma como seu cabelo macio fica contra o meu nariz. Ela suspira profundamente e se encosta em mim, roçando sua bunda em minha virilha. Sua camiseta sobe e eu posso sentir a sua bunda.

Sua bunda quente e nua.

Puta que pariu.

Esta mulher de olhos castanhos, com um corpo feito para o sexo, uma inteligência afiada e um sorriso matador. A covinha na bochecha direita é adorável pra caralho. É pena que, para mim, ela esteja sempre franzindo a testa.

Me pergunto o que será necessário para fazê-la sorrir mais e confiar em mim. Porque eu tenho que vê-la novamente.

Meg choraminga baixinho e se vira em meus braços, encostando o rosto no meu peito e colocando o braço na minha cintura, segurando firme. Eu tiro o cabelo de sua bochecha e beijo sua testa, antes de adormecer.

Ah, sim, eu a verei novamente.

Capítulo Três

Duas semanas depois

— Meg, há uma chamada para você no ramal 460.

— Ok, Jill, obrigada. — Coloco o prontuário do qual estava anotando as doses de medicamentos para afixar na estação das enfermeiras e pego o telefone.

— Aqui é Meg.

— Megan McBride? — uma voz educada feminina pergunta.

— Sim, posso ajudá-la?

— Espero que sim. Eu sou Susan Jones, do escritório de relações públicas do Seahawks.

Oh, inferno. Meu estômago revira e começo a transpirar acima dos lábios.

— Sim.

— Estou ligando em nome de Will Montgomery. Ele gostaria de aceitar seu convite para ir até o seu departamento infantil e visitar os funcionários e pacientes.

Esfrego a testa com a ponta dos dedos e mordo o lábio.

— Tudo bem. Eu posso organizar isso.

— Ótimo. Ele gostaria de ir na quarta-feira.

— Desta semana? — Minha voz está mais estridente do que o normal, mas não posso evitar. Ele quer vir ao meu trabalho em dois dias?

— Isso mesmo.

Suspiro, resignada. As crianças vão ficar tão animadas, de jeito nenhum eu posso dizer não.

— Ok, que horas?

— Cerca da uma da tarde?

— Certo, estaremos esperando por ele.

Desligo e olho para o telefone. *Puta merda*. Será que Montgomery realmente vai visitar o hospital em dois dias? Já se passaram duas semanas desde o episódio do banheiro. Desde a minha colossalmente embaraçosa exibição de embriaguez. Desde que acordei na manhã seguinte, nua, na minha cama vazia.

Eu realmente preciso lhe perguntar como diabos acabei nua. Se minha memória confusa serve para alguma coisa, lembro de deitar com uma camiseta.

E então, para coroar uma noite incrivelmente embaraçosa, Will mandou entregar o meu carro na minha casa na manhã seguinte para eu não ter que pegar um táxi e ir buscá-lo no hotel.

Muito gentil? Talvez.

Mas não tive nem uma palavra dele desde então. Claro, ele é um jogador de futebol profissional ocupado e estamos no meio da temporada, e talvez ele apenas não estivesse interessado em mim após eu tê-lo tratado muito mal. Eu não podia culpá-lo, se fosse esse o caso. Além de tudo, deixei claro que eu nunca, nunca teria intimidade com ele.

Eu sou uma idiota.

E agora ele quer vir ao meu trabalho e visitar meus pacientes. Provavelmente é apenas um truque para conseguir alguma publicidade. Ele vai, sem dúvida, trazer a imprensa com ele, tirar fotos com as crianças doentes e parecer um ótimo cara no canal de notícias.

Babaca arrogante.

— Ele está aqui. O segurança acabou de avisar. — Jill sorri e faz uma dancinha da vitória.

Ela e eu trabalhamos juntas desde o primeiro dia. Ela é uma linda loira, baixinha, com olhos castanho-escuros e muito voluptuosa. É muito bem casada e tem três filhos, mas não tem nenhum problema em flertar com os jogadores de futebol sexy.

Quem pode culpá-la?

— Ok, vou até os elevadores para encontrá-lo. Lembre-se, faça cara de surpresa.

Ela pisca para mim e eu caminho até o hall do elevador. Eu informei aos pais dos meus garotos sobre nosso convidado de hoje para que eles pudessem vir e tirar fotos e conhecer o atleta pessoalmente, mas decidi fazer uma surpresa para as crianças.

Finalmente, os elevadores se abrem e fico parada, olhando. Ele trouxe quatro de seus companheiros de equipe. Todos vestidos com calça jeans e camisa do time, empurrando carrinhos cheios de presentes, caixas com laços e celofane, e vários produtos da equipe: chapéus, camisetas, pijamas, flâmulas... E tudo o que você puder imaginar. Eles trouxeram bichos de pelúcia e jogos também.

Olho para Will, com seus brilhantes e felizes olhos azuis, e não posso segurar o sorriso que divide meu rosto em dois.

Ele está mimando meus meninos!

— Ei, você é enfermeira mais bonita que já vi. — Ele dá seu sorrisinho arrogante e segue os outros caras para fora do elevador. Eles são todos altos e grandes, e eu me sinto pequena ao lado deles.

Olho para meu uniforme azul simples do hospital, passo a mão por ele e dou uma risada.

— Certo, porque uniformes de hospital e rabos de cavalo são a última moda.

Ele se inclina para beijar minha bochecha e sussurra no meu ouvido:

— A mais sexy enfermeira que eu já vi.

Bem, então...

Limpo minha garganta e Will me apresenta a seus companheiros de equipe: Jerrel Sanders, Thomas Jones, Kip Sutherland e Trevon Wilson. Todos eles são incrivelmente educados e parecem um pouco nervosos com as mãos nos bolsos, arrastando seus pés grandes e olhando pelo corredor do hospital.

— Muito obrigada a todos por terem vindo. Eu não disse às crianças que vocês viriam. Eu queria que fosse uma surpresa. Mas os pais sabem para que eles pudessem trazer as suas câmeras. — Os caras acenam e eu olho ao redor. — Sem imprensa?

O semblante do Will está sério.

— Não, nada de imprensa. Esta não é uma visita para propaganda, Meg. Estamos aqui porque queremos estar.

— Como é que você convenceu a mulher de relações públicas? — pergunto, a surpresa transparecendo na minha voz.

— Ela trabalha para nós, não o contrário — ele responde simplesmente e pega um carrinho cheio de delícias para os meus meninos. — Mostre o caminho.

Eu levo os rapazes pelo corredor com um grande sorriso no rosto e pisco para Jill, que está parada na enfermaria com os braços cruzados.

— Vamos começar com Nicholas. Ele jogou futebol até este inverno, quando se machucou no campo e foi diagnosticado com osteossarcoma. — Os caras fazem uma careta, preocupados. — Câncer nos ossos — murmuro e bato na porta de Nick.

— Sim. — Eu o ouço responder.

Abro a porta, protegendo a sua visão dos caras atrás de mim.

— Você tem um segundo?

Seus olhos brilham e ele sorri. Ele tem uma quedinha por mim, é fofo.

— Eu sempre tenho tempo para a enfermeira mais sexy daqui.

Abro a porta e dou um passo para o lado, assim os caras podem entrar em seu quarto. Will se inclina para mim e sussurra em meu ouvido:

— Viu? A enfermeira mais sexy.

Nick empalidece, seu queixo cai e ele começa a rir.

— Ah, meu Deus!

— Ei, cara. — Will se aproxima dele e oferece a mão para cumprimentá-lo. — É um prazer conhecer outro jogador.

— Eu não estou jogando mais — murmura Nick.

— Uma vez jogador, sempre jogador, cara. — Will sorri e senta-se ao lado de sua cama. — Que posição você joga?

— Quarterback — Nick responde timidamente, não conseguindo olhar Will nos olhos. O cabelo de Nick caiu e seu corpo, uma vez forte, parece fraco na grande cama do hospital.

— Você é bom? — Will pergunta.

— Porra, sim, era apenas meu primeiro ano, mas eu tive ofertas do USC e do Estado da Flórida — ele diz, orgulhoso.

— Droga, eu sinto muito, cara.

Saio do quarto e deixo os rapazes conversando com Nicholas, lhe dando presentes e tornando o seu dia melhor. Nossa, talvez o melhor dia de toda a sua vida.

Cerca de uma hora mais tarde, os jogadores estão à vontade, sorrindo e brincando uns com os outros e com Nick. Will me dá um sorriso doce e triste.

— Precisamos conversar mais tarde — ele murmura.

Inclino minha cabeça para o lado. Falar? Sobre o quê? Mas não tenho tempo para perguntar.

— Ok, rapazes, sei que vocês estão se divertindo, mas há um monte de crianças ansiosas para conhecê-los. Tenho uma equipe de enfermagem extra hoje, para levá-los pelo hospital e apresentá-los às crianças e seus pais.

— Parece ótimo — Sanders responde e oferece a Jill um sorriso sedutor. — Nos guie, querida.

Eles pegam os cestos cheios de presentes e seguem o meu pessoal para várias partes do departamento, e eu sorrio quando ouço os gritos de excitação saindo dos quartos.

— Isto é incrível, Will. Estas crianças vão se lembrar disso para o resto de suas vidas. Obrigada.

— O prazer é meu. Eu vou ficar com você, se não se importa. Quem é o próximo?

Ok, o homem é bom com crianças. Ele é gentil e um bom ouvinte. Ele pacientemente posou para dezenas de fotos, flertou com as meninas e fez os meninos se sentirem como se fossem seus amigos. Foram maravilhosos.

Até que todos os cinco jogadores finalmente terminaram, tendo entrado em cada quarto e conversado com cada paciente.

Agora, estamos todos reunidos em uma área comum que criamos para as famílias, onde podem vir e descansar. Foi recentemente reformada e orgulhosamente ostenta cerca de cento e oitenta e seis metros quadrados, com sofás de couro e poltronas reclináveis, uma televisão de tela grande enorme montada na parede, mesas e cadeiras perto de tomadas para laptops e muito espaço para se espalhar.

Os pacientes mais antigos, que estão bem para deixar seus quartos, acomodaram-se pelo espaço, como Kip sugeriu. Assim, eles poderão fazer perguntas e ter um pouco mais de tempo com o time antes que os jogadores tenham que ir embora. Eles já estão aqui há cinco horas.

— Meg, eu preciso de ajuda com uma intravenosa no quarto 20 — a Dra. Sanchez sussurra para mim para não interromper a conversa.

— Sem problema. — Eu a sigo até o quarto para ajudá-la.

Quando volto, fico fora de vista para ouvir um pouco.

— Então, você tem namorada, Will? — uma paciente de dezesseis anos bonita chamada Liza pergunta com um sorriso tímido.

— Não, eu não tenho, querida.

— Por que não? — alguém pergunta.

— Bem, há uma mulher em quem estou interessado, mas não acho que ela gosta de mim.

— Bem, então ela é burra — Liza rebate, fazendo com que todos rissem juntos.

— Não, ela é esperta — brinca Trevon, batendo no ombro de Will.

— Quem é? — Nick pergunta a ele.

— Na verdade, você a conhece — Will começa e mordo meu lábio, sentindo meus olhos se arregalarem. *Puta merda!* — Eu adoraria conhecer a Meg melhor.

— Bem, então a convide para sair — alguém fora do meu campo de visão o aconselha.

— Eu não acho que ela esteja interessada em mim.

— Podemos ajudar — Liza oferece. — Nós a conhecemos muito bem.

— Hum, ok. — Will de repente parece nervoso, e eu sorrio.

— Ela ama música — minha paciente Bree conta.

— E chocolate — Mike ajuda.

— E ela gosta de abraços — Jason, que tem treze anos, fala e me emociona.

— Mas, se você a machucar, eu arranco seu coração. Tô nem aí para o câncer — Nick afirma claramente.

— Nick! — sua mãe exclama.

Meus pés estão enraizados no chão. Eu deveria ir resolver isso, mas não posso me mover. Quero ouvir a resposta de Will. O silêncio enche a sala e eu imagino os dois rapazes, um quase um homem e outro já adulto, se encarando.

Finalmente, Will diz:

— Sabe, Nick, eu já tinha um grande respeito por você só com nossa conversa de mais cedo, mas agora acho que você é demais. Você é um grande homem e não precisa se preocupar com a Meg.

Entro na sala a tempo de ver Nick acenar sobriamente e olhar para o chão. Sorrindo orgulhosos, os outros quatro jogadores estão olhando para Nick com respeito.

— Ok, pessoal. — Minha voz é tranquila, não dando uma pista sequer do que acabei de ouvir. — Eu sei que vocês provavelmente têm muito mais perguntas para os nossos convidados, mas acho que é hora de deixá-los ir. Eles passaram muito tempo com a gente hoje.

Há alguns lamentos, mas a sala irrompe em aplausos.

— Obrigado! — as crianças gritam e todos os cinco jogadores parecem um pouco envergonhados, mas com enormes e orgulhosos sorrisos.

— De nada — Will responde quando o aplauso cessa.

— Boa sorte no domingo — o pai de Bree diz. — Eu apostei dinheiro naquela partida!

— Vamos ver o que podemos fazer — Sanders responde.

Eu sigo os jogadores de volta até os elevadores, Will e eu ficando mais para trás. Ele pega a minha mão na sua, mas eu me afasto e olho ao redor.

— Não no meu trabalho, Will.

— Ah, então eu posso segurar a sua mão fora do trabalho? — pergunta ele, com um sorriso arrogante.

— Eu não disse isso. — Que filho da mãe.

— Me acompanha até o carro — ele sussurra para que só eu ouça.

— Você não veio com os outros? — pergunto.

— Não, Trevon passou no centro de treinamento para pegar os presentes personalizados e nós nos encontramos aqui.

— Ok.

Quando chegamos ao estacionamento, cada um dos colegas de Will me dá um abraço apertado.

— Você não tem um trabalho fácil, mocinha. — Kip tem uma expressão séria.

— Dias como hoje fazem o meu trabalho fantástico, Kip. Sério, obrigada a todos vocês por terem vindo. Vocês não sabem o que fizeram para aquelas crianças.

— Por que você não nos pediu para vir antes? — Jerrel pergunta e Will engasga, quase sufocando com sua própria saliva.

— Na verdade, eu pedi. Várias vezes. Mas sempre recebi um não.

— Porra, Susan — Trevon a xinga baixinho. — A partir de agora, entre em contato conosco diretamente. Eu imagino que tenha o número do Montgomery, certo?

— Ah, não. — Balanço a cabeça e pressiono meus lábios.

— Bem, caramba, eu vou te dar o *meu* número. — Kip sorri. — E não é apenas para te visitar no trabalho.

— Não se mete, Sutherland — Will adverte. — Eu resolvo isso.

— Que bom. — Kip pisca para mim e eles entram em seus carros para sair, acenam para nós e se vão.

— Então. — Will dá um passo em minha direção. Apesar da atração magnética que sinto, dou um passo para trás.

38   Kristen Proby

— Eu deveria entrar...

— Eu quero te ver, Meg. — Ele é bem direto, não é?

— Não acho que seja uma boa ideia — respondo.

Seus olhos se estreitam e ele cruza os braços.

— Por que não?

— Esta é uma época agitada para você, Will, e meu trabalho é agitado também. Caramba, eu não ouvi nada de você nas duas últimas semanas, assim imaginei...

— Número um, não imagine. Nunca. — Sua voz é intensa e imediatamente prende a minha atenção. — Número dois, sim, nós somos ocupados, mas podemos encontrar tempo. E número três, eu estou interessado.

— Como é que eu acordei nua naquela manhã depois da festa? — pergunto abruptamente, com vergonha por não me lembrar. Seus olhos brilham maliciosamente.

— Você acordou nua? — pergunta ele, um meio-sorriso se espalhando por seu rosto bonito.

— Sim, mas eu lembro de você me mandar colocar a camiseta.

— Você ainda estava com a camiseta quando saí de manhã. Eu te disse que não transaria com você naquelas condições.

— Estou surpresa que você não tenha tentado nada.

— Ah, acredite em mim, querida, ter a sua bunda nua se esfregando contra o meu pau foi sedutor pra cacete. — Ele se aproxima de mim e ergue meu queixo. — Mas eu não tiraria vantagem quando você não está em seu juízo perfeito. Quando eu te pegar, você vai saber exatamente o que estamos fazendo, o que você está sentindo. Eu não vou parar até que as suas pernas estejam tremendo e os vizinhos saibam meu nome.

Puta que pariu.

Ele resvala seus lábios sobre os meus uma vez, depois outra, para em seguida segurar meu rosto firmemente em suas grandes mãos e mergulhar em mim, me beijando profundamente. Deus, ele é tão bom quanto eu me lembrava, se não for melhor. Eu não achei que isso fosse possível.

Se eu estivesse usando calcinha, ela estaria encharcada. Estou ofegante e quero pular em cima dele. Ele se afasta e gentilmente acaricia meus cabelos.

— Você é tão doce, gatinha.

Merda.

Eu me afasto de seu abraço e esfrego as mãos no rosto, tentando clarear minha mente.

— Will, eu só vou dizer isso uma vez mais. Por favor, não me chame de gatinha. Nunca mais. — Minha voz é controlada e firme.

Ele franze a testa para mim.

— Por quê?

— Eu não gosto.

— Por quê? — ele pergunta novamente.

— O vagabundo do meu pai costumava me chamar assim, nas poucas vezes em que o vi. É nojento. Só não faça, ok?

— Ok. Nunca mais. — Ele recua e sorri para mim. — Sinto muito.

Balanço a cabeça e começo a retroceder para o elevador.

— Tenho que voltar.

— Eu te ligo — ele promete, mas eu só balanço a cabeça de novo e sorrio.

— Claro que você vai — respondo com sarcasmo, aceno e desapareço no elevador.

Capítulo Quatro

— Meg, isso chegou para você.

Estou respondendo um e-mail e bebendo café da Starbucks antes de passar o relatório para a enfermeira do turno da noite.

Jill me dá um enorme buquê de rosas com lírios. Afundo o nariz nelas e inalo profundamente. Eu sei de quem são, mas pego o cartão e sorrio com o que está escrito.

Você se esqueceu de me dar o seu número.
O meu é 206-555-3598. Use-o.

Então, ele é um pouco mandão.

— Você vai ligar? — Jill pergunta atrás de mim, claramente lendo sobre meu ombro, e eu dou risada.

— Eu vou mandar uma mensagem para ele, por enquanto.

— Caramba, eu faria muito mais do que mandar uma mensagem. Você deu uma boa olhada nele?

Reviro os olhos para ela e guardo o cartão no bolso do uniforme.

— Eu estava aqui ontem, lembra?

— As crianças ainda estão falando sobre isso. Eles foram muito legais. — Jill pega um prontuário e começa a fazer anotações.

— Sim, eles foram. — Pego meu celular do bolso e adiciono o número de Will à lista de contatos, mas, em vez de adicionar o seu nome, escrevo estrela do futebol.

Eu sorrio e abro uma nova mensagem.

Obrigada pelas lindas flores.

Eu clico em enviar e termino o meu e-mail e café, depois começo a passar o relatório do meu turno para a minha colega de trabalho.

Cerca de uma hora mais tarde, meu celular vibra no bolso.

De nada. Jantar esta noite?

Ele não perde tempo, não é? Esta noite é minha única noite de folga no fim de semana. A partir de amanhã, vou trabalhar em turnos escalonados até segunda-feira, e preciso ser sincera: eu quero vê-lo.

Claro. Eu saio do trabalho às seis.

— Bom para você, garota. — Eu viro e olho o brilho no olhar de Jill.

— Você sempre lê sobre o meu ombro? — questiono.

— Não, mas agora que eu sei que terei um bom material para ler, vou começar. — Ela pisca e passa por mim para ir ver um paciente.

Te pego às sete.

— Você está fantástica. — Will sorri, quando abro a porta da minha casa.

Estou em um vestido meio esvoaçante, estilo hippie, branco com uma sobreposição de renda macia, que vai até a metade das minhas coxas, e botas country marrom. Vários colares longos pendurados em volta do meu pescoço, um bracelete no pulso esquerdo e cabelo solto completam o visual.

— O que você fez com o seu cabelo? — ele pergunta e eu rio, passando meus dedos por ele.

— Eu fiz algumas mechas cor-de-rosa. No trabalho, as crianças acham que é divertido e eu também.

— Também acho. — Ele sorri suavemente e dá um passo para trás, me conduzindo para fora.

— Puta merda, você tem um Mustang Shelby! — Suspiro, enquanto fecho a porta atrás de mim. Will me encara, e, em seguida, começa a rir.

— É o mesmo carro em que eu te trouxe para casa após a festa, Meg.

Eu pisco para ele e depois olho ansiosamente para seu carro. Eu andei em um Shelby e não me lembro? Impossível!

— Por favor, me diga que eu não vomitei dentro dele.

— Graças a Deus, não. — Ele sorri e coloca uma mecha rosa do meu cabelo atrás da minha orelha.

— Para onde vamos? — pergunto, enquanto ele me segue até o seu carro espetacular e abre a porta para mim.

— Eu pensei em jantarmos no centro e talvez caminharmos pela orla depois.

Em vez de sentar no banco de couro, ando até a traseira do carro e olho para o emblema de cobra, o cromado, *caramba*, até mesmo os pneus são bonitos.

O carro é todo preto, com vidros escuros, fazendo o cromado ficar ainda mais brilhante. Eu sinto meus olhos se arregalarem mais e suspiro.

— Meg?

— Quê? — Olho para os olhos azuis de Will, que expressam divertimento, e balanço a cabeça. — Me desculpe, o que você falou?

— Você está bem? — ele pergunta com uma risada e se aproxima de mim, colocando sua grande mão nas minhas costas. Entre o seu toque e este carro, eu não consigo respirar.

— Este é um Shelby — declaro, como se isso explicasse tudo.

— Eu sei — ele responde. — Você é uma apaixonada por carros?

— Não, é que eu amo o seu carro. Muito, muito mesmo.

Deus, eu amo o carro dele. É um carro sexy pra caramba. De repente, eu me imagino sobre o Will no banco da frente, subindo e descendo sobre ele, enquanto ele dirige. Eu ofego, juntando minhas coxas, e corro os dedos pelo meu cabelo solto.

— O que acabou de passar por essa sua cabeça incrível? — ele pergunta. Seus olhos se estreitam, enquanto ele agarra meus ombros e faz com que eu me vire para ele. Engulo em seco.

— Nada — minto.

— Você é um mentirosa horrível.

— Vamos apenas dizer que este carro é realmente sexy e desperta coisas em mim — eu respondo, sem olhar nos olhos dele.

— Realmente — ele fala de modo lento e sorri muito.

Ele dá um pequeno passo mais perto e segura meu rosto para olhá-lo.

A outra mão serpenteia por minha cintura e ele começa a baixar seu rosto para o meu, mas eu rapidamente me afasto.

— Não tenha ideias — eu o advirto, tentando ir para a porta do passageiro, que já está aberta.

Ele entra na minha frente, bloqueando o caminho.

— Por que não? — pergunta ele.

— Este é apenas um primeiro encontro — eu o recordo.

— E daí?

— E daí que não é para ter ideias, Montgomery. — Eu tento parecer brava, mas não consigo deixar de sorrir para ele. Ele é muito... Will.

— Não me diga que você tem aquelas coisas estúpidas de garota, aquilo sobre precisar ter três encontros?

Eu dou de ombros, mas não respondo.

É claro que eu sigo a regra dos três encontros!

— Podemos contar a festa de noivado como o primeiro encontro? — ele pergunta, enquanto recua e me permite entrar no carro, sentando-me no assento confortável.

Estou sentada em um Shelby! Puta merda.

— Não — respondo, enquanto ele graciosamente se senta no banco do motorista.

— Mas eu te levei pra casa — ele me lembra com um sorriso malicioso.

— Mas você não me levou ao noivado, então não foi um encontro.

— E ontem no hospital? — ele pergunta e começa a dirigir.

— Nada que inclui o meu trabalho é um encontro. — Eu rio e passo as mãos ao longo do painel. — Esse carro é minha fantasia completa — sussurro.

A cabeça de Will se vira e ele me encara, o queixo cai e ele começa a rir. Uma enorme gargalhada, e eu me junto a ele. Ambos rindo como loucos.

— Ótimo, então agora você está me usando pelo meu carro.

— Você vai sobreviver. — Dou de ombros. — Então, como está Jules?

Eu não consegui ligar para ela desde a festa.

— Ela está bem. Ocupada com seu novo negócio e planejando o casamento. Eu não sei por que eles pensam que têm que se casar tão rápido. — Ele franze a testa e eu quero passar meus dedos por seu cabelo desgrenhado, mas eu os mantenho juntos e firmemente apoiados em meu colo.

— Eles já definiram uma data?

— Sim, início de outubro.

— Por que tão cedo? — eu pergunto, surpresa. Isso é daqui a poucos meses.

— Quem sabe? É da minha irmã que estamos falando. Ela disse toda a sua vida que não estava interessada em se casar, aí se apaixona por um cara e agora mal pode esperar para casar. — Ele entra com o carro em um estacionamento.

— Talvez ela esteja apenas pronta para se casar.

— Pode ser.

— Você não gosta do Nate? — Eu me viro no assento para ver seu rosto.

— Eu gosto. Ele é um cara bom e obviamente ama a minha irmã. — Ele dirige para uma vaga no estacionamento e eu sorrio amplamente. — O que foi?

— Então, você é um irmão mais velho superprotetor? — provoco.

Ele franze a testa e depois sorri.

— Sim, mas não posso evitar.

— Jules está bem, Will. — Eu bato na sua coxa e ele agarra a minha mão, beijando os nós dos dedos, um por um. Meu estômago aperta e fico ofegante; me pergunto como diabos vou aguentar por mais dois encontros.

— Suas mãos têm alguns calos — ele murmura.

— É por causa do violão.

Seus olhos azuis encontram os meus.

— Eu adoraria ouvir você tocar uma hora dessas.

— Algum dia — eu respondo e sorrio.

— Eu amo essa sua covinha na bochecha. — Ele se inclina e beija minha covinha suavemente uma vez, depois outra, e se afasta, ainda segurando meus dedos e me encarando com aqueles olhos azuis intensamente. — Você sente isso também? — ele sussurra.

— Ah, sim — eu imediatamente respondo. É inútil negar. Eu o quero tanto que dói.

— Ótimo. Vamos, eu estou com fome. — Will sai do carro e rapidamente caminha para o lado do passageiro. Abre a porta e oferece sua mão para me ajudar.

— Eu realmente amo este carro.

— Vou deixar você dirigir na volta — ele responde e entrelaça nossos dedos.

— Sério? — Eu o olho embasbacada, enquanto ele me guia pela rua.

— Claro, por que não?

— É um Shelby — afirmo novamente bem devagar para que ele possa entender as palavras que saem da minha boca.

— Querida, é apenas um carro.

— É um Shelby. — Balanço a cabeça. — Eu não vou dirigi-lo. Se eu bater, não vou conseguir pagar pelo conserto.

— Você se envolve em muitos acidentes de carro? — Ele estreita os olhos para mim e eu dou uma risada.

— Não. Mas, com a minha sorte, este seria o momento.

— Você vai ficar bem. Além disso — ele pisca para mim —, eu tenho seguro.

Ele é tão confiante. Sua voz, a maneira como ele anda, a forma como se comporta. Tão confiante.

E supersexy.

Aquela bunda por si só deveria ser proibida. Mas eu amo muito seus ombros e braços. Ele é perfeitamente esculpido, com ombros largos e braços fortes. Caramba, ele me levantou como se eu não pesasse nada.

E, só de pensar nisso, eu já fico excitada novamente.

Calma, Meg. Este é apenas o primeiro encontro.

Ele me leva até um bar no centro de Seattle. Eu o conheço. É chique, cheio de recordações do Seahawks, televisores ligados em vários espetáculos esportivos, e móveis grandes e escuros.

Devido à hora, o lugar está bem cheio de homens de negócios, que se juntam para descontrair depois de um longo dia de trabalho.

Will me leva a uma mesa e se senta à minha frente.

— Você já esteve aqui antes? — ele pergunta.

— Sim, algumas vezes.

— Eles fazem um bom hambúrguer.

— Você come hambúrgueres? — Me surpreendo. Eu achava que, com o seu treinamento rigoroso, ele estivesse em uma dieta restrita.

— Não com frequência, mas, sim, eu como. Eu queimo muitas calorias a cada dia, então posso mandar um monte de comida para dentro também. — Ele me entrega o menu.

Em vez de ler, olho para ele, e ele me encara de volta. Corro os olhos sobre seu rosto, os ombros largos e os braços fortes, até os longos dedos das mãos. Ele está uma delícia, usando uma camiseta cinza e calça jeans. Quando meu olhar retorna ao seu, seu rosto está sério, seus olhos azuis, estreitos, e eu não posso dizer se ele está meio irritado ou apenas muito, muito excitado.

— Continue olhando para mim assim e a porra da regra dos três encontros já era, Megan.

Ah, então, era muito, muito excitado mesmo.

— Ei, pessoal, em que posso ajudá-los? — Uma garçonete coloca água diante de nós e pega sua caderneta.

— O que você gostaria? — ele me pergunta sem olhar para a garçonete, os olhos ainda em chamas.

— O que você pedir está bom para mim — respondo e engulo em seco.

— Dois X-búrgueres com batatas fritas, por favor.

— Ei, você é Will Montgomery! — a garçonete exclama.

E diante dos meus olhos, Will se transforma. Ele sorri, aquele seu

Joga Comigo 47

sorriso arrogante, os olhos se acalmam e ele imediatamente entra no modo celebridade. Eu já vi isso na televisão, mas é minha primeira vez pessoalmente.

— Como você está, querida? — ele pergunta a ela.

— Eu estou ótima. É bom ver você de novo. — Ela pisca para ele e vai embora, mas a nossa mesa é imediatamente cercada por outros clientes que ouviram a garçonete e agora querem falar com Will e pegar seu autógrafo.

— Ei, Montgomery! É ótimo te conhecer!

E pelos próximos quinze minutos, Will não hesita. Ele é charmoso e educado. Responde a perguntas e posa para fotos — muitas das quais me pedem para tirar —, atendendo a multidão e mantendo a pose "sou a estrela do futebol".

E me ignora completamente.

Isso me irrita pra caralho.

No meio de todo o alvoroço, eu deslizo para fora da mesa e saio. Will nem sequer olha na minha direção.

Gostaria de saber quanto tempo ele vai levar para descobrir que eu fui embora.

Dez minutos e quase três quilômetros percorridos pelo táxi depois, meu telefone toca.

— Onde diabos você está? — Ele está bravo.

— Voltando pra casa — respondo com calma.

— Mas, caramba, por quê?

— Olha, Will, eu não estou interessada no arrogante herói do futebol. Esse não é com quem eu concordei em sair. — Fecho os olhos e tento acalmar minha pulsação. Por que ele me deixa tão nervosa?

— Onde você está? — ele repete, claramente chateado.

— Em um táxi. Talvez esta não tenha sido uma boa ideia.

— Meg, eu não posso mudar meu trabalho...

— Eu não estou pedindo isto para você — eu o interrompo. — Mas você devia saber que iria chamar muita atenção em um bar de *esportes*, Will. Não é me mostrando o quanto você é famoso que vai me impressionar. Eu não sou uma mulher que pensa que sair com uma celebridade é sexy. Eu acho que *você* é sexy sem a camisa de futebol. — *Porra, por que eu disse isso?* — Então, vá em frente e aproveite seu momento de celebridade, porque eu tenho coisas melhores para fazer com meu tempo livre do que ser ignorada. Tenha uma boa noite.

Este encontro com certeza não vai contar para os três. E provavelmente não haverá mais encontro nenhum também. Eu não preciso namorar um babaca arrogante.

Droga.

50   Kristen Proby

Capítulo Cinco

Eu sinto muito.

Olho o cartão que acompanhou dezenas de cupcakes de chocolate que foram entregues no hospital há alguns minutos. De quem eles são é óbvio.

Ele enviou lindos cupcakes de chocolate, primorosamente decorados, para todos nós, não só para mim. Há o suficiente para todos os pacientes, a equipe... Caramba, até mesmo para os pais das crianças.

— O que ele fez? — Jill pergunta atrás de mim e eu me viro.

— Pare de ler por cima do meu ombro!

Ela ri e pega um cupcake, inspira seu aroma e dá uma mordida grande.

— O que ele fez? — ela repete.

— Ele me irritou.

— Quando?

— Na noite passada. — Pego um cupcake e dou uma mordida. *Humm... tão bom.*

— Você quer colocar isso na área comum? — Jill pergunta enquanto lambe os dedos.

— Sim. As pessoas podem comê-los ao longo do dia, embora eu não ache que eles vão durar tanto tempo assim. — Eu sorrio e levo o carrinho cheio de cupcakes pelo corredor.

— Você sabe que ele poderia ter enviado um cupcake apenas para você — Jill murmura ao meu lado, examinando suas unhas.

— Eu sei.

Que merda ele ser tão gentil.

— Uhum...

— Pare. Eu já entendi. Ele é legal, mas estragou tudo no nosso encontro, então é normal que eu esteja zangada com ele, ok?

— Ok. — Jill ergue as mãos, rendendo-se, e muda de assunto. — Eles estão deliciosos.

— Sim, acho que ele prestou atenção nas crianças no outro dia, quando disseram que eu gostava de chocolate.

— Acho que sim — ela responde com um sorriso.

— Você tem chocolate nos dentes. — Pego outro bolinho.

Organizo os cupcakes em uma grande mesa no salão, e, em seguida, pego meu celular.

Uma delícia.

Aperto enviar e mordo o lábio. Talvez eu devesse ter dito mais alguma coisa, mas ele vai precisar merecer primeiro.

Sim, você é.

Ele responde na hora e eu dou risada. De repente, meu celular começa a tocar, "Estrela do Futebol" aparecendo no identificador de chamadas.

— Alô! — eu atendo.

— Ei — ele responde com a voz doce. — Eu queria ouvir a sua voz, e isso é mais rápido do que mandar mensagem. Estamos prestes a entrar no avião para ir a San Francisco, para o jogo de domingo.

— Ah, o jogo desta semana é fora? — pergunto, decepcionada. Ele vai ficar fora da cidade todo o fim de semana.

Tudo bem, eu vou trabalhar o fim de semana inteiro.

— Sim, vamos voltar no domingo à noite. Olha, Meg, eu queria me desculpar por ontem. Eu deveria ter imaginado que as coisas ficariam meio loucas, mas eu realmente queria te levar para comer um bom hambúrguer.

— Sim, você deveria ter imaginado — concordo com suavidade.

— Eu estraguei tudo mesmo ou você vai me dar mais uma chance?

Mordo o lábio e cerro os olhos. Droga, qual é o problema com este cara que eu não consigo dizer não?

— Da próxima vez, eu escolho o lugar — respondo e o ouço suspirar aliviado.

— Combinado. Então, onde eu devo te levar para nosso encontro número dois?

— Ah, vamos nos preocupar com o encontro número um.

— Nós já tivemos um primeiro encontro — ele resmunga, me fazendo rir.

— Não, nós não tivemos. Você não me levou para casa e me irritou demais. Ele não conta.

— Porra! — ele exclama e eu o imagino frustrado, passando a mão pelo cabelo desgrenhado. — Você está me matando, querida.

— E como é isso? — pergunto enquanto tiro o papel de outro cupcake.

Deus, eu vou ganhar uns cinco quilos hoje.

— Espere. — Ele afasta o celular e grita para alguém: — Ei! Eu já volto.

— O que você está fazendo? — pergunto.

— Encontrando um lugar mais reservado — ele diz e o ouço andar. Uma porta se abre, depois fecha. — Como eu estava dizendo, você está me matando porque eu quero te provar, cada parte sua.

Paro de mastigar e engulo em seco.

— Como é? — sussurro.

— Quero te despir devagar e saborear cada parte do seu delicioso corpo. Eu quero te ver se contorcendo e molhada.

— Missão cumprida — deixo escapar e depois tampo minha boca, enquanto ele ri.

— Quero te ver domingo à noite.

— Eu trabalho na noite de domingo. Estou de plantão neste fim de semana. Eu não saio do trabalho antes das duas da manhã.

— Você trabalha sempre nesses turnos? — ele pergunta baixo e eu franzo a testa com a mudança em seu tom.

— É rotativo. Todos nós trabalhamos todos os turnos. Mas eu só trabalho três turnos de doze horas por semana, então não é tão ruim.

— Então, deixe-me ver se entendi. Você vai para casa no meio da noite, para uma casa no norte de Seattle, sem nenhum sistema de alarme? — Sua voz dura aperta meu estômago.

— Isso não é um problema, Will.

— Eu vou instalar um sistema de alarme na sua casa na segunda-feira. — Sua voz é firme.

— Não, você não vai.

Mas que diabos?

— Sim, eu vou. Não discuta comigo sobre isso, Megan. Eu viajo muito, preciso saber que você está segura.

— Will, nós tivemos um encontro...

— A-ha! Então, foi um encontro! — ele exclama, triunfante.

— Não mude de assunto. Você não vai instalar nada na minha casa. Eu estou bem.

— Vamos ver.

— Esse "vamos ver" é para eu calar a boca e você fazer de qualquer jeito? — pergunto, desconfiada.

— Sim. Sua segurança não é um assunto em que serei descuidado. Se você tem que ir para casa no meio da noite sozinha, eu preciso saber que você está segura.

— Will, eu...

— Tenho que ir — ele me interrompe, e fico instantaneamente desapontada, não apenas com a perda de seu tom divertido e preocupado, mas porque não vou vê-lo por todo o fim de semana. — Você vai assistir ao jogo no domingo? — Ele suaviza o tom.

— É de manhã ou à tarde?

— À tarde.

— Sim, eu costumo assistir aos jogos com as crianças. Vou ficar de olho, no meio do trabalho.

— Ok, preste atenção ao intervalo. Eu vou me certificar de aparecer na câmera e dizer oi.

— Sério?

— Sim, assista.

— Tudo bem. Tenha uma boa viagem.

— Quero que *você* fique segura, querida. Eu mando uma mensagem quando puder.

— Ok, tchau.

— Até mais tarde.

E ele se vai.

— NÃO! NÃO! NÃO! — Nick exclama do seu lugar no sofá de couro, na área comum, na tarde de domingo.

Há cerca de uma dúzia de pacientes, pais, alguns funcionários no intervalo, todos com os olhos vidrados na enorme televisão para assistir ao jogo do Seahawks.

As crianças estão vestindo o uniforme do time que os rapazes deram na semana passada. Will mandou entregar comida ao meio-dia, sanduíches, batatas fritas, pipocas e refrigerantes.

O que há com esse homem e comida?

Então, todo mundo está comendo e apreciando o jogo. Em vez de uma sala de hospital, ela se parece com uma sala de estar durante o Super Bowl.

As crianças adoram a sensação de normalidade, e eu mal posso esperar para agradecer Will por isso.

Todos gemem quando Will é derrubado no campo, e eu prendo a respiração, até que ele se levanta e caminha firmemente para seus companheiros.

Querido Deus, eu não posso vê-lo ser derrubado novamente. Como é que ele não se machuca?

A primeira metade do jogo chega ao fim, e o time de Will está ganhando: 21 a 7.

Meus olhos estão colados na televisão, assistindo atentamente, esperando a mensagem de Will, e, como ele falou, logo antes de ir para o comercial, ele está na tela. Seu cabelo está molhado de suor e grudado na testa, seu rosto está sujo, e ele respira com dificuldade pelo esforço, mas sorri para a câmera e bate no nariz com o dedo indicador, em seguida, aponta para a câmera e murmura:

— Sinto sua falta.

Bem, que merda. Ele é encantador.

Sem pensar muito, pego meu celular e mando uma mensagem para ele.

Sinto sua falta também, Estrela do Futebol.

— Srta. McBride?

— Sim — falo roucamente e olho para o homem com minha visão embaçada. Ele está de pé na minha varanda, usando algum tipo de uniforme e segurando uma prancheta. Passo a mão pelo meu cabelo e faço uma careta. — Que horas são?

— Dez horas da manhã, senhora.

Porra, é cedo.

— O que você quer? — pergunto, desejando um café.

— Eu sou Doug, do Sistema de Segurança Doméstica. Tenho uma ordem de serviço para instalar um sistema em sua casa. — Ele sorri educadamente e eu faço uma cara feia.

— Eu não chamei você.

— Eu sei, foi o Sr. Montgomery quem chamou.

— Como você sabe? — pergunto.

— Porque eu sou o dono da empresa, senhora. Ele me pediu para fazê-lo pessoalmente.

Eu suspiro profundamente e apoio a testa na porta. Acho que não há como escapar dessa.

— Quanto tempo vai demorar? — pergunto, resignada.

— A maior parte do dia. Este é um sistema completo.

— Quanto é por mês? — pergunto, enquanto faço algumas contas na minha cabeça. Eu posso cancelar a televisão a cabo.

— Está pago até o próximo ano — ele responde, enquanto faz anotações em sua prancheta.

— Sério?

— Sim. Posso começar?

— Vá em frente. Eu vou tomar banho, mas depois volto, caso tenha alguma pergunta.

— Está bem. Eu vou começar do lado de fora mesmo.

Marcho de volta para o meu quarto e me jogo na cama. Pego o celular e ligo para o Will.

— Ei, linda — ele sussurra.

— Por que você está sussurrando? — sussurro de volta.

— Porque nós estamos assistindo ao jogo de ontem. Por que você está sussurrando? — Eu ouço o sorriso em sua voz e isso me faz sorrir.

— Porque você está sussurrando.

— O cara do alarme apareceu?

— Sim, seu maníaco controlador, ele apareceu.

Will ri baixinho.

— Ótimo. Eu confio nele, ele fez todas as casas da minha família e escritórios.

— Tudo bem. Você tinha que mandá-lo tão cedo?

— São dez horas, querida.

— Eu só fui para a cama depois das quatro — eu o lembrei.

— Me desculpe. Eu esqueci.

— Está tudo bem. Não quero dormir o dia inteiro mesmo. — Levanto e ligo o chuveiro. — Vou deixar você voltar para seu jogo.

— Tudo bem. Você tem folga amanhã?

— Sim.

— Eu tenho que treinar de manhã até ao meio-dia, mas depois quero passar o resto do dia com você.

Joga Comigo 57

Deus, sua voz quando sussurra é sexy pra caralho.

— Claro. O que você tem em mente?

— Você vai descobrir amanhã. Eu vou buscá-la ao meio-dia.

Ele desliga e eu tomo um longo banho com a água escaldante. Ele me acorda e me revigora. Visto um vestido preto, solto e esvoaçante, e caminho até a cozinha, onde abro meu notebook na bancada. Enquanto ele liga, eu preparo um café.

Graças a Deus pelo café.

Ouço o barulho de perfuração e vejo os rapazes do sistema de segurança caminhando do lado de fora, um na frente e outro na parte de trás. Então, enquanto eles trabalham, decido também trabalhar um pouco, recuperar o atraso nas respostas de e-mail, Facebook e contas a pagar ao som da minha estação favorita no rádio.

Quando os rapazes da empresa de segurança terminam, são quase seis horas da tarde. Eu resolvi toda a minha vida social virtual, e-mails, alguns telefonemas e estou quebrada. Bem, eu vou estar, de qualquer maneira, quando enviar a Sylvia seu cheque.

Eles estão me mostrando como configurar meu alarme, desativá-lo, inserir a senha e pedir ajuda. É incrivelmente assustador. Não a ideia de ser assaltada, mas quantas porcarias de passos eu tenho que fazer para armar esse filho da puta.

Quando finalmente estou sozinha, coloco meus chinelos e saio para uma caminhada pelo bairro. Eu não sei por que Will está tão preocupado com a minha segurança. Meu bairro não é tão ruim assim. É uma área de classe média de Seattle. Na verdade, a maioria das casas da minha rua fica em condomínios. Alguns moradores são casais sem filhos ou solteiros. As casas foram construídas nos últimos cinco anos ou mais.

Não moro no gueto, pelo amor de Deus.

Mas se isso o ajuda a dormir à noite, paciência.

Está um dia excepcionalmente quente para um fim de verão em Seattle. Não há sequer uma nuvem no céu azul brilhante, e as folhas mal começaram a ficar amarelas. Antes que percebamos, elas ficarão vermelhas e cairão das árvores.

Eu aceno para meu vizinho e atravesso a rua até minha casa, quando vejo Will sentado na entrada, com cotovelos apoiados nos joelhos, vestindo

58 **Kristen Proby**

jeans e uma camiseta Nike preta e óculos Oakley pretos. Eu não posso ver seus olhos, mas a boca está inclinada em um meio-sorriso, e eu posso sentir seus olhos passeando por mim.

Conforme chego mais perto, balanço um pouco mais o quadril, apreciando a forma como o vestido flutua em torno das minhas coxas, e sorrio para ele.

— Pensei que você fosse me ver amanhã ao meio-dia. — Coloco as mãos no quadril e tento parecer brava, mas isso não funciona. Estou feliz em vê-lo, depois de sua viagem a San Francisco.

— Eu vou. Mas decidi passar aqui e me certificar de que o alarme foi instalado direito. — Ele alcança minha mão e me puxa para o seu colo.

Eu grito de surpresa e depois dou uma risadinha, e passo meus braços em volta de seu pescoço.

— Esta foi a única razão? — Sorrio e puxo seus óculos. Seus olhos azuis estão felizes e sedutores.

— Eu precisava te ver — ele sussurra e me abraça apertado, enterrando o rosto no meu pescoço e respirando fundo. Deus, isto é muito bom. — Senti sua falta — ele murmura e beija minha bochecha, em seguida, se afasta e me olha nos olhos novamente. — Como você está?

— Estou bem. Foi um fim de semana movimentado no trabalho, entre jogos de futebol e entregas de comida, mais aquelas coisas irritantes que chamamos de pacientes. — Eu dou uma risada e passo a mão nos seus cabelos loiro-escuros. É macio e tão gostoso, que repito o gesto. — Sério, obrigada por tudo que fez para as crianças e por mim, na semana passada. Isto superou muito qualquer coisa que estávamos esperando.

— Então, você viu o jogo? Não apenas o intervalo? — Ele sorri, mas posso perceber que espera que eu o tenha feito, que tenha assistido para apoiá-lo e porque tenho orgulho dele.

E eu tenho.

— Eu assisti a maior parte, sim. Tive que cobrir meus olhos quando você foi derrubado. Odiei essa parte. E obrigada pelo intervalo. Aquilo foi legal. — Sorrio.

— De nada. — Ele acaricia meu cabelo e parece tão sério de repente.

— O que há de errado?

— Nada. — Ele balança a cabeça e sorri novamente. — Eu trouxe pizza.

— Eu nunca vou recusar um homem com pizza. — Levanto de seu colo, abro a porta e nós caminhamos para dentro.

— Por que essa merda de alarme não está ligado?

Capítulo Seis

Eu me viro e olho para ele, colocando as mãos no quadril.

— Eu saí por quinze minutos, Will. Na luz do sol. Por que você está surtando?

— Por favor, pelo amor de Deus, você pode deixar essa porcaria de alarme sempre ligado quando sair de casa? — Suas palavras são controladas e é óbvio que ele está tentando muito, muito mesmo ficar calmo.

— Posso deixá-lo desligado quando sair para pegar a correspondência? — pergunto ironicamente.

O engraçadinho aperta os lábios, como se realmente estivesse levando a sério a minha questão.

— Sim.

— Nossa, obrigada. Agora me entregue a pizza, antes que eu o mande embora por ser tão mandão.

Ele mantém a pizza fora do meu alcance, fecha a porta atrás dele e a tranca.

— Qual é o seu código?

— E se for você que estou tentando manter longe? — pergunto com um sorriso petulante. Ele levanta uma sobrancelha para mim e aguarda uma resposta. — Esse olhar não funciona em mim.

— Eu não vou dividir a minha pizza se você não me contar.

— Me subornando com pizza? — zombo. Ele sorri e encolhe os ombros. Ele está tão adorável neste momento que eu diria a ele meu tipo sanguíneo, meu número do seguro social e o sobrenome de solteira da minha avó, se eu soubesse. — Tudo bem. Um, dois, três, quatro.

— O código é um, dois, três, quatro? — Ele dá uma risada.

Joga Comigo 61

— Eu vou lembrar se for assim.

Ele balança a cabeça e me leva até a cozinha, ainda segurando a pizza sobre sua cabeça.

— Por favor, me explique por que você é tão inflexível com o alarme? Eu nunca tive qualquer problema neste bairro, Will. É perfeitamente seguro aqui. — Eu o sigo e pego os pratos. Ele dá uma olhada ao redor da pequena cozinha e sorri.

— Parece diferente com as luzes acesas. — Ah, sim, da última vez que ele esteve aqui, eu estava bêbada pra caralho e ele teve que cuidar de mim. — Eu gosto desta cozinha — ele continua.

Olho em volta e sorrio. Esta cozinha foi o que me fez ficar com a casa. É aberta para a sala, tem bancadas de granito e armários de madeira clara, dando uma sensação alegre e iluminada.

— Obrigada. Agora desembucha, Montgomery.

Will suspira e serve a pizza em dois pratos, me entregando um.

— Cerveja? — ele pede.

— Geladeira.

Ele pega duas cervejas, abre a tampa, e caminhamos até a sala de estar. Eu me sento no sofá e ele senta no chão, encostado no sofá. Posso sentir o calor dele contra a minha perna.

— Eu sei que pareço ser muito controlador com relação ao alarme, Meg, mas é realmente importante para mim, porque, conforme nosso relacionamento progredir, as pessoas vão tentar chegar até você. Imprensa, fãs esquisitos, pessoas estranhas com curiosidade mórbida. E, como disse antes, eu viajo muito, e não vivo aqui com você, por isso não posso estar aqui o tempo todo para te proteger. — Ele faz uma pausa para comer e franze a testa, enquanto pensa.

Estou sem palavras. *Quando nosso relacionamento progredir?* Eu estou em choque como uma idiota com essa frase.

— Nosso relacionamento? — pergunto, confusa. — Nós mal conseguimos conversar sozinhos por mais de três minutos. Nós ainda não tivemos um encontro inteiro.

O queixo de Will cai e ele pisca rapidamente. Em seguida, fecha a boca, apertando o maxilar, e olha para mim.

62   Kristen Proby

— O que exatamente você acha que eu estou querendo aqui, Megan? Se eu só quisesse transar com você e cair fora, teria recuado logo que você me disse não na festa da minha irmã. — Ele balança a cabeça e empurra sua pizza para longe.

— Eu só... — começo, mas ele me interrompe sem me escutar.

— Sim, é cedo, mas, porra, Megan, tudo que eu faço é pensar em você. Você está na minha pele. Eu quero conhecer o seu corpo. Quero saber a sensação de me afundar dentro de você. — Ele engole em seco e eu também, enquanto aperto minhas coxas e me sinto molhada. — Mas eu também quero saber o que te faz rir. O que te deixa com raiva. O que te deixa apaixonada. Eu quero saber tudo sobre você. Você está na minha cabeça e eu não me sentia assim há muito tempo. Nossa, eu não mando recados para as mulheres durante o jogo, pelo amor de Deus.

Ele parece realmente balançado e eu amoleço um pouco. Isso está acontecendo muito rápido? Um pouco. Mas ele me protege e eu gosto disso.

Nós temos um relacionamento. Nossa.

— Eu quero te conhecer também — murmuro e sorrio alegremente.

— Então — continua ele e olha para mim com seus olhos azuis sérios —, por favor, seja paciente comigo, e ligue o maldito alarme quando você sair e quando estiver sozinha dentro de casa.

— Ok. — Dou de ombros como se não fosse nada de mais e continuo a comer.

— Você não vai discutir?

— Não, por que discutiria? É apenas um alarme. Mas eu não gosto de receber ordens, então fale comigo sobre essas coisas, ok?

Will sorri e coloca os nossos pratos vazios de lado. Ele levanta do chão para sentar no sofá, seus braços flexionando de forma sexy, enquanto eu fico parada, vendo-o se mover.

Ele é tão... sexy.

De repente, ele está mé puxando para seus braços, me aproximando dele. Ele beija o topo da minha cabeça e pega o controle remoto da minha televisão.

— O que você está fazendo? — pergunto com uma risada.

— Assistindo TV.

Joga Comigo   63

— Por quê?

— Porque você não vai me deixar fazer amor com você, então eu tenho que me distrair de alguma forma. — *Puta merda.* Estou boquiaberta. — A menos que você tenha mudado de ideia sobre a regra dos três encontros.

— Você está computando esse negócio de comer pizza e assistir TV como um encontro? — pergunto, esperançosa.

— Ah, você percebeu. — Ele beija meu nariz e sorri com orgulho.

— Então, não, eu não mudei de opinião. — Encosto contra ele e o vejo percorrer os canais. Quando ele chega aos canais de filmes e os encontra bloqueados, faz uma cara feia para mim.

— Não há canais de filmes?

— Não.

— Por quê?

— Eles cobram um braço e uma perna por eles e eu não tenho muito tempo para vê-los mesmo. Então, quando quero assistir, eu alugo alguma coisa.

— Hum, tudo bem. — Sua mão está se movendo ritmicamente para cima e para baixo nas minhas costas, me acariciando por cima do vestido.

Meu braço está em torno de sua cintura e eu quero muito sentir sua pele suave. Então, levanto a bainha da sua camiseta e deslizo suavemente minha mão sob seu abdômen definido. Ele inspira profundamente e seu estômago se contrai, mas, conforme tenta se acostumar com meu toque, ele expira ruidosamente, e beija o topo da minha cabeça.

Sorrio presunçosamente quando o sinto levantar a barra do meu vestido e deslizar sua mão sob ele, acariciando a minha pele ao longo da minha coxa.

Deus, isto é muito bom.

Eu suspiro e continuo a tocá-lo, desfrutando de sua pele e a forma como ele fica ofegante, quando esbarro em um ponto sensível. Sinto-o estremecer quando toco uma de suas costelas e franzo a testa.

— Dói?

— Um pouco. — Seu rosto está calmo e ele não explica mais. Movo minha mão levemente sobre a costela de novo e ele faz uma careta.

— Um pouco o caramba. — Subo em cima dele e levanto sua camisa para ver suas costelas. Há um hematoma roxo bem grande. — Domingo? — pergunto.

— É. Não é grande coisa. — Eu o encaro e depois volto minha atenção para a contusão novamente.

— Eu não gosto disso.

— Também não gosto muito disso, querida. — Ele ri e me puxa de volta para ele.

— Isso acontece muito?

— Meg, são caras com cento e trinta quilos tentando me bater. Claro que, se me pegarem, vão machucar. Mas eu vou sobreviver.

Eu faço uma cara feia para ele outra vez e olho para seu peito, sem dizer nada. Eu odeio pensar nele se machucando.

Ele inclina minha cabeça para trás, com os dedos no meu queixo, e sorri suavemente.

— Eu estou bem. — Passo meus dedos por sua bochecha. Seus olhos fecham, enquanto ele se inclina para receber meu toque. Ele beija minha mão e me encara com aqueles olhos azuis. — Vou te beijar — ele sussurra.

— Já era hora — sussurro de volta.

Ele sorri e beija minha testa, o meu nariz, até a covinha na minha bochecha. Por fim, encosta os lábios nos meus, descansando-os lá apenas por um segundo, e então começa a se mover. Aqueles lábios incríveis estão sobre os meus e, finalmente, tocam meu lábio inferior e depois mergulham para fazer amor com a minha boca, dançando e girando, gentilmente me explorando.

Este beijo agora é tão diferente do que tivemos na festa. Este é íntimo e terno. Eu amo seus dois lados, e mal posso esperar para saber mais sobre ele.

Passo os dedos por seus cabelos e solto um gemido feliz, enquanto ele continua o ataque suave à minha boca.

Ele se afasta um pouco, respirando com dificuldade e com os olhos em chamas.

— Eu não me importaria em beijar seus lábios durante o dia inteiro.

Joga Comigo 65

— Também não me importaria — murmuro e sorrio para ele.

— Odeio a sua regra, sabia?

— Eu meio que a odeio agora também — admito e dou uma risada.

— Você vale a pena. — Ele acaricia minha bochecha. — Ei, o que aconteceu com o rosa? — Eu faço uma careta pela mudança de assunto, sem entender o que ele quer dizer, e então eu me lembro: meu cabelo.

— Não é permanente. É um produto para cabelo que eu uso e depois sai quando lavo.

— Ah, isso é legal. — Sua mão desliza pela minha coxa novamente sob o vestido, e eu suspiro. Quando chega até meu quadril, seus olhos se arregalam de surpresa. — Você não está usando calcinha?

— Eu raramente uso. — Dou de ombros.

— Então, nada de pijamas e calcinhas. — Ele engole em seco, apertando os olhos fechados e praguejando sob sua respiração. Sua mão está parada no meu quadril, como se ele estivesse com medo de se mover.

Talvez a minha regra seja estúpida.

Talvez eu deva quebrar a regra, só desta vez. Ele já me disse que quer ter algo mais do que apenas sexo comigo, e não é este o objetivo da regra, de qualquer maneira?

Ele abre os olhos, olha para mim e sorri docemente. Eu passo os dedos pelo seu cabelo, então seguro firme sua nuca e puxo sua cabeça contra a minha. Acaricio seu nariz e o beijo de forma casta.

— Toque-me — sussurro.

Ele coloca um fio de cabelo atrás da minha orelha e sua respiração se torna profunda.

— Eu não vou conseguir parar.

— Então, não pare. — Sorrio para ele e ele olha pra mim, um pouco espantado, me fazendo rir.

— Você não pode mudar as regras, Meg.

— Por que não? São minhas regras.

— Porque você vai ficar chateada comigo depois. — Ele aperta meu quadril por apenas um segundo breve, e então desliza a mão para baixo da minha coxa.

Ok, ele vai querer ser cavalheiro. Que merda.

— Will... — sussurro e o beijo novamente.

— Sim.

— Eu preciso muito que você me toque.

Por favor, me toque.

Em um movimento rápido, sua mão desliza pela minha coxa, alcança a minha bunda, minhas costas e volta para baixo novamente. Eu solto um gemido e subo as mãos sob sua camisa, passando-as sobre sua pele suave e quente.

— Posso tirar o seu vestido? — pergunta ele.

— Sim, por favor.

Está escuro na sala. A única luz vem do brilho da televisão sem som. Ele se levanta e me coloca de pé diante dele, segura a barra do meu vestido e puxa sobre a minha cabeça, jogando-o no chão. Ele solta um suspiro alto e seus profundos olhos azuis estão em chamas, enquanto ele me olha de cima a baixo, do meu cabelo, ao meu sutiã preto, minha barriga, púbis depilada e pernas, e depois eles retornam novamente e encontram os meus olhos.

— Tire o sutiã — ele murmura.

Eu obedeço e o jogo em cima do vestido.

— Deus, Megan, você é linda.

Eu sorrio para ele e de repente ele me puxa para seu colo, segurando um seio com a palma da mão, enquanto me beija como se estivesse fora de si. Traço os músculos de seu ombro com uma mão, e enterro a outra em seu cabelo, segurando-o perto de mim, enquanto suas mãos percorrem meu corpo sensível.

Caramba, suas mãos me fazem sentir tão bem!

Finalmente, ele beija ao longo do meu queixo e desliza os lábios até o meu pescoço, onde dá atenção especial, enquanto sua mão viaja lentamente para baixo.

Joga Comigo   67

— Eu sabia que seria bom ter você em meus braços, eu sabia que você seria fantástica, mas você supera todas as fantasias que eu tive, querida.

— Humm... Eu quero ver você — murmuro, mas ele balança a cabeça e ri.

— Ainda não. Isso é sobre você, querida.

Começo a protestar, mas então aqueles dedos mágicos escorregam para baixo sobre minha pélvis e encontram meu centro. Nesse momento, tudo em Will paralisa por um segundo, seus dedos, sua respiração, até mesmo seu coração.

— O que é isso? — Ele se afasta e me olha com admiração.

Ah, isso.

— É um piercing — respondo e me inclino para beijá-lo novamente, mas ele recua, os olhos apertados.

— Tem um piercing no seu clitóris? — pergunta ele, incrédulo.

— Não. Tecnicamente, ele está em cima do clitóris.

— Porra, eu tenho que ver isso. — Ele abruptamente me pega em seus braços, e, quando eu acho que finalmente vai me levar para o meu quarto, ele me deita com cuidado no sofá. Ele desliga a TV, mas vira a lâmpada suave da mesinha, e se ajoelha no chão, ao lado da minha cabeça.

— Você é maravilhosa. Sabe disso, né? — Ele me beija suavemente, lentamente provocando a minha língua com a sua. Depois, desliza até o meu queixo, caminha até minha orelha, desce para o meu pescoço e continua em direção à minha clavícula.

— Will. — Agarro sua camisa em meus punhos e tento puxá-la sobre sua cabeça, mas ele se afasta.

— Querida, eu não posso ficar nu. — Ele engole em seco e balança a cabeça. —Eu não posso. Nós vamos respeitar a regra dos três malditos encontros, mas eu quero explorar você um pouco. Tudo bem?

— Tudo bem — sussurro, e ele sorri maliciosamente.

— Basta relaxar e desfrutar. — Ele pega um mamilo na boca e começa a chupá-lo suavemente no início e depois um pouco mais forte, me fazendo gemer.

Suas mãos estão em *toda parte*. Passando por cima e por baixo das minhas costelas, nas minhas coxas e nos seios outra vez. Finalmente, depois que cuida com muita atenção do outro mamilo, ele começa a morder suavemente, sugando e mordiscando seu caminho pelo meu ventre, enquanto sua mão desliza até o interior da minha coxa.

— Will...

— Shh, está tudo bem. — Ele abre minhas pernas e fica lá apenas olhando para o meu centro, fazendo com que eu me sinta muito tímida de repente.

— Apague a luz — sussurro.

Seus olhos encontram os meus. Seu rosto expressa luxúria. Os olhos estão brilhantes e sua mandíbula, marcada de tanto se segurar.

— Sem chance — ele brada. — Eu quero ver você. Porra, Meg, você é tão sexy.

Ele se ajeita em seus cotovelos e passa a ponta do dedo suavemente pelo meu piercing, fazendo minhas costas arquearem. Eu perco o fôlego.

— Merda.

— Há quanto tempo você fez isso? — ele pergunta.

— Cinco anos.

— Por quê? — pergunta e passa o polegar por ele novamente, enquanto seus dedos deslizam pelos meus lábios molhados e eu suspiro novamente. — Cacete, você está tão molhada.

— Eu estava em uma banda, as pessoas tinham piercings e eu não queria um que ficasse à vista. — As palavras saem super-rápido, por causa do que ele está fazendo comigo, e ele ri.

— Ele aumenta o prazer? — ele pergunta e eu praguejo novamente, quando ele encosta levemente seu polegar sobre o piercing, deixando meu clitóris em chamas.

— O que você acha? — Porra, eu não consigo parar de me mexer.

— É pequeno — ele aponta.

— É uma pequena parte do meu corpo — eu o lembro e me contorço novamente, quando ele passa o dedo mais uma vez.

Will beija meu umbigo e eu acaricio seus cabelos. Ele se move para

Joga Comigo   69

baixo e seus lábios maravilhosos envolvem gentilmente meu clitóris e o piercing. Eu me desfaço, me movendo contra sua boca ao levantar meu quadril para cima. Suas mãos estão apoiadas na minha bunda, me segurando contra ele e me fazendo gozar. Meu corpo estremece. De repente, seus lábios se movem mais para baixo e sua língua está dentro de mim, em seguida, lambendo meus lábios, e dentro de mim outra vez. É um ataque completo ao estilo Will e é a coisa mais incrível do caralho que eu já experimentei na minha vida.

Ele afunda a língua dentro de mim e leva uma mão até meu clitóris, e eu sinto outro orgasmo gigante se aproximando.

— Ah, inferno, querida, eu vou... — ele rosna contra mim e eu me perco, com mais um orgasmo eclipsando completamente o último, como se isso fosse possível.

Quando volto a mim, Will está mordiscando meu corpo até encontrar meus lábios, enquanto acaricia minha pele. Ele me beija suavemente.

— Tão doce — ele murmura contra meus lábios.

Sinto meu gosto em sua boca. Pego a bainha de sua camisa novamente e deslizo minha mão sob ela para que eu possa acariciar suas costas e costelas. Ele suspira profundamente e descansa sua testa na minha, os olhos fechados.

— Suas mãos me fazem sentir tão bem — ele sussurra.

— Assim como as suas. Tire a roupa.

Ele suspira de novo, beija minha testa e se senta sobre os calcanhares.

— Acho que não. — Ele balança a cabeça e depois ri, enquanto esfrega as mãos sobre o rosto. — Eu não posso acreditar que vou dizer isso, mas acho que é melhor eu ir embora.

O quê?!

Ele deve ter visto minha cara de espanto, porque ri de novo e me beija rapidamente.

— Eu venho buscá-la para nosso encontro número dois, amanhã ao meio-dia. — Seus olhos passeiam mais uma vez pelo meu corpo nu e ele amaldiçoa em voz baixa.

— Tudo bem — respondo, um pouco insegura, e me sento, colocando o vestido novamente e ficando em pé ao seu lado.

— Você é incrível. — Ele segura meu rosto em suas mãos e se inclina para me beijar com doçura.

Eu o levo até a porta da frente, coloco o código no sistema de alarme para desarmá-lo e abro a porta para ele.

— Meio-dia, amanhã — ele me lembra, como se eu pudesse esquecer.

— Está marcado. — Sorrio timidamente para ele.

— Ligue o alarme quando eu sair. — Ele olha para mim, me desafiando a contrariá-lo, e eu sorrio.

— Sim, senhor.

72   Kristen Proby

Capítulo Sete

— Quantas vezes você esteve aqui? — Will me pergunta, enquanto estamos na fila para comprar ingressos para o Projeto Música e Experiência, no Museu de Seattle. É um museu de música, e muito mais.

Eu amo este lugar.

— Dezenas. — Sorrio para ele e aperto sua mão. Como ele é alto! — Muda o tempo todo, com novas exposições e essas coisas. Além disso, eu poderia apenas sentar e ficar olhando para as guitarras por dias. Alguma vez você já esteve aqui?

— Não, eu nunca tive tempo. — Ele pisca para mim. — Sou um novato.

— Tudo bem, eu vou te proteger.

Ele sorri, paga os bilhetes, e eu o guio pelo museu.

Caminhamos até o segundo andar, onde estão as exposições, e eu me perco em Jimi Hendrix, Nirvana, Rolling Stones — a galeria de guitarras. Vou contando algumas informações para Will e o levo de sala em sala.

Estou adorando compartilhar isso com ele e a forma como ele demonstra estar interessado. Ele não está só me acompanhando para me fazer feliz.

Melhor. Encontro. De. Todos.

Nós nos dirigimos até o terceiro andar e ficamos em frente a uma escultura enorme de uma guitarra. Ela tem no mínimo dez metros de altura e é feita de guitarras de verdade, de todas as formas, tamanhos e cores. Meus olhos passeiam por ela, examinando os instrumentos, e eu sinto os olhos de Will em mim.

— O que foi? — pergunto sem olhar para ele.

— Você está linda com essa roupa.

— Essa coisa velha? — pergunto e sorrio, sem desviar o olhar da escultura. Estou com uma camiseta branca, com gola V, um colete marrom de algodão solto e uma calça jeans skinny.

Depois de alguns momentos, ele ainda está me observando.

— Tem alguma coisa na minha cara?

— Não. É que você está linda com seu cabelo ruivo caindo pelas costas e estes lábios cor-de-rosa entreabertos. Eu gosto de olhar você. Você ama isso, não é?

— Mais do que qualquer coisa — respondo com sinceridade. A música me salvou quando fui retirada de Sylvia. Foi o que marcou toda a minha vida na faculdade.

— Eu ouvi dizer que há um lugar aqui onde você pode entrar no palco — Will comenta casualmente e eu sorrio.

— Existe sim. E, não, eu não vou fazer isso — murmuro antes que ele possa sugerir.

— Por quê?

— Medo do palco — respondo e começo a levá-lo para longe da escultura.

— Mentira. — Will ri e me puxa contra ele, me abraçando por trás, e envolve seus braços em volta da minha cintura, beijando minha cabeça. — Você não é tímida, querida.

— Não quero.

— Eu gostaria de ouvir você. Por favor...

Suspiro contra ele. Eu não canto para ninguém, além dos meus pacientes, desde a faculdade. Desde que a banda se separou e Leo deixou a cidade.

— Talvez — resmungo e ele ri atrás de mim.

— Vamos encontrar o lugar. Antes que você mude de ideia.

— Não é longe.

Nós viramos uma esquina e realmente não era. Há uma sala com um palco ostentando instrumentos, luzes, até mesmo uma máquina de som que emite aplausos e sons de torcida, para você realmente se sentir como uma estrela do rock.

Como é meio da semana, não há muitas pessoas passeando pelo museu hoje, e a sala está vazia, o que é incomum, porque a maioria das pessoas ama exposições interativas.

— Vá em frente. Estou morrendo aqui.

Eu sorrio para ele e franzo meu nariz, em seguida, olho para o palco.

— Por que não? — Dou de ombros e subo.

Pego um violão, conecto-o ao amplificador e sento em um banquinho no meio do palco. De repente, há um holofote sobre mim e um dos empregados do museu acena e fala em um microfone.

— Você está pronta para começar, senhorita?

Aceno e dedilho o violão, me certificando de que está afinado, e falo com Will através do microfone.

— O que você quer ouvir, senhor? — Will ri.

— Qualquer coisa que você souber.

— Eu sei muito. — Penso um pouco nas músicas que sei e escolho uma. — Ok, esta se chama *I Never Told You.* — Dedilho o violão, limpo a garganta e suspiro. — Não posso acreditar que estou fazendo isso.

Will ri, seus olhos estão felizes e fixos em mim, cheios de intensidade. Eu apenas sorrio, balanço a cabeça e continuo a tocar a introdução.

Em seguida, começo a cantar sobre um garoto de olhos azuis, de quem sinto falta, depois de todas as coisas que tínhamos passado. A canção é doce e um pouco triste, e me lembra Leo, embora eu nunca tenha me apaixonado por ele.

A música chega ao fim. Abro os olhos e olho para Will. Seu rosto está completamente sério. Ele me encara sem nem piscar. Ele está com os cotovelos apoiados nos joelhos, sem se mexer.

Olhando ao redor, vejo que outras pessoas entraram para ouvir a música, e agora estão aplaudindo, algumas fotografando. Sorrio e agradeço, colocando o violão no lugar, e caminho em direção a Will, que agora está em pé, esperando pacientemente por mim.

— Venha aqui. — Ele acena com o dedo para mim e eu obedeço, caminhando para ele.

Ele me pega em seus braços, tirando meus pés do chão, e enterra o rosto no meu pescoço. Eu não tenho escolha além de envolvê-lo pelo pescoço.

— Isso foi lindo. Meg, por que você parou? — ele pergunta, enquanto me coloca no chão, pega a minha mão e me leva para fora do auditório.

Não sei se está ouvindo o murmúrio dos outros frequentadores sobre ele ser Will Montgomery. Ele estão tirando fotos da gente e, ou Will não percebe, ou os está ignorando.

— O Leo foi embora. — Dou de ombros e o sinto dar um puxão no meu braço, quando para abruptamente seu passo.

— Quem é esse babaca?

— Ele era meu melhor amigo desde que eu tinha 12 anos e companheiro de banda. Ele é cinco anos mais velho.

— E vocês estavam juntos em uma banda? — Will pergunta, sua voz mais suave, e então eu suspiro.

— Sim, no colégio e na faculdade. Nós éramos muito bons. Ele decidiu seguir carreira com música, em Los Angeles, e eu escolhi ficar aqui e terminar a faculdade de enfermagem.

É claro que não contei a parte sobre Leo assinar com a banda pelas minhas costas, e que agora ele é o vocalista de uma das bandas mais famosas do mundo.

— Você realmente prefere enfermagem? Querida, você é uma cantora fantástica.

— Obrigada. — Eu beijo seu rosto, enquanto ele segura a porta aberta do passageiro, para eu entrar em seu carro. Quando ele se junta a mim, eu continuo: — Eu amo ser enfermeira, Will. Eu sou boa pra caramba nisso.

— Eu sei que você é. — Ele pega a minha mão e beija meus dedos, antes de apoiar nossas mãos juntas em seu colo. — É que fiquei surpreso. Com uma voz como a sua, você poderia ir muito longe.

— Eu estou onde preciso estar — digo baixinho.

— Tudo bem. — Ele pisca para mim e sorri. — Obrigado por cantar para mim.

— De nada.

— Você está com fome? — pergunta ele.

Verifico a hora e ofego.

— Passamos a tarde toda lá! É quase hora do jantar. Então, sim, eu estou com fome.

— Quer experimentar hambúrgueres de novo? — pergunta ele com um sorriso e eu sorrio de volta.

— Não no centro de Seattle.

— Não, eu conheço outro lugar.

— Eu quero te mostrar uma coisa — diz Will de repente.

Estamos em seu carro, tendo terminado os nossos hambúrgueres no Red Mill, o mesmo lugar onde nos encontramos naquele dia, quando o vi com a Jules.

— O quê?

— Bem, você dividiu uma parte muito importante da sua vida comigo hoje. — Me emociona que ele entenda como a música é importante para mim. Eu sorrio para ele, e o espero continuar. — Então, eu quero dividir uma coisa com você, algo importante para mim.

— Estou no jogo — respondo feliz.

— É uma ironia que você tenha escolhido essas palavras. — Will ri e entra na Interestadual 5, em direção ao centro da cidade.

Eu me encosto no banco de couro confortável e curto o passeio neste carro sexy. Deus, eu amo esse carro. Ele me deixa excitada na maior parte do tempo.

Olho para Will e passo a língua pelos lábios.

Ele me entreolha, depois vira para frente e volta a me olhar, surpreso, dando um sorriso confuso.

— O que foi?

— Seu carro é sexy.

— Ah, voltamos com isso? — ele pergunta e ri, enquanto muda de faixa.

— Você fica sexy pra caralho neste carro. — Eu me viro no assento para encará-lo.

Seus olhos encontram os meus novamente.

— Este é apenas nosso segundo encontro.

Como se eu precisasse de um lembrete.

— Sim.

— Se você continuar a me foder com os olhos...

— O quê? — eu o interrompo. — Você me tinha nua e pronta no meu sofá ontem à noite e não quebrou a regra. Eu duvido que te foder com meu olhar vá fazer com que você quebre alguma regra.

— Deus, continue falando assim, querida, e vai ver quão rapidamente eu quebro sua regra. Você tem a boca muito suja, sabia?

— Sabia. — Eu dou de ombros e sorrio. — Fui para a faculdade com Jules e Natalie. Você já ouviu como elas falam? — Will sorri e pega uma saída da rodovia. —Além disso — eu continuo —, eu saía com uma banda cheia de caras. É como se eu estivesse destinada a ter a boca suja. — De repente, me ocorre que talvez a minha linguagem o ofenda. — Isso te incomoda? — eu pergunto.

— O que me incomoda? — pergunta ele e entra em um estacionamento subterrâneo privado, sob o estádio de futebol.

— A minha boca.

— Sua boca é deliciosa.

— A minha linguagem, espertinho — murmuro e bato em seu braço.

— Ai! Você gosta de bater assim, querida? — Ele me dá um sorriso malicioso, e eu correspondo.

— Às vezes, sim.

Minha resposta o deixa sem fala. Ele estaciona o carro e olha para mim.

— Sério?

— Claro. — Eu dou de ombros. — Você não respondeu minha pergunta.

Ele só olha para mim, a boca aberta. Eu esfrego sua coxa suavemente com a ponta dos dedos.

— Will?

— Sim? — Ele sai de seu transe e engole em seco.

— Minha linguagem te ofende?

— Não. — Ele balança a cabeça e franze a testa. — Você não está nem perto de falar como a Jules.

— Poucas pessoas estão, Will. — Sorrio e desço de seu carro sexy. Ele espera por mim, pega a minha mão e me leva a um elevador.

— Então, obviamente, estamos no lugar de jogar futebol — comento casualmente no elevador.

— O lugar de jogar futebol? — Will pergunta e se dobra de tanto rir.

— Você me entendeu.

— Você sabe alguma coisa sobre futebol? — pergunta, se divertindo comigo, e eu olho para ele.

— É claro que sei.

— Em que posição eu jogo? — pergunta ele.

— Isso é um teste?

— Um pequeno.

— Você é o quarterback.

— Para quem eu jogo a bola? — Ele sai comigo do elevador e depois se inclina contra a parede, cruzando os braços sobre o peito.

— Para outro cara com o uniforme do Seahawks — eu respondo, confiante. — Normalmente — acrescento, ganhando um olhar dele.

— Vou torturá-la por isso.

— Espero que sim, gato. — Sorrio para ele e seu rosto fica sério. — O que foi?

— Por que você me chama de gato, mas eu não posso chamá-la assim?

Bom ponto.

Eu faço uma carranca e dou de ombros.

— Eu acho que gata não soa como gatinha para mim. Parece mais maduro, talvez? Eu não sei. Não é estranho pra mim.

— Ok, anotado. Vamos.

Ele pega a minha mão e me puxa novamente por um longo corredor e um enorme conjunto de portas duplas que se abrem para um túnel, que leva ao campo de futebol. Todas as luzes do estádio estão acesas, mas o local está vazio.

— Como...?

— Eu liguei enquanto você estava no banheiro do restaurante e pedi a alguém para acender as luzes para mim. — Ele continua me puxando em direção ao campo, e para, no centro da linha de 50 jardas.

— Uau — sussurro e olho ao redor do estádio. — Quantas pessoas sentam nestas cadeiras?

— Sessenta e sete mil — ele responde como se não fosse grande coisa, e eu olho para ele com a boca aberta e os olhos arregalados.

— Puta merda.

— Nós lotamos todo fim de semana.

Eu sabia disso. Entretanto, estar aqui, bem aqui, no meio do campo, olhando para os assentos vazios, a enormidade do lugar, me atinge quase como cair de bunda. Na verdade, me deixo cair no gramado, sentada.

— Você está bem? — pergunta ele, franzindo a testa de preocupação e se juntando a mim no chão.

Estou sem palavras, quando olho ao redor do estádio, e me ocorre que esta poderia ter sido eu, no palco, cantando na frente de sessenta e sete mil pessoas, em vez de pequenos clubes, nos arredores de Seattle, ou salas de recepção cheias de convidados do casamento. Se Leo não tivesse tomado a decisão de ir sem mim, eu poderia estar cantando em lugares como este.

— Meg? — A voz preocupada de Will me tira do meu transe, e dou de ombros.

— Você não deve ter medo do palco também — murmuro.

— Somente durante as finais — ele responde e coloca o meu cabelo para trás do meu ombro. Eu adoro a forma como ele está sempre me tocando.

— É muita responsabilidade em seus ombros, não é? — pergunto a ele.

Ele sorri, timidamente, e franze a testa por um segundo, olhando para suas mãos.

— É sim. Mas lembre-se de que isto é apenas o que eu faço. É apenas parte de quem eu sou.

— É importante para você — eu o lembro e ele concorda.

— Muito. Eu jogo futebol desde sempre. — Ele pega uma das minhas mãos na sua e brinca com meus dedos. — Foi o futebol que me fez dedicar muito tempo aos estudos, Meg. Eu sabia que tinha que tirar boas notas e ficar fora de problemas, se eu realmente quisesse ficar no time. E o fiz. Eu gostava daquela camaradagem com os caras. Tive alguns treinadores realmente inteligentes, que me empurraram e me ensinaram. Isso me rendeu uma bolsa de estudos para a faculdade, e eu me esforcei pra caramba lá também. — Ele respira fundo e olha para cima, com os olhos absorvendo o estádio, o placar, os anúncios. — Isso é tudo que eu sempre quis, e eu tive sorte suficiente para chegar até aqui.

— Isso não é sorte — declaro com firmeza e ele se surpreende. — Will, este é o resultado de você trabalhar pra caramba e conquistar tudo. Eu posso não saber tudo o que há para saber sobre futebol, mas sei que não é fácil e que estou muito orgulhosa de você. Não por causa do seu contrato, ou da camisa que veste, que é sexy pra caralho, por sinal, mas porque você está fazendo o que sempre sonhou. Quantos de nós podem dizer isso?

Seus olhos suavizam, enquanto ele segura minha bochecha em sua grande mão, e esfrega o polegar sobre meu lábio inferior. Ele se inclina na minha direção e passa levemente seus lábios mágicos sobre os meus, e em seguida mergulha sobre mim, me acomodando deitada de volta na grama. Ele desliza a mão pelo meu rosto, pelo meu peito, e descansa no meu quadril, enquanto continua a fazer amor com a minha boca, sua língua buscando e dançando na minha. Nossa respiração acelera, e, meu Deus, *eu o quero*.

Ele se afasta para trás e olha para mim.

— Alguém está provavelmente nos observando — ele murmura, beija minha testa e depois deita de costas ao meu lado, respirando com dificuldade.

— Eu preciso te contar uma coisa — eu sussurro.

— O quê? — Eu sinto seu olhar em mim e olho para o céu negro da noite, acima do bem iluminado estádio vazio.

— Eu quero chupar seu pau em seu carro.

Joga Comigo   81

— O quê?! — Ele se levanta, se apoiando sobre o cotovelo, e se inclina sobre mim, me fazendo olhar em seus olhos. — Eu acho que não ouvi direito.

— Seu carro me deixa louca, Will. — Umedeço meus lábios e sorrio. — Tudo o que eu tenho pensado, desde o outro dia, é em montar sobre você em seu carro.

Eu nunca vi ninguém se mover tão rápido na minha vida. Ele me puxa e, mal fico em pé, ele começa a caminhar rapidamente de volta pelo mesmo caminho que nós viemos.

— Devagar, Will! Suas pernas são mais compridas do que as minhas! — Estou praticamente correndo atrás dele, e ele para abruptamente e se vira para mim. Ele parece bravo, seus olhos estreitos e em chamas, e a boca e seu queixo apertados. Dou um passo involuntário para trás. — Sinto muito, eu não queria soar como uma prostituta, eu só...

— Se você se chamar de prostituta de novo. — Ele aproxima o rosto do meu, nossos narizes apenas a centímetros de se tocarem. — Eu vou te colocar no colo e te bater, entendeu? Nunca mais repita isso. Você me tira do sério. Eu quero transar pra caralho com você, e quero também fazer durar, que seja lento e doce por dias. Eu quero você, porra, e você não pode dizer uma merda como essa para mim quando eu sei qual é o seu gosto, sei como você é nua e estou desesperado para sentir você. — Pisco para ele, completamente excitada. *Bom, tudo bem, então.* — Agora, por mais que eu queira deixá-la nua e transar com você na linha de 50 jardas, eu não quero as fotos desse momento surgindo na internet mais do que você quer. — E com isso ele se abaixa, e, em um movimento rápido, me levanta sobre seu ombro e começa a me levar para fora do campo, tão rápido como antes.

— Eu posso andar — eu o lembro.

— Não rápido o suficiente — ele resmunga e dá um tapa na minha bunda.

— Ei!

— Você merece isso e muito mais, agora, cale a boca, Megan.

Puta merda.

Chegamos ao carro e ele me coloca em pé, e, então, me ajuda a entrar no banco do passageiro. Ele caminha rapidamente ao redor do carro e se posiciona ao volante, ligando o motor e saindo da garagem, acelerando em direção à autoestrada.

Seu rosto bonito está fechado e ele não olha para mim.

Eu não sei o que pensar. Por que ele está tão bravo? Muita tensão sexual? Bem, se junte ao clube, homem sexy.

— Então... — eu começo, mas ele me interrompe.

— Não fale.

O quê?

Estamos de volta na Interestadual 5, rumo ao norte, desta vez, e ele está dirigindo muito além do limite de velocidade. Ele passa direto pela saída até minha casa, e eu tento entender, mas ele me ignora. De repente, ele sai da rodovia, vira à esquerda, e segue a estrada para uma parte exclusiva de Seattle. As casas são afastadas dos portões de entrada. Ele se aproxima do final da rua, para na frente de um portão e insere um código.

— O código é 051877. Você consegue se lembrar dele?

— Ah, então agora você está falando comigo. — Sou sarcástica. Ele só olha para mim com expectativa, até eu praguejar e dizer: — 051877.

O portão se abre e ele desce até uma bela casa, que tem uma vista inacreditável da Enseada de Puget. Do que eu posso ver na semiescuridão, a casa de pedra tem um estilo tradicional, com dois andares, e uma garagem para quatro carros.

— Uau. Ela é linda.

— Obrigado — ele resmunga e puxa o carro para uma garagem, estaciona e desliga o motor. Ele destrava nossos cintos ao mesmo tempo e olha para mim, apenas olha para mim por um longo minuto.

— O que foi? — eu sussurro.

— Eu quero você.

— Eu meio que percebi isso, *gato.* — Eu sorrio, mas ele não corresponde. Talvez seja um convite, sem realmente me pedir, para fazer... bem, aquilo que eu disse no estádio?

— Você está de cueca? — pergunto a ele.

Ele ri sem jeito — finalmente! — e balança a cabeça.

— É claro. A maioria das pessoas usa, Meg.

— Incline o banco para trás — digo a ele. Ele sustenta meu olhar, e faz o que peço.

Tiro os sapatos e me ajeito de modo que fico sobre meus calcanhares. Apoio as mãos em seus ombros musculosos, me inclino e o beijo com força e profundamente, ganhando um grunhido do fundo de sua garganta. Me abaixo e desaboto sua calça jeans e a tiro com sua ajuda, que levanta o quadril, expondo sua sexy boxer branca. E ele me ajuda, deixando sua longa e grossa ereção livre.

Caramba, o homem é um cavalo! Dada sua altura, isso, no mínimo, não deveria me surpreender, mas me intimida. Eu mordo meu lábio e olho em seus lindos olhos azuis, incerta.

— O que há de errado, gata? — ele me pergunta e acaricia minha bochecha.

— Quando nós finalmente formos transar, eu não tenho certeza... — Eu não posso completar a frase e ele ri.

— Você vai aguentar, Meg. — Seu olhar é intenso e ele me puxa para outro beijo longo e lento.

Estendo a mão e o toco, amando a pele aveludada macia, a sensação das veias, e a ponta lisa e redonda.

— Porra, querida. — Ele joga a cabeça para trás e inspira profundamente. —Suas mãos deviam vir com uma etiqueta de aviso de perigo.

Eu sorrio e passo minha língua na cabeça de seu pênis, lambendo a pequena gota que já se formou lá. Seu quadril se ergue do assento, e eu decido que já brinquei por tempo suficiente.

Quero deixá-lo louco pra caralho.

Começo a lamber das bolas até a ponta, e depois de volta para baixo. Então, pego o saco com uma mão, mergulho nele e começo a sugá-lo.

— Puta que pariu, porra! — Ele afunda as mãos no meu cabelo e delicadamente começa a me guiar para cima e para baixo em seu pau.

Eu chupo e lambo, chupo e lambo mais um pouco, e, a cada movimento, continuo a tortura com minhas mãos. Eu sinto suas bolas se apertarem na minha mão, e sei que não vai demorar muito para ele perder o controle.

Então mergulho minha boca nele, tanto quanto posso, até que o sinto profundamente na garganta. Deslizo o dedo até a pele sensível logo abaixo do saco e acaricio suavemente, deixando-o louco.

— Megan, eu vou gozar.

Solto um gemido de prazer, mas sinto que ele está se segurando. Então repito os movimentos, movendo a boca para cima e para baixo, e o acaricio outra vez.

— Ah, porra! — Will goza violentamente, expelindo o seu calor na minha boca e eu engulo rapidamente. Continuo a lamber e provocá-lo, enquanto as gotas continuam a fluir de seu pau, e eu sorrio, quando seu corpo relaxa.

Olho em seus olhos azuis profundos e dou um sorriso tímido.

— Foi tudo bem?

— Querida, se tivesse sido melhor, eu teria morrido.

Eu rio, enquanto ele se ajeita e se inclina para me beijar intensa e rapidamente.

— Fica comigo esta noite. — *Sim!* — Não para sexo — continua ele. — Embora eu esteja prestes a matar alguém, se eu não transar com você em breve, eu só não quero ficar sem você essa noite. Você pode ficar no quarto de hóspedes, se quiser.

— Posso dormir com você?

— Se você usar uma das minhas camisas, sim.

— Combinado.

Capítulo Oito

Acordo e me sento na cama, desorientada. Estou usando uma camisa de futebol enorme e uma cueca boxer, que imediatamente me fazem lembrar de onde estou. Estou em um quarto grande e banhado pelo luar: o quarto de Will.

Na cama de Will.

O sexy homem está dormindo profundamente ao meu lado, de frente para mim. Seu belo rosto está relaxado no sono e percebo que há uma leve barba começando a crescer. Seu cabelo está mais desgrenhado do que de costume, implorando para que meus dedos o acariciem.

Então, eu o faço.

Ele está com uma calça e camiseta de pijama. Mais cedo, quando me trouxe para seu quarto lindamente decorado, com uma cama do tamanho de um pequeno país, ele foi um doce e perfeito cavalheiro.

Eu amo e odeio isso ao mesmo tempo.

Estou pronta para entregar meu corpo a ele. Inferno, eu acho que já lhe dei o meu coração, e isso me assusta pra caramba.

Estou deitada por um longo tempo, suavemente acariciando seu macio e quase castanho cabelo com meus dedos, memorizando seu rosto adormecido. Ele se mexe um pouco e se aproxima, pegando a minha mão na sua e a beijando, sem abrir os olhos, e me puxa contra seu peito, envolvendo seus braços em volta de mim e me abraçando apertado.

— Volte a dormir, querida — ele sussurra e beija o meu cabelo.

Meus olhos se fecham, e eu adormeço ao som do seu coração contra o meu ouvido.

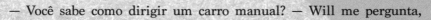

— Você sabe como dirigir um carro manual? — Will me pergunta, nervoso, enquanto eu ajusto o banco do motorista do seu sexy Mustang.

— Claro que sei. Não me insulte. — Eu lhe atiro um olhar provocante e, em seguida, sorrio muito, pulando para cima e para baixo no assento. — Me dê a chave.

— Você é adorável. — Ele sorri, curtindo meu entusiasmo. Ele está me deixando dirigir o seu carro para o nosso encontro de hoje à noite.

— Estou pronta para dirigir. Entregue-a, Montgomery. — Estendo a mão, palma para cima, à espera da chave. Ele beija minha mão, e depois coloca a chave nela. — Ok, vamos lá. — Aperto a embreagem e ligo o carro. Ele ronrona à vida e eu suspiro de felicidade. — Eu poderia ter um orgasmo enquanto dirijo — menciono casualmente.

— Prefiro que você não tenha. — Will ri. — Vamos tentar chegar lá inteiros, querida.

— Para onde estamos indo, afinal? — pergunto e começo a sair da sua garagem, mas o carro morre, dando um tranco.

— Puta merda! — Will exclama, segurando na porta.

— Desculpe. Estou só me acostumando com a embreagem. — Ligo o carro novamente e saio da garagem, ignorando os olhares que vêm do assento do passageiro.

— Não deixe morrer o motor.

— Ah, se acalme. É apenas um carro, certo? — Bato os cílios para ele e dou uma risada, quando ele torce minha orelha em seus dedos. — Para onde vamos?

— Boliche, a pista não é muito longe da sua casa.

— Um encontro de casais? — eu pergunto, incrédula.

— Não, um encontro familiar — Will esclarece.

Fico olhando para o seu perfil por um segundo, e, então, olho para a estrada, e não consigo deixar de rir.

— É este o seu plano para manter suas mãos longe de mim até o fim do terceiro encontro oficial?

Ele sorri e esfrega a mão pelo rosto.

— Merda.

— Nós quase transamos com sua família sentada há quinze metros de distância antes, Will.

Ele me olha e depois sorri novamente.

— Você já me atraía desde aquela época.

— Seja como for, não fique se achando. — Eu abro um sorriso feliz, e volto ao assunto anterior. — Por que jogar boliche?

— Bem, algumas vezes por ano, nós gostamos de reunir toda a família em algum lugar.

Olho-o boquiaberta, tentando colocar na minha cabeça Luke Williams, a estrela de cinema, em um boliche.

— Está tudo bem, querida, eu vou te ensinar a jogar.

Desta vez, não consigo segurar o meu sorriso presunçoso. Eu jogo muito bem, obrigada, mas o deixo pensar que vai me dar instruções. Hum... Will pressionado contra minhas costas, me mostrando como rolar a bola pela pista... Sim, eu gosto disso.

— Então, quem vai estar lá? — eu pergunto, e propositadamente saio da minha pista, apenas para deixá-lo assustado.

— Ei! Fique na sua pista!

— Você tem seguro. — Sorrio para ele, ganhando outro olhar afiado. Dou uma gargalhada alta, me divertindo tanto com ele quanto com o carro. Este carro é incrível pra caralho. — Quem vai com a gente? — pergunto novamente.

— Jules e Nate, Luke e Nat, Brynna, Isaac e Stacy, embora ela só vá assistir porque está bem perto de ter o bebê. — Ele me dá um sorriso largo. — E eu acho que Matt, Caleb e a irmã de Luke, Sam, estarão com a gente esta noite, com isso conseguimos reunir todos.

— Eu vou precisar de algumas bebidas — murmuro e Will faz uma cara feia.

— Não, sem álcool para qualquer um de nós esta noite. — Ele balança a cabeça com firmeza.

— Por quê?

— Porque, quando eu te levar de volta para a minha cama mais tarde, vou fazer amor com você por horas, e você precisa estar acordada e com

Joga Comigo 89

pleno uso de seu belo cérebro. — Ele pega a minha mão na sua e beija meus dedos. — Estou falando sério, Meg. Sem álcool, por favor.

Como posso recusar isso?

— Ok, sem álcool — concordo e meu estômago se contorce e dá reviravoltas nervosamente. Ele sorri suavemente e beija minha mão de novo, antes que eu entre no estacionamento do boliche. Encontro uma vaga e desligo o motor, então respiro profundamente. — Obrigada por me deixar dirigir seu carro — murmuro com um grande sorriso no rosto.

— De nada. Você ficou muito sexy dirigindo-o.

— É o carro. Qualquer um ficaria sexy nele.

— Posso pegar minha chave de volta agora?

Encontramos toda a turma já no boliche, calçando os sapatos e escolhendo as bolas. O local é pequeno, em um bairro distante do centro de Seattle, e tenho certeza de que ele foi escolhido de propósito, para minimizar a possibilidade de Luke e Will serem reconhecidos. Os corredores são escuros, e o local é iluminado com luz negra, e música pop está tocando bem alto. Esta é, obviamente, noite de techno no boliche.

Will e eu nos aproximamos do balcão.

— Queremos alugar sapatos. — Ele sorri para mim, e eu faço uma careta.

— E alugar uma doença de pé.

Ele ri alto e beija o topo da minha cabeça.

— Eles desinfetam, eu acho.

— Com o quê, Aquanet? — Olho a lata de spray na bancada e o cara atrás do balcão me dá um olhar feio.

— Tamanho? — o cara grande pergunta.

— Trinta e seis — murmuro.

— Quarenta e sete — Will responde e eu dou uma risada.

— O quê? — pergunta ele.

— Você sabe o que eles dizem sobre homens com pés grandes... — Dou outra risada, enquanto ele olha para mim, e, se eu não me engano, ruboriza.

90 Kristen Proby

— Comporte-se.

— O que eu disse? — pergunto inocentemente.

— Não se faça de inocente, gata. Você tinha que usar essa roupa, não é?

Olho para o meu vestido vermelho na altura da coxa, e dou de ombros, franzindo a testa para ele.

— O que há de errado com o meu vestido?

— Você está usando calcinha? — ele murmura no meu ouvido, para que apenas eu possa ouvir.

— Claro que não.

— Isso é o que há de errado com o seu vestido.

— Ei, vamos começar logo este jogo, Will! — Jules grita da pista, e nos juntamos a eles.

Natalie e Jules me puxam para um grande abraço. Estou tão animada em vê-las. Eu realmente senti falta delas nestes últimos anos.

— Ei, pessoal. — Will aperta a mão dos seus irmãos, e beija as meninas na bochecha. Depois, se senta para calçar os sapatos.

— Ei, Meg, como vai? — Stacy pergunta de sua cadeira. Will não estava brincando quando disse que ela está perto de ter o bebê.

— Estou bem, obrigada. Como você está se sentindo, mamãezinha?

Stacy ri e esfrega a barriga.

— Oh! Ele está chutando! Aqui. — Ela pega a minha mão, me puxando para eu me agachar na frente dela, e coloca minha mão sobre sua barriga, e com certeza o bebê está chutando forte contra minha palma.

— Ele é um rapaz bem forte. — Eu sorrio para ela e ela ri.

— Minhas costelas concordam. Ele vai ser um jogador de futebol.

— Futebol americano — todos os homens a corrigem de uma vez, e nós rimos.

— Eu sou Brynna. — Uma mulher bonita, de cabelos castanhos com os olhos mais escuros que já vi, está sorrindo para mim ao lado de Stacy. — Nós nos conhecemos na festa, mas não cheguei a conversar com você.

Joga Comigo 91

— Oi, Brynna. Eu sou Meg. — Levanto e aperto sua mão.

— Sério? Nós acabamos de chegar. Caramba, gente! — Jules exclama. Nat e Luke estão se agarrando. De novo.

— Ignore-os — murmura Nate em sua orelha e Jules sorri para ele. Uau, ela o ama. A Jules que eu conheci nunca olhou para um homem assim.

É claro que Nate é um belo espécime. A tatuagem que ele ostenta no braço direito é típica de um bad boy.

— Pare de encarar o meu cunhado — Will reclama no meu ouvido.

— Eu não estou encarando. Estou apreciando a tatuagem em seu braço.

— Falando em tatuagem, que música é essa no seu braço, Meg? — Matt pergunta, referindo-se à tatuagem no interior do meu braço.

— Ah, apenas uma música. — Aceno despreocupadamente e procuro um assunto para mudar o rumo da conversa. Prefiro não falar sobre o que essa música significa para mim. Ainda não.

— Certo, vem cá, meu bem, eu vou te mostrar como jogar a bola.

— Ah, você não tem que... — Jules começa, mas balanço a cabeça para ela, interrompendo-a. Ela sorri docemente para o irmão. — Esperar. Vá em frente e mostre a ela.

— Você é o homem certo para esse trabalho? — pergunto sarcasticamente.

— Eu me viro bem com bolas, gata. — Ele pisca para mim, uma expressão maliciosa no rosto. — Eu trabalho com bolas para viver.

— Ah, meu Deus, por favor, não fale sobre suas bolas a noite toda. Eu vou vomitar. — Jules faz uma careta para ele, e Will sorri.

Will escolhe uma bola e vai até a pista, sinalizando com o dedo para que eu vá até ele, enquanto mantém um sorriso nos lábios sensuais.

— Ah, graças a Deus você está aqui para me mostrar como lidar com as bolas — digo sarcasticamente, fazendo com que nossos amigos gargalhem.

— Vamos lá, espertinha.

Eu fico na sua frente, e ele dobra seu grande corpo atrás de mim, me envolvendo com seus braços e colocando a bola em minhas mãos. Para

92   Kristen Proby

torturá-lo mais um pouco, mexo a bunda contra ele, inclinando meu corpo junto.

Ele geme baixo e pragueja sob sua respiração, antes de começar as instruções.

— Você tem que ser gentil com a bola. Respeite a bola. Visualize em sua cabeça onde você quer que a bola vá. — Eu sorrio e cheiro seu pescoço, e ele faz uma carranca. — Preste atenção.

Limpo a garganta.

— Sinto muito.

— Você quer tentar? — pergunta ele.

— Claro.

— Está bem. Boa sorte.

Ele acaricia minha bunda e se afasta. Preciso morder o lábio para não explodir numa gargalhada. Tomando a minha posição de costume, alinho a bola com a linha que vai levá-la até o meu objetivo. Dou um, dois, três passos e, em seguida, deixo a bola rolar pela pista. Ela se move rapidamente pelo caminho que apontei, sem parar ou se desviar até acertar o pino central e *buuum*! Strike!

— Isso! — Bato palmas e me viro com os aplausos, vendo o olhar estupefato de Will.

— Você me enganou.

— Você vai sobreviver. — Eu dou de ombros e o envolvo com meus braços.

— Você sabia jogar? — pergunta ele.

— Ela é uma jogadora excelente. Nós jogávamos o tempo todo — Natalie conta, e eu sorrio presunçosa.

— Por que você não me disse?.

— E estragar a diversão de você me mostrando como usar bolas? Nunca.

Os olhos de Will se estreitam e ele olha para mim, e eu não consigo evitar um sorriso largo. Será que já gostei de provocar alguém tanto assim? Não, acho que não.

Joga Comigo   93

Ele se inclina e sussurra em meu ouvido:

— Você vai pagar por isso mais tarde.

— Mal posso esperar — respondo e passo por ele, ainda o provocando, para me juntar às meninas.

Caleb é o próximo e derruba todos os pinos, fazendo um strike. Nossa, ele é muito musculoso e, bem, um pouco assustador. Ele é o irmão SEAL da Marinha de Will e é como seus irmãos: grande, alto e musculoso.

Estou cercada por um monte de homens deliciosos. Se eu não fosse eu, estaria com ciúmes de mim.

Esse pensamento me faz rir de mim mesma.

— Do que você está rindo? — Luke me pergunta. Ele tem um olhar gentil. Eu nunca percebi isso antes. Luke Williams é supersexy e muito doce. E completamente apaixonado por sua esposa e filha.

— Nada, apenas querendo saber como eu vim parar aqui.

Ele sorri, compreensivo.

— Esta família pode ser muita coisa para lidar.

— Todo mundo é tão bom, é que...

— Eu entendo — ele me tranquiliza. — Não faço parte da família há muito tempo, apenas um ano. É bem intenso, no início.

— Ah, eu não faço parte da família. Só estou saindo com o Will.

— Certo. — Ele sorri para mim e balança a cabeça. — Megan, eu não conheço você, mas passei algum tempo com Will. Confie em mim. Ele não está apenas saindo com você.

Assisto Will jogar a bola na pista, fazer uma careta e xingar quando só derruba oito pinos. Meu olhar encontra o de Luke novamente.

— Você acha?

— Eu sei. Tenha cuidado. Divirta-se. Ele é um cara bom. — E com isso, ele dá um tapinha no meu joelho e vai até sua esposa.

— Do que estavam falando? — Will pergunta ao se sentar no lugar que Luke deixou vago.

— Nada. Ele estava apenas dizendo oi. Vocês fazem mesmo isso regularmente? — pergunto, tentando nos distrair.

— Nós tentamos. Mas geralmente é difícil juntar todos de uma só vez, como hoje.

— É divertido. E é legal que todos vocês gostem de sair juntos.

— Você não gosta de sair com sua família?

Porra, por que eu toquei nesse assunto?

— Ah...

— Ei, Meg, tem falado com a Sylvia ultimamente? — Jules pergunta e toma um gole de sua cerveja.

Deus, eu gostaria de poder beber uma cerveja agora.

— Não, não no último ano — murmuro e imediatamente começo a apertar meus dedos no colo. *Por favor, não pergunte sobre Leo.*

Will franze a testa para mim.

— Quem é Sylvia?

— A mãe dela — Jules fala com naturalidade.

— Você não fala com a sua mãe há um ano? — pergunta ele. Todo mundo está quieto agora, ouvindo a conversa, e eu só quero morrer.

— Não. E isso não é nada de mais.

Jules bufa. Natalie demonstra estar desconfortável. Matt, que também é muito lindo, apesar de caladão, me encara sem dizer nada, parecendo pensativo.

— Mais margaritas? — Samantha pergunta, empolgada.

— Eu vou pagar esta rodada. — Caleb e Samantha vão até o bar para pedir as bebidas, e todo mundo começa a falar sobre outras coisas, para meu alívio.

— Este assunto não está encerrado — Will sussurra no meu ouvido.

— Sim, está.

— Eu amo essa música! — Jules pula para cima e puxa Natalie com ela, que então puxa Brynna e eu para nos juntarmos a elas, em uma dança na pista inventada por elas. Está tocando *Call Me Maybe*, da Carly Rae Jepson. Eu odeio essa música.

Joga Comigo 95

E ainda assim, não consigo evitar de dançar porque a amo tanto quanto a odeio.

Sam e Caleb voltam com novas bebidas, e Sam se junta a nós em nossa dança frenética, pulando e balançando em torno de nós. Stacy aperta sua barriga, enquanto ri e canta a música divertida.

Estamos dançando como um bando de meninas bobas. Olho para os rapazes, e eles estão olhando para nós, sorrindo.

— Vocês têm o mesmo gosto musical de uma menina de treze anos — Nate nos provoca.

— Toda mulher neste país ama essa música — Brynna informa a ele. — É uma lei, eu acho. Ei, Matt, não é uma lei?

Matt ri e aperta os lábios, como se estivesse pensando realmente sobre o assunto.

— Eu não presto atenção às leis de meninas — ele finalmente responde, fazendo Brynna fazer uma careta para ele.

— Traidor.

Quando a música termina, outra começa, e eu me encolho. É *Lonely Soul*, da Nash.

Do Leo Nash.

O *meu* Leo.

Ele e eu escrevemos essa música juntos, antes de ele partir para Los Angeles. Leo tinha ido à minha casa conversar comigo e me ouvir reclamar da faculdade e desse cara, com quem saí duas vezes e que nunca me ligou de novo, depois que eu transei com ele.

Por isso, a regra dos três encontros.

Ele queria ir atrás do idiota e bater nele, mas me ouviu e bebeu cerveja comigo. É claro que eu não morri de tanto chorar por aquele idiota, mas conversar com o cara que era como o único irmão que tive e que me conhecia me ajudava a colocar as coisas em perspectiva. E ele me deu o melhor conselho do mundo naquela noite.

— Meguizinha — ele disse, sério —, você tem que ensinar as pessoas como te tratar. Se você tiver consideração por si mesma e não aceitar nada além de respeito, é isto que vai conseguir. Mas se você deixar os filhos da puta pisarem em você e te tratarem como se você fosse descartável, então é isso que sempre terá. Você merece mais do que isso.

Eu sinto falta dele.

— Eu amo *essa* música! — Sam exclama e canta em voz alta.

— É de uma ótima banda — Jules concorda e pisca para mim.

Eu dou de ombros e canto em meus pensamentos.

É realmente uma ótima música.

— Conte-me sobre Sylvia.

Will e eu estamos no carro, voltando para a sua casa, e meus nervos estão em frangalhos. Então é isso. Hoje é a noite.

Eu queria muito ter algo para beber.

— Sylvia não importa.

— Ela é sua mãe.

— Acredite em mim, a genética não faz de alguém uma mãe.

— Me conte. — Ele me olha com o rosto impassível, e eu suspiro.

— Por quê?

— Porque nós temos que falar sobre alguma coisa ou vou parar este carro e transar com você no capô. E este encontro só será tecnicamente contado quando você chegar dentro de casa. Sendo assim, fale.

— Tudo bem. — Eu limpo a garganta. — Mas podemos fazer a coisa do capô em breve?

Ele olha para mim e suas mãos apertam no volante.

— Sim. Fale.

— Fui tirada dela quando eu tinha doze anos.

— Por quê? — pergunta ele, suave, mas querendo saber mais.

— Porque ela era péssima como mãe. Drogas. A porta giratória de homens.

— Algum deles...? — Ele não consegue terminar a frase.

— Não. Ela me fazia ir para o meu quarto e trancar a porta quando os homens estavam por lá. Ela basicamente me negligenciava. Esquecia de comprar comida, se esquecia de me mandar para a escola. Eventualmente, uma professora se preocupou e me levaram embora.

— O que aconteceu, então?

— Eu fiquei pulando de um lugar para o outro. Dez lares adotivos em quatro anos.

— E então você encontrou uma família para ficar até os dezoito anos?

— Não, eu fui emancipada. O sistema não podia me bancar mais.

— Você está por sua própria conta desde os dezesseis anos? — pergunta ele, chocado e com raiva.

— Eu tinha o Leo. Ele já tinha vindo para Seattle estudar, por isso vim também e fiquei com ele. Ele me fez conseguir um emprego, terminar a escola, me matricular na faculdade. Ele foi realmente como um irmão para mim.

— Como você o conheceu? — A voz de Will é mais suave, mas ele ainda não parece feliz.

— No primeiro orfanato. Ele também estava lá. Tínhamos a música em comum. Ele me ensinou a tocar violão, e ele tinha um emprego, então me deu um celular, para que eu pudesse ficar em contato com ele.

— Fico feliz que você pôde contar com ele — ele murmura. — E por que ainda mantém contato com sua mãe?

— Eu envio dinheiro para ela todos os meses.

Droga. Eu não queria dizer isso.

— O quê? — Agora, ele está muito, muito zangado. — Por que diabos você manda dinheiro?

— Porque me sinto culpada. — Eu olho para as minhas mãos e me sinto envergonhada. — Porque ela provavelmente morreria de fome sem ele.

— Ela teria deixado *você* morrer de fome, Megan.

— Eu não preciso do dinheiro. Ela sim. — Dou de ombros. — E se eu enviar o dinheiro e a mantiver em Montana, talvez ela nunca venha aqui para me pedir nada.

A última parte é um sussurro. Eu nunca disse isso a ninguém antes. Nunca.

Finalmente paramos na casa de Will.

— Qual é o código? — ele me pergunta com um sorriso.

— 051877 — respondo e ele balança a cabeça alegremente, digitando o código e entrando na garagem.

Saímos do carro, e ele me leva para dentro da casa. Pela garagem, entramos em uma antessala, e depois na sua maravilhosa cozinha. É aberta, com um espaço para servir o jantar, e sala de estar, com janelas do chão ao teto, cobrindo uma parede inteira, com vista para a enseada.

— Amo muito esse lugar — murmuro e caminho até as janelas, olhando a vista. Está escuro. Luzes piscam nas casas e empresas, refletindo seu brilho na água.

— Eu amo muito ter você nesse lugar.

A voz de Will é suave. Ele está em pé, poucos passos atrás de mim. Eu vejo o seu reflexo na janela escura. Suas mãos estão fechadas ao seu lado, e ele está respirando rapidamente.

Seus olhos estão percorrendo para cima e para baixo as minhas costas. Eu deixo meu bolero escorregar pelos ombros e cair no chão. Meu vestido vermelho tem alças finas e desce pelo quadril até o meio das coxas.

Seu olhar encontra o meu no vidro e depois ele fecha os olhos com força e expira ruidosamente.

— Will? — pergunto, quando me viro para olhá-lo. *Deus, ele é tão lindo.* Ele está usando uma camisa cinza, com as mangas arregaçadas nos antebraços. Está com seu jeans preto, e já tirou os sapatos, por isso está de meias pretas.

Seu olhar sensual encontra o meu.

— Sim, querida?

— Este encontro acabou?

— Eu acredito que sim.

— Graças a Deus.

100   Kristen Proby

Capítulo Nove

Eu me jogo nos braços de Will e o abraço pelo pescoço. Enfio os dedos em seus cabelos e o beijo como se fosse tudo o que eu pudesse fazer. Ele agarra minha bunda e ajeito minhas pernas em volta de sua cintura, soltando um gemido.

— Vamos fazer isso aqui mesmo, no balcão da cozinha. — Beijo seu pescoço.

Ele ri e me leva até as escadas em direção ao seu quarto.

— De jeito nenhum. Na minha cama primeiro e na cozinha mais tarde.

— Tudo bem — concordo e me inclino para trás, superconfiante de que ele não vai me derrubar, e desabotoo sua camisa.

Ele me coloca em pé na beirada da cama, acende a luz da mesinha e pega a barra do meu vestido, tirando-o com um só movimento rápido.

Eu imediatamente pego sua camisa, mas ele se afasta do meu alcance.

— Venha aqui. Eu quero ver você nu.

— Deixe-me olhar para você — ele murmura, me impedindo de continuar.

— Não, você já me viu. Deixe-me ver você, gato. Sério, eu vou morrer se você não ficar nu em trinta segundos.

Seus olhos queimam sobre meu corpo, enquanto ele rapidamente arranca a calça jeans e a camisa, ficando apenas com sua apertada e curta cueca boxer branca.

Permito-me um momento de luxúria e fico olhando-o. Meu Deus, ele é fisicamente perfeito. Os músculos de seus braços, tórax, abdômen e pernas são completamente definidos. Seu corpo musculoso desce até o V sexy do seu quadril, desaparecendo naquela cueca sexy. Seu corpo é tão definido, é quase intimidante.

— Então é isso que acontece com seu corpo quando você treina todos os dias. — Eu percebo que pensei alto quando Will sorri. — Você é... uau!

E minha baixa autoestima me atinge. Eu não sou gorda nem magra. Sou só uma garota na média. Eu não sou forte. Eu não corro. Tenho um trabalho exigente que me mantém sempre ocupada, e não consigo ir à academia.

Começo a me cobrir, mas rapidamente Will me levanta em seus braços e gentilmente me coloca deitada em sua cama, me cobrindo com seu corpo grande e intenso.

— Não esconda esse corpo incrível, querida.

Eu sorrio e tento desviar o olhar, mas ele agarra meu queixo e me obriga a olhá-lo nos olhos.

— Você. É. Incrível. Meg, eu amo quando uma mulher se parece com uma mulher. Eu não preciso ficar preocupado se vou quebrar você ao meio, e, quando eu estiver deitado em seu abdômen, não quero costelas cutucando minha cara.

Ele apoia os cotovelos ao lado da minha cabeça, enterra os dedos no meu cabelo e beija a covinha na minha bochecha, e depois desce até o meu pescoço.

— Você tem um cheiro tão bom, como ar fresco. — Seus lábios passeiam pelo meu pescoço, e depois para baixo em meu esterno.

Passo as mãos por seus braços e ombros, depois em seu cabelo macio, e, em seguida, volto para os ombros.

— Will...

— Shh. Deixe-me saborear você.

— Você já fez isso. É a minha vez — eu lamento e ele sorri contra o meu ventre.

— Você vai ter sua chance, acredite em mim, gata. Mas primeiro eu quero beijar esse corpo delicioso inteiro.

Eu me mexo debaixo dele, impaciente.

— Nós já esperamos tempo suficiente. Não podemos apenas foder primeiro e fazer amor depois?

Ele me senta rapidamente e aproxima seu corpo do meu. Estou sobre ele. Seus olhos estão em chamas e ele está ofegante.

— Nós não vamos foder, Meg. Mesmo quando for pesado e rápido, ou um pouco bruto, ou muito sujo, eu não vou te foder. Na cozinha, no quarto, no meu carro, ou qualquer merda, não vai ser uma porra de uma foda. Foda é para estranhos ou pessoas que não dão a mínima uma para a outra. — Ele movimenta seu quadril, empurrando a ereção contra mim, e eu mordo o lábio para abafar um gemido.

— Tudo bem — eu sussurro e fecho os olhos.

— Abra os olhos. — Eu obedeço. — Você não é uma foda rápida para mim. Você entende o que estou dizendo?

— Acho que sim.

— Nós não passamos todo esse tempo juntos, para conhecer um ao outro, nos levando à loucura, para termos uma transa rápida e seguirmos nossos caminhos separados. Você precisa compreender, Megan, que, uma vez que eu fizer amor com você, você será minha.

Sinto meus olhos se arregalarem e meu queixo cair, e eu só posso olhar para ele em choque. Ele disse mesmo isso? E por que isso não me assusta pra caramba?

Ele está me olhando, esperando minha reação e, de repente, eu me sinto... feliz. Isto é o que eu quero. Este é o lugar onde eu deveria estar.

— Diga alguma coisa, querida, porque eu estou morrendo aqui.

Corro os dedos pelos seus cabelos e pego seu rosto em minhas mãos, puxando-o para mim, para que eu possa beijar seus lábios suavemente. Passo meus lábios sobre os seus, uma vez, duas vezes, meus olhos nunca deixando os seus.

— Você é *tão* meu — eu sussurro e vejo com satisfação quando seus olhos dilatam, e a respiração que ele estava segurando escapa.

— Pode apostar sua bunda deliciosa que eu sou. — Ele pega minha boca novamente, desta vez com mais força, como se quisesse deixar sua marca.

Ele se move pelo meu corpo novamente, prestando atenção especial a cada seio, meu ventre e, em seguida, abruptamente me vira.

— Ei! Eu não posso vê-lo assim.

— Este é um ângulo que eu não tinha explorado antes. — Ouço o sorriso em sua voz.

— Parece que a covinha na bochecha não é a única que você tem, gata.

— É falta de educação falar da minha celulite na primeira vez que fazemos sexo, Will. Você nem entrou em mim ainda. — Ele dá um tapa em minha bunda, me fazendo dar um grito.

— Ei!

— Não há nenhuma celulite aqui. Mas você tem a mais linda covinha bem acima da sua bunda. — Ele me beija e, em seguida, me morde, me fazendo erguer a bunda para trás. — Que bunda deliciosa. — Ele beija cada nádega e a próxima coisa que eu sinto é ele abrindo minhas pernas e colocando a boca em meus lábios abertos.

— Puta merda! — Suas grandes mãos apertam meu quadril contra a cama e sua boca vai até o meu centro, chupando, lambendo, mordendo, e, quando ele suga o meu clitóris e meu piercing, empurro minha boceta contra sua boca, gritando no travesseiro, meus músculos pulsando.

Finalmente, ele solta suas mãos e me viro para ele, com os cabelos no rosto. Antes que eu possa dizer qualquer coisa, ele levanta meu quadril e coloca a boca em mim novamente, mais intensamente desta vez, ritmicamente empurrando sua língua dentro e fora de mim, enquanto seu nariz empurra o meu piercing.

É demais.

— Eu não posso — murmuro, mas ele apenas solta um grunhido contra mim, e aumenta a velocidade dos movimentos de sua língua maravilhosa. — Will, caramba, eu não posso.

Ele afasta o rosto e substitui sua boca pelos dedos, dois deles, trabalhando lentamente na minha vagina, espalhando a umidade em torno dos meus lábios e clitóris.

— Sim, você pode. Eu preciso deixá-la pronta, gata, para que eu não te machuque.

— Você não vai me machucar.

— Se você não estiver pronta, eu vou.

— Estou pronta pra caralho já! — grito em frustração e ele ri.

— Quase. Caramba, você é tão apertada, querida.

Olho para ele, para seu corpo que agora está tenso de desejo e necessidade, e vejo sua grande ereção lutando contra a cueca.

— Tire a cueca.

Seus olhos estreitam em mim.

— Por favor. — Dou um sorriso doce.

Sua mão me deixa tempo suficiente para puxar a cueca e ele se ajoelha na minha frente, completamente nu.

Puta merda, este homem é lindo!

Seriamente lindo.

— Eu amo isso — ele sussurra, enquanto esfrega o dedo no meu piercing, me fazendo contorcer.

— Eu fico feliz.

— É sexy pra caralho. — Ele se inclina e passa a língua sobre ele duas vezes e, bem assim, aperto seus cabelos entre meus dedos e gozo violentamente contra ele.

Quando sou capaz de abrir os olhos de novo, Will sobe em meu corpo e aninha seu pênis longo e duro contra o meu centro. Depois, se inclina e me beija.

— Hum... — solto um gemido e envolvo meus braços em volta dele, mantendo-o perto de mim. — Você é tão bom.

— Meg, abra os olhos — ele sussurra, enquanto move seu quadril de forma que a cabeça de seu pênis desliza contra o meu clitóris, seus profundos olhos azuis olhando nos meus, enquanto ele guia a impressionante cabeça de seu pênis nos meus lábios.

— Você tem certeza? — ele sussurra.

— Will, entra em mim. Agora.

Ele sorri suavemente e faz o que pedi. Ah, tão lentamente.

Santo Deus, ele é tão grande. Talvez isso não vá funcionar. Não há nenhuma maneira de eu o aguentar inteiro.

Meus olhos se arregalam, mas ele me beija suavemente.

— Está tudo bem. Vamos fazer com calma. — Ele retrocede e depois

Joga Comigo   105

volta, indo um pouco mais longe desta vez. — Apenas relaxe. Eu não vou te machucar. — Ele beija meu rosto e meu pescoço, e depois beija meus lábios novamente, enquanto seu quadril encontra um ritmo muito lentamente. Ele desliza para fora e depois para dentro novamente, muito suave, indo sempre mais fundo, até que finalmente está todo em mim, e para, me olhando. — Isso é bom pra caralho — ele sussurra.

— Você pode se mexer — eu sussurro de volta. Adoro como o quarto está em silêncio, enquanto compomos nossa própria música.

— Adoro sentir você ao meu redor. Nunca senti nada parecido como sinto com você. — Ele mal move o quadril, mas esfrega seu púbis contra meu piercing, e eu suspiro.

— Piercing? — ele pergunta.

— Sim, ele bate no meu clitóris quando você move seus quadris desse jeito.

— Bom saber — ele murmura, com um sorriso travesso. Eu movo meu quadril, e aperto em torno dele, querendo desesperadamente que ele se mexa.

— Ah, inferno, não faça isso. — Sorrio e faço novamente. — Megan, isso não vai durar muito tempo se você continuar...

Antes que ele possa terminar a frase, faço o mesmo movimento novamente e aperto meus músculos internos até que ele realmente comece a se mexer, deslizando até a ponta, e depois de volta entrando inteiro outra vez.

— Ah, sim.

— É isso que você quer?

— Sim.

— Diga-me, gata. — Sua voz é rouca e o suor está aparecendo em sua testa. Fico chocada com o quanto ele me quer. — Eu quero você. Só você.

— Isso mesmo, só eu.

E com isso ele pega o ritmo, empurrando mais e mais forte. Em um momento, ele vai tão fundo que quase chega a doer. Ele é tão grande, não há como evitar.

— Porra. — Seus dentes estão cerrados. Ele pega minhas mãos, entrelaça nossos dedos, e os leva acima da minha cabeça, me prendendo.

— Você é tão doce.

Cada toque do seu púbis contra o meu clitóris me deixa em chamas, até que finalmente eu não aguento mais. Sinto o orgasmo se aproximar, minhas pernas tremem, e eu aperto mais suas mãos.

— Goze — ele sussurra em meu ouvido e morde meu pescoço, me levando ao limite, pulsando e convulsionando embaixo dele, no melhor orgasmo da minha vida. — Ah, inferno! — ele grita e me acompanha, se libertando. Enterra o rosto no meu pescoço e solta nossos dedos.

Envolvo meus braços em torno dele e o seguro firme, ainda dentro de mim, e sei que estou total e completamente perdida com esse homem lindo Ele rola para o lado e me leva com ele, invertendo nossas posições. Ele consegue ficar dentro de mim, e eu não tenho pressa que ele saia.

— Bem, acho que já podemos dizer que somos compatíveis na cama — eu murmuro contra seu peito. Ele ri e beija minha cabeça.

— É verdade, mas você pode me matar.

— Como assim?

— Agora que te tenho, não acho que vou ser capaz de ter o suficiente de você. Acho que estou viciado em você, no som que emite, e em estar enterrado profundamente em você.

Eu não sei exatamente o som que faço quando estou excitada com ele. E além disso, o que ele sente é totalmente recíproco.

Eu suspiro e descanso meu braço sobre seu peito. Will traça com o dedo a música tatuada em meu braço.

— Que música é? — pergunta ele em voz baixa.

— *I Dare You To Move*, de Switchfoot.

— Qual parte da música é essa?

Surpresa, eu olho para ele.

— Você me conhece muito bem, não é?

— Você não iria colocar nada permanente em seu corpo, a menos que significasse alguma coisa. Que parte da música você tatuou? — Ele sorri para mim e beija minha testa. Eu nunca compartilhei isso com ninguém.

— Eu desafio você a levantar-se do chão — sussurro, e sinto o suspiro de Will.

Joga Comigo   107

— É lindo — ele murmura e deixa o assunto quieto.

— Eu gosto da sua também. — Sorrio para ele e, em seguida, o belisco.

— Ei! Por que você fez isso?

— Você nunca me disse que tinha uma tatuagem.

— Você nunca perguntou. — Ele me abraça mais apertado, e passa a mão das minhas costas até minha bunda, repetindo o movimento.

Eu quero ronronar como um gatinho.

— O oito é por causa do número da sua camisa, mas o que o resto quer dizer? — pergunto e traço o número oito. Sua tatuagem é no alto da costela, do lado direito. É o número oito cercado por várias linhas pequenas e rabiscos que parecem não fazer qualquer sentido.

— Olhe atentamente — ele murmura e levanta o braço, para que eu possa dar uma olhada melhor.

Puta merda.

— É a assinatura de todos os jogadores?

— Isso. Ela representa a minha equipe. Posso ser o centro do time, mas estou cercado por grandes homens e excelentes jogadores. Então, fiz um molde com o número e pedi a todos os caras para assinarem em torno dele. O resultado foi esse.

— Você adicionou os nomes dos jogadores que vieram depois?

— Sim. Tudo começou na faculdade, e eu fui adicionando os nomes com o passar dos anos.

— E se mudar o seu número?

— Ele não vai. Eles aposentaram meu número na UW e o time de Seattle provavelmente vai fazer o mesmo, quando eu me aposentar.

— Bela jogada, estrela do futebol — sussurro, ganhando um leve tapa na bunda, e eu sorrio. Continuo a trilhar com os meus dedos e me inclino para beijar seu queixo. — Então, você não é apenas um rostinho bonito — comento sarcasticamente.

— Não, essa é você, gata. Você tem o rosto bonito.

— Eu não sou nada do seu tipo. — Acaricio seu rosto.

108   Kristen Proby

— O que porra isso significa? — Will rola por cima de mim, me olhando irritado.

— Isso significa que eu não sou o que a maioria dos atletas iria desejar. Eu não sou alta, loira, e não tenho pernas compridas. Eu não sou do tipo frágil. Eu sou uma roqueira que virou enfermeira. Não sou ninguém especial.

Cada palavra que sai da minha boca o deixa mais irritado.

Por quê? Essa é a verdade.

— Você ouviu uma palavra do que disse? Você é exatamente o meu tipo. Física e emocionalmente. Eu amo seu doce corpo. Eu amo a sua boca suja. Apesar de ser um trabalho puxado, tenho um orgulho da porra de você ser uma enfermeira incrível e amiga de todas as suas crianças. Não me importo com o que ninguém diz, você é quem eu quero. — Ele segura meu rosto em suas mãos. — Você é quem eu quero. Só você.

— Eu não queria te irritar, eu só...

— Você não me irritou, querida. Você se colocar para baixo fere meus sentimentos. Confie em mim, se você não me interessasse, não estaria aqui.

Passo os dedos pelo seu rosto e sorrio com cuidado.

— Ok.

— Agora, eu estou morrendo de fome.

— Sexo na cozinha? — pergunto animadamente, enquanto ele me levanta e joga uma de suas camisas para mim.

— Comida primeiro, depois sim, se você for boazinha, eu vou deixar você me pegar no balcão da cozinha.

— Sim!

— Eu nunca percebi como o sexo na cozinha pode ser bagunçado — murmuro e Will muda a posição do chuveiro, regulando para a água não acertar direto o meu rosto. Seu chuveiro é enorme. Poderíamos facilmente receber toda a linha ofensiva aqui.

— Assim é melhor, vamos lá. — Ele pega a minha mão e me puxa suavemente até o chuveiro. Oh, Deus, a água quente está maravilhosa. Olho para baixo, para ver os restos de sorvete e chocolate serem levados pelo ralo.

— Olha aqui, a culpa é sua que eu estou pegajosa. Você me lava. — Eu lhe entrego uma esponja, e ele me ensaboa com meu sabonete. — Ei, como o meu sabonete apareceu aqui?

— Comprei-o para manter aqui. Espero que fique bastante tempo por aqui, pelo menos enquanto eu estiver em casa. — Ele sorri e o calor se espalha dentro de mim. — E é claro que você é bem-vinda mesmo quando eu não estiver em casa.

— Estou feliz em ficar quando você estiver em casa. Parece bobagem ficar quando você não estiver, até porque a minha casa fica a menos de vinte minutos daqui. Nós vamos ter que guardar algumas de suas coisas na minha casa também, caso acabemos indo pra lá.

Ele me puxa contra ele e me beija profundamente.

— Ei! Eu não estou limpa. Vamos ficar limpos, antes de nos sujarmos de novo.

Ele ri e termina de nos ensaboar, e então nos revezamos para enxaguar a espuma dos nossos corpos.

Will me envolve em uma toalha grande e quente tirada do aquecedor de toalhas.

— Você vai acabar me mimando, Montgomery.

— Ótimo. — Ele beija minha testa e envolve uma toalha em volta da sua cintura. — Vamos voltar para a cama.

— Meu cabelo está molhado.

Ele franze a testa para o meu cabelo por um segundo.

— Espere aqui.

Ele marcha para fora do banheiro e ouço as portas do armário batendo. Logo depois, ele está de volta com um secador de cabelo.

— Jules deixou isso aqui há alguns meses. Ela provavelmente tem uns dez deles.

Ele liga o secador, acena para eu ficar na sua frente e começa a secar meu cabelo molhado.

Bem, que merda. Ninguém jamais fez isso comigo antes.

Encontro seus olhos no espelho e ele sorri satisfeito, então se concentra novamente no meu cabelo. Quando está seco, ele desliga o secador e deixa-o na bancada para esfriar.

— Cama.

112   Kristen Proby

Capítulo Dez

— Acorda, querida.

Will tira suavemente o cabelo do meu rosto e beija minha bochecha.

— Hmph.

— Tenho que ir, gata, preciso que você acorde.

Ir? Abro os olhos e contemplo aquela beleza. Deus, vê-lo assim é uma boa maneira de acordar.

— Bom dia — murmuro e me espreguiço.

— Bom dia.

Eu me sento, deixando os lençóis deslizarem até meu colo, e empurro meu cabelo para trás, sobre os ombros. Os olhos de Will estão em meus seios e eu sorrio.

— Está gostando do que vê?

— Você não tem ideia.

— Venha aqui e me mostre. — Deito e abro os braços para ele. Ele sobe na cama e me beija, pairando sobre mim.

— Eu não posso ficar. Tenho que ir treinar. Você pode vir comigo, se quiser. — Ele beija meu nariz, enquanto dou uma risada.

— Querido, eu não corro. Se você me vir correndo, é melhor começar a correr muito, porque significa que algo está me perseguindo.

Ele ri, me beija outra vez, e depois se senta.

— Você é engraçada. Tudo bem então, preguiçosa. Fique aqui, sendo linda na minha cama. Tenho que ir para a tortura por um tempo.

— Eu trabalho hoje à noite — lembro-o e ele franze a testa.

— Qual turno?

— Entro às catorze e saio às duas da manhã.

— Quantas vezes vai ser este turno essa semana?

— Só hoje à noite, depois são três turnos de folga. — Eu me aconchego nos lençóis brancos confortáveis e abraço o travesseiro de Will. — Este travesseiro tem seu cheiro.

— Venha pra cá esta noite, depois do trabalho.

— Eu não sei...

— Por favor. — Ele desliza a mão do meu joelho até a coxa, e sobre a lateral do meu quadril. — Eu não quero ficar sem você essa noite.

— Tudo bem. Vai ter jogo este fim de semana? Vai ser domingo, não é?

— Esta semana o jogo será na segunda-feira à noite. Eu estava torcendo que você não trabalhasse neste dia e pudesse vir. Sou dono de um dos camarotes, e minha família geralmente vai até lá para assistir ao jogo.

— Ah, está certo. Mas Jules e Natalie me chamaram para fazer algumas compras, e depois um happy hour com elas na segunda-feira. Elas disseram que os rapazes iriam ao jogo, e nós devíamos fazer coisa de menina.

— Isso é legal também. Podemos nos encontrar depois do jogo. — Ele beija minha testa e sai da cama.

— Está tudo bem mesmo eu não ir ao jogo? — pergunto, incerta.

— Está tudo bem. Ainda estamos no início da temporada, haverá muitos jogos para você ir. Divirta-se com as meninas.

Isto é tão diferente do homem arrogante que eu achava que ele era. Eu fico envergonhada por sempre tê-lo rotulado como um idiota.

— O que há de errado?

— Você não é um babaca.

Suas sobrancelhas sobem até o couro cabeludo e ele olha para mim.

— Isso é uma coisa ruim?

— Não, estou dizendo que eu sinto muito por te chamando de babaca antes. Você não é.

— Desculpas aceitas.

— Ok, vá logo, antes que eu o puxe de volta para a cama e eu mesma te faça treinar.

— Vou estar de volta antes de você sair para o trabalho.

— Eu provavelmente vou para casa, preciso me trocar lá. Meu uniforme não está aqui. Merda! — Cubro o rosto com as mãos.

— O que foi?

— Eu não vim de carro. Você me pegou na noite passada.

— Pegue o Rover. As chaves estão na antessala. — Ele se vira e sai do quarto, antes que eu possa discutir.

— Tenha um bom dia, querido! — grito após ele sair e o ouço enquanto ele desce as escadas correndo.

Saio da gigantesca cama de Will e estremeço com a dor em meus músculos. Will é um amante atencioso e criativo. Eu fiquei em posições e usei músculos na noite passada que nem imaginava serem possíveis. O fato de ele ser tão forte e apenas me mover para onde quer é sexy pra caramba.

Visto a roupa da noite passada e desço as escadas para pegar minha bolsa e voltar para casa. A casa de Will é simplesmente deslumbrante. Há grandes janelas em todos os ambientes, deixando-a iluminada, com uma bela vista para a Enseada. Seus móveis são convidativos e macios. Eu não vi a casa inteira ainda, mas é definitivamente um lar; é confortável e acolhedora.

Como seu dono.

As chaves do carro estão no local que ele falou que estariam. Pego minha bolsa e as chaves de casa e saio, e, pela primeira vez desde que eu comecei o meu trabalho, já estou desejando que meu turno acabe.

— Ele não está bem, Meg. — Jill passa a mão em minhas costas, enquanto eu leio o prontuário de Nick.

Eu só estive fora por alguns dias, como ele pode ter piorado tanto tão rapidamente?

— O que aconteceu?

— Ele pegou pneumonia. Está dormindo muito e a família está com ele. Ele não tira a camisa que Montgomery lhe deu. Está perguntando por você, querida.

Merda. Esta é a parte do meu trabalho que eu absolutamente odeio. Nick poderia estar melhor, mas seu câncer é agressivo e contrair pneumonia com toda a quimioterapia que ele faz não é uma coisa boa. Pego seu prontuário e caminho até seu quarto, melhorando a expressão em meu rosto e endireitando os ombros. Nick não precisa me ver triste, ele precisa que eu seja profissional e otimista, reconfortante.

Bato levemente na porta e coloco a cabeça para dentro. A mãe de Nick está sentada ao lado de sua cama, fazendo tricô. Ela parece exausta.

— Oi, Meg. Entre. — Ela me dá um meio-sorriso.

— Ei, como está o nosso cara? — pergunto e entro no quarto.

Nick está dormindo, e, assim como Jill disse, veste a camisa que ganhou de Will. Sua respiração é ofegante e ele está um pouco suado. Meço sua temperatura e faço uma careta com o número alto, em seguida, olho seu prontuário, para ver quando foi que ele recebeu o último medicamento para a febre.

— Ele não está bem — ela sussurra e as lágrimas descem pelo seu rosto.

— Ei, Meg. — A voz de Nick não passa de um sussurro grave.

— Ei, amigo. — Eu pego sua mão na minha e sorrio para ele. — Ouvi dizer que você ficou doente enquanto estive fora.

— Sim.

— Bem, nós vamos te deixar melhor, ok? Você precisa apenas descansar. — Dou um tapinha no seu ombro magro, e suspiro enquanto ele voltar a dormir. — Vou pegar o remédio para diminuir a febre e conversar com seu médico. Acabei de chegar, mas quis vê-lo quando soube.

— Obrigada, Meg. Estou feliz por você estar aqui hoje.

Deixo seu quarto e marcho direto para a sala das enfermeiras, com o prontuário do Nick.

— Quem estava responsável pelo Nick esta manhã?

— Elena, por quê? — Jill pergunta, sem entender.

— Ele está com duas horas de atraso do remédio prescrito para febre, Jill. Ele está queimando. Ela deu algum durante o dia?

— Eu acho que sim.

— Bem, ela deve ser advertida por isso. Se não controla os medicamentos do seu paciente, não deveria estar aqui. — Com isso, caminho para o escritório da enfermeira-chefe, pego o meu celular e mando uma mensagem.

Se tiver qualquer tempo disponível, em qualquer horário hoje, você pode vir ao hospital?

Will não vai magicamente curar nada, mas vê-lo pode elevar o ânimo de Nick, e eu vou tentar de tudo para deixá-lo melhor.

Eu sei que não deveríamos ter pacientes favoritos, mas Nick é especial para mim. Ele já está aqui há três meses, e estávamos esperançosos de que os tratamentos funcionassem, e nós poderíamos mandá-lo para casa até o final de setembro. Agora eu não tenho mais tanta certeza.

Meu telefone vibra com uma resposta de Will.

O que há de errado?

Eu estou bem, mas Nick está muito mal.

Eu provavelmente não deveria lhe impor algo assim. Meu trabalho não é problema dele. Resolvo escrever uma mensagem dizendo isso, mas ele responde antes.

Eu vou levar o jantar às 19h e converso um pouco com Nick, ok?

Eu sorrio quando lhe respondo.

Perfeito. Obrigada. Te devo uma.

— Ele não parece bem — Will comenta, enquanto dá uma garfada na comida chinesa.

— Ele não está — eu respondo.

Estamos sentados no escritório, a porta está fechada, e uma variedade de opções de comida chinesa está espalhada sobre a mesa. Will chegou há cerca de trinta minutos e, depois de me beijar no elevador, eu peguei os sacos de comida, e ele foi dar um rápido "olá" para Nick.

— Sinto muito, Meg. Ele é um ótimo garoto. — Seus olhos estão sombrios.

— Sim, ele é. — Empurro meu prato e me inclino para trás na cadeira, passando as mãos vigorosamente pelo cabelo. — Eu odeio essa parte do meu trabalho.

Joga Comigo   117

— Você parece cansada.

— Estou bem. — Dou de ombros e olho para ele. Seus olhos estão preocupados e eu o amo por estar preocupado comigo e por estar aqui. — Obrigada por vir. Eu precisava ver você.

Seus olhos brilham de felicidade com as minhas palavras, e ele sorri para mim.

— Tudo o que você tem que fazer é pedir, gata. Venha aqui.

Ele empurra a cadeira para trás da mesa, enquanto eu levanto e rapidamente caminho até ele. Ele me puxa para seu colo e eu me enrolo nele. Ele coloca minha cabeça debaixo do seu queixo, e acaricia minhas costas suavemente.

Deus, como é bom estar em seus braços.

Foi um longo dia. Nick não estava melhor quando eu saí à noite, e me sinto culpada porque não vou estar lá nos próximos dias. Tanta coisa pode acontecer, mesmo em pouco tempo. Talvez eu deva pegar outro turno. Vou ligar para a enfermeira do dia amanhã e ver se eles precisam de mim.

Eu adoraria ir para a casa de Will, mas são quase quatro da manhã. Acabei trabalhando até tarde e ele tem um jogo hoje à noite, então decido ir para minha casa e não incomodá-lo. Ainda estou dirigindo o Rover. É muito mais sofisticado do que o meu sedan Toyota, e é divertido de dirigir.

Meu celular de repente começa a tocar e eu franzo a testa quando vejo Estrela do Futebol piscando na tela.

— Alô?

— Onde você está? — Ele parece sonolento.

— Em seu carro. Acabei de sair do trabalho.

— Você está a caminho daqui? — ele pergunta e eu ouço o farfalhar dos lençóis, quando ele se move na cama.

— Acho que vou voltar para casa. Você tem um jogo hoje à noite e deveria dormir um pouco.

— Estou bem, gata. Vou dormir melhor se você estiver aqui. Eu fico acordando para ver se você está aqui de qualquer jeito.

Mordisco meu lábio inferior. A quem estou enganando? Eu quero vê-lo. Ficar nua com ele. Agradecer-lhe pelo que fez mais cedo.

— Estou indo para sua casa — murmuro.

— Ótimo. — Eu ouço o sorriso em sua voz quando ele desliga.

Entro pelo portão e paro na garagem. Ele deixou algumas luzes acesas na casa para mim, então desligo-as enquanto vou até seu quarto. Ele está na cama, dormindo, nu da cintura para cima, com a roupa de cama branca enrolada na cintura.

Ele é bronzeado, sexy e... meu.

Tiro a roupa e fico nua, deslizando na cama ao seu lado, e me enrolo nele. Minha cabeça em seu peito, minhas pernas e braços em volta dele, me agarrando contra seu corpo.

Ele acorda e me abraça, beija meu cabelo, corre aquelas mãos mágicas pelas minhas costas, e a próxima coisa que eu sinto é ele em cima de mim.

— Senti sua falta — ele sussurra em meu ouvido.

— Eu senti a sua também.

Ele beija minha covinha, e depois meus lábios, gentilmente. Ele morde meus lábios, com cuidado, e então desliza a língua em minha boca, girando e brincando comigo. Corro minhas mãos por suas costas e depois para baixo em sua bunda nua. Sua bunda é realmente espetacular.

Ele abre minhas pernas com as suas e se encaixa entre as minhas coxas, sem se mexer, apenas descansando lá, me beijando, acariciando meu cabelo ritmicamente com a ponta dos dedos. Eu continuo acariciando suas costas, pernas, braços, e nós estamos apenas nos curtindo silenciosamente. Juntos.

Levanto minhas pernas e engato as coxas em torno de seu quadril, me abrindo para ele. Eu sinto minha umidade contra seu sexo, e ele geme, enquanto desliza sem esforço contra meu centro, mergulhando em mim.

— Tão molhada — ele sussurra.

— Preciso de você — eu sussurro em resposta. Ele afasta o rosto para trás e olha para mim, passando as costas dos dedos pelo meu rosto e, lentamente, *ah, tão lentamente*, ele me penetra.

Seus olhos fecham quando ele vai mais fundo. Will descansa sua testa na minha e começa a se mover suavemente, me deixando acostumar com ele e permitindo ao meu corpo acomodá-lo.

— Seu corpo já está acostumado ao meu — ele murmura. — Foi mais fácil desta vez, não foi?

— Hum... — solto um gemido e movo meu quadril, convidando-o ainda mais. Eu o envolvo com as pernas, bem forte, quando seu púbis esfrega o piercing do meu clitóris.

— Porra, este piercing vai ser a minha morte — ele resmunga e eu dou uma risada. — Você tem o sorriso mais lindo do mundo.

Ele me desarma. Com poucas palavras ou apenas um toque, este homem me desarma completamente. Seu quadril começa a se mover um pouco mais rápido, um pouco mais duro. Seus lábios vão até meu mamilo, sugando avidamente, deixando-o ainda mais duro. Ele dá ao outro a mesma atenção, e eu me contorço debaixo dele, enquanto meu corpo se torna apenas sensação.

Seu maravilhoso pênis está se movendo deliciosamente em mim, seu corpo forte me cobrindo, com as mãos ainda percorrendo meu cabelo, sua boca na minha... Eu estou totalmente envolvida nele, e sei que nunca vou me cansar.

— Eu amo o jeito como você faz amor comigo — sussurro. Ele sorri contra a minha boca e empurra seu pau todo dentro de mim, esfregando seu púbis contra o meu, e se mantém lá, até eu apertar minhas pernas em sua bunda, puxando-o mais e contraindo minha musculatura.

— Ah, nossa, querida. — Eu sinto seu corpo tensionar e ele está gozando comigo, esvaziando-se dentro de mim.

Ele me beija suavemente e depois se afasta e deita a cabeça na minha barriga. Ele descansa lá, sua bochecha contra meu umbigo, os braços em volta da minha cintura, e adormece.

Eu acho que me apaixonei por ele.

— Então... — Jules me dá seu sorriso mais doce e eu fico tensa. Ah, inferno, ela usa este sorriso apenas quando quer alguma coisa. — O que está acontecendo entre você e o meu irmão?

Eu tomo um gole da minha margarita e olho para Jules. Ela está sentada na minha frente, no mesmo bar de esportes que Will me trouxe em nosso primeiro-encontro-mas-que-não-conta. Ela, Natalie e eu estamos desfrutando do happy hour, depois de elas terem comprado tudo que viram e fazerem pedicure. Essas meninas não brincam quando se trata de compras.

— Deixe-a em paz — murmura Natalie, então me olha com desconfiança. — Pensando bem, eu quero saber também. O que está acontecendo? Vocês pareciam muito próximos naquela noite no boliche.

Eu dou de ombros e olho para baixo.

— Estamos dormindo juntos.

— Dããã... — Jules revira os olhos. — O jeito que vocês estavam agindo, com aqueles olhares um para o outro, gritava sexo. E eu estou tentando ignorar que ele é meu irmão, porque, caso contrário, eca. — Ela estremece.

— O que queremos saber é o que mais está acontecendo? — Natalie pergunta com um sorriso.

— Eu não sei. Nós apenas começamos a dormir juntos naquela noite.

— Sua regra de três encontros? — Jules pergunta.

— Sim. — Sorrio presunçosamente para ela.

— Boa menina. — Nat bate a mão contra a minha no ar, e eu dou risada.

— Estamos saindo, eu acho. — Dou de ombros e tomo outro gole da margarita. — Ele é um cara muito legal. Não é o babaca que eu pensava que era.

— Ele é arrogante, às vezes, o que é normal, mas definitivamente não é um babaca — Jules concorda.

— Eu não gosto muito de como ele é como personalidade famosa em público — admito. — Mas gosto de como ele me trata quando estamos sozinhos. Ele tem sido ótimo com as crianças no hospital, e é muito divertido. Mas eu não acho que poderia pagar por toda a comida que ele come por muito tempo. O homem é impressionante.

— Isso não é nada. Você deveria tê-lo visto quando ele era adolescente. Eu acho que meus pais tiveram que fazer uma segunda hipoteca para alimentá-lo.

— Eu não estou surpresa. — Rio.

— Então, você gosta dele. — Sorri Natalie com ar conhecedor.

Joga Comigo 121

— Eu gosto dele — concordo.

— Se ele te machucar, eu vou matá-lo. — Os olhos de Jules se estreitam ameaçadoramente, e eu rio.

— Você não deveria dizer isso para mim? Ele é seu irmão.

— Ele é homem. — Ela dá de ombros, como se isso explicasse tudo.

— Ei! Ele está na TV! Aumentem o volume! — Natalie grita para o garçom.

Ele aumenta o volume da TV a tempo de pegarmos uma entrevista pós-jogo com Will. Ele parece fantástico, todo suado, sujo e ofegante.

Porra, esse uniforme me deixa louca.

— Grande jogo, Montgomery. Parabéns por mais uma vitória. — O homem mais baixo vira o microfone para Will, que sorri graciosamente.

— Obrigado, cara. Fizemos um bom jogo.

— Você acha que Jennings ficará fora o resto da temporada, por causa da lesão no joelho que ocorreu no terceiro tempo?

— Ah, cara, eu espero que não. Eu não sei.

— Você sentiu alguma pressão na linha defensiva do Parckers esta noite?

Will faz uma carranca, como se fosse a pergunta mais estúpida que ele já ouviu.

— Eu sinto a pressão de cada linha defensiva.

— Você está pronto para Miami na próxima semana?

— Acho que sim. Estamos treinando pesado, vendo um monte de vídeos. Nós vamos estar tão prontos quanto pudermos no próximo domingo.

— Você foi visto pela cidade com uma mulher ruiva. Ela é sua namorada?

Meu coração para. Literalmente para. Natalie suspira e Jules faz uma careta.

— Esse cara é um idiota — resmunga Jules.

Will dá um sorriso preguiçoso e arrogante.

— Cara, ela parece com alguém que eu namoraria? — Ele ri ironicamente. — Ela é uma amiga da família. Eu não tenho espaço na minha vida para uma mulher agora. O futebol é a minha prioridade.

— Boa sorte na próxima semana, cara.

Will balança a cabeça e, em seguida, a tela volta para os quatro caras em uma mesa conversando sobre o jogo.

— Meg, ele não falou sério — Jules diz calmamente.

Ela parece com alguém que eu namoraria?

Estou com náuseas.

— Porra, eu sou uma idiota — sussurro.

— Não, querida. Sério, ele não quis dizer aquilo.

— Eu acho que ele quis dizer exatamente o que ele disse, Jules. — Balanço a cabeça para tentar clarear os pensamentos, pego dinheiro na bolsa, jogo sobre a mesa e me levanto. — Vou pra casa. Obrigada pela noite divertida, meninas.

— Meg, não vá.

— Estou bem. Eu só preciso pensar. Quando você se encontrar com os rapazes mais tarde, diga a Will que eu não estava me sentindo bem, e vou ligar para ele em alguns dias.

Sim, como se isso fosse funcionar.

— Eu vou matá-lo! — Jules exclama enquanto me afasto.

124   Kristen Proby

Capítulo Onze

Will

Will,

Como você pôde? Como você pôde começar a ver alguém, quando eu sei que você me ama? Aquela puta feia não é nada, e ela nunca vai te amar como eu. Por que você não me nota? Se você parar de vê-la e me amar do jeito que eu sei que você quer, eu não vou machucá-la.

Seu amor.

Puta merda! Que tipo de doente de merda deixaria isso no meu armário, e como diabos conseguiu entrar no vestiário? Eu preciso falar com Mike, o nosso chefe de segurança, agora.

— Ei! Alguém chame Mike para mim! — grito, confiante de que alguém vai buscá-lo.

Nós jogamos de forma matadora contra o Packers esta noite. Nossa, eu joguei a melhor bola da minha vida nas últimas semanas, e não acho que é por acaso que isso esteja acontecendo desde que eu comecei a ver Meg. Esta fã obcecada não vai tocá-la. Graças a Deus ela me deixou colocar o sistema de alarme em sua casa.

O pensamento de que algo aconteça a ela me deixa doente.

— Ei, Montgomery, posso fazer algumas perguntas? — Um novo repórter do canal de esportes está segurando um microfone na minha cara, e eu dou o meu sorriso público.

— Claro, cara.

— Grande jogo, Montgomery. Parabéns por mais uma vitória. — O

Joga Comigo   125

homem mais baixo vira o microfone para mim.

— Obrigado, cara. Fizemos um bom jogo.

— Você acha que Jennings ficará fora o resto da temporada, por causa da lesão no joelho que ocorreu no terceiro tempo?

— Ah, cara, eu espero que não. Eu não sei.

Como diabos eu vou saber? Eu pareço a porra de um médico agora?

— Você sentiu alguma pressão na linha defensiva do Packers nesta noite?

Eu fecho a cara para este idiota e quero lhe perguntar se ele já assistiu futebol. Jesus, onde eles encontraram esse imbecil?

— Eu sinto a pressão de cada linha defensiva.

— Você está pronto para Miami na próxima semana?

— Acho que sim. Estamos treinando pesado, vendo um monte de vídeos. Nós vamos estar tão prontos quanto pudermos no próximo domingo.

— Você foi visto pela cidade com uma mulher ruiva. Ela é sua namorada?

Merda. Por favor, gata, não esteja assistindo isso.

Meu estômago aperta e eu fico feliz que já estou suado do jogo para que ninguém possa ver o brilho fresco que acabou de irromper no meu rosto. Eu lhe dou o meu sorriso preguiçoso arrogante.

— Cara, ela parece com alguém que eu namoraria? — Eu rio para ele, como se isso fosse a coisa mais ridícula que eu já ouvi. *Sim, ela é minha namorada! Ela é a melhor coisa que já aconteceu comigo, e eu pretendo me afundar em seu corpo doce o mais rápido possível.* — Ela é uma amiga da família. Eu não tenho espaço na minha vida para uma mulher agora. O futebol é a minha prioridade.

— Boa sorte na próxima semana, cara.

Eu aceno para ele, e ele se afasta de mim, para entrevistar o próximo jogador.

Porra. Se Meg viu essa entrevista, eu estou ferrado. Ela já tem problemas com a minha figura pública arrogante, e este seria o último prego no caixão da nossa relação.

E isso não é possível.

Ela é minha, merda!

Eu rapidamente vou para o chuveiro, depois recolho minhas coisas e estou pronto para sair daqui, para que eu possa encontrar os meus irmãos no camarote, e, em seguida, sair para encontrar as nossas meninas e ir jantar.

Eu preciso ver Megan.

— Você queria me ver? — Mike, um ex-ranger do exército e atualmente da polícia de Seattle, está em pé atrás de mim.

— Sim, cara. Alguém deixou isso no meu armário. Eu o encontrei quando cheguei aqui depois do jogo. — Entrego a porra do bilhete e faço uma carranca. — Como diabos alguém entrou aqui?

Mike franze a testa, enquanto lê o bilhete e depois pragueja.

— Eu não sei. Ela provavelmente mostrou os peitos para alguém. Vou verificar as câmeras de segurança e vamos encontrá-la. Não se preocupe com isso.

Estreito os olhos para ele e cruzo os braços sobre o peito. Eu sei que Mike é um cara bom, ele sempre esteve conosco, e ninguém se mete com ele. Mas alguns dos outros caras vão e vêm.

— Eu quero que quem a deixou entrar seja demitido.

— Sem dúvida.

— E se um fio de cabelo da Meg for tocado...

— Não vai ser. Esta é apenas uma garota estúpida com uma paixonite, Montgomery. Eu vou lidar com isso.

Concordo com a cabeça e viro as costas, dispensando-o. Os rapazes, Isaac, Luke, Nate, Matt e Caleb, estão no camarote, ainda comendo a grande quantidade de comida à disposição e bebendo cervejas. Eu pego algumas batatas e jogo na boca. Porra, eu estou com fome.

— Bom jogo, mano. — Isaac me saúda com sua cerveja e eu aceno de volta.

— Sim, nós arrebentamos hoje. Me senti bem. Prontos para ir buscar as meninas? — pergunto e pego outro punhado de batatas.

Joga Comigo   127

— Stacy ficou em casa hoje à noite. Ela está se sentindo incomodada, então vou pra casa massagear seus pés e colocar Soph na cama. — Isaac pega as chaves, acena para nós, e então se dirige para a saída.

— Ok, vamos pegar as meninas e levá-las para jantar — Nate fala, e saímos juntos até a garagem do estacionamento privativo. — Mas eu já vou deixar avisado, vamos embora cedo. Eu tenho planos para ela esta noite. — Ele sorri e todos nós paramos e franzimos a testa para ele. Luke ri.

— Só porque você colocou um anel em seu dedo não significa que não vamos te matar, McKenna — Caleb avisa.

Tento segurar minha risada.

Nate pode ser menor do que a gente, mas ele ganha de qualquer um de nós numa briga. Não todos de uma vez, mas, em uma luta um contra um, eu apostaria nele.

— Se você me matar, Julianne te mata. E eu sei que você tem medo dela.

— Eu não tenho medo da minha irmã mais nova — murmura Matt, ganhando um olhar de soslaio de Luke. — Ok, eu tenho medo dela. Ela não luta justo.

— Essa é a minha garota — Nate anuncia com orgulho.

Eu gosto dele. Ele é bom para a minha irmã. Agora, eu preciso colocar as mãos na *minha* garota e ter certeza de que ela não ouviu o que este idiota aqui falou na TV.

— Você é um babaca! — Jules entra na minha frente como um raio, no estacionamento do restaurante que combinamos de nos encontrar. Ela me empurra com força no peito, me derrubando um passo para trás. Matt estava certo, ela não luta justo.

— Jules...

Ela me interrompe.

— Eu sei que você pode ser um babaca arrogante às vezes, mas o que você disse na merda da televisão ao vivo esta noite foi a cereja do bolo. Quem diabos você pensa que é para machucar alguém assim?

— Porra!

Ela recua um passo, e seus olhos se arregalam um pouco. Os caras estão todos em pé ao redor, nos observando. As mãos de Natalie estão plantadas em seu quadril, e ela está olhando para mim também. Brynna fica ao lado de Caleb, segurando seu braço, e eu franzo a testa.

Que porra é essa?

— Sério, Will, que merda você estava pensando? — Natalie pergunta.

— Onde ela está?

— Não aqui. — Jules levanta o queixo, desafiadoramente.

Eu me viro para Natalie.

— Onde ela está, Nat?

— Eu acredito que ela foi pra casa. Por que, em nome de Deus, ela estaria aqui, Will? Você anunciou ao mundo que ela é uma mulher que você jamais namoraria. Ela não é seu tipo, lembra-se?

— Porra, cara, que merda você disse? — Luke pergunta e eu estremeço.

— Vocês não viram? — Jules pergunta, seus olhos estreitando ainda mais ameaçadoramente para mim.

Parte de mim quer cobrir meu pau com as mãos, mas o homem em mim não vai permitir que eu faça isso.

— Não, nós não vimos nenhuma entrevista pós-jogo — Matt acrescenta.

— Bem, deixe-me esclarecer para vocês, então. Quando perguntado sobre quem é a garota que tem sido vista com ele recentemente, nosso irmão estúpido pra caralho respondeu e vou citar literalmente: "ela parece como alguém que eu namoraria? Eu não tenho espaço na minha vida para uma mulher. Eu sou um babaca egoísta com um pau pequeno".

— Eu não disse essa última parte!

— Porra, cara, por que você simplesmente não falou "sem comentários"? — Luke pergunta, olhando para mim como se eu fosse um idiota. E eu sou.

Por que eu não dei essa resposta?

— Porque menos de trinta segundos antes de aquele idiota colocar o microfone na minha cara, eu encontrei um bilhete no meu armário de alguma fã louca pra caralho dizendo que, se eu não parasse de ver Meg, ela ia machucá-la. Eu não tive tempo para falar com o segurança ou pensar sobre isso. Eu nem pensei em uma resposta, só falei que eu não tinha uma namorada, porque, se alguém ferisse Meg, eu iria matar essa pessoa, e eu não posso ir para a prisão.

Jules me olha com a expressão fechada, e meus irmãos estreitam seus olhos ameaçadoramente.

— Will, ela tem segurança em casa? — Caleb pergunta, com a voz baixa e irritada.

— Sim, eu instalei o sistema de segurança na semana passada, graças a Deus.

— Você deu a nota para Mike? — Matt pergunta e pega seu celular, discando enquanto fala.

— Sim, ele disse que vai cuidar disso — respondo e volto para o meu carro, entrando rapidamente. — Eu vou até a casa dela. Vejo vocês depois.

— Will, ela estava muito chateada. Você deveria lhe dar alguns dias para ela esfriar a cabeça. — Nat me olha com aqueles grandes olhos verdes preocupados, mas eu lhe dou um meio-sorriso triste.

— Eu tenho que pedir desculpas e rastejar um pouco por isso. Espero que ela entenda, quando eu explicar.

— Eles pegaram a menina — Matt anuncia, enquanto coloca o celular no bolso.

— Uma estudante da faculdade de dezenove anos que ofereceu um boquete a um dos caras da segurança, se ele a deixasse entrar. Ela foi presa.

— Obrigado, cara. Vão jantar. Mando uma mensagem amanhã.

Que merda eu fiz? Dirijo como um louco até a casa de Meg. Preciso vê-la. Preciso segurá-la e convencê-la de que tudo o que eu disse naquela porra de entrevista era mentira. Eu não posso perdê-la.

Paro na calçada da casa dela, bato a porta do carro e corro até a varanda da frente. Toco a campainha. Nenhuma resposta. As luzes estão acesas. Eu posso ouvir a música que vem de dentro, mas não está tão alta, a ponto de impedi-la de ouvir a campainha. Toco de novo. Sem resposta.

Tento a maçaneta da porta, e, para minha surpresa, está destrancada. Ela não ligou o alarme ou trancou a porta, como eu pedi.

Porra de mulher teimosa!

— Meg? — chamo e entro. Não há sinal dela na sala de estar ou na cozinha. Subo as escadas, chamando por ela enquanto caminho. — Meg? Onde está você, gata? — Eu posso ouvir o chuveiro ligado no banheiro do quarto principal, então entro e chamo: — Meg?

— Ah! — ela grita de surpresa, e eu não posso deixar de rir.

— Sou eu.

— Você quase me matou de susto! — Ela desliga a água, abrindo a cortina, e, com a visão de seu corpo macio e molhado, minha boca fica seca.

Porra, ela é linda. É toda macia, pele branca rosada, mamilos cor-de-rosa e curvas suaves. Seu cabelo é uma mistura maluca de vermelho, castanho e loiro, e seus olhos castanhos me encaram. É claro, agora eles poderiam atirar punhais em mim.

— Eu sinto muito, mas você deixou sua porta da frente destrancada e não ligou o alarme, como te pedi.

Ela encolhe os ombros e pega uma toalha grande de banho, envolvendo em volta dela e cobrindo seu corpo da minha visão. Quero rasgar a toalha e encostá-la contra a parede do banheiro, mas eu não acho que seria bem-vindo neste momento.

— Não é da sua conta se eu não ligo o alarme, Will. — Ela passa por mim, em direção ao quarto, e começa a procurar roupas na cômoda.

— É claro que é. Eu preciso saber que você está segura.

— Estou segura.

— Você estará segura quando ligar o alarme.

Ela apenas dá de ombros novamente, como se não fosse grande coisa, e veste um top e uma legging. Caramba, sua bunda nesta calça me deixa duro.

— Olha, você deixou muito claro hoje que a única coisa que te interessa é o futebol. Então, pare com essa merda de "quero você segura" e saia. Eu não quero você aqui.

Meu estômago revira e sinto como se meu coração viesse parar na garganta.

— Meg. — Eu me aproximo, mas ela se afasta do meu alcance, e o pânico se instala dentro de mim. — Meg, deixe-me explicar.

Joga Comigo   131

— Não há necessidade. — Ela balança a cabeça e passa por mim, descendo as escadas até a cozinha. — Eu acho que entendi. Você disse o que precisava dizer para conseguir os três encontros para foder comigo e eu fui estúpida o suficiente para acreditar em você. Não vou cometer o mesmo erro duas vezes.

— Não. — Eu seguro seus ombros e a viro de frente para mim, obrigando-a a me olhar. Deus, ela é uma coisa tão pequena.

— Não, Megan. Eu te disse antes, eu nunca fodi você. Toda vez que estive dentro de você foi o melhor momento da minha vida.

— Você anunciou na televisão que eu não sou ninguém. — Seus olhos castanhos estão feridos e tristes, e eu me sinto um idiota. — Will, eu não serei seu segredinho sujo. Não sou alguém que você começa a sair, leva para passar um tempo com sua família, transa, mas nega a existência para a imprensa. Se você tem vergonha de mim, não deve ficar comigo. Eu tenho vergonha de você agora.

Engulo em seco, aperto os olhos fechados e depois olho para ela. Como é que ela se tornou meu mundo inteiro em tão curto espaço de tempo? Meu Deus, eu faria qualquer coisa por ela.

Até mesmo perdê-la.

— Megan, alguém te ameaçou esta noite. — Seus olhos se arregalam, e consigo sua atenção. — Encontrei um recado no meu armário de uma fã maluca. Ela disse que tinha nos visto juntos, e, se eu não parasse de te ver, ela te machucaria. E a próxima coisa que eu vi foi aquele imbecil empurrando um microfone na minha cara me perguntando sobre você. Eu não podia dizer a verdade e arriscar a sua segurança.

Ela franze a testa em confusão, e os seus olhos ainda estão feridos. Isso está me matando.

— Querida, sinto muito ter te machucado. Eu não quero nunca mais te machucar. Mas entrei em pânico e não sabia mais o que fazer.

— Você me envergonhou, Will. Eu sei que não sou ninguém especial. Sei que você não deve estar interessado em alguém como eu. Nós somos de dois mundos totalmente diferentes. Talvez seja melhor darmos um passo atrás e pararmos de nos ver agora, antes de você partir completamente o meu coração.

— Pare de se colocar para baixo assim! Estou mais do que interessado em você. Pelo amor de Deus, eu não consigo parar de tocar em você. Eu não vou partir seu coração, Megan.

Porra! Ela está partindo o meu coração agora mesmo!

— Ah, sim, você vai. — Ela balança a cabeça e se afasta ainda mais de mim. — É inevitável. As pessoas não ficam, Will. Todo mundo me deixa, eventualmente, e eu acho que prefiro que você saia agora do que mais tarde, porque eu não acho que poderia sobreviver a isso mais tarde. — A última parte é sussurrada, e eu dou um passo em sua direção para abraçá-la e tranquilizá-la de que vou fazer tudo ao meu alcance para não machucá-la novamente, mas ela foge de mim. — Por favor — sussurra. — Apenas vá.

Bem, eu vou ser um idiota se ficar aqui e implorar. Levo um momento olhando-a. Realmente olhando-a. Deus, ela é tão forte, doce e linda, e ela é *minha.*

— Eu vou, Meg, se é isso que você quer. — Seguro seu rosto em minhas mãos e beijo sua testa, respirando seu cheiro doce, seu cabelo molhado contra o meu nariz. — Você não é um segredo sujo — murmuro em seu ouvido. — Você é tudo para mim.

Antes que eu comece a me humilhar pedindo perdão, saio da sua casa, fecho cuidadosamente a porta atrás de mim, e entro no carro para voltar para casa. Merda!

134   Kristen Proby

Capítulo Doze

Você é tudo para mim.

Isto fica martelando na minha cabeça o dia todo. *Você é tudo para mim.*

Eu pedi o turno da noite no trabalho hoje. Precisava ocupar minha mente e queria ficar perto do Nick. Ele está pior. Muito pior. Sua família escolheu respeitar seu desejo de não tomar nenhuma medida extrema para mantê-lo vivo, então estamos mantendo-o tão confortável quanto possível e torcendo para que seu corpo seja forte o suficiente para combater a infecção. Infelizmente, por causa da quantidade de quimioterapia a que já se submeteu, ele não está forte o suficiente para lutar muito.

Passei a maior parte da noite prestando atenção em seus sinais vitais, vigiando-o como uma águia. Eu não quero deixá-lo sozinho por muito tempo. Ele está tão frágil que qualquer coisa poderia acontecer muito rápido. Precisamos vigiá-lo praticamente a cada segundo.

— Meg, há uma ligação para você. — Jill enfia a cabeça no quarto de Nick e me dá um sorriso triste. A piora de Nick está afetando todos nós. — Eu fico em seu lugar.

Todos nos envolvemos emocionalmente com essas crianças, querendo ou não. Eu saio da sala e atravesso o corredor até o posto de enfermagem.

— Alô?

— Ei, Meg, é Lyle da segurança. Tenho uma entrega para você. — Eu franzo a testa. — Ok, pode trazê-la.

— Não posso, eu sou o único na guarita agora. Você se importa de vir aqui embaixo?

— Sem problema. Eu vou.

Deus, estou tão cansada. Meu corpo inteiro está. Não dormi quase nada na noite passada, depois que Will foi embora. Fiquei repetindo a conversa na minha cabeça várias vezes. Pedir a ele para se afastar foi a melhor decisão. Preciso me distanciar dele. Eu falei sério. Em algum momento, ele finalmente voltaria ao seu estado normal e terminaria comigo, ou eu vou me enjoar da sua arrogância e acabar com tudo, então por que perder tempo com algo que está fadado a terminar mais cedo ou mais tarde?

Lyle é, de fato, o único guarda na cabine de segurança. Os outros devem estar na patrulha. Vou até a janela de vidro e lhe dou um sorriso.

— Oi, Lyle. Você tem alguma coisa pra mim?

— Sim, eu vou trazê-las para você.

Trazê-las?

Flores. Eu deveria ter imaginado. Lyle vem andando com os braços carregados de lindas flores vermelhas. Rosas, peônias, papoulas, lírios. Todas lindamente vermelhas.

Maldito.

Pego o cartão branco do buquê e rasgo o envelope. Há apenas uma palavra no cartão:

Tudo.

Pego as flores e subo de volta até o meu andar, colocando-as em meu escritório. Leio novamente o cartão e, em seguida, guardo-o no bolso do uniforme. Vou levá-las comigo esta noite.

Mando uma mensagem para ele com apenas uma palavra:

Bonitas.

Antes que eu possa guardar o celular de volta no bolso, ele responde:

Não tão bonitas quanto você. Me perdoa.

— Meg, venha rápido, tem algo errado. — Uma das enfermeiras, Brandi, enfia a cabeça em meu escritório, com o rosto pálido.

— Nick? — pergunto, meu estômago se embrulhando de medo. Ela acena que sim, e nós corremos para o quarto. Os monitores estão apitando freneticamente, e seus pais estão abraçados no canto, chorando.

— Os pulmões estão falhando. — Dr. Lee, um médico jovem e bonito, está verificando os monitores e ouvindo o peito de Nick, agitado. Ele olha para seus pais, preocupado. — Nós precisamos entubá-lo.

— Não. — O pai de Nick engasga. — Sem estender o sofrimento dele. Nós prometemos.

— Ele está sofrendo agora. Está sufocando. — Dr. Lee coloca o estetoscópio no pescoço e suspira profundamente. — Entendo. — Ele passa as mãos pelo rosto e olha para Nick, com tristeza. Ele atende o garoto desde que ele foi diagnosticado com câncer nos ossos. — Meg — ele murmura para mim. — Mantenha a morfina, e sua cabeça elevada, de forma que ele esteja recebendo tanto oxigênio quanto possível. Nós vamos mantê-lo sedado e confortável. — Ele caminha até os pais de Nick e os abraça. — Sentem-se com ele. Falem com ele. Eu não acho que vocês irão ter muito mais tempo.

Olho para baixo, para este menino, este doce menino, que tinha uma vida inteira pela frente. Ele era um atleta, tinha uma namorada, e a promessa de ir para a faculdade e viver uma vida longa e feliz. Ele nunca vai ter a oportunidade de experimentar muitas coisas: se apaixonar, dançar em seu casamento, segurar um filho no colo.

Ele tem apenas dezessete anos, caramba!

Coloco Nick em uma posição confortável, verifico a intravenosa e saio, deixando sua família reunida com ele para dizer adeus.

Seis horas depois, estou acabada. Nick faleceu há duas horas. Nós todos confortamos seus pais e fizemos o nosso trabalho de confortar as outras crianças que estavam tristes, com medo e de luto. Eu odeio os dias que perdemos um paciente. Suga tudo à sua volta, de cada pessoa no andar.

Eu deveria ficar aqui esta noite, encontrar uma cama vazia e ter algumas horas de sono, em seguida, levantar e me preparar para outro turno. Mas eu aperto a mão no meu bolso e passo os dedos sobre a nota que veio com as flores de Will e eu sei que não quero ficar.

Eu preciso dele. Preciso estar em seus braços. Quero sentir seu calor e ouvi-lo me dizer que tudo vai ficar bem. Mesmo se não ficar. Não sei se serei bem-vinda. Eu nem respondi sua última mensagem. Mas, se eu aprendi alguma coisa nas últimas doze horas, é que a vida pode ser encerrada em um instante.

Não quero perder um minuto do que eu possa ter com Will. Se ele me deixar e partir meu coração mais tarde, eu vou ter que lidar com isso depois.

Dirijo até sua casa, e, como ainda estou com a Rover, estaciono na garagem e depois entro na casa. Está escura e silenciosa, Will sem dúvida está na cama e já dormiu há muito tempo.

Subo as escadas de dois em dois degraus. Não sou tão rápida quanto queria. E como eu imaginava, lá está ele, dormindo tranquilamente. Seu rosto está relaxado, e o cabelo, uma bagunça. Tiro meus sapatos, e não tenho tempo de retirar as roupas.

Eu preciso dele *agora*.

Subo na cama e me aconchego nele, acordando-o.

— Oi — ele murmura e me envolve em seus braços.

— Sinto muito — sussurro e me aninho ainda mais, enterrando o rosto em seu pescoço, me agarrando a ele.

— Gata, o que aconteceu? Você está tremendo.

Estou com tanto *frio*.

Ele tenta ir para trás para me olhar, mas eu o seguro com mais força.

— Não vá. — Eu ouço o desespero em minha voz.

— Querida, eu não vou a lugar algum. Fale comigo. Você está me assustando. Você está machucada?

Eu balanço a cabeça. Deus, há tanta coisa me atormentando. Tanta coisa na minha cabeça. Estou tão triste por Nick, e com medo de perder Will, e ainda com medo de amá-lo também. E estou cansada pra caralho de ter medo de perder alguém importante para mim.

— Preciso de você — murmuro e de repente sinto as lágrimas descendo pelo meu rosto.

— Megan. — Ele está completamente acordado agora e preocupado.

— Eu não estou machucada — murmuro e aconchego minha testa em seu ombro, ainda agarrada a ele, saboreando a sensação de ter seus braços incrivelmente fortes ao meu redor. — Perdemos Nick esta noite. Eu sinto sua falta. Só quero estar aqui com você, ok?

— Ah, gatinha.

Eu não me importo que ele me chame de gatinha. É reconfortante e amoroso, e eu preciso dele. Eu preciso dele.

— Você é sempre bem-vinda aqui, Meg. Sempre.

Eu finalmente ergo a cabeça e olho em seus olhos azuis suaves. Ele é tão gentil. Como eu pude pensar que ele me machucaria?

— Eu sinto muito sobre Nick. Ele era um garoto muito bom. E estava completamente apaixonado por você, mas não posso culpá-lo. — Ele sorri para mim e beija meu nariz, me fazendo relaxar. Ele me acalma.

— Will, o que você fez me assustou pra caralho.

Seus olhos se arregalam brevemente, e então ele expira e fecha os olhos. Ele ri baixinho, enquanto se inclina e descansa os lábios contra os meus.

— Megan, você me deixa maluco. — Ele me beija suavemente, roçando os lábios nos meus, acariciando meus cabelos. — Você não vê o que eu sinto por você? Você não pode sentir isso quando eu faço amor com você? A maneira que eu te olho? Deus, Meg, você é tudo que eu vejo. Você é tudo que eu quero. — Eu fecho meus olhos e tento me afastar dele, mas ele me segura firme. — Não, você não vai se afastar outra vez. Agora que você está aqui, eu vou te manter aqui, caramba. Você é minha, Meg, tanto quanto eu sou seu.

— Obrigada — eu sussurro.

— Por quê?

— Por isto. Por estar aqui. Pelas flores, e estar comigo esta noite, mesmo quando eu nem sabia que você estava. — Balanço a cabeça e fecho os olhos. — Você me assusta, mas eu não quero te perder.

Ele me puxa e beija meu cabelo, subindo e descendo as mãos pelas minhas costas suavemente.

— Vá dormir, querida.

Deitada aqui, no silêncio, eu fecho os olhos e adormeço ao som da respiração constante de Will e os batimentos do seu coração contra a minha bochecha.

Acordo com uma cama vazia e sol entrando pela janela, tornando o cômodo iluminado e alegre. O quarto de Will é impressionante. As paredes são azuis e todos os móveis e lençóis são brancos. Sua cama é do tamanho da minha sala e as janelas cobrem uma parede inteira, dando vista para a enseada.

Eu poderia me acostumar a acordar aqui.

Puta merda, é meio-dia! Nem me lembro quando foi a última vez que dormi até tão tarde, mesmo trabalhando no turno da noite. Eu faço uma careta e me lembro de vir até Will depois do trabalho, aconchegar-me a ele em sua cama, e a parte mais assustadora de todas: chorar em seus braços.

Antes que eu possa me afundar nesse sentimento, saio da cama e tiro minhas roupas, percebendo que o chuveiro no banheiro principal está ligado. Eu pensei que Will fosse ao centro de treinamento hoje.

Caminho até o banheiro, prendo meu cabelo em um coque bagunçado e o vejo através da porta de vidro transparente do box. O chuveiro é enorme. Todos os azulejos são brancos e azuis. E Will está de pé, muito alto, bronzeado e musculoso sob a ducha, suas mãos apoiadas na parede e a cabeça inclinada para frente, deixando a água quente escorrer pela nuca e pelas costas.

Caramba, ele está muito sexy. Há dias que não ficamos juntos.

Entro silenciosamente no banheiro e o envolvo pela cintura molhada. Eu me aconchego a ele, respirando fundo e deixando a água correr sobre mim.

— Bom dia — Will murmura e se vira para me olhar.

— Bem, na verdade, agora é boa tarde — respondo e dou um sorriso enorme. Ele examina meu rosto, acomodando-o em suas grandes mãos. Ele deve estar satisfeito com o que vê, porque sorri para mim, seus ombros visivelmente relaxados.

— Preguiçosa. — Ele me beija suavemente.

— Ei, eu trabalhei até tarde. Estou surpresa que você esteja em casa.

— Acabei de voltar. Tive uma reunião de manhã cedo e depois treinei um pouco. — Ele pega o sabonete, coloca sobre a esponja e me vira em direção à parede. — Coloque as mãos na parede.

Ah, eu adoro quando ele é mandão!

Obedeço e baixo a cabeça, fechando os olhos e desfrutando do carinho de Will, que desliza a esponja sobre minhas costas, ombros, braços, bumbum e pernas. Estou no céu. Ao chegar nas pernas, ele coloca a esponja entre elas, lavando meu centro, e eu não consigo segurar um gemido. Nunca ninguém me lavou assim.

— Vire-se — ele murmura.

Coloco as mãos em seu quadril, meus polegares traçando o V espetacular, e olho seu rosto, enquanto ele lava meus seios e ventre. Seus olhos me examinam, deixando meu corpo em chamas e desejoso.

— Eu amo a sua pele. — Seus olhos encontram os meus e ele sorri. — Você é tão macia.

— Eu amo este lugar bem aqui. — Bato em seu quadril com os polegares e sorrio petulante para ele. — Tente manter isso.

Ele ri de mim.

— Darei o melhor de mim. Vamos enxaguar você.

Ele me coloca sob a água e me olha com fascinação, enquanto a espuma desliza pelo meu corpo. Ele parou de me tocar e está apenas observando a reação do meu corpo à água. Meu olhar desce por seu corpo firme, seu abdômen definido, a parte coberta por pelos escuros e o mais impressionante pênis que eu já vi, totalmente ereto. Eu o seguro e faço movimentos para cima e para baixo, longa e lentamente.

— Merda. — Ele inspira pelos dentes cerrados e eu sorrio, enquanto me ajoelho e começo a lamber a ponta do seu pau, provocando-o com suavidade.

Seguro suas bolas com uma mão e a base do pênis com a outra, mergulhando nele, chupando e lambendo até onde consigo ir. Quando ele atinge o fundo da minha garganta, eu puxo de volta e repito o movimento, acelerando um pouco. Seus dedos se emaranham no meu cabelo e eu aumento a intensidade.

— Porra! Eu amo a sua boca. — Ele está ofegante, empurrando levemente o quadril contra mim. — Não me faça gozar em sua boca.

Sorrio. *Caramba, eu vou fazer você gozar na minha boca!*

Eu me movo mais rápido, mais forte. De repente, Will me levanta e me beija intensa e profundamente. Ele segura meus ombros com força e seu beijo é desesperado.

Joga Comigo   141

— Eu estive dentro de você há mais de setenta e duas horas, Megan. Não vou gozar em sua doce boca. — Ele me gira de frente para a parede do chuveiro. — Mãos na parede.

Ele puxa meu quadril para trás e desliza os dedos pelas minhas dobras até atingir meu clitóris. Eu suspiro quando ele passa os dedos pelo piercing.

— Ah, Will.

— É isso mesmo. Isso é meu, Megan. Você entende isso?

— Sim.

Ele coloca dois dedos dentro de mim e os move, em seguida, retira-os, tocando meus lábios inchados.

— Tão molhada.

— Will?

— Sim, amor.

Um arrepio corre pela minha espinha ao ouvir a palavra e eu sorrio.

— Eu realmente preciso de você dentro de mim.

— Eu vou chegar lá, gata. Caramba, você me faz sentir tão bem.

— Vou me sentir melhor quando você estiver dentro de mim.

Ouço sua risada e então nós dois suspiramos quando a cabeça de seu pau encosta no meu sexo. Ele gentilmente me penetra.

— Você está bem?

— Ah, Deus, sim. Mais do que bem.

— Isso vai ser intenso, querida. — Sua voz é forte quando ele começa a se mover freneticamente. Ele agarra meu cabelo com uma mão e bate na minha bunda com a outra, me surpreendendo.

— Porra, você é tão gostosa.

— Ah, meu Deus, Will!

Ele me pega de repente, me virando de frente para ele, as mãos firmes na minha bunda, e me levanta contra a parede. Eu o envolvo com meus braços e pernas, mas ele pega minhas mãos e as prende acima da minha cabeça, se inclinando e enterrando-se profundamente dentro de mim novamente.

— Tão bom. — Ele me encara com seus olhos azuis brilhantes. — Minha. — Ele repete e depois enterra o rosto no meu pescoço, me beijando e mordiscando, enquanto sinto meu orgasmo se aproximando. Minhas pernas tensionam e eu empurro as mãos de Will, mas ele segura forte. — É isso mesmo, deixe vir — ele ordena, e eu gozo, com força e rápido, tremendo em torno de seu pênis. — Ah, porra! — Sua mandíbula está apertada e ele joga a cabeça para trás, gozando comigo. Ele descansa a testa contra a minha, enquanto se recupera. — Você vai trabalhar hoje?

— Não.

— Ótimo. Você vai ficar aqui comigo, dia e noite.

— Bom plano.

144   Kristen Proby

Capítulo Treze

— Isso é realmente o que você quer fazer o dia todo? — pergunto, descansando no canto do sofá.

Estou com uma de suas antigas camisas do time e uma cueca boxer, já que não tenho nenhuma roupa aqui. Dei um nó no meu cabelo, e estou sem maquiagem.

Meu Deus, eu devo estar horrível.

Olho para Will, no lado oposto do comprido sofá de couro. É muito injusto que ele fique tão bem em shorts de basquete e uma velha camiseta.

— Por quê? Há algum lugar que você queira ir? — ele pergunta e vai mudando os canais em sua televisão gigantesca. *Meu Deus, ele é cego? Quem precisa de uma TV deste tamanho?*

Estamos em uma sala cheia de móveis luxuosos, um monte de coisas do Seahawks, um bar e uma mesa de sinuca. Basicamente, uma grande sala onde os meninos podem entrar e brincar com coisas de meninos.

— Não, só estou surpresa. — Eu me inclino para trás e coloco os pés em seu colo, ficando mais confortável. Ele imediatamente coloca sua grande mão em torno do arco do meu pé e esfrega com o polegar, me fazendo suspirar de felicidade.

— É bom relaxar de vez em quando. Não temos ficado muito tempo apenas nós dois juntos. — Ele me dá um sorriso suave, e meu estômago retorce um pouco. Nossa, é muito gostoso olhar para ele.

E ele está certo. É bom um dia de descanso. Eu ainda estou exausta da noite passada no trabalho, e descansar na casa extraordinária do Will e ficar com ele o dia todo é perfeito.

— Nós estamos bem — ele murmura, chamando minha atenção.

Seus olhos estão sérios, e ele está me observando atentamente. Eu inclino minha cabeça para o lado, e lhe dou um meio-sorriso.

— Sim, nós estamos bem.

Ele balança a cabeça e deixa em um programa sobre as baleias, no Discovery.

— Estou com fome — ele anuncia.

— Você está sempre com fome. — Rio e chuto sua coxa suavemente. — Você comeu um sanduíche gigante há uma hora.

— Vamos pedir uma pizza.

— Vamos buscar a pizza e trazê-la aqui — eu sugiro.

— Eu gosto de ter você aqui, com minha camisa, na minha casa, onde eu não tenho que te compartilhar e você não tem que me compartilhar, e nós podemos só ser...

— Ser o quê?

— Nós mesmos. — Ele me puxa para o seu colo e me beija profundamente, mergulhando os dedos no meu cabelo e movendo os lábios incríveis sobre os meus. Então, tão repentinamente como começou, ele me coloca de volta no sofá e pega o telefone.

— Eu vou pedir a pizza.

— Você está roubando pra caralho! — Will está olhando para mim do chão, com as costas contra o sofá e o controle do Xbox em suas mãos. Deus, ele é adorável quando está irritado comigo.

— Não estou!

— Tudo o que você está fazendo é apertar todos os botões ao mesmo tempo e mexendo o controle de qualquer jeito — ele me acusa, e está certo.

Eu não tenho nenhuma ideia de como jogar essa merda, e deixá-lo louco é hilário.

— É chamado de estratégia, Sr. Estrela do Futebol. — Bato meus cílios para ele, e dou uma risada quando sua carranca se aprofunda.

— Você nunca jogou isto, não é?

— Madden Dois Mil e Trinta e Quatro? Não.

— É Madden 2013, espertinha. — Agora ele está rindo de mim. Deus, ele é divertido.

— Eu ainda estou dando um belo chute na sua bunda Seahawk. O cara com o seu nome na camisa não parece em nada com você, por sinal. — Pego meu refrigerante e tomo um gole. Estamos cercados por fast food: caixas de pizza, sacos de batatas e embalagens de biscoito, o que você imaginar. Parece que tivemos uma festa de aniversário de doze anos. Isto está divertido pra caralho.

— É um vídeo de jogo, gata, não de música.

Jogo uma batata nele, atingindo-o na cabeça, e ele se vira para me olhar.

— Você acabou de jogar uma batata na minha cabeça?

— Não. — Eu balanço a cabeça inocentemente e me encosto no sofá, enquanto ele coloca o controle na mesa de café e se vira para mim.

— Mentirosa.

— Você mereceu, espertinho.

— Eu sei o que você merece. — Ele se ajoelha diante de mim, agarra minha mão e me puxa contra ele e, em seguida, com um movimento rápido, puxa minha camiseta por cima da cabeça. — Eu acho que esta camiseta é minha, e eu a quero de volta agora.

— Tudo bem. — Encosto no sofá novamente e cruzo os braços sobre o peito, cobrindo meus seios com o movimento.

Will contrai os lábios para segurar o sorriso, enquanto agarra minha cueca boxer e a puxa pelas minhas pernas, jogando-a longe, por cima do ombro esquerdo. Eu acho que ela acabou de cair sobre a pizza.

— Isto aqui é meu também — ele murmura, seus olhos brilhando, enquanto passa pelo meu corpo. Eu tento cruzar as pernas, mas ele as segura firme e coloca seu corpo entre elas, para que sua pélvis se apoie contra a minha, seus lábios a centímetros do meu rosto. — Você sabe o quanto é linda? — pergunta em voz baixa. Eu dou de ombros, toda a minha inteligência e esperteza me abandonam enquanto eu me perco no mar azul dos olhos de Will. — Tão bonita — ele murmura e beija minha testa, meu nariz e minha covinha. — Eu amo essa covinha. Faz você parecer tão inocente. — Ele sorri contra a minha bochecha e a beija novamente. — Claro, eu sei que isso não é verdade.

Joga Comigo   147

Eu rio e deslizo minhas mãos sob sua camisa, ao longo dos músculos lisos das costas.

— Fique nu.

— Eu vou ficar. — Ele beija o meu pescoço, enquanto passa a mão pelo meu rosto, e depois desce até meu peito para provocar o mamilo. Eu fico sem fôlego, me contorcendo debaixo dele.

— Nu — repito, mas ele apenas ri e continua o tormento, correndo as mãos sobre meu corpo, os lábios no meu pescoço, e descendo para continuar a tortura nos meus mamilos. Ah, meu Deus, isto é muito bom.

— Sua pele é macia pra caralho. — Ele está de joelhos novamente, beijando a minha barriga, descendo até o meu umbigo, onde presta atenção especial.

Ele agarra meu quadril com as mãos, me mantendo quieta, e morde e beija meu ventre, passando o nariz sobre ele e, em seguida, beija um pouco mais.

Deus, quando é que o meu ventre se tornou uma zona erógena?

De repente, ele me ergue até a beira do sofá e abre mais as minhas coxas, sentando-se sobre os calcanhares, só olhando para mim.

— Tão linda — ele repete.

Ele levanta a mão para o meu rosto, seus olhos nos meus, e passa as costas dos dedos no meu rosto, no meu lábio inferior com seu polegar, e depois traça a ponta do dedo indicador no meu pescoço, no meu esterno, meu ventre, umbigo e sobre meu púbis.

Não posso me mover. Estou completamente em transe. Pelo amor de Deus, como fui de roubar dele no jogo para tensão sexual intensa em questão de segundos?

De repente, ele se vira e pega um cubo de gelo em um copo de refrigerante vazio e o coloca em sua boca. Seus olhos sorriem para mim antes que ele baixe a cabeça, e muito gentilmente dê um beijo bem no meu piercing. Seus lábios frios enviam um raio pelo meu centro, e eu levanto meu quadril em resposta.

— Puta merda, está frio!

Ele ri e faz de novo, mas desta vez desliza mais para baixo, abrindo meus lábios e me sugando intensamente com a boca gelada. Eu agarro seus cabelos e o puxo contra mim, mas ele recua para fora do meu alcance e balança a cabeça.

— Ponha as mãos na parte de trás do sofá, gata.

Hein?

— Por quê?

— Porque vai ficar intenso, e vai ser ainda mais se você não puder me tocar. — Ele acaricia suavemente minha coxa com a mão. — Confie em mim.

Eu confio. Então seguro o sofá em cima da minha cabeça e o olho. Ele sorri e beija minha coxa, me tranquilizando, então pega outro cubo de gelo, mas, em vez de colocá-la em sua boca, abre meus lábios com uma mão e, com os olhos em mim, passa o gelo pelo meu ânus, pelas minhas dobras, e até o meu clitóris.

— Olha isso, Megan.

Quando ele alcança o meu piercing, mantém o gelo lá, circulando o metal mais e mais, tornando-o frio pra caralho, e depois empurra-o contra o meu clitóris já superestimulado, e meu quadril se ergue do sofá. Ele me empurra para baixo com firmeza, e dá um alívio ao meu clitóris, guiando o gelo de volta para baixo, nos meus lábios.

— Eu amo esta boceta cor-de-rosa — ele murmura, seus olhos cheios de desejo.

— Ela sente o mesmo por você — eu respondo, ofegante.

— Bem, é bom ouvir isso — ele responde, e pega outro cubo de gelo.

— Deus, Will, eu não aguento mais isso. — Eu balanço minha cabeça de um lado para o outro.

— Ei, está tudo bem. — Ele beija minha coxa novamente, duas vezes, e depois dá um beijo suave na minha boceta. É muito excitante vê-lo me beijar lá.

Ele coloca o gelo na boca e suga meus lábios profundamente, roçando o nariz sobre o meu clitóris, e de repente sinto um dedo roçando meu ânus. Meu quadril se movimenta contra ele e eu não consigo mais segurar o orgasmo, que vem violentamente, enquanto grito seu nome.

Ele afunda o gelo profundamente em mim com a língua e rapidamente tira sua camisa, abaixa seu shorts, liberando a ereção impressionante, e se move em direção ao meu corpo. Enquanto seus lábios frios encontram os meus, ele empurra seu pênis para dentro de mim.

— Puta merda, está frio. — Ele ri e me beija novamente.

— Posso tocar em você agora? — pergunto, levantando meu quadril para encontrá-lo.

— Porra, gatinha, sim, me toque.

Eu o envolvo com meus braços, e me surpreendo quando, de repente, ele me ergue em seus braços, ainda dentro de mim, e senta no sofá. Eu coloco meus joelhos ao lado de seu quadril e seguro seu lindo rosto em minhas mãos.

— Eu adoro a forma como me sinto quando você está dentro de mim — sussurro contra seus lábios. Suas mãos acariciam minhas costas, meus ombros, minha bunda, e sobem novamente. — Eu amo o jeito que você me toca.

Meus olhos nunca deixam os seus enquanto começo a mexer meu quadril, me apertando sobre ele, com o movimento descendente. Sua mandíbula está apertada, enquanto ele me olha, seus olhos sérios e sexy.

Passo as mãos pelo seu cabelo e o beijo profundamente, e ele envolve seus fortes braços musculosos em volta da minha cintura, e me puxa com mais força, fazendo com que o osso púbico dele bata no meu piercing, e é demais. Antes que eu possa pensar, chego ao meu limite novamente, tremendo em torno dele. Ele enterra o rosto no meu pescoço e rosna.

— Porra, Megan. — E de repente ele está gozando, derramando-se dentro de mim.

Acordo sozinha na cama de Will, novamente. Acho que com seu treinamento de manhã cedo e reuniões, eu vou acordar muitas vezes sozinha quando estivermos juntos. Mas, como me acordou com beijos deliciosos para me falar que estava saindo, ele está perdoado.

Ontem foi o melhor dia que eu tive em não sei quanto tempo. Nós, literalmente, passamos o dia inteiro comendo e descansando. Exceto quando estávamos fazendo amor, que também aconteceu com bastante frequência.

Ele é um animal.

Quanto mais o conheço, mais eu gosto dele. Ele definitivamente não é o babaca arrogante que eu pensava que fosse. Ele é atencioso, gentil e engraçado. E, por alguma razão na qual não quero pensar muito, parece estar apaixonado por mim.

Recolho minhas coisas e vou para casa. Hoje será o enterro de Nick, e quero ir. Nick foi um garoto muito especial, e eu preciso dizer adeus. Aproveito o tempo no chuveiro para deixar a água escaldante soltar meus músculos doloridos e me acalmar. Sorrio quando me lembro dos dois banhos que Will e eu compartilhamos ontem, e como acabamos sujos de novo, antes de sequer sairmos da água. O homem gosta de esportes aquáticos.

Depois de lavar, raspar e esfregar, eu me seco rapidamente e coloco um vestido preto simples. Prendo meu cabelo em um coque frouxo, me maquiando levemente, e fico satisfeita com o resultado quando me olho no espelho, enquanto vou ao térreo, para comer algo leve antes de ir para o enterro.

Quando desço as escadas, a campainha toca. Quem diabos pode ser? Abro a porta para encontrar Will de terno escuro, em pé na minha porta.

Deus, ele fica bem de terno.

É sob medida para o seu corpo alto e forte. Ele está usando uma camisa azul e gravata azul-escura, combinando com aqueles olhos incríveis.

— O alarme não está ligado. — Ele está irritado.

— O que você está fazendo aqui?

— O alarme não está ligado — ele repete obstinadamente e passa por mim até a sala de estar.

— Will, eu cheguei em casa há menos de uma hora. O que você está fazendo aqui?

Ele me puxa contra ele, envolvendo seus braços em volta de mim e me abraçando apertado.

— Você realmente achou que eu iria deixá-la ir lá sozinha hoje?

Eu descanso minha bochecha contra seu peito e respiro seu cheiro. Ele cheira a limpeza e segurança. Ele cheira a Will.

— Você não tem que ir comigo — murmuro. Ele recua e segura meu rosto em suas mãos.

Joga Comigo 151

— Sim, querida. Eu tenho. Depois você vai voltar para casa comigo.

— Você não está cansado de mim ainda? — pergunto levemente, franzindo o nariz.

— Sim, estou terrivelmente cansado de você. Você come muito, monopoliza a cama e trapaceia nos videogames. Sem falar que você precisa de muito sexo. Mas eu consigo suportar tudo isso, com muita dificuldade, devo admitir.

— Você sabia que pode usar esse seu charme em algum trabalho?

Ele ri para mim.

— Você não notou, Megan? Eu não consigo ter o suficiente de você. Tenho que viajar para Miami amanhã, e quero que você fique comigo esta noite. Tudo bem?

— Sim, está tudo bem.

Capítulo Catorze

— Como foi o seu dia, querida?

É tão bom ouvir sua voz.

Eu me inclino na poltrona estofada da minha mesa e sorrio.

— Foi um dia muito tranquilo até agora. E o seu?

— O de sempre. Nós assistimos alguns vídeos esta manhã, depois fomos para o campo por um tempo. Agora estamos esperando para dar entrevistas e encerrar o dia. — Ele parece cansado.

— Ouvi dizer que Miami é divertida. Vai sair hoje à noite? — eu pergunto com um sorriso e sistematicamente abro um clipe de papel.

Ele ri, e eu aperto minhas coxas. Mesmo a três mil quilômetros de distância, sua voz faz coisas comigo. Ele só foi embora há trinta e seis horas e estou ansiosa para colocar minhas mãos nele.

— Não, temos um toque de recolher quando estamos fora da cidade, gata. Nós vamos provavelmente voltar para o hotel e pedir o serviço de quarto. Eu te ligo novamente à noite. Queria que você estivesse aqui. — A última frase é sussurrada, e eu agarro o telefone ainda com mais força.

— Eu também — murmuro.

— Ótimo. Pegue um avião hoje à noite.

Eu rio alto. Sim, certo.

— Will, isso não é possível.

— Por que não? Eu vou reservar a passagem agora.

— Eu tenho um emprego, lembra?

— Fale que está doente.

Joga Comigo   153

— Não. — Eu balanço a cabeça e rio de novo.

— Você vai estar de volta em casa amanhã à noite.

— Eu quero ver você hoje à noite. Porra de distância, Meg. Você deveria estar aqui. Eu quero você no jogo de amanhã. Na verdade, tire a semana inteira de folga. Não teremos jogo no próximo fim de semana, e o treinador está nos dando a semana livre. Vamos apenas viajar para algum lugar sozinhos por alguns dias.

Eu fico em silêncio. Ele está falando sério? Quer que eu pegue minhas coisas e vá?

— Will, eu tenho que pedir com meses de antecedência para conseguir férias. — Eu o ouço suspirar do outro lado e me sinto uma merda por decepcioná-lo. — Quero ver você também — digo-lhe com firmeza. — Mas não posso simplesmente deixar a cidade sem qualquer aviso prévio.

— Você precisa de férias, Meg. Você está exausta. Precisamos de um tempo juntos.

— Estou com você todos os dias — lembro-o.

— Eu sinto sua falta.

Nossa, não estamos indo muito bem.

— Eu também, querido. Ligo para você hoje à noite, quando sair do trabalho.

— Tudo bem. Até mais tarde.

Desligo e esfrego minha testa. Ele está certo, eu preciso de férias. Tirar férias seria fantástico, mas eu não sou uma superestrela rica. Eu tenho um trabalho, uma hipoteca e uma mãe biológica louca, que parece pensar que tenho de enviar meu dinheiro regularmente. Viro a cadeira de frente para a mesa e tento esquecer certo jogador de futebol sexy, e o que ele pode estar fazendo agora na ensolarada Flórida.

— Posso entrar? — minha chefe, Loretta, pergunta.

— Claro.

Ela se senta na cadeira à minha frente e coloca um envelope pardo sobre a mesa.

— Como vai? — ela pergunta.

— Bem, obrigada. E você?

— Ah, bem. — Ela acena despreocupadamente e olha para mim por um longo minuto. — Tem sido uma semana difícil.

— A maioria das semanas é difícil por aqui, Loretta — eu a recordo.

Ela acena, pensativa.

— Eu vi que o seu jogador de futebol te acompanhou ao funeral no outro dia — ela menciona casualmente, com um sorriso em seu rosto amável.

— Sim, ele foi — eu confirmo. — Ele gostava de Nick.

— Todos nós gostávamos de Nick. — Ela expira pesadamente. — Perdê-lo foi difícil para todos nós.

Eu não falo nada e a observo, me perguntando aonde ela quer chegar com essa conversa.

— Sabe, eu estava olhando seus registros de atendimento e me lembrei que você não tira férias há dois anos.

Will Montgomery, eu vou chutar o seu traseiro. Logo depois de te beijar apaixonadamente.

— Isto é verdade — eu respondo.

— Você tem quase duzentas horas em seu banco de horas, Megan. — Concordo com a cabeça, olhando para ela. Loretta balança a cabeça e suspira, então ri. — Eu aprecio sua dedicação. Confie em mim, eu aprecio. Mas, Meg, este trabalho vai acabar com você rapidamente se você não cuidar de si mesma. Seu jogador de futebol me ligou mais cedo e me pediu para lhe dar isso, junto com os próximos dez dias de descanso.

Ela desliza o envelope para mim e eu o abro. Meu queixo cai quando leio o papel que há dentro. É um itinerário de voo até Miami, saindo em quatro horas. Atrás, está um e-mail enviado por Will.

Loretta,

Obrigado por cuidar disto.

Eu lhe devo uma.

Will Montgomery

Balanço a cabeça e olho para Loretta.

— Sério?

— Sério. Eu não quero ver você por dez dias, querida. Vá se divertir. Pegue um pouco de sol. Faça sexo. Passe um tempo com aquele belo exemplar de homem que você tem. — Ela se levanta e caminha até a porta, mas vira para mim, quando chega no batente da porta. — Ah, a propósito. Você tem o resto do dia de folga também. Tenha boas férias.

Eu fico sentada por um longo minuto, apenas olhando as passagens. Em seguida, pego o celular e mando uma mensagem para Will.

Você sempre dá um jeitinho de conseguir o que quer?

Depois que eu pego a bolsa e recolho minhas coisas, ele responde.

Eu preciso de você.

Bem, como eu posso discutir com isso?

É tarde quando chego em Miami, mas Will tem um carro me esperando no aeroporto. Acho que ele estará dormindo quando eu chegar ao hotel.

A recepcionista sequer pisca quando lhe dou o meu nome e digo que estou com ele. Ela só me entrega a chave do quarto de Will, me dando as indicações de como encontrá-lo. Puxando minha grande mala atrás de mim, entro no elevador. Eu provavelmente enchi a mala demais, mas o que diabos uma garota deve trazer para uma semana de férias, quando ela não sabe para onde está indo e seu homem tem mais dinheiro que juízo? Deus, podemos até acabar na Islândia.

Eu uso minha chave para entrar em seu quarto e quase engulo minha língua. "Quarto" é uma palavra muito humilde para definir o local. Ele é do tamanho da minha casa, com uma decoração moderna e grandes janelas com vista da cidade.

Todas as luzes estão apagadas, exceto a luz ao lado da cama. Will está apoiado nos travesseiros, com o iPad em seu colo, e está dormindo. Deixo a mala perto do banheiro, tiro os sapatos e a jaqueta, e caminho até o seu lado da cama. Tiro o iPad do seu colo, ponho-o de lado, e passo os dedos pelo seu cabelo loiro escuro suave, acordando-o.

— Você está aqui. — Ele coloca os braços em minha cintura e me puxa contra ele, enterrando o rosto no meu pescoço, se agarrando a mim.

— Ei, você está bem? — Toco seus ombros, acariciando-o, sentindo quão forte e sexy ele é, e me deliciando com cada sensação.

— Estou bem. Eu senti sua falta. — Ele se afasta e passa os dedos pela minha bochecha.

— Obrigado por ter vindo.

— Obrigada por mandar as passagens. Mandão. — Eu beijo seus lábios suavemente e esfrego meu nariz no dele. — Você precisa dormir.

Em vez de responder, ele me beija mais profundamente. Mergulhando as mãos no meu cabelo, me beija como se não tivesse me visto em anos, me consumindo completamente. Ele mordisca meus lábios, beija minha covinha, e depois mergulha em mim de novo, enrolando a língua na minha. Finalmente, se afasta e resmunga:

— Eu preciso de você nua.

Dou uma risada e arranco o vestido solto que usei no avião pela cabeça, atirando-o no chão.

— Você está usando calcinha — ele murmura, seus olhos surpresos procurando os meus.

— Eu estava em um avião, Will. É claro que estou usando calcinha.

Seus polegares passam pela renda e fecho meus olhos com um suspiro. Eu amo o jeito que ele me toca.

— Renda preta fica bem em você. — Ele me empurra deitada sobre a cama, ajoelha-se entre as minhas coxas, e corre aquela mão grande e talentosa para cima e para baixo no meu tronco, deslizando pelos meus seios, ventre, e costelas, e eu levanto meu corpo com seu toque.

Ele arranca minha calcinha e a joga de lado, sorrindo para mim.

— Deus, eu amo as suas mãos.

— Eu amo tocar seu corpo delicioso. — Ele se inclina e beija meu seio sobre o sutiã de renda preto. — Tão doce.

Eu puxo sua camiseta, e ele me ajuda a tirá-la. Arranco seu short de basquete e cueca boxer, e jogo tudo no chão, ao lado do meu vestido. Seus ombros estão macios e quentes sob minhas mãos, seus músculos flexionando, enquanto ele se move em cima de mim, beijando e mordiscando minha pele.

Joga Comigo   157

— Will — eu sussurro. Ele me encara de cima, me olhando com aqueles olhos azuis sensuais.

— Sim, gata.

Deus, eu quero dizer a ele. Eu só quero dizer como eu o amo. O quanto ele significa para mim. Mas eu simplesmente não consigo. Estou com muito medo de fazer isso e perdê-lo. Fecho os olhos e mordo o lábio.

— Ei. — Ele repousa os cotovelos em cada lado da minha cabeça e passa os longos dedos no meu cabelo. Seu corpo está nivelado com o meu, pele contra pele, sua pélvis pressionando a minha. Ele está completamente em torno de mim, e eu nunca me senti tão segura. Tão cuidada. — Meg — ele sussurra e beija meus lábios suavemente. — Tudo em você é tão viciante, porra. — Ele move seu quadril levemente, deslizando contra a umidade do meu centro, e entra em mim devagar, sem esforço. Ele descansa sua testa contra a minha, ofegante. — Eu nunca me canso de você, gata. — Ele me beija outra vez, suavemente, movendo as mãos ritmicamente no meu cabelo. Ele está fazendo amor comigo, de corpo e alma. — Você é incrível.

Ele começa a se mover, em um ritmo lento e hipnotizante. Eu ergo o quadril para encontrá-lo, levanto os joelhos, para que ele seja capaz de me juntar a ele ainda mais profundamente, e aperto seu braço, tentando lhe mostrar quão profundamente eu me importo com ele, da única maneira que consigo. Eu contraio meus músculos em seu pênis duro e suspiro, quando seu osso púbico bate contra o meu piercing.

— Porra, Will.

— Sim, querida, sinta isso. — Ele bate contra mim de novo, e, quando eu aperto mais uma vez, ele contrai os olhos fechados. — Porra, Meg, você é tão apertada. — Sua voz é rouca. De repente, ele aperta meus ombros, me penetrando pela última vez, com força, e derrama-se em mim. — Doce pra caralho — ele rosna, enquanto goza, me levando com ele.

Como diabos eu cheguei aqui?

— Sim! Corra, corra, corra, querido, corra! — Tasha, a mulher sentada ao meu lado grita, pulando para cima e para baixo. — Esse é o meu homem! — Ela se vira para mim e me abraça com força, sua empolgação é palpável.

Estou sentada com um pequeno grupo de familiares dos jogadores do Seahawks, em um camarote perto da linha de cinquenta jardas. Temos os melhores lugares do estádio. Will garantiu que eu fosse recebida em grande estilo, desde que pisei no Estádio de Miami, nesta manhã.

Nós sentamos em nossos lugares, observando os caras se reagruparem para a jogada seguinte, e Tasha, uma bela e doce mulher com pele cor de café e longos cabelos escuros, sorri para mim.

— Este é o seu primeiro jogo fora de casa, certo?

— Sim, bem óbvio, não é?

Ela ri e dá de ombros.

— Nós todas já fomos novatas. Não se preocupe, você vai se acostumar com isso.

— Você vai a todos os jogos fora de casa? — eu pergunto a ela, e olho atentamente enquanto Will joga a bola e é imediatamente derrubado.

Eu me encolho e rezo. *Por favor, Deus, não deixe que ele se machuque.*

— Não, apenas alguns por ano. A maioria de nós escolhe um ou dois jogos para acompanhá-los. Temos sorte com este esporte, os rapazes jogam muito em casa, e os jogos longe só os afastam de casa por alguns dias.

Eu balanço a cabeça, pensativa, e volto minha atenção para o jogo. Will tem a bola e está procurando um lugar para passar, mas simplesmente não há lugar nenhum, então ele corre.

— Ah, merda. Vai, vai! — Eu me levanto e grito, e então ponho os dedos sobre a boca quando o vejo correr, meu estômago apertando com medo de que ele vá ser derrubado e ferido, mas ele consegue ultrapassar a linha de defesa e outros trinta metros até o fim da marcação. — Sim! — Eu pulo, grito e rio. — Touchdown, gato!

Will joga a bola para o árbitro e corre de volta para a linha lateral, seus companheiros de equipe dando vários tapas de parabéns em seu capacete, e eu simplesmente não consigo parar de sorrir. Estou tão orgulhosa dele!

Tasha sorri para mim, enquanto eu me sento ao lado dela.

— Ele é bom.

— Sim, ele é.

— Ele é um ótimo cara também — ela diz casualmente.

— Ele é o melhor homem que eu já conheci — respondo imediatamente. E estou falando sério.

Joga Comigo   159

Eu sinto o olhar de Tasha em mim, e a encaro.

— Ele é um cara de sorte.

— Não. — Balanço minha cabeça e o vejo tirar o capacete e conversar com o treinador. — Eu sou a sortuda.

Will está concordando com o que o treinador diz, com as mãos apoiadas no quadril, ofegante com o esforço da última jogada. Ele olha para as arquibancadas e nos encontra, seus olhos fixos nos meus. Ele pisca e bate o dedo no nariz, assim como ele fez no primeiro fim de semana, quando me disse para assistir ao intervalo. Eu sou sortuda pra caralho. Sorrio muito, e não consigo evitar suspirar, quando ele se afasta para falar com alguns dos outros caras.

— Você o conquistou, garota. — Tasha cutuca meu ombro com o dela. — E parece que é mútuo.

Eu dou de ombros presunçosamente e tomo um gole do meu refrigerante diet.

— Estou surpresa com a quantidade de fãs que viajam tão longe.

Tasha segue o meu olhar pela multidão. Existem milhares de torcedores de azul e verde nas arquibancadas, torcendo ruidosamente.

— Ah, sim, os torcedores mais fanáticos e empolgados acompanham a equipe durante toda a temporada. E as garotas que os seguem também. Groupies, sabe? — Ela sorri e toma um gole de refrigerante.

— Como aquelas que tem em shows de rock? — pergunto, surpresa.

— Ah, querida, você não teve que lidar com elas ainda? — Eu só enrugo a testa e balanço a cabeça. — Essas meninas são extremamente intrometidas — ela resmunga, quase cuspindo. — É nojento quão longe elas vão para tentar marcar um ponto com os jogadores. Sem trocadilho.

— Alguns dos caras ficam...

— Claro, alguns ficam com elas, com certeza. Especialmente os novatos. — Tasha revira os olhos. — Mas a maioria dos caras é esperto o suficiente para ficar longe dessas mulheres. Elas são uma roubada.

— Eu não tinha ideia.

— Bem, querida, eles são famosos. Para não mencionar sexy, atléticos e ricos. É claro que as mulheres vão querer transar com eles, e esperar colocar um anel no dedo.

— Nojento.

— E burro. — Ela acena com a cabeça em concordância. — Coisa que nossos rapazes não são. Will nunca entrou nessa, Meg.

Surpresa, eu olho para ela.

— Eu não achei que ele aceitasse.

— E eu só estou te falando. — Ela aplaude quando outro jogador consegue seu primeiro ponto. — Vocês vão sair com a gente hoje?

— Não sei, eu cheguei na cidade ontem à noite. Não tenho certeza de quais são os planos de Will.

— Bem, os caras geralmente voltam com a equipe, mas, como eles têm a semana de folga, podem fazer o que quiserem. Um grupo combinou de sair para jantar e, talvez, se eles não estiverem muito doloridos, dançar.

— Parece divertido.

Vencemos por 21 a 7.

Eu simplesmente não consigo parar de sorrir. Deus, que emoção foi estar lá naquele estádio, assistindo Will liderar sua equipe. Ele é tão dominante e forte.

Exatamente como é comigo. Estamos esperando nossos rapazes no saguão do hotel. Eles tiveram que voltar para o vestiário para tomar banho, falar com a imprensa e, como estão livres por toda a semana, foi marcada uma breve reunião antes de serem liberados.

Estou trocando mensagens com Jules quando ouço alguém gritar:

— Lá estão eles!

Infelizmente, a imprensa nos seguiu até o hotel, então os fotógrafos estão tirando fotos dos jogadores enquanto eles tentam andar pelo saguão. Há também os torcedores, parados, esperando por autógrafos e fotos com seus jogadores favoritos.

Will passa pelas portas fantasticamente delicioso em uma camisa cinza e calça preta, o cabelo ainda úmido do banho. Flashes são disparados na direção dele e os fãs tentam abrir caminho. Para minha surpresa, ele tem quatro guarda-costas o acompanhando, segurando as pessoas em volta.

Seus olhos azuis brilhantes estão procurando por mim. Quando ele me vê, escondida atrás da multidão, seus ombros relaxam e ele me dá seu sorriso metido e encolhe os ombros. Eu apenas aceno e espero que ele dê alguns autógrafos e pose para fotos.

Depois de agradar a todos, ele me alcança, envolvendo os braços em volta da minha cintura e tirando meus pés do chão em um grande abraço.

— Você é um colírio para os olhos, gata.

— Parabéns! — Eu afundo o rosto em seu pescoço e inalo seu cheiro profundamente. — Você jogou muito bem! Estou tão orgulhosa de você!

— A melhor parte foi ter você lá. — Ele me coloca em pé e gentilmente puxa a manga da camisa que estou usando. — Bela camisa.

— Obrigada. — Eu sorrio timidamente. — Eu a comprei na semana passada, para uma ocasião especial.

Will sorri e se inclina para murmurar:

— Eu particularmente adoro que você esteja usando algo com meu nome escrito nas costas.

— Ei, Montgomery, quem é a mulher?

Nos separamos e olhamos para o fotógrafo que tira uma foto nossa. Eu me assusto e tento me esgueirar para longe, mas Will me segura firmemente ao seu lado e sorri com confiança para mim.

— Esta é a minha namorada, Megan.

— Qual é o seu sobrenome, querida? — o fotógrafo pergunta, mas eu balanço a cabeça.

— Só Megan.

— Obrigado, cara. — O repórter acena para Will e caminha até os outros jogadores para tirar mais fotos.

— Eu sinto muito — murmuro para Will.

Ele franze a testa e segura meu rosto em sua mão.

— Por quê?

— Por você ser encurralado e ter que me chamar de sua namorada.

— Você é minha namorada, Meg. — Ele ri e coloca uma mecha de cabelo atrás da minha orelha.

— Mas, na semana passada, você disse...

— Pare. — Agora ele está segurando meu rosto com as duas mãos, e eu seguro seus punhos com a minha. É como se fôssemos as únicas duas pessoas no lugar. Os olhos de Will estão sérios, enquanto ele olha fixamente para mim. — Eu agi sem pensar na semana passada. Eu não me importo que saibam que você é minha. Na verdade, quero que todos saibam que você é minha.

— Mas...

Ele se inclina e me beija suavemente, calando minhas palavras, e então sussurra em meu ouvido para que só eu possa ouvir:

— Você é minha, meu amor. Acostume-se com isso.

— Idem — eu sussurro de volta. Sinto-o sorrir contra a minha bochecha, antes de ele beijar minha covinha e se afastar. Então, pega minha mão e me puxa até o elevador.

— Estou com fome. Vamos pedir serviço de quarto.

164   Kristen Proby

Capítulo Quinze

— Donuts pequenininhos! — exclamo quando passamos pelo Café Du Monde, um local famoso pelos beignets, que são a versão francesa de donuts, e café. Na verdade, isso é tudo que eles servem.

Will e eu estamos explorando Nova Orleans. Este é o lugar onde ele decidiu que queria me trazer para aproveitar as nossas curtas férias. Nos últimos dois dias, exploramos a cidade, a rica história da música, a comida e a cultura.

É incrível pra caramba.

— Sim! Vamos comprar alguns. — Will me leva para dentro, com a mão entrelaçada na minha. — Quer café também? — Ele olha para mim com um sorriso nos lábios.

— Sim, por favor. — Eu aceno e espero enquanto ele faz o pedido.

— Tudo isso?

— Eles são muito bons — ele responde de forma simples e me leva até uma mesa do lado de fora, na sombra. Mesmo no outono, está quente aqui. E úmido. Mas não me importo.

— Então. — Eu me sento de frente para ele, em uma pequena mesa do bistrô, e tiro os óculos de sol, colocando-os sobre a minha cabeça. — O que você quer fazer hoje?

— Eu pensei que poderíamos apenas passear, fazer compras, ouvir os músicos de rua. — Ele dá de ombros, enquanto a garçonete coloca três cestas de bolinhos quadrados fritos, com açúcar polvilhado em cima, junto com o nosso café estilo norte-americano. — Eu só quero ficar com você, todo o resto é lucro.

Sorrio para ele.

— Você só quer ficar na cama, Will. Você é muito atrevido.

— Atrevido?

— Atrevido — eu repito para ele.

— Eu não conheço ninguém que me chame de atrevido.

— Eu chamo. — Sorrio de novo e pego um bolinho morno e perfumado, agito um pouco do excesso de açúcar e dou uma mordida. — Santa Mãe de Deus, está delicioso.

Ele ri da confusão que eu faço com o pó branco e dá uma mordida grande no seu bolinho.

— Gostou?

— Meu Deus, eu acho que preciso mudar minha calcinha.

— Você não está usando uma. — Seus olhos travessos me encaram do outro lado da mesa.

— Bem, se eu estivesse, teria que trocá-la, porque acho que acabei de ter um orgasmo. — A velha na mesa ao lado suspira, mas eu a ignoro e dou outra mordida, jogando a cabeça para trás, enquanto mastigo de olhos fechados, saboreando aquela delícia. O café combina com os bolinhos perfeitamente. — Eu poderia me mudar para cá.

— Por quê? — A voz de Will soa tensa, seus olhos fixos nos meus.

— O que há de errado?

Ele olha em volta, se certificando de que ninguém está ouvindo, mas uma das coisas que estou amando nos moradores dessa cidade é que ninguém se importa com quem você é.

— Assistir você comer está me excitando — ele sussurra.

Eu sorrio lentamente e passo meu pé para cima e para baixo em sua panturrilha, enquanto dou outra mordida, garantindo lamber o excesso de açúcar dos lábios.

— Hum.

Ele ergue as sobrancelhas e ri.

— Você tem certeza de que quer entrar nesse jogo?

— Por que, Will? Você não quer brincar comigo? — Eu sorrio docemente e tomo um gole do meu café, em seguida, dou outra mordida. — Deus, isto é tão bom. Acho que vamos precisar de mais. Espero você não se importe, mas acho que vou ficar sentada aqui e sair só quando estiver realmente gorda com delícias fritas.

Ele ri e dá outra mordida.

— Eu tenho uma atividade física marcada para mais tarde, ou talvez mais cedo, que deve queimar completamente estas calorias.

— Graças a Deus. — Eu surpreendo a nós dois ao comer mais da metade dos doces. Eu não posso parar, é como uma droga. — Sério, isso é absurdamente gostoso.

— Estou feliz que você goste deles. — Ele senta, tomando seu café, me olhando especulativamente, de repente muito sério.

— O que foi?

— Nada. Estou só pensando. — Ele balança a cabeça e me observa devorar os dois últimos beignets. — Você está linda hoje.

Olho para o meu vestido laranja de gola V e botas de cowboy marrom. É apenas uma roupa típica de verão e que parecia apropriada para a queda de temperatura mais tarde.

— Obrigada.

— Eu amo seu cabelo.

Inclino minha cabeça para o lado e olho-o. Ele está olhando para mim como se pudesse me comer viva. Como se ele estivesse me vendo pela primeira vez.

Como se ele me amasse.

Puta merda!

Ele balança a cabeça, como se estivesse tentando sair de um transe, e sorri suavemente para mim.

— Você está pronta para ir, ou quer mais?

— Estou pronta.

— Vamos. — Ele pega minha mão e me levanta.

Eu o acompanho pela calçada, colocando meus óculos de sol. Ele está usando seus óculos Oakley pretos, camiseta branca apertada e bermuda cáqui. Ele é tão... grande. Alto, musculoso e forte. E faz coisas malucas nas minhas entranhas.

Joga Comigo   167

Conforme caminhamos pela rua, posso ouvir um saxofone, suas notas sensuais enchendo o ar. A música é lenta e doce. Nós viramos a esquina, e há um homem jovem, por volta de vinte e dois anos, tocando seu saxofone, sentado em um banquinho, com uma caixa no chão aberta para doações.

O garoto é bom. Surpreendentemente bom. Eu paro, puxando a mão de Will para que ele pare também e ouça. O saxofonista tingiu o cabelo de preto, e tem suas unhas também pintadas de preto. Ele está vestido totalmente como uma estrela do rock, mas as notas de blues que saem do seu sax o fazem soar como uma lenda. Se mantiver a cabeça no lugar, esse garoto vai longe.

De repente, Will me puxa para ele, colocando o braço nas minhas costas, ligando nossos dedos e lentamente balançando para frente e para trás, dançando a doce música.

Eu sorrio para seus olhos azuis, surpresa. Estou conhecendo um novo lado muito romântico de Will nesta semana. Ele sorri para mim e começa a se mover mais, nos puxando e deslizando pelo calçadão.

As pessoas param para nos assistir, a velha senhora da mesa ao nosso lado no Café Du Monde está sorrindo para nós, mas eu ignoro todos eles. São apenas vultos, e vejo apenas eu e Will.

Nossa, ele sabe dançar.

O garoto começa uma nova música, não interrompendo a nossa dança, e eu silenciosamente lhe agradeço. Não estou pronta para Will me soltar nem para que ele pare de me olhar desse jeito.

É o mesmo olhar que me deu no café. Seus olhos azuis estão intensos no meu, cheios de felicidade. Seus lábios se curvam em um sorriso suave, e eu não posso evitar me levantar na ponta dos pés e descansar minha boca na dele, respirando junto com ele.

Ele tem cheiro de café e bolinho doce frito.

Will aperta seu braço em volta de mim, me puxando para mais perto, praticamente me levantando do chão, ainda balançando para frente e para trás no ritmo da música, me beijando suavemente, seus lábios lentamente roçando nos meus, mordiscando minha boca.

Ele beija meu rosto e meu ouvido, e sussurra:

— Eu amo você, Megan.

Congelo, e agradeço a Deus por ele não estar olhando meu rosto, porque sei que os meus olhos se arregalaram e estou suando frio, e não tem nada a ver com o calor. Cada músculo do meu corpo se contrai. Mas Will não parar de se mover, ele coloca os dois braços em volta da minha cintura e me abraça apertado junto dele, e eu descanso minha testa contra seu peito, enquanto processo o que ele me disse.

Ele me ama.

Eu quero tanto dizer as palavras de volta, mas não posso. Amar significa ir embora.

Finalmente, murmuro:

— Will...

— Shh... — Ele inclina meu queixo com as pontas dos dedos, e seus olhos são suaves e felizes. Eu mordo o lábio para que não passe vergonha na frente de todas essas pessoas ao começar a chorar.

— Está tudo bem, querida. Eu sei.

— Você sabe?

Ele acena com a cabeça e beija minha testa.

— Eu sei.

— Ok.

Ele se afasta, sorrindo para mim, pega vinte dólares da carteira e joga no estojo do saxofone. Depois, une os dedos com os meus e acena para a multidão, enquanto eles aplaudem, e saímos caminhamos pela calçada. Meu coração ainda está batendo desenfreadamente. Eu me sinto... estranha, mas Will parece completamente relaxado e feliz, olhando para as pessoas e as lojas pelas quais estamos passando, e eu começo a relaxar também.

Vejo um folheto de um passeio em uma janela e aponto para Will.

— Nós devemos fazer um passeio fantasma!

— Por quê? — pergunta ele com uma careta.

— Nova Orleans é supostamente uma das cidades mais assombradas do país.

Eu realmente não acredito nessas coisas, mas pode ser divertido.

— Eu não acredito nessa merda — ele zomba e me leva para o outro lado da rua, em direção a outro músico de rua, desta vez com um violão, quando sinto o meu telefone vibrar na bolsa.

— Bem, então, você não deveria se incomodar em fazer este passeio comigo. Você pode me segurar quando eu ficar com medo. — Eu rio e atendo o telefone, sem olhar para o identificador de chamadas. — Alô?

— Então, você agarrou um milionário?

Eu paro em choque na rua, e meu estômago cai no chão. *Porra! Porra! Porra!*

— O que você quer? — eu sussurro.

— Quem é? — Will está franzindo a testa para mim. De repente, carros estão buzinando para nós, nos mandando sair do meio da rua. Ele me puxa pelo cotovelo e me leva até a calçada, olhando o meu rosto. Eu não posso desviar meu olhar do dele.

— O que você quer? — pergunto mais claramente.

— Bem, querida, o que você acha que eu quero? Você tem um novo namorado rico. Eu quero dinheiro. — A voz de Sylvia está rouca pelo excesso de cigarros e pesada pela amargura.

— Eu acabei de te enviar dinheiro — murmuro para ela, e a carranca de Will se aprofunda.

— Sim, mas você pode se dar ao luxo de começar a me mandar mais. O que você manda mal cobre as minhas contas.

Fecho meus olhos e passo a mão pelo rosto.

— Eu não vou lhe enviar mais dinheiro, Sylvia.

— Uma porra que você não vai mandar mais, sua ingrata put...

Desligo na sua cara, colocando o telefone no silencioso, e jogo-o de volta na bolsa.

— Sua mãe? — Will pergunta, as mãos no quadril, olhando meu rosto.

— Sim.

— Ela quer dinheiro?

— Isso é tudo que ela sempre quer. — Eu começo a me afastar dele, mas ele agarra meu braço e me mantém no lugar.

— Então, vamos lhe enviar dinheiro.

— Espere aí. — Eu o enfrento na calçada, me recusando a mudar de opinião. — Nós não vamos lhe dar merda nenhuma. Nunca. Ela descobriu que estamos juntos e agora acha que pode mamar do seu dinheiro, mas eu quero ser uma fodida de merda se ela pegar um centavo seu, você entendeu? — Seus olhos se estreitam teimosamente, e eu seguro seus braços, tentando fazê-lo entender o meu ponto de vista, falando o mais calmamente que consigo. — Will, sério, eu não quero que você dê dinheiro a ela.

Ele expira, a boca fechada numa linha sombria.

— Ok.

— Me prometa.

— Não, eu não posso te prometer isso. Mas eu te ouvi, Meg.

— Will...

— Eu ouvi, porra! Confie em mim em respeitá-la e fazer o meu melhor para te proteger.

Seu rosto é feroz, e eu sei que ele não vai ceder.

— Ok.

— Então, qual é o problema dela? — ele pergunta, enquanto pega a minha mão e continuamos a andar.

— Ela é uma drogada, e acha que eu devo a ela.

— Por que diabos você iria dever a ela alguma coisa?

— Porque ela me deu à luz. — Dou de ombros, e tento pensar em outra coisa para falar. — Eu não estou usando calcinha, sabia?

Tempos de desespero pedem medidas desesperadas.

— Sim, nós vamos chegar a isso. Por que você deve a ela, Meg?

— Porque, depois que fui levada para longe dela, eu disse aos policiais que ela usou drogas e se vendeu por dinheiro. Ela foi presa e passou um tempo na cadeia, e nunca me deixou esquecer que a culpa foi minha. Ela sempre foi capaz de me encontrar. Sempre. Então, eu lhe dou dinheiro a cada mês, mantenho a sua casa em Montana e ela bem longe de mim.

— Porra — sussurra Will.

— Olha, não é nada demais. Não é um monte de dinheiro. Eu não preciso dele.

— Esse não é o ponto. Ela é uma valentona de merda, querida. Diga a ela pra ir à merda.

— É melhor assim. — Dou de ombros de novo e o faço parar, quando ele tenta continuar a argumentar. — Eu não quero brigar com ela. Não vale a pena perdermos o nosso tempo.

Ele dá um suspiro profundo de frustração e passa os dedos pelo cabelo.

— Tudo bem.

— Vamos visitar um dos cemitérios. — Eu dou pulinhos de empolgação.

Ele não consegue evitar e começa a rir de mim.

— O que há com você e os mortos? E por que só estou aprendendo sobre esse lado seu agora?

— É Nova Orleans, Will. Não seja um desmancha-prazeres.

— Nossa, como cabe tanta comida aí? Onde você coloca tudo isso? — pergunto ao entramos na nossa suíte do hotel, que fica na cobertura de um hotel antigo lindo.

Os móveis são grandes e resistentes, e as tapeçarias, grossas e antigas. Eu me sinto como se tivéssemos voltando no tempo a cada passo que dou dentro deste enorme quarto. É lindo e muito maior do que precisamos, mas sei que Will queria fazer desta semana especial. E ele fez.

— Meg, por ser jogador de futebol, eu tenho que consumir quase quatro mil calorias por dia para ter energia suficiente e dar o melhor de mim nos treinos.

— Todo o tempo? — eu pergunto, atordoada.

— Durante a temporada. Fora de temporada, é mais próximo de três mil.

— Puta merda — murmuro e me sinto um pouco mal por atormentá-lo constantemente sobre a quantidade de comida que ele ingere. Mas então eu o olho, e me lembro de como ele ri quando eu brinco com ele, e me sinto melhor. Provocá-lo é divertido.

— Há algo que eu quero te mostrar. — Ele me puxa para ele.

— Eu já vi isso antes, meu bolinho fofo. — Sorrio e deslizo minhas mãos para cima e para baixo no seu peito, enquanto ele joga sua cabeça para trás e ri.

— Não é isso. Bem, ainda não. Vamos.

Ele me leva para fora do quarto, em direção ao elevador, mas, em vez de apertar o botão para o saguão, subimos para o telhado. Eu olho para ele com surpresa, mas ele apenas sorri presunçosamente para mim.

— O que estamos fazendo? — eu pergunto.

— Você vai ver.

As portas se abrem para revelar um pátio bonito, no último piso, cheio de móveis luxuosos, grandes vasos dourados com vários tipos de plantas, rododendros, musgo espanhol caindo pela borda da varanda, e os topos das bananeiras do pátio abaixo. É similar a pátios de outros hotéis, embora esse seja menor e a folhagem espessa torne o ambiente mais privativo.

Luzes brancas estão espalhadas pelo teto, há pequenos lampiões acesos na lateral do edifício e em cima da mesa, dando um brilho suave ao espaço na escuridão da noite. Há uma placa escrito "fechado para festa privada".

— Ah, nós não deveríamos estar aqui. — Eu tento puxá-lo de volta para o elevador, mas ele ri e facilmente me puxa de volta para o seu lado.

— Nós somos a festa privada, querida.

— Ah. — Sorrio surpresa, enquanto ele me conduz até um canto do pátio, que tem champanhe gelado em um balde de prata e dois pratos cobertos sobre a mesa, com um lindo sofá vermelho e dourado diante dela. — O que é tudo isso? — pergunto de olhos arregalados, olhando a linda cena.

— Sobremesa no telhado — Will murmura e encolhe os ombros timidamente, como se não fosse grande coisa.

Mas é uma grande coisa.

— Obrigada. — Eu me fico na ponta dos pés e o beijo. — É adorável.

— Você está linda. Aqui, sente-se. — Ele me leva até o sofá e nos serve duas taças do champanhe.

— Às férias.

— Às férias. — Nós brindamos e eu tomo um gole, enquanto os olhos azuis de Will me observam sobre a taça.

Joga Comigo   173

— Will, você se divertiu no cemitério hoje? — pergunto com um sorriso.

— Foi interessante. Definitivamente, uma nova experiência.

— Eu achei muito divertido. Ainda acho que você deveria me levar ao passeio mal-assombrado.

— Não, eu consigo pensar em coisas melhores para fazer no escuro — ele responde com um meio-sorriso.

— Sério? Como o quê?

— Você está usando calcinha sob esse vestido? — pergunta, em vez de responder a minha pergunta.

— Você sabe que não estou. — Eu inclino minha cabeça e o observo. — Por que você está perguntando?

— Para ter certeza. — Ele serve mais do doce champanhe em nossas taças e se inclina contra o encosto do sofá, me olhando. — Você gostaria de uma sobremesa?

— Claro. O que nós temos?

Ele puxa as tampas dos pratos e revela pequenos potes de um lindo crème brûlée.

— Parece que temos crème brûlée.

— Delicioso — eu murmuro e sorrio, quando ele pega uma colher e me dá um pedaço.

— Hum.

— Bom?

— Hum. — Eu tento pegar mais, mas ele se afasta e come a porção.

— Hum... — ele concorda. — Bom. — Ele come mais e eu franzo a testa, me aproximando para pegar mais para mim e sendo impedida por ele.

— Eu farei isso.

— Bem, então me dê!

— Coisinha impaciente, não é? — Ele ri e me dá outra colherada, em seguida, pega uma para si mesmo. Eu rastejo e subo em seu colo, e ele nos alimenta, pegando o outro pote quando o primeiro termina.

— Você comeu o suficiente? — ele pergunta, enquanto afasta os pratos e me envolve com os braços.

— Mais do que o suficiente. Obrigada.

Ele sorri contra o meu cabelo e me beija, enquanto passa as mãos para cima e para baixo nas minhas costas.

— De nada, gata.

Sua mão desliza pelo meu quadril até minha coxa, e embaixo do meu vestido, depois volta novamente. Eu sorrio contra seu peito, enquanto meu pulso acelera e eu seguro seu rosto em minhas mãos.

— Alguém poderia nos ver aqui fora, sabia?

— Poderia sim. — Ele beija minha testa, a mão talentosa ainda explorando embaixo do meu vestido.

— Devemos nos comportar — eu sussurro e beijo seus lábios suavemente.

— Isso não é divertido — ele sussurra, se afastando e me fazendo rir.

— O que você quer fazer? — eu pergunto, enquanto dou uma mordida em seu pescoço.

— Eu quero você — ele sussurra e eu sorrio de novo, abrindo as pernas um pouco e guiando sua mão entre elas.

— Viu como você me deixa molhada quando diz essas coisas? — sussurro contra seus lábios.

Seus olhos estão queimando nos meus, enquanto seus dedos encontram meu clitóris e o acariciam suavemente, deslizando facilmente em minha umidade.

— Ah, Deus, querida.

Finalmente, ele toma minha boca possessivamente com a sua, me beijando profunda e loucamente, enquanto seus dedos continuam a causar estragos em meu centro. Meu Deus, ele me deixa louca com apenas dois dedos.

A quem estou enganando? Ele me deixa louca só de olhar para mim.

— Quero você — eu murmuro entre beijos, e ele solta um gemido do

Joga Comigo   175

fundo de sua garganta, me levantando e me abrindo para ele.

Ponho minha mão entre nós, abrindo sua bermuda e libertando sua impressionante ereção, que estava pressionando meu quadril.

— Eu amo as suas mãos — ele resmunga, me olhando bombeando seu pau. Finalmente, eu não aguento mais, e me levanto e lentamente o encaixo dentro de mim.

— Ah, puta merda, gata.

Seus olhos estão cerrados, mandíbula apertada, suas mãos segurando meu quadril com força. Nunca me senti mais sexy.

A saia do meu vestido cai em torno do nosso colo, então, se alguém estiver nos vendo, só imaginará que eu estou sentada em seu colo, e então eu começo a balançar. Não rapidamente e sem aparentar que estamos transando. Eu só balanço devagar e aperto meus músculos em torno dele com força.

— Meg, você vai me fazer gozar assim, querida.

— Esse é o ponto, gato. — Eu me inclino para baixo e o beijo, enterrando minhas mãos em seu cabelo e continuando o movimento em seu pênis, apertando e balançando.

Quando ele coloca pressão no meu piercing, sinto o orgasmo se aproximando rápido demais, e começo a tremer e convulsionar em torno dele.

— Eu vou gozar com você. — Ele me olha com olhos entreabertos, a boca aberta, ofegante. Ele segura meu rosto entre as mãos e me puxa contra ele, me beijando ternamente, e então sussurra: — Eu te amo. — E se esvazia dentro de mim, gemendo.

As palavras, a pressão do seu orgasmo e o que ele está fazendo com o meu corpo me fazem atingir o clímax mais uma vez, mas, antes de eu gemer, ele cobre minha boca com a sua para manter o som baixo, e eu explodo em admiração e entrega total.

Eu também te amo.

Por que tenho um medo do caralho de dizer isso?

Capítulo Dezesseis

Will

Eu poderia ficar aqui o dia todo apenas observando-a dormir. Deus, ela está bonita pra caralho. Sua pele dourada e cabelos ruivos contrastam com os lençóis brancos. Seu rosto delicado é suave no sono, e seus pequenos lábios rosados estão ligeiramente entreabertos.

Esta semana foi a melhor da minha vida. Nossa, o mês inteiro. Na verdade, desde que estamos juntos, a minha vida ficou muito melhor, e eu sei que sou um sortudo filho da puta.

Meg faz tudo ficar incrível. Ela é engraçada, inteligente e extremamente talentosa. E ela está aqui, dormindo na cama, comigo. É a nossa última manhã em Nova Orleans, e eu devo admitir que lamento que tenha acabado tão rápido. Eu vou garantir que isso se repita logo que a temporada terminar. Iremos para a Europa ou para o Havaí. Porra, nós vamos para qualquer lugar que ela queira.

Foi divertido vê-la apreciar a música incrível da cidade, os sons e os cheiros, a singularidade que é Nova Orleans. Foi demais vê-la comer os beignets. Falando nisso, eu verifico o relógio. Estou esperando uma entrega para daqui a mais ou menos dez minutos.

Meg se mexe ainda dormindo, levantando um braço acima da cabeça, fazendo com que o lençol deslize para baixo de seu corpo e descubra um seio perfeito, o mamilo duro ao ser exposto ao ar fresco. Seu bonito cabelo ruivo com reflexos loiros está espalhado ao redor dela no travesseiro branco. O joelho está dobrado sobre a cama, o que significa que eu poderia passar a mão entre suas coxas e acordá-la com os dedos dentro dela, mas eu espero. Quero vê-la assim por mais alguns minutos.

Eu sabia que iria me apaixonar mais cedo ou mais tarde. Que um dia eu iria conhecer uma mulher legal e nós casaríamos e teríamos filhos e uma vida boa juntos. Mas eu não tinha ideia de que poderia amar tanto alguém, e que isso iria me consumir completamente. Que estar longe dela, por apenas horas, me faria querer socar alguém no rosto, e o pensamento de alguém a machucando de alguma forma me deixaria completamente louco.

Eu mataria por essa mulher.

Ou morreria.

Eu não estava brincando quando disse que ela é tudo para mim. Ela é.

Com a batida leve na porta, saio da cama, visto a bermuda de ontem e atendo a porta. Pago ao garoto que traz a entrega do Café Du Monde e levo um grande saco de beignets e café até a mesa de cabeceira. Tiro a bermuda e volto para a cama.

Ela não moveu um músculo. Minha pequena preguiçosa. É irônico que ela seja a pessoa menos preguiçosa que eu já conheci. Ela trabalha incansavelmente e está sempre em movimento. Aliás, eu adoro quando ela está se movendo debaixo de mim.

Com isso em mente, me inclino sobre o cotovelo perto de sua cabeça e beijo sua bochecha.

— Megan, acorda — sussurro baixinho, tirando algumas mechas de seu cabelo do pescoço.

— Humpf — ela responde com um gemido e se afasta de mim.

— Vamos lá, preguiçosa, acorde. — Eu planto beijinhos em seu braço, ombro e peito nu, deslizando a mão sobre sua barriga e peito, e colocando seu seio em minha mão, dando atenção especial ao mamilo entre meus dedos. Por mais que eu tente, nunca é suficiente.

— Estou com sono — ela murmura e se vira para mim, subindo no meu corpo, acomodando seu pequeno corpo, com a testa pressionada no meu peito. Porra, ela é adorável.

— Eu tenho uma surpresa pra você.

— Você tem? — ela pergunta, sem se mexer.

— Sim, mas você tem que acordar para ganhar.

— Eu não quero, então.

Mulher teimosa.

— Tudo bem. — Eu recuo e abro o saco de papel cheio de beignets quentes, pego um e aproximo-o dela. Seus olhos ainda estão fechados. Eu balanço o bolinho quente por cima do seu ombro, deixando o açúcar em pó cair em sua pele, depois me inclino para baixo e começo a lamber.

— Hum. — Dou um gemido. — Que delícia.

Nenhuma resposta. Então eu agito um pouco mais sobre seu pescoço e mergulho depois, lambendo-a. Ela abre um olho, brevemente, em seguida, aperta-os bem fechados rapidamente. Eu sorrio e puxo o lençol até sua cintura, expondo o pequeno corpo perfeito, e agito mais açúcar sobre seus seios.

Começo a lamber, e, em seguida, tiro um grande pedaço do beignet.

— Abra a boca — eu a instruo, e ela atende prontamente. Eu rio, enquanto a alimento com a massa frita, em seguida, mergulho a mão no saco para pegar outro bolinho, e continuo a agitar o açúcar em seu corpo delicioso, e então como o doce, compartilhando pedaços sobre ela. — Acho que você vai precisar ser o meu prato mais vezes, gata. Você deixa o sabor mais doce.

— Atrevido maldito — ela murmura sonolenta e eu rio alto.

Pegando um doce, eu me movo entre suas pernas, afastando suas coxas e me preparando para um pouco de diversão. Porra, ela já está molhada. Aham, com sono o caralho. Ela está brincando comigo.

Deus, eu a amo.

Eu balanço um pouco de açúcar sobre sua boceta e observo-o cair como neve na carne rosada. Seu clitóris é delicioso, com aquele piercing implorando pela minha língua. Então, eu me inclino para frente e começo a lamber, desde suas dobras suaves até o sexy piercing, e ao redor, lambendo cada grão de açúcar. Em seguida, dou uma mordida no beignet.

Olho para o seu rosto e os seus olhos estão abertos agora, me olhando. Seus lindos olhos castanhos estão brilhando de desejo, as mãos apertando os lençóis. Eu lhe ofereço um pedaço, e ela pega da minha mão e morde, lambendo os dedos. Depois, acaricia meus cabelos, com um sorriso enorme no rosto lindo.

— Não quer mais? — pergunto sarcasticamente.

— Já comi o suficiente. Obrigada.

— Eu também comi. Mas não o suficiente. — Abro seus lábios com meus dedos e a beijo, mergulhando minha língua dentro dela e lambendo em volta.

Seu quadril levanta contra o meu rosto, mas eu a seguro com firmeza, não deixando que levante mais. Ela vai à loucura enquanto eu continuo. É a coisa mais sexy que eu já vi. Minha boca continua trabalhando, provocando seu clitóris, lambendo, puxando e empurrando gentilmente o piercing com meus dentes.

— Will — ela chora e tenta se erguer novamente. Eu empurro meus dedos dentro dela, em seguida, retiro e lambo-os.

— Sim, amor?

— Preciso de você em mim.

— Eu estou em você, querida. — Coloco meus dedos de volta para provar meu ponto, fazendo-a gemer.

— Venha até aqui — ela arqueja.

— Do que você precisa? — pergunto e massageio seu clitóris com meu nariz, fazendo-a se contorcer, o que me faz sorrir.

— Você. Sempre você.

— Porra. Isso mesmo, sempre eu. — Subo em seu corpo, me encaixando sobre ela. Ela me embala contra si, suas pernas fortes em volta da minha cintura, os braços nos meus ombros, e seus dedos em meu cabelo. Eu me apoio sobre os cotovelos e olho para ela.

— Você é incrível pra caralho, Megan.

Ela pisca algumas vezes e cora, como faz quando está feliz. Eu resvalo meus lábios nos dela e deslizo meu pau através de sua umidade, empurrando seu piercing e fazendo com que ela morda o lábio inferior.

— Assim?

— Hum. — Ela acena com a cabeça ligeiramente e agarra minha bunda com as mãos, puxando-me para mais perto dela. Deus, eu quero estar dentro dela.

Eu preciso estar dentro dela. Arremeto outra vez por suas dobras inchadas e afundo até sentir sua resistência. Ela é apertada pra caralho.

— Este é o meu lugar favorito — sussurro e sinto seu sorriso contra o meu pescoço.

— Está no topo da minha lista também — ela sussurra de volta.

Lentamente, começamos a nos mover. Tudo em mim está me dizendo para foder com força, deixando-a marcada, até que eu seja tudo que ela vê, e tudo que ela quer. Tudo que ela possa se lembrar.

Mas, nesta manhã, nosso último dia delicioso de férias, tudo que eu quero é ir devagar. Ser gentil com ela. Para que eu possa memorizar cada suspiro, cada gemido, cada aperto de seus músculos, enquanto ela me segura contra ela. Eu só quero fazer amor com a minha garota.

E assim eu faço, até que ela está se contorcendo e tremendo, e eu sinto seus doces músculos apertarem meu pau, como um vício maldito.

— Deixe vir, gata — eu sussurro e assisto avidamente enquanto ela aperta todos os músculos do seu corpo delicioso, tremendo e pulsando em torno de mim, e grita o meu nome, quando explode.

Eu não posso segurar mais nenhum segundo e me esvazio dentro dela, enquanto ela continua a se mover e tremer. Meu rosto está colado ao seu pescoço, dizendo a ela o quanto eu a amo.

Dói um pouco que ela não consiga dizer que me ama. Mas ela o fará.

182   Kristen Proby

Capítulo Dezessete

Meg

— Passei dias maravilhosos com você essa semana. — Estou aconchegada ao lado de Will no táxi, saindo do aeroporto a caminho da minha casa. A noite em Seattle está chuvosa e escura. — Obrigada.

— Não precisa me agradecer, gata. — Ele beija meu cabelo e aperta o braço que envolve meus ombros. — Eu me diverti muito. Vamos viajar novamente em breve.

— Está marcado.

— Por que você não volta para minha casa comigo? — pergunta ele, pela terceira vez, me fazendo rir.

— Porque eu preciso desfazer as malas, lavar roupa e me preparar para voltar ao trabalho. E você também.

— Eu poderia ficar na sua casa com você. Se você não se importar que minhas cuecas sujas sejam lavadas com a sua roupa. — Eu ouço sua voz bem-humorada, e olho para cima, para o seu rosto bonito.

— Você é sempre bem-vindo na minha casa. — Dou um beijo em sua bochecha e volto a deitar em seu ombro. — Eu preciso lhe dar uma cópia da chave.

Ele sorri contra o meu cabelo e me beija de novo, quando a minha casa surge à frente. Há uma mulher sentada nos degraus da varanda.

Porra!

— Merda.

— Quem é essa? — Will pergunta quando eu saio de seus braços.

— Sylvia.

Joga Comigo   183

— Merda — ele sussurra.

— Exatamente. — Eu saio do carro, enquanto Will paga ao motorista do táxi, e corro furiosamente até aquela mulher inútil, que sorri para mim da escada.

— Que merda você está fazendo aqui?

— Você desligou na minha cara, então eu pensei que tinha que vir falar com você pessoalmente. Não me diga que não está feliz em ver sua mamãe querida?

— Saia da minha propriedade.

— Isso não é maneira de falar com a sua mãe. — Seus olhos brilham quando ela se levanta.

Fico doente só de vê-la. Ela tem a minha altura e está muito magra. Seu cabelo castanho está grisalho, os olhos castanhos, apagados e sua pele tem um tom acinzentado. Suas roupas velhas estão folgadas. Mesmo assim, ela ainda é bonita, apesar de parecer velha e acabada. E ela não tem nem cinquenta anos ainda.

Meu estômago revira.

— Você sabe que não é bem-vinda aqui — digo a ela com a voz firme, meus braços cruzados sobre o peito, ignorando a chuva que cai sobre mim.

— Então, este é o seu novo homem. — Os lábios dela se abrem no que ela considera seu sorriso sedutor, mas seus dentes estão amarelados, e ela parece... patética. — Olá.

Will está de pé atrás de mim agora, com as mãos sobre os meus ombros, me mostrando apoio, e eu nunca estive mais grata por tê-lo.

— Acho que a Megan pediu para você ir embora. — Sua voz é dura e firme.

O sorriso da minha mãe desaparece e é substituído por um mais frio.

— Eu não vou sair até pegar mais dinheiro desta vadia ingrata.

— Eu disse a você...

— Não dou a mínima para o que você disse. Você me deve! Eu quero o que é meu! — Ela desce as escadas até ficar frente a frente comigo, mas Will me puxa de lado e fica entre nós, olhando para Sylvia com os olhos queimando.

— Ela não lhe deve nada. Ela pediu para você sair. Não me faça chamar a polícia. — Sua voz é baixa e irritada, e Sylvia dá um passo para trás, com os olhos arregalados, atordoada.

Será que ela realmente acha que bastaria aparecer aqui e iria sair com o bolso cheio de dinheiro?

A resposta é sim. Porque eu sempre dou a ela. Mesmo me sentindo envergonhada depois, eu sempre dou. Mas não mais.

— Volte para Montana, Sylvia. Você perdeu seu tempo vindo aqui — eu murmuro com raiva, enquanto entrelaço minha mão com a de Will.

Ele aperta minha mão de forma tranquilizadora.

— Eu não tenho dinheiro — ela lamenta.

— Não é problema meu. Eu lhe enviei o dinheiro.

— Não foi o suficiente — ela cospe.

— É a última vez que você vai tirar dinheiro de mim. — Minha voz é baixa agora e firme.

Seus olhos registram surpresa novamente, e então ela se aproxima do meu rosto com tanto ódio que eu dou um passo atrás. Will franze a testa para mim e aperta minha mão de novo.

— Você vai enviar mais sim. Você sabe o que vai acontecer se não o fizer. Eu vou para a imprensa e conto tudo sobre a nova namorada da grande estrela do futebol. Que pedaço de lixo ela é, de onde ela vem — Sylvia zomba de mim. — Será uma grande publicidade para ele, não é?

— Chame a polícia. — Will permanece calmo e o queixo de Sylvia cai.

— Eu vou para a imprensa...

— Vá para a imprensa. Vá a qualquer lugar que quiser, desde que saia daqui. Eu não dou a mínima para o que você diz. Megan não é lixo, ela só veio dele. — Eu fico embasbacada, enquanto Sylvia ofega com o insulto. — Você não pode machucá-la. Ela lhe disse para sair, agora saia.

Ela olha para mim, com a boca numa linha sombria.

— Tudo bem. — Ela caminha até o antigo Honda estacionado no meio-fio e, em seguida, olha para mim. — Você sempre foi um inútil pedaço de merda...

Joga Comigo   185

— Sai daqui, caralho! — Will grita, cortando-a.

Ela entra em seu carro e sai a toda velocidade.

Eu não posso me mover. Eu só fico parada, na chuva, me abraçando e vendo seu carro desaparecer na rua.

— Olhe para mim.

Estou muito envergonhada. Deus, o que ele deve estar pensando de mim agora? Enterro o rosto em minhas mãos e as lágrimas começam a cair. Mas chorar não vai resolver nada.

— Vai embora, Will.

— Olhe para mim — ele repete, com as mãos sobre os meus ombros agora. — Megan, pare. Olhe para mim.

Eu olho em seus olhos, ainda tão envergonhada.

— Eu sinto muito...

— Shh. — Ele balança a cabeça e me abraça, envolvendo os braços em volta dos meus ombros, me prendendo contra seu peito. Eu nunca me senti tão segura. — Sinto muito por ela ser tão horrível.

— Eu falei sério — resmungo contra ele. — Não vou mandar mais dinheiro.

— Não, você não vai.

— E você não vai lhe dar nada. Ela vai te pedir.

— Hum — ele murmura, sem negar.

— Estou falando sério.

— Tudo bem. Vamos para dentro. — Ele pega as malas e me leva para minha casa, desarmando o alarme.

— Estou surpresa que ela não tenha tentado invadir e esperado por mim dentro de casa — comento. É assim que ela costuma agir.

— Ela deve ter visto o alarme. Viu? Eu disse que você precisava de um. — Ele me dá um sorriso satisfeito e meu peito relaxa.

Eu não quero pensar mais sobre Sylvia. Ela não pode me machucar. Eu suspiro, quando ele se vira de costas para mim, para pegar as malas e levá-las para cima.

186   Kristen Proby

— Sim, você estava certo.

— O que você disse? — pergunta ele, sarcástico.

— Você é lindo — eu respondo com um sorriso.

— Não, não foi isso que você disse.

— Eu gosto da sua camisa?

— Não. — Ele coloca as malas no chão e lentamente passeia os olhos por mim, um sorriso tentando escapar de seus lábios. — Diga-me.

— Hum... Acho que devemos pedir o jantar, não é?

Ele ri, agora dando uma gargalhada, e o nó no estômago de ver Sylvia na minha porta desaparece.

— Eu acho que você disse algo sobre eu estar certo.

— Não — eu zombo.

— Falou sim.

— Eu não falaria isso — respondo e balanço a cabeça. — Você deve estar me confundindo com outra pessoa.

— Não, você é a única mulher bonita e inteligente na minha cabeça atualmente.

— Puxa, é tão bom ouvir isso — respondo com sarcasmo, e ele se move rapidamente, me lançando por cima do ombro, em direção às escadas.

— Ei! Nossas malas!

— Nós vamos pegá-la mais tarde. Eu acho que preciso te ensinar uma lição agora.

— Que tipo de lição? — Olho para sua bunda e dou um tapa de leve nela. Ele me dá um tapa de volta, me fazendo gritar.

— Do tipo divertida.

Eu sorrio e me seguro contra seu quadril magro, enquanto ele facilmente sobe as escadas.

Deus, eu o amo.

Joga Comigo   187

— Então, você vai jogar contra o Arizona no próximo domingo? — eu pergunto do meu lugar no sofá.

Will me ensinou a lição. Acho que posso precisar de mais aulas como essa no futuro. Eu aprendo muito devagar.

Em seguida, nós pedimos o jantar, e agora estamos no sofá, assistindo futebol. Bem, Will está assistindo futebol. Eu estou prestes a pintar minhas unhas.

— Sim.

— Em casa? — pergunto casualmente.

— Sim. — Ele sorri para mim. — E depois do jogo, toda a família vai até a casa dos meus pais jantar. Este provavelmente será o último fim de semana que ainda poderemos desfrutar do quintal.

— Ok.

— Eu quero você lá.

Não é um pedido, e isso me faz sorrir. Eu quero estar lá.

— Tudo bem — digo novamente. Will balança a cabeça e volta a assistir o jogo, agora que isso foi resolvido.

Eu agito o esmalte vermelho e coloco meu pé direito acima do sofá sobre a mesa, em seguida, abro o vidro. Antes que eu possa passar o pincel sobre a unha, Will me interrompe.

— Posso fazer isso?

Olho para ele, confusa e surpresa.

— O quê?

— Eu quero fazer isso.

— Por quê? — Ele dá de ombros e sorri enquanto se ajeita no sofá e puxa o meu pé, me fazendo deslizar contra o apoio de braço, e segura firme, me esperando entregar o vidro de esmalte.

— Você tem certeza?

Ele levanta uma sobrancelha para mim, aquele sorriso arrogante ainda em seus lábios, e eu entrego o esmalte.

— Não é tão fácil quanto parece, sabia?

188   Kristen Proby

— Tenho certeza que posso fazer isso.

— Eu pensei que você estava assistindo futebol.

— Eu estou ouvindo.

Balanço a cabeça e me encosto contra a almofada macia, os braços cruzados sobre a barriga, enquanto olho sua cabeça loura-escura por cima do meu pé, a mão segurando o pequeno pincel e passando ao longo das minhas unhas, e metodicamente pintando cada uma. Milagrosamente, ele não pinta minha pele.

— Você não deveria fazer seus próprios pés — ele murmura baixinho.

— Como é?

— Você não deveria estar fazendo seus próprios pés — ele repete, levantando a cabeça para me olhar nos olhos.

— Por que não?

— Porque você deveria cuidar de si mesma e ir fazer em uma pedicure.

— Ah, por favor. — Eu aceno para ele. — Quem tem tempo para isso?

— Você só trabalha três dias por semana, gata.

— Bem, agora que não vou mais enviar até o último centavo que sobrar para Sylvia, eu vou gastar mais comigo — comento com um sorriso, mas o olhar que ele me envia é feroz.

— É por isso que você faz seus próprios pés? Por isso você assina o sinal a cabo mais básico na TV? Quanto você estava enviando para ela?

— Não é da sua conta. — Tento puxar meu pé, mas ele agarra meu tornozelo e o mantém firme.

— É da minha conta.

— Não, não é.

— Megan, não tente brigar comigo. Eu estou apaixonado por você, droga, e você está enviando dinheiro que você precisa para aquela mulher de merda. Agora, me diga, quanto você mandava para ela?

— Tudo o que sobra.

— E quanto significa isso?

— O que eu disse. Eu pago as contas, faço a feira, guardo um pouco

Joga Comigo　　189

para emergências, e lhe envio o resto.

— Porra, Meg.

— Eu já disse que não vou mais fazer. E não vou.

— Porra, você não vai mesmo.

— Por que isso te incomoda tanto? Não é o seu dinheiro.

— Não é sobre dinheiro. É sobre aquela mulher tirar vantagem de você, e você deixar, e me mata saber que você ficou sem dinheiro, quando não precisava ficar.

— Eu não fiquei sem. — Eu balanço a cabeça e passo as mãos pelo meu cabelo, frustrada. — Confie em mim, Will, eu sei o que é ficar sem. Isto não é ficar sem dinheiro. Eu tenho tudo que preciso. Eu estou bem.

— Você está bem.

— Eu estou bem — repito. — Não preciso ser rica. Estou feliz com o que tenho. Você sabe que eu não estou com você por causa do seu contrato gigantesco, certo?

Ele ri, como se o que acabei de falar fosse a coisa mais absurda que ele já ouviu.

— Eu sei que você não é interesseira, gata.

— Bom, então continue o trabalho. — Relaxo meus pés em suas mãos, dando de ombros.

Ele volta para os meus pés, e nós ficamos em silêncio, o jogo soando ao fundo, enquanto ele cuidadosamente pinta cada pequena unha. Quando passa a segunda demão, coloca o pincel no vidro, fecha, e depois sopra a ponta dos meus pés para ajudá-los a secar. Faz cócegas.

— Seus dedos são tão pequenos — ele comenta em voz baixa.

Eu suspiro, quando ele termina de cuidar dos meus pés. Este homem grande e forte gentilmente pintando meus dedinhos. É adorável. E doce.

Ele me ama.

— Obrigada por pintá-los — murmuro.

— De nada — ele responde com um sorriso. — Não foi tão difícil.

— Talvez eu deixe você pintá-los a partir de agora. — Pisco para ele, e ele ri, me provocando arrepios. Eu amo sua voz. Eu adoro fazê-lo rir.

— Eu acho que vou mandar você para o SPA com Jules e Nat.

— Você não vai me mandar...

— Fica quieta, Megan. — Ele me puxa para o seu colo, com cuidado para não estragar o esmalte, e me beija profundamente, até que nós dois estamos sem fôlego. — Só me deixe te mimar um pouco, ok?

— Você não precisa me mimar.

Ele acaricia uma mecha de cabelo no meu rosto e beija minha testa, em seguida, me coloca encostada contra ele, para que possamos terminar o jogo de futebol.

— Acostume-se com isso — ele sussurra.

— Como foram as férias? — Jill pergunta, enquanto se inclina no balcão ao lado de onde estou olhando um prontuário e me passa um café.

— Fantásticas — respondo com um sorriso maroto.

— Eu odeio você. Você sabe disso, né?

— Você me ama. — Eu rio e lhe dou um abraço. — É bom estar de volta.

É terça-feira, e nós estamos trabalhando no turno da manhã.

— Como está seu homem?

— Ótimo. No trabalho. — Eu dou de ombros e volto a ler o prontuário.

— Quanto tempo ele trabalha mesmo? Eu não sei nada sobre o que esses caras fazem durante a semana.

— Bem, isso varia. Ontem, eles treinaram de manhã e, em seguida, assistiram a jogos e tiveram reuniões no restante do dia. Ele chegou em casa às oito na noite passada.

— Uau, dias longos.

— Sim, e vai ser igual hoje. Eles estão trabalhando duro e fazendo horas extras, já que todos tiraram uma semana de folga.

— Legal. — Ela sorri, encorajadora.

O telefone toca e eu o atendo.

— Oncologia Pediátrica, Megan falando.

— Ei, oi, Meg, é Lyle, da segurança. Só queria avisar que o Sr. Montgomery está subindo para te ver.

Eu franzo a testa e viro meu olhar para os elevadores, quando ouço o sinal de sua chegada. Will sai do elevador, sorrindo de orelha a orelha, indo direto na minha direção.

— Obrigada, Lyle. — Eu desligo e cruzo meu olhar com o dele.

— O que foi?

Ele me abraça, me deixando com os pés no ar, me gira em um círculo, e então me beija como um louco, na frente de todos.

De todo mundo.

— Ah, Will, eu estou trabalhando. — Rio e me afasto, confusa, mas satisfeita com a forma como ele me olha animado. — O que aconteceu?

— Stacy teve o bebê esta manhã. Acabei de vir de lá. — Ele está tão orgulhoso.

— Ah! Isso é incrível! Como eles estão?

— Felizes. Stacy está cansada, mas ela foi maravilhosa. O bebê é pequeno e adorável, e Isaac não consegue parar de olhar para ele. Eu o chamaria de mariquinha, mas não posso culpá-lo. O garoto é incrível.

— Estou tão feliz por todos vocês. — Eu passo minhas mãos por seu peito, e o vejo franzir a testa por um instante, um segundo antes de ele substituir o gesto por seu bonito sorriso.

— Obrigado. Então, eu estava aqui perto e queria te contar.

— Estou feliz que você veio. Eu mal posso esperar para parabenizá-los.

— Todos eles estarão na casa dos meus pais, no domingo, mas você é bem-vinda para vê-los mais tarde hoje. Acho que eles vão ficar no hospital até quinta-feira.

— Ok, eu vou com certeza. Tenho alguns presentes e não vou aguentar esperar até domingo.

— Você comprou presentes? — Ele sorri novamente, encantado comigo.

— É claro. — Eu dou de ombros timidamente. — Novos bebês precisam de coisas novas. Além disso, você vai aprovar o que eu comprei.

— O que foi?

— Um conjuntinho de bebê do Seahawks. Ele vai estar todo lindo no domingo para torcer pelo tio Will.

Os olhos de Will suavizam, e ele me puxa contra ele, me beijando outra vez, lentamente, roçando os lábios nos meus, e eu não me importo com quem vê. Ele enterra os dedos no meu cabelo e me segura firme, enquanto me devora com os lábios. Ele cheira bem. Almiscarado e limpo. O cheiro de Will.

— Eu te amo — ele sussurra contra os meus lábios.

— Eu sei — respondo, e ele sorri de novo.

— Eu tenho que voltar para a equipe, teremos mais reuniões no resto do dia. Vou te ver hoje à noite? — Ele levanta uma sobrancelha com a pergunta, e eu sorrio.

— Eu vou estar lá.

— Ótimo. — Ele me beija uma última vez, com intensidade, e depois se vira, caminhando até o elevador. — Até mais tarde.

— Até mais tarde. — Eu aceno e o vejo desaparecer no elevador.

— Ah, sim! — murmura Jill com diversão atrás de mim. — Ele é bom. Caramba, garota.

Eu suspiro e aceno concordando.

— Sim, ele é bom.

194   Kristen Proby

Capítulo Dezoito

Aparentemente, perder um jogo deixa Will um pouquinho mal-humorado.

Ou muito mal-humorado.

Nós estamos indo para a casa de seus pais, após o jogo desta manhã, e ele está estranhamente quieto. Eu estava no jogo, em seu camarote privado, com Nat, Jules e os rapazes. Foi muito divertido. Até o final do quarto tempo.

Estávamos três pontos na frente do Arizona, mas, nos últimos dois minutos, Will fez uma intercepção, e o cara correu para um touchdown.

Perdemos.

Will esteve distante a maior parte do dia. Eu percebi. Ele não estava sendo ele mesmo. Os outros seguiram na nossa frente até a casa dos pais de Will, e eu fiquei para trás, esperando-o dar algumas entrevistas e tomar banho. Ele me abraçou quando me viu, mas não falou muito.

Que merda eu devo dizer? Não faço ideia.

Então, só me aproximo, seguro sua mão e entrelaço nossos dedos, beijando sua mão, em seguida, descansando-a no meu colo. Isso me rende um meio-sorriso.

Ele estaciona na frente da casa de seus pais, sai do carro e abre a porta para mim. É um dia de outono excepcionalmente quente.

— Sinto cheiro de chuva — digo.

— Eu espero que não. Churrasco na chuva é uma droga.

— Você vive em Seattle. Churrasco na chuva é normal.

Ele sorri, e andamos pelo lado de fora da casa até o quintal, e eu prendo a respiração. Puta merda, seu pai deve gastar horas e horas por semana neste quintal. Mesmo no outono, quando a maioria das flores morre e as folhas estão caindo, o cenário é um espetáculo a ser admirado, com trilhas, bancos e árvores frutíferas.

— Isso é maravilhoso.

Ele olha para trás e sorri. *Aí está o seu sorriso.*

— Sim, meu pai trabalha muito para isso.

— Posso imaginar.

— Eles chegaram! — uma menina de cerca de cinco anos de idade grita, saltitando.

Ela está com uma bola de futebol, camiseta do time de Seattle e jeans, seus longos cabelos pretos trançados balançando em volta do seu rosto com o entusiasmo. E de repente uma imagem igual a ela está em pé ao seu lado.

— Olá. — Sorrio para as doces menininhas.

— Oi! — dizem em uníssono, sorrindo para nós.

— Meg, estas são Josie e Maddie. Elas são as filhas da Brynna.

Todo mundo está olhando em nossa direção e acenando para nós, e eu só consigo ficar parada, olhando com reverência para o quintal. Parece algum tipo de convenção de gente bonita.

Sério.

— Vem me ajudar na grelha, filho! Pegue uma cerveja. — O pai de Will, Steven, está na grelha, com uma camiseta escrito "dançando e grelhando", e empunhando uma espátula de metal.

A maioria dos caras está perto da churrasqueira com Steven ou sentados em uma mesa próxima. O que há com os homens e churrasqueira?

As mulheres estão espalhadas pelo quintal coberto em pequenos grupos conversando e rindo, segurando os bebês e tomando uma bebida. Puta merda, eu não sabia que reuniões de família como estas existiam na vida real.

— Claro, pai, deixe-me apresentar a Meg. — Ele sorri para mim e segura minha mão de forma tranquilizadora.

— Não acho que eu deveria estar aqui — sussurro para ele.

Ele franze a testa e inclina-se para beijar minha covinha.

— Você definitivamente deveria estar aqui — sussurra em meu ouvido. Ele se endireita e me leva pelo quintal. — Você conhece a maioria. Meus irmãos feios estão ali. — Ele aponta para seus irmãos, incluindo Luke e Nate, e todos sorriem de volta, acenando. Porra, eles são todos tão sexy.

— Você conheceu minha mãe e meu pai, e as meninas. — Novamente, mais sorrisos e acenos. — E essa é a mãe de Luke e seu pai, Neil e Lucy. Aquele casal passeando pelas árvores são os pais de Stacy, e os pais de Brynna estão sentados com minha mãe. E aquele cara grande, que parece Nate, com o meu pai na churrasqueira, é o pai de Nate, Rich.

Estou completamente impactada.

— Olá a todos. — Eu sorrio e aceno para o grupo, e todos eles sorriem e acenam de volta.

Eles são um mar de verde e azul, todos usando as cores do Seahawks. Exceto Nate, que está usando apenas uma camiseta preta e calça jeans desbotada, seu cabelo solto, o braço tatuado em volta da cintura de Jules, e ele está sussurrando em seu ouvido, fazendo-a rir.

— Eu acho que a Meg pode precisar de uma bebida. — Caleb dá um passo à frente e me entrega uma cerveja. Ele tem olhos azuis amáveis e um corpo lindo de matar. Claro, ele é um SEAL.

— Sim, Meg realmente precisa — concordo e pego a cerveja dele. — Obrigada.

— Venha se sentar conosco — Natalie me chama, com Olivia em seu ombro. Ela está sentada com Brynna, Samantha e Stacy em sofás felpudos ao ar livre na extremidade do quintal.

— Eu vou ficar lá. — Pisco para Will, e viro para ir embora, mas ele segura minha mão e me puxa para ele, balançando nossas mãos ligadas atrás das minhas costas e me beijando, longa e lentamente, na frente de todos.

— Arranjem um quarto, porra! — Caleb grita.

— Olha essa maldita linguagem! — a mãe de Will, Gail, grita com ele, fazendo todos nós cairmos na risada.

— Por que você fez isso? — pergunto a ele.

— Porque eu posso. — Ele pisca e caminha até seu pai. — Essa não é a maneira certa de grelhar um bife, velho.

Joga Comigo   197

— Aqui. — Brynna se afasta mais no sofá, deixando espaço para eu sentar, e me entrega o mais novo membro da família Montgomery, Liam. — Ele está vestindo a roupa que você deu, então você o segura.

Olho para a Stacy, que está descansando confortavelmente ao lado de Natalie.

— Você se importa?

— Claro que não. Os bebês são passados pelos braços de todos da família durante o dia. Acostume-se com isso. — Ela sorri para seu filho com amor, enquanto eu o pego das mãos de Brynna e o aconchego em meus braços.

Ele está usando um gorro de futebol do Seahawks, combinando com o body adorável que se parece com uma camisa com o número oito na frente, além de estar usando o menor jeans que já vi na minha vida. E estava todo embrulhado em um cobertor azul e verde.

— Essas roupas de bebê que você deu são adoráveis, Meg. Obrigada.

— Ah, de nada. Eu também não consegui resistir quando as vi. As meninas estão absolutamente lindas.

Sophie, a filha mais velha de Stacy e Isaac, e Olivia estão iguais, com sainhas de bailarina de tule verde e azul, e tiaras azuis, maiores que suas cabecinhas, nos cabelos.

— Foi Stacy quem fez as sainhas de bailarina. — Natalie sorri, e dá tapinhas nas costas de sua filha.

— Não há muita coisa que você possa fazer quando está de mil meses de gravidez. — Stacy faz a observação com uma careta. — Eu estava ficando louca de tédio.

— Deve ter sido um desafio, com uma filha de apenas um ano de idade. — Eu puxo Liam no meu peito, e ele se aninha no meu queixo, suspira, e volta a dormir.

— Sim, mas Isaac foi ótimo. Ele conseguiu trabalhar bastante em casa, e eu tinha a minha mãe, Brynna, Nat e Jules, para que eu nunca ficasse sozinha por muito tempo.

Luke se junta a nós, beija a bochecha de sua filha e, em seguida, os lábios de sua esposa.

— Quer que eu a pegue?

— Claro. — Nat entrega o lindo bebê dormindo, com os cabelos escuros como os de Luke, e sorri, quando ele murmura algo para a bebê, e volta para ficar com os rapazes.

— Ele é sexy com um bebê nos braços — Brynna observa com um suspiro.

— Ele é sexy. Ponto — responde Stacy. — Desculpe, Nat.

— Que nojo — Samantha comenta e faz um barulho de vômito. — É meu irmão, meninas. E por que ele tem que pegar o bebê? Ele está sempre com ela.

— Porque ela saiu das minhas entranhas — Luke responde, depois de ouvir Sam.

— Ah, Deus, não fale sobre suas entranhas. Eu vou vomitar.

— Não se desculpe, Stacy. Você está certa — Natalie fala, rindo. — Embora eu ache que todos os caras aqui são muito sexy.

Concordo com a cabeça e olho para Will. Ele está franzindo a testa, do lado dos outros rapazes, mas imerso em seus pensamentos. Ele está debatendo internamente a derrota de hoje. O que posso fazer para ele se sentir melhor? Eu mordo meus lábios, esfregando as costas de Liam, e então tenho uma ideia.

Com um sorriso, equilibro Liam no meu peito, e pego meu celular do bolso, lhe enviando uma mensagem.

Will, pensar que vou chupar seu pau no carro a caminho de casa o anima?

Eu aperto enviar e beijo a cabeça do bebê, ouvindo as meninas conversando. Meus olhos estão em Will quando ele puxa o celular do bolso para ver a mensagem. Seus lábios se contraem, e seus olhos encontram os meus do outro lado do pátio. Em seguida, seus polegares estão se movendo na tela. Meu telefone vibra com sua resposta.

Você está usando calcinha?

Ele me faz sorrir. Eu adoro como ele fica por eu não usar calcinha com frequência.

Não.

Ele levanta uma sobrancelha, me encara com um olhar sedutor, e, em seguida, se concentra em seu telefone novamente.

— Meg, como foi em Nova Orleans? — Jules pergunta, quando se junta a nós, com Sophie em seu quadril. O bebê está brincando com o telefone de Jules.

— Foi muito bom — eu respondo e sinto meu telefone vibrar.

Posso enterrar meus dedos em sua boceta enquanto você me chupa?

— O que vocês fizeram enquanto estavam lá? — Brynna pergunta, com uma de suas filhas subindo em seu colo; eu não tenho certeza de qual delas é.

Estamos rodeadas por crianças e estou trocando mensagens sexuais com meu namorado.

Sim, por favor.

— Comemos uma tonelada de comida, ouvimos um monte de música, andamos pela cidade. Eu queria ir em uma excursão mal-assombrada, mas Will é um covarde.

— Eu ouvi isso! — ele grita do outro lado do pátio.

— Eu não estava tentando esconder! — grito de volta, e todos riem.

— Eu sempre quis ir para lá — observa Stacy. — Isaac e eu vamos ter que ir algum dia.

— Você deve ir. — Eu aceno com a cabeça. — É muito divertido. E quente, foi fantástico.

Só por esse último comentário eu vou bater em sua bunda quando estiver dentro de você hoje à noite.

— Você está com um belo bronzeado. — Jules coloca Sophie em seus pés e ela engatinha para mim, antes que eu possa responder a mensagem de Will.

Eu olho para ele e assinto. *Claro que sim!* Ele apenas ri e toma um gole de cerveja.

— Bebê. — Sophie aponta o dedo minúsculo para seu irmão mais novo.

— Este bebê é seu irmão, fofinha? — eu lhe pergunto, ganhando um sorriso cheio de baba, mostrando os quatro dentes da frente.

— Bebê. — Ela levanta as mãos para cima, esperando que eu a pegue, então eu repouso Liam no meu braço esquerdo, e coloco Sophie sentada na minha perna direita. — Bebê. — Ela aponta para ele de novo, e depois coloca o polegar em sua pequena boca.

— Sim, este é o bebê Liam. Ele não é fofo? — Eu beijo seu rosto liso, em seguida, dou um beijo estalado em seu pescoço, fazendo-a rir.

— Meg, olhe para cima e sorria. — Eu levanto a cabeça ao ouvir a voz de Nat e sorrio para a câmera. A mulher não sai sem essa coisa. Até Sophie está acostumada a ver uma lente, tanto que posa para a câmera também.

— O jantar está pronto, pessoal — Gail chama.

Os caras ajudam a trazer as tigelas com saladas e frutas até a longa mesa ao lado da casa, enquanto Steven coloca bifes e frango em bandejas. A comida é abundante e deliciosa.

— Esta é a última vez neste ano que faremos churrasco. Até o próximo verão, as reuniões de família ocorrerão com serviços contratados de comida. É muito trabalho alimentar todos nós — Natalie me diz, enquanto pega Sophie do meu colo, acomodando-a em seu quadril curvilíneo.

— Eu imagino — respondo e beijo a cabeça de Liam novamente.

— Meg, você fica bem segurando um bebê — Luke comenta, quando se junta à sua mulher, com Olivia dormindo em seu peito musculoso.

— Assim como você. — Pisco para ele, e ele ri.

— Pare de flertar com o meu cunhado. — Will faz uma carranca, quando se junta a mim. Eu sorrio e lhe entrego o bebê.

— Eu não estou flertando. Estou apenas prestando atenção em alguém muito atraente — respondo sem sorrir, meus olhos arregalados e sérios, tentando segurar o sorriso, enquanto Luke sorri e beija sua esposa, e a carranca de Will aumenta.

— Ele não é atraente. Ele é da família.

Eu dou uma gargalhada alta, segurando minha barriga e praticamente me dobrando de rir.

— Will... — Eu suspiro. — Você já viu a sua família? Vocês todos parecem ter saído de um anúncio da Abercrombie.

— Não — ele resmunga e beija a pequena cabeça de Liam.

— Sim, parecem — Natalie concorda. — É uma boa família para se fazer parte.

— Viu?

— Vai ter mais surra por isto mais tarde — ele sussurra para mim, enquanto se junta aos outros para comer.

— Cara, me dê o meu filho. — Isaac ergue as mãos para pegar o bebê. — E eu sei que ele é do tamanho de uma bola de futebol, mas não o passe para o cara errado. Você parece que teve problemas por causa disso hoje.

— Vá se foder, Isaac — Will rosna, enquanto entrega o bebê cuidadosamente ao seu irmão mais velho.

— Olha a linguagem! — Gail grita.

— Você é um babaca — murmura Will para Isaac quando sua mãe não pode mais ouvi-los.

— Eu estava só te provocando. Muito cedo?

— Muito cedo.

— Qual foi o problema hoje, cara? — Matt pergunta, agora que o assunto foi levantado, e Will suspira, passa as mãos pelo rosto e se senta pesadamente numa cadeira, olhando o prato cheio de comida.

— Foi apenas um dia difícil — ele murmura. — Acho que relaxei demais do treino na semana passada.

Mordo meu lábio. Nós estávamos de férias na semana passada.

— Pare com isso — ele chama a minha atenção, seus olhos intensos. — Isso não foi culpa sua. Eu deveria ter aproveitado a academia do hotel que estávamos.

— É isso aí, cara. Tudo bem. Próxima semana. — Caleb bate em seu ombro e se senta ao lado dele com um prato cheio.

E assim o assunto é descartado. A conversa continua em torno de nós, as gêmeas correndo e brincando no quintal, os bebês fazendo barulhinhos.

É um caos amoroso, incrível e maravilhoso.

E eu não posso acreditar que estou aqui.

— Ei. — Jules cutuca minha perna debaixo da mesa e se inclina para conversar comigo de forma que apenas eu possa ouvi-la. — Você falou de novo com o Leo?

— Não — eu sussurro.

— Nunca mais? — ela sussurra de volta.

Balanço a cabeça e mantenho os olhos em minha comida.

— Quanto tempo?

— Três anos — eu sussurro.

— Tenho certeza de que o número dele não mudou. — Encontro seus olhos azuis preocupados com os meus.

— Nem o meu.

Ela acena com a cabeça e dá uma garfada na salada de batata.

— Bem lembrado.

Olho para cima a tempo de ver Brynna e Caleb trocarem um olhar, em seguida, rapidamente se afastam um do outro. O que está acontecendo? Eles estão obviamente atraídos um pelo outro, mas não realmente interagindo. Eles só ficam se olhando. Eu vou ter que perguntar sobre isso a Will mais tarde.

— Então, vamos falar de casamento. — Jules bate as mãos e salta um pouco na cadeira, enquanto todos os caras soltam gemidos.

— Tem alguma possibilidade de você e as meninas falarem sobre o casamento depois, quando nós conseguirmos escapar para assistir ao futebol ou algo assim? — Caleb pergunta, ganhando um olhar afiado de Jules.

— Não. Falta menos de um mês. Além disso, não tenho muito o que fazer, Alecia está cuidando da maioria das coisas. — Ela toma um gole de vinho e pega uma lista, fazendo com que os caras soltem outro gemido, e eu não posso deixar de rir. — A data, como todos sabem, é 12 de outubro. Seis da tarde. Vocês têm convites com o endereço e toda essa baboseira. — Ela toma outro gole, enquanto a ouvimos, os rapazes inquietos. — Como serão apenas Luke e Nat no altar, vai ser fácil para todos vocês. Roupas bonitas, não se esqueçam dos presentes, e venham preparados para a festa.

Ela enfia a nota no bolso e volta a comer.

— É isso? — Matt pergunta.

— Sim — ela responde com um sorriso.

— Você não nos falou nada que não sabíamos.

— Eu sei. Só queria falar sobre o meu casamento por um minuto.

Joga Comigo   203

— Ela está satisfeita, enquanto leva um pedaço de carne à boca. — Ah! E minha despedida de solteira é no próximo domingo à noite.

— Por que em um domingo? — Sam pergunta com uma careta.

— Porque nós temos alguma coisa estúpida de negócios no sábado. — Jules revira os olhos e Nate ri. — Então, tem que ser no domingo. Os outros finais de semana estão cheios com o casamento e a merda do futebol.

— Eu também te amo, irmãzinha. — Will joga pão nela, e ela lhe sopra um beijo.

— Então, todo mundo tem a segunda-feira de trabalho para se recuperar.

Eu rio comigo mesma. Não é que Jules seja uma mulher egoísta, ela só pensa que as coisas são simples. Como se fosse fácil para as pessoas tirarem um dia de folga para se recuperarem de uma ressaca.

— Não venha você também. — Ela me lança um olhar me desafiando a dizer o contrário.

Eu rapidamente faço cálculos com os horários na minha cabeça, consciente dos olhos de Will em mim.

— Acredito que tenho folga no próximo domingo à noite. Vou avisá-los que não estarei disponível para o plantão nesta noite.

— Ótimo. — Sorri Natalie. — Vai ser muito divertido.

Steven se levanta, segurando sua cerveja no ar.

— Eu quero propor um brinde. Para minha família, que cresceu aos trancos e barrancos no ano passado. Eu sou um homem abençoado, por estar cercado por homens bons, mulheres bonitas, e os bebês mais incríveis que já nasceram.

— À família! — o pai de Luke concorda, e todos bebem. Depois, a conversa é retomada.

Quando estamos terminando a sobremesa, o céu despenca sobre nós. Eu sabia que cheirava a chuva mais cedo. Estamos, felizmente, sob um pátio coberto, e a maioria dos alimentos foi guardada. Os quatro irmãos trabalham juntos para cobrir a churrasqueira, agora encharcada, e levamos os bebês para dentro, longe da umidade.

Pelo resto da tarde, assistimos a um jogo de futebol na televisão e alguns adultos jogaram baralho com as gêmeas. Os bebês foram alimentados, balançados, trocados e mimados. Os pais de Stacy, Luke e Brynna foram embora. Will e eu estamos descansando em uma extremidade de um grande sofá de couro, assistindo futebol, com minha cabeça em seu colo. Eu bocejo e sinto minhas pálpebras pesadas.

— Ei, preguiçosa, você está pronta para voltar para casa?

— Quando você estiver. Eu não estou com pressa.

Ele sorri suavemente para mim.

— Eu amo você — ele sussurra.

Sorrio para ele, feliz, e passo minha mão pelo seu rosto.

— Você é tão bonito.

Ele pega minha mão e beija a palma.

— Vamos sair daqui.

Ele me ajuda a levantar do sofá, e nós nos despedimos de todos, o que leva mais meia hora. A mãe de Will, Gail, me abraça apertado.

— Por favor, volte em breve, Meg. Nós adoramos você.

— Obrigada — murmuro timidamente.

— Ela vai voltar — Will diz, enquanto beija sua mãe na bochecha.

Eu inclino a cabeça para trás, quando nós saímos, e desfruto da chuva. Está escuro agora, e a chuva é pesada, mas não está fria. É uma chuva de verão atrasada.

— Eu amo chuva nesta época do ano.

— Ótimo. Entre no carro, querida.

Eu sorrio para ele.

— Você não gosta da chuva?

— Eu gosto, mas você vai ficar doente se não sair dela.

— Não, eu não vou ficar, isso é um mito. — Eu aceno despreocupadamente, e fico na chuva por mais um minuto, em seguida, me junto a ele em seu carro.

— Você é sempre assim teimosa?

— Há quanto tempo nós estamos juntos?

— Quanto tempo? Mais de um mês — ele responde e se afasta da casa de seus pais.

— Então, você já deveria saber que eu sou sempre teimosa. — Sorrio docemente, enquanto ele ri.

— Então, sobre as mensagens que você me enviou... — Ele me olha com seus sedutores olhos azuis, e dá um meio-sorriso.

— Sim?

— Elas estão valendo ainda?

— Não sei, o seu humor parece ter melhorado sem eu precisar recorrer ao sexo oral.

Eu sinto o meu telefone vibrar no meu bolso e o pego, enquanto dou risada da careta de Will.

Agradeça ao seu namorado pelos U$ 250 mil.

— Encosta.

— O quê?

— Encoste esta porra agora.

Capítulo Dezenove

— O que há de errado? — Sua voz transparece pânico, mas não posso olhar para ele. Eu tenho que sair do carro. Agora. — Só encosta, Will.

— Você está passando mal?

— Sim! Encosta!

Estamos em uma parte remota de Seattle, quase deserta e escura. O céu desaba numa chuva ainda mais forte, como se alguém tivesse ligado uma torneira. Ele derrapa até parar ao lado da estrada, e, antes mesmo que ele pare completamente, saio do carro, bato a porta, e começo a caminhar rapidamente, meu caminho iluminado pelos faróis.

— Meg — ele chama. — Megan, pare!

— Me deixe sozinha, Will.

— Que porra aconteceu com você? — Eu o ouço se aproximando de mim, seus pés batendo no cascalho ao lado da estrada, então eu giro e o confronto.

— Como você se atreve?

Ele para, seus olhos arregalados demonstrando medo e preocupação, e ergue as mãos para cima, como se estivesse sendo assaltado.

— O que aconteceu?

— Eu lhe disse para não dar nenhum dinheiro a ela.

— Porra! — Ele baixa a cabeça e leva as mãos ao quadril, enquanto ignoramos a chuva que cai forte ao nosso redor. — Meg... — Eu me viro e começo a me afastar novamente, mas ele agarra meu braço e me gira de volta para ele. — Você não vai andando até sua casa.

— Vai se fuder, Will.

— Megan, pare com isso. — Ele segura meus ombros com as mãos

Joga Comigo 207

e me mantém na frente dele, e tudo que posso fazer é olhá-lo, ofegante. Minha raiva é palpável.

— Eu te disse, Will. Você viu como ela é na semana passada. Por que diabos você faria isso? Ela vai voltar querendo mais e mais. Ela teria ido embora, se você tivesse deixado quieto. — Eu não posso suportar esse pensamento, e minha voz treme quando sinto as lágrimas se misturarem com a chuva no meu rosto.

— Ela nunca teria ido embora, querida. — Sua voz é calma agora, mas firme. Eu balanço minha cabeça para trás e para frente, e enterro o rosto em minhas mãos.

— Eu não preciso de você para resolver minha vida! — Dou um passo para trás, fora de seu alcance, e olho para o seu rosto iluminado pelos faróis, a água correndo por seu corpo, seu cabelo se encharcando e grudando na cabeça. — Posso lidar com isso sozinha.

— Megan, aquela mulher é tóxica. Ela drena você, financeira e emocionalmente. Você não precisa dela.

— Eu sei disso! Você acha que eu não sei? — Jogo minhas mãos no ar, e marcho em um círculo, frustrada.

— Estou tentando ajudá-la.

Eu paro, de costas para ele, e balanço a cabeça, as mãos no quadril.

— Eu pedi para você não me ajudar com isso.

— Olhe para mim. — Eu fico onde estou. — Olhe para mim, Megan.

— Will, você me traiu.

— Eu não te traí, porra! — ele grita, e eu me viro para olhá-lo. Seus olhos estão selvagens agora, e as suas mãos estão fechadas do lado do seu corpo, cada músculo tenso de raiva e frustração. — Eu paguei uma mulher que odeia você por existir para que ela nunca mais te incomode novamente. Ela assinou um contrato, Megan. Ela nunca mais poderá lhe pedir um centavo.

— O quê?

— Deixe-me terminar. Essa mulher é a razão por que você não consegue dizer que me ama. Essa. Porra. De. Mulher. — Ele balança a cabeça, frustrado, e se afasta de mim, depois volta. — Se eu tinha a oportunidade de extraí-la da sua vida, por que não o faria? O dinheiro não é nada para mim. Ela é a razão por que você tem problemas de confiança. Ela é a razão por que é tão difícil para você mostrar às pessoas que as ama.

— O que você é agora, um psiquiatra? — pergunto com um sorriso, e me odeio por isso, quando vejo a dor em seus olhos.

— Eu conheço você — ele murmura baixinho. Seu peito está arfando. — Eu amo você, Megan.

Também te amo.

Eu não consigo deixar as palavras saírem.

— Eu amo você, Megan. — As palavras são mais intensas, mais altas, e ele deseja que eu diga de volta.

Eu me viro e começo a andar às cegas de novo, meus passos rápidos, para longe dele, de seu carro, de todos estes sentimentos fodidos nos quais eu simplesmente não sei como confiar.

De repente, estou em seus braços, e ele está me levando de volta para o carro. Ele me coloca com a bunda no capô, seus olhos fixos em mim, as mãos ao lado do meu quadril, seu rosto no nível do meu, seu nariz a milímetros de encostar na ponta do meu, os olhos queimando. Ele está me olhando com amor e dor.

— Eu. Amo. Você. Megan.

— Will — falo em um soluço. Eu pego o seu rosto em minhas mãos e acaricio suas bochechas com os polegares. — Will.

— Eu te amo — ele sussurra, seus lábios tão perto de tocar os meus. Eu posso senti-los se movendo. Fecho os olhos, sentindo as lágrimas quentes em meu rosto, correndo, se misturando com a chuva. Eu o estou machucando. E isso está me matando. — Você não consegue dizer. — Não é uma pergunta.

— Eu posso mostrar a você — sussurro.

Ele fecha os olhos por um instante, encosta a testa na minha, e então de repente agarra meu quadril e me puxa deitada no capô do carro, arranca meu jeans molhado, jogando-o no chão em uma pilha. Meus olhos estão abertos, e minha boca, escancarada.

— Alguém pode passar.

— Eu não dou a mínima — ele rosna e se aproxima mais, abrindo minhas coxas e enterrando o rosto no meu centro.

Joga Comigo   209

Ele lambe, beija e chupa meus lábios, meu clitóris, empurrando meu piercing contra meu centro, me fazendo colocar os pés em seus ombros. Eu agarro seu cabelo molhado em minhas mãos, e levanto meu quadril, gemendo enlouquecidamente, não me importando se alguém pode nos ver ou ouvir.

Ele levanta e coloca dois dedos dentro de mim, empurrando e puxando-os com intensidade e provocando meu clitóris com o polegar. Ele está me beijando, da mesma forma, com frustração e raiva, e eu aperto seus ombros, quando o orgasmo me atinge.

— Will.

— Você é minha, caramba. Eu vou te proteger de qualquer um e qualquer coisa, você entende? — Seus olhos estão semicerrados, me olhando firme. — Eu não preciso da sua permissão para deixar você segura.

Antes que eu possa responder, ele está me beijando novamente, me fazendo gozar de novo. Ele está me marcando de uma forma que nunca fez antes. Isto é quente pra caralho. Eu o quero. Eu quero ser sua. Eu o amo mais do que eu jamais pensei ser possível, e isso me assusta pra caramba.

Ele levanta minha camiseta até minhas axilas, levando meu sutiã junto, revelando meus seios. Ele puxa meus mamilos e os morde com força. Eu deixo minha cabeça cair para trás e grito de dor e prazer, amando sua boca e suas mãos, enquanto elas me atacam.

Ele nunca foi tão bruto.

De repente, ele baixa a calça e libera a ereção gigantesca, e eu instintivamente me aproximo ainda mais da beira do capô, precisando dele dentro de mim.

— Eu não posso esperar — ele resmunga contra a minha boca e enfia com tudo dentro de mim, com força. Ele agarra meu quadril e me puxa contra ele, mais e mais, me fodendo com tudo o que tem, os olhos conectados aos meus. — Você é tão bonita. Você é tudo, Megan. Quando você vai acreditar nisso? — Ele se move mais rápido e com mais força, até que eu o sinto explodir dentro de mim, seus músculos enrijecendo. Gozo com ele, mais uma vez, e ele rosna em meu pescoço. Ele fica assim, dentro de mim, ofegante, pelo que parece uma eternidade, antes de deslizar para fora e dar um passo para trás. — Fique aqui. — Ele me protege com seu corpo, ajeita minha camisa, veste minha calça e caminha rapidamente para a parte de trás do carro. Ele remexe no porta-malas e volta para mim com um cobertor em suas mãos. — Desça do carro. — Eu obedeço imediatamente, e ele me envolve no cobertor, me dando um beijo suave na testa. De repente, as lágrimas começam de novo. Eu o amo tanto. — Não chore. — Ele me levanta em seus braços e me leva até o lado do passageiro, gentilmente me colocando sentada no assento baixo.

Em vez de me levar de volta para minha casa, ele nos leva para a sua, parando na garagem. Ele me tira do carro e me carrega para dentro. Sobe as escadas e entra em seu quarto, me levando direto para o banheiro. Ele me coloca cuidadosamente sob o chuveiro, liga a água quente, e, em seguida, se inclina na minha frente, pegando meu rosto suavemente em suas mãos e acariciando minhas bochechas com os polegares.

— Eu machuquei você? — ele sussurra.

Nego com a cabeça e mordo o lábio, olhando em seus olhos azuis suaves. Ele está calmo agora, a raiva foi embora.

— Eu sinto muito — sussurro.

— Por que, querida? — Dou de ombros e olho para baixo, mas ele segura meu queixo, para olhar para ele. — Por quê?

— Por te machucar. Eu não quero fazer isso. Você significa o mundo para mim, Will.

Ele suspira profundamente, o alívio surgindo em seu rosto, e me beija suavemente, depois sorri.

— Eu sei.

Concordo com a cabeça, ainda me sentindo uma merda. Eu quero dizer as palavras. Tanto. Ele me tira do cobertor e das minhas roupas molhadas, e faz o mesmo com as suas, me segura pela mão e abre o chuveiro. Ele demora me lavando, ensaboando meu corpo e meu cabelo, e depois me enxagua completamente, antes de fazer o mesmo com ele.

— Eu amo o seu corpo — ele murmura com um sorriso, me tira do chuveiro e começa a me secar com uma toalha grande e quente.

— Digo o mesmo, Estrela do Futebol — respondo e lhe ofereço um meio-sorriso. Ele usa o secador no meu cabelo, e me leva para a cama. — É um pouco cedo para a cama, não? — pergunto.

— Eu tenho que estar de volta no centro de treinamento em seis horas. — Ele franze a testa e afasta o cobertor.

Depois, pega o controle remoto da pequena TV na parede e sobe na cama macia, se aconchegando a mim. Assistimos a um péssimo filme de ação dos anos 90.

— Obrigada — eu sussurro, sem olhar para ele.

— Pelo quê?

— Você sabe. — Passo meus braços ao redor de sua cintura e dou um beijo em seu peito. — Apenas obrigada.

Ele suspira e beija o topo da minha cabeça.

Capítulo Vinte

Já se passaram dois dias desde a nossa briga na chuva e do melhor sexo no carro que tive na minha vida. E desde o dia em que Will praticamente me implorou para lhe dizer as palavras que ele precisa ouvir, e eu não consegui.

Gostaria de saber quanto tempo mais ele vai esperar antes de decidir que não valho seu tempo e terminar comigo. Espero que eu possa lhe dizer as palavras antes que isso aconteça.

Estou sentada em frente a ele em um pequeno restaurante no norte de Seattle conhecido por suas doze versões diferentes de omeletes. Até o Will não conseguiu comer todas, apesar de estar dizimando seis versões, o que me deixa um pouco enjoada só de assistir. Ele realmente consegue comer muito.

— Você está linda hoje. — Ele sorri suavemente para mim, e eu sorrio de volta.

Estou vestida com o habitual jeans e camiseta, e o cabelo solto em volta do meu rosto.

— Obrigada. — Eu deixo meus olhos viajarem por seu cabelo louro-escuro, seus olhos azuis surpreendentes, a camiseta azul e seus braços fortes. — Você também. — Eu levo um pedaço de waffle à boca, e suspiro. — Eu amo a comida daqui.

— Eu sei, é incrível. Você tem que fazer um desenho para a parede. — Ele aponta para as obras de arte com o garfo, e eu rio enquanto olho ao redor.

Há centenas de desenhos feitos em lápis de cera que cobrem as paredes, alguns realmente bons, alguns simplesmente engraçados.

— Por que você não faz um desenho? — pergunto.

— Eu fiz. Ele está lá em cima em algum lugar.

— Desculpe-me, você não é Will Montgomery? — Duas garotas estão de pé no final da nossa mesa, sorrindo e enrolando o cabelo. Elas são jovens e bonitas e estão claramente paquerando Will. Não consigo evitar e reviro os olhos.

— Sou — ele responde com um suspiro e olha para mim, me implorando com seus olhos para não ficar brava.

Eu dou de ombros, e apenas mostro um breve sorriso. Ele não pode evitar de ser uma estrela do futebol supersexy.

— Uau! Podemos pegar um autógrafo?

— Sim, e talvez uma foto? Nós somos grandes fãs — a outra acrescenta, e elas riem.

— Sinto muito, estou almoçando com a minha namorada. Eu realmente gostaria que vocês pudessem respeitar a nossa privacidade.

Elas param e franzem a testa para ele, mas ele mantém o olhar firme.

Puta merda! Isto é novo.

As duas olham para mim pela primeira vez, depois de volta para Will.

— Nós vimos no jornal que você tinha uma nova namorada, mas achamos que eles estavam mentindo, porque você nunca teve namoradas.

Will sorri com frieza, e eu posso ouvir o seu diálogo interno. *Vocês não sabem nada sobre mim.*

— Eu tenho uma namorada, e estou apreciando sua companhia. Tenham um bom dia, meninas. — Ele se vira para mim, efetivamente cortando qualquer coisa que elas estivessem prestes a dizer, quando a garçonete se aproxima com uma garrafa de café.

— Vocês o ouviram. Ou se sentam em uma mesa e fazem o seu pedido, ou saiam. — Ela faz uma carranca para as meninas, que saem da lanchonete. — Desculpe por isso. Elas passaram sorrateiramente por mim.

— Não se preocupe. — Will sorri, enquanto ela nos serve mais café.

— Isso me surpreendeu.

— Por quê? — ele me pergunta, e toma um gole de café.

— Você geralmente gosta de ser o centro das atenções. — Encolho os ombros, e afasto meu prato quase vazio para o lado.

— Nem sempre. — Ele balança a cabeça. — Enquanto eu for o seu centro da sua atenção, estou bem.

— Muita carência? — pergunto sarcasticamente, e rio quando ele me encara com um brilho afiado nos olhos.

— Eu não sou carente.

— Tudo bem. — Sento e sorrio para ele.

— Eu não sou.

— Eu concordei com você.

— Aham. — Ele toma outro gole de café e segura a minha mão, passando o polegar sobre os nós dos meus dedos. — O que você tem previsto para fazer hoje?

— Tenho que trabalhar hoje no turno da noite — respondo e verifico meu relógio. — Você?

— Tenho que ir ao centro de treinamento assistir algum filme esta tarde.

— Você treinou esta manhã?

— Sim.

— E eu fiquei dormindo. — Eu sorrio para ele, e ele balança a cabeça, feliz.

— Preguiçosa.

— Como você se levanta tão cedo?

— Estou acostumado. Faço isso há anos. — Ele dá de ombros e examina as minhas mãos. — Você tem mãos pequenas.

— Eu sou uma garota. Elas deveriam ser pequenas.

Ele beija meus dedos suavemente, e então pega algo de seu bolso traseiro.

— Eu preciso falar com você sobre uma coisa.

— O quê?

— Fui convidado para um baile de caridade. É formal, e eu não costumo ir, mas eu pensei que você gostaria de ir neste. — Ele se mexe desconfortavelmente, e me olha quase nervoso, despertando meu interesse.

— Em prol de quê?

— Hospital Infantil de Seattle — ele responde, seus olhos nos meus.

Um lento sorriso se espalha por todo o meu rosto. Ele quer me levar a um baile formal, em honra ao que sou apaixonada, porque sabe o que isso significa para mim.

Porque ele me ama.

— Will, isso seria incrível.

Ele sorri e olha para o convite prateado em relevo e, em seguida, passa-o para mim.

— É na próxima semana? — pergunto em pânico.

Merda! Eu não tenho nada para vestir! E não tenho dinheiro para comprar nada.

— Sim, isso é um problema? — Ele está me observando de perto, então eu me recomponho e sorrio tranquilizadora.

— Não.

— Você não sabe mentir. Qual é o problema? — ele pergunta e pega a minha mão de novo.

— Nada, realmente.

— O que está te preocupando?

Nossa, ele me conhece muito bem já.

— Eu vou ter que pensar no que vou vestir. — Dou de ombros, como se não fosse grande coisa.

— Mas vai dar tudo certo.

Will estreita os olhos para mim, pensando, mas depois sorri.

— Você terminou?

— Sim, eu tenho que trabalhar daqui a pouco.

— Vamos para casa, então.

Will

Entro no Shelby e pego meu celular do bolso antes mesmo de sair da casa de Meg. Eu a acompanhei até a porta, para que ela pudesse se preparar para o trabalho hoje à noite. Eu odeio que ela trabalhe à noite.

Ela trabalha duro pra caralho.

Mas acho que a maioria dos enfermeiros trabalha. Nunca me ocorreu antes de conhecê-la que os pacientes necessitam de cuidados vinte e quatro horas. Claro, faz sentido, mas não é realmente algo que a maioria das pessoas pense muito.

E ela trabalha muito. Eu odeio que ela dirija sozinha para casa no meio da noite naquela merda do carro. Eu disse a ela para ficar com o Rover, mas ela recusou. Maldita mulher teimosa. Eu ligo para Jules e espero impacientemente que ela atenda.

— Alô.

— Ei, é Will. Você tem tempo para se encontrar comigo hoje à noite?

— Hum... — Eu posso ouvi-la mexendo em papéis e digitando no teclado.

— Sim. Acho que estarei livre a partir das sete. Por quê?

— Eu só quero levar você e Natalie para comer — respondo inocentemente.

— Onde está Meg? — ela pergunta.

— Ela vai trabalhar à noite.

— Você já falou com Nat?

— Ainda não, eu liguei para você primeiro. — Passo a mão no rosto e suspiro. — Eu preciso falar com vocês, e não tenho te visto muito nestes últimos meses.

— Ei, eu não estou reclamando. Claro que vou, eu pego Nat e te encontro. Para onde vamos?

— Venha para a minha casa, eu vou pedir o jantar.

— Então — Natalie começa, dando uma mordida no rolinho primavera.

Ela é adorável e parece feliz, o que é tudo que qualquer um de nós sempre desejou para ela. Ela é tão minha irmã quanto Jules.

— O que há entre você e a Meg?

Elas também são intrometidas pra caralho. Mas é por isso que estão aqui.

— Eu estou completamente apaixonado por ela — respondo com calma e encho meu prato com frango xadrez, arroz primavera e rolinhos de ovo, e olho para as meninas. Elas estão congeladas. Os pauzinhos de Jules estão no ar, a meio caminho de sua boca escancarada, e os dois pares de olhos estão arregalados. — O que foi?

— Você acabou de dizer que está apaixonado por ela? — Jules pergunta, e baixa os pauzinhos.

— Sim.

— Tudo bem. — Elas olham uma para a outra e depois de volta para mim. — Você falou isso para ela? — Natalie pergunta.

— Sim.

— O que ela disse? — Jules pergunta.

Eu me contorço. Eu realmente não queria admitir às duas que Meg não disse nada de volta. Eles nunca me deixariam esquecer disso.

— Ela já disse de volta? — Natalie pergunta baixinho, os olhos cheios de simpatia, e tudo que posso fazer é apertar a minha cabeça abaixada.

— Não.

— Porra — sussurra Jules. — Will, Meg tem problemas de confiança...

— Estou ciente — eu a interrompo. *Elas acham que eu não sei dessa merda? Claro que sei.* — Eu não chamei vocês aqui para isso.

— Bem, eu acho que devemos falar sobre isso — Jules responde teimosamente. — Meg é fantástica, e estou muito feliz que vocês estejam juntos e bem.

Natalie acena em concordância.

— É verdade. Meg é incrível, e estou feliz que ela esteja de volta em nossas vidas. Eu estava com saudades dela.

— Meninas, olhem, eu sei que vocês gostam dela. Isso só deixa minha relação com ela muito mais fácil. Ela é ótima. — Dou de ombros e sorrio para as minhas irmãs.

— Não a machuque — sussurra Jules, seu belo rosto completamente sério. —Honestamente, Will. Meg é forte, mas ela já teve merda suficiente por uma vida inteira.

— Eu sei, Jules. Sério. Eu conheci Sylvia pessoalmente e a tirei da vida de Megan.

Seus olhos se arregalam novamente.

— Como você conseguiu isso? — Natalie pergunta.

— Eu paguei a ela. — Balanço a cabeça ao lembrar da expressão no rosto daquela vadia quando assinou o contrato cortando todos os laços com sua única filha. — Ela ganhou muito dinheiro para desaparecer. Ela assinou um contrato. Não vai incomodar Meg novamente. Se o fizer, eu vou meter a porra de um processo nela.

— Uau. — Natalie engole e ri com tristeza. — Eu queria ter pensado nisso.

— Quanto você pagou a ela? — Jules pergunta.

Eu só balanço a cabeça novamente.

— Mais do que ela esperava. Olha, não foi por isso que chamei vocês aqui. Eu preciso de um favor.

— Ok, manda. — Jules enfia meio rolinho na boca e mastiga com a boca aberta, me sacaneando.

— Você é tão elegante — murmuro.

— Obrigada. — Ela sorri, e enfia a outra metade na boca.

— Vou levar Meg ao baile de caridade do Hospital Infantil de Seattle, no próximo sábado, e ela precisa de um vestido. Preciso que vocês comprem um para ela. Eu vou te dar o meu cartão, e vocês devem dizer a ela que estão emprestando.

— Por quê? — Nat pergunta com uma careta. — Basta levá-la às compras.

— Ela não me deixou. — Balanço a cabeça em frustração e suspiro. — Eu a conheço. Não tem perigo de ela me deixar levá-la para gastar um monte de dinheiro com ela.

Joga Comigo   219

— Você está certo. Pelo menos você não pegou uma interesseira. — Jules encolhe os ombros e, em seguida, continua comendo, ignorando a minha careta. — Tudo bem, podemos comprar algo. O que devemos escolher?

— Ah! — Nat pula em sua cadeira e toma um gole de água. — Há uma designer local que faz vestidos lindíssimos e que são totalmente o estilo da Meg. Roqueira, mas elegante. Aqui. — Ela pega seu iPhone e procura um link, depois começa a passar as páginas para Jules ver, e falando para ela: — Vê? Olha esse.

É perfeito. O vestido é cor da pele, com pequenas flores vermelhas e laranja espalhadas por todo o tecido. Tem um leve franzido no estômago, lhe dando definição. As mangas são compridas e tem um decote V baixo surpreendente. É a cara da Meg.

— Ele é perfeito. Eu quero esse vestido.

— Will, eu não sei se esse vestido específico está disponível.

— Eu não me importo quanto custa. Esse é *o* vestido. — Balanço a cabeça e olho para elas. Quão difícil isto pode ser? — Basta ligar para ela e dizer que eu quero.

Elas olham uma para a outra e depois para mim, e começam a rir, dobrando o corpo de tanto gargalhar.

— Ah, Will, você é engraçado. — Jules enxuga uma lágrima no canto do olho. — Eu vou ver o que posso fazer.

— Ótimo. — Eu me sento, convencido de que Meg vai ter o vestido perfeito para o baile, e sorrio. — Obrigado, garotas.

— De nada. — Natalie e Jules sorriem. — Sabe, ela vai precisar de sapatos também.

— E lingerie.

— Lingerie? — eu pergunto. — De que tipo?

Ah, Deus, isso pode me matar.

— Não se preocupe com isso. — Jules acena despreocupadamente para mim, e imagino as engrenagens de sua mente se movendo com os pensamentos. Ela está tramando algo.

— Isso vai ser divertido. — Nat sorri.

Megan

Estou exausta. Foi um dia longo, muito longo. Eram três da manhã quando eu consegui sair do trabalho, uma hora após meu horário oficial.

Felizmente, estou de folga até a próxima segunda. Eu vou conseguir ir para a festa de Jules no domingo, mas não consegui a segunda-feira livre, porque algumas colegas estão de férias. Eu vou ter que aguentar a ressaca.

Esse negócio de ter uma vida social está realmente começando a interferir com o meu horário de trabalho. Eu rio com o pensamento, dirigindo o meu carro velho até em casa. Sim, ter Will e sua grande família na minha vida pode complicar as coisas, mas eu não trocaria por nada. É bom finalmente ter um pouco de diversão. Ele me lembrou que há mais coisas na vida além do trabalho.

Leo ficaria orgulhoso. Meu estômago revira, como sempre acontece quando eu penso em Leo. Eu sinto falta dele. Ele era meu irmão em todos os sentidos da palavra, e tê-lo fora da minha vida deixou um grande buraco.

Jules está certa, o seu número provavelmente não mudou, mas o que eu posso falar? Ele se foi há anos. É uma estrela do rock, com uma banda e um cronograma de turnê, fãs e responsabilidades. Ele deixou claro, quando me deixou, qual era sua prioridade.

Eu afasto o pensamento de Leo e paro no sinal vermelho, em uma parte deserta de Seattle. Inferno, qualquer parte de Seattle é praticamente deserta às três horas da manhã. Então, quando o sinal fica verde, eu piso no acelerador, mas o carro morre.

Que porra é essa?

Viro a chave, mas não há resposta. Nem mesmo o barulho de um clique.

Maldito carro! Eu bato no volante com frustração e encosto a cabeça no volante. *Porra.* Bem, não posso ficar aqui sentada no meio de um cruzamento a noite toda. Confirmando que o carro está em ponto morto, abro a porta, saio e o empurro para a lateral da rua, estaciono, e entro de volta, trancando a porta.

Estou no centro de Seattle, no meio da noite. Eu ligo para Will e estremeço. Ele vai ter que se levantar em duas horas para ir treinar.

— Alô — ele responde, sonolento.

— Ei, gato. Me desculpa por te acordar — murmuro.

— O que aconteceu? — Eu o ouço se sentar. — Por que você não está aqui?

— Bem, eu estava a caminho, mas meu carro quebrou.

— Onde está você? — Ele está se movendo, provavelmente à procura de roupas, e eu suspiro.

— Eu vou chamar um reboque, Will. Só não quero que você se preocupe quando acordar e eu não estiver aí.

— Vou te pegar. Onde você está? — ele pergunta novamente.

— No centro.

— O quê?

— Estou no centro. Na verdade, eu deveria ligar pra Jules. A casa dela é mais perto.

— Claro que não. Eu chego aí em dez minutos. Chame um reboque. Estou a caminho.

Ele desliga o telefone, e eu apoio a testa no volante novamente. Ele parecia bravo. Bem, foda-se! Ele não tinha que vir me pegar. Eu disse que iria chamar um reboque.

Falando no reboque, ligo para uma empresa local, dou minha localização, as informações de seguro, e espero. Menos de dez minutos depois, Will para atrás de mim com o Rover. Eu saio e entro em seu carro.

— Obrigada. Você não tinha que vir me pegar.

— Certo, Meg, como se eu fosse deixar você ficar sentada aqui sozinha. Em quanto tempo a empresa de reboque falou que chegaria?

— Cerca de meia hora. Eles estarão aqui em breve.

Ele apenas balança a cabeça e olha para frente, a mandíbula apertada.

— Will, sério, eu sinto muito. Eu sei que você tem que levantar cedo...

— É por isso que você acha que estou chateado? — Ele vira para olhar para mim. — Por que eu vou perder algumas horas de sono?

— Eu sei que você tem uma agenda cheia hoje...

— Pare de falar. — Ele passa as mãos pelo rosto e meu queixo cai. Será que ele realmente me disse para me calar?

— Megan, eu não estou bravo com você por me acordar, ou por ter que vir buscá-la. Você é minha. Isso faz parte do meu trabalho. Eu vou com prazer buscá-la todas as noites depois do trabalho e trazê-la para casa, se assim eu tiver a certeza de que você está segura.

— Você não tem que...

— O que me irrita — continua ele, me ignorando — é que eu já te disse que o seu carro não é seguro, especialmente para dirigir sozinha no meio da noite, e eu quis te dar este carro.

— Will, eu não posso simplesmente pegar um carro seu.

— Que inferno, e por que não?

— Porque é um maldito carro! — eu grito. — Não é um par de sapatos, ou me levar para jantar, Will. É um carro caro.

— Um carro que eu mal uso. — Sua voz é mais calma agora. — Megan, eu raramente uso este carro. Sério, use-o. Se isso faz você se sentir melhor, pense nele como emprestado indefinidamente. — Eu faço uma carranca para ele. — Você não tem muita escolha. Tenho a sensação de que esta coisa não terá conserto. — Ele aponta para o meu pequeno carro vermelho e eu suspiro.

— Eu sei.

Ele pega minha mão.

— Me desculpe por ter gritado com você, mas, gata, isso é bobagem. Basta usar este carro, ok?

— Por que você sempre consegue o que quer?

— Porque eu sou charmoso, bonito e rico.

— E tão incrivelmente modesto. — Balanço minha cabeça para ele e, em seguida, passo por cima do console para seu colo. — Obrigada por ter vindo me pegar e por me emprestar o seu carro.

— De nada.

— Como eu posso retribuir? — pergunto e mergulho meus dedos em seu cabelo loiro-escuro suave.

Joga Comigo   223

— Hum... Acho que podemos pensar em alguma forma de pagamento, quando chegarmos em casa.

Seus olhos estão felizes agora, e há um sorriso em seus lábios. Eu aproximo meu rosto do seu.

— Você tem um cheiro bom — eu sussurro. Ele envolve os braços em volta de mim e me beija suavemente, mordiscando meus lábios de brincadeira, pelo meu queixo, e depois até minha orelha, que sabe que é um ponto sensível.

— Você tem um gosto bom — ele murmura. Então o caminhão de reboque chega, e dá ré até a frente do meu carro. — Fique aqui — Will me instrui, enquanto sai do carro.

— Sim, senhor — respondo brincando.

— Eu vou bater em você mais tarde.

— Que bom. — Eu sorrio para ele, e ele balança a cabeça, enquanto caminha ao encontro do motorista do reboque, para lhe dar as instruções.

Capítulo
Vinte e Um

— Quem os chamou? — Natalie pergunta e aponta o dedo bêbado para a porta.

Nós seguimos a mão bem-cuidada para encontrar Caleb e Matt andando em nossa direção, tentando não sorrir. Deus, os homens dessa família são bonitos.

— Nós não queremos ir para casa ainda — Jules fala, amuada.

— O bar está tentando fechar, Jules — Matt diz a ela. — Precisamos levar vocês para casa.

— Vou ligar para Nate e ele vai pagar para ficar aberto por mais tempo. — Jules pega seu telefone, mas Matt apenas sorri para ela.

— Ah, Jules, acho que é contra a lei qualquer um deles ficar aberto mais tarde do que isso.

— Bem, merda — murmura Sam.

— Sim, merda — eu murmuro de acordo.

— Ok, vamos lá. — Nós todas viramos a nossa última dose, pegamos nossas bolsas e seguimos em direção à porta. Graças a Deus, meus pés estão intactos desta vez.

— Eu vou ter alguns orgasmos! — Natalie anuncia a todas nós, enquanto estamos na calçada e esperamos Caleb trazer o carro.

Eu sorrio e levanto meu punho para bater no dela.

— Ei! Eu posso ter também! Espero. — Eu viro meus olhos embaçados para Matt.

— Will vai estar em casa?

Will teve que viajar para Nova York neste fim de semana para um jogo longe. Eu odeio quando ele viaja.

Joga Comigo 225

— Sim, ele está esperando por você em casa — Matt responde com um meio-sorriso.

— Bom! Orgasmos para mim! — Todas as meninas batem os punhos no ar.

Caleb encosta a minivan, que ele deve ter pego emprestado de alguém, no meio-fio, e todas nós tentamos entrar ao mesmo tempo no carro. Ele sai do banco do motorista para ajudar Matt a nos colocar para dentro, então, Matt vai até o banco do motorista e Caleb senta no banco do passageiro.

— Eu preciso de orgasmos — Brynna fala, amuada. Ela fica hilária embriagada. Esta mulher de cabelos escuros vira uma louca quando lhe dão um pouco de coragem líquida.

— Aquele cara que estava dançando com você teria lhe dado alguns — eu falo com um sorriso e Caleb vira a cabeça para nos olhar.

— Que homem? — pergunta ele, a voz baixa e dura.

— Apenas um cara que queria um pouco de diversão — Natalie responde. — Bem, e por diversão quero dizer dar a Bryn alguns orgasmos.

Nós todas rimos, como se isso fosse a coisa mais engraçada que já ouvimos. Porque é.

— Ei, vocês são bons em dar orgasmos? — pergunto aos irmãos, e depois sorrio quando Matt sacode a cabeça tristemente e Caleb coloca a mão sobre os olhos, tentando manter a paciência. — Eu aposto que você é. Aposto que é genético, porque Will pode dar alguns orgasmos bons pra caralho.

— Eu quero um pouco de sexo bruto — Sam responde. — Eu gosto de levar uns tapas.

— Sério? — Brynna pergunta, de olhos arregalados.

— Você nunca levou uns tapas? — Sam pergunta a ela, e Brynna balança a cabeça, negando.

Hum... Acho que vou pedir a Will para bater em mim esta noite.

— É muito sexy — Sam diz a ela e todas acenamos de acordo.

Matt balança a cabeça novamente, quando vira uma esquina.

— Qual o problema, Matt?

— Vocês precisam falar sobre sexo? — pergunta ele. — Eu sou parente da maioria aqui.

— O que há de errado? Você não gosta dele bruto? — Brynna pergunta com um sorriso.

Como estou sentada bem atrás dele, eu o ouço murmurar:

— Você não tem ideia do quão bruto eu gosto.

— Cara — Caleb repreende. — Cala a boca.

— O quê? Elas estão falando sobre isso.

— Sim! Eu preciso transar — resmunga Brynna novamente. — Sério, meninas. Tipo, transar muito, por dias. Quando fizer, vou querer mais e mais.

— Chega! — Caleb grita, assustando todas nós. Matt ri dele, enquanto nós olhamos uma para a outra.

— Eu acho que Caleb precisa transar. Muito — comenta Jules, com um sorriso de satisfação.

— Nat, como se soletra orgasmo? — ela pergunta, com o rosto praticamente pressionado na tela de seu telefone.

— Você não pode soletrar, você apenas sente.

— Não, eu estou trocando mensagens com Nate e preciso que ele entenda exatamente o que eu quero.

— Eu acho que ele sabe — digo a ela. Na verdade, respondo a que está à direita. Estou vendo três dela na minha frente. — Nate parece que lhe dá orgasmos muito bons.

— Ah, ele realmente dá. Eu nunca percebi o que um piercing poderia fazer, até que eu o conheci. — Ela está concordando com a cabeça e mandando mensagens, e eu estou atordoada.

— Ele tem piercing? — eu chio.

— Sim.

— Puta merda!

— De jeito nenhum!

— Por quê?

Joga Comigo   227

Todas as meninas estão atordoadas, fazendo várias perguntas de uma vez, mas eu estou sem palavras. Puta merda. Ele tem piercing. Jules sortuda.

— Eu me pergunto se Will aceitaria ser perfurado? — Eu faço a pergunta em geral, mas Matt e Caleb respondem juntos:

— Não!

De repente, o telefone de Caleb está tocando.

— Ei, cara.

— Quem é? — Jules pergunta.

— Sim, nós já pegamos, e vamos deixá-la na sua casa primeiro — Caleb diz, enquanto olha para Nat, que está encolhida, com um sorriso no rosto bonito.

— Você está pensando sobre orgasmos? — eu lhe pergunto.

— Uhum — ela confirma. — Luke é bom com eles também.

Sortuda do caralho. Somos todas sortudas do caralho. Quer dizer, aquelas que têm alguém esperando para lhe dar alguns bons orgasmos.

— Luke está esperando por você, Nat — Caleb diz a ela, enquanto desliga o telefone.

— Eu sei. — Ela sorri.

— Não há ninguém em casa para bater na minha bunda — Sam comenta sombriamente, uma careta em seu belo rosto.

— Você deveria ter escolhido alguém no bar — Jules responde. — Nat, como se soletra boceta?

Matt engasga com o refrigerante que está bebendo.

— Sério, Jules, cale-se! Você é minha irmã!

— Ah, pare. Eu já cresci. Eu faço sexo há mais de uma década. — Ela acena para ele. — Meg, como se soletra pau?

— Eu não sei. — Minha testa enruga tentando lembrar. Todas as minhas palavras se foram. — Merda, eu tenho 'nésia!

— Merda — Brynna responde. — Eu acho que você soletra p-a-u. Mas você não deveria soletrá-lo, Jules, você supostamente deveria chupá-lo.

— Puta merda! — murmura Caleb e atende o telefone que estava tocando. — Oi, Will. Estou assim porque elas estão bêbadas pra caralho e não param de falar de sexo...

Eu arranco o telefone da mão dele.

— Ei, seeeexy jogador de futebol.

— Oi, gata. Vocês estão se divertindo?

Caramba, sua voz é sexy.

— Sim. Eu quero orgasmos. Você vai me dar uns quando eu chegar aí, né?

Ele ri no meu ouvido e eu sorrio.

— Contanto que você aguente, sim.

— Eu não vou vomitar. — Enrugo a testa. — Eu quero que você bata na minha bunda. Sam me lembrou que eu gosto disso. Mas tenho 'nésia, porque não me lembro como se escreve boceta.

— Ah, Meg, meus irmãos estão aí.

— Eu sei que os teus irmãos estão aqui! — Eu reviro os olhos e rio.

— Eles são meus irmãos também! — Jules grita com ele.

— Deus, vocês estão muito bêbadas. — Will ri.

— Bem, sim. É uma despedida de solteira, Will. — Eu me contorço no lugar. — Agora, como eu estava dizendo, você sabe o que tenho no clitóris... — Antes que eu possa dizer outra palavra, Caleb toma o telefone de volta, franzindo a testa para mim.

— Cara, o que acontece com todas essas mulheres com tesão? — ele pergunta a Will.

— Ei! Eu não acabei!

— Meg — Jules fala para mim. — Meus irmãos não querem saber que você tem um piercing no clitóris.

Eu ouço o grito de Will no telefone, mesmo sobre os suspiros das meninas, e depois Caleb aperta a ponta de seu nariz e suspira.

— Sim, ela disse.

Matt olha para mim no retrovisor, com os olhos arregalados, e eu falo:

— O quê?

Ele ri e balança a cabeça.

— Nada.

— Ei, isso deixa as coisas mais interessantes — eu respondo.

Nós paramos na casa de Nat, e Luke sai para pegar sua esposa. Ele sorri para ela com ternura, enquanto a ajuda a sair da van.

— Bem-vinda, amor.

— Oi, lindo. — Ela segura seu rosto em suas mãos e o beija profundamente, enquanto ele a carrega para dentro e acena para nós.

— Orgasmos. — Brynna suspira e se senta em sua cadeira.

A próxima parada é na antiga casa de Nat e Jules, onde Brynna e suas meninas estão vivendo nos últimos meses. Brynna sai da van, mas tropeça, e Caleb facilmente a segura em seus braços, sorrindo para ela, enquanto ela coloca os braços em volta de seu pescoço.

— Você não tem que me carregar — ela murmura, enquanto ele caminha para a porta da frente.

— Está tudo bem, querida — ele murmura, e eu suspiro. Puxa, ele é fofo. Todos os caras são tão fofos.

— Eu gosto de caras fofos — eu anuncio.

— Por quê? — Jules pergunta.

— Eu não sei. — Faço uma careta e penso sobre isso. — Eles têm um gosto bom.

Sam concorda.

— Eles têm. Mas o gosto é bom quando eles são safados também.

— Ah, sim. — Eu me lembro. — Tudo bem. Eu gosto de caras fofos e safados.

Caleb entra no carro novamente e levamos Sam até sua casa.

— Você está bem? — Matt pergunta, quando ela desce da van.

— Sim, estou bem. Eu tenho que ligar para o Brandon.

— Quem é Brandon? — Jules pergunta.

— Amigo de foda. Eu preciso levar uns tapas. A noite toda! — E com isso ela desaparece em seu apartamento.

— Vá em frente, garota! — eu grito.

Jules sorri e olha para mim.

— Estou tão feliz que você conseguiu vir.

— Foi divertido — eu concordo.

— Nós vamos fazer isso de novo quando você se casar.

Eu faço uma careta para ela e balanço a cabeça.

— Não vou me casar.

— Por quê?

— Will vai me deixar antes disso. — Dou de ombros e suspiro. — Mas eu vou desfrutar dele enquanto puder.

Caleb e Jules me olham de cara feia, assim como Matt faz pelo retrovisor.

— O que foi?

— Por que ele te deixaria? — Caleb pergunta em voz baixa.

— Eles sempre deixam.

— Quem? — Matt pergunta.

— As pessoas que eu amo. — Suspiro novamente e olho para Jules, que está me observando com olhos compreensivos. Ela e Nat são as únicas que realmente sabem. — Eu não posso dizer, Jules. Se eu disser a ele que o amo, ele vai embora.

— Não, ele não vai, querida. — Ela aperta minha mão e então sorri.

— Ele vai foder pra caralho com você, mas de um jeito bom.

— Não, ele não vai. — Eu balanço minha cabeça. — Ele diz que nunca me fode. Mesmo quando ele me fode.

— O que significa isso? — ela pergunta com uma careta, quando os caras olham para frente.

— Eu não sei. — Nós paramos na casa de Jules. — Vá buscar seus orgasmos.

Joga Comigo   231

— Tudo bem. — Ela sorri abertamente para o homem alto e devastadoramente belo que caminha até a calçada para buscá-la. — Vejo você no sábado.

Nate a levanta nos braços, acena para nós e segue para dentro da casa. Eles são tão bonitos juntos. Seus bebês serão maravilhosos. Eu suspiro. Nate foi um lutador. Ele sabe bater. Por que isso é tão engraçado para mim, eu não tenho certeza, acho que é o álcool falando.

Devo ter cochilado porque, de repente, a porta da van se abre novamente, e Will aparece sorrindo gentilmente para mim.

— Ei, preguiçosa. Vou te levar para dentro.

Ele me tira facilmente da van, e eu me aconchego a ele, muito feliz por estar em seus braços fortes.

— Obrigado, caras. Tenham uma boa noite.

— Sem problema, cara. Boa sorte com ela.

Meus olhos estão fechados, mas eu posso ouvir a risada de Caleb.

— Boa noite, rapazes. Vão buscar alguns orgasmos — eu os instruo, e não posso deixar de sorrir com suas gargalhadas. Eu amo esses caras.

Will me leva para dentro e me senta em cima do balcão da cozinha. Eu me seguro, apertando as mãos sobre as bordas do granito escuro, e balanço os pés, observando-o se mover. Ele coloca um copo de água e pega comprimidos em uma gaveta.

— Aqui, tome estes comprimidos e beba o copo inteiro, assim você não vai ficar de ressaca amanhã.

— Você venceu esta noite? — eu pergunto, e faço o que ele me pede.

— Sim. — Seus olhos estão felizes quando me vê seguir suas instruções. Quando o copo está vazio, eu limpo a boca com o braço e passo a língua nos lábios.

— Obrigada.

— De nada. — Ele coloca o copo na pia e depois fica entre as minhas pernas, seus braços em volta da minha bunda, o nariz encostado no meu.

— Will, você foi muito derrubado hoje? — pergunto com uma careta.

— Não, não muito — ele responde com um sorriso suave.

— Eu não gosto quando te pegam.

— Acontece, querida. — Ele ri. — Eu estou bem.

— Você é tão alto.

Ele apenas sorri para mim.

— Você é tão bonita.

— Não, eu sou apenas uma garota normal. As garotas que ficam atrás de você é que são lindas. Aquelas suas torcedoras fanáticas.

— Eles não são minhas fanáticas. E não são bonitas. Você é. Eu amo seus olhos castanhos e cabelos. Eu amo a sua pele macia. — Ele envolve os braços firmemente em torno de mim e resvala seu nariz no meu. — Eu amo você, Megan.

Eu suspiro e me aconchego nele, as pernas ao redor de seu quadril, braços ao redor de seu pescoço, e meu rosto enterrado em seu peito. Ele me levanta e me leva para cima deste jeito, me ajuda a tirar a roupa, então me coloca na cama. Ele fica em pé ao lado da cama, me olhando com diversão e amor. Eu abro os braços.

— Venha para a cama.

Ele tira suas roupas e se deita comigo, e eu me lembro daquela primeira noite em minha casa, quando ele me levou depois da festa de noivado, e quão longe nós chegamos desde então. Ele deita ao meu lado e me puxa para ele, envolvendo os braços em volta da minha cintura. Meus olhos estão pesados do álcool e das danças.

— Durma — sussurra Will para mim.

— Mas eu queria orgasmos — sussurro de volta.

Will ri baixinho e acaricia meus cabelos.

— Eu vou te dar vários amanhã.

— Tudo bem. — Eu suspiro e enlaço os meus dedos nos dele. — Eu também te amo — sussurro suavemente, pouco antes de cair no sono, e não ouço o suspiro de surpresa de Will ou vejo o sorriso se espalhar pelo seu rosto.

Acordo com a luz do sol e o cheiro de bacon.

Joga Comigo

Oh, Deus, bacon.

Eu fico na cama, deitada de costas, e faço um balanço. Estômago não está revirando. Quarto não está girando. Cabeça não dói. Eu me sento. Parece que meus órgãos estão bem. E o bacon está me dando água na boca.

Eu amo as manhãs de segunda-feira. Normalmente, Will tem o dia de folga, o que significa que eu posso passar a manhã com ele. Corro para o chuveiro e termino de tirar a noite passada do meu corpo. Cabelos, rosto e corpo são lavados e enxaguados até que eu esteja completamente limpa e me sinta dez vezes melhor. Escovo os dentes, penteio o cabelo molhado, pego uma das camisas velhas de Will e seu short de pugilista e vou atrás dele.

Ele está na cozinha, adicionando frutas em duas pequenas tigelas. Ele fez panquecas e bacon e está maravilhoso em seu jeans desbotado rasgado e camiseta preta velha. As mangas da camisa abraçam os músculos de seus bíceps, e eu não consigo me segurar. Vou até ele e o beijo bem ali.

— Bom dia — murmuro.

— Bom dia. — Ele sorri para mim e me beija castamente. — Como você se sente?

— Melhor do que eu esperava.

— Não está de ressaca?

— Não. Eu me sinto bem. O banho também ajudou.

— Que bom. — Ele me entrega as tigelas com frutas, pega os pratos, e me leva até a mesa de jantar, onde já colocou café e suco.

— Isso é fantástico. Obrigada.

— De nada, querida.

Nós começamos a comer, e, ah, meu Deus, tem gosto de céu.

— Eu não tinha ideia de que você sabia cozinhar.

Ele ri e dá de ombros.

— Eu não sei mesmo. Café da manhã é tudo que você vai conseguir de mim.

— Hum. — Eu dou outra mordida na panqueca. — Muito bom.

— Você estava com fome — ele comenta com um sorriso.

— É. Nós não comemos muito na noite passada.

— Eu faço uma ideia. Você se lembra do que aconteceu?

Eu franzo a testa e penso na noite passada.

— Eu me lembro de dançar, rir e beber muito.

— Você se lembra da volta para casa? — Seus olhos estão brilhando, divertidos.

— Eu acho que falei com você ao telefone.

— Você falou.

— Nós estávamos falando sobre orgasmos. Eu não recebi nenhum, certo?

Ele balança a cabeça e ri.

— Ah, não. Você capotou.

— Típico. — Dou de ombros. — Foi muito divertido.

— Ótimo. Você merecia.

— Eu acho que o trabalho não vai ser tão pesado hoje, como eu temia.

— Você tem que trabalhar hoje? — ele pergunta com as sobrancelhas levantadas.

Eu termino minha refeição e encosto na cadeira, com o suco na mão.

— Sim. Alguns funcionários saíram de férias, e eu não consegui reorganizar a agenda. — Dou de ombros novamente. — Está tudo bem. Eu trabalho de hoje até quinta-feira, e então estou liberada até a próxima terça.

— Quatro noites esta semana? — Will pergunta, enquanto limpa a mesa. Levanto para ajudá-lo, mas ele me dispensa com as mãos. — Eu faço isso. Apenas relaxe.

— Sim, peguei um turno extra. — Eu não digo a ele que preciso do dinheiro extra para substituir o meu carro. — Então, antes de ficarmos completamente bêbadas ontem à noite, Jules se ofereceu para me ajudar com a roupa para o baile, no sábado. Ela tem um vestido que pode me emprestar, acho que vai ser divertido. Eu acho que Nat e Sam virão também.

— Isso vai ser legal. Eu tenho certeza de que você vai ficar linda. —

Ele sorri para mim, mas eu sinto que algo está errado.

— O que é?

— O quê?

— Algo está errado — eu falo e cruzo os braços no peito.

Ele encosta a bunda contra a bancada, e eu me inclino contra ele, envolvendo meus braços ao redor de sua cintura, olhando para o seu rosto bonito. Ele franze a testa e aperta os lábios.

— Eu estava esperando passar o dia com você hoje. Eu viajei por três dias e senti sua falta.

Levanto na ponta dos pés e beijo seus lábios suavemente, mordendo seu lábio inferior.

— Eu também senti sua falta, estrela do futebol.

Suas mãos deslizam nas minhas coxas e sobre a minha bunda, embaixo da camiseta, e depois fazem o caminho de volta.

— Você é tão deliciosa.

Eu levanto os braços e ele puxa a camiseta sobre a minha cabeça e joga-a no chão. Levanto a barra da camisa dele, e ele me ajuda a puxá-la sobre sua cabeça, e eu não posso evitar em dar um passo atrás para olhar aquele corpo musculoso e definido diante de mim. Deus, todo esse trabalho duro compensa.

— Você é gostoso pra caralho — eu sussurro, meus olhos deslizando sobre seu peito. Abro os botões do seu jeans e vou descendo-o por suas pernas, trilhando minhas unhas no caminho pelo seu quadril, o V e suas pernas.

— Você me deixa louco — ele murmura, quando eu pego sua ereção em minha mão e sorrio docemente para ele.

— Eu deixo?

— Você sabe que deixa.

— Eu sei que você me deixa louca. — Eu me ajoelho e traço a borda da ponta do seu pênis com a minha língua, e sorrio quando ele inspira através dos dentes.

— O que eu sei que amo é o seu corpo rígido.

Eu mergulho nele, agarrando seu pênis firmemente com meus lábios, e chupo inteiro, olhando a umidade se formando na ponta. Eu dou uma lambida e, em seguida, mergulho novamente. Ele coloca os dedos no meu cabelo, mas não para tentar controlar os meus movimentos; ele só precisa me tocar.

— Eu adoro assistir sua boca rosada no meu pau, gata.

Solto um gemido e chupo novamente todo seu comprimento, levantando as bolas com a outra mão. Antes que eu possa fazer mais alguma coisa, ele agarra meus ombros, me puxa para cima, e me beija profundamente, sua língua dançando com a minha. Ele tira meu short e me levanta na bancada.

— Eu lembro de estar aqui na noite passada.

Ele sorri para mim e beija do meu pescoço até meus seios, segurando minha bunda. Ele presta atenção especial a cada mamilo, lambendo-os e puxando-os com os dentes, e uma mão encontra o caminho entre as minhas coxas.

— Deus, Will — gemo.

Ele sorri contra o meu peito e encontra o meu centro.

— Porra, você está molhada.

— Você é sexy como o inferno, Will. — Eu me inclino para trás em meus cotovelos e fico olhando-o beijar todo o caminho até o meu ventre, os dedos massageando minhas dobras.

— Olha, Meg. — Ele me encara com seu olhar azul ardente, e depois olha para seus dedos, me tocando como um instrumento musical. Eu suspiro profundamente e solto um gemido. — Caramba, isto é muito bom.

Ele afunda dois dedos dentro de mim e os move, ah, tão lentamente, dentro e fora.

— Will.

— Sim, querida. — Ele se inclina e chupa um mamilo, puxando-o em seus lábios, e eu suspiro.

— Preciso de você, querido.

— Onde?

— Dentro de mim.

Joga Comigo 237

Ele sorri para mim, então observa seus dedos novamente, e empurra o polegar contra o metal, me levando ao limite.

— Ah, merda!

— Vai, querida.

E eu vou. Puta merda, o orgasmo me atravessa, e eu me contorço, estremecendo contra a mão de Will. De repente, ele me puxa para fora do balcão, me coloca de costas contra ele, e então eu estou inclinada contra o granito aquecido pelo calor do meu corpo. Ele puxa meu quadril para trás e se empurra dentro de mim.

— Ah, Deus — ele geme. — Você é tão apertada.

Ele desliza para dentro de mim, e, em seguida, começa a realmente se mover, bombeando dentro e fora, segurando meu quadril e minha bunda em suas mãos enormes. Acho que vou ficar roxa e me sinto fantástica pra caralho.

— Me bata — eu falo, olhando por cima do ombro para ver sua reação. Seus olhos se arregalam e depois se estreitam.

— Quer que eu pegue pesado?

— Por que não? — pergunto a ele.

Ele me dá um sorriso travesso e bate na minha bunda, levemente, a princípio, depois aperta meu cabelo em seu mão, empurrando meu rosto até a bancada lisa.

— Tem certeza? — pergunta ele em voz baixa.

— Porra, sim. — Ele bate outra vez, com mais força, e eu gemo alto. — Mais uma vez.

Ele atende, um pouco mais forte, e eu sinto o sangue correr pelo meu corpo. Sua pegada no meu cabelo fica mais forte, e ele me puxa de volta, me trazendo perto dele, para que possa beijar meu pescoço, mordendo e sugando-o com força, enquanto bate em mim, mais e mais, mais e mais forte.

Eu aperto a beira do balcão e me empurro contra ele, sentindo meu orgasmo se formando mais uma vez.

— Eu vou gozar.

— Não até eu falar — ele rosna, e minhas sobrancelhas se erguem até o meu cabelo.

Isso é excitante pra caralho.

— Por favor? — eu peço.

— Ainda não. — Ele me bate mais uma vez, então sai de mim, me vira, me levanta e desliza facilmente para dentro de mim novamente, me encurralando contra o freezer.

Há suor em sua testa, seus olhos estão gelados e estreitos, e ele está ofegante como se tivesse corrido setenta e cinco jardas para um touchdown.

— Eu amo isso — ele geme e me beija profundamente, empurrando cada vez mais forte dentro de mim.

— Will, eu tenho que gozar.

— Quase.

— Will.

— Quase, merda. — Suas mãos apertam a minha bunda, e eu me aperto em torno dele como um vício, minhas mãos puxando seu cabelo.

— Agora!

Nós dois explodimos, nossos corpos estremecendo e sacudindo com a força do nosso clímax. Will inclina a testa contra meu ombro, seu corpo todo tremendo.

— Ei — murmuro, acariciando suas costas suavemente. — Will.

Ele se afasta um pouco, os olhos arregalados.

— Você está bem?

— Ah, querido. — Eu sorrio. — Estou mais do que bem.

Todo o seu corpo relaxa.

— Graças a Deus.

Ele tira seu pau de dentro de mim e me coloca de pé.

— Eu quero levar você lá para cima, mas não tenho força. Você acabou comigo.

— Sério?

Não sei por que isso faz com que eu me sinta tão orgulhosa, mas eu estou muito feliz.

— Ah, sim. Venha, vamos nos limpar. — Antes de me guiar pela sala e subir as escadas, ele se inclina e me beija suave e carinhosamente. — Você é minha, Megan McBride. Nunca se esqueça disso.

Capítulo
Vinte e Dois

— Sério, meninas, isso é muito. — Eu olho para baixo, para os saltos vermelhos Louboutin, com os olhos cheios de desejo.

— Para. Nós queremos fazer isso por você. — Eu olho para as minhas três amigas e começamos a rir. Não me lembro a última vez que me diverti tanto por causa de sapatos.

Talvez esse seja o problema. Nossa, estes sapatos são lindos de morrer e ficam perfeitos com o vestido que Jules me emprestou. Aliás, vou pedir esse vestido como herança quando ela morrer. Ele caiu como uma luva em mim e eu quero usá-lo todos os dias. E agora eu quero usar estes sapatos todos os dias também.

— Mas vocês já me deram aquela calcinha linda, e me levaram para um dia no SPA. É muita loucura. Quem vive assim?

Samantha sorri e passa gloss nos lábios macios, seus olhos azuis brilhando.

— Nós vivemos.

— Meg, você nasceu para estes sapatos. — Nat suspira. — Eles são perfeitos com o vestido.

Estamos no meu quarto, e elas estão me ajudando a me vestir. Jules passou mais de uma hora fazendo meu cabelo e o deixando com cachos muito sexy. É divertido demais.

— Eu não sei como posso retribuir a vocês por tudo isso.

— Ah, por favor. — Nat acena para mim e ri. — Não há necessidade de nos retribuir. Nós te amamos.

— Bem, há uma coisa que você poderia fazer — murmura Jules e morde o lábio, os olhos azuis arregalados.

— O quê? — eu pergunto.

Joga Comigo   241

— Cante na minha festa.

— Jules... — Eu balanço minha cabeça e apoio as mãos no quadril.

— Só pensa nisso — ela pede e pega a minha mão, segurando firme. — Meg, eu amo a sua voz. Eu sempre amei, e você sabe disso. Eu sempre fui sua maior fã.

— Ei! — Nat protesta, e eu sorrio para ela.

— Jules, eu não canto na frente de uma plateia há anos.

— Mas você não se esqueceu de como faz. Você não tem medo do palco. Você vai arrebentar. Apenas uma música, por favor?

Eu mordo meu lábio e olho para Natalie e Samantha, ambas sorrindo para mim.

— Quem você contratou para tocar na festa? — eu pergunto.

— Eu não sei, Luke está tomando conta disso.

— Luke? — eu pergunto, minha sobrancelha levantada.

— Luke conhece todo mundo. — Nat revira os olhos. — Eu não sei quem ele chamou, mas ele queria que fosse o nosso presente para Jules e Nate.

— Por isso, provavelmente vai ser alguém famoso. Não uma banda local.

Jules dá de ombros.

— Provavelmente. Mas Luke sabe o tipo de música que gostamos, então eu tenho certeza de que vai ser ótimo. Mas você não tem que cantar com eles. Você pode pegar um violão e tocar apenas uma música. Eu adoraria que você tocasse a música para a nossa primeira dança. Por favor, este pode ser o seu presente para mim.

Seus olhos estão me implorando. Como eu posso dizer não?

— Qual é a música? — pergunto com um suspiro, e ela sorri muito, deixando seu belo rosto radiante, e eu não posso deixar de sorrir de volta, quando ela me abraça apertado.

— *I Won't Give Up*, de Jason Mraz.

— Eu conheço. — Sorrio para ela e, em seguida, olho para Sam e Nat. — Acho que é melhor eu começar a praticar.

242   **Kristen Proby**

— Isso é tão incrível. — Nat abraça Jules. — Eu mal posso esperar para ouvi-la.

— E eu mal posso esperar para ouvi-la pela primeira vez — Sam diz com um sorriso. — Parece que vai ser um show e tanto.

— Eu vou dar o meu melhor.

Eu me viro e dou uma última olhada no espelho.

— Vocês têm certeza sobre o batom escuro? — É um tom escuro de vinho, que dá definição aos meus lábios e faz um contraste gritante com a minha pele branca.

— Definitivamente. Está sexy. E tem uma ótima fixação, assim você pode beijar Will a noite toda e não vai borrar ou sair. — Sam pisca para mim.

— Tudo bem. Uau! Se você diz.

A campainha toca e de repente sinto o meu estômago revirando com antecipação.

— Will chegou. — As meninas começam a se levantar e caminham para fora do quarto.

— Fique aqui por alguns minutos. — Nat beija minha bochecha.

— Dê um tempinho e deixe-o esperar. Você está deslumbrante. Divirta-se. — E com um sorriso e um aceno, ela desce as escadas com as meninas para abrir a porta para Will.

Eu ouço sua voz e sorrio. Esse som de barítono profundo mexe demais comigo. Aposto que ele pode cantar bem.

— Onde ela está? — pergunta ele.

— Está terminando lá em cima. Vai descer em um segundo — Sam diz a ele.

— Eu vou subir. — Eu ouço o som dele caminhando em direção às escadas.

— Não, você não vai. — Jules ri. — Seja paciente. Ela vai descer. Divirtam-se essa noite.

— Seja legal — diz Nat e então eu ouço a porta da frente abrir e fechar, e Will ligar o alarme.

Joga Comigo   243

O que há com ele e este alarme?

De repente, ouço seus passos rápidos na escada, subindo de dois em dois degraus, e finalmente ele está em pé na minha porta, me olhando. Eu o encaro de volta.

Ele está em um smoking, parecendo o 007, e tão sexy e... *meu*.

— O que aconteceu com esperar lá embaixo? — pergunto com uma sobrancelha levantada.

— Dane-se, eu queria ver você. — Ele engole em seco. — Uau.

— Sim. — Eu olho para o vestido e giro em um círculo, para que ele possa ver tudo. — Gostou?

— Hum... — ele murmura. — Você está absolutamente linda, mas está faltando alguma coisa.

— Está? — Eu olho para baixo novamente e vou até o espelho, me certificando de que o meu cabelo ainda está no lugar. — Eu acho que Jules cuidou de tudo.

Ele se move atrás de mim, e seu olhar ardente encontra o meu pelo espelho. Ele se inclina e beija o meu pescoço, logo abaixo da orelha, e envolve um braço em volta do meu corpo, com a palma da mão para cima. Há uma caixa azul da Tiffany, envolvida em um laço branco, em sua mão.

— Eu acho que isso poderia dar o toque final — ele murmura em meu ouvido.

— Você já me deu tanto — sussurro, os olhos grudados na pequena caixa azul.

— Eu te daria o mundo se eu pudesse, querida. — Meus olhos voam de volta para os seus no espelho, e ele está sorrindo suavemente.

— Você é o meu mundo — eu sussurro.

Seus olhos se arregalam, e quando eu acho que ele vai ficar todo piegas para mim, ele sorri.

— Quem é a atrevida agora? — ele pergunta, me lembrando do café em Nova Orleans.

— Atrevida? — pergunto com uma risada.

— Atrevida. — Ele sorri abertamente para mim, o rosto feliz. — Abra.

— Eu pego a caixa, e ele descansa suas mãos sobre meus ombros, enquanto eu abro.

Apoiados no interior estão os maiores brincos de diamante em forma de candelabro que já vi na minha vida. Eu pego um e o seguro contra a luz, olhando o brilho da luz refletir nos diamantes. Os diamantes são retorcidos, com um diamante enorme no meio. Eles são exatamente o meu estilo. E com certeza absoluta uma das coisas mais caras que eu já tive em minhas mãos.

— Will... — tento protestar, mas ele pega os brincos da minha mão e me vira de lado suavemente.

— Quando eu os vi... — ele começa a falar, enquanto prende um na minha orelha direita. — Eu sabia que eles pertenciam a essas pequenas orelhas perfeitas. — Ele prende o outro e, em seguida, me gira de frente para o espelho para que eu possa vê-los.

— Viu? Agora, o seu traje está completo.

Eu toco com meu dedo indicador um dos brincos, assistindo-o balançar ao longo do meu queixo, e viro de frente nos braços de Will, colocando meus braços ao redor de seu pescoço e o beijando suave e completamente. Ele repousa as mãos em meu quadril e pacientemente me permite explorar seus lábios com os meus, até eu me afastar e sorrir timidamente para ele.

— Obrigada.

O baile é exatamente o que eu esperava. Estamos em um hotel de luxo no centro de Seattle, cercados por pessoas maravilhosas, taças altas de champanhe, pequenas porções de comida, que está sendo servida em bandejas de prata e muito, muito dinheiro. É como nos filmes. Surpreendentemente, eu não estou nervosa. Jules estava certa, eu raramente tenho medo do palco, e estou completamente confortável com Will ao meu lado, a mão apoiada levemente em minha cintura.

Ele é charmoso, fala com todos que o param, mas sempre sabendo onde eu estou, com quem estou, ou me atraindo para a conversa. Will e eu andamos pelo salão silencioso, olhando todos os itens que serão leiloados. Há de tudo, desde um dia de SPA a uma semana na Itália.

Quando Will vê a semana na Itália, olha para mim com um sorriso largo.

— Já foi à Itália?

— Ah, não.

— Quer ir? — Ele me dá aquele sorriso convencido, o que me faz revirar os olhos, e eu dou risada.

— Sim, Will, eu quero ir para a Itália. — Eu balanço a cabeça e tomo um gole de champanhe.

— Ok. — Ele encolhe os ombros e pega a caneta, escreve seu nome e um valor muito, muito alto para colocar no seu lance.

— Puta merda! — sussurro para ele.

— O quê? — Seus olhos estão arregalados, as sobrancelhas levantadas.

— Você disse que queria ir.

— Bem, é claro que eu quero, Will, mas eu não esperava realmente que você fosse fazer um lance.

— Você me confunde. — Ele franze a testa para mim. — Se você quer ir para a Itália, eu vou levá-la.

— Assim? — eu pergunto.

— Assim. — Ele me dá um beijo e me guia até o próximo item em leilão.

Chegamos a uma camisa autografada de Will, e eu suspiro.

— Quando você doou isso?

Ele dá de ombros, e olha para os lances, então sorri.

— Eu não sei, não muito tempo depois de receber o convite. Um idiota já deu um lance de dez mil nesta coisa.

— Eu me pergunto quanto eu poderia ganhar com um daqueles seus pijamas no eBay — eu pondero, tomando um gole de champanhe, fazendo-o rir.

— Vai começar a vender todas as minhas merdas agora? — ele pergunta, e me leva para fora da sala. Ele deu um lance para a viagem de uma semana para a Itália, um fim de semana no México, e mais uma semana no Havaí. Aparentemente, ele planeja viajar muito este ano.

— Talvez. — Eu dou de ombros. — Pode ser um bom negócio.

— Agora eu sou apenas um bom negócio. Você acaba comigo, gata.

Sorrindo, ele me leva até o salão principal, onde há uma banda tocando sucessos clássicos. Will me puxa em seus braços, dançando comigo até o outro lado da pista, me segurando perto, olhando nos meus olhos. Uau, ele é um bom dançarino.

— Você se move muito bem.

Ele apenas dá de ombros e sorri, e me puxa para mais perto.

— Você se encaixa bem comigo.

— Uhum — eu concordo e sorrio para ele, perdida em seus olhos azuis. É como se nós fossemos as duas únicas pessoas no salão. — Isso é divertido.

— Você conhece alguma das pessoas aqui, do hospital? — ele pergunta.

— Não. — Balanço a cabeça e olho em volta. — Eu reconheço apenas alguns rostos, mas essas pessoas estão muito acima da minha função.

— Você está linda esta noite — murmura Will.

— Obrigada. E você também.

— Eu odeio usar roupa formal. — Ele sorri e encolhe os ombros. — Mas, se eu começar a ter você comigo desse jeito, vale a pena.

— Maldito atrevido — murmuro, e beijo seu peito por cima da camisa branca.

— Senhoras e senhores. — Um homem mais velho sobe no palco, parecendo distinto e formal em seu smoking cinza e cabelo penteado para trás. — Antes de continuarmos a festa esta noite, eu quero anunciar os vencedores do leilão.

Paramos no lugar na pista de dança, seus braços em torno da minha cintura, e ouvimos o Sr. Richards, CEO do hospital, anunciar o nome dos mais altos licitantes. Os vencedores gritam e aplaudem com entusiasmo.

Quando ele chega à viagem para a Itália, ele anuncia o nome de Will.

— Santo Deus! — Eu olho para ele com os olhos arregalados, e ele pisca para mim.

— Parece que vamos viajar para a Itália na primavera — diz ele com um sorriso.

Nós vamos para a Itália na primavera! Também ganhamos o fim de semana no México, mas a semana no Havaí vai para outro de seus companheiros de equipe.

— Obrigado a todos pelos lances — o Sr. Richards continua. — E é uma honra anunciar que levantamos mais de três milhões de dólares essa noite para o hospital.

A sala irrompe em aplausos, e eu não posso evitar o largo sorriso no meu rosto. Isso é fantástico! Ah, as coisas que podemos fazer com esse dinheiro. Will está sorrindo para mim, adorando a minha reação.

— Eu acho que isso significa que este evento se tornou um programa anual para nós dois — ele murmura. Eu olho para cima, surpresa. Ele planeja ficar comigo mais um ano!

— Você está pronta para ir embora?

— Sim. — Eu olho em seus olhos brilhantes. Ele pega minha mão na sua, entrelaça nossos dedos e me leva até as portas.

— Você não tem que dizer adeus a algumas pessoas?

— Não.

— Por que você de repente está com tanta pressa? — pergunto, com uma risada sem fôlego.

Ele para e se vira para mim, me puxando contra seu corpo duro e se inclinando para que possa sussurrar no meu ouvido:

— Estou com pressa para chegar em casa, arrancar essa sua roupa sexy do caralho e me enterrar em você durante a maior parte da noite. Tudo bem para você?

— Uhum, sim. Acho bom. — Ele me leva até o manobrista, entrega o bilhete nas mãos do homem, e ficamos em silêncio, enquanto esperamos seu carro.

— O que você está cantarolando? — Will pergunta.

— Eu estava cantarolando?

— Sim, o que era?

— Eu não sabia que estava. — Eu balanço minha cabeça e sorrio para ele. —Provavelmente era a canção que Jules me pediu para cantar na festa.

— Você vai cantar na festa? — Suas sobrancelhas se erguem com surpresa.

— Sim, ela implorou. Foi embaraçoso. Aí tive que aceitar e deixá-la feliz. — Eu aceno e dou uma risada. — É difícil lhe falar não depois de ganhar sapatos como estes. — Eu levanto minha saia para que ele possa ver meus surpreendentes Louboutins.

— Querido Deus, você os usou a noite toda?

— Sim. — Sorrio presunçosamente.

— O que mais você tem aí?

Eu aperto meus lábios e inclino a cabeça, como se estivesse pensando muito sobre o assunto.

— É difícil lembrar. Estou propensa a ter amnésia esses dias.

O manobrista chega com o carro, e Will segura a porta do passageiro aberta para mim. Então, ele entra e pegamos o caminho de casa. Deus, eu amo este carro pra caralho.

Eu chego mais perto e desato a gravata borboleta, deixando-a cair sobre seu peito, e desabotoo os dois primeiros botões de sua camisa.

— Obrigado. — Ele suspira. — Droga de roupa de pinguim.

— Você está sexy vestido de pinguim — eu o lembro.

Ele sorri para mim, então deixa os olhos passearem pelo meu vestido.

— Esse vestido ficou perfeito em você.

— Estou surpresa que Jules tivesse algo que me coubesse tão bem. Ela e eu temos constituições físicas bem diferentes.

— Ela provavelmente não teve tempo para reformá-lo ainda. — Ele encolhe os ombros.

Will provavelmente está certo e eu decido brincar um pouco com ele.

— Nossa, está quente aqui — digo inocentemente e começo a subir a saia com os dedos, puxando-a até a altura das coxas, logo acima das minha meias com cinta-liga.

— Puta merda — ele sussurra.

— Mantenha os olhos na estrada — sugiro e mordo o lábio.

— Desça o seu vestido, querida.

Joga Comigo 249

— Por quê?

— Porque eu não posso dirigir com você sentada aí assim — ele esbraveja, me fazendo rir.

Deixo a saia onde está e me encosto no banco, abrindo minhas coxas e correndo os dedos até o interior das minhas pernas.

— Hum.

— Você está tentando nos matar?

— Não, é que me sinto bem assim. Estas meias são de seda. — Eu olho para ele e sorrio. — Você pode imaginar como elas ficariam em volta da sua cintura?

— Puta que pariu — ele sussurra como se estivesse com dor, acelerando mais o carro e dando novo impulso pela estrada.

Eu movo meus dedos mais acima das minhas coxas, até que estou tocando minha boceta, o que me faz contorcer.

De repente, Will acelera mais, leva a minha mão até seus lábios, beija-a e depois a coloca em seu colo, sem tirar os olhos da estrada.

— Se você não parar — diz ele em voz baixa —, eu vou bater o carro. Eu não estou brincando.

Afasto minha mão e sorrio petulantemente.

— Então não assista. — Eu continuo a trabalhar em meu corpo, circulando meu clitóris com uma mão e empurrando dois dedos em minha umidade com o outro. Mordo meu lábio e solto um gemido.

— Porra, isso é sexy. — A voz de Will está tensa. Eu olho para ele e sua mandíbula está cerrada, as mãos em punhos no volante. Ele olha para baixo para me ver dando prazer a mim mesma e, em seguida, me olha nos olhos. — Lamba os dedos.

Eu faço o que ele manda e lambo minha própria essência doce dos meus dedos, em seguida, coloco-os de volta dentro de mim, vendo Will me assistir.

— Porra, gato, eu vou gozar.

— Não goze.

— O quê?

— Eu quero fazer isso.

— Então venha aqui. — Pego sua mão e a puxo entre as minhas pernas, e ele esfrega meu clitóris com vontade, passando pelo piercing. — Ah, porra. — E gozo violentamente, me empurrando contra nossas mãos, gritando seu nome enquanto o orgasmo me atravessa.

Ele sorri para mim, um sorriso predador, quando entra com o carro pelo portão e finalmente em sua garagem. Sem esperar por ele abrir a porta, eu saio e ele de repente está do meu lado, me puxando pela casa, pela cozinha e até a sala com vista para a Enseada.

Está escuro na casa, a única luz é a que entra pelas janelas, em frente à água. Luzes das ilhas brilham para nós. Nós ficamos aqui, por um momento, sob a luz da lua, olhando um para o outro.

Seus olhos azuis refletem a luz e brilham com amor e desejo, e sei que eles refletem o mesmo que os meus.

— Tão bonita. — Ele desliza um dedo no decote do meu vestido. — Você estava maravilhosa esta noite. — Sua voz é suave e sedutora.

Eu não sei o que dizer, apenas vê-lo já me seduz. Ele dá um passo para mais perto de mim, então está a apenas alguns centímetros de distância. Ele coloca seus braços em torno de mim, puxando o zíper do vestido para baixo, em seguida, desliza-o pelos meus braços, sobre os meus seios, e o deixa cair aos meus pés.

— Meu Deus — ele sussurra, os olhos arregalados, enquanto olha o espartilho, as meias e a cinta-liga. Eu não estou usando calcinha, como de costume. Ele engole em seco. — Que bom que eu não sabia que isso estava sob o vestido.

— Por quê? — eu sussurro.

— Porque eu teria nos trancado em um banheiro, deixado você completamente nua, e mantido você ali comigo a noite toda. Meu Deus, Megan, você é deslumbrante. — Eu sorrio timidamente, e tiro seu paletó de seus ombros, descendo-o pelos braços, e colocando-o no final do sofá.

Ele começa a ofegar, suas mãos estão em punhos ao lado do corpo. Se controlar para não me puxar e se enfiar dentro de mim o está matando. Mas esta noite não é para isso. Nós dois sentimos isso. Eu cuidadosamente desabotoo a camisa, solto seus botões do punho, e deixo cair a camisa no chão, em seguida, faço o mesmo com a calça, até que ele está de pé diante de mim completamente nu, duro e pronto.

Joga Comigo   251

— Eu amo seu corpo — murmuro.

— Megan. — Sem conseguir segurar por mais tempo, ele me puxa para ele, afunda as mãos no meu cabelo e me beija com intensidade, emaranhando nossas línguas, mordendo os lábios, me devorando.

Quando estamos completamente sem fôlego, ele mordisca o caminho ao longo da linha do meu queixo até o meu ouvido e acaricia um dos meus brincos de diamante com o nariz.

— Você precisa ficar com os brincos e as meias, gata.

— Ok.

Ele solta os laços do espartilho, lentamente puxando os cordões através dos laços até cair para a frente em meus braços. Ele segura meus seios em suas mãos, massageando-os, e eu solto um lamento em apreciação.

— Tudo bem? — pergunta ele.

— Uhum.

— Ah, querida, as coisas que eu quero fazer você sentir hoje à noite...

Minha respiração prende com suas palavras, minhas coxas se apertam e eu ergo meu corpo, para que eu possa beijá-lo novamente, enterrando meus dedos em seus cabelos e o segurando. Ele me levanta e se senta em um sofá de dois lugares, bem no meio, me embalando em seu colo, me beijando profundamente, suas mãos passeando por todo o meu corpo, deixando um rastro de fogo atrás delas.

Eu agarro seu rosto em minhas mãos e fico com minha boca sobre a sua, lhe mostrando o quanto eu o amo. Finalmente, eu me arrasto de seu colo, para me ajoelhar no chão e chupá-lo, mas ele me para.

— Espere.

— O que foi?

— Eu não quero que você faça isso hoje à noite.

— Por que não? — Franzo a testa. Eu pensei que ele gostasse quando eu fazia isso.

— Porque esta noite é apenas sobre você, meu amor.

— Como assim? — Eu inclino a cabeça e olho para ele, à luz do luar.

Ele coloca a palma da mão entre os meus seios, e depois desliza-a até meu ventre.

— Deixe-me fazer amor com você.

— Você sempre faz amor comigo — eu sussurro e beijo sua bochecha. — Esqueceu?

— Eu sei, mas... — Ele para de falar, uma guerra de emoções em seu rosto.

— O quê?

— Você merece muito mais. Você não deve nunca, jamais estar de joelhos. —Ele me levanta e me põe suavemente de costas ao longo do sofá, se ajoelhando entre minhas coxas e me cobrindo com seu grande corpo. Envolvo minhas pernas, revestidas com meias de seda, ao redor do seu quadril, e ele se ajeita contra mim, seu pau longo e duro aninhado em minhas dobras molhadas. Ele brinca com o meu piercing com a ponta de sua ereção, e eu suspiro. — Eu amo seu piercing pra caralho. — Ele sorri para mim e leva seus dedos até meu cabelo, acariciando as mechas soltas em volta do meu rosto.

— Fico feliz em saber. — Suspiro enquanto ele passa o dorso dos dedos no meu rosto.

— Will?

— Sim, meu amor. — Ele passa seu nariz pelo meu.

— Quando eu puder dizer as palavras, quando eu finalmente puder dizer como me sinto, por favor, não me deixe. — As palavras são apenas um sussurro, falado em voz tão baixa no começo que eu não sei se ele ouviu. Passo minhas mãos por suas costas até sua bunda e volto, observando seu rosto. Observando seus olhos. Eles não mudaram, mas eu posso vê-lo perdido em pensamentos.

— Megan, o pensamento de ficar sem você me destrói — ele sussurra suavemente, enquanto mergulha devagar em mim, até que está completamente enterrado dentro do meu corpo. Ele está segurando a minha cabeça nas palmas das mãos, com os cotovelos apoiados no sofá sob meus ombros, seu rosto a menos de um centímetro do meu. — Só o pensamento de você não estar em minha vida é minha ruína. Quando você se sentir segura o suficiente para dizer o que eu sei que você sente, vai ser o melhor momento da minha vida.

Eu seguro seu rosto em minhas mãos, quando ele começa a se mover

Joga Comigo 253

dentro de mim, suavemente, em movimentos longos. Segurando minha cabeça com firmeza, ele baixa seus lábios nos meus e faz amor comigo completamente, seu corpo ligado tanto ao meu que nós dois gozamos juntos, um nos braços do outro. E quando nós recuperamos os nossos sentidos, eu o ouço sussurrar:

— Tudo, Megan.

Capítulo
Vinte e Três

— Acabei de ganhar cem dólares! — exclamo e sorrio para Samantha, que está sentada duas máquinas ao meu lado.

— E eu perdi duzentos. Deus, por que estamos aqui de novo? — Ela faz uma careta, enquanto toma um longo gole de seu refrigerante diet. — E por que não posso beber?

— Porque nós somos as motoristas esta noite. Eles foram os responsáveis na semana passada, esta semana é a nossa vez.

— Isso é uma merda — ela resmunga, e coloca uma outra nota de cem dólares na máquina.

— Provavelmente uma merda para eles também. — Eu rio.

Estamos no cassino, no norte de Seattle, nesta noite de segunda-feira, esperando a hora que os rapazes queiram uma carona para casa. Will tem folga no treinamento amanhã, então eles decidiram que esta noite seria a melhor para a festa de despedida de solteiro. Eles estão nas salas das maiores apostas há algumas horas, a maioria fumando charutos, bebendo whisky e jogando pôquer. É tudo muito Hollywood para a minha cabeça e nem por decreto vou lá pra cima.

Eu só peço a Deus que nenhum deles precise ser carregado até a van, porque esses caras são grandes, e não tem como Sam e eu conseguirmos carregá-los. Eles vão ter que dormir no chão do cassino.

— Você é a porra de um mau perdedor!

Eu me viro com o som do nosso grupo, e são eles com certeza, todos eles estão vindo em nossa direção, tropeçando uns sobre os outros, rindo, bêbados pra caralho.

— Eu não sou um mau perdedor! — Nate exclama. — Mas você me arrancou dez mil dólares de merda. Você sabe o que eu posso fazer para a sua irmã com esse dinheiro?

Joga Comigo   255

— Sim, provavelmente lhe comprar outro par de sapatos que ela não precisa — Matt responde feliz, completamente sóbrio.

— Por que você está sóbrio? — pergunto a ele.

— Porque ele é uma menininha — explica Will e ganha um soco no braço. —Cuidado! Esse é o braço que eu jogo. Imbecil.

— Encantadores — murmuro e olho para Sam.

— Será que agimos assim?

— Sim — responde Matt com um sorriso. — Exceto que esses caras não estão falando sobre sexo.

— No entanto — acrescenta Isaac com um sorriso feliz, em seguida, franze a testa profundamente —, eu não consigo fazer sexo há mais de um mês. Bebês malditos.

— Cara, ele é seu filho.

— Sim, ele é ótimo. — Isaac sorri como um bobo, e eu começo a conduzi-los para a porta, como se eu estivesse pastoreando gado.

— Vamos lá, pessoal, vamos para casa para suas mulheres.

— Que mulher? — Caleb pergunta. — Não tenho nenhuma mulher.

— Eu vou ser sua mulher, bonitão. — Sam sorri petulantemente para ele, e Caleb dá um sorriso largo, colocando o braço em volta da sua cintura e inclinando-se sobre ela.

— Essa é uma boa oferta — ele murmura.

— Tire essas mãos sujas da minha irmã, cara. — A voz de Luke é tensa e não tão arrastada quanto as dos outros.

— Ah, sim. Você é da família — Caleb fala, amuado, e abraça Sam, antes de colocá-la do seu lado. — Por que todas as mulheres sexy do mundo têm que ser comprometidas?

Will vem para mais perto de mim com um sorriso frouxo e feliz em seu rosto bonito.

— Oi.

— Oi.

— Vamos voltar para casa e ficar nus.

256 Kristen Proby

— Puta merda, você é Will Montgomery!

Nós todos nos viramos de uma vez ao ouvir a voz da mulher e nos deparamos com uma mulher alta, magra, loira, de cabelos compridos sorrindo amplamente. Ela é toda bronzeada, com muita maquiagem e pouca roupa.

— Este sou eu! — Will exclama, enquanto anda em sua direção deliberadamente devagar, olhando-a de cima a baixo, então sorri para ela. — Qual é o seu nome, querida?

Aquele filho da puta a chamou de querida!

— Amanda — a Barbie responde, e segura sua mão para um aperto. Olho para os irmãos, que estão se mexendo desconfortavelmente. — Posso te dar um abraço?

— Ei, abraços são sempre bem-vindos. — Ele abre os braços e ela se aconchega, pressionando seu corpo atrevidamente contra ele e o abraçando ao redor do pescoço.

— Sério? — eu pergunto a ninguém em especial.

— Posso te dar o meu número? — Amanda pergunta, enquanto se afasta dos seus braços.

— Porra, não, você não pode. — Eu bato nos braços do meu namorado bêbado demais e coloco o meu braço em volta de sua cintura. Ele sorri para mim feliz.

— Ei, gata. Esta é Amanda.

— Fantástico — respondo friamente.

— Amanda, esta é Megan, minha linda namorada.

Amanda pisca para mim, depois para Will.

— Ah, desculpe.

— Sempre fico feliz em conhecer os fãs! — Will exclama e dá adeus a ela, enquanto eu o levo em direção à porta.

— Imbecil do caralho — murmura Caleb.

Quando chegamos lá fora, Sam já estacionou a van, e todos os caras entram. Will é o último.

— Eu sou um idiota quando estou bêbado — Will fala, sério agora. —

Joga Comigo   257

Você sabe que eu não teria pegado o número dela, não é?

— Certo. — Eu suspiro e aceno para ele entrar no carro.

— Porque eu amo você, gata.

— Eu sei. Entra no carro para que possamos levar todos para casa.

Este passeio é incrivelmente mais calmo do que o da semana passada. A maioria dos caras desmaia, roncando. Matt está sentado calmamente atrás de mim, digitando em seu telefone. Em cada parada, as meninas saem para recolher os seus homens, e, quando chegamos à casa de Caleb, Matt o ajuda a entrar, então pega o seu próprio carro na casa de Caleb e vai embora. Sam nos deixa por último.

— Vejo você no casamento, no sábado. — Eu sorrio para ela e ajudo Will a entrar, guiando-o pelas escadas. Tiro suas roupas e o coloco na cama.

— Eu preciso de algo para a dor de cabeça que vou ter amanhã. — Ele me puxa para baixo com ele na cama e enlaça um braço pesado em volta da minha cintura. — Você é tão bonita.

Eu sorrio e seguro seu rosto na minha mão.

— Você também.

— Eu não estava realmente flertando com a garota, Meg. — Seus olhos estão caídos, quase fechados, mas ele luta para deixá-los abertos novamente.

— Você está preocupado que eu esteja brava por isso?

— Sim. — Ele suspira, sua respiração com um cheiro horrível de charuto e cerveja.

— Eu não estou. — Suspiro de volta. Surpreendentemente, eu não estou. Mesmo se eu não estivesse lá, confio que ele teria dito não.

— Ok. — E ele logo está dormindo.

Deslizo para fora dos seus braços, tomo um banho e seco meu cabelo, pegando uma das camisas que já considero minha quando estou aqui. Visto uma cueca boxer e desço as escadas, acendendo as luzes. Eu me sento em uma das poltronas em frente à linda vista da Enseada, ajeito os joelhos até meu peito, passando os braços ao redor deles, e inspiro profundamente.

Eu não menti quando disse que não estava brava com Will flertando com aquela mulher esta noite. Eu não estou brava. Mas isso me confirmou

258   Kristen Proby

que Will pode literalmente ter qualquer mulher que quiser. Tudo o que ele tem que fazer é acenar seu dedo, e elas vêm correndo. Eu sei que ele me ama, mas o que vai acontecer quando ele se cansar de mim, e aquela loira alta e bonita começar a parecer mais atraente? Eu quero confiar nele, quando ele diz que me ama. Eu acredito que ele, neste momento, realmente acredita nisso. E eu o amo tanto que dói.

Eu deveria subir e voltar para a cama, mas não estou com sono, então pego o meu violão. Eu o deixei aqui ontem à noite, com a intenção de praticar para o casamento de Jules, e não há momento melhor do que agora.

Não acho que nada poderia acordar Will. Então, eu dedilho e canto, tocando a música mais e mais, aprimorando o arranjo aqui e ali para se adequar à minha voz. É uma bela canção. Eu me pergunto como ela veio a ser a música especial de Jules e Nate. E me ocorre que Will e eu não temos uma canção especial ainda. Bem, tem a música que o garoto tocou no sax, enquanto dançamos em Nova Orleans, quando Will me disse pela primeira vez que me amava, mas eu não sei qual era.

Eu sorrio e começo a tocar uma música que conheci recentemente, e não sai mais da minha cabeça. É da Christina Perri e se chama *A Thousand Years*, e se encaixa perfeitamente na minha voz. A introdução supostamente deveria ser no piano, mas eu adaptei para o meu violão. Começo a cantar sobre um amor que eu esperei por mil anos e sobre como amar é corajoso.

A letra é doce e a música é suave e romântica.

I have died every day waiting for you

Darling don't be afraid I have loved you

For a thousand years

I'll love you for a thousand more

Quando termino, coloco o violão de lado, finalmente com sono, e estou prestes a subir, mas, quando me viro, Will está sentado no sofá e me assusta.

— Caramba!

— Desculpe, eu não queria te interromper. Isso foi lindo.

— Obrigada. Há quanto tempo você está aqui?

— Só um pouquinho. Eu acordei e você não estava lá, então bebi água e escutei algo, e me sentei para ouvir. Espero que esteja tudo bem.

Ele parece inseguro e eu odeio isso.

— É claro que está tudo bem. — Vou ao seu encontro e subo em seu colo. — Você se divertiu esta noite?

— Sim, foi divertido. Perder dinheiro, provocar os caras. — Ele dá de ombros e eu sorrio contra seu peito.

— Vamos para a cama. — Eu levanto do seu colo e seguro sua mão, ajudando-o a se levantar. — Como você se sente?

— Ainda um pouco bêbado — ele responde com um meio-sorriso.

A ressaca de Will não é divertida. Ele ficou mal-humorado e ranzinza o dia todo, então eu o deixei, quando ele finalmente se deitou para tirar um cochilo, e decidi devolver o vestido de Jules. Eu odeio ter que devolvê-lo. Ele é tão bonito.

Eu vou até o escritório de Jules e Nate no centro, e assobio baixinho. Uau. Belo local. Muito chique. Há uma mulher com aparência mais velha sentada na recepção. Na placa está escrito Jenny Glover.

— Oi, eu sou Meg. Eu gostaria de ver Jules, se ela estiver livre.

— Você tem hora marcada? — ela pergunta.

— Ah, não. Eu sinto muito, eu sou uma amiga. Não sabia que deveria marcar.

— Por favor, sente-se e eu vou ver se ela está livre.

Jenny liga no escritório de Jules, e, menos de quinze segundos depois, Jules abre a porta do escritório com um largo sorriso no rosto bonito.

— Oi! Entre.

Eu a sigo até seu escritório e fico atordoada com a visão da torre do observatório de Seattle e da Enseada.

— Uau, é uma bela vista.

— Eu sei. Nós tivemos sorte neste espaço. — Ela sorri e me leva até um sofá. — O que houve?

— Eu só queria devolver o seu vestido, e honestamente dar uma escapadinha da casa do Will por um tempo. Aquele homem é mal-humorado como o diabo quando está de ressaca.

Jules sorri e acena.

— Sim, ele não é um bom paciente. Se estiver doente, é pior.

— Eu poderia ter sido avisada disso ontem. — Tento entregar a Jules o vestido recém-lavado, mas ela franze a testa para mim.

— Por que você está devolvendo o vestido?

— Porque é seu.

Mas que coisa!

— Não, não é.

— Do que você está falando?

Jules suspira e aperta a ponta do nariz.

— Will não te disse?

— Me disse o quê?

— Meg, Will comprou o vestido para você. Ele nos chamou, eu e Natalie, para acharmos o vestido e fazermos os arranjos. Esse vestido nunca foi meu. — Ela sorri suavemente.

Estou atordoada e boquiaberta, enquanto olho para o belo vestido em minhas mãos.

— Quanto custou este vestido?

— Isso não importa, foi um presente, Meg.

Deus, ela soa exatamente como seu irmão.

— E o dia no SPA? Os sapatos? A lingerie?

— Todos presentes meus e da Nat. Will apenas comprou o vestido.

— E os brincos de diamante — murmuro.

— Ele te deu brincos de diamante? — ela pergunta com um sorriso largo.

— Sim, são lindos. — Eu suspiro feliz. — Eu deveria estar brava, mas, sinceramente, amei este vestido. Quero usá-lo todos os dias.

Jules ri.

— É perfeito para você. Will que escolheu, sabia?

— Ele que escolheu?

— Ele mesmo — ela confirma. — Eu ouvi sobre o que ele fez na noite passada, quando vocês estavam saindo. Quer falar sobre isso?

Eu me remexo desconfortavelmente na cadeira.

— Eu não estou brava com isso.

— Mas você não está feliz.

Eu dou de ombros.

— Ele estava bêbado.

— Desabafa, McBride. — Sua voz é firme, e eu sei que não vou sair daqui sem falar com ela, e, francamente, eu preciso falar com ela. Eu preciso falar com alguém.

— Jules, o que diabos ele vê em mim? — Eu faço uma careta e olho para as minhas mãos. — Eu acho que isso é o que realmente me incomoda. Ele pode ter qualquer mulher que quiser.

— Por que é tão difícil para você acreditar que ele te quer? Meg, você é fantástica.

— Mas... — Eu balanço minha cabeça, mas ela me interrompe.

— Nada de mas. Will te adora, Megan. Eu nunca o tinha visto assim.

— Ele vai ficar cansado de mim.

— Pare com isso. Agora você está apenas sendo uma frouxa, e eu não tenho tempo para está merda. — Meus olhos se estreitam, e eu levanto minhas sobrancelhas.

— O que você realmente acha? — pergunto diretamente.

— Will é famoso, Meg. Nenhum de nós pode mudar isso, e eu não acho que ele queira mudar isso. Ele é bom no que faz.

— Sim, ele é — eu concordo.

— Haverá sempre mulheres em volta. Ele sempre vai ser reconhecido, especialmente aqui nesta cidade. Will realmente nunca se importou com toda essa merda. — Ela encolhe os ombros. — Ele considera isto seu trabalho. Mas, Meg, se cada vez que uma mulher tentar chamar a atenção dele, isso te fizer começar a questionar os sentimentos dele por você, ou se você o merece, você nunca será capaz de fazer o relacionamento funcionar.

— O que você está dizendo?

— Se você não está querendo investir em um longo relacionamento com ele, nem disposta a agir como uma mulher adulta e lidar com a merda que vem junto por ele ser famoso, então acabe com isso agora, em vez de mais tarde.

Eu não tenho palavras. Apenas fico sentada olhando para ela, em seguida, olho para o vestido, e de volta para ela.

— Só de pensar em ficar sem ele eu quero morrer — sussurro.

— Então confie que, quando ele diz que te ama, é exatamente isso que ele quer dizer. Aproveite-o. Ame-o de volta.

Ela parece muito orgulhosa de si mesma. E ela está certa. Ele nunca me deu razões para não confiar nele.

— Tudo bem. Obrigada. Por tudo.

— De nada. — Ela me puxa para um abraço apertado e depois me leva até a porta.

— Te vejo no sábado.

Exatamente quando entro pela porta da frente da minha casa, meu celular toca. Estrela do Futebol aparece no visor.

— Alô — eu respondo.

— Onde você está? — Deus, ele é tão ranzinza.

— Estou em casa. Acabei de chegar.

— Por quê?

— Porque eu precisei ir até o trabalho da sua irmã, e eu precisava voltar para casa para resolver algumas coisas. Vejo que ainda está tão encantador quanto estava hoje de manhã.

Ele suspira.

— Desculpe. Eu dormi muito tempo.

— Jules me contou sobre o vestido, Will.

Ele pragueja.

— Ótimo, então agora você vai ficar puta comigo por gastar muito dinheiro com isso também?

— Na verdade, eu ia...

— Porque eu estou cansado de tentar lhe dar coisas boas, e você ficar me dizendo que eu não deveria — ele interrompe. — Você tem alguma ideia de quanto dinheiro eu ganho?

— Não, eu não me importo...

— Eu acabei de assinar um contrato de cem milhões de dólares, Megan. — *Puta merda.* — Eu posso me dar ao luxo de lhe comprar vestidos e brincos, e levá-la em viagens.

— Tudo bem.

— Tudo bem?

— Sim. Eu ia agradecer pelo vestido porque eu realmente fiquei apaixonada por ele, e amei saber que você o escolheu. Mas, claramente, você ainda está no modo imbecil, então eu vou te deixar sozinho com esta ressaca do caralho, que te deixa rosnando para mim como um urso ferido, e fazer algumas coisas na minha própria casa. Te vejo mais tarde.

Desligo antes que ele possa reagir e coloco o celular em cima do balcão da cozinha. Jogo várias peças de roupa na máquina de lavar, arrumo o banheiro e limpo a geladeira, amaldiçoando jogadores de futebol mal-humorados que não sabem beber.

Imbecil.

E então me ocorre: acho que Will não comeu hoje. A menos que ele tenha comido algo enquanto eu estava fora, mas Will precisa de uma grande quantidade de comida, e, com a ressaca, que ele não costuma ter, tenho certeza de que não comeu quase nada, ou nada. Então, pego algumas coisas no freezer e na despensa e mando uma mensagem para ele.

Esteja na minha casa em uma hora.

A lasanha está descansando sobre a mesa, e estou tirando o pão de alho do forno, quando Will toca a campainha. Eu abro a porta para encontrá-lo ali, recém-saído do banho, com uma dúzia de rosas cor-de-rosa nas mãos, e eu derreto um pouco.

— Me desculpe, eu sou um imbecil.

— Vem para dentro, imbecil. — Eu o puxo e teclo os botões do alarme como deveria, ganhando um sorriso largo do Sr. Superprotetor.

— Você acabou de acionar o alarme.

— Sim. — Eu dou de ombros, como se não fosse grande coisa. — Você parece gostar quando eu faço isso.

— Eu gosto. — Ele me entrega as flores. — Estas são para você.

— Obrigada. — Afundo meu nariz nelas e inspiro profundamente. — Elas têm um cheiro maravilhoso.

— Como você — ele sussurra.

— Não vá pensando que este gesto romântico te livrou da sua imbecilidade.

— Imbecilidade? — ele pergunta com uma risada. — Onde é que você arruma essas palavras? — Ele me segue até a cozinha, onde coloco as flores na água. — Onde você conseguiu essa lasanha? — pergunta ele, os olhos arregalados e presos na panela borbulhante sobre a mesa.

— Eu fiz.

— O quê? — Seus olhos encontram os meus, e ele me encara incrédulo.

— Você fez?

— Sim. — Coloco o pão em uma cesta, e depois levo até a mesa, junto com pratos e talheres.

— Você sabe cozinhar?

— É claro.

— Você estava escondendo isso de mim? — Ele cruza os braços sobre o peito e me olha chateado, o que me faz rir.

— Will, você nunca me perguntou se eu sabia cozinhar. Você apenas concluiu que eu não sabia. — Sorrio suavemente para ele. — Está com fome, gato?

Joga Comigo   265

— Cacete, eu estou com uma fome do caralho. — Ele se senta à mesa, mas, em vez de me deixar sentar em minha cadeira, me puxa para o seu colo e me beija com intensidade.

— Estou tão arrependido por hoje e pela noite passada. Será que eu realmente flertei com outra mulher com você ao meu lado ou foi um pesadelo?

— Você flertou. — Eu seguro sua bochecha na minha mão. — Eu estou bem.

— Eu nunca mais vou beber de novo. Juro.

— Estou bem, Will. Confio em você. — Sorrio para ele, enquanto passo meus dedos pelo seu rosto sexy. — Eu pensei que você estava com fome.

— Deus, sim. — Ele me tira do seu colo e ataca a lasanha. — E depois que eu comer isso, estou com fome de você. — Seus olhos azuis me seguem, enquanto sento na minha cadeira e dou uma mordida no pão de alho.

— Parece um bom plano.

Capítulo
Vinte e Quatro

Talvez esse tenha sido o casamento mais lindo que eu já fui na minha vida. Nós acabamos de sair da cerimônia de Jules e Nate e estamos indo de limusine até o local da recepção, um clube de campo em Bellevue. Jules preferiu não arriscar com o tempo, em pleno outono, e, por segurança, manteve todos os ambientes com cobertura.

Eu me inclino no braço de Will, entrelaçando os nossos dedos, e suspiro feliz.

— Foi absolutamente lindo.

— Jules parecia muito feliz — Stacy concorda. Estamos na limusine com Stacy, Isaac e seus filhos, Caleb e Matt.

— As gêmeas estavam adoráveis como floristas — comento. Josie e Maddie estavam com vestidos cor-de-rosa suave e cabelos trançados.

— Eu achei tão doce Jules ter feito vestidos semelhantes para Livie e Soph usarem também — Stacy diz com um sorriso suave.

— Vamos falar sobre vestidos o caminho todo? — Caleb pergunta com uma careta.

— Ah, Caleb, é um casamento — eu respondo. — Nós vamos conversar sobre vestidos, sapatos e flores a festa toda.

— Merda — ele resmunga e puxa a gola da camisa branca sob o terno.

— Você está muito bonito — eu lhe digo com um sorriso doce. E é verdade.

Ele fica muito sexy de terno, com aqueles ombros largos e a pele bronzeada. Ele faz outra careta.

— Obrigado.

— Você está flertando com meus irmãos de novo? — Will me pergunta com um sorriso.

Joga Comigo   267

— Sim. Acostume-se com isso. — Eu beijo sua bochecha. — Mas você é o meu favorito.

— Puxa, que bom ouvir isso, gata.

— Chegamos. — Isaac coloca Liam em seu ombro, e todos nós o seguimos para fora da limusine.

Os outros carros estão parando ao nosso redor e toda a família está chegando ao mesmo tempo. O resto dos convidados já deve ter chegado. Eu posso ouvir a banda tocando lá dentro. Eles tocam bem. Eu quero saber quem Luke contratou para tocar.

— Pronta? — Will pergunta e estende o braço para mim.

— Sim, vamos à festa! — Eu seguro seu braço e ele me acompanha para dentro, junto com o restante da família. Jules e Nate são os últimos.

Uma vez que estamos todos dentro do salão, o pai de Jules pega o microfone e anuncia o casal.

— É uma grande honra para mim apresentar a todos vocês o Sr. e a Sra. McKenna!

Aplausos estouram e o feliz casal entra no salão, com sorrisos absolutamente brilhantes. Eles estão fantásticos. O vestido de Jules é incrível, o que não me surpreende. É branco e em estilo grego, fluindo suavemente em cascata até embaixo, as costas nuas, o vestido ficando firme no lugar com o strass no pescoço. Ela está com sapatos azuis Tiffany, aparecendo sob a barra do vestido, fazendo deles a peça azul, que tradicionalmente toda noiva deve usar em seu casamento.

Examino o salão elegante. Os convidados estão bem-vestidos, andando por aí, conversando ou encontrando seus respectivos lugares atribuídos em uma das muitas mesas redondas, forradas com suaves toalhas cor-de-rosa e grandes buquês de flores rosa e candelabros. Todo o salão brilha. A banda está tocando fora da minha vista, em uma sala ao lado, onde eu imagino que esteja o palco e a pista de dança. Eu posso ver as portas francesas abertas entre os dois salões, para que quem esteja sentado nas mesas possa assistir a banda e os dançarinos.

As pessoas já estão caminhando em direção à banda e parecem reconhecê-la.

— Vamos lá, vamos circular. — Will sorri para mim. — Eu quero exibir você.

— Certo. — Eu sorrio.

— Você está linda hoje. Bem, todos os dias, mas eu amo esse vestido. — Ele passa a mão pelas minhas costas nuas e a para bem acima da minha bunda. — Eu posso ver as suas covinhas.

Eu sorrio para ele, desfrutando daquele olhar lascivo.

— Eu fiz isso de propósito.

Meu vestido é simples, mas bonito. É berinjela e vai até o chão. O corpete é em forma de V, terminando entre os meus seios, com um pequeno strass bordado. É sem mangas, com tiras bem finas, e as costas nuas.

— Sim, eu imaginei. — Ele ri.

Ele está incrível em um terno escuro. Como seus irmãos, ele é alto, de ombros largos e grande, e simplesmente delicioso. Eu quero comê-lo. Ele pega duas taças de champanhe, e começamos a passear pelo salão, conversando e rindo com os outros convidados.

Sou apresentada aos amigos de Nate, dos seus dias de lutador. Todos são divertidos e agradáveis, e estão claramente desconfortáveis em seus ternos. Finalmente, retornamos até o lugar que Nat e Luke estão sentados.

— Quem é o cara com Luke? — pergunto a Will.

— Ah, você não conheceu Mark ainda. É irmão dele. Normalmente está no Alasca a trabalho. — Ele me leva ao trio e me apresenta ao belo irmão de Luke.

Puta merda, eu não achava que fosse possível alguém ser mais sexy do que Luke Williams. Eu estava enganada. Que água era essa que as mulheres bebiam quando estavam grávidas?

Sério, isso é loucura.

— Oi, Meg, prazer em conhecê-la. — Mark me oferece um sorriso lindo como ele e aperta minha mão. — Que pena que Will já te agarrou.

— Cuidado, cara. Você só está de volta há dois dias. Não me faça te matar — Will rosna, bem-humorado.

Mark apenas sorri para ele.

— Você perderia.

De repente, Jules está caminhando rapidamente para mim, os olhos arregalados e preocupados.

— Hum, Meg, nós precisamos conversar.

— Por quê? — Mas antes que ela possa dizer qualquer coisa, eu ouço.

Lonely Soul começa a tocar, a música que eu escrevi com Leo. E é Leo cantando.

— Luke, quem você contratou para a festa? — pergunto, meus olhos presos no de Jules. Eu já sei.

— Nash — responde ele, com a voz confusa. — Por quê? Você não gosta deles?

Eu fecho meus olhos e respiro fundo. Puta merda.

Natalie suspira, e Will envolve os dedos ao redor do meu braço, me puxando para encará-lo.

— O que está acontecendo?

— Meg, me desculpe. Eu não sabia. — Jules passa a mão nas minhas costas. — Eu realmente não sabia.

Este é o casamento de Jules. Ela é uma das minhas amigas mais antigas e queridas. Eu vou ficar bem. Vou fazer o que preciso para passar por esta noite, e vai ficar tudo bem. Estampo um sorriso no rosto e a abraço com força.

— Está tudo bem, querida.

— O que eu fiz de errado? — Luke pergunta.

— Nada. — Balanço a cabeça e sorrio para ele. — Nash é uma banda fantástica.

— O que eu estou perdendo? — Will murmura para mim. Eu suspiro.

— Leo Nash é o *meu* Leo, Will.

— O quê? — pergunta ele, franzindo a testa.

Natalie pragueja. Jules ainda está preocupada, mordendo o lábio.

— Eu estou bem. — Olho em volta para o grupo de pessoas que passaram a significar muito para mim. Elas se tornaram minha família. — De verdade, estou bem. Os convidados irão amá-los.

Will está me observando de perto, com perguntas em seus olhos, e eu me sinto uma merda por não ter lhe contado toda a história antes. Mas era muito doloroso admitir a ele que Leo simplesmente me deixou aqui para se tornar uma grande estrela do rock. Que ele apenas esqueceu de mim.

— Luke, como você conseguiu chegar até Nash? — Jules pergunta. Luke dá de ombros.

— Eles estão fazendo a trilha sonora do novo filme que estou produzindo. Eles terminaram agora uma turnê, e estão dando um tempo, então eu perguntei se poderiam fazer este evento, antes de suas férias, e eles concordaram.

— Você é tão doce — murmura Nat e o beija.

— Mas eu deveria ter me aconselhado com vocês, antes de fechar. Eu não imaginei que vocês conheciam algumas estrelas do rock.

Eu dou de ombros.

— Nós costumávamos conhecer. — Todo mundo está me observando. — Parem. Eu estou bem. O que vem a seguir? Jantar? Quando vamos comer o bolo?

— Sim, quando nós vamos comer o bolo? — Will pergunta, nos fazendo rir, mas seus olhos ainda estão graves e presos em mim.

— Depois do jantar — Jules responde. — Que eu acho que estão prestes a servir.

A banda para de tocar, e um DJ assume, enquanto o jantar é servido, com o corte do bolo e os brindes aos noivos. Natalie se levanta e pega o microfone oferecido a ela, sorrindo timidamente para a sala em geral.

— Meu marido geralmente é quem fala para as grandes plateias, mas estou feliz em falar com vocês sobre a minha melhor amiga. — Ela olha para Jules e sorri muito.

— Você vai me envergonhar? — Jules pergunta.

— Talvez. — Nat pisca. — Bom, ela nunca poderá cortar relações comigo, porque eu sei muita coisa. — Nós todos rimos e Nat fica ruborizada. — Eu não consigo me lembrar de qualquer ocasião em minha vida em que Jules e sua família não estivessem presentes. Você compartilhou de tudo o que realmente importava para mim, até mesmo o nascimento do meu bebê. Quando Jules e Nate ficaram juntos. — Natalie vira para a plateia e sorri. Will pega minha mão na sua e beija meus dedos. — Fiquei surpresa ao ver a mudança nela. Jules é uma menina durona. Ela não é de grandes demonstrações públicas de afeto, coisa que ela me lembra quase diariamente.

— Sério, vocês chegam a ser nojentos. — Jules revira os olhos, mas eu posso ver as lágrimas que ameaçam transbordar.

— Mas Nate trouxe esse lado suave dela. Ele a faz ser uma pessoa melhor. E eu acho que ela faz o mesmo por ele. Eu simplesmente não poderia ter encontrado alguém mais adequado para você, minha amiga, mesmo se eu quisesse. — Nat levanta sua taça, e todos nós seguimos o exemplo. — Então, para o meu novo cunhado Nate e minha irmã do coração, Julianne. Que seu amor continue a crescer a cada dia. Para Jules e Nate!

Até eu limpo uma lágrima do canto do olho, e rio quando Will sorri para mim. Nossa, eu adoro essas meninas. Entendo o que é ter um irmão do coração. O meu está na sala ao lado. Puta merda.

— Você está nervosa? — ele me pergunta, sentindo minha tensão.

— Para cantar?

— Sim, você está preocupada? — Ele envolve o braço em volta de mim, apoiando-o na parte de trás da minha cadeira. Eu sorrio para seu rosto bonito.

— Estou bem. Eu não costumo ter medo do palco. E tenho praticado muito.

— Eu amei o arranjo que você fez para a música — ele murmura e beija minha bochecha. — Você está pronta para arrasar.

Eu sorrio e me inclino para ele.

— Obrigada. Espero que sim.

— Você está bem com o Leo aqui? — ele sussurra para mim.

A menção de Leo faz o meu coração parar. Deus, eu vou ter que falar com ele. Acho que ele nem sabe que estou aqui. O que ele vai dizer? Como vai reagir?

— Eu não sei — sussurro em resposta.

— Ei. — Ele puxa meu rosto com os dedos para que ele possa olhar nos meus olhos. — Vai ficar tudo bem. Eu posso bater nele se você mandar.

Eu rio e seguro seu rosto na minha mão.

— Tudo bem. Já tem muito tempo, quase três anos. — Deus, eu amo esse homem. Ele está sempre tão pronto para me proteger.

— Eu te amo, querida.

Eu sorrio baixinho e beijo seus lábios ternamente.

— Eu sei.

— E agora, senhoras e senhores — o pai de Jules, Steven, anuncia —, estou orgulhoso e feliz em lhes apresentar uma grande amiga de Jules, e a mulher que parece ter roubado o coração do meu filho, Will. Megan McBride vai cantar a música para a primeira dança. Meg? Onde está você, querida?

— Aqui vou eu — murmuro para Will, e ele sorri muito, e me segue, juntamente com todos os outros, para o salão. E no palco está Leo, com a boca escancarada, me observando atravessar a pista de dança até ele.

— Posso pegar emprestado seu violão, por favor? — eu pergunto, direto ao ponto.

— Meguizinha — ele murmura, chocado em me ver. O velho apelido quase me deixa de joelhos. Eu travo.

— Leo, eu só preciso do seu violão, por favor.

Ele não se move. Fica apenas olhando para mim. Deus, ele está lindo. Ele é bem alto. Seu cabelo castanho-claro está cortado nas laterais, e um pouco mais alto em cima, estilo moicano. Ele tem um pequeno aro com um gancho em uma orelha. Seu lábio e sobrancelha estão perfurados. Ele está coberto de tatuagens. E seus doces e suaves olhos escuros cinzentos estão presos nos meus.

— Leo — eu digo de novo, um pouco mais forte, e ele pisca.

— Meg. — Ele limpa a garganta. — Eu não sabia que você estaria aqui.

— Idem — respondo com um sorriso. — Eu preciso do seu violão, por favor.

— Ah, com certeza. — Ele a estende para mim, e me oferece um meio-sorriso. — Você já tocou muitas vezes nela, ao longo dos anos.

Eu aprendi a tocar com este violão. Mordo meu lábio, enquanto passo a faixa em volta do meu ombro e costas, e olho para ele.

— Obrigada. — Eu subo no palco e tiro o banquinho que foi colocado

Joga Comigo   273

em frente ao microfone para mim. — Eu não acho que possa me sentar graciosamente nessa coisa com este vestido — digo para o público com uma risada, ganhando sorrisos e aplausos. — Então... — eu começo. — Jules, Natalie e eu somos amigas desde a faculdade, então elas me conheciam quando eu tocava com uma banda local aqui em Seattle. — Eu sorrio para todos eles.

Todos os convidados se reuniram em um semicírculo ao redor do palco. Jules, Nate e o resto da família, bem como as damas de honra, estão na minha frente. Will está olhando para mim, seus olhos azuis brilhando.

Eu olho para a minha esquerda, e vejo Leo em pé no palco, com os braços cruzados sobre o peito, me observando atentamente. Engulo em seco e me concentro na tarefa em mãos.

Apenas termine essa música, Meg.

— Eu fiquei um pouco surpresa quando ela me pediu para cantar esta noite, porque eu não canto na frente de uma plateia há algum tempo, mas estou honrada em cantar a música da primeira dança de Jules e Nate, agora casados. — Eu sorrio novamente e dedilho o violão, me certificando de que está afinado. Está, é claro. — A música que eles escolheram é *I Won't Give Up*.

Eu começo a reproduzir a introdução, enquanto Jules e Nate entram na pista de dança. Nate puxa Jules em um abraço firme e se move sem esforço pelo chão.

Cause even the stars, they burn

Some even fall to the earth

We got a lot to learn

God knows we're worth it

No I won't give up

Eu sou levada pela música e assisto aos meus amigos dançarem graciosamente, olhando nos olhos um do outro. Nate está cantando junto comigo, para sua garota, e meu lado romântico se derrete com a visão. Ele se inclina e murmura algo em seu ouvido, em seguida, beija seu pescoço nu, abaixo da orelha, e a desliza pelo chão, para a alegria da multidão.

I won't give up on us

Even if the skies get rough

I'm giving you all my love

I'm still looking up

Encontro os olhos de Will na pista de dança. Ele está sorrindo para mim, me observando atentamente. Deus, eu o amo. Eu tenho que dizer isso a ele. A canção termina, e a sala irrompe em aplausos e assobios.

Eu sorrio e me afasto do microfone para fazer uma pequena reverência, e depois caminho até o final do palco, e desço ao encontro de Leo, pronta para lhe devolver o violão.

— Temos que tocar uma música juntos — diz ele, com o rosto sério.

— Não, obrigada.

Ele pega o violão e entrega para outra pessoa, então agarra meu braço, me puxa de volta para ele e sussurra no meu ouvido:

— Megan, por favor. Eu senti sua falta. Vamos tocar hoje as músicas que costumávamos tocar em casamentos.

Eu suspiro e as lágrimas ameaçam descer.

— Leo...

— Por favor. Você está ótima. Vamos enlouquecê-los.

— Você não precisa de mim para isso, lembra-se? — eu pergunto, minha voz fria.

Ele franze a testa.

— Eu nunca disse isso. — Ele suspira. — Vamos lá, as pessoas estão olhando.

Eu não tenho escolha. Não quero fazer uma cena no casamento de Jules. Então, sigo Leo pelas escadas e fico ao seu lado, enquanto ele fala com a plateia.

— Ei, todo mundo, vocês estão se divertindo? — ele pergunta, e o público aplaude e assobia. — Bom! Estou honrado em estar aqui esta noite com a minha banda para entreter a todos e comemorar com Jules e Nate. Eu conheço Jules dos seus dias de faculdade, e estou feliz em ver que ela encontrou um cara digno dela. — Ele pisca para Jules. — Nós acabamos de sair de uma grande turnê, então estar aqui com vocês é uma mudança agradável e bem-vinda. — Ele dá um sorriso matador para o público e eu juro que metade das mulheres da plateia, incluindo Samantha, olha de volta, pronta para jogar sua calcinha para ele. Eu não posso evita em revirar os olhos. — Eu trouxe Meg de volta aqui porque, antes de Nash, eu era da banda local que ela lhes falou antes. Ela e eu vamos relembrar este tempo. — Ele sorri para mim. — E ela concordou em cantar mais uma música comigo, antes de se juntar a vocês, para ficar bêbada e se divertir, enquanto eu trabalho pra caramba aqui em cima.

O público ri e eu me junto a eles. Encontro o olhar de Will na plateia. Ele está me olhando, parado. Eu não posso ler seu rosto. Uma mão me entrega um microfone, e Leo pega seu microfone no tripé, ficando ao meu lado no palco.

— Não precisamos de uma guitarra? — pergunto no microfone.

— Não, a banda dá conta. — Ele pisca para mim, e acena para um dos rapazes, que sobe até o palco com uma guitarra. Ele se inclina e sussurra a música no ouvido do cara. Eu não sei quem ele é, deve ter se juntado à banda depois que Leo foi para Los Angeles.

— Essa música... — Leo diz no microfone e olha para mim, seus olhos cinzentos escuros felizes. — É chamada de *Marry Me* e foi originalmente feita por uma banda também de Seattle, chamada Train.

O público aplaude de novo, e eu não consigo desviar o olhar de Leo. Nós sempre tocamos essa música juntos. Não foi originalmente escrita como um dueto, mas alternamos os versos e cantamos juntos o refrão. Eu começo, enquanto Leo espera, seus lábios silenciosamente cantando junto comigo, com os olhos brilhantes, felizes e encorajadores, e eu lhe dou um sorriso petulante quando começo a canção.

Forever can never be long enough for me

Feel like I've had long enough with you

Forget the world now we won't let them see

But there's one thing left to do

Now that the weight has lifted

Love has surely shifted my way

Ele se junta a mim no refrão. Esta estrela do rock alta cantando uma doce canção de amor. Parece que é errado, mas, Deus, sua voz é incrível.

Quando sua voz se junta à minha em perfeita harmonia, arrepios percorrem a minha pele, e eu sorrio amplamente para ele.

Marry Me

Today and every day

Marry Me

If I ever get the nerve to say

Hello in this cafe

Say you will

Mm-hmm

Say you will

Mm-hmm

Eu abaixo meu microfone do lado do corpo e vejo Leo assumir o verso seguinte. Eu sempre adorei vê-lo cantar, mesmo quando eu era muito jovem, na primeira casa de adoção em que morei com ele. Ele cantava para mim o tempo todo, e então me deixava tocar sua guitarra, me mostrando pacientemente onde colocar os dedos e fazer os sons perfeitos. Ele me ensinou a controlar minha voz. Ele me ensinou tudo o que sei sobre música.

Enquanto ele canta essas letras, eu não posso evitar em pensar se ele tem uma mulher especial em sua vida agora. Espero que sim. Ele merece uma, embora eu saiba que seus problemas de confiança são ainda mais profundos do que os meus.

Together can never be close enough for me

Feel like I am close enough to you

You wear white and I'll wear out the words I love you

And you're beautiful

Now that the wait is over

And love has finally shown her my way

Na última metade da canção, cantamos em harmonia. Eu ouço Jack, o nosso pianista original, se juntar à guitarra, e eu estou completamente tomada pelo momento. Damos um passo mais perto um do outro, cantando apaixonadamente sobre este doce amor, apenas a centímetros de distância.

Marry me

Today and every day

Marry me

If I ever get the nerve to say hello in this cafe

Say you will

Mm-hmm

Say you will

Mm-hmm

Promise me

You'll always be

Happy by my side

I promise to

Sing to you

When all the music dies

Nós sorrimos um para o outro antes do último refrão da música e então a terminamos.

And marry me

Today and everyday

Marry me

If I ever get the nerve to say hello in this cafe

Say you will

Mm-hmm

Say you will

Marry me

Mm-hmm

A música some lentamente, e Leo sorri para mim, me oferecendo esse sorriso secreto que ele costumava me dar quando éramos crianças, e sabíamos que poderíamos ter problemas por algo que planejávamos fazer. Mas ele nunca me deixou em apuros. Ele sempre me protegeu.

Ele me puxa para um abraço terno, em seguida, se afasta e olha para mim. Eu não ouço os aplausos em torno de nós, ou o público pedindo mais.

Leo se inclina e sussurra em meu ouvido:

— Eu realmente senti sua falta, Meguizinha. Eu te amo. — Ele beija minha bochecha, bem próximo aos meus lábios, e se afasta, e eu sorrio para ele.

— Eu também te amo.

280   Kristen Proby

Capítulo
Vinte e Cinco

Will

Eu fico paralisado ao ver a mulher que eu amo cantar minha canção de amor favorita com outro homem. E mesmo que eu saiba que ela ama Leo como um irmão, eu quero dar um soco nele. Com força.

Sua voz doce enche o ar, e eu estou ainda mais apaixonado por ela neste momento do que eu era antes de ela subir no palco. Eu não sabia que isto era possível.

Porra! Ela é tão talentosa. E sexy pra caralho naquele vestido, com o cabelo preso, mostrando suas costas e seu pescoço fino, e os brincos de diamante que eu comprei para ela. Eu mal posso esperar para arrancar suas roupas e fazer amor com ela. Eu nunca tenho o suficiente dela.

Forever can never be long enough for me.

Porra, como isso é verdade.

A música chega ao fim e Leo puxa Meg para um abraço, sussurra algo para ela, e, como eu estou de pé em frente, não posso dizer se ele a beija na bochecha ou na borda dos lábios. Minhas mãos fecham em punhos.

Então, ele se afasta dela e ela fala as palavras:

— Eu também te amo.

Porra!

282   Kristen Proby

Capítulo
Vinte e Seis

Meg

Eu aceno para a multidão e desço as escadas com cuidado. Estou me sentindo fantástica. Não percebi o quanto sentia falta de cantar na frente de um público, especialmente com Leo. Espero voltar a vê-lo, enquanto ele estiver na cidade.

Atravesso a pista de dança, e Jules e Nate me encontram no meio do caminho, para me abraçar.

— Muito obrigada. Foi maravilhoso — Jules murmura no meu ouvido, enquanto me abraça.

— De nada.

— Obrigado, menina linda. — Nate me abraça apertado também. Uau, que músculos. Eu sorrio para ele timidamente.

— O prazer foi meu. Parabéns a vocês.

A família toda me abraça e me diz que adorou as canções, mas meus olhos estão procurando Will.

— Você não me disse que conhecia Leo Nash, garota — murmura Samantha com um sorriso. — Eu vou querer ouvir essa história.

Eu rio.

— Nós vamos nos reunir em breve, e eu vou te contar tudo.

Finalmente, encontro Will, em pé atrás da multidão. Seu rosto é sério, suas mãos estão nos bolsos, e o brilho dos seus olhos está apagado. Meu estômago aperta. Algo está muito errado.

— Oi — eu digo, enquanto me aproximo dele.

— Oi — ele responde.

Joga Comigo   283

— O que há de errado? — eu pergunto, mas ele só balança a cabeça.

— Meg, foi incrível! — Natalie e Luke aparecem de repente ao nosso lado.

— Sério, Meg, eu conheço algumas pessoas — Luke fala, sorrindo, mas sua voz é totalmente profissional. — Eu poderia fazer algumas ligações na segunda-feira. Você deveria estar cantando profissionalmente, minha amiga.

Eu fico balançando a cabeça, com as mãos levantadas para eles pararem.

— Não, obrigada.

Will estreita os olhos em mim, mas fica em silêncio.

— Mas por que, Meg? A música foi a sua vida durante todo o tempo que eu te conheço — Natalie responde.

— Não é a minha vida agora. — Eu balanço minha cabeça novamente e suspiro. — Eu amo música. Eu sempre vou amar, mas amo minhas crianças no hospital. — Dou de ombros. — Estou feliz aqui. Não preciso ser o centro das atenções.

— Se você mudar de ideia, basta me dizer. — Luke se inclina e beija minha bochecha. — Eu poderia ajudar a te fazer uma mulher muito rica.

— Eu já sou rica — respondo com um sorriso. — Não preciso do dinheiro.

Luke inclina a cabeça e um sorriso lento se espalha por seu rosto incrivelmente lindo.

— Tudo bem.

Nat pisca para mim, e eles saem para conversar com os outros convidados.

— Fale comigo — eu sussurro para Will quando ele ainda não diz nada, apenas olha para mim com olhos sérios.

Ele balança a cabeça.

— Não aqui. Vamos aproveitar a festa. Mas vamos conversar mais tarde.

Meu queixo cai e eu só olho para ele.

Que diabos eu fiz?

— Ok — eu murmuro.

Ele acena com a cabeça uma vez, bruscamente, e me leva de volta para a multidão para interagir e conversar. Ele sorri e interpreta o irmão perfeito pelo resto da noite, mas nunca coloca a mão em mim. Nunca me olha. Se eu encosto minha mão nele, ele se afasta do meu toque.

Isso está me matando pra caralho.

— Will... — eu começo, quando temos um momento a sós, mas eu vejo Leo se aproximar com o canto do meu olho, e suspiro quando Will endurece ao meu lado.

Esse é o problema.

— Ei, Meg, estamos dando uma pausa. Este é o Will? — ele pergunta, e eu levanto uma sobrancelha surpresa. — O pai de Jules mencionou que você tinha roubado o coração de Will — Leo responde minha pergunta silenciosa, e eu sorrio.

— Sim, este é o Will. Will, este é o Leo.

Will estende a mão para cumprimentá-lo, mas seu rosto não é nada amigável.

— Olá.

— Ei, eu sou um grande fã do Seahawks — Leo lhe diz com um sorriso.

— Legal. — E é tudo que Will fala. Leo dá um passo atrás, estreitando os olhos, e olha do Will para mim, incrédulo. Finalmente, seu olhar escuro encontra o meu.

— Problemas?

Eu balanço minha cabeça e forço um sorriso.

— Sem problemas.

Eu vasculho o salão com os olhos, tentando encontrar alguém para vir me salvar. Por mais que eu queira conversar com Leo, preciso falar com Will. Seu silêncio está me matando.

Samantha capta meu olhar a poucos metros de distância, e imediatamente entra em ação.

Deus, como eu a amo.

— Leo, você já conheceu Samantha? — pergunto-lhe, quando Sam se junta a nós.

— Ah, não. — Ele não olha para ela, realmente não se importando com quem ela seja.

— Ela é irmã do Luke — explico melhor, e ele sorri em reconhecimento. Sam é absolutamente linda, e Leo sorri para ela, acenando com a cabeça, mas depois olha para mim, entrando totalmente no modo irmão protetor, sentindo a tensão entre mim e Will. Mas eu não preciso que ele aumente a confusão.

— Sam. — Eu sorrio para ela. — Leo não vê Jules há muito tempo. Quer levá-lo para vê-la e conhecer Nate?

Leo continua com a carranca para mim, mas depois suspira e sorri para Sam.

— Oi, Samantha.

— É apenas Sam — ela responde e enfia o braço no seu. — Vamos fazer aquele passeio obrigatório e achar outro lugar para ficar, onde não vamos sentir a tensão que está transbordando aqui.

Eu olho Sam o levando, tomando cuidado para não bater em um arbusto.

— Will, isso é loucura. Fale comigo. O que eu fiz?

Mas ele franze a testa teimosamente e balança a cabeça novamente.

— Não aqui.

— Você está me assustando — eu sussurro.

— Este não é o momento nem o lugar — ele murmura, ainda não encontrando meu olhar.

— Hora de jogar o buquê! — Jules anuncia. — Meg, traga sua bunda sexy aqui!

Eu mantenho meus olhos no rosto de Will, lhe implorando para falar comigo.

— Vá, Jules está chamando você — ele resmunga, vira as costas para mim e vai embora.

286 Kristen Proby

Porra.

Todas as garotas solteiras estão reunidas diante do palco. Nesta multidão, não há muitas mulheres solteiras, talvez quinze. Sam está longe de ser encontrada, provavelmente ainda conversando com Leo. Traidora.

Estampo um sorriso no rosto para Jules, e espero pacientemente ela fazer um grande show para jogar o buquê. Tento me afastar, assim Brynna pode pegá-lo, mas, sabe Deus por que, ele cai bem em minhas mãos.

Filho da puta.

Eu só rio e o mantenho em cima da minha cabeça. Jules me abraça, e posamos para fotos. O fotógrafo tira mais algumas fotos de família, e, quando a última foto é tirada, Will retorna ao meu lado.

— Estas merdas do casamento acabaram? — pergunta ele.

— Sim, tudo o que resta é dançar e ficar bêbado — eu respondo.

— Bom, vamos sair daqui.

Passamos a próxima hora atravessando o salão de baile, dizendo adeus, posando para mais algumas fotos, e abraçando Jules e Nate.

— Estou tão orgulhosa de você, garotinha. — Ouço Will murmurar para Jules.

— Obrigada. — Ela sorri para ele. — E não me chame assim.

Ele ri, um sorriso de verdade, e isso aperta meu estômago. Deus, eu amo sua risada. Eu o amo muito, e ele está prestes a terminar comigo, eu sei disso.

Ele me acompanha até o meio-fio e pede ao motorista para nos levar de volta até a igreja, onde seu carro está estacionado. Uma vez dentro, Will fica em um lado da limusine, e eu deslizo para o outro, sabendo que não sou bem-vinda para me sentar ao lado dele. E não ser capaz de tocá-lo está me matando.

Então, eu vou deixá-lo decidir quando ele quer falar sobre o que o está corroendo. Nós ficamos sentados em silêncio todo o caminho até a igreja. Ele me ajuda a entrar em seu sexy carro e fica silencioso todo o caminho até a minha casa. Percebo que ele não me leva até sua casa.

Quando estaciona na calçada, ele desliga o motor, e ficamos em silêncio, sem olhar um para o outro, só olhando para frente. Finalmente, eu quebro o silêncio.

— Will — eu sussurro. — Por favor, fale comigo. Eu não posso me desculpar com você se eu não sei o que fiz de errado.

Ele esfrega a mão sobre a boca, então de repente sai do carro, vem até o meu lado, abre a porta do passageiro e indica que eu devo sair.

Então, eu saio. Ele me segue até minha porta, me observa desarmar o alarme, e então se vira para ir embora.

— Por favor, não vá. Will, entre e fale comigo.

— Eu não posso falar com você — ele murmura, não olhando em meus olhos. — Dói demais esta droga para falar com você, Megan. Está me matando apenas te olhar.

— Que porra está acontecendo? — eu exijo saber, minhas mãos em meu quadril. — Não seja um covarde, Will, apenas diga que porra está acontecendo!

— Você está! — Sua cabeça se vira para mim, seus olhos irados. — Eu digo a você todo dia de merda o quanto eu te amo, Megan. — Ele se aproxima de mim, seu rosto a centímetros do meu. — A cada dia, eu digo. Eu te mostro. Tendo certeza de que você sabe que eu sou completamente apaixonado por você. — Eu engulo em seco, meus olhos arregalados, e só observo enquanto ele descarrega, meu coração se partindo. Eu sinto as lágrimas descerem pelos meus olhos. — Mas você não pode dizer isso de volta — continua. Ele joga os braços para cima e se afasta uns passos, mas depois se vira para mim, com a boca numa linha sombria. — Você não pode me dizer que me ama, mas ficou em um palco diante de duzentas pessoas e disse a outro homem que o ama. — Meu queixo desaba e uma lágrima cai no meu rosto. — Eu vi você — ele cospe as palavras. — Eu vi você dizer a ele que o ama, depois que ele sussurrou em seu ouvido e beijou você, o que quase lhe rendeu um soco no queixo. — Ele esfrega a boca novamente e planta as mãos no quadril, e outra lágrima cai no meu rosto. — Estou tão apaixonado por você, Megan, que não consigo ver direito. Você significa mais para mim do que qualquer coisa. Mais do que minha família, mais do que futebol. Mais do que qualquer coisa. — Ele dá de ombros e mantém as mãos dos lados do corpo, como se estivesse me mostrando tudo o que tem. — Mas você não pode dizer o mesmo para mim, embora eu saiba que você me ama. Eu só acho que você não me ama do mesmo jeito que eu te amo.

Ele fecha os olhos e suspira, e depois olha para baixo, para seus pés. Ele está de pé diante de mim, em seu terno, e eu quero tão desesperadamente tomá-lo em meus braços e dizer-lhe o quanto eu preciso dele. O quanto eu o amo. Ele lentamente levanta a cabeça e me encara com seus olhos azuis tristes.

— Se você não pode me amar do jeito que eu amo você, talvez nós estejamos apenas perdendo nosso tempo. — Seus ombros caem e ele corre os dedos pela minha bochecha. — Boa sorte para você, Megan.

Ele vira as costas e sai andando pelas escadas e para o seu carro. Eu estou presa no lugar.

Que porra aconteceu?

Ele chega até seu carro, abre a porta, e eu entro em ação.

— Espere!

290   Kristen Proby

Capítulo
Vinte e Sete

Will

Eu abro a porta do carro, meu coração na garganta, e me impeço de correr de volta para ela, lhe pedindo para esquecer tudo que eu disse. Que vou aceitar o que ela está disposta a me dar, para o resto da minha vida, se eu apenas puder tê-la. Mas jamais ouvir as palavras saírem de sua doce boca me fará, eventualmente, ficar ressentido com ela, e isso é algo que eu não gostaria que acontecesse.

Nunca.

Eu a amo demais para essa merda, por isso é melhor acabar com esse sofrimento agora.

— Espere!

Ela parece em pânico. Eu fecho os olhos e seguro a porta do carro com força.

Só volte para casa, querida.

— Will, espere. — Ela está ao meu lado agora. Eu olho para baixo, nos seus olhos castanhos cheios de lágrimas, e preciso de toda a minha força para não segurá-la junto a mim e dizer que vai dar tudo certo. Porque eu não acho que vai.

— Meg, olha...

— Não, olha você — ela me corta, com as mãos em punhos no quadril, o fogo saindo de seus olhos. Eu a deixei irritada. — Você não vai jogar essa bomba em mim e depois partir, para eu nunca mais ouvir falar de você, Will Montgomery. E se você acha que está terminando comigo, tenho que lhe dizer, tem mais coisa a caminho.

Adoro quando ela está irritada. Mas o nó no meu estômago não diminuiu ainda.

— Will — ela começa e respira fundo. — Eu te amo mais do que você jamais poderia entender.

Minha respiração falha, e eu só posso olhar para ela. Meu queixo caiu até meus joelhos.

— O quê?

— Claro que eu sou apaixonada por você, Will. — Ela engole em seco e fecha os olhos. Antes que ela possa dizer outra palavra, pego seu rosto em minhas mãos, o toque da sua pele um bálsamo para meus nervos em frangalhos, e a faço olhar para mim.

— Eu não quero que diga essas palavras só porque está com medo que eu termine com você sem elas.

Seus olhos sorriem, e, pela primeira vez nas últimas horas, uma calma recai sobre mim.

— Você é mais esperto do que isso — ela murmura com sua voz doce. — E você me conhece melhor do que isso.

Eu a puxo em meus braços, fecho a porta do carro com o pé e a carrego para dentro de sua pequena casa. Pretendo vendê-la e levar Meg para morar comigo o mais breve possível. O que significa só no próximo ano, porque ela é independente pra caralho. Deus, eu a amo.

Eu a carrego pela sala de estar e me sento no sofá, embalando-a em meu colo. Suas sobrancelhas sobem até seu couro cabeludo.

— Eu pensei que você me levaria para cima.

— Mais tarde — eu respondo, e traço seus lábios com a ponta do dedo. — Primeiro, fale comigo.

Ela suspira e morde seu lábio inferior.

— Eu não conseguia dizer que eu te amo porque, na minha vida, sempre que falo essas palavras, as pessoas vão embora. — Ela encolhe os ombros e pisca, tentando segurar as lágrimas, e é como um punho apertando meu coração. Eu odeio quando ela chora, porque ela raramente o faz.

— Vá em frente — sussurro e sorrio para ela. Eu amo o jeito que me sinto, com seu pequeno corpo em meus braços, toda macia e pequena, e o

292   Kristen Proby

quanto ela significa para mim.

— Eu acho que amava minha mãe quando era pequena. Eu realmente não me lembro. — Sua testa vinca, enquanto ela pensa. — Mas fui levada dela, e, honestamente, eu sou grata, porque foi a melhor coisa. Mas então eu ficava sendo jogada de lar adotivo para várias casas. Eu conheci Leo no primeiro lar adotivo, e me apeguei a ele, como se ele fosse uma tábua de salvação, porque, para mim, ele era.

Ela olha para mim com seus olhos castanhos suplicantes, implorando para eu entender, e acho que finalmente estou realmente começando a compreender.

— Ele foi a primeira pessoa que eu já tive na minha vida, que era realmente uma família para mim. Ele cuidou de mim, e foi bom para mim, e não queria nada de mim. — Ela suspira e limpa as lágrimas de seu rosto. — Mas então eu fui levada da primeira casa, e Leo foi tirado de mim. Graças a Deus eu não perdi o contato com ele. — Eu a embalo contra mim e a deixo falar. — Sempre ficou muito claro para mim, em cada uma dessas casas, que o meu lugar não era como uma parte da família, que eu estava apenas hospedada ali. Eu fiquei aliviada quando o estado me emancipou aos dezesseis, e eu pude, finalmente ir morar com Leo. — Ela se afasta para trás e me olha. — Mas então, depois de eu ter tocado com ele por anos, ele decidiu largar tudo e ir para Los Angeles para tentar uma carreira profissional.

— Por que ele não te levou com ele?

— Ele insistiu para que eu ficasse aqui e seguisse minha carreira de enfermagem. Ele sabia que eu era boa nisso, e eu trabalhei muito para dar certo. E eu acho que ele podia ver que as longas horas de trabalho e, em seguida, fazer shows no fim de semana estavam acabando comigo. Ele não queria que eu pedisse demissão.

Eu franzo a testa.

— Eu odeio dizer isso, mas faz sentido, querida.

— Sim, agora faz — ela concorda e acena com a cabeça. — Mas, então, meu sentimento era que outra pessoa que eu amava, a pessoa mais importante da minha vida, estava me abandonando novamente.

— Eu não vou deixar você, gatinha. — Eu não me importo que ela odeie esse apelido. — Eu te amo tanto, Megan.

Joga Comigo   293

Ela segura meu rosto em suas mãos, daquela maneira que ela sempre faz, e passa a ponta dos dedos pelo meu rosto, seus olhos felizes.

— Eu também te amo.

É como um soco nas entranhas.

— Diga isso de novo — eu sussurro.

— Eu também te amo, Will — sussurra.

Ainda com ela em meus braços, eu a carrego pelas escadas até seu quarto e a coloco em pé. Com a ponta dos dedos, desço as alças de seu vestido pelos ombros e o vejo descer pelo seu corpo delicioso, caindo no chão a seus pés.

— Porra, você estava nua por baixo.

Ela está de pé diante de mim com apenas seus sapatos de salto alto preto e os brincos de diamante, e é tudo que eu preciso para meu pau se comportar como um adolescente de merda. Ela sorri timidamente.

— Você está totalmente vestido.

— Dispa-me — eu exijo, deixando meus braços caírem de lado, mas ela balança a cabeça e se senta na cama, então desliza até o meio do colchão, ainda com os saltos.

— Eu quero ver — ela responde com um sorriso petulante, mostrando sua covinha.

— Vamos lá, sua preguiçosa. — Eu sorrio para ela, e não posso sair desta porra de terno rápido o suficiente.

Seus olhos escurecem quando passeiam sobre a minha nudez, e eu sorrio para ela. Vou treinar todos os dias, pelo resto da minha vida, para manter aquele olhar em seus olhos quando ela olhar para mim. Finalmente nu, eu subo na cama e cubro seu pequeno corpo com o meu. Ela segura meu quadril, e eu apoio meus cotovelos em ambos os lados de sua cabeça, acariciando pequenas mechas de seu cabelo com os polegares.

— Eu te amo — ela murmura com um sorriso feliz.

— Eu nunca vou cansar de ouvir essas palavras saindo de sua boca sexy, gata.

Ela ri e aperta minha bunda em suas mãos. Eu inclino minha cabeça e a beijo, primeiro suavemente, depois mais forte, e eu viro nossa posição, com ela agarrando meus quadris. Ela se senta reta, esfregando seu quadril contra o meu, esfregando sua boceta já molhada no meu pau. Eu inspiro profundamente através dos dentes.

— Gata, mais devagar, ou eu vou gozar antes mesmo de começar.

— Sério? — Ela parece feliz com isso, enquanto continua a me torturar, a danada.

— Megan — eu a advirto, e de repente ela está ajoelhada, chupando o meu pau, me fazendo levantar da cama, e ela me dá uma chave de perna para me manter deitado. — Puta merda!

Ela ri e continua me chupando, como se fosse um sorvete, e depois afunda nele novamente, sugando enquanto puxa para cima. Enfio meus dedos em seu cabelo macio e solto um gemido.

— Meg, volte aqui. — Ela balança a cabeça teimosamente e continua a causar estragos no meu pau. — Eu juro por Deus, Megan, se você não vier até aqui...

— O que foi? Não está gostando? — ela pergunta, dando uma risada. Agarro seus ombros e a puxo de volta para mim, beijando-a profundamente e colocando meus dedos entre nós para brincar com o piercing que eu realmente aprendi a amar muito. Isto a deixa louca. — Ah, Deus, Will — ela geme contra a minha boca e eu sorrio.

— É isso mesmo, querida, venha para mim. — Seu quadril está se movendo rapidamente contra meus dedos, e eu sei que ela está muito perto. Quando sinto os tremores começarem, entro ela, e sinto seus músculos ordenharem meu pau, enquanto afundo cada vez mais. Eu cerro os dentes e seguro seu quadril firmemente para não gozar com ela.

Quando seus músculos internos relaxam, eu começo a movê-la, e ela assume, me montando com força e no mais doce ritmo. Ela se senta sobre ele, erguendo os braços, descansando os antebraços sobre o topo de sua cabeça, enquanto me cavalga, e eu agarro seus seios em minhas mãos, brincando com os mamilos duros com o polegar e o indicador, deixando-a ainda mais louca.

Ela joga a cabeça para trás e encosta as mãos no meu peito, e eu ponho minha mão entre nós novamente, olhando para onde estou enterrado profundamente dentro dela, e coloco meu polegar sobre o clitóris e o piercing, e sinto seu orgasmo se construir novamente.

— Olhe, gata — eu a instruo, e ela atende, olhando para nós, para mim esfregando seu clitóris, e ela desmorona, gritando. Ela fica em cima de mim, apertando e tremendo, e eu não tenho escolha a não ser gozar com ela.

Agarro seu cabelo em meu punho, puxando-a para baixo, para beijá-la com força, enquanto me enterro violentamente dentro dela, empurrando meu quadril para cima, enterrando-me tão profundamente quanto posso.

Ela cai em cima de mim, e eu rolo nós dois de lado, ainda dentro dela, olhando para seu rosto corado, olhos fechados, lábios entreabertos, enquanto ela goza. Isto aqui é o meu mundo inteiro.

— Eu amo você, Will — ela sussurra, e não posso evitar o largo sorriso no meu rosto, ou os espasmos do meu pênis dentro dela, com as palavras.

— Eu também te amo, querida.

Meg dormiu cerca de uma hora atrás, mas eu não estou cansado. Não consigo parar de olhar seu rosto doce, não posso parar de passar meus dedos por seu cabelo macio. Ela me ama. Eu sorrio, lembrando do som vindo de seus lábios, e mal posso esperar para ouvi-lo novamente. Me mata saber que ela pensa que me amar significa que vou deixá-la, e que admitir para mim que me ama me faria abandoná-la.

Eu nunca vou a lugar nenhum, porra. Ela está presa comigo, para sempre, e ela vai me ter sempre. Eu gostaria de saber mais sobre Leo, ter algum tempo para conversar com ele. Mas mais do que isso, eu acho que ela precisa de um tempo com ele. Ele não se parecia com alguém que a abandonou esta noite. Ele foi protetor e claramente a ama.

Eu me afasto de Meg, tomando cuidado para não acordá-la, pego o meu telefone, e desço as escadas enquanto ligo para Luke. É tarde, mas eles estão, provavelmente, ainda na recepção.

— Williams — Luke atende. Eu posso ouvir a banda em segundo plano, e as pessoas rindo e conversando.

— Ei, eu preciso de um favor.

— Diga — ele responde rapidamente, e eu sorrio. Natalie pegou um cara bom.

— Preciso do número do Leo.

— Ele ainda está no palco, Will — Luke responde secamente.

— Não seja idiota.

298   Kristen Proby

Capítulo
Vinte e Oito

Meg

Eu acordo com um braço pesado enrolado em volta da minha cintura, um nariz pressionado na minha bochecha, e uma grande e musculosa perna estendida sobre a minha. Eu suspiro e me mexo, tentando me esticar, sem me desembaraçar de Will. Ele está dormindo tão tranquilo, e, depois de ontem à noite, eu preciso da sua proximidade.

Ele quase me deixou. E eu não posso culpá-lo.

— Bom dia — ele sussurra. Eu viro minha cabeça, esfregando o nariz contra o dele, e sorrio.

— Bom dia.

— Dormiu bem? — ele pergunta e me abraça apertado.

— Sim. E você?

— Eu dormi muito bem.

— Eu gosto de acordar com você.

Ele se inclina para trás e me dá um sorriso confuso.

— Você acorda comigo o tempo todo.

— Não, eu não. — Eu balanço minha cabeça. — Você sempre acorda antes de mim.

— Humm. — Ele beija meu peito e liga meus dedos com os seus, e nós ficamos apenas deitados, relaxados. — Você está bem? — ele sussurra.

— Eu estou bem.

— Então... — ele começa com um suspiro. — Me conte sobre Leo.

Eu faço uma careta para ele, confusa a respeito de onde surgiu isso.

— Eu já te falei sobre ele na noite passada.

— Não, você me contou sobre como o conheceu. Eu quero que você me fale sobre Leo.

— Por quê?

Ele dá de ombros.

— Chame de curiosidade.

— Will, ele é como um irmão para mim...

— Pare. — Ele aperta os dedos contra meus lábios e sorri de forma tranquilizadora. — Isto não é um concurso de quem irrita quem. Estou muito curioso para saber mais sobre ele.

Esfrego minhas mãos em meu rosto, deito de lado e o encaro.

— Ok, eu vou lhe dar a versão completa.

Will ri.

— Ok.

— Ele entrou em um orfanato com doze anos, depois que seus pais morreram em um acidente de carro. Não havia nenhum parente para levá-lo. — Eu suspiro com a careta de Will. — Ele poderia ter se perdido em algumas estradas muito ruins. Mas só se perdeu na música, e então ele tinha a mim para se preocupar, e graças a Deus ele é teimoso pra caralho, ou eu estremeço só de pensar que tipo de confusão ele poderia ter arrumado em sua vida. — Eu limpo minha garganta e traço seu ombro com a ponta do dedo. — Ele se mudou para Seattle quando completou dezoito anos, armado com sua guitarra e um fundo que foi criado com o dinheiro do seguro, de quando seus pais morreram. E assim ele foi capaz de me ajudar a pagar a faculdade e, basicamente, cuidar de mim por um tempo. Ele é um cara inteligente. E é tão talentoso. — Eu sorrio para Will. — Foi divertido cantar com ele na noite passada.

— Vocês dois são ótimos juntos.

Concordo com a cabeça.

— Foi como se o tempo não tivesse passado — sussurro. — Eu sentia falta dele.

— Por que você perdeu o contato quando ele foi para Los Angeles?

— Porque eu sou uma idiota. — Eu sorrio com a carranca de Will.

— Você não é.

— Ah, sim, eu sou. Eu me comportei bem mal quando Leo me disse que estava indo para L.A. — Eu balanço a cabeça. — Agi como uma criança mimada. Eu só não queria que ele fosse. E feriu meus sentimentos que ele não tenha me dado a opção de ir com ele.

— Pelo que você me disse, parece que ele estava preocupado com você.

— Ele estava. — Eu aceno, concordando. — Mas ainda dói. Eu o amava, e ele foi embora. E eu era muito teimosa para ficar em contato depois que ele se foi. Mas, quando a raiva passou e eu queria ouvir a voz dele, senti que muito tempo tinha se passado e não achei que ele quisesse mais falar comigo. — A última frase é dita com um sussurro e traz lágrimas aos meus olhos.

— Eu tenho certeza de que não é o caso — Will murmura e limpa uma lágrima do meu rosto com o polegar. — Não importa quão estúpidos sejam os atos de Jules, eu sempre quero ouvi-la.

— Sim — eu murmuro, não sabendo mais o que dizer.

— Acho que nós devemos levantar. — Will se afasta de mim e vai até a beira da cama, completamente nu e amarrotado do sono.

— Eu acho que você deve trazer esta bunda sexy de volta para a cama. — Ele me dá um sorriso predador e tira o cobertor do meu corpo nu.

— Não, levante-se.

— Ei! Está frio.

— Levante este seu rabo quente da cama e vá para o chuveiro. Eu tenho uma surpresa para você.

Ele revira os cobertores em uma bola e os joga no chão, caminhando até o banheiro para tomar banho.

— E o que aconteceu com o sexo matinal? — eu grito atrás dele.

— No chuveiro! — ele grita de volta.

— Você quer dizer que podemos ter o sexo matinal no chuveiro? — eu grito.

Will aparece e inclina o ombro contra o batente da porta, cruzando os braços sobre o peito musculoso, nu como um bebê.

— Eu adoro quando você está nu — eu falo, feliz da minha posição na cama.

— Estou feliz em ouvir isso. — Ele sorri e cruza uma perna na frente da outra, me olhando todo relaxado. — Você vai entrar no chuveiro voluntariamente, ou eu preciso levá-la até lá?

— Por que você está tão mandão esta manhã? — pergunto com uma risada.

— Eu sou mandão toda manhã, gata. Agora... — Ele se afasta da porta e caminha até a cama, pega meu tornozelo e me puxa para a borda. — Vamos entrar no banho.

— Ok. — Prendo meus braços no dele, enquanto ele me puxa pelos pés, mas, em vez de me deixar entrar no banheiro, ele me levanta sobre o ombro e me carrega.

— Eu posso andar — digo com ironia e ganho um tapa firme na bunda.

— Não rápido o suficiente.

— Me conte sobre essa surpresa. — Ele me bate na bunda de novo, pouco antes de me colocar em pé.

— Não. Você disse algo sobre sexo no banho. — Ele agarra meu gel de banho e ensaboa uma esponja.

— Vamos ter sexo no chuveiro se você me contar sobre a surpresa — eu ofereço e tenho que me segurar firme em seus braços, enquanto ele desliza a esponja com sabonete sobre meus seios e ventre, parando entre as minhas pernas.

— Você tem certeza? — pergunta ele.

— Qual foi a pergunta?

— Para onde vamos? — pergunto, quando estou sentada no carro de Will.

— Você vai ver. Estamos quase lá.

— Eu não gosto de surpresas.

— Estou percebendo isso. Você poderia apenas se calar e me deixar fazer a minha surpresa, querida.

— Você nunca deveria ter me contado que tem uma surpresa para mim.

— Lição aprendida — ele resmunga e estaciona o carro em frente ao café das doze versões de omelete.

— O café da manhã é a surpresa? — pergunto com as sobrancelhas levantadas.

— Cale-se, Megan.

Ele sai do carro e abre a porta para mim, me puxando pela mão. Envolve seu braço em volta da minha cintura e me dá um beijo profundo, ali mesmo, na calçada.

— Você pode me calar desse jeito a qualquer momento, estrela do futebol.

Ele pisca e me leva até o restaurante, passando pelas mesas, até a parte de trás, onde um cara está sentado de costas, com um agasalho com capuz, mãos tatuadas, um gorro na cabeça, segurando uma xícara de café.

Leo.

Meu olhar arregalado encontra o de Will e ele dá de ombros. Leo olha para nós e sorri, levantando e estendendo a mão para Will.

— Ei, cara.

— Oi. Vou deixar vocês conversarem. Você se importa de dar uma carona a Meg para casa quando vocês acabarem?

— Você está indo embora? — pergunto, borboletas fervilhando loucamente no meu estômago.

— Sou só a carona e não vou entender as piadas internas, de qualquer jeito.

Ele coloca a mão no meu rosto, se inclina e sussurra em meu ouvido:

— Você vai ficar bem. Eu te amo. Me chame se precisar.

— Eu também te amo — murmuro e olho-o sair do restaurante.

— Sente-se. — Leo faz um gesto para o outro lado da mesa, e eu automaticamente sento, e só olho para ele.

Joga Comigo 303

Seu gorro está puxado para baixo na testa, cobrindo o piercing na sobrancelha. Seus olhos cinza estão felizes, mas de sobreaviso, como se ele não soubesse muito bem como eu vou reagir a ele. Ele está segurando seu café com as duas mãos.

— Você tem novas tatuagens nos dedos — murmuro.

— Você tem uma nova tatuagem em seu braço — ele replica. Eu sorrio.

— Eu estava com ela na cabeça há um tempo.

— Qual é a música?

— *Dare You To Move.*

Ele acena com a cabeça, entendendo o porquê.

— A parte de levantar do chão? — ele pergunta.

— Sim.

Ele acena com a cabeça novamente.

— Quanto tempo você vai ficar na cidade? — pergunto, tentando desesperadamente começar a conversa.

Nunca foi difícil falar com Leo. Eu odeio que seja agora.

— Um tempo. A turnê acabou, e nós estamos fazendo uma pausa.

— Eu pensei que você vivesse em L.A. agora. — Franzo a testa.

— Eu tenho um lugar lá, mas sinto falta de casa. — Ele dá de ombros e me oferece um meio-sorriso, e eu não posso evitar em encarar o aro de prata em seu lábio. Fica muito sexy nele.

— Eu sinto sua falta, Meguizinha.

— Eu também. — Eu suspiro e aceno para a garçonete, que me oferece café e coloca o menu na nossa frente.

— Eu sinto muito.

— Não é culpa sua.

— Sim, é.

— Não, não é. Eu tinha seu número. Eu nunca liguei para você.

— Por quê? — eu pergunto.

— Eu não achei que você gostaria de ouvir minha voz.

— Eu acho que nós dois estávamos errados — murmuro e sorrio para ele. — Então você vai ficar aqui por um tempo, hein?

— Sim. Vou trabalhar no próximo álbum e reorganizar as ideias.

— Bom.

— Então, Will Montgomery? — Ele estreita os olhos para mim.

— É. — Eu sorrio timidamente e olho para o meu café.

— Você o ama? — pergunta ele, direto ao ponto.

— Mais do que qualquer coisa — eu confirmo.

Leo balança a cabeça, me observando.

— Ele faz você feliz. — Não é uma pergunta.

— Muito.

— Sylvia ainda existe?

Meus olhos se chocam contra os dele com surpresa.

— Como é que você...?

— Eu não sou estúpido, Megan. Eu sabia que você a estava pagando. Ela ainda está por aí?

— Não, Will pagou para que ela fosse embora.

— Parece que ele me faz feliz também. — Leo toma um gole de seu café, e eu rio, meu estômago finalmente relaxando.

— E você? Conseguiu se firmar com algumas daquelas fãs? — pergunto docemente, e ele lança um pacote de açúcar em mim.

— Nada de firmar. Sexo, tudo bem. Relações, não.

— Leo...

— Não. — Seu rosto se fecha e eu sei que o assunto está encerrado.

— Teimoso idiota.

— Assim como o resto das mulheres do país, você me adora. — Ele se alegra, toma um gole de café e sorri satisfeito.

Joga Comigo   305

— Fico feliz em ver que você ainda é modesto. — Eu balanço a cabeça para ele, tão feliz de estar com ele novamente.

— Então, me fale sobre Will, e por que eu não devo quebrar seu braço por tocar na minha irmã...

Will

Dois meses depois

— Por que mesmo não contratamos uma empresa de mudança? — eu pergunto, enquanto carrego a milésima caixa do caminhão até o quarto de hóspedes.

— Porque eles podem não ser cuidadosos. Eu não tenho muito, mas o que tenho não preciso que fique quebrado e arruinado. — Meg está sentada no chão do quarto de hóspedes, abrindo uma caixa.

— Você pode nos ajudar a terminar de descarregar o caminhão antes de começar a desembalar as caixas? — pergunto a ela, com as mãos no quadril.

— Ei! Onde estão vocês? — Caleb e Leo entram no quarto de hóspedes com a cara fechada.

— Vocês não vão transar enquanto nós descarregamos o caminhão — Caleb diz, apontando para nós dois.

— Cara, ela é minha irmã. — Leo cruza os braços sobre o peito e Meg dá uma gargalhada.

— Vamos. — Estendo minha mão para ela e a levanto. — Vamos lá, preguiçosa.

Todos os irmãos estão descarregando o caminhão, enquanto as garotas estão administrando onde devem colocar as caixas, como se fôssemos todos analfabetos e não soubéssemos ler *quarto* escrito em preto no lado da caixa.

As mulheres sempre precisam dar uma de chefe ao nosso redor. Eu as amo.

Megan está com Nat na cozinha, juntando suas coisas com as minhas, e meu peito incha com a felicidade. Levei seis longas semanas, mas finalmente a convenci a morar comigo.

— Você sabe — Meg anuncia para a sala em geral — que não precisava trazer tanta ajuda. Eu não tenho tanta coisa assim. Leo e Will poderiam ter lidado com as coisas facilmente.

— Muito obrigado por me voluntariar para o serviço — murmura Leo. — Por que não contratamos uma empresa?

— Foi isso que eu disse — eu concordo, e nós dois ganhamos olhares de Meg. Ela fica tão sexy quando está irritada comigo.

— Então, Sam. — Leo caminha para mais perto de Samantha, que está tentando decidir onde pendurar algumas obras de arte que Meg trouxe com ela. — O que você vai fazer mais tarde?

— O que eu sei é que não vou fazer com você — ela resmunga e todos nós caímos na risada. Sam é bem difícil. Ela não tem papas na língua e fala as coisas na cara. Ela também é linda, e eu não posso culpar Leo por tentar.

— Ah, eu não estava oferecendo, querida. — Leo sorri satisfeito. — Eu estava pensando se você gostaria que eu te levasse para tirar essa vara enfiada na sua bunda, que parece estar te incomodando tanto.

As meninas ofegam e os olhos de Luke ficam duros como pedra, mas, antes que ele faça algum movimento para chutar a bunda de Leo, Sam ri e balança a cabeça.

— Não, eu gosto da minha vara exatamente onde ela está.

— Me avise se mudar de ideia.

— Você vai ser o primeiro a saber. — Ela martela um prego na parede e segura o quadro com os pés. — Mas só para você saber, eu não saio com pessoas famosas.

— Nem eu. — Leo dá uma piscadinha e anda até a cozinha, pega uma cerveja na geladeira e toma um gole.

Todas as meninas estão com um largo sorriso para ele, e eu tenho que dizer que quero parabenizá-lo... ele é rápido. Mas não há como ele conseguir convencê-la a sair com ele.

Finalmente, após o que parecem dias, todas as coisas foram descarregadas. Agradeço a todos pela ajuda, enquanto eles entram em seus carros e vão embora. Tranco a porta da frente e saio em busca da minha garota. Eu a encontro no quarto de hóspedes, novamente olhando a mesma caixa de mais cedo.

— O que você está olhando? — eu pergunto a ela e me inclino contra o batente da porta. Ela parece tão jovem, sentada no chão, com minha camisa velha e legging preta, cabelo preso em um rabo de cavalo e sem maquiagem.

— Eu encontrei essas fotos que Nat tirou de mim quando estávamos na faculdade.

Ela olha as fotos, e eu franzo a testa em confusão. Então percebo. Natalie tira fotos nuas. Fotos nuas de Megan.

— Me mostre. — Eu me afasto para longe da porta e me abaixo até o chão, atrás dela, minhas pernas de cada lado dela, e a puxo contra o meu peito, sua bunda sexy aconchegada contra a minha virilha.

E então meu mundo para.

As fotos são em preto e branco. Meg está segurando seu violão, e não usa absolutamente nenhuma roupa.

— Puta merda — murmuro, enquanto ela passa cada uma lentamente.

Deve haver dezenas delas. Meg está em diferentes poses com o violão. O cabelo dela está solto, emoldurando seu rosto. Ela era mais magra, da maneira que as mulheres são quando seus corpos estão mudando de um corpo adolescente para uma mulher. Eu prefiro muito mais os seios e quadris redondos de agora, mas, caramba, mesmo assim ela era um nocaute.

— Quantos anos você tinha?

— Dezenove — ela responde timidamente, olhando para as fotos.

Ela pega a última. Ela está sentada com as pernas cruzadas sobre uma cama coberta com lençóis brancos, que foram desarrumados. Seus braços estão envolvidos em torno do violão, que a cobre completamente, mas é a foto mais sexy do pacote.

Seu rosto está sério, os olhos bem abertos olhando para a câmera, e ela está mordendo o lábio inferior.

— Posso ficar com essa?

— Claro. Você pode ficar com todas.

— Sério? — Eu passo minhas mãos para cima e para baixo em seus braços e a beijo no pescoço, logo abaixo da orelha.

Tenho certeza de que ela pode sentir o quanto essas fotos me excitaram.

Joga Comigo   309

— Eu não preciso delas. — Ela se inclina para mim, virando o rosto doce em minha direção.

Passo os dedos pelo rosto dela e beijo seu nariz, a covinha e depois seus lábios.

— Você é linda, Megan. Antes, e ainda mais agora.

— Estou feliz que você pense assim.

— Estou feliz por você estar aqui, na nossa casa, comigo.

Ela sorri muito, seus olhos felizes, e eu vou fazer o que for preciso para manter esta felicidade lá, para o resto da sua vida.

— Eu também. Podemos ficar nus agora?

— Eu pensei que você nunca pediria, querida.

A série *With Me In Seattle* continua com a história de Leo e Sam no quarto livro, *Rock with Me.*

Joga Comigo   311

312   Kristen Proby

Agradecimentos

Como sempre, tenho uma longa lista de pessoas para agradecer.

Primeiramente, ao meu marido, por ser tão paciente e me dar tanto suporte nesse meu trabalho maravilhoso. Eu te amo.

À minha família. Obrigada por me amar tão completamente.

Para a minha melhor parceira de grandes ideias com quem divido longas horas de degustação de vinho enquanto rimos e conversamos, Nicole Brightman.

Para Lori, Tanya, Holly, Nichole e Kara: vocês são as MELHORES leitoras beta e eu as amo demais.

Kelli Maine, Michelle Valentine e Emily Snow: vocês são maravilhosas. Não posso dizer o quanto a amizade de vocês significa para mim. Sou abençoada por estar cercada por mulheres verdadeiramente talentosas. Beijos.

Para Renan Porter por seu grande talento. Obrigada pela capa extremamente incrível.

Aos muitos e muitos blogueiros que gastam tempo e energia divulgando meus livros. OBRIGADA! Sua generosidade é muito importante! Vocês têm minha eterna gratidão, todos os dias.

Como sempre, a você, meu amigo. Obrigada por ler esse livro. Espero que tenha gostado.

Boa leitura,

Kristen

314   Kristen Proby

Conheça a Série
With me in Seattle

Livro 1: Fica Comigo

Ser confrontada na praia por um estranho atraente não fazia parte dos planos de Natalie Conner, que apenas queria passar uma manhã tranquila tirando fotos. Mas, afinal, porque ele achou que ela estava tirando fotos dele? Quem é ele? Ela só tem certeza de uma coisa: ele é um gato, extremamente romântico e alimenta a sua alma ferida.

Luke Williams só deseja que o mundo lhe dê um tempo, então, ver outra câmera apontada para seu rosto quase faz com que ele ataque a bela mulher atrás da lente. Quando ele descobre que ela não faz ideia de quem ele seja, fica intrigado e até um pouco atraído. O corpo de Natalie parece ter sido feito para o sexo, sua boca é atrevida, e Luke não consegue enjoar dela, embora ainda não esteja pronto para lhe contar quem verdadeiramente é.

Natalie é uma garota incomum que não lida muito bem com mentiras e segredos. O que acontecerá com esse novo relacionamento quando ela descobrir o que Luke vem tentando esconder?

Livro 1.5: Um Natal Comigo (somente em ebook)

Isaac e Stacy Montgomery são casados há dez anos e têm uma filhinha linda. A empresa de construção de Isaac está prosperando e Stacy gosta de ser mãe em tempo integral e resenhar romances sensuais em seu blog. Com uma grande família e os muitos privilégios que vêm com isso, Stacy é a primeira a admitir que eles são inestimavelmente abençoados.

Quando chamadas telefônicas e mensagens de texto suspeitas começam a surgir, Stacy questiona a fidelidade de Isaac pela primeira vez no casamento. Ela sabe que um bebê traz mudanças em um relacionamento.

Será que o estresse da paternidade enviou Isaac para os braços de outra mulher, ameaçando destruir o casamento deles?

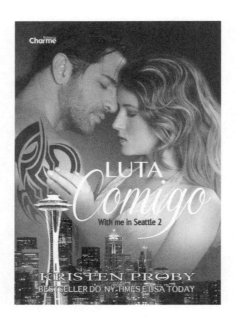

Livro 2: Luta Comigo

Jules Montgomery está muito ocupada e satisfeita com sua vida para se preocupar com homens, especialmente um como Nate McKenna. Crescer no meio de quatro irmãos lhe ensinou que o mais sensato é ficar longe de homens sexy, tatuados e motoqueiros. Principalmente, se ele for seu chefe. Após participarem de um jantar incrível com os colegas de trabalho, ele violou a política de não confraternização... entre outras coisas, e isso não acontecerá novamente. Jules não vai arriscar sua carreira em troca de sexo alucinante, independente do quanto seu corpo e coração digam o contrário.

Nate McKenna não dá a mínima para a política de não confraternização. Ele quer Jules e vai tê-la. As regras que sejam modificadas, ou que se danem. Ele não é o tipo de homem que entra numa briga para perder, e Jules Montgomery está prestes a descobrir como ele reage ao ser ignorado após a melhor noite de sexo que já teve. Ela pode lutar o quanto quiser, mas ele fará de tudo para ficarem juntos.

Joga Comigo   319

Entre em nosso site e viaje no nosso mundo literário.
Lá você vai encontrar todos os nossos
títulos, autores, lançamentos e novidades.
Acesse www.editoracharme.com.br

Além do site, você pode nos encontrar em nossas redes sociais.

https://www.facebook.com/editoracharme

https://twitter.com/editoracharme

http://www.pinterest.com/editoracharme

http://instagram.com/editoracharme